中国社会科学院2008年重大课题

哈佛燕京学社藏
纳西东巴经书

第一卷

◆ 中国社会科学院民族学与人类学研究所
◆ 丽江市东巴文化研究院　　编
◆ 哈佛燕京学社

中国社会科学出版社

图书在版编目（CIP）数据

哈佛燕京学社藏纳西东巴经书．第1卷/中国社会科学院民族学与人类学研究所，
丽江市东巴文化研究院，哈佛燕京学社编．—北京：中国社会科学出版社，2011.1
ISBN 978‐7‐5004‐8995‐5

Ⅰ.①哈…　Ⅱ.①中…②丽…③哈…　Ⅲ.①东巴文—古籍—汇编—中国　Ⅳ.①H257

中国版本图书馆 CIP 数据核字（2010）第 142719 号

责任编辑　田　文
责任校对　王雪梅
封面设计　李尘工作室
技术编辑　李　建

出版发行　中国社会科学出版社
社　　址　北京鼓楼西大街甲 158 号　　邮　编　100720
电　　话　010—84029450（邮购）
网　　址　http://www.csspw.cn
经　　销　新华书店
印刷装订　北京一二零一印刷厂
版　　次　2011 年 1 月第 1 版　　印　次　2011 年 1 月第 1 次印刷
开　　本　880×1230　1/16
印　　张　27.25　　插　页　12
字　　数　500 千字
定　　价　148.00 元

337-A-1 "超度什罗仪式·送什罗·焚化"封面

337-A-1 "超度什罗仪式·送什罗·焚化"扉叶上的洛克题记

337-A-1 "超度什罗仪式·送什罗·焚化"首叶

511-A-2 "超度什罗·规程" 封面

511-A-2 "超度什罗·规程" 扉叶：哥巴文与 "取坐姿的祭司"

511-A-2 "超度什罗·规程" 首叶

135-A-3 "超度什罗仪式·拆除董神石·倾倒督树"封面

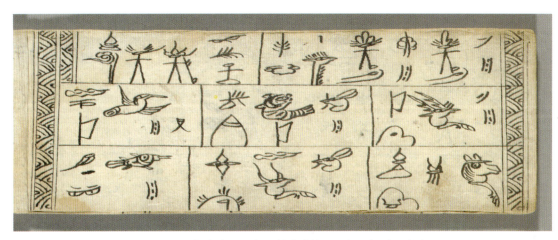

135-A-3 "超度什罗仪式·拆除董神石·倾倒督树"首叶

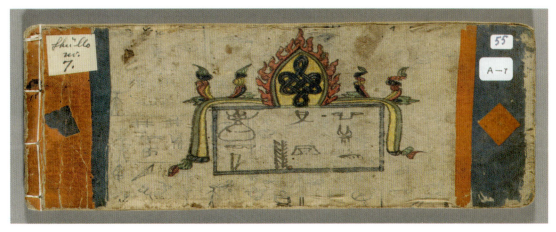

55-A-7 "超度什罗仪式·什罗身世"封面

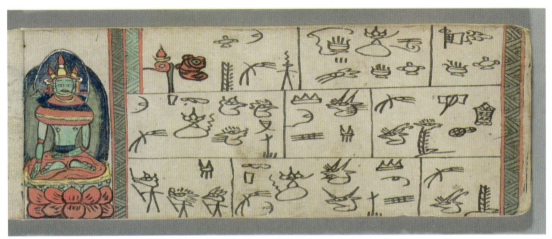

55-A-7 "超度什罗仪式·什罗身世" 首叶

55-A-7 "超度什罗仪式·什罗身世" 正文第 2 叶

328-A-8 "超度东巴什罗·末卷" 封面

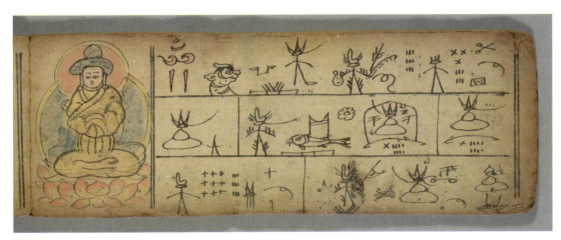

328-A-8 "超度东巴什罗·末卷"首叶

335-A-9 "超度东巴什罗·给下一代祭司加威赐福"封面

335-A-9 "超度东巴什罗·给下一代祭司加威赐福"首叶

335-A-9 "超度东巴什罗·给下一代祭司加威赐福" 首叶

326-A-10 "超度死者·献牦牛" 封面

326-A-10 "超度死者·献牦牛" 首叶

38-A-11 "超度东巴什罗·使用本领招魂"封面

133-A-41 "祭什罗仪式·神路图下卷·迎请福泽经"封面

182-B-21 "祭署·调解争斗·打开署门·送署"封面

182-B-21 "祭署·调解争斗·打开署门·送署" 首叶

182-B-21 "祭署·调解争斗·打开署门·送署" 正文第13叶

175-B-22 "祭署·不争斗又和好" 封面

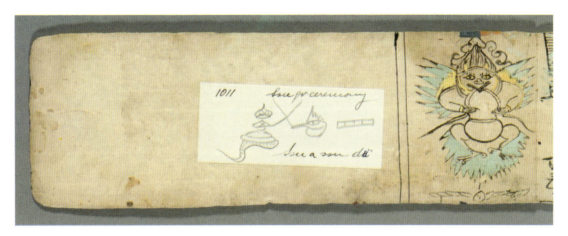

175-B-22 "祭署·不争斗又和好"扉叶：洛克仿写的经名与大鹏神鸟像

175-B-22 "祭署·不争斗又和好"首叶

92-B-26 "祭署·迎请署神"封面

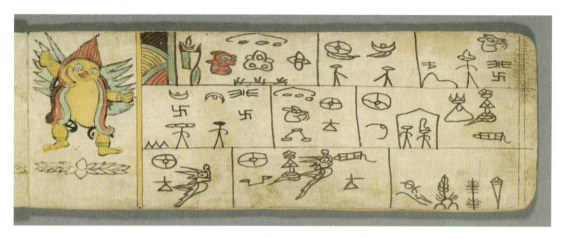

92-B-26 "祭署·迎请署神" 首叶

307-B-30 "祭署·迎请涅补劳端大神" 封面

307-B-30 "祭署·迎请涅补劳端大神" 首叶

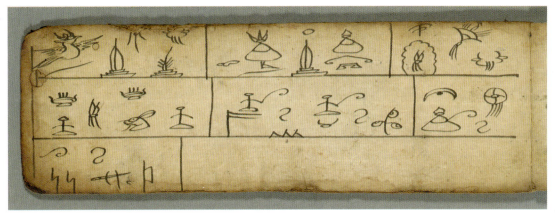

307-B-30 "祭署·迎请涅补劳端大神"正文第 16 叶

314-B-31 "祭署·迎请佐玛祖先·上卷"封面

314-B-31 "祭署·迎请佐玛祖先·上卷"扉叶：洛克标注与"朗久战神"

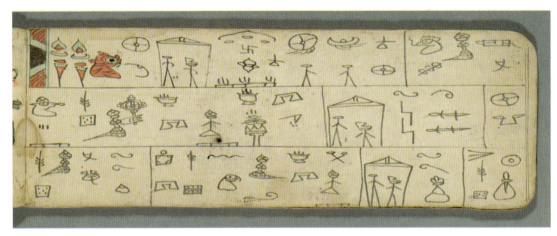

314-B-31 "祭署·迎请佐玛祖先·上卷" 首叶

313-B-32 "祭署·迎请佐玛祖先·中卷" 封面

313-B-32 "祭署·迎请佐玛祖先·中卷" 首叶

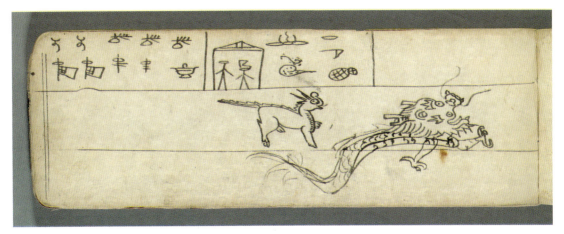

313-B-32 "祭署·迎请佐玛祖先·中卷" 正文第 10 叶

178-B-33 "祭署·送署回住地" 封面

178-B-33 "祭署·送署回住地" 首叶

85-B-36 "祭署·抛傻署" 封面

85-B-36 "祭署·抛傻署" 首叶

86-B-38 "祭署仪式·送傻署之经书" 封面

86-B-38 "祭署仪式·送傻署之经书" 第 2 叶：右边彩色图像意为 "与署争斗的大鹏神鸟"

86-B-38 "祭署仪式·送傻署之经书" 正文第 3 叶

81-D-9 "延寿仪式·在翠柏梯上给胜利神除秽·给胜利神施药" 封面

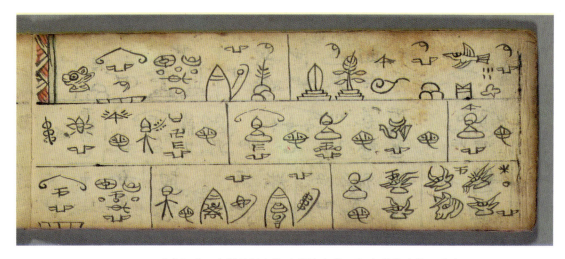

81-D-9 "延寿仪式·在翠柏梯上给胜利神除秽·给胜利神施药"首叶

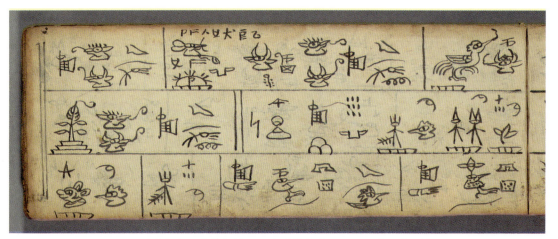

81-D-9 "延寿仪式·在翠柏梯上给胜利神除秽·给胜利神施药"第20叶

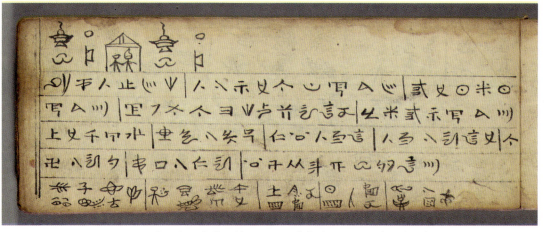

81-D-9 "延寿仪式·在翠柏梯上给胜利神除秽·给胜利神施药"末叶

哈佛燕京学社藏纳西东巴经书

顾　　问	黄　　行	孙宏开	黄长著	杨沛超	赵世红
	杜维明	郑炯文	李若虹	李在其	
主　　编	孙伯君				
副主编	聂鸿音				
译　　者	李德静	王世英	习煜华	李　英	李丽芬
	和　虹	李静生	和庆元	李芝春	和品正
	和发源	和力民	和宝林	赵学梅	王　琴
	张　磊	和丽峰	李　云	周　净	李四玉
	和玉英	和丽军	和秀东	和桂华	陈仕才
责任编辑	田　文				

目　　录

序

    纳西东巴经书，是中国少数民族众多古籍中的一朵奇葩，早在 19 世纪初就为境内外学者所瞩目。改革开放以后，纳西族著名学者方国瑜先生给中国社会科学院宗教研究所所长任继愈先生写信，希望中国社会科学院能够支持东巴文献的整理工作。任先生将此信转送院科研局，经过院领导研究，决定支持云南丽江纳西东巴文化研究室开展丽江所藏东巴文献的解读和整理工作。后不久将此事转交民族研究所傅懋勣具体操办，傅先生又将此事交由语言室孙宏开联系。在院领导的关心下，经过反复磋商，中国社会科学院每年投入一定资金，支持丽江东巴经的整理工作，对纳西东巴文献的收集整理和解读起到了一定的推动作用。

    20 世纪 80 年代末，云南省民族语文工作指导委员会和万宝主任为了推动纳西东巴古籍整理工作，在丽江召开了纳西语言文字学术讨论会兼纳西东巴古籍整理座谈会。由国家民委民族古籍整理办公室负责人李鸿范出面，邀约国内藏有纳西东巴经的相关单位和纳西语言文字工作者，计划先将境内所有东巴经数字化，然后在条件成熟的时候，将境外所藏东巴经也搜集回来，进行整理和解读。但此事后来未能启动。

    由于纳西东巴经是图画性质的书面文献，只有纳西宗教活动者东巴才能够释读和讲解，而现在能够释读和讲解的东巴已寥寥无几，而且均年事已高，后继乏人，他们大都在 70 岁以上，有的已经 80 多岁，如果这批东巴去世，留下的经书就无人能够认读，就会变成一种无人解读的死文献，将对人类文化造成无法弥补的损失。因此，趁现在部分东巴健在，抓紧时间抢救性释读和整理东巴经，是一项刻不容缓的紧急任务。20 世纪 90 年代以来，随着国家经济实力的增强，越来越重视传统文化的保护工作。90 年代中后期，云南省政府投入了很大一笔资金，开展纳西东巴文献收集、整理和解读工作，基本上完成了境内尤其是云南省所藏东巴经的译注和出版。

    2001 年，丽江举行大型纳西东巴文化节暨纳西语言文字国际学术讨论会，加拿大籍台湾学者李在其先生（已故著名纳西东巴经专家、中研院院士李霖灿先生之子），来华出席讨论会，与孙宏开谈起哈佛所藏纳西东巴经书问题，希望国内把这些经书也能够纳入整理、解读范围。这些经书大部分是 20 世纪 20—40 年代美国纳西东巴经专家洛克从中国云南搜集并运到美国的，共有 598 卷，是存世的经书中较为珍贵的。在李在其先生多年的推动和斡旋下，2005 年，中国社会科学院文献信息中心黄长著（时任中心主任、图书馆馆长）、刘振喜（中心科研处处长）和民族学与人类学研究所副所长黄行、孙宏开研究员、木仕华副研究员在北京共同约见李在其先生，就中国社会科学院民族学与人类学研究所、文献信息中心与美国哈佛燕京学社图书馆合作，共同刊布、整理、翻译、编校收藏于该馆的东巴经书交换意见，大家基本达成共识，并得到哈佛燕京学社图书馆的积极响应。后不久，民族学与人类学研究所、文献信息中心共同向院领导请示并获得批准，于 2006 年 11 月出访美国，与哈佛燕京学社图书馆签署合作协议。出访前，孙宏开研究员还根据李在其提供的哈佛东巴文献目录专程赴丽江，向东巴文化研究院通报与美国合作事宜，并请该院核对哈佛所藏文献。2007 年 11 月，黄行、孙宏开借《北京论坛》召开之机，又与参加论坛的美国哈佛燕京学社社长杜维明先生进一步落实此事，杜维明社长慨允免费提供这批东巴经原始文献的电子扫描版。后来，李若虹博士为完成扫描做了大量工作。

2008 年，为整理、译释这批重要的东巴文献，中国社会科学院民族学与人类学研究所特申请院重大课题《哈佛燕京学社藏纳西东巴经书译注》，并获得院里的大力支持，课题负责人为民族古文献研究室孙伯君研究员。2008 年 8 月，课题组成员黄行、孙宏开、孙伯君、聂鸿音去云南省丽江市东巴文化研究院访问，与该院赵世红院长、李德静副院长等协商分工合作编译这批东巴经文献的事宜，双方同意由丽江市东巴文化研究院主要负责请仍健在的老东巴（已经为数极少）释读经书（此项工作必须由东巴经师完成），民族学与人类学研究所主要负责筹措经费、文献学校注、提要英译、排版和联系出版。丽江市政府对此合作项目十分重视，在民族学与人类学研究所和东巴文化研究院签署合作协议后，该市副市长杨一奔接见了合作双方，并对项目给予了高度评价和热情支持。

经过两年的努力，课题组克服了很多实际困难，很好地完成了预期的院重大课题研究计划，拟刊布的《哈佛燕京学社藏纳西东巴经书》可望成为院重大课题的优秀成果和图书馆典藏的精品力作，已经释读完成的 60 卷经书拟分两册出版，其中第一册已与中国社会科学出版社签订出版合同并交付排印。课题将以分期申请院重大课题的形式继续开展哈佛燕京学社藏纳西东巴经书共约 600 卷的译注，最终成果计划分 10 册出版。

本书的策划主要由中国社会科学院民族学与人类学研究所黄行副所长和孙宏开研究员发起，在策划、编写和出版过程中，中国社会科学院科研局领导和院图书馆负责同志，中国社会科学出版社社长孟昭宇，中国社会科学院民族学与人类学研究所领导揣振宇，哈佛燕京学社的杜维明博士、郑炯文博士、李若虹博士，著名东巴文专家李霖灿先生的公子李在其博士，以及丽江市委市政府、丽江市古城保护管理局的领导均给了我们极大的支持和帮助。我们向这些领导以及一切帮助过我们的朋友表示衷心的感谢。

黄　行

2010 年 7 月 1 日

Preface

The Naxi *Dongba* scriptures, being splendid gems among the ancient works created by Chinese nationalities, were known by scholars all over the world as early as the very beginning of the 19th century. After China's opening-up and reform, Fang Guoyu, the famous Naxi scholar, wrote to Ren Jiyu, the director of the Institute of Religious Studies of the Chinese Academy of Social Sciences (hereafter CASS), expressing a sincere anticipation that the collation of the *Dongba* texts be supported by CASS. Then Mr. Ren forwarded the letter to the Bureau of Scientific Research of CASS. After their deliberation, the leaders of CASS decided to support the Lijiang Research Section of Naxi *Dongba* Culture in Yunnan in its decipherment and collation efforts of the *Dongba* manuscript collection in Lijiang. Shortly afterwards, this decision was delegated to Fu Maoji, the director of the Institute of Nationality Researches (predecessor of the present Institute of Ethnology and Anthropology; hereafter IEA), and then in turn Sun Hongkai, a staff in the Section of Minority Languages of IEA, was appointed by Mr. Fu as the contact person in charge of the operation. Hence, with the attention and guidance of the leadership of CASS and through repeated discussions and consultations, a certain amount of fund was allotted annually by CASS to support the collation of the *Dongba* scripture collection in Lijiang, which promoted a certain extent to the collection, collation and decipherment of the *Dongba* manuscripts.

At the end of 1980s, He Wanbao, the Director of Yunnan Supervisory Committee on the Studies of Minority Languages and Writings, initiated in Lijiang the Symposium on Naxi Language and Writing, also as a Colloquium on collation of the Naxi ancient manuscripts, hoping to promote the efforts in the collation of Naxi *Dongba* texts. Li Hongfan, the Director of the Office of Minority Ancient Literature Collation under the State Commission on Minority Affairs, was involved to extend in person solicitation and invitation to the institutes and entities which either had collection of Naxi *Dongba* scriptures and were engaged in the researches of Naxi language and writing, attempting to integrate them in the venture to first digitalize the *Dongba* scriptures available on mainland China, and after that, when conditions permitting, to acquire for collation and decipherment of all the *Dongba* manuscripts in overseas institutions. But this plan has never been able to be actualized.

Due to the pictographic nature of the the *Dongba* scriptures, only *Dongbas*, the religious practitioners in the Naxi ceremonies, are able to decipher and explain the *Dongba* scriptures. Currently, the living *Dongbas* are very few in number and all advanced in years, with most of them being above 70 and some even over 80. It is very probable that with the passing away of the remaining *Dongbas*, the manuscripts not yet subjected to decipherment will never have a chance to be deciphered, which will inevitably cause an irreparable and irreversible loss to the human culture. Therefore, it is a such urgent task to rescue decipherment and collation of the *Dongba* scriptures when the remaining *Dongbas* are still alive. Since the 1990s, with the growth of the national economy of China, more and more attention has been turned to the protection and conservation of traditional culture. In late 1990s, a large sum of fund was invested by the Government of Yunnan Province in the efforts to collect, collate and decipher the Naxi *Dongba* manuscripts. As a result, the *Dongba* scripture collection available in Yunan Province and even throughout mainland China have roughly been deciphered, glossed and translated, the results of which have all been published.

In 2001, Dr. Li Zaiqi, the son of Li Lints'an, the late famous expert on the Naxi *Dongba* scriptures and academician of Academia Sinica, a Canadian Taiwan scholar, attended the large-scale Naxi *Dongba* Cultural Festival in Yunnan, also as the International Symposium on the Naxi Language and Writing. At the conference, he talked with Prof. Sun Hongkai about the Naxi *Dongba* scripture collection in Harvard University, in the hope that these scriptures would be included for collation and decipherment. Most of the scriptures he mentioned had been collected in Yunnan, China, and taken to the United States by Joseph Rock, an American expert on Naxi *Dongba* scriptures. Totaling 598 volumes, these scriptures are the more precious among all extant ones. Thanks to his many years' endeavors and mediation, in 2005, Huang Changzhu, the Director of the Bibliographic and Information Center and also Curator of the Library of CASS, and Liu Zhenxi, the Head of the Scientific Research Section of the Bibliographic and Information Center of CASS, together with Deputy Director Huang Xing, Research Fellow Sun Hongkai, and Associate Research Fellow Mu Shihua (the last three all affiliated with IEA) met Dr. Li Zaiqi in Beijing, exchanging ideas concerning the cooperation between CASS's Institute of Nationality Researches and the Bibliographic and Information Center in China and the Library of Harvard-Yenching Institute in the U.S, the cooperation involving joint publishing, collating, translating, editing and proofreading the *Dongba* scriptures in the collection of that Library. A basic consensus was reached during that meeting, and an enthusiastic response was received from that Library. Shortly after, a request for visiting submitted jointly by the Institute of Nationality Researches and the Bibliographic and Information Center was approved by the CASS authorities. A visit was paid to the United States in November, 2006, and a cooperative agreement was signed with the Harvard-Yenching Library. Before the visit, Research Fellow Sun Hongkai went to Lijiang with the catalogue of *Dongba* scriptures in the Harvard collection to notify the Institute of *Dongba* Culture of the collaboration with the Harvard-Yenching Library, and in the meanwhile, asked the staff with that Institute to check up what is in the Harvard collection. In November 2007, at the Beijing Forum, Huang Xing and Sun Hongkai took the opportunity to implement the follow-up issues of this cooperative agreement with Dr. Tu Weiming, the Director of Harvard-Yenching Institute, who attended the Forum. Dr. Tu was generous enough as to offer gratis scanned version of the Harvard-Yenching collection of the *Dongba* manuscripts. Afterwards, Dr. Li Ruohong took great effort to accomplish tremendous amount of the scanning.

In 2008, in order to raise fund for collating, deciphering and translating these Harvard-Yenching *Dongba* manuscripts, the Institute of Ethnology and Anthropology submitted a special project to CASS, entitled *Hafo Yanjing Xueshe Cang Naxi Dongba Jingshu Yizhu* (Translation and Glossing of the Dongba Scriptures in the Collection of the Harvard-Yenching Institute), and was given vigorous support from CASS. This project is put in the charge of Research Fellow Sun Bojun, a staff with the Section of Minority Paleography under IEA. In August 2008, the project members Huang Xing, Sun Hongkai, Sun Bojun and Nie Hongyin paid a visit to the Insitute of Dongba Culture based in Lijiang, Yunnan, consulting with Zhao Shihong and Li Dejing, Director and Deputy Director of that Institute, about the cooperation in deciphering, translating and editing of the *Dongba* texts. Both parties reached an agreement that the Lijiang Institute of Dongba Culture was to be mainly in charge of deciphering the scriptures with the aid of the few living senior *Dongbas* (actual undertakers of manuscript deciphering), while IEA is mainly responsible for raising funds, supplying the philological collation, commentaries and emendation, translating the synopsis of each volume into English, handling composition and typographical issues, as well as contacting the publishers for publication. The Municipal Government of Lijiang City attached great importance to this cooperative project. When the agreement was signed between the IEA and the Institute of *Dongba* culture, Yang Yiben, Vice Mayor of Lijiang City, interviewed members of both parties involved in the cooperation, thinking highly of this project and giving it an enthusiastic support.

Through two years' efforts, the research team, overcoming many difficulties, has well accomplished the original research plan of this Project of CASS as expected. It is very promising that *Hafo Yanjing Xueshe Cang Naxi Dongba Jingshu* will be listed as one of the excellent results of Projects of CASS and precious collection of the libraries. The deciphered 60 volumes are to be published in two works, the first of which is in press in accordance with the publishing contract signed with China Social Sciences Press. The present Project Team will subsequently submit serial project proposals for projects of CASS to carry on the glossing and translation of about 600 volumes of all the Naxi *Dongba* scriptures in the collection of Harvard-Yenching Institute, the final result of which is to be published in a series of 10 books.

The present works were initiated, planned and devised mainly by Deputy Director Prof. Huang Xing and senior researcher Prof. Sun Hongkai, both with the Institute of Ethnology and Anthropology of the Chinese Academy of Social Sciences. In the process of preparation, compilation and publication, lots of support and help have been offered to us, by the directors of the Bureau of Scientific Research and the library of CASS, by Meng Zhaoyu, Director of the China Social Sciences Press, by Chuai Zhenyu, the Party Secretary of the Institute of Ethnology and Anthropology of CASS, by Drs Tu Weiming, Zheng Jiongwen, Li Ruohong and Li Zaiqi, all from Harvard-Yenching Institute, by the leadership of Lijiang Municipal Party Committee and Municipal Government of the city, as well as by the Lijiang Old Town Conservation and Management Bureau. Sincere gratitude is extended to all of them, all the friends and all leadership for their help.

HUANG Xing

July 1，2010

前　言

　　东巴经是纳西族祭司在各种宗教仪式中使用的典籍，根据使用目的和场合的不同，可以相应分为祈福、禳灾、丧葬、占卜、杂类（如舞谱、药书、民歌范本）等几种类型，其中记载了有关人类起源、民族迁徙、部落战争、社会生活的大量神话传说和民间故事，为多种人文社会学科提供了极其丰富的研究素材。

　　东巴经的起源甚古，具体年代及典籍总量已不可考。现存书籍均为竹笔墨书的手抄本，其间偶有朱笔晕染。制作采用纳西族本地土纸，纸质坚韧厚重，装订形式为西藏式的梵夹装，唯常在册叶边缘加线订，以防散落。存世的东巴经将近1000种，约3万册，其中约6000册现存云南丽江故土，1.5万册藏于我国的北京、南京、昆明、台北等地，另有约1.5万册于20世纪上半叶通过各种途径流落海外，现分别收藏在美、法、德、意等国的图书馆和博物馆。20世纪80年代以来，丽江市东巴文化研究院开始对国内藏品进行全面整理，相继完成了近千册东巴古籍的整理翻译，刊布了百卷本的《纳西东巴古籍译注全集》（云南人民出版社，2000年），同时完成了国内所藏东巴经的编目，出版了《中国少数民族古籍总目提要·纳西族卷》（中国大百科全书出版社，2003年）。但是，收藏在国外的万余册古籍仍然未能公布于世。

　　哈佛燕京学社图书馆是世界上著名的纳西东巴经书收藏单位之一。馆藏的598册经书大部分是美国学者洛克于20世纪20—40年代在云南纳西族居住区收集的，入藏之后，哈佛燕京学社曾请人进行过编目，把馆藏的全部东巴经书分为13类，即：A类：祭东巴什罗，B类：祭龙王，C类：祭风，D类：求寿，E类：祭贤，F类：胜利神，G类：祭家神，H类：替生，I类：除秽，J类：关死门，K类：祭死者，L类：占卜，M类：零杂经。但由于编目主持者对纳西民族的语言文化不够熟悉，所以在原书的定题和内容理解方面均存在许多纰漏，难以构成全面、科学翻译整理的基础，因而从2008年开始，美国哈佛燕京学社决定与中国方面合作，整理出版馆藏的全部东巴经书。本书就是这项合作的最终成果。

　　所谓"东巴文"并不是纳西族的"全民族文字"，这些符号以及用这些符号写成的经书仅仅由人数极少的东巴掌握，世代相传，只有他们才能认识。现在的学者解读文字、翻译经书，靠的是当初与老东巴们朝夕相处二十余载学到的知识和积累的经验。初学者如果没有东巴的指点，仅凭查阅工具书来解读东巴经，那几乎是件不可能的事情。现在让我们感到忧虑的是，进入21世纪之后，纳西族的老东巴已相继故去，当年和东巴一道工作的学者们也已步入花甲之年。我们的古籍整理工作面临着越来越严峻的局面——如果不抓紧时间抢救，这批珍贵的古籍就要永远变成"天书"了。

幸好我们还有一份关键的参考资料，这就是十年前出版的《纳西东巴古籍译注全集》，这部巨著可以说是已经仙逝的十位老东巴给我们留下的学识和智慧的结晶。纳西族古书均经历代辗转传抄，同一种经书往往有好几种内容基本相同的本子，因而我们只要查找《纳西东巴古籍译注全集》，检出在老东巴帮助下已获解读的经书，两相对照，就能比较方便地译出哈佛燕京学社的多数藏本。至于不同抄本中的异文和内容增删，我们依靠纳西学者的经验，在全面理解经书的条件下亦不难解决。当然，也有些经书的内容属于"孤本"，无法通过同类经书的比勘来实施解读，对于这类经书，我们有时不得不付诸"存疑"。

《哈佛燕京学社藏纳西东巴经书》的首卷终于出版了，我希望这能够成为中国和海外学术单位合作整理东巴经书的良好开端，也希望尘封于国外各图书馆、博物馆的纳西族文献能够尽早面世。

赵世红

2009 年 12 月 18 日

Foreword

The *Dongba* manuscripts are sacred ritual texts that the Naxi *Dongbas* (officiating priests) employ for a wide variety of rituals and ceremonies. In connection with the purposes and occasions of application, the scriptures can be classified into the following categories, namely, those of praying for blessings, of removing disasters, of funeral ceremonies, of divination and of miscellaneous usages (such as manuscript booklets of dance notations, of medicines, and of masterpieces of folk songs), depicting a great number of myths, legends and folk stories of the creation story, migration, tribal warfare, and social life, along with furnishing rich data for the research of diverse social and human sciences.

The *Dongba* scripture boasts a great antiquity, with both the specific date of creation and the overall amount of texts beyond determination. The copies available are all manuscripts noted down with sharpened bamboo sticks and ink, with occasional highlighting markings in red. The sheets are handmade paper by the indigenous Naxi, which is coarse, tough and heavy, and bound in the *pothi* binding of Tibetan style, frequently stitched in the margin for preventing the sheets from falling loose. The extant *Dongba* classics reaches an amount of 1000 different works, totaling 30000 volumes, of which about 6000 are now preserved in Lijiang, Yunnan Province, the native place of the scripture, 15000 in Beijing, Nanjing, Kunming and Taipei, and another 15000 or so in the libraries and museums of the USA, France, Germany and Italy, which has been brought there through different ways in the first half of the 20th century. Since the 1980s, the Lijiang Research Institute of *Dongba* Culture initiated the undertaking of a thorough collating of the *Dongba* manuscripts preserved in China, and completed successively the collation, decipherment and translation of nearly 1000 copies of classics, published a 100-volume set of *Naxi Dongba Guji Yizhu Quanji* (Complete Collection of the Translation and Annotation of the Naxi *Dongba* Scripture, Yunnan People's Publishing House, 2000), and at the meanwhile, completed the catalogue of the *Donba* scripture collection on the mainland, and published the *Zhongguo Shaoshu Minzu Guji Zongmu Tiyao Naxizu Juan* (A Descriptive Catalog of the Ethnic Minority Classics of China, pt. Naxi, the Encyclopedia of China Publishing House, 2003). Unfortunately, those over 10000 copies of the *Dongba* classics preserved outside of China have not yet been published.

The Library of Harvard-Yenching Institute is one of the institutions noted for their collection of the Naxi *Dongba* scripture. The majority of its 598 volumes were collected by the American scholar Joseph Francis Charles Rock (1884–1962) from the 1920s to the 1940s in areas inhabited by the Naxi. After acquisition, the Harvard-Yenching Institute had its collection catalogued by subject, which resulted in the following 13 series: A. Worship to the *Dongba Shilo*; B. Worship to the Dragon King; C. Worship to the Wind; D. Prayers for Long Life; E. Worship for the Worthy; F. God of Victory; G. Worship to the House Gods; H. For the Living; I. Remove Filthiness; J. Closing the Door to Death; K. Venerating the Dead; L. Divination; M. Lingza Scripture. Yet, due to the cataloging director's unfamiliarity with the Naxi language and culture, a number of deficiencies and errors remain in the subject designations of the original manuscripts and misunderstandings of the text proper, far from laying down a reliable base for an all-round, comprehensive and scientific collation and translation. Therefore, from the year 2008, a decision has been made by the Harvard-Yenching Institute to cooperate with institutions in China, collating and publishing the *Dongba* scripture in its collection. The present series come out as the final outcome of this cooperative effort.

The so-called *Dongba* script is not a writing system available to the whole Naxi community, but one exclusively in the possession of the *Dongbas*. These glyphs and signs as well as the scripture written down in them have been monopolized by a handful of *Dongbas*, who constituted only a small portion of the Naxi population, and subjected to father-to-son transmission for many generations, all other members of the Naxi being kept ignorant of such knowledge and learning. Without the instructions of the *Dongbas*, it is almost impossible for a beginner to decipher a *Dongba* scripture only with the aid of dictionaries and reference books. Yet, with the knowledge and experience acquired through daily intimate association with and study under the senior *Dongbas* in twenty years the present scholars involved are able to understand the writing, and decipher and translate the scripture. Even so, what is to our great concern is that in the 21st century, many senior Naxi *Dongbas* have passed away one after another, and the scholars working with them have reached their sixties. An increasingly more urgent and threatening situation is facing our collation work——these precious scriptures will fall into the state of ever being impenetrable 'heavenly books' with no one being able to decipher them unless no efforts and time are spared today.

Fortunately, we have a crucial set of references, i.e., the *Naxi Dongba Guji Yizhu Quanji* published a decade ago. It is no exaggeration that this set is the crystallized condensation of the learning and wisdom left over and handed down by the ten deceased senior *Dongbas*. The ancient classics of the Naxi have all been subjected to repetitive copying and recopying through different hands from generation to generation; as a result, several different manuscripts of a scripture survive, containing basically the same content. Therefore, we may consult the set of *Naxi Dongba Guji Yizhu Quanji*, locate the targeted scriptures already deciphered with the assistance of the senior *Dongbas*, and then conduct a compared reading between these deciphered copies and the Harvard-Yenching versions. By doing so the majority in the collection of the Harvard-Yenching Institute may be deciphered and translated with less difficulty and more precision. As to the variants, additions and reductions in different manuscripts, equipped with the experiences from the senior intellectuals, it is not too difficult to decipher them if we attain a thorough understanding of the scripture. Of course, some classics are "unique copies" whose distinct content defies any decipherment efforts via a comparison with any parallel scriptures extant. Honestly, the decipherment of such texts does sometimes retain "doubts" awaiting further efforts.

The first volume of *Hafo-Yanjing Xueshe Cang Naxi Dongba Jingshu* is coming out finally. I sincerely hope that this may serve as a good start of such cooperation in the collation of *Dongba* scripture between institutions in China and those overseas, and also expect that the Naxi classics on the dusty stacks of the various libraries and museums outside of China will see the light as soon as possible.

ZHAO Shihong

Dec. 18, 2009

编 译 说 明

　　哈佛大学燕京学社图书馆收藏的 598 卷东巴经书和三幅东巴教卷轴画，其中有 510
册是约瑟夫·洛克（Joseph Charles Francis Rock，1884—1962）在中国云南搜集的，而
88 册得自于昆廷·罗斯福（Quentin Roosevelt）。这些东巴经书的形制大致为长方形，长
约 30 厘米，宽约 9 厘米，厚薄不一。麻线装订，一般每叶三行，每行以竖线分若干格，
从左至右书写。纸为当地产淡黄色构皮纸，竹笔墨书。

　　约瑟夫·洛克，1884 年出生于奥地利维也纳，1905 年只身漂洋过海来到美国。最
初落脚在夏威夷，凭借他过人的语言天赋和识别植物的能力，洛克得以在夏威夷学院教
授语言和植物学，并先后出版了五部专著和大量论文。1920 年秋至 1924 年，洛克受美
国国家地理学会、美国农业部、哈佛大学植物园和哈佛大学燕京学社委派，前往中国西
南搜集植物标本。最初的几年，洛克的足迹遍及中国黄河沿岸、阿尼马卿山、祁连山、
长江沿岸、青海湖，采集了上万种植物标本。1923 年 7 月，洛克进入云南丽江雪嵩村，
从此，与纳西族结下了不解之缘。直到 1949 年离开中国，洛克在丽江断断续续生活了
二十多年。

　　作为第一位系统搜集和研究纳西东巴经书的外国人，洛克不仅精通纳西语，而且能
够认读东巴文，晚年，洛克在华盛顿大学远东学院的资助下，出版了《纳西语英语百科
辞典》（1961 年），向世人系统介绍了纳西东巴文的字形、字义，并有英文音标转写。1962
年，洛克在夏威夷病逝，结束了传奇式的一生。

　　早在 1944 年，洛克就着手把自己从云南搜集到的大量纳西东巴经典转售给哈佛大
学汉和图书馆（燕京图书馆的前身）。据《裘开明年谱》记载，1944 年 11 月 13 日，哈
佛燕京学社董事会决定："除了摩梭稿本和极少数古籍之外，汉和图书馆不应购买洛克
博士的其他藏书。"1946 年 4 月 1 日，哈佛燕京学社的董事会议通过了 1945—1946 年
度预算，增加 800 美元用来购买洛克收藏的纳西经典。

　　1956 年，纳西文研究专家李霖灿先生受哈佛燕京图书馆之邀整理这批经书。1995 年，
曾在云南省博物馆工作的朱宝田先生受吴文津馆长的邀请，为经书编目，最终纂成《哈
佛大学哈佛燕京图书馆藏中国纳西族象形文经典分类目录》。朱宝田先生把这批经书分
为 13 类，A 类：祭东巴什罗 44 册，B 类：祭龙王 83 册，C 类：祭风 82 册，D 类：求
寿 73 册，E 类：祭贤 11 册，F 类：胜利神 6 册，G 类：祭家神 21 册，H 类：替生 29

册，I 类：除秽 39 册，J 类：关死门 5 册，K 类：祭死者 78 册，L 类：占卜 93 册，M 类：零杂经 34 册。又东巴教卷轴画 3 卷。经书中数量最多的是占卜类。

因馆藏经书不能全获解读，所以本书收录经书次序概以哈佛燕京学社图书馆原始扫描件的自然次序为准，暂不强行为之分类。

每卷经书的照片逐叶刊布，照片前标明经书在哈佛燕京学社图书馆的入藏号及序号，其中第一号为封面。第二号为扉叶，扉叶的空白处往往附有约瑟夫·洛克题签，内容包括藏书号、经题及英文翻译等。第三号为首叶。最后为封底，封底或为空白，为了显示装帧情况亦悉数刊布。

刊印出的每卷东巴经书经题下首附内容提要，主体部分为经书的逐叶解读。解读首列经文照片，其下为相应的纳西语串讲和纳西语—汉语词语对译，然后给出最终的汉译文。解读中遇到不易理解的纳西族文化词语，适当出注说明。

哈佛燕京学社所藏经书大部分为洛克于不同的地方搜集。由于在世的东巴和纳西学者均使用丽江古城方言讲读经书，又考虑到丽江古城话为纳西语的通用语，所以本书的纳西语音标记音概以丽江古城话为准。

纳西族老东巴多已过世，故馆藏的少量经书已经无人能够讲读。对于这些经书，本书仅以照片形式逐叶刊布，并不强行为之说解，以留待日后研究。

本书的经文解读由云南省社会科学院东巴文化研究院完成，负责人赵世红，参加翻译整理项目的人员有：李德静、王世英、习煜华、李英、李丽芬、和虹、李静生、和庆元、李芝春、和品正、和发源、和力民、和宝林、赵学梅、王琴、张磊、和丽峰、李云、周净、李四玉、和玉英、和丽军、和秀东、和桂华、陈仕才等。

释读文稿的最终校订、汇编由中国社会科学院民族学与人类学研究所完成，负责人孙伯君，编校者：孙伯君、聂鸿音；序文英译胡鸿雁。

Editorial Notes

Among the Harvard-Yenching Library's collection of 598 *Dongba* manuscripts and 3 funeral scrolls pertaining to the *Dongba* religion, 510 were originally acquired by Joseph Francis Charles Rock (1884‒1962) in Yunnan, China, and the remaining 88 acquired by Quentin Roosevelt (1919‒1948). In terms of physical format, these *Dongba* scriptures, the sheets of which are sewn together at the left edge with twine to form a book, are typically rectangular in shape, measuring about 30cm in length and about 9cm in width, and varying in thickness. In general, there are three horizontal lines in a folio, and vertical lines are used to section off elements of the text in each line. Glyphs are written from left to right and top to bottom. Pale yellow in color, the paper used is hand-made from bast fiber available locally. Writing utensils include sharpened bamboo sticks and black ink made from ash.

Born in Vienna, Austria in 1884, Joseph Rock alone moved across the ocean to the United States in 1905. At first he based himself in Hawaii. With his marked talent in languages and flora recognition, he was given the chance to teach languages and botany at the College of Hawaii, and published 5 monographs and numerous papers. From the autumn of 1920 to 1924, Joseph Rock, sponsored by the National Geographic Society of the United States, the U.S. Department of Agriculture, the Arboretum of Harvard University and the Harvard-Yenching Institute, stayed in Southwestern China for flora specimen collection. During the first few years, he traveled widely in China, along the banks of the Yellow River and the Yangtse River, to the Amnyi Machen Range and Qilian Mountain Range, and around the Qinghai Lake. As a result, he collected around ten thousand specimens. In July, 1923, he went to the Xuesong village in Lijiang, Yunnan. Ever since, he forged an indissoluble tie with the Naxi Ethnic Group. His living in Lijiang lasted off and on for over twenty years until he left China in 1949, punctuated by his rest in the United States and Europe.

Being the first foreigner who systematically collected and studied the *Dongba* scriptures of the Naxi people, Joseph Rock not only had in his full command the Naxi language but also was able to decipher the *Dongba* script. In his later years, sponsored by the Far Eastern Institute at the University of Washington, he published *A Nakhi-English Encyclopedic*

Dictionary (1961), which, with phonetic transcriptions, offers to the world a systematic presentation of the form and meaning of the *Dongba* writing. In 1962, Rock died of disease in Hawaii and drew a close to his legendary life.

As early as in 1944, Rock sold most of his collection of Naxi *Dongba* scriptures from Yunnan to the Chinese and Japanese Library of Harvard University (predecessor of the Harvard-Yenching Library). According to what is recorded in *Qiu Kaiming Nianpu* (*A Chronicle of Qiu Kaiming*), the Board (of Trustees) of the Harvard-Yenching Institute reached the decision on the 13th of November 1944 that, "Except the Mosuo manuscripts and a scanty number of old books, the Chinese and Japanese Library of Harvard University was advised to buy other books in Dr. Rock's collection". On April 1st, 1946, the Board of Harvard-Yenching Institute approved the annual budget of 1945-1946, an extra amount of 800 dollars being added for buying other Naxi manuscripts in Rock's collection.

In 1956, Li Lints'an, an expert on the Naxi script, was invited by the Harvard-Yenching Institute to sort out Rock's collection of the *Dongba* scriptures. In 1995, Zhu Baotian, who once worked in the Yunnan Museum, was invited by Wu Wenjin, the Curator of the Harvard-Yenching Library, to catalog the scriptures, the final result being *Hafo Daxue Hafo-Yanjing Tushuguan Cang Zhongguo Naxizu Xiangxingwen Jingdian Fenlei Mulu* (Classified Catalog of the Pictographic Classics of the Naxi Ethnic Group in the Collection of the Harvard-Yenching Library). Mr. Zhu Baotian organized the collection by subject into the following 13 series: A. Worship to the Dongba Shiluo (totaling 44 volumes); B. Worship of the Dragon King (83 volumes); C. Worship to the Wind (82 volumes); D. Prayers for Long Life (73 volumes); E. Worship for the Worthy (11 volumes); F. God of Victory (6 volumes); G. Worship to the House Gods (21 volumes); H. For the Living (29 volumes); I. Remove Filthiness (39 volumes); J. Closing the Door to Death (5 volumes); K. Venerating the Dead (78 volumes); L. Divination (93 volumes); M. Lingza Scripture (34 volumes). Among the scriptures, Series L, Divination, are the most numerous. In addition to these, there are 3 scrolls pertaining to the *Dongba* Belief.

Considering the factor that not all scriptures in the collection can be deciphered, the scriptures included in the present works are ordered according to the natural sequence of the scanned originals offered by the Harvard-Yenching Library, with no tentative classification imposed.

With a collection number and a serial number of the Harvard-Yenching Library indicated before the very first plate, plates of each scripture are published folio by folio, among which Plate No. 1 is the jacket and No. 2 is the flyleaf with Joseph Rock's colophon attached in the blank space, including the collection number, title of the scripture and its English translation. Plate No. 3 is the first folio of the text proper. The last plate is the back cover published for the sake of the original complete book design even if it sometimes is only a blank sheet.

Each volume of published *Dongba* scriptures is attached with a synopsis under the title, and the folio-by-folio decipherment constitutes the main part. The main part includes first the plate, followed by the corresponding deciphered narration in the Naxi language, the word-by-word glossing respectively in Naxi and Chinese, and finally the Chinese translation. Occasionally, commentaries are given whenever words or expressions of the Naxi culture present understanding difficulties for people from other cultures.

The majority of the Naxi manuscripts preserved in the Harvard-Yenching Institute was collected by Joseph Rock (1884-1962) from various places. Yet, however, the phonetic notation of the Naxi texts is rendered universally in International Phonetic Symbols in accordance with the pronunciation of the variety spoken in the Lijiang Old Town as that variety is considered the standard of the Naxi language and all living *Dongbas* and Naxi scholars read and explain the Naxi manuscripts in that variety.

Unfortunately, as most of the senior Naxi *Dongbas* have already passed away, a small portion of the scriptures in the Library collection falls undecipherable. For the sake of future efforts in decipherment and research, these scriptures are published only in plates without any decipherment.

The decipherment of the scriptures in the present works is accomplished by the Institute of *Dongba* Culture at the Yunnan Academy of Social Sciences, headed and supervised by Zhao Shihong. The other participants and translators involved are as follows: Li Dejing, Wang Shiying, Xi Yuhua, Li Ying, Li Lifen, He Hong, Li Jingsheng, He Qingyuan, Li Zhichun, He Pinzheng, He Fayuan, He Limin, He Baolin, Zhao Xuemei, Wang Qin, Zhang Lei, He Lifeng, Li Yun, Zhou Jing, Li Siyu, He Yuying, He Lijun, He Xiudong, He Guihua, and Chen Shicai.

Final revision, proofreading and compilation of the deciphered drafts are undertaken by the Institute of Ethnology and Anthropology, Chinese Academy of Social Sciences, with Sun Bojun being the supervisor. The revisers, proofreaders and editors are Sun Bojun and Nie Hongyin. The preface and editorial notes are translated by Hu Hongyan.

337-A-1-01

$$şər^{55} lər^{33} \ ŋ\gamma^{55} \cdot şər^{55} lər^{33} gə^{21} p\gamma^{55} \cdot$$

$$mi^{33} hua^{55} me^{55}$$

超度什罗仪式 · 送什罗 · 焚化

337-A-1 超度什罗仪式·送什罗·焚化

【内容提要】

　　这是一本超度东巴什罗(to ba ʂər lər)仪式中，焚化什罗(ʂər lər)尸体时诵读的经书。东巴什罗(to ba ʂər lər)死后，选一天吉祥的日子，到火葬场中焚化他的尸体。将东巴什罗(to ba ʂər lər)的尸体装在棺木之中，由八人抬着棺木，一人穿戴铠甲举刀在前边开路，浩浩荡荡直奔火葬场。东巴什罗(to ba ʂər lər)生前曾到东南西北各个地方去给别人做祭祀仪式，仪式过程中难免会出现差错，东巴什罗(to ba ʂər lər) 死后，他的灵魂会被各地的鬼所羁留。东巴祭司们诵经镇压各种鬼，把东巴什罗(to ba ʂər lər)的灵魂送到十八层天上的神地去，送到他的祖先跟前去。然后，焚化尸体，让东巴什罗(to ba ʂər lər)身安神安，也让家人安宁幸福。

【英文提要】

Salvation Ritual for *to ba ʂər lər* and Cremation of *ʂər lər*

This book was chanted, during the salvation ritual for ***to ba ʂər lər***, when the cremation of ***ʂər lər*** proceeded. After the death of ***to ba ʂər lər***, they chose an auspice day to cremate his body. On the way to crematorium, the body of ***to ba ʂər lər*** was placed in the coffin that taken by eight people, with an extra armed man went ahead to clear the course. ***to ba ʂər lər*** used to do sacrifice rituals for others in every part of the place but accidentally made some mistakes during those rituals. Thus, ***to ba ʂər lər***'s spirit would be detained by ghosts around the place after his death. ***to ba*** priests read the book in order to exorcize the ghost also ascend ***to ba ʂər lər***'s spirit both to the highest level in heaven and his ancestors. Finally, they cremated the body to bless ***to ba ʂər lər*** tranquil in corporal and spiritual also bless his family a peaceful life.

337-A-1-02

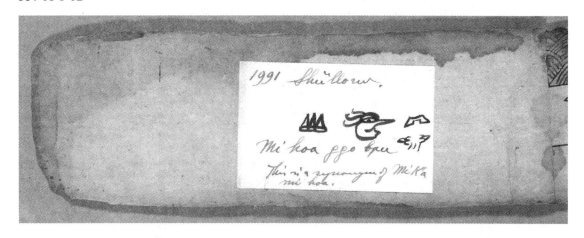

第1行："1991"为洛克藏书的编号，并用洛克音标标注此书用于"超度什罗仪式"。
第2行：东巴文字符为书名：《火咒语把什罗送到上方》。
第3行：洛克音标记录了这四个东巴文的纳西读音。
第4行：记录了书中有"火的出处来历"的内容。
　　　　英文意为：书刊号中有"火的出处来历"的内容。

337-A-1-03

a³³ la³³ mə³³ ʂər⁵⁵ n̩i³³, mɯ³³ la³³ kɯ²¹ tʂʅ³³ ʥŋ²¹, kɯ²¹ ʥŋ²¹ tʂʅ³³ n̩i³³ ɯ³³, dy²¹
阿 也 不 说 日 天 上 星 所 长 星 长 这 天 好 地

la³³ zə²¹ tʂʅ³³ y²¹, zə²¹ y²¹ tʂʅ³³ n̩i³³ hər²¹, uæ³³ nɯ³³ bi³³ thy³³ ly²¹, bi²¹ thy³³
也 草 所 长 草 长 这 天 绿 左 由 日 出 暖 日 出

tʂʅ³³ n̩i³³ ly²¹, i²¹ nɯ²¹ le²¹ tshe⁵⁵ bu³³. | gə²¹ i³³
今天 暖 右 由 月光 明 月光 这 天 明 上 是

la²¹ sa²¹ to⁵⁵ khu²¹ phər²¹, gɣ³³ dzŋ²¹ khɣ⁵⁵ tsŋ²¹ ɯ³³, khɣ⁵⁵ la³³ tʂʅ³³ khɣ⁵⁵ ɯ³³.
拉 刹 坡 脚 白 藏族 岁 算 善 岁 也 今 岁 好

mi²¹ i³³ bɣ³³ lɣ⁵⁵ ʐɿ³³ za²¹ mæ³³，le³³ bɣ³³ he³³ tsɿ²¹ ɯ³³，he³³ la³³ tʂhɿ³³ he³³ ɯ³³．｜
下　是羊牧路下尾　白族　月　算　善　月　也　这　月　好

dzi³³ dʑə²¹ lɣ⁵⁵ gɣ³³ ha⁵⁵，na²¹ çi³³ ha⁵⁵ tsɿ²¹ ɯ³³，hɯ⁵⁵ la³³ tʂhɿ³³ ha³³ ɯ³³．｜ to³³
人　往　中间　住　纳西　天　算　善　天　也　这　天　好

ba³³ ʂər⁵⁵ lər³³ thɯ³³，tɕi²¹ khu³³ phər²¹ lɣ⁵⁵ la³³，ko³³ dʑi²¹ le³³ bɯ²¹ me³³．｜ so³³ khu²¹
东巴什罗　　是　云边　白　生生　鹤　飞　又　去　是　岭　上

ʂɿ²¹ ɯ⁵⁵ ɯ³³，la³³ tsho³³ le³³ bɯ²¹ me³³。｜ ko²¹ kɣ³³ hər²¹ lər⁵⁵ lər³³，bər²¹ dʑi³³ le³³ bɯ²¹
　黄　橙橙　虎　跳　又　去　是　高原上　绿　茵茵　　牦牛　走　又　去

me³³．｜ dʑi³³ y²¹ mɯ³³ kɣ⁵⁵ bɣ²¹，to³³ ba³³ ʂər⁵⁵ lər³³ ʐɿ³³ dʑi³³ ʐɿ³³ çə⁵⁵ le³³ bɯ²¹ me³³，
　是　　人　生　天　穹　下　东巴什罗　　　路　行　路　走　又　去　是

phər²¹ mu²¹ sæ²¹ mu²¹
盘神　兵　禅神　兵

　　远古的时候，天上布满星星，今夜的星光最灿烂。地上长满青草，今天的青草最嫩绿。左边升起的太阳暖融融，今天的太阳最温暖。右边升起的月亮放光明，今天的月光最皎洁。住在白色的拉刹山坡下的藏族，善于推算年份，最好的年份就是今年。居住在牧羊路下方的白族善于推算月份，这一个月最好。居住在中间的纳西族善于推算日子，今天的日子最好。东巴什罗就像飞翔在云间的白鹤，离开白生生的云朵就要走了，就像山岭上的猛虎，离开黄橙橙的大山就要走了，就像高原上的牦牛，离开绿茵茵的草地就要走了。
　　人们居住在天穹之下，东巴什罗就要离开人群上路了。东巴什罗身后带着盘神、禅神兵，

337-A-1-04

gu²¹ nɯ³³ sɿ³³、ga³³ mu²¹ u²¹ mu²¹，｜ o⁵⁵ mu²¹ he²¹ mu²¹ tɣ³³ tɣ²¹ kɯ³³ kɯ²¹ gu²¹ nɯ³³
后　由　领　胜神兵吾神兵　　沃神兵　恒神兵　千　千　万　万　后　由

sɿ³³，hæ³³ ʂɿ²¹ tsər³³ lər²¹ do⁵⁵，ua³³ hər²¹ da³³ khə²¹ la⁵⁵，ti³³ tsɿ³³ gə²¹ ba²¹ sɿ²¹ çi³³
领　金　黄　板铃　摇　松石绿　法鼓　敲　弟子　格巴　三　百

tʂhua⁵⁵ tshər²¹ gu²¹ nɯ³³ sʅ³³, │ to³³ ba³³ ʂər⁵⁵ lər³³ gə²¹ le³³ pɣ⁵⁵ bɯ³³ me³³, │ bə³³
六十　　后　　由　领　　东巴什罗　　　　上　又　送　要　是

mu³³ sʅ⁵⁵ dʑi²¹ lo²¹ nɯ³³ gə²¹ le³³ pɣ⁵⁵ bɯ³³ me³³, │ to³³ ba³³ ʂər⁵⁵ lər³³ thɯ³³, lu³³ lu²¹
人类 人 房　里 由　上 又 送　去　是　　东巴什罗　　　它　四 人

sər³³ kɣ³³ lɣ²¹, lu³³ lu²¹ sər³³ khɯ³³ lɣ²¹, dɯ³³ lu²¹ gæ²¹ tha⁵⁵ lɣ²¹, tsha²¹ tsha²¹ kæ³³
木 头　抬 四 人　木　脚 抬　一 人　刀 快 举　喳喳　前

nɯ³³ tsho³³, khua⁵⁵ gu⁵⁵ gæ²¹ hæ³³ kæ³³ nɯ³³ tsho³³ le³³ zʅ²¹ ɯ³³ mu³³ tsʅ²¹ dɣ²¹ ɳə²¹
由　跳　　铠　穿 甲　挂　前　由　跳　又 死者　　火葬场　里

sʅ⁵⁵ hɯ⁵⁵hɯ³³. │ to³³ ba³³ ʂər⁵⁵ lər³³ mə³ sʅ³³ sʅ⁵⁵ thɯ³³ zʅ³³, ɳi³³me³³thɣ³³ tər²¹ za⁵⁵dʑə²¹ bɣ³³
三　圈绕　　东巴什罗　　　不　死 活 那　时　东方　　呆饶玖补

dzʅ²¹ me³³ dy²¹, dɣ²¹ ne²¹ tse²¹
住　的 地方　毒鬼 和 仄鬼

带着胜神、吾神兵，带着沃神、恒神兵，带着千千万万的神兵。三百六十位东巴弟子摇晃着金黄色的板铃，敲打着绿松石法鼓，跟在东巴什罗的身后，东巴什罗从人们居住的房子里送出去。东巴什罗装殓在棺木中，四人在前边抬，四人在后边抬，一人披挂着铠甲手中举着刀，喳喳地在前边跳，在火葬场中绕三圈。

东巴什罗生前，会到东边呆饶玖补（东方鬼的头目）居住的地方，去祭祀毒鬼和仄鬼。

337-A-1-05

py²¹ le³³ u⁵⁵ khɯ⁵⁵, tha¹³ dy²¹ æ³³ tshər²¹tsʅ⁵⁵ mə³³ gu²¹ me³³ kho⁵⁵, │ bu²¹ bər³³ dzæ²¹ mə³³
祭 又 去 做　他 地方 雏鸡　汗 未 干 的 杀，　猪崽　牙 未

y²¹ me³³ kho⁵⁵, │ ɣ³³ le²¹ ko²¹ mə³³ sʅ³³ me³³ kho⁵⁵, │ tshʅ⁵⁵ tho³³ da²¹ mə³³ sʅ³³ me³³
生 的 杀　　绵羊 小 高原 不 知 的 杀　　山羊　羔 栗树 不 知 的

kho⁵⁵, | ʂʅ³³ se³³ y²¹ duɯ³³ zʅ³³, to³³ ba³³ ʂər⁵⁵ lər³³ y²¹ dʑi³³ y²¹ çə⁵⁵ le³³ buɯ²¹ me³³,
　杀　　死后　祖先这位　东巴什罗　　祖先走祖先行又　去　是

tər²¹ za⁵⁵ dʑə²¹ bɣ³³ nuɯ³³, dʑi³³ buɯ³³ zʅ³³ i³³ hu³³ i³³ kɣ⁵⁵。| ti³³ tsʅ³³ gə²¹ ba²¹ sʅ²¹ çi³³
呆饶玖补　　　由　走　要　路是　拦也　会　弟子　格巴　三百

tʂhua⁵⁵ tshər²¹ nuɯ³³, tər²¹ za⁵⁵ dʑə²¹ bɣ³³ khæ⁵⁵ le³³ sy⁵⁵, sər³³ tshŋ²¹ gɣ³³ lɣ²¹ muɯ²¹
六十　　　由　呆饶玖补　　　射又　杀　木鬼　九个下

le³³ zər²¹。|
又　压

东巴什罗就在那地方，杀刚出壳而汗尚未干的小鸡，杀尚未长出牙齿的小猪崽，杀连高原牧
场也尚未到过的小绵羊，杀连栗树叶也尚未食过的山羊羔做祭祀。东巴什罗死后，将要上路
的时候，呆饶玖补就会在路上阻拦东巴什罗。什罗的三百六十个格巴弟子用箭射杀呆饶玖补，
把他带领的九个木方位（东方）的鬼镇压下去，

337-A-1-06

to³³ ba³³ ʂər⁵⁵ lər³³ dʑi³³ buɯ³³ zʅ³³ nə²¹ hu³³ mə³³ tʂər²¹ ho⁵⁵ me⁵⁵. | to³³ ba³³ ʂər⁵⁵ lər³³
东巴什罗　　走要　路上　拦不准愿是　东巴什罗

la³³ gɣ³³ hu²¹ he³³ hu²¹ se²¹, tʂhɣ⁵⁵ zi³³ buɯ²¹ zi³³ se²¹. | to³³ ba³³ ʂər⁵⁵ lər³³ thuɯ³³, thɣ³³
也身安神安了　马美鬃美了　东巴什罗　　他土

phe³³ dzo³³ phər²¹ dzo²¹ lɣ⁵⁵ zʅ³³ nuɯ³³ gə²¹ le³³ pɣ⁵⁵, hæ³³ ʂʅ²¹ bæ³³ mi³³ tɕər³³ kɣ³³ nuɯ³³
布桥　白桥　中路由上又送　金黄灯火领盏上由

gə²¹ le³³ sʅ³³. | to³³ ba³³ ʂər⁵⁵ lər³³ ua³³ he³³ la³³, tər²¹ za⁵⁵ dʑə²¹ bɣ³³ dy²¹ mə³³æ²¹ le³³ be³³
上又领　东巴什罗　魂魄也　呆饶玖补　地方不滞留又做

se²¹. ‖ to³³ ba³³ ʂər⁵⁵ lər³³ mə³³ zʅ³³ sʅ⁵⁵ thuɯ³³ zʅ³³, i³³ tʂhŋ³³ muɯ²¹, ʂʅ³³ dzʅ³³ dʑi³³ bɣ³³dzʅ²¹
了　东巴什罗　　不死活那时　南方　　史支金补　　　住

me³³ dy²¹, tshə⁵⁵ py²¹ dzʅ³³ py²¹ le³³ u⁵⁵ khɯ⁵⁵ me³³, | tha²¹ dy²¹ æ³³ tsʅ²¹ tsʅ⁵⁵ mə³³ gu²¹
的　地方 秽鬼 祭 支鬼 祭 又 做 去 是　那 地方 鸡 小 汗 未 干

me³³ kho⁵⁵ le³³ iə⁵⁵, | bu²¹ bər³³ dʑæ²¹ mə³³ y²¹ me³³ kho⁵⁵ le³³ iə⁵⁵, | y³³ le²¹
的　杀 又 给　猪崽 牙 未 生 的 杀 又 给　绵羊 小

不让他们拦住东巴什罗要走的路。这样，东巴什罗身安神宁，就像一匹骏马配上了一身漂亮的鬃毛。把东巴什罗从土布搭起的桥上往上送，从金黄色的神灯灯盏上往上送，不让东巴什罗的魂魄滞留在呆饶玖补居住的地方。

东巴什罗活着的时候，他会到南边"史支金补"（南方鬼的头目）居住的地方，去祭祀秽鬼和支鬼。东巴什罗在那地方，宰杀刚出壳汗未干的小鸡，宰杀尚未长牙的小猪崽，

337-A-1-07

ko²¹ mə³³ sʅ³³ me³³ kho⁵⁵ le³³ iə⁵⁵, | tshʅ⁵⁵ tho³³ da²¹ mə³³ sʅ³³ me³³ kho⁵⁵ le³³ iə⁵⁵, |
高原 不 知 的 杀 又 给 山羊 羔 栗树 不 知 的 杀 又 给

to³³ ba³³ ʂər⁵⁵ lər³³ sʅ³³ se³³ y²¹ dɯ³³ zʅ³³, to³³ ba³³ ʂər⁵⁵ lər³³ y²¹ dʑi³³ y²¹ çə⁵⁵ le³³
东巴什罗 死 了 祖先 这 时 东巴什罗 祖先 行 祖先 走 又

bɯ²¹ me³³, sʅ³³ dzʅ³³ dʑi³³ by³³ me³³ nu³³ hu³³ i³³ kɣ⁵⁵. | to³³ ba³³ ʂər⁵⁵ lər³³ gə³³ ti³³ tsʅ³³
去 是 史支金补 们 来 拦 也 会 东巴什罗 的 弟子

gə²¹ ba²¹ sʅ²¹ çi³³ tʂhua⁵⁵ tshər²¹ nɯ³³, sʅ²¹ dzʅ³³ dʑə³³ by³³ khæ⁵⁵ le³³ sy⁵⁵, mi³³ tshʅ²¹ gɣ³³
格巴 三 百 六十 由 史支金补 射 又 杀 火 鬼 九

kɣ⁵⁵ mɯ²¹ le³³ zər²¹。 | to³³ ba³³ ʂər⁵⁵ lər³³ gə³³ dʑi³³ bɯ³³ zʅ³³ ȵə²¹ tər²¹ mə³³ tʂər²¹ be³³
个 下 又 压 东巴什罗 的 走 要 路上 挡 不 使 做

ho⁵⁵. | to³³ ba³³ ʂər⁵⁵ lər³³ la³³ gɣ³³ hu²¹ he³³ hu²¹ se²¹, tʂhɣ⁵⁵ zi³³ bu²¹ zi³³ se²¹. |
愿 东巴什罗 也 身 安 神 安 了 马 美 鬃 美 了

to³³ ba³³ ṣər⁵⁵ lər³³ thɯ³³, thɣ³³ phe³³ dʑo³³ phər²¹ kɣ³³ nɯ³³ gə²¹ le³³ pɣ⁵⁵, hæ³³ ʂʅ²¹
东巴什罗 　　　他　土布　桥　白　上　由　上　又　送　金　黄

bæ³³ mi³³ kɣ³³, no²¹ pɣ⁵⁵ lɯ³³ ʂʅ³³ kɣ³³
灯火　　上　宝贝　箭　　上

宰杀尚未去过高原牧场的小绵羊，宰杀尚未尝过栗树叶的山羊羔，做施鬼的牺牲。东巴什罗死了变成祖先，就要上路的时候，史支金补会拦在东巴什罗要走的路上。东巴什罗的三百六十个格巴弟子射杀史支金补，把火方位（南方）的九个鬼镇压下去，不让南边的鬼挡住东巴什罗要走的路。这样，东巴什罗身安神安，就像一匹骏马配上了一身漂亮的鬃毛。把东巴什罗从白色的土布桥上送上去，把东巴什罗从金黄色的灯火上，从宝箭上送上去，

337-A-1-08

nɯ³³ o⁵⁵ dy²¹ he²¹ dy²¹ gə²¹ le³³ pɣ⁵⁵, 　i³³ tʂhʅ³³ mɯ²¹ ʂʅ³³ dzʅ³³ dʑi³³ bɣ³³ dy²¹ lɑ³³
由　沃神　地　恒神　地　上　又　送　　南方　　史支金补　　　地方　也

mə³³ æ²¹ gɣ³³ be³³ ho⁵⁵. ‖ to³³ ba³³ ṣər⁵⁵ lər³³ mə³³ ʂʅ³³ sʅ⁵⁵ thɯ³³ zʅ³³, | ɲi³³ me³³ gɣ²¹,
不　滞　成　做　愿　东巴什罗　　　不　死　活　那　时　　西方

le⁵⁵ tɕhi³³ sʅ³³ phɣ³³ dʑŋ²¹ me³³ dy²¹, tər²¹ py⁵⁵ lɑ³³ py²¹ le³³ u⁵⁵ khɯ⁵⁵ me³³, | tha³³ dy²¹
楞启斯普　　　住　的　地方　呆鬼　祭　佬鬼　祭　又　做　去　是　　他　地方

æ³³ tsʅ²¹ tsʅ⁵⁵ mə³³ gu²¹ me³³ kho⁵⁵ le³³ iə⁵⁵, | bu²¹ bər³³ dʑæ²¹ mə³³ y²¹ me³³ kho⁵⁵ le³³
鸡　小　汗　未　干　的　杀　又　给　猪崽　　牙　未　生　的　杀　又

iə⁵⁵, | y³³ le²¹ ko²¹ mə³³ sʅ³³ me³³ tse²¹, | tshʅ⁵⁵ tho³³ dɑ²¹
给　绵羊小　高原　不　知　的 · 用　山羊　羔　栗树

把东巴什罗送到沃神、恒神居住的地方去。从此，东巴什罗他不再滞留在南方史支金补住的地方了。

　　东巴什罗活着的时候，会到西方楞启斯普（西方鬼的头目）居住的地方，去祭祀呆鬼和佬鬼。东巴什罗宰杀刚出壳汗还未干的小鸡，宰杀尚未长牙的小猪崽，宰杀尚未去过高原牧

场的小绵羊，宰杀尚未尝过栗树叶的

337-A-1-09

mə³³ sʅ³³ me³³ kho⁵⁵ le³³ iə⁵⁵. | sʅ³³ se³³ y²¹ dɯ³³ zʅ³³, | to³³ ba³³ ʂər⁵⁵ lər³³ y²¹ dʑi³³ y²¹
不 知 的 杀 又 给 死 了 祖先 那 时 东巴什罗   祖先 走 祖先

çə⁵⁵ le³³ bɯ²¹ me³³, le⁵⁵ tɕhi³³ sʅ³³ phɣ³³ nɯ³³, dʑ i³³ bɯ³³ zʅ³³ nə²¹ tər²¹ i³³ kɣ⁵⁵ me⁵⁵。|
行 又 去 是 楞启斯普   由 走 要 路 上 拦 也 会 的

to³³ ba³³ ʂər⁵⁵ lər³³ gə³³ ti³³ tsʅ³³ gə²¹ ba²¹ sʅ²¹ çi³³ tʂhua⁵⁵tshər²¹ nɯ³³, le⁵⁵ tɕhi³³ sʅ³³ phɣ³³
东巴什罗   的 弟子 格巴 三 百 六 十 由 楞启斯普

khæ⁵⁵ le³³ sy⁵⁵, ʂu²¹ tshʅ²¹ gɣ³³ lu²¹ mɯ²¹ le³³ zər²¹. | to³³ ba³³ ʂər⁵⁵ lər³³ gə³³ dʑi³³ bɯ³³
射 又 杀 铁 鬼 九 个 下 又 压 东巴什罗   的 走 要

zʅ³³ i³³ tər²¹ mə³³ tʂər²¹ se²¹ me³³。| to³³ ba³³ ʂər⁵⁵ lər³³ la³³ gɣ³³ hɯ²¹ he³³ hɯ²¹ se²¹,
路 是 拦 不 使 了 是 东巴什罗   也 身 安 神 安 了

tʂhɣ⁵⁵ zi³³ bu²¹ zi³³ se²¹. to³³ba³³ ʂər⁵⁵ lər³³ thy³³ phe³³ dʑo³³phər²¹ kɣ³³, hæ³³ sʅ²¹ bæ³³ mi³³
马 美 鬃 美 了 东巴什罗   土 布 桥 白 上 金 黄 灯火

kɣ³³, no²¹ py⁵⁵ lɯ³³ sʅ³³ kɣ³³ nɯ³³ he²¹ i³³ ɯ³³ me³³ sʅ³³ tshər²¹ sʅ⁵⁵ dy²¹ le³³ pɣ⁵⁵。|
上 宝贝 箭 上 由 神 的 好 的 三 十 三 地 又 送

n̠i³³me³³ gɣ²¹, le⁵⁵ tɕhi³³ sʅ³³ phɣ³³ dy²¹ mə³³ æ²¹ le³³ be³³ se²¹. | to³³ ba³³ ʂər⁵⁵ lər³³
西方 楞启斯普   地 不 滞 又 做 了 东巴什罗

mə³³ sʅ³³ sʅ⁵⁵ thɯ³³ zʅ³³, ho³³ gɣ³³ lo²¹, no²¹ dʐʅ³³ dʑi³³ bɣ³³ dʐʅ²¹ me³³ dy²¹, tshʅ³³ py²¹
不 死 活 那 时 北方   努祖景补   住 的 地方 楚鬼 祭

iə²¹ py²¹
尤鬼 祭

小羊羔，做施鬼的牺牲。当东巴什罗死了变成祖先，将要上路的时候，楞启斯普会拦住东巴什罗要走的路，东巴什罗的三百六十个格巴弟子射杀楞启斯普，把九个铁方位（西方）的鬼镇压下去，不让他们拦住东巴什罗要走的路。这样，东巴什罗身安神安了，就像骏马配上了美丽的鬃毛 。把东巴什罗从白色的土布桥上送上去，从金黄色的灯火上送上去，把东巴什罗送到三十三个美好的神地去，从此，东巴什罗不再滞留在楞启斯普的地方了。

　　东巴什罗活着的时候，他会到北边努祖景补（北方鬼的头目）居住的地方，去祭祀楚鬼和尤鬼。

337-A-1-10

le³³ u⁵⁵ khɯ³³ me³³, │tha²¹ dy²¹ æ³³ tsʅ²¹ tsʅ⁵⁵ mə³³ gu²¹ me³³ kho⁵⁵ le³³ iə⁵⁵, │bu²¹ bər²¹
又　做　去　是　　那　地方鸡　小　汗　未　干　的　杀　又　给　　猪　崽

ʥæ²¹ mə³³ dʑŋ²¹ me³³ kho⁵⁵ le³³ iə⁵⁵, │y³³ le²¹ ko²¹ mə³³ sʅ³³ me³³ kho⁵⁵ le³³ iə⁵⁵, │tshŋ⁵⁵
牙　未　长　的　杀　又　给　　绵羊　小　高原　不　知　的　杀　又　给　　山羊

tho³³ dɑ²¹ mə³³ sʅ³³ me³³ kho⁵⁵ le³³ iə⁵⁵. │ʂʅ³³ se³³ y²¹ dɯ³³ zʅ³³, y²¹ ʥi³³ y²¹ çə⁵⁵ le³³ bɯ²¹
羔　栗树　不　知　的　杀　又　给　　死　了　祖先那　时　祖先走祖先行又　去

me³³, nɣ²¹ dʑ³³ ʥi³³ bɣ³³ nɯ³³ ʥi³³ bɯ³³ zʅ³³ i³³ tər²¹ i³³ kɣ⁵⁵. │to³³ bɑ³³ ʂər⁵⁵ lər³³ gə³³,
是　努祖景补　　由　走　要　路　是　拦　也　会　东巴什罗　　　的

ti³³ tsʅ³³ gə²¹ bɑ²¹ sʅ²¹ çi³³ tʂhuɑ⁵⁵ tshər²¹ nɯ³³, hæ³³ʂʅ³³ tsər³³ lər²¹ do⁵⁵,uɑ³³ hər²¹dɑ³³ khə²¹
弟子　格巴　三　百　六　十　由　金　黄　板铃　摇　松石绿　法鼓

lɑ⁵⁵, nɣ²¹ dʑ³³ ʥi³³ bɣ³³ khæ⁵⁵ le³³ sy⁵⁵,ʥi²¹ tshʅ²¹ gɣ³³ lɣ²¹mɯ²¹ le³³zər²¹. │ to³³ bɑ³³ʂər⁵⁵
敲　努祖景补　　射　又　杀　水　鬼　九　个　下　又　压　东巴什罗

lər³³ʥi³³ bɯ³³ zʅ³³ i³³ hu³³mə³³ tʂər²¹, │ to³³ bɑ³³ ʂər⁵⁵ lər³³ lɑ³³, gɣ³³ hɯ²¹ he³³ hɯ²¹, tʂhɣ⁵⁵
走　要　路　是　拦　不　使　东巴什罗　　也　身　安　神　安　马

zi³³ bu²¹ zi³³ se²¹.
美　鬃　美　了

祭祀中，东巴什罗用刚出壳汗未干的小鸡做牺牲，宰杀尚未长出牙的小猪崽做牺牲，宰杀高原牧场也尚未去过的小绵羊做牺牲，宰杀尚未尝过栗树叶的小羊羔做牺牲。东巴什罗死后变成祖先，将要上路的时候，努祖景补会在路上拦住东巴什罗。东巴什罗的三百六十个格巴弟子摇晃着金黄色的板铃，敲打着松石般碧绿的法鼓，射杀努祖景补，镇压九个水方位（北方）的鬼，不让他们拦住东巴什罗要走的路。这样，东巴什罗身安神安，就像骏马配上了一身漂亮的鬃毛。

337-A-1-11

to³³ ba³³ ʂər⁵⁵ lər³³ thy³³ phe³³ ʥo³³ phər²¹ kɣ³³ nɯ³³ gə²¹ le³³ pɣ⁵⁵, hæ³³ ʂʅ²¹ bæ²¹ mi³³ kɣ³³
东巴什罗　　　土布　桥　白　上　由　上　又　送　金　黄　灯火　上

nɯ³³ gə²¹ le³³ pɣ⁵⁵, hæ³³ ʂʅ²¹ tsər²¹ lər²¹ kho³³, ua³³ hər²¹ da³³ khə²¹ kho³³, dɣ³³ phər²¹ mu²¹
由　上　又　送　金　黄　板铃　声　松石绿　法鼓　声　海螺　白　螺

kh o³³ kho³³ kɣ³³ nɯ³³ gə²¹ le³³ pɣ⁵⁵. | ho³³ gɣ³³ lo²¹ ȵə²¹ æ²¹ mə³³ tʂər²¹ be³³ se²¹. | to³³
螺号　声　上　由　上　又　送　　北方　　上　滞　不　使　做　了

ba³³ʂər⁵⁵ lər³³ mɯ³³ tɕər²¹ tshe²¹ ho⁵⁵ ty³³, ʥy²¹ na⁵⁵ zo⁵⁵ lo³³ kɣ³³ gə²¹ le³³ pɣ⁵⁵. phər²¹ ne²¹
东巴什罗　　天　上　十　八　层　居那若罗　　　顶　上　又　送　盘神　和

sæ²¹、 ga³³ ne²¹ u²¹, o⁵⁵ ne²¹ he²¹ gu²¹ gə²¹ le³³ pɣ55. | he²¹ i³³ ɯ³³ me³³ sʅ³³tshər²¹ sʅ⁵⁵
禅神　胜神和 吾神 沃神 和 恒神 后　上　又　送　　神 的 好 的 三 十 三

dy²¹gə²¹ le³³ pɣ⁵⁵. ȵi³³ me³³ bu³³ dɯ²¹ lu⁵⁵ la³³, he³³ me³³ ʥi³³ dɯ²¹ zi⁵⁵ zæ³³ me³³ gə³³ dy²¹
地　上　又　送　太阳　光　大　四　照 月亮　亮　大　晶莹　做 的 地方

gə²¹ le³³ pɣ⁵⁵. | y²¹ le³³ mu⁵⁵ mə³³ kɣ⁵⁵ me³³ dy²¹ gə²¹ le³³ thy⁵⁵, | bər³³ le³³ tʂhər³³ mə³³
上　又　送　活 又 老 不　会 的 地方上又　到　腐 又 朽 不

du³³me³³ dy²¹ gə²¹ le³³ pɣ⁵⁵ me⁵⁵, | mɯ³³ lɯ⁵⁵ du²¹ ʥi³³ ʥʅ²¹ me³³ dy²¹ gə²¹ le³³ pɣ⁵⁵.
兴 的 地方上 又 送 要　　美利董主　　　住 的 地方上 又 送

把东巴什罗从白色的土布桥上往上送，从金黄色的灯火上往上送，从金黄色板铃的响声中，从松石般碧绿的法鼓响声中往上送。不让东巴什罗滞留在北方努祖景补居住的地方，把东巴什罗送到十八层天上去，送到居那若罗神山顶上去，送到盘神、禅神、胜神、吾神、沃神和恒神居住的地方去，送到三十三个美好的神地去，把东巴什罗送到阳光灿烂、月光晶莹皎洁的地方去，送到不会变老、不会死亡、不会腐朽的地方去，送到美利董主居住的地方去，

337-A-1-12

tshŋ²¹ tsua³³ dʑi³³ mu³³ dʐŋ²¹ me³³ dy²¹ gə²¹ le³³ pɣ⁵⁵, ǀ sər⁵⁵ lər³³ uə³³ gə²¹ dʐŋ²¹ me³³ dy²¹
茨抓金姆　　　　住　的　地方上又　送　　什罗威格　　　住　的　地方

gə²¹ le³³ pɣ⁵⁵, ǀ dʑi³³ bɣ³³ thɣ³³ kə⁵⁵dʐŋ²¹ me³³ dy²¹ gə²¹ le³³ thɣ³³, ǀ sa³³ za²¹ lər³³ tʂə⁵⁵ dʑi³³
上又　送　　景补土构　　　住　的　地方上又　到　　莎饶朗宙吉姆

mu³³ dʐŋ²¹ me³³ dy²¹ gə²¹ le³³ phɣ³³, ǀ ə³³ phɣ³³ la²¹ tse⁵⁵ dʑi³³ bɣ³³ dʐŋ²¹ me³³ dy²¹ gə²¹ le³³
住　的　地方上又　送　　祖父　劳正吉补　　住　的　地方上又

pɣ⁵⁵, ǀ ə³³ dʐŋ³³ la²¹ tse³³ dʑi³³ mu³³ dʐŋ²¹ me³³ dy²¹ gə²¹ le³³ phɣ³³. ǀ sa²¹ lɯ⁵⁵ uə³³ de²¹
送　　祖母　劳正吉姆　　住　的　地方上又　送　　刹依威德

dʐŋ²¹ me³³ dy²¹ gə²¹ le³³ pɣ⁵⁵, he²¹ dɯ²¹ ua³³ phər²¹ dʐŋ²¹ me³³ dy²¹, ʂŋ⁵⁵ lo³³ u³³ mi²¹ dʐŋ²¹
住　的　地方上又　送　　恒迪窝盘　　　住　的　地方　什罗阿明　　住

me³³dy²¹ gə²¹ le³³ pɣ⁵⁵. ǁ to³³ ba³³ ʂər⁵⁵ lər³³ thɯ³³, mɯ³³ tsŋ²¹ dɣ²¹ nɯ³³ tɕər⁵⁵ bɯ³³ me³³,
的　地方上又　送　　东巴什罗　　　他　火葬场　　由　焚化去　是

送到茨抓金姆居住的地方去，送到什罗威格居住的地方去，送到景补土构、莎饶朗宙吉姆居住的地方去，送到东巴什罗的祖父劳正吉补，祖母劳正吉姆居住的地方去；送到刹依威德大神、恒迪窝盘大神、什罗阿明居住的地方去。
　　要把东巴什罗的尸体送到火葬场上焚化，

337-A-1-13

mɯ³³ tsʅ²¹ dʏ²¹ nɯ³³ fʏ³³ me³³ ua³³ phər²¹ mɯ⁵⁵ nɑ²¹ piə³³.| tʂua²¹ i³³ gʏ³³ lʏ²¹ sər³³
火葬场　　　　　由 焚化是 骨 白 炭 黑 变 男 是 九 筒 柴

nɯ³³ fʏ³³, gʏ³³ the²¹ ta⁵⁵ me³³ tshe³³ lʏ²¹ be³³.| bɯ³³ i³³ʂər³³ lʏ²¹ sər³³ nɯ³³ fʏ³³, gʏ³³ the²¹
由 烧 身 又 加 是 十 筒 做 妇女 是 七 筒 柴 由 烧 身 又

ta⁵⁵ me³³ ho⁵⁵ lʏ²¹ be³³,|lʏ²¹ i³³ ua³³ lʏ²¹ sər³³ nɯ³³ fʏ³³, gʏ³³ the²¹ ta⁵⁵ me³³ tshua⁵⁵ lʏ²¹
加 是 八 筒 做 男青年是 五 筒 柴 由 焚 身 又 加 是 六 筒

be³³.|ɕi²¹ i³³ sʅ³³ lʏ²¹ sər³³ nɯ³³ fʏ³³, gʏ³³ the²¹ ta⁵⁵ me³³ lu³³ lʏ²¹ be³³,|by²¹ i³³ ɲi³³ lʏ²¹
做 女青年是 三 筒 柴 由 烧 身 又 加 是 四 筒 做 小孩 是 两 筒

sər³³ nɯ³³ fʏ³³, gʏ³³ the²¹ ta⁵⁵ me³³sʅ³³ lʏ²¹ be³³. ‖ o³³ , mi³³ thʏ³³ mi³³ pɯ⁵⁵ kʏ³³ mə³³ sʅ³³
柴 由 烧 身 在 加 是 三 筒 做 唔 火 出 火 来 处 不 知

mi³³ dzo²¹ be³³ mə³³ ɲi²¹.|ʂu²¹ gə³³ ə³³ sʅ²¹ thɯ³³,du²¹gə³³ tʂʅ⁵⁵ phər²¹ tʂhər³³ gə³³ lo²¹ nɯ³³
火 事 做 不 要 铁镰 的 父亲　是 董神的 土 白 泥 的 箐 由

thʏ³³.|ʂu²¹ gə³³ ə³³ me³³, du²¹ gə³³ tʂʅ⁵⁵ phər²¹ tʂər³³ gə³³ dʑy²¹ nɯ³³ thʏ³³.| dʑy²¹ ne²¹ lo²¹
产生铁镰 的 母亲 董神的 土 白 泥 的 山 由 产生 山 和 箐

ɲi³³ kʏ⁵⁵ nɯ³³ pɯ³³ pɑ³³ be³³, ʂu²¹ gə³³ dze³³ mɑ²¹ the²¹ nɯ³³ thʏ³³.
两个 由 交合 做 铁 的 火镰 这 由 产生

在火葬场中把尸体变成几节白色的骨头，变成一点黑炭。焚化时，成年男子用九筒柴，加上身体就是十筒。成年妇女用七筒柴，加上身体就是八筒。男青年用五筒柴，加上身体就是六筒。女青年用三筒柴，加上身体就是四筒。小孩子用两筒柴，加上身体就是三筒。

唔，若不知道焚化尸体之火的出处来历，就不要做有关火的任何事。打火之铁镰的父亲产生在董族有白色泥土的大山箐里，打火之铁镰的母亲，产生在董族有白色泥土的大山上，由大山和山箐两个相交合，产生了打火用的铁镰。

337-A-1-14

lγ³³ thγ³³ lγ³³ puɯ⁵⁵ kγ³³ mə³³ sʅ³³, ┃ lγ³³ dʐo²¹ ʂə⁵⁵ mə³³ n̩i²¹, ┃ lγ³³ puɯ⁵⁵ huɯ⁵⁵ nuɯ³³ puɯ⁵⁵,
石 出 石 来 处 不 知 石 事 说 不 要 石 出 海 以 出

lγ³³ y²¹ huɯ⁵⁵ nuɯ³³ puɯ³³ pa³³ be³³, ┃ lγ³³ gə³³ ə³³ me³³ thγ³³. ┃ huɯ⁵⁵ khu³³ æ²¹ ʂua²¹ nuɯ³³
石 生 海 由 变化 做 石 的 母亲 生 海边 崖 高 由

puɯ³³ pa³³ be³³, lγ³³ gə³³ ə³³ sʅ²¹ the²¹ nuɯ³³ thγ³³. ┃ æ²¹ ne²¹ huɯ⁵⁵ n̩i³³ kγ³³ nuɯ³³ puɯ³³ pa³³
变化 做 石 的 父亲 这里 出 崖 和 海 两个 由 变化

be³³, ┃ ə³³ kæ²¹ ma²¹ lγ³³ duɯ²¹ me³³ thγ³³, ┃ su²¹ ne²¹ lγ³³ nuɯ³³ puɯ³³ pa³³ be³³, ┃ mi³³ thγ³³
做 坚硬 火石 大 的 生 铁 和 石 来 交合 做 火 生

the²¹ nuɯ³³ thγ³³, mi³³ puɯ⁵⁵ the²¹ nuɯ³³ puɯ⁵⁵. ┃ gə²¹ nuɯ³³ muɯ³³ gə³³ zy²¹ ba²¹ dy²¹ ɳə²¹
这里 生 火 出 这里 出 上 由 天 的 星 花 地上

dzu²¹the⁵⁵ n̩i³³ be³³, mi³³ dzʅ³³ tʂhʅ³³ hua³³ hua²¹, ┃ tha⁵⁵ bγ³³ tha⁵⁵ 、 zy²¹ bγ³³ tha³³ 、
掉 那样 地 火燃 这 熊熊 套 补塔 蕊 补塔

phy³³ ba³³ mi²¹ tʂhʅ⁵⁵ ti³³ dər³³ sʅ⁵⁵ kγ³³ nuɯ³³, to³³ ba³³ ʂər⁵⁵ lər³³ tɕər⁵⁵ me³³.
丙巴明斥丁端 三 个 由 东巴什罗 焚化 是

若不知道石头（打火用的石头）的出处和来历，就不要说石头的事，这种石头出在大海中，由会生石的大海作变化，产生了石头的母亲，由海边的山崖作变化，产生了石头的父亲，由山崖和大海作变化，产生了坚硬的能打出火的石头。由铁（火镰）和石头相碰撞，产生出了火苗和火花，就像从天上三星中抛下的一把火，地上燃起了熊熊的烈火，套补塔、蕊补塔、丙巴明斥丁端要焚化东巴什罗的尸体。

337-A-1-15

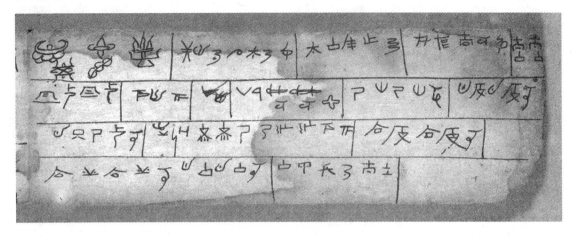

ŋɣ²¹ hæ²¹ ua²¹ tshu²¹ bæ³³ mi³³ kɣ³³ nɯ³³ tɕər⁵⁵ me³³ ua²¹. ‖ ʂər⁵⁵ lər³³ gɣ¹³ dɯ³³ pha⁵⁵ se³³
金　 银　 松石墨玉　　 灯火　　 上 由焚化是 的　　 什罗　 古迪　　 跑生

nɯ³³, | ta³³ n̠i³³ tha⁵⁵ tʂʅ²¹ z̩²¹, | lər⁵⁵ ho²¹ ty³³ sæ²¹ ne²¹, | ty³³ n̠i³³ ty³³ n̠i³³, | phe²¹
尼　　 道涅塔之日　　　　 朗禾敦禅嫩　　 敦涅敦涅　　 培

iə⁵⁵ phe²¹ iə⁵⁵ | so³³ ua³³ ha³³, | lo²¹ mu³³ da¹³ sæ²¹ da¹³ sæ²¹ sy⁵⁵, | ma²¹ sər³³ ma²¹ sər³
又 培又　　 松瓦哈　　 吾孟达禅达禅徐　　　 麻斯麻斯

ŋa³³, | ta³³ ty²¹ ta³³ dɣ²¹ ŋa³³, | ta³³ phɣ⁵⁵ ma²¹ iə³³ ŋa³³, | tʂʅ⁵⁵ tʂhər³³ u³³ de¹³ de³³ ma¹³
呵　　 道督道督呵　　 道普麻尤呵　　 斥汁吾德德麻

ma³³ i¹³ i³³ so³³ ua³³ ha³³, | go²¹ dɣ²¹ go²¹ dɣ²¹ ua³³, | go²¹ tse³³ go²¹ tse³³ ŋa³³, ta³³ n̠i²¹
马壹依松瓦哈　　 各都各都呵　　 各仄各仄呵　　 道涅

ta²¹ n̠i²¹ ŋa³³, | n̠i³³ na²¹ a²¹ lɯ³³ ty²¹ tʂə³³
打涅呵　　 涅纳呵利敦周

将要在金、银、墨玉、松石神灯的灯火上去焚化。
咒语：什罗古迪跑生尼，道涅塔之日，朗禾敦禅嫩、敦涅敦涅，培又培又，松瓦哈，吾孟达禅、达禅徐，麻斯麻斯呵，道督道督呵，道普麻尤呵，斥汁吾德德麻，马壹依松瓦哈，各都各都呵，各仄各仄呵，道涅打涅呵，涅纳呵利敦周。

337-A-1-16

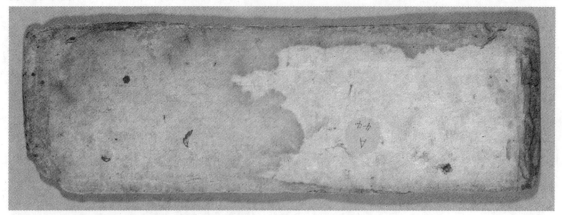

封底

（释读、翻译：和宝林）

511-A-2-01

$$ \text{ʂər}^{55} \text{lər}^{33} \text{ŋɣ}^{55} \quad \bullet \quad \text{du}^{33} \text{mu}^{21} $$

超度什罗·规程

511-A-2 超度什罗·规程

【内容提要】

　　这是一本比较简单地介绍超度东巴什罗（to bɑ şər lər）仪式规程的经书。他首先介绍了仪式所需要准备的各种东西，然后，简单罗列了按顺序所要诵读的经书，实际上也就是仪式所要进行的各种程序。最后，经书介绍了几个面偶。

【英文提要】

Rules on Salvation Ritual for *to ba şər lər*

This book briefly introduces the rule on salvation ritual for ***to ba şər lər***. It begins with the introduction of objects that needed to be prepared in the ritual. Then, briefly lists those chanted books according to priority, which actually are all of the procedures in the ritual. The book, finally, introduces some flour-made masks.

511-A-2-02

　　左边四个符号为哥巴文，读音是"ʂʅ⁵⁵ lo³³ ŋɣ⁵⁵ gə³³"，表示是超度什罗经书。右边是取坐姿的祭司。

511-A-2-03

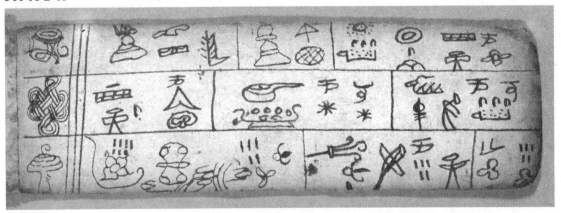

ʂər⁵⁵ lər³³ ŋɣ⁵⁵, | duɯ⁵⁵ mu²¹. | by²¹ sʅ⁵⁵ py³³ ɲi³³, ma²¹ duɯ³³ lɣ⁵⁵ ɲi³³, the³³ phər²¹
什罗　　超度　规程　　面粉　三　斗　要　酥油　一　饼　要　布　白

the³³ hər²¹ duɯ³³ lu²¹ ɲi³³, | the³³ na²¹ duɯ³³ lu²¹ ɲi³³, tshʅ³³ phər²¹ duɯ³³ khua⁵⁵, sʅ³³ duɯ³³ do³³
布　青　一　庹　要　　布　黑　一　庹　要，犁尖　白　一　张　毛　一　团

ɲi³³, | kua⁵⁵ phər²¹ duɯ³³ tɣ²¹, kua⁵⁵ na²¹ duɯ³³ tɣ²¹ ɲi³³. | çy³³ lɣ³³ bɣ³³ phər²¹, çy³³ lɣ³³ bɣ²¹
要　神粮　白　一　笾　祭粮　黑　一　笾　要　爆米花　　白　爆米花

na²¹ sʅ⁵⁵ py³³ ɲi³³. | ʂər⁵⁵ lər³³ ua²¹ ʂər⁵⁵ tho³³ pɣ⁵⁵ phər²¹, tho³³ pɣ⁵⁵ na²¹, tho³³ pɣ⁵⁵ hər³³
黑　三　斗　要　什罗　魂　招　土布　　白　布　黑　布　蓝

ua⁵⁵ khua³³ ɲi³³. | kə⁵⁵ tʂʅ²¹ duɯ³³ da²¹ ɲi³³, dzo²¹ phər²¹ be³³ tho³³ pɣ⁵⁵ ua³³ lu²¹ i³³ duɯ³³
五　匹　要　鹰爪　一　把　要　桥　白　做　布　　五　庹　有　一

kua⁵⁵ ɲi³³. | khuɯ²¹ sy²¹ ua³³ sy²¹ ɲi³³.
匹　要　　线　各种　五　种　要

超度什罗仪式规程，仪式所需要的各种东西：三斗面粉、一饼酥油，有一庹长的白布、青布、黑布各一块，一张白色犁尖，一团毛。一笋白色神粮，一笋黑色祭粮（指荞麦），三斗白色爆米花，三斗黑色爆米花（爆荞花）。招东巴什罗的灵魂时，需要白、黑、蓝色等五种颜色的布、一把鹰爪兵器、一匹有五庹长白布做桥用，五种颜色的线。

511-A-2-04

le²¹ tʂhə⁵⁵ bɤ³³ na²¹ duɯ³³ fɤ⁵⁵, | ba⁵⁵ ba³³ tshe²¹ sɿ³³ dzər²¹, luɯ³³ sɿ³³ tshe²¹ sɿ³³ dɑ²¹,
冷凑鬼　锅黑一付　　花儿十三棵　箭十三根

çy⁵⁵ hər²¹ tshe²¹ sɿ⁵⁵ kə³³, bæ³³ mi³³ tshe²¹ sɿ⁵⁵ tɕər³³, | muɯ⁵⁵ duɯ³³ to³³, çy⁵⁵ duɯ³³ to³³,
柏绿十三枝　灯盏十三盏　竹子一抱柏一抱

zɿ⁵⁵ hər²¹、khæ³³ tshæ²¹ tɕi²¹、puɯ³³ duɯ³³ to³³, | dɤ²¹ huɯ⁵⁵ na²¹ me³³ duɯ³³ huɯ⁵⁵ be³³,
绿柳　竹片　叉蒿枝一把　毒鬼海黑的一海做

luɯ³³ na²¹ duɯ³³ dzər²¹ tshɿ⁵⁵, | dɤ²¹ khua⁵⁵ gɤ³³ khua⁵⁵ be³³, phər³³ tɤ²¹ nuɯ³³ la²¹ dzɿ²¹
杉树黑一棵竖　毒鬼木牌九块做木偶　由手长

gɤ⁵⁵ tso⁵⁵ be³³, | sər³³ çi³³ la²¹ dzɿ²¹ gɤ³³ kɤ⁵⁵ be³³. | tɕhi²¹ do²¹ tshe²¹ ho⁵⁵ ly³³ thɤ²¹.
九个做　木人手长九个做　签子大十八颗设置

设置一副冷凑鬼（秽鬼）的黑锅，准备十三棵开花的树，准备十三支箭、十三根绿柏树枝，十三盏神灯。准备一抱竹子，一抱柏树枝，一抱绿柳树枝，一抱竹片叉子，一抱蒿草。设置一座毒鬼黑海，竖一棵黑杉树。准备九块毒鬼木牌，九个长手的木偶，九个长手的木人，设置十八颗大的签子。

511-A-2-05

tɕhi²¹ sər³³ tshɿ⁵⁵,du²¹ lu³³ puɯ³³ le³³ nər⁵⁵. | to³³ mɑ³³ gɣ³³ kɣ⁵⁵ be³³, lɑ²¹ zʅ³³ gɣ⁵⁵zʅ³³ be³³,
签 木 竖 董神石蒿枝 又 压   面偶 九 个 做 手 纹 九 团 捏

gɣ³³ ʂʅ³³ gɣ³³ phe⁵⁵ be³³. | ʂər⁵⁵ lər³³ ŋɣ⁵⁵, tɕy⁵⁵ tsu²¹, | kuɑ⁵⁵ o⁵⁵, bæ³³ mi³³ tʂʅ⁵⁵, |
身 肉 九 块 做 什罗 超度 最 早 神粮 撒 神灯 点

tshu⁵⁵ pɑ³³ dʑi⁵⁵, | ʂər⁵⁵ lər³³ sæ³³ læ²¹ bæ³³ mi³³ tʂʅ⁵⁵ ʂər⁵⁵ lər³³ sæ³³ læ³³ kæ³³ uɑ²¹
天香   烧 什罗   板凳 神灯 点 什罗   板凳 前 魂

ʂər⁵⁵, | bu²¹ dze²¹, | ʂər⁵⁵ lər³³ thɣ³³ puɯ⁵⁵ ʂə⁵⁵, ʂər⁵⁵ lər³³ thɣ³³ puɯ⁵⁵ kɣ³³ tʂu⁵⁵, mæ⁵⁵
招   本事 显   什罗 出处 来历 说 什罗   出处 来历   上卷

tʂu⁵⁵, | phər²¹ ne²¹ sæ²¹ nuɯ³³ uɑ²¹ ʂər⁵⁵.
下卷   盘神 和禅神 由 魂 招

竖木头签子，在签子旁竖董神石，并在下边压上蒿草。制作九个面偶，九个带着手纹的面团，九块猪身上的肉。

超度东巴什罗，最初要撒神粮、点上神灯、烧天香，在供奉什罗的板凳前点神灯，给什罗招魂，诵读《显本事》，《什罗出处来历》上卷、下卷，《盘神禅神招什罗魂》等经书。

511-A-2-06

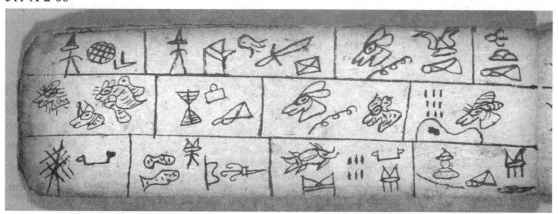

dɣ²¹ mu³³ khɯ⁵⁵，| dɣ²¹ uə³³ phɣ²¹，dɣ²¹ dɣ²¹ tshe⁵⁵，| le²¹ tʂhə⁵⁵ to³³ ma³³ phi⁵⁵，|
毒鬼　牺牲　施　　毒鬼　寨　破　毒鬼　地方　捣毁　　冷凑　　面偶　　抛

kha³³ lɣ⁵⁵ phi⁵⁵，| ə³³ y²¹、ə³³ dæ³³、dzi³³ bə²¹ | tshæ³³ bæ²¹ phi⁵⁵. | le²¹ tʂhə⁵⁵
卡吕面偶　抛　　猴　　狐狸　　蝙蝠　　赶　快　抛　冷凑

dzʅ²¹，| bu²¹ na²¹ gɣ³³ bu²¹ lo⁵⁵，| tʂhɣ⁵⁵ si³³ da²¹ dzər²¹ thɣ³³，| tse²¹ gə³³ ta³³ gɣ³³
赶　　坡　黑　九　坡翻越　　茨西　刀剑树　出　　仄鬼　的　城堡

khu³³ phu⁵⁵，| n̩i³³ uə³³ tʂhua⁵⁵ dy²¹ kɣ³³ nɯ³³ gə²¹ le³³ thɣ³³，| ʂər⁵⁵ lər³³ he²¹ zʅ³³
门　开　　地狱　六　地　上　由　上　又　到　　什罗　劈神路

phi²¹ kɣ³³ tʂu⁵⁵.
　　上卷

念《给毒鬼施牺牲》、《破毒鬼寨、捣毁毒鬼的地方》、《抛冷凑面偶》、《抛卡吕面偶》，赶快把猴、狐狸、蝙蝠布偶抛出去。诵《赶冷凑鬼》，《翻越九道毒鬼黑坡》，《茨西刀剑树的出处来历》，《打开仄鬼的城堡门》，《走出六道地狱门》，《劈神路》上卷，

511-A-2-07

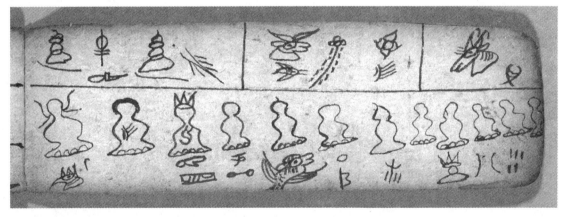

he²¹ zʅ³³ phi²¹ lɣ⁵⁵ tʂu⁵⁵，he²¹ zʅ³³ phi²¹ mæ⁵⁵ tʂu⁵⁵ | y²¹ mu⁵⁵ dzər³³，ua²¹ sa⁵⁵ | se²¹ me⁵⁵
劈神路　　中卷　劈神路　　末卷　　祖先　安慰经　灵魂　迎　《什罗吟》

me⁵⁵. | çy³³ tɕhy²¹ iə⁵⁵ lo³³ dɯ³³ lɣ⁵⁵，sa²¹ i³³ uə³³ de²¹ iə⁵⁵ lo³³，to³³ ba³³ ʂər⁵⁵ lər³³
是　大鹏　神偶　一　个　刹依威德　神偶　东巴什罗

iə⁵⁵ lo³³，he²¹ dɯ²¹ ua³³phər²¹ iə⁵⁵ lo³³，to³³gə²¹ iə⁵⁵lo³³，he²¹ i³³ kɯ²¹ khu⁵⁵ iə⁵⁵lo³³，
神偶　　恒迪窝盘　　神偶　端格　神偶　恒依　庚空　　神偶

mə³³ py²¹ dzi³³ zɣ²¹ iə⁵⁵ lo³³ ，py³³ bɣ²¹ ua⁵⁵ dzər³³ iə⁵⁵ lo³³.
莫毕精汝　　　神偶　祭司　五　尊　神偶

《劈神路》中卷、末卷，念诵《安慰死者经》，最后《什罗吟》其中就有迎请灵魂内容。

　　制作如下神偶，大鹏鸟偶一个，刹依威德神偶，东巴什罗神偶，恒迪窝盘神偶，端格神偶，恒依庚空神偶，莫毕精汝神偶，五尊东巴祭司神偶。

511-A-2-08

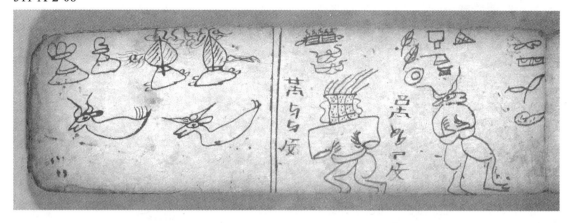

$du^{21}se^{21}$ $iə^{55}$ lo^{33},$bər^{21}$ $kγ^{33}$ $dzη^{21}$,y^{21} $kγ^{33}$ $dzη^{21}$ $iə^{55}$ lo^{33}, $dγ^{21}$ $tshη^{21}$ $tsæ^{21}$ ty^{33} $ηγ^{33}$ $ηγ^{21}dzι^{33}$,
　董神　沈神　神偶　牦牛头　长　羊　头　长　神偶　　毒鬼　　占敦努奴支

$dγ^{21}$ $tshη^{21}$ $bæ^{21}$ ty^{33} $çy^{33}$ $çy^{33}$ $mɑ^{21}$, ｜ $dγ^{21}$ $tshη^{21}$ $ʂι^{55}$ lo^{33} $iə^{21}$ $dγ^{21}$,
　毒鬼　　班敦虚虚麻　　　　　　毒鬼　　　什罗尤毒

董神、沈神神偶，长牦牛头、长羊头神偶。
制作如下鬼偶：毒鬼占敦努奴支，毒鬼班敦虚虚麻，毒鬼什罗尤毒（形象在后一页）

511-A-2-09

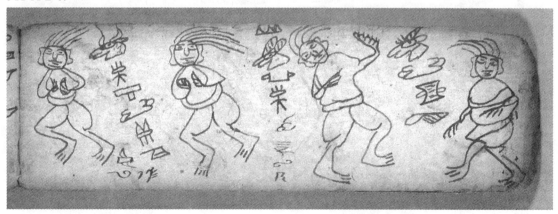

$dγ^{21}tshη^{21}$ $thi^{55}bγ^{33}kγ^{55}su^{21}$, $dγ^{21}tshη^{21}$ $mi^{33}lo^{33}thγ^{33}tshη^{21}$, $dγ^{21}tshη^{21}$ $se^{21}bγ^{33}tho^{33}khə^{55}$
　毒　鬼　替补故松　　　毒鬼　米罗土此　　　毒鬼　塞补妥扣

　毒鬼替补故松，毒鬼米罗土此，毒鬼塞补妥扣。

511-A-2-10

dɣ²¹ tshŋ²¹ i³³ mɑ²¹ thɣ³³ pɑ³³
毒鬼　　　依麻土巴

dɣ²¹ tshŋ²¹ mɑ²¹ ho²¹ tɕi⁵⁵ tso³³
毒鬼　　　麻禾季佐

huɯ⁵⁵ nɑ²¹ y²¹ pɣ⁵⁵ dɣ²¹ tshŋ²¹
恒纳余布　　　　毒鬼

毒鬼依麻土巴，毒鬼麻禾季佐，毒鬼恒纳余布。

511-A-2-11

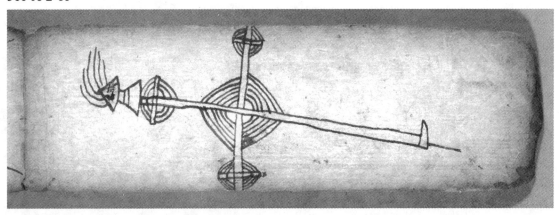

ʂər⁵⁵ lər³³ ŋɣ⁵⁵ dɣ²¹ dzər²¹
什罗　　超　督　树

这是一棵超度东巴什罗用的督树（象征神地）。

511-A-2-12

封底

（释读、翻译：和宝林）

135-A-3-01

ʂər⁵⁵ lər³³ ŋɣ̩⁵⁵ • sʅ³³ phər²¹ du²¹ lɣ̩³³ tshe⁵⁵ •
tɣ̩²¹ ɕi⁵⁵ the³³ ɯ³³ me⁵⁵

超度什罗仪式·拆除董神石·倾倒督树

135-A-3　超度什罗仪式·拆除董神石·倾倒督树

【内容提要】

这是一本祭祀场上的祭祀将要结束时，拆除董神石，倾倒督树的经书，也就是收拾祭祀场地时所诵读的经书。所谓的督树是一棵象征神地的，经过精心打扮的树，上边用白铁犁尖象征董神石，顶在督树上，树干则用各色布、旗子和花将其打扮得非常漂亮。有时也把神灯点在督树上，这时称作灯树，这一本经书说祭司就要倾倒督树了，同时不让死者滞留在祭祀场上，将他们送到祖先们居住的地方去，让他们和三代祖先在一起。也讲述各种人死后，倾倒督树，将他们送往神地的情形。

【英文提要】

Salvation Ritual for *to ba şər lər*, Demolishing the *du* Stone, Toppling the *tv* Tree

This book describes the end of the ritual when men demolished the **du** stone and toppled the **tv** tree, sc. a book to read at the sacrificial shrine clear-up. The so-called **tv** tree, with careful decorations on the tree trunk by using various cloth, flags and flowers, was a tree symbolizing the god. The **du** stone, symbolized by a sharp spike of white iron plow, was hung over the **tv** tree. Priests, sometimes, lit a sacred lantern over the **tv** tree, which called the tree of lantern. This book describes that the priest was about to topple the **tv** tree and ascend the dead, instead of wandering around the sacrificial shrine, to the place where the three generations ancestors lived. It describes the situation when the priest toppled the **tv** tree and ascended all the dead to the sacred place.

135-A-3-02

第1行："1074"为洛克藏书的编号，并用洛克音标标注此书用于"超度什罗仪式"。

第2行：这几个东巴文是此书的书名：《放倒督树》。

第3行：记录了此书书名的纳西语读音。

135-A-3-03

ɖʐ̩³³ kɣ⁵⁵ thɣ³³ tʂhʐ̩³³ lo²¹, py²¹ kɣ⁵⁵ da³³ huɯ²¹ ŋə²¹, iə²¹ pɯ⁵⁵ iə²¹ ɖʐ̩²¹ kɣ³³, | sʐ̩³³ bɣ³³
主事　会　出　这　　群　祭祀　会　达恒　　我　尤　出　尤　住　处　　　斯补

y²¹ dɯ³³ sʐ̩²¹, sʐ̩³³ bɣ³³ lo²¹ çy⁵⁵, phe²¹ be³³ lo⁵⁵ luɯ²¹ khə²¹·gə²¹ le³³ buɯ³³ me³³, | tɕi³³
祖先　这　位　斯补　罗许　培本　罗利　跟　前上　又　去　是　云

phər²¹khu³³ gə³³ ko³³ ɖi²¹ le³³ buɯ²¹ me³³, | so³³ʂua²¹ khu³³ gə³³ la³³tsho³³ le³³ buɯ²¹ me³³, |
白　处　的　鹤　飞　又　去　是　　高山　旁　的　虎跳　又　去　是

na³³ pɯ²¹luɯ²¹ tʂhʐ̩⁵⁵ khu³³,tʂhua⁵⁵ tsho³³ le³³ buɯ²¹ me³³, | ɖʑi²¹ miə²¹ na²¹ lɣ⁵⁵ lɣ³³,n̠i²¹huɯ²¹
纳本利耻恩　　旁　鹿　跳　又　去　是　　水　眼　黑　黝黝　　鱼儿

le³³ buɯ²¹ me³³, | ko²¹ phər²¹ zə²¹ hər²¹ khu³³,tɕi⁵⁵ guə²¹ bər²¹ guə³³ le³³ buɯ²¹ me³³, | he²¹ i³³
又　去　是　　高原　白草　绿处　　野牛　牦牛　又　去　是　　恒依

dʑə³³ khua²¹ kɤ³³, gu²¹ lu²¹ le³³ bɯ²¹ me³³,
玖口　　　上 马 跑 又 去 是

　　会主事的长老酋长们，会做祭祀的"达恒"（主持开丧及超度仪式祭司的称谓）我，在尤氏族居住的这一地方。要把死去的祖先送到"斯补罗许"（死去的父亲），"培本罗利"（死去的母亲）跟前去。就像是白云中的白鹤就要飞走了，高山上的猛虎就要跳离了，纳本利耻山坡上的白鹿就要跳走了；就像深水中的鱼儿就要游走了，高原上绿色草地里的野水牛和野牦牛就要离开了，"恒依玖口"山坡上的马儿就要离开了，

135-A-3-04

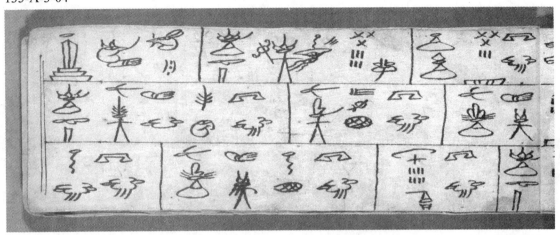

dʑy²¹ na⁵⁵ zo⁵⁵ lo³³ kɤ³³, dzi³³ la³³ le³³ bɯ²¹ me³³. | to³³ ba³³ ʂər⁵⁵ lər³³ gə³³, ti³³ tsʅ³³
居那若罗　　　上 精 也 又 去 是，　东巴什罗　　的　　弟子

gə²¹ ba²¹ sʅ²¹ çi³³ tʂhua⁵⁵ tshər²¹ nɯ³³ ua³³ hər²¹ da³³ khə²¹ la⁵⁵, hæ³³ sʅ²¹ tsər³³ lər²¹
格巴　 三 百 六十　　由 松石绿 法鼓　　敲 金 黄 板铃

do⁵⁵, | o⁵⁵ ne²¹ he²¹ sʅ²¹ tshər²¹ sʅ²¹ dy²¹ gə²¹ le³³ pɤ⁵⁵. | to³³ ba³³ ʂər⁵⁵ lər³³
摇　 沃神 和 恒神 三 十 三 地方 上 又 送　 东巴什罗

gə³³ ə³³ sʅ²¹ la²¹ bɤ³³ tho³³ kə⁵⁵ khə²¹ gə²¹ le³³ pɤ⁵⁵, | ə³³ me³³ sa³³ za²¹ dʑi³³ mu³³
的 父亲 劳补妥构　　 前 上 又 送 母亲 莎饶吉姆

khə²¹ gə²¹ le³³ pɤ⁵⁵, | ə³³ phɤ³³ la³³ tse⁵⁵ dʑi³³ bɤ³³ khə²¹ gə²¹ le³³ pɤ⁵⁵, | ə³³ dzʅ³³
前 上 又 送 祖父 劳正吉补　　前 上 又 送 祖母

la²¹ tse⁵⁵ dʑi³³ mu³³ khə²¹ gə²¹ le³³ pɤ⁵⁵. | mɯ³³ tɕər²¹ tshe²¹ ho⁵⁵ ty³³ nɯ³³ gə²¹ le³³
劳正吉姆　　　前 上 又 送 天 上 十 八 层 由 上 又

pɤ⁵⁵. | to³³ ba³³ ʂər⁵⁵ lər³³
送　 东巴什罗

　　就像居那若罗山上，"精"（纳西族一个古老氏族）人就要走了。东巴什罗的三百六十个"格

巴"（小东巴名）弟子敲打着松石般碧绿的法鼓，摇晃着金黄色的板铃，要把死去的祖先送
到三十三个沃神和恒神的地方去。要把他们送到东巴什罗的父亲劳补妥构跟前去，要把他们
送到东巴什罗的母亲莎饶吉姆跟前去，要把他们送到东巴什罗的祖父劳正吉补、祖母劳正吉
姆跟前去，要把他们送到十八层天上去。要把东巴什罗送到

135-A-3-05

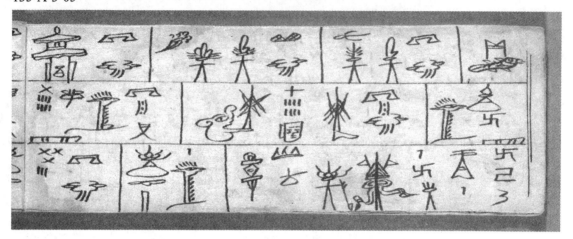

o⁵⁵ dʑi²¹ he²¹ dʑi²¹ lo²¹ gə²¹ le³³ pɣ⁵⁵, | tʂhɣ³³ dʑi²¹ kɣ³³ gə³³ ə³³ phɣ³³ ə³³ dzʅ³³ khə²¹ gə²¹
沃神房　恒神　房　里　上　又　送　　　初吉　　上游的　祖父　　祖母　　前　上

le³³ pɣ⁵⁵, | ə³³ sʅ²¹ ə³³ me³³ khə²¹ gə²¹ le³³ pɣ⁵⁵. | ȵi³³ uə³³ tshe²¹ ho⁵⁵ dy²¹ nɯ³³ y²¹ mu⁵⁵
又　送　　父亲　母亲　前　　上　又　送．　"涅坞"　十　八　地方 由 祖先　老

dɯ³³ sʅ³³ la³³ gə²¹ le³³ bɯ¹³ me³³, | tshʅ²¹ si³³ da²¹ dzər²¹ tshe²¹ ho⁵⁵ pha³³, tshʅ⁵⁵ si³³
这　位　也　上　又　去　是　　茨西　刀树　　　十　八　面　茨西

da²¹ dzər²¹ khɯ³³ nɯ³³ gə²¹ le³³ pɣ⁵⁵ bɯ³³ me³³, | y²¹ mu⁵⁵ dɯ³³ sʅ²¹ la³³, he²¹ i³³ɯ³³
刀树　　旁　由　上　又　送　要　是　　祖先　死者　一　位　也　神的　好

me³³ sʅ³³ tshər²¹ sʅ⁵⁵ dy²¹ gə²¹ le³³ pɣ⁵⁵, | to³³ ba³³ ʂər⁵⁵lər³³ y²¹ mu⁵⁵ dɯ³³ sʅ²¹ la³³, |
的　三　十　三　地　上　又　送　　东巴什罗　　祖先　这　位　也

phɣ³³ ba³³ mi³³ tʂhʅ⁵⁵ py³³ bɣ²¹ nɯ³³, tɣ²¹dzər²¹ dɯ³³ ɯ³³tshʅ⁵⁵, tshʅ³³ ʂu³³ phər²¹ me³³ dɯ³³
丙巴明斥　祭司　　由 督树　一 好　竖　犁　铁　白　的　一

ɯ³³ le³³ tshʅ⁵⁵ se²¹.
件　又　竖　了

沃神、恒神的神房里边去，要把他们送到"初吉"河上游的祖父、祖母、父亲、母亲跟前去。
要把他们从"涅坞"（类似地狱的地方）的十八个地方往上送，要把他们从"茨西"刀剑树
的十八面上往上送，要把他们从"茨西"刀剑树的旁边往上送，要把祖先一直送到神地的三
十三个地方去。
　　东巴什罗祖先呀，丙巴明斥祭司竖起了一棵非常好的"督树"，用白铁犁尖竖起了神座，

135-A-3-06

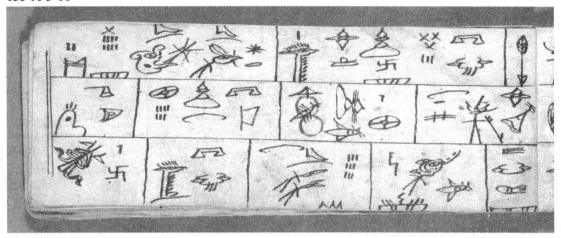

n̠i³³ uə³³ tshe²¹ ho⁵⁵ dy²¹, tshŋ⁵⁵ si³³ da²¹ dzər²¹ na²¹ me³³ mi²¹ le³³ zər²¹, le²¹ tʂhə⁵⁵ tshŋ²¹
涅坞　　十　八　地　　茨西　刀　树　黑　的　下　又　压　冷凑　鬼

dɯ³³ tɣ²¹ dɯ³³ ku²¹ mɯ²¹ le³³ zər²¹. | y²¹ mu⁵⁵ dɯ³³ sŋ²¹ ua²¹ he³³ la³³,he³³i³³ ɯ³³ me³³ sŋ³³
一　千　一　万　下　又　压　　祖先　这位　魂魄　也　神的　好　的　三

tshər²¹ sŋ⁵⁵ dy²¹ gə²¹ le³³ pɣ⁵⁵, | pɯ³³ bu²¹ zə²¹ pɯ³³ bu²¹, na³³ pɯ²¹ kæ³³ nɯ³³ dʑy³³,
十　三　地上　又　送　　蒿坡草长坡　　黑　出处　前　就　有

lɯ³³ sŋ³³ bi²¹ nɯ³³ hɯ⁵⁵, pɯ⁵⁵ lɯ³³ ʂu³³ mu²¹ kæ³³ nɯ³³ dʑy³³. | ə³³ n̠i³³ la²¹ ʂər⁵⁵ n̠i³³,
箭　胶　由　粘　出处　来历　前　就　有　　昨天　和　前天

he²¹ i³³ mɯ³³ kə⁵⁵ khu²¹, | mɯ³³ lɯ⁵⁵ he²¹ dzŋ³³ ʂŋ³³ dɯ³³n̠i33, mɯ³³ gə³³ na⁵⁵ bɣ²¹ so³³ gu³³
神的　天　穹上　　美利恒孜　　　死　一　天　天　的　纳补梭恭

py³³ bɣ²¹ nɯ³³, ua³³ hər²¹ se³³ do³³ du²¹ lu³³　tshe⁵⁵, tɣ²¹ çi⁵⁵ dɯ³³ ɯ³³ çi⁵⁵, | y²¹ mu⁵⁵
祭司　由　松石绿　规矩　董神石　拆　督树倾　一　好　倾　　祖父

dɯ³³ sŋ²¹ gə²¹ le³³ pɣ⁵⁵, | mɯ³³ gə³³ dy²¹ tshŋ²¹ tse²¹ tshŋ²¹ gɣ³³ lɣ²¹ mɯ²¹ le³³ zər²¹. |
这位　上　又　送　　天的　毒鬼　仄鬼　九　个　下　又　压

dɯ³³ tʂhər⁵⁵ la³³ lər³³ dy²¹ dzŋ³³ mu⁵⁵, dy²¹ gə³³ sa³³ bɣ³³ sa³³ la²¹
一　代　拉朗敦孜　　死　地　的　莎补莎劳

把"涅坞"十八个地方的"茨西"刀剑树镇压下去，把千千万万"冷凑鬼"（秽鬼）镇压下去。

　　现在，要把这一位祖先的魂魄送到神地吉祥美好的三十三个地方去，就像山坡上最先生长的是黑色蒿草，黑蒿草成了草的规范，就像做箭就要用胶将箭羽粘牢，凡事都有规矩和楷模。从前，天上的美利恒孜死时，由纳补梭恭祭司拆除松石般的董神石，倾倒吉祥美好的"督树，"将天上的这一位祖先送上去，把天上的九个毒鬼和仄鬼镇压下去。

地上的"拉朗敦孜"死时，由"莎补莎劳"祭司

135-A-3-07

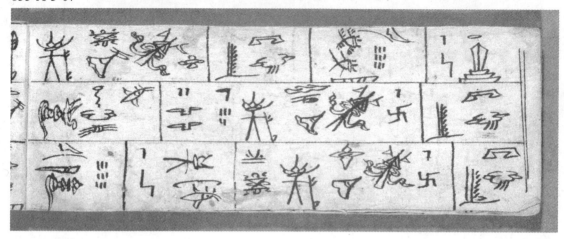

py^{33} by^{21} nш^{33}, hæ^{33} ʂʅ^{21} se^{33} do^{33} du^{21} ly^{33} tshe^{55}, ty^{21} dzər^{21} dш^{33} ɯ^{33} çi^{55}, ∣y^{21} mu^{55} gə^{21}
祭司　　由金　黄　规矩　董神石　拆　督树　一　好　倾　祖先　　上

le^{33} py^{55}. ∣dy^{21} gə^{33} mu^{33} tshʅ^{21}　ɯ^{21} tshʅ^{21} gy^{33}　ly^{21} mu^{21} le^{33} zər^{21}. ∣dш^{33} tʂhər^{55} dʑy^{21}
又送　地　的　猛鬼　恩鬼　九　个　下　又　压　　一　代

na^{55} zo^{55} lo^{33} ky^{33}.ly^{21} tsʅ^{55} dʑi^{33} by^{33} mu^{55}, ∣ȵi^{33} gə^{33} thy^{33} thy^{33} ko^{21} ua^{33} py^{33} by^{21}nш^{33},
居那若罗　上鲁孜吉补　死　尼　的　土土各瓦　　祭司　由

tɕi^{33} phər^{21} se^{33} do^{33} du^{21} lu^{33}tshe^{55}, ty^{21} çi^{55} dш^{33} ɯ^{33} çi^{55}, y^{21} mu^{55} dш^{33} sʅ^{21} gə^{21} le^{33}
云白　规矩　董神石　拆　督树倾一　好　倾　祖先　这位　上又

py^{55}, sʅ^{21} do^{21}gy^{33} ly^{21}mu^{21} le^{33} zər^{21}. ∣dш^{33}tʂhər^{55} mu^{33} zʅ^{33}pe^{55} tse^{33} mu^{55}, tse^{21} sʅ^{33} na^{21}
送　署傻　九　个　下　又　压　　一　代　美汝倍增　　死　仄史纳端

dua^{33}py^{33} by^{21} nш^{33},ua^{33} hər^{21} se^{33} do^{33} du^{21} lu^{33} tshe^{55}, ty^{21}　çi^{55} dш^{33} ɯ^{33} çi^{55}, ∣y^{21} mu55
祭司　　由松石绿　规矩　董神　石　拆　督树倾一　好　倾　　祖先

dш^{33} sʅ^{21} gə^{21} le^{33} py^{55}.
这　位　上　又　送

拆掉按规矩竖立的董神石，倾倒美好吉祥的督树。将这一位祖先送上边去，把地上的九个猛鬼和恩鬼镇压下去。

居那若罗神山上的鲁孜吉补死时，由尼族（住在高山和树上的自然神）的"土土各瓦"祭司拆除按规矩竖立的，用白云制作的董神石，倾倒吉祥美好的督树。将这一位祖先送上去，把危害人类的傻署镇压下去。

天上的"美汝倍增"死时，由仄史纳端祭司拆除按规矩竖起的绿松石制作的董神石，倾倒美好吉祥的督树，将这一位祖先送上去。

135-A-3-08

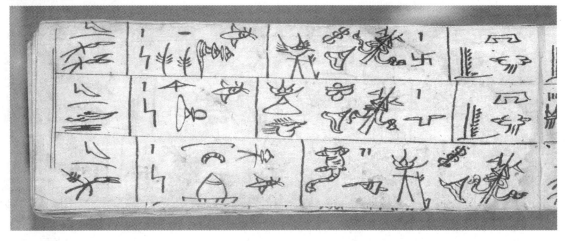

dɣ²¹ tshɿ²¹ tse²¹ tshɿ²¹ muɯ²¹ le³³ zər²¹，| duɯ³³ tʂhər⁵⁵，na³³ pɯ²¹ lu²¹ tʂhɿ⁵⁵ ɯ³³，luɯ³³
毒　鬼　仄鬼　下　又　压　　一　代　　纳本利耻恩

muɯ³³ khɯ³³ sɿ²¹ mu⁵⁵，| kho⁵⁵ muɯ³³ ȵə⁵⁵ gu²¹ pʏ³³ bʏ²¹ nuɯ³³，tshu²¹ na⁵⁵ se³³ do³³ du²¹
利美肯斯　　死　柯猛扭庚　　　祭司　由　墨玉　规矩　董神

lu³³ tshe⁵⁵，tʏ²¹ çi⁵⁵ duɯ³³ ɯ³³ çi⁵⁵，| y²¹ mu⁵⁵ duɯ³³ sɿ²¹ gə²¹ le³³ pʏ³³，bi³³ lo²¹ tsho²¹ phu⁵⁵
石　拆　督树倾一好倾　祖先　这位　上又送　丙罗崇破

muɯ²¹le³³ zər²¹.| duɯ³³ tʂər⁵⁵ muɯ³³ luɯ⁵⁵ du²¹ dzɿ³³ mu⁵⁵，| y²¹ ʂɿ⁵⁵ bu²¹ dzo³³ pʏ³³ bʏ²¹ nuɯ³³
下　又　压　　一　代　美利董主　　　死　余世补佐　　祭司　由

ŋɣ²¹ phər²¹ se³³ do³³ du²¹ lu³³tshe⁵⁵，tʏ²¹ çi⁵⁵ duɯ³³ thʏ³³ çi⁵⁵，| y²¹ mu⁵⁵ duɯ³³ sɿ²¹ gə²¹ le33
银　白　规矩　董神　石　竖　督树倾　这　树　倾　　祖先　这位　上　又

pʏ⁵⁵，muɯ³³ luɯ⁵⁵ sɿ²¹ tshɿ²¹ muɯ²¹ le³³ zər²¹.| duɯ³³ tʂhər⁵⁵，muɯ³³ ne²¹ dʏ²¹ ko⁵⁵ gu³³，ŋɣ³³
送　天　地　术鬼　下　又　压　　一　代　　天　和　地　之间

lʏ³³tʂhər²¹ dʑʏ³³ mu⁵⁵，| la³³ ɯ³³ ȵi³³ tshi²¹ pʏ³³ bʏ²¹ nuɯ³³，tshu²¹ na⁵⁵ se³³ do³³ du²¹ lu³³
邬鲁汁敦　死　拉恩聂齐　祭司　由　墨玉　规矩　董神　石

tshɿ⁵⁵，tʏ²¹ çi⁵⁵ duɯ³³ thʏ³³ çi⁵⁵。
竖　督树倾　这　树　倾

将毒鬼和仄鬼镇压下去。

"纳本利耻恩"（大森林）地方的"利美肯斯"死时，由"柯猛扭庚"祭司拆除按规矩竖起的绿松石制作的董神石，将督树倾倒。把这一位祖先送到上面去，把林中的"丙罗崇破"鬼镇压下去。

美利董主死时，由余世补佐祭司拆除按规矩竖起的白银董神石，倾倒督树。把这一位祖先送上去，把天地间的术鬼镇压下去。

天地之间的"邬鲁汁敦"死时，由"拉恩聂齐"祭司拆除按规矩竖起的墨玉董神石，

倾倒督树，

135-A-3-09

y²¹ mu⁵⁵ dɯ³³ sŋ²¹ gə²¹ le³³ pɣ⁵⁵，| sər³³ tshŋ²¹ gɣ³³ lɣ²¹ mɯ²¹ le³³ zər²¹. | dɯ³³ tʂhər⁵⁵
祖先　这位　上　又　送　木　鬼　九　个　下　又　压　一　代

dʑy²¹ na⁵⁵ zo⁵⁵ lo³³ kɣ³³，to³³ ba³³ ʂər²¹ lər³³ mu⁵⁵. | tha⁵⁵ bɣ³³ tha³³，zy²¹ bɣ³³ tha³³，
居那若罗　　上　东巴什罗　死　套补塔　　蕊补塔

phy³³ ba³³ mi²¹ tʂhŋ⁵⁵ sŋ⁵⁵ kɣ³³ nɯ³³，to³³ ba³³ ʂər⁵⁵ lər³³ no²¹ py⁵⁵ ua³³ sy²¹ gə³³ se³³ do³³
丙巴明斥　　　三　个　由　东巴什罗　　宝物　五　样　的　规矩

du²¹ lu³³ tshe⁵⁵，tɣ²¹ çi⁵⁵ dɯ³³ thɣ³³ mɯ²¹ le³³ çi⁵⁵，| y²¹ mu⁵⁵ dɯ³³ sŋ²¹ gə²¹ le³³ pɣ⁵⁵，|
董神石　拆　督树　倾　一　树　下　又　倾　祖先　这位　上　又　送

sŋ³³ mi⁵⁵ ma²¹ tso³³ kɣ⁵⁵ sŋ³³ ma²¹ mɯ²¹ le³³ zər²¹，dy²¹ lɯ⁵⁵ tɕha⁵⁵ pa³³ la³³ lɯ⁵⁵ mɯ²¹ le³³
斯米麻佐故斯麻　　　下　又　去　毒利巧巴拉利　　　下　又

zər²¹，dy²¹ tshŋ²¹ tse²¹ tshŋ²¹tɣ³³ tɣ³³ kɯ³³ kɯ²¹ mɯ²¹ le³³ zər²¹. | dɯ³³ tʂhər⁵⁵，dzi³³ dʑə²¹ la³³
压　毒鬼　仄鬼千　千　万　万　下　又　压　一　代　辽阔

lər³³ dy²¹，dzi³³ ɯ³³ ka³³ dɯ²¹ mu⁵⁵，| dzi³³ɯ³³ ʂər⁵⁵ lər³³ nɯ³³，ŋɣ²¹ phər²¹ se³³ do³³ du²¹
大　地　精恩嘎迪　　死　精恩什罗　　由　银　白　规矩　董神

lu³³ tshe⁵⁵，tɣ²¹ çi⁵⁵ dɯ³³ thɣ³³ çi⁵⁵，| y²¹ mu⁵⁵ dɯ³³ sŋ²¹ gə²¹ le³³ pv⁵⁵.
石　拆　督树　倾　一　树　倾　祖先　这位　上　又　送

把这一位祖先送到上边去，把九个木鬼镇压下去。

　　居那若罗神山顶上的东巴什罗死时，由他的三个弟子套补塔，蕊补塔、丙巴明斥拆除用东巴什罗五种宝物，按规矩制作的董神石，倾倒督树。把东巴什罗送到上面去，把"斯米麻佐故斯麻"（鬼女，曾做东巴什罗的第一百个妻子）镇压下去，把毒鬼"毒利巧巴拉利"镇压下去，把千千万万的毒鬼、仄鬼镇压下去。

　　辽阔大地上的"精恩嘎迪"死时，由精恩什罗拆除用白银按规矩制作的董神石，将督树倾倒。把这一位祖先送上去，

135-A-3-10

ȵi³³ uə³³ i³³ da⁵⁵, ɕy²¹ tso³³ tʂʅ³³ ua²¹ mɯ²¹ le³³ zər²¹, kho³³ nɯ³³ dzʅ³³, dʑi³³ ne²¹ ua³³
涅坞　依道鬼　虚佐鬼　所有　下　又　压　柯鬼　和　支鬼　景鬼　和　瓦鬼

do²¹ ne²¹ ɕy³³ tsʰʅ²¹ mɯ²¹ le³³ zər²¹. | bi²¹ tʰy³³ mə⁵⁵ tʂʅ³³ ȵi³³, i³³ da²¹ tʂʅ³³ dʑi²¹ gə³³
垛鬼和　徐鬼　下　又　压　日　出　的　那　天　主人　这　家　的

ə³³ sʅ²¹ ə³³me³³ tʰɯ³³ ko³³ pʰər²¹ ko³³ nɣ⁵⁵ ty²¹, nɯ³³ ȵi³³ ə³³ sʅ²¹ mu⁵⁵ gɣ³³ hɯ²¹ gɣ³³ lo³³
父亲　母亲　是　鹤　白　鹤嘴　直　福要　父亲　死　布谷　胸　鼓

bɯ³³ua²¹ ȵi³³ ə³³ me³³ mu⁵⁵, | dzʅ³³ kɣ⁵⁵ tʰɣ³³ tʂʅ³³ lo²¹, py²¹ kɣ⁵⁵ da³³ hɯ²¹ nɯ³³, tsʰʅ³³
泽要　母亲　死　　主事　会　出　这　群　祭祀会　达恒　由　祭祖

py²¹lɣ⁵⁵ kʰu³³ dɣ²¹, ŋɣ³³ 、hæ²¹ 、ua²¹ tsʰu²¹ 、dɣ³³pʰər²¹、| no²¹ py⁵⁵, ɕy³³ lo²¹ nɯ³³ se³³ do³³
做场里　银　金　松石 墨玉　螺白　　宝物　珊瑚　由　规矩

du²¹ lu³³ kʰɯ³³ le³³tɕi³³, tʰe³³ ua³³ gɣ³³ sy²¹ pʰɣ³³ dʑi³³ no²¹ dʑi³³ pʰər²¹ zər²¹ ɯ³³ la³³ ɯ³³
董神石　旁　又　置　布匹　九　种　氆氇　毛绒　白　豹皮　虎皮

se³³ do³³ du²¹ lɣ³³ tsʰe⁵⁵, ty²¹ ɕi³³ dɯ³³ tʰy³³ ɕi⁵⁵, | tsʅ³³ py²¹ lɣ⁵⁵ kʰu³³ dɣ²¹, y²¹ mu⁵⁵
规矩　董神石　拆　督树　倾一　树　倾　　祭祖　做场　里　死者

dɯ³³ sʅ²¹ gə²¹ le³³ py⁵⁵ | dɣ²¹ tsʰʅ²¹ tse²¹ tsʰʅ²¹ tɣ³³ tɣ³³ kɯ³³ kɯ²¹ zər²¹, tsʰʅ²¹ ua³³
一　位　上　又　送　毒鬼　仄鬼　千　千　万　万　压　鬼族

　　把"涅坞"地方的"依道鬼"（饿鬼）、"虚佐鬼"（虚幻鬼），以及这地方的所有鬼镇压下去，把"柯鬼"（是非鬼）、"支鬼"（让人受伤害的鬼），"景鬼"（灾祸鬼）、"瓦鬼"（祸鬼）、"垛鬼"（意外事件引发灾祸之鬼）、"徐鬼"（虚弱鬼）镇压下去。
　　好日子这一天，这一家的主父和主母，因天上直嘴白鹤似有福的父亲死了，鼓胸的布谷

鸟似的有福泽的母亲死了。会主事的这一群人和主持祭祀的祭司，在祭祖的场地里，将金、银、墨玉、松石、白色海螺、珊瑚和各种宝物放置在了神座旁，要把用九种布匹、各种氆氇、毛料、绒布、豹皮、虎皮等制作的神座及督树拆除和倾倒。从祭祀祖先的场地中，将死者送上去，把千千万万的毒鬼、仄鬼镇压下去。

135-A-3-11

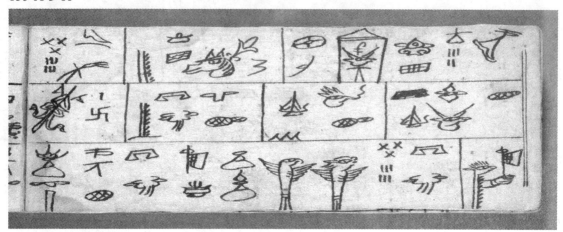

sʅ²¹ ɕi³³ tʂhua⁵⁵ tshər²¹ muɯ²¹ le³³ zər²¹，| y²¹ mu⁵⁵ dɯ³³ sʅ²¹ la³³，gɤ³³ huɯ²¹ he³³ huɯ²¹
三　百　六十　　　下　又　压　死者　这位　也　身　安　神　安

se²¹，tshɤ⁵⁵ zi³³ bu²¹ zi³³ se²¹。| bi²¹ thɤ³³ mə⁵⁵ tʂhʅ³³ ȵi³³，luɯ³³ y²¹ zo³³ ɯ³³ tʂhʅ³³ dɯ³³
了　马　美　鬃　美　了。日　出　的　这天　乡　里　人　好　这　一

dʑi²¹，no²¹ py⁵⁵、thɤ³³ phe³³ tʂhʅ³³ ua²¹ gə³³，dɤ³³ phər²¹ se³³ do³³ du²¹ lu³³ tshe⁵⁵，tɤ²¹
家　宝物　　布匹　　所有　的　海螺　白　规矩　董神　石　拆　督树

ɕi⁵⁵dɯ³³ ɯ³³ ɕi⁵⁵，| y²¹ la³³ gə²¹ le³³ py⁵⁵ thɤ²¹ ho⁵⁵，| sʅ⁵⁵ la³³ muɯ²¹ tɕy²¹ ho⁵⁵，sʅ⁵⁵ la³³
倾　一　好　倾　死者　也　上　又　送　到　愿　　人　也　下　回　愿　人　也

le³³ nuɯ²¹ le³³ ua²¹ ho⁵⁵。| to³³ ba³³ sər⁵⁵ lər³³ gə³³ phər²¹ mu²¹ sæ²¹ mu²¹ gə²¹ le³³ py⁵⁵，ga³³
又　福　又　泽　愿　东巴什罗　　　的　盘神　兵　禅神　兵　上　又　送　胜神

mu²¹ u²¹ mu²¹ gə²¹ le³³ py⁵⁵，o⁵⁵ mu²¹ he²¹ mu²¹ gə²¹ le³³ py⁵⁵，to³³ kə²¹ iə³³ ma²¹ sʅ²¹ ɕi³³
兵　吾神　兵　上　又　送　沃神　兵　恒神　兵　上　又　送　端格优麻　　　三　百

tʂhua⁵⁵ tshər²¹ gə³³ le³³ py⁵⁵。| ly²¹ gə³³ ga³³ la²¹
六　　十　上　又　送　祖先　的　胜神

把三百六十种鬼镇压下去。这样，死去的人就会身安神安了，就像一匹骏马配上了一身漂亮的鬃毛。

好日子这一天，这地方的这一位好男儿，拆除了用各种宝物和布匹做的董神石，倾倒了表示吉祥美好的督树。愿送上去的死者能到上边的地方，人又能回到下方，愿家中的人安宁吉祥有福有泽。

　　把东巴什罗的三百六十种盘神兵、禅神兵、胜神兵、吾神兵、沃神兵、恒神兵，端格优麻战神送上去，把祖先的

135-A-3-12

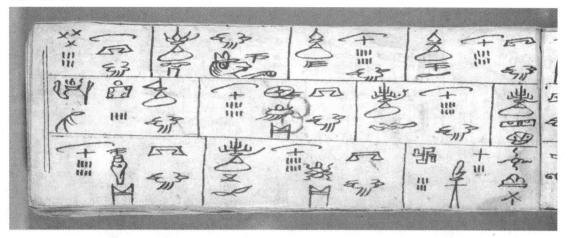

$s\gamma^{21}$ φi^{33} $ts\text{hua}^{55}$ $tsh\text{ər}^{21}$　$g\text{ə}^{33}$ le^{33} $p\gamma^{55}$. | to^{33} ba^{33} $s\text{ər}^{55}$　$l\text{ər}^{33}$ $g\text{ə}^{33}$ zua^{33} $ph\text{ər}^{21}$　$g\text{ə}^{21}$ le^{33}
三　百　六十　　　上　又　送　东巴什罗　　的　马　白　上　又

$p\gamma^{55}$. | sa^{21} $l\text{ɯ}^{55}$ $u\text{ə}^{33}$ de^{33} i^{33},　$m\text{ɯ}^{33}$ $t\text{ɕ}\text{ər}^{21}$ $tshe^{21}$ ho^{55} ty^{33} $n\text{ɯ}^{33}$ $g\text{ə}^{21}$ le^{33} $p\gamma^{55}$, | he^{21}
送　刹利威德　　是　天　是　十　八　层　由　上　又　送

$d\text{ɯ}^{21}ua^{33}$ $ph\text{ər}^{21}$ la^{33},　$m\text{ɯ}^{33}$ $t\text{ɕ}\text{ər}^{21}$ $tshe^{21}$ ho^{55} ty^{33} $n\text{ɯ}^{33}$ $g\text{ə}^{21}$ le^{33} $p\gamma^{55}$, | $i^{33}g\gamma^{21}$ o^{33} $k\text{ə}^{21}$,
恒迪窝盘　　也　天　上　十　八　层　由　上　又　送　依古阿格

$d\text{ʑ}\text{ə}^{21}$ $b\gamma^{33}$ $th\gamma^{33}$ $ts\text{h}\text{ʅ}^{33}$,　$kha^{33}z\text{ər}^{21}$ $n\text{ə}^{21}$ $d\text{ʑ}\text{ə}^{55}$,　he^{21} $dz\text{ʅ}^{21}$ $d\text{æ}^{21}$ $n\text{ɯ}^{33}$ $g\text{ə}^{21}$ le^{33} $p\gamma^{55}$, | $m\text{ɯ}^{33}$
玖补土蛊　　　　卡冉扭究　　　神　住　地　由　上　又　送　天

$t\text{ɕ}\text{ər}^{21}$ $tshe^{21}$ ho^{55} ty^{33},　bi^{21} le^{21} $u\text{ə}^{33}$ go^{33} lo^{21} $n\text{ɯ}^{33}$ $g\text{ə}^{21}$ le^{33} $p\gamma^{55}$. | $l\text{ər}^{21}$ $d\text{ʑ}\text{ə}^{33}$ $t\text{ɕ}i^{55}$ $d\text{ʑ}\text{ə}^{33}$,
上　十　八　层　日　月　寨　里边　由　上　又　送　朗究竞究

$m\text{ɯ}^{33}$ $t\text{ɕ}\text{ər}^{21}$ $tshe^{21}$ ho^{55} ty^{33} le^{33} $p\gamma^{55}$. | lo^{21} pa^{33} tha^{33} $k\text{ə}^{55}$,　$m\text{ɯ}^{33}$ $t\text{ɕ}\text{ər}^{21}$ $tshe^{21}$ ho^{55} ty^{33},
天　上　十　八　层　又　送　罗巴涛格　　　天　上　十　八　层

$d\gamma^{33}$　$ph\text{ər}^{21}$ $u\text{ə}^{33}$ go^{33} lo^{21} le^{33} $p\gamma^{55}$. | tha^{55} $i\text{ə}^{33}$ ti^{33} ba^{33} i^{33},　$m\text{ɯ}^{33}$ $t\text{ɕ}\text{ər}^{21}$ $tshe^{21}$ ho^{55} ty^{33},
海螺白　寨　里　边　又　送　套优丁巴　　是　天　上　十　八　层

$h\text{æ}^{33}$ $\text{ʂ}\text{ʅ}^{21}$ $u\text{ə}^{33}$ ko^{33} lo^{21} le^{33} $p\gamma^{55}$. | i^{33} dua^{33} la^{33} $m u^{33}$ $tshe^{21}$ $s\text{ʅ}^{55}$ $k\gamma^{33}$ $n\text{ɯ}^{33}$ bu^{21} $d\text{ɯ}^{21}$
金黄寨　里边　又　送　依端拉姆　　　十　三　个　由　光　大

lu^{33} la^{33}
回射

　　三百六十个胜神送到天上去。把东巴什罗的白马乘骑送上去。把刹利威德大神送到十八层天

上去，把恒迪窝盘大神也送到十八层天上去。把依古阿格大神、玖补土蛊大神、卡冉扭究战神从祭祀场上的神座上，一直送到十八层天上的日、月寨子里边去。把朗究竞究大神送到十八层天上去，把罗巴涛格大神送到十八层天上去，送到白海螺的寨子里边去，把套优丁巴大神送到十八层天上的黄金寨子里边去。十三个依端拉姆女神灿烂的光辉，

135-A-3-13

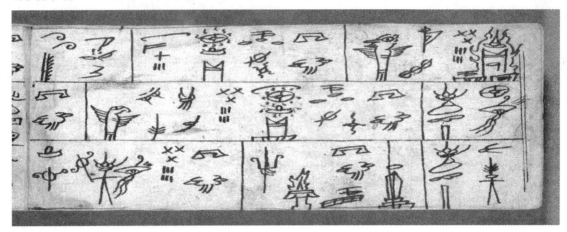

y²¹ tɕər²¹ gɣ³³ lɣ²¹ ga³³ le²¹ be³³ iə⁵⁵ se²¹, ǀ y²¹ la³³ mɯ³³ sua²¹ tshe²¹ sɿ⁵⁵ ty³³, bi²¹ phər²¹
死者上　赐福　保佑　做　给了　死者也天　高　十　三　层　日白

le²¹ phər²¹ uɔ³³ gə³³ lo²¹, kɯ²¹ phər²¹ za²¹ phər²¹ bu³³ me³³ uə³³ ko³³ lo²¹ gə²¹ le³³ pɣ⁵⁵. ǀ
月　白　寨　里边　星　白　行星白　亮　的　寨　里边　上又　送

dæ²¹ ne²¹ tshu²¹ me³³ to³³ kə²¹ iə³³ ma²¹ sɿ²¹ ɕi³³ tʂhua⁵⁵ tshɿ²¹, tshɿ³³ su³³ phər²¹ me³³,
能干和　迅速　的　端格　优麻　三　百　六　十　犁　铸　白　的

mi³³ dzɿ³³ tʂhɿ³³ hua³³ hua²¹ me³³ uə³³ go³³ lo²¹ gə²¹ le³³ pɣ⁵⁵. ǀ mə³³ kɣ⁵⁵ mə³³ sɿ³³ sy²¹
火　燃　这　熊熊　的　寨　里边　上又　送　不会　不知什么

mə³³ dʑy³³ gə³³ ṇə³³ ṇə²¹ iə³³ ma²¹ sɿ²¹ ɕi³³ tʂhua⁵⁵ tshər²¹ thɯ³³, mɯ³³ ne²¹ dy²¹ go⁵ gɯ³³,
没　有的　纽牛　优麻　三　百　六十　是　天和　地　中间

bi²¹ phər²¹ le²¹ phər²¹ uə³³ go³³ lo²¹, kɯ²¹ phər²¹ za²¹ phər²¹ bu³³ me³³ uə³³ go³³ lo²¹ gə²¹
日白　月白　寨　里边　星白　宿白　亮的　寨　里边　上

le³³ pɣ⁵⁵。ǀ to³³ ba³³ sər⁵⁵ lər³³ thɯ³³, hæ³³ sɿ²¹ tsər³³ lər²¹ ṇi³³ me³³ dɯ³³ me³³ do⁵⁵,
又送　东巴什罗　是　金黄　板铃　太阳　一　面　摇

ua³³ hər²¹ da³³ khə²¹ he³³ me³³ dɯ³³ me³³ la⁵⁵, ti²¹ tsɿ³³ gə²¹ ba²¹ sɿ²¹ ɕi³³ tʂhua⁵⁵ tshər²¹
松石绿　法鼓　月亮　一　面　敲　弟子　格巴　三　百　六　十

nɯ³³ gə²¹le³³ pɣ⁵⁵。ǀ su³³ phər²¹ tɕæ³³ tɕuə³³ kv³³, hæ³³ sɿ²¹ bæ³³ mi³³ kɣ³³ nɯ³³ gə²¹ le³³
由上又送　铁　白　载　上　金黄　灯火　上由　上又

pɣ⁵⁵，ʥy²¹ na⁵⁵ zo⁵⁵ lo³³ kɣ³³，｜to³³ ba³³ ʂər⁵⁵ lər³³ ə³³ sʅ²¹，
送   居那若罗   上   东巴什罗   父亲

将给死者赐福保佑，也把死者送到十三层高的天上去，送到白日白月寨子里，星宿明亮的寨子里边去。

    把能干又行动迅速的三百六十尊端格优麻战神，送到燃烧着熊熊烈火的铸造白铁犁尖的寨子里边去。把三百六十尊，没有他们不知道，没有他们不会做的纽牛优麻战神，送到天地间白日白月的寨子里，送到有明亮星宿的寨子里边去。

    三百六十个格巴弟子，摇晃着金黄色太阳一样的板铃，敲打着绿松石般碧绿的月亮般的法鼓，把东巴什罗送上去，从白铁的戟尖上，从金黄色的灯火上，把东巴什罗送到居那若罗神山顶上去，送到他的父亲

135-A-3-14

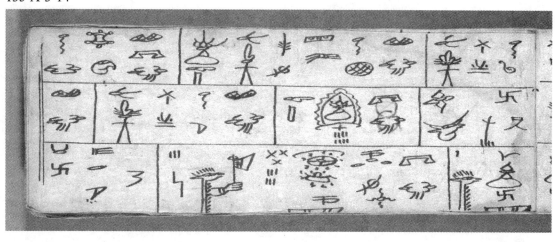

ʥi³³ bɣ³³ tho³³ kə⁵⁵ khə²¹ gə²¹ le³³ pɣ⁵⁵，｜to³³ ba³³ ʂər⁵⁵ lər³³ gə³³ ə³³ me³³ sər³³ za²¹
景补土构   前 上 又 送   东巴什罗   的 母亲

la²¹ tsʅ⁵⁵ ʥi³³ mu³³ khə²¹ gə²¹ le³³ pɣ⁵⁵，｜ə³³ phɣ³³ la³³ tse⁵⁵ ʥi³³ bɣ³³ khə²¹ gə²¹ le³³
莎饶朗宙吉姆   前 上 又 送   祖父 劳正 吉补 前 上 又

pɣ⁵⁵，｜ə³³ dzʅ³³ la²¹tse⁵⁵ ʥi³³ dzua³³ khə²¹ le³³ pɣ⁵⁵。｜to³³ ba²¹ ʂər⁵⁵ lər³³ gə³³，mɯ³³
送   祖母 劳正吉抓   前 又 送   东巴什罗   的 天

tɕər²¹ tshe²¹ ho⁵⁵ ty³³，i³³ po³³ phər²¹ me³³ kɣ⁵⁵ ʥi²¹bɣ²¹ gə²¹ le³³ pɣ⁵⁵.｜pɣ²¹ ɯ³³ me³³ i³³，
上 十 八 层 绸缎 白 的 帐房 下 上 又 送   祭 善 做 的

le³³ nɯ²¹ le³³ ua²¹，kho³³ ɯ³³ sa⁵⁵ ɯ³³ gɣ³³ be³³ se²¹。｜phɣ³³ sʅ⁵⁵ tʂhər³³ gə³³ y²¹ ga³³ la²¹，
又 福 又 泽   声 好 气 好 或 做 了   祖 三 代   的 祖先 胜神

sʅ²¹ ɕi³³ tʂhua⁵⁵ tshər²¹ i³³，mɯ³³ phər²¹ dy²¹ phər²¹ go⁵⁵，bi²¹ tshe⁵⁵ le²¹ tshe⁵⁵ bu³³，kɯ²¹
三 百 六 十 是 天 白 地 白 间 日 光 月 光 明 星

phər²¹ zɑ²¹ bu³³ me³³ gə³³ dy²¹ gə²¹ le³³ pɣ⁵⁵. │y²¹ mu⁵⁵ dɯ³³ sɿ²¹ lɑ²¹, he³³ i³³ ɯ³³ me³³
　白　　宿　亮　做　的　地方上　又　送　　祖先　　这位　也　神　好的

景补土构跟前去，送到东巴什罗的母亲莎饶朗宙吉姆跟前去，送到他的祖父劳正吉补、祖母
劳正吉抓跟前去，送到十八层天上东巴什罗用白色绸缎做的帐房里边去。善于做祭祀的人所
做的祭祀，祭祀过后呈现出一片安宁吉祥，有福有泽的景象，只会有好的消息传来了。
　　做祭祀的这一户主人家，把三百六十尊三代的祖先胜神送到白色天地里，有太阳、月亮
光辉，星光灿烂的地方去，把死者送到

135-A-3-15

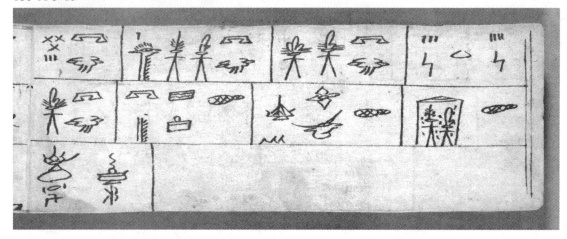

sɿ³³ tshər²¹ sɿ⁵⁵ dy²¹ gə²¹ le³³ pɣ⁵⁵, │y²¹ mu⁵⁵ dɯ³³ sɿ²¹ lɑ³³, ə³³ sɿ²¹ ə³³ me³³ khə²¹ gə²¹ le³³
　三　十　三　地上　又　送　　祖先　　这位　也　父亲　母亲　　跟前上　又

pɣ⁵⁵, │ə³³ phɣ³³ ə³³ dzɿ³³ khə²¹ gə²¹ le³³ pɣ⁵⁵, sɿ⁵⁵ tʂhər³³ phɣ³³, lu⁵⁵ tʂhər²¹ ə³³ dzɿ³³ khə²¹
　送　祖父　祖母　　前　上　又　送　　三　代　祖父　三　代　祖母　　前

gə²¹ le³³ pɣ⁵⁵. │gə²¹ i³³ y²¹ hɯ²¹ y²¹ bæ²¹ ho⁵⁵, │mi²¹ i³³ sɿ⁵⁵ n ɯ²¹ sɿ⁵⁵ uɑ²¹ ho⁵⁵, │i³³
　上　又　送　　上　是　祖先　喜欢祖先　高兴　愿　　下　是　人　福　人　泽　愿　　下

dɑ²¹ tʂhɿ³³ dɯ³³ ʥi²¹, tʂhɿ³³ pɣ²¹ ʥi²¹ dzɣ³³ ho⁵⁵, │pɣ³³ bɣ²¹ hɑ⁵⁵ i³³ ho⁵⁵.
主人　这　一　家　祭祖　家　旺　愿　　祭司　　长　寿　愿

三百六十个美好的神地去。把这一位死者送到他的父母亲跟前去，送到他的祖父、祖母跟前
去，送到他的三代祖先跟前去。祭祀过后，愿上边的祖先高兴喜欢，愿下边的家人幸福吉祥，
有福有泽，愿这一户主人家人丁兴旺。愿主持祭祀的祭司健康长寿。

135-A-3-16

封底

（释读、翻译：和宝林）

55-A-7-01

$$\text{ʂər}^{55}\ \text{lər}^{33}\ \text{ŋʐ̩}^{55}\ \text{me}^{33}\ \text{gə}^{33} \cdot \text{ʂər}^{55}\ \text{lər}^{33}\ \text{thʐ̩}^{33}\ \text{kʐ̩}^{33}$$

$$\text{pɯ}^{55}\ \text{kʐ̩}^{33}$$

超度什罗仪式·什罗身世

55-A-7 超度什罗仪式·什罗身世

【内容提要】

　　本书首先叙述了东巴什罗（to ba ʂər lər）作各种仪式时杀了牲，还会出现差错，就会产生各种飞禽走兽头的冷凑鬼（le tʂhə）拦在什罗（ʂər lər）归祖的路上，东巴们作法压各种冷凑鬼（le tʂhə）让什罗（ʂər lər）平安回到祖先身旁。接着回顾了什罗（ʂər lər）出生后在天上学神的经文，因大地上的人类受到女鬼斯命麻佐固松玛（tshɿ mi ma tso kɣ sɿ ma）作祟，派使者到天上请来东巴什罗（to ba ʂər lər），杀死斯命麻佐固松玛（tshɿ mi ma tso kɣ sɿ ma）及各种鬼。从此，大地上的人类又能平安度日。

【英文提要】

Salvation Ritual for *to ba ʂər lər*, the Origin of *to ba ʂər lər*

This book first describes that *to ba ʂər lər* accidentally made some mistakes when he did ritual murders in various rites. For this reason, it would create *le tʂhə* ghosts of various animals' heads blocking the return way of *ʂər lər*. Thus, *to ba* priests dispelled and exorcized those *le tʂhə* ghosts by giving cults, which would ascend *ʂər lə* back to his ancestors peacefully. Next, the book reviews the origin of *ʂər lər*. After his naissance, *ʂər lər* learnt the sacred scriptures in heaven. At that time, human beings were suffering under the demoness *tshɿ mi ma tso kɣ sɿ ma*. Thus, human beings detached messengers to heaven to ask *to ba ʂər lər* befalling and killing *tshɿ mi ma tso kɣ sɿ ma* and various ghosts. Hence, humans could lead a harmony life again.

55-A-7-02

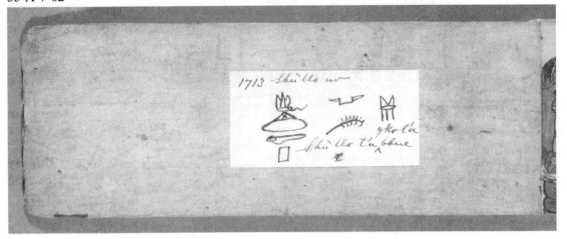

第 1 行："1713"是洛克藏书的编号，并用洛克音标标注此书用于"超度什罗仪式"。

第 2 行：中间东巴文是书名。

第 3 行：封面东巴文读音为 to^{33}ba^{21}ʂər^{55} lər^{33} thɣ^{33} kɣ^{33} pɯ^{55} kɣ^{33}，即东巴什罗出处来历，意译为"什罗身世"。

55-A-7-03

ə^{33} la^{33} mə^{33} ʂər^{55} ȵi^{33}, y^{21}　mu^{55} nɣ^{21} dɯ^{33} sɿ^{21}, mə^{33} ʂɿ^{33} sɿ^{55} thɯ^{33} zɿ^{33}, |mɯ^{33} nɯ^{33} sɿ^{33}

远古的时候　　　　死者死 你 一 个 未 死 活 那 时 天 以 三

u^{21}　ku^{55}, py^{21} u^{21}　pha^{21} u^{21} dɯ^{33}, |ga^{33} u^{21} zi^{33} u^{21} dɯ^{33}. |mə^{33} ʂɿ^{33} sɿ^{55} thɯ^{33} zɿ^{33},

本领 降 祭祀 本领 占卜 本领 得　胜利 本领 美丽 本领 得　未 死 活 那 时

to^{33}ba^{21}ʂər^{55} lər^{33} thɯ^{33}, khɯ^{33} tse^{21} bu^{21} tse^{21} æ^{21} tse^{21} le^{33} py^{21} me^{33}, |mi^{33}　mə^{33} dər^{33}　i^{33}

东巴什罗　　 他　　狗 用 猪 用 鸡 用 而 祭 的　目的 未 达到 有

kɣ^{33}. |sɿ^{33} se^{33} y^{21} dʑi^{33} le^{33} bɯ^{33} me^{33}, dʑo^{21} kɣ^{33} i^{33} khɯ^{33} kɣ^{33} dʑɿ^{21} bu^{21} kɣ^{33} dʑɿ^{21} æ^{21}

会 死 了祖先 走 又 去 的 桥 上 是 狗 头 生 猪 头 生 鸡

kɣ³³ dʑŋ²¹ me³³ le²¹ tʂhə⁵⁵ nuɯ³³ dʑi³³ buɯ²¹ dʑo²¹ kɣ³³ le³³ hu³³ le³³ gæ³³ kɣ⁵⁵.│to³³
头　长　的　冷凑鬼　　以　走　要　桥　上　又　拦　又　占　会　东

ba²¹ ʂər⁵⁵ lər³³ mə³³ ʂɭ³³ sɭ⁵⁵ thɯ³³ zɭ³³, tʂhɭ⁵⁵ tse²¹ y²¹ tse²¹ py²¹, mi³³ mə³³ dər³³ i³³
巴什罗　　　　未　死　活　那　时　山羊　用绵羊用　祭　目的　未　达　的

kɣ⁵⁵.│ʂɭ³³ se³³ y²¹ dʑi³³ le³³ buɯ³³ me³³,
会　死　了祖先　走　又　去　的

　　远古的时候，你这位死者，当你未去世而活着的时候，上天降下三种本领，你就得到祭祀和占卜的本领，获得常胜和美丽的本领。当东巴什罗未去世而活着的时候，常用狗、猪和鸡作牺牲以祭祀，但会有达不到奏效之目的。死后要到祖先聚居的路上，会有生狗头、生猪头和生鸡的冷凑鬼占住和拦住你所要过的路桥上。东巴什罗未去世而活着时，曾用山羊和绵羊作牺牲以祭祀，但会有未达到奏效之目的。死后要到祖先聚居地的路上，

55-A-7-04

tʂhɭ⁵⁵ kɣ³³ y²¹ kɣ³³ dʑŋ²¹ me³³ le²¹ tʂhə⁵⁵ nuɯ³³, dʑi³³ buɯ³³ dʑo²¹ i³³ le³³ hu³³ kɣ⁵⁵.│to³³ ba²¹
山羊头　绵羊头　生　的　冷凑鬼　　以　　走　要　桥　的　又　拦　会　东巴什罗

ʂər⁵⁵ lər³³ mə³³ ʂɭ³³ sɭ⁵⁵ thɯ³³ zɭ³³, ɯ³³ tse²¹ zɰa³³ tse²¹ py²¹, mi³³ mə³³ dər³³ i³³ kɣ⁵⁵.│
　　　未　死　活　那　时　牛　用　马　用　祭　目的　未　达　的　会

ʂɭ³³ se³³ y²¹ le³³ dʑi³³ buɯ³³ me³³, ɯ³³ kɣ³³ zɰa³³ kɣ³³ dʑŋ²¹ me³³ le²¹ tʂhə⁵⁵ nuɯ³³, dʑi³³
死　了祖先　又　走　要　的　牛头　马头　生　的　冷凑鬼　　以　走

hɯ³³ dʑo²¹ i³³ le³³ hu³³ kɣ⁵⁵.│to³³ ba³³ ʂər⁵⁵ lər³³ mə³³ ʂɭ³³ sɭ⁵⁵ thɯ³³ zɭ³³, dʑŋ²¹ tse²¹ bər²¹
要　桥　的　又　拦　会　东巴什罗　　　　未　死　活　那　时　犏牛用　牦牛

tse²¹ py²¹, mi³³ mə³³ dər³³ i³³ kɣ⁵⁵.│ʂɭ³³ se³³ y²¹ le³³ dʑi³³ buɯ³³ me³³, dʑŋ²¹ kɣ³³ bər²¹ kɣ³³
用　祭　目的　未　达　的　会　死　了祖先　又　走　要　的　犏牛头　牦牛头

dʑŋ²¹ me³³ le²¹ tʂhə⁵⁵ nɯ³³, dʑi³³ bɯ³³ dʑo²¹ kɣ³³ le³³ hu³³ kɣ⁵⁵.|to³³ ba²¹ ʂər⁵⁵ lər³³ mə³³ ʂŋ³³
生 的 冷凑鬼 以 走 要 桥 上 又 拦 会 东巴什罗 　　　 未 死

sŋ⁵⁵thɯ³³ zŋ³³, ko³³ tse²¹kə⁵⁵ tse²¹ py²¹,|dɣ³³ dʑŋ²¹ tʂhŋ³³tse²¹py²¹, mi³³ mə³³dər³³ i³³ kɣ⁵⁵.|ʂŋ³³
活 那 时 鹤 用 鹰 用 祭 翅 生 所有 用 祭 目的 未 达 的 会 死

se³³ y²¹ le³³ dʑi³³ bɯ³³ me³³, ko³³ kɣ³³ kə⁵⁵ kɣ³³ dʑŋ²¹ me³³ le²¹ tʂhə⁵⁵ nɯ³³ hu³³ i³³ kɣ⁵⁵ .|
了 祖先 又 走 要 的 鹤 头 鹰 头 生 的 冷凑鬼 以 拦 的 会

mə³³ ʂŋ³³ sŋ⁵⁵ thɯ³³ zŋ³³ , tʂhua⁵⁵ tse²¹ i³³ tse²¹ py²¹, khua³³ dʑŋ²¹ tʂhŋ³³ tse²¹ py²¹, py²¹ me³³
未 死 活 那 时 鹿 用 山骡用 祭 蹄 生 所有 用 祭 祭 的

mi³³ mə³³ dər³³ i³³ kɣ⁵⁵.
目的 未 达 的 会

生山羊头和绵羊头的冷凑鬼，会拦于归祖之路的桥上。东巴什罗未死而活着之时，用牛和马作牺牲以祭祀，但有时会未奏效而达不到目的。死后要去归祖的路上，生牛头和马头的冷凑鬼会阻拦于必经之桥上。东巴什罗未死而活着之时，曾用犏牛和牦牛作牺牲以祭祀，但有时会达不到目的未奏效。当你死后走在归祖路上，会有生犏牛头和牦牛头的冷凑鬼阻拦于必经的桥上。东巴什罗未死而活着之时，曾用白鹤和老鹰作牺牲，用所有生翅的飞禽作牺牲以祭祀，但会有达不到目的未奏效。当你死后走在归祖路上，会有生鹤头和老鹰头的冷凑鬼阻拦于必经的桥上。东巴什罗未死而活着时，曾用鹿和山骡及所有生蹄的走兽作牺牲以祭祀，但会有达不到目的未奏效。

55-A-7-05

ʂŋ³³ se³³ y²¹ le³³ dʑi³³ bɯ³³ me³³, tʂhua⁵⁵ kɣ³³ i³³ kɣ³³ dʑŋ²¹ me³³ le²¹ tʂhə⁵⁵ nɯ³³ dʑi³³ bɯ³³
死后 祖先 又 走 要 的 鹿 头 山骡头 生 的 冷凑鬼 以 走 要

dʑo²¹ kɣ³³ le³³ hu³³ kɣ⁵⁵.|mə³³ ʂŋ³³ sŋ⁵⁵ thɯ³³ zŋ³³, to³³ ba²¹ ʂər⁵⁵ lər³³ thɯ³³, zər²¹ tse²¹ la³³
桥 上 又 拦 会 未 死 活 那 时 东巴什罗 　　　 他 豹 用 虎

tse²¹ py²¹, tʂʅ²¹ tʂhʅ³³ dʑŋ²¹ me³³ tse²¹ le³³ py²¹, mi³³ mə³³ dər³³ i³³ kɣ⁵⁵. ｜ʂʅ³³se³³ y²¹ le³³ dʑi³³
用　祭　爪　所　生　的　用　又　祭　目　的　未　达　的　会　死后祖先　又　走

buɯ³³ me³³, ｜zər²¹ kɣ³³ la³³ kɣ³³ dʑŋ²¹ me³³ le²¹ tʂhə⁵⁵ nuɯ³³ hu³³ i³³ kɣ⁵⁵. ｜mə³³ ʂʅ³³ sʅ⁵⁵ thuɯ³³
要　的　　豹头虎头　生　的　冷凑鬼　　以　拦　的　会　未　死　活　那

zŋ³³, to³³ bɑ²¹ ʂər⁵⁵ lər³³ thuɯ³³, y²¹ tse²¹ dæ³³ tse²¹ py²¹, mi³³ mə³³ dər³³ i³³ kɣ⁵⁵. ʂʅ³³ se³³ y²¹
时　东巴什罗　　　他　猴用狐狸用祭　目　的　未　达　的　会　死　后　祖先

dʑi³³ le³³ buɯ²¹ me³³, y²¹ kɣ³³ dæ³³ kɣ³³ dʑŋ²¹ me³³ le²¹ tʂhə⁵⁵ nuɯ³³ le³³ hu³³ kɣ⁵⁵. ｜to³³bɑ²¹
走　又　去　的　猴头狐狸头生　的　冷凑鬼　　以　又　拦　会

ʂər⁵⁵ lər³³ mə³³ ʂʅ³³ sʅ⁵⁵ thuɯ³³ zŋ³³, ｜dʑŋ³³ nuɯ³³ dʑŋ³³ tʂhŋ³³ ʂə⁵⁵, dʑŋ³³ ʂə⁵⁵ dər³³ dər³³ me³³ i³³
东巴什罗未　死　活　那　时酉长　以　纠纷所　说　纠纷说差错　　　的　是

dʑy³³ i³³ kɣ⁵⁵, ｜le²¹ tʂhə⁵⁵ dʑy³³ i³³ kɣ⁵⁵. py²¹ nuɯ³³ tshŋ²¹ tʂhŋ³³ py²¹, ｜tshŋ²¹ py²¹ dər³³ ɲi⁵⁵
有　的　会　冷凑鬼　有　的　会祭司　以　鬼　所　祭诵　鬼　祭　差错

me³³ i³³ dʑy³³ i³³ kɣ⁵⁵, ｜le²¹ tʂhə⁵⁵ dʑy³³ i³³ kɣ⁵⁵ me⁵⁵.
的　是　有　的　会　冷凑鬼　有　的　会　是

当你死后走在归祖路上，会有生鹿头和山骡头的冷凑鬼阻拦于必经的桥上。东巴什罗未死而活着时，曾用豹子、老虎及所有生爪子的走兽作牺牲以祭祀，但会有达不到目的未奏效。当你死后走上归祖路，会有生豹头和虎头的冷凑鬼阻拦在必经的桥上。东巴什罗未死而活着时，曾用猴子和狐狸作牺牲以祭祀，但会有达不到目的未奏效。死后走在归祖路上，会有生猴头和狐狸头的冷凑鬼阻拦在必经的桥上。东巴什罗未死而活着时，酉长断纠纷时会出现差错，就会产生冷凑鬼。祭司举行的祭仪，会发生差错，就会产生冷凑鬼。

55-A-7-06

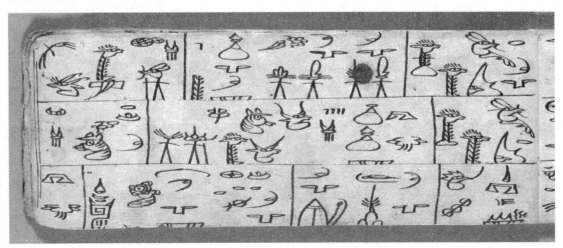

ʂʅ³³ se³³ y²¹ dʑi³³ le³³ bɯ³³ me³³, le²¹ tʂhə⁵⁵ tshʅ²¹ nɯ³³ hu³³ i³³ kɣ⁵⁵.│y²¹ mu⁵⁵ nɯ²¹ dɯ³³
死　后祖先走又　去　的　冷凑鬼　　　以　拦 的 会 死者 你 一

sʅ²¹, he²¹ dy²¹ le²¹ mə³³ thɣ³³ i³³ kɣ⁵⁵; dʑi²¹ dʑi³³ dər²¹ phɣ⁵⁵ phɣ³³, sʅ³³ bɣ³³ ə³³ phɣ³³ khə²¹
个　神　地 又 不 到 的 会 水 流　泡沫 普　　大　的 祖父　　处

le²¹ mə³³ thɣ³³ i³³ kɣ⁵⁵; dʑər³³ la²¹ kə⁵⁵ dʑɳ³³ dʑɳ³³, phe²¹ be³³ ə³³ dʑɳ³³ khə²¹ le²¹ mə³³ thɣ³³ i³³
又　不　到 的会　树枝　枝 分权　培本　　祖母　处 又 不 到 的

kɣ⁵⁵; le⁵⁵ tʂə²¹ ə³³ sʅ²¹ bɣ³³ le²¹ ə³³ me³³ khə²¹ le²¹ mə³³ thɣ³³ i³³ kɣ⁵⁵;│y²¹ dʑɳ²¹ dʑɳ³³khə²¹,
会　勒周　父亲 补勒　母亲　处 又 不 到 的 会 死者　伴 处

se²¹çɣ⁵⁵ æ²¹ kɣ³³ le²¹ mə³³ thɣ³³│dʑy³³ kɣ⁵⁵.tshʅ⁵⁵ zi³³ bu²¹ mə³³ zi³³, gɣ³³ hu²¹ he³³ mə³³
申许　岩 处 又 不 到 有 会　马　美　鬃 不 美　身　宁　魂　不

hu²¹ i³³ kɣ⁵⁵.│dʑɳ³³ kɣ⁵⁵ thɣ³³ tʂhʅ³³ lo²¹, py²¹ kɣ⁵⁵ ŋə²¹ tʂhʅ³³ ua²¹ nɯ³³, y²¹ i³³ gu²¹ nɯ³³
安 的 会 亲酉长 会 产生 这伙 祭 会 我 所有　　以 绵羊是 马 以

sʅ³³, gu²¹ i³³ bər²¹ nɯ³³ sʅ³³, y²¹ thɯ³³ lu⁵⁵ kɣ³³ i³³ o⁵⁵ dy²¹ he²¹ dy²¹ gə²¹ le³³ py⁵⁵,│
领　马 是 牦牛 以　领　死者他　四　个 是 沃神 界　恒神 地 上 又 送

y²¹ dʑɳ²¹ dʑɳ³³ khə²¹se²¹ çɣ⁵⁵ æ²¹ kɣ³³ gə²¹ le³³ py⁵⁵.│ə³³ la³³ mə³³ ʂər⁵⁵ n̩i³³, mɯ³³ ne²¹ dy²¹
死者 伴侣　处 申许　岩 处 上 又 送　远古的时候　　　天 和 地

la³³ mə³³ thɣ³³ sʅ³³ thɯ³³ dʐʅ²¹, bi³³ ne²¹ le²¹, kɯ²¹ ne²¹ za²¹ la³³ mə³³ thɣ³³ s ʅ³³ thɯ³³
也 未 产生 的 那　时 太阳 和 月亮　星 和　娲星 也 未 产生 的 那时

dʐʅ²¹dzy²¹ ne²¹ lo²¹ la³³ mə³³ thɣ³³ sʅ³³ thɯ³³ dʐʅ²¹, dʑi²¹ ne²¹khæ³³ la³³ mə³³ thɣ³³sʅ³³thɯ³³
时 山 和 谷 也 未 产生 的 那　时 水 和 渠 也 未 产生 的 那

dʐʅ²¹, sər³³ ne²¹ lɣ³³ la³³ mə³³ thɣ³³ sʅ³³ thɯ³³ dʐʅ²¹,│tɕy⁵⁵ tʂhu²¹ gə²¹ nɯ³³ kho³³ ɯ³³ thɣ³³,
时　树 和 石 也 未 产生 的 那 时　最早　上 以　声 佳 出

mɯ²¹ nɯ³³ sa⁵⁵ lɣ²¹
下　以　气 暖

死后在归祖路上，冷凑鬼会阻拦在必经的桥上。你这位死者，就会到不了神界里，到不了最大的祖父和祖母那儿，到不了父亲和母亲那儿[1]，到不了死者伴侣身边，到不了祖先居住的申许岩那里，死者就像骏马未有漂亮的马鬃一样，就会即使肉体安宁而魂不得安宁。我们这些会理清纠纷的酋长，我们这些会作祭仪的祭司东巴们，要把死者随着绵羊、绵羊跟着马、马跟着牦牛，把这四者一起送到沃神和恒神的神地里，送到死者伴侣旁，送到祖先居住地申许岩那里。

---

[1] 原文在"祖父"、"祖母"、"父亲"、"母亲"前有一些修辞手法和冠词，译时很难把这表达出来故未译。

　　远古的时候，在天地未产生之时，太阳和月亮未产生之时，众星和娆星未产生之时，高山和深谷未形成之时，水流和沟渠未产生之时，树木和石头还未产生时，最早由上方产生了佳声，下方产生出暖气。

55-A-7-07

thyɣ³³. kho³³ sa⁵⁵ puɯ³³ pa³³ be³³,|ua²¹ hər²¹ bu³³ duɯ²¹ lu⁵⁵ la³³ thyɣ³³. ua²¹ hər²¹ bu³³ duɯ²¹
产生　声　气　变化　做　松石绿　光　大　四射　产生　松石绿　光　大

lu⁵⁵ la³³ puɯ³³ pa³³ be³³, muɯ³³ luɯ⁵⁵ phər²¹ lu⁵⁵ la³³ me³³ thyɣ³³. muɯ³³ luɯ⁵⁵ phər²¹ lu⁵⁵ la³³
四射 变化　做　天　地　白　四射　者　产生　天　地　白　四射

nuɯ³³ puɯ³³ pa³³ be³³, lər²¹ kɣ⁵⁵ kho³³ uɯ³³ sa⁵⁵ uɯ³³ thyɣ³³. lər²¹ kɣ⁵⁵ kho³³ uɯ³³ sa⁵⁵ uɯ³³ puɯ³³
以　变化　做　喊　会　声　佳　气　佳　产生　喊　会　声　佳　气　佳　变化

pa³³ be³³,| he²¹ duɯ²¹ ua³³ pher²¹ the²¹ nuɯ³³ thyɣ³³. he²¹ duɯ²¹ ua³³ phər²¹ puɯ³³ pa³³ be³³,
做　恒迪窝盘　　由此　以　产生　恒迪窝盘　　变化　做

i³³ gɣ²¹ o³³ kə²¹ thyɣ³³. i³³ gɣ²¹ o³³ kə²¹ puɯ³³ pa³³ be³³, sa²¹ i³³ uə³³ de³³ thyɣ³³. sa²¹ i³³ uə³³
依谷阿格　　产生 依谷阿格　变化　做　刹依威德　产生　刹依威德

de³³ puɯ³³pa³³ be³³, muɯ³³ luɯ⁵⁵ du²¹ʥŋ³³ the²¹ nuɯ³³ thyɣ³³. nuɯ³³ luɯ⁵⁵du²¹ ʥŋ³³ puɯ³³ pa³³ be³³,
变化　做　美利董主　　由此　以　产生 美利董主　　变化　做

muɯ³³ phər²¹ dy²¹ phər²¹ thyɣ³³, bi³³ phər²¹ le²¹ phər²¹ thyɣ³³,kuɯ²¹ phər²¹ za²¹ phər²¹ thyɣ³³,du¹³
天　白　地　白 产生 太阳　白　月亮　白　产生 星　白　娆星　白 产生　董

gə³³ huɯ⁵⁵ phər²¹ the²¹ nuɯ³³ thyɣ³³.| duɯ³³ ɲi³³ mə³³ tɣ⁵⁵ tɣ²¹, muɯ³³ luɯ⁵⁵ du²¹ ʥŋ³³ thuɯ³³, huɯ⁵⁵
的　海　白　由此　以　产生　有这么一天　　美利董主　　他　海

phər²¹ lo²¹ ɲiə²¹ le³³ ly²¹ khuɯ⁵⁵, du²¹ o²¹ huɯ⁵⁵ ɲiə²¹ khæ⁵⁵, du²¹ o²¹ du²¹ le³³ do²¹. ɲy⁵⁵ i³³
白　里　面　又　看　去　董影海里　照　董影董　又　见　我　是

hu²¹ gə³³ dʑŋ²¹ dʑŋ³³, so²¹ gə³³ kuɑ³³ dʑŋ³³,│zɣ⁵⁵ be³³ zɣ⁵⁵ dʑŋ³³, ko²¹ kɣ³³ bɣ³³ lɣ⁵⁵ lɣ⁵⁵ dʑŋ³³
晚　的　做伴　　晨　的　逛　伴　活路做　活路伴　高原上绵羊牧　牧　伴

dɯ³³ kɣ⁵⁵ le³³ bu²¹mi³³.│mɯ³³ lɯ⁵⁵ du²¹ dʑŋ³³ i³³, o²¹ ʂ̩³³ ʂər⁵⁵ phər²¹ thɣ⁵⁵, miə²¹gɣ³³ miə²¹
一　个　又　想要　美利董主　　　是　皮肤　汗渍白　搓　眼　里眼

bər³³ thɣ⁵⁵, du²¹ hɯ⁵⁵ phər²¹ me³³ lo²¹ ɲiə²¹ ku⁵⁵ le³³ tɕi³³.│sŋ⁵⁵ hɑ³³ i³³ so²¹ gɣ³³,kɑ³³ me³³
泪　挤　董　海　白　者　里　由　丢　又　放　三　天之晨　到　好　的

ɯ³³ me³³ gə²¹ dʑŋ³³ gə²¹ y²¹ lu³³, khuɑ²¹ me³³ dʑɑ³³ me³³ mu²¹ zər²¹ fæ³³ uə³³ tsŋ⁵⁵.│sŋ⁵⁵ hɑ³³
善　的　上　增　上　生来　坏　的　事　的　下　在　去　说是　三　天

i³³ so²¹ le³³ gɣ³³ ɲiə¹³, dʑi²¹ mi⁵⁵ hər²¹ lɣ⁵⁵ lɑ³³ dɯ³³ gɣ³³ gə²¹ thɣ³³ gə²¹ y²¹ tshŋ²¹.│mi²¹ tsŋ⁵⁵
之晨　又　到时　水　女　绿　四射　一　个　上　产生上　生　来　名　取

ɕi³³ mə³³ dʑy²¹, ɲy⁵⁵ mi²¹ ɲy⁵⁵ le³³ tsŋ⁵⁵, du¹³ gə³³ tshŋ⁵⁵ tʂuɑ³³ dʑi³³ mu³³ le³³ mi²¹ be³³.│
人　没　有　自己　名自己又取　董　的　茨爪金姆　　　　又　名　做

mɯ³³ lɯ⁵⁵ du²¹ dʑŋ³³, tshŋ⁵⁵ tʂuɑ³³ dʑi³³ mu³³ ɲi³³ kɣ⁵⁵ ta⁵⁵ lɣ³³ dɯ³³ dʑi²¹ be³³. du²¹ lɑ³³ gɣ³³
美利董主　　　茨爪金姆　　　两　个　结合　一　家　做董也　九

zo³³ ɕi²¹ me³³ gɣ³³ uə³³ tshŋ⁵⁵,
儿　养　的　九　寨　建

佳声和佳气发生变化，产生光芒四射的一团绿光。绿光发生变化，天地间产生光芒四射的白光。白光发生变化，产生会喊叫的佳声和佳气。会喊叫的佳声佳气发生变化，产生恒迪窝盘大神。恒迪窝盘大神作变化，产生依谷阿格大神①。依谷阿格大神作变化，产生刹依威德大神。刹依威德大神作变化，美利董主出世。美利董主作变化，白天和白地、白太阳和白月亮、白星星和白娆星由此产生，美利董主的白海也由此产生。有这么一天，美利董主来到白海边，他往白海里一看，他的影子映在白海里，他自己看到了自己的映像。他自己就想要一个晚上做伴、清晨散步、干活的伴侣和高原上牧羊的伙伴。美利董主在自己的身上搓一团白汗渍，和着眼中流出的眼泪，丢入白海中，口中说三天之后，好的善的从水中生出浮上来，坏的歹的压到水底下。过了三天之清晨，从水中产生一个绿光四射的水姑娘。这位女子无人给她取名字，就自己给自己取名，名字就叫董的茨爪金姆。美利董主和茨爪金姆就结合成一家。美利董主就养育了九个儿子建了九个寨子，

---

① 此处似有笔误，在大多东巴古籍中是先产生依谷阿格大神，后产生恒迪窝盘神。

55-A-7-08

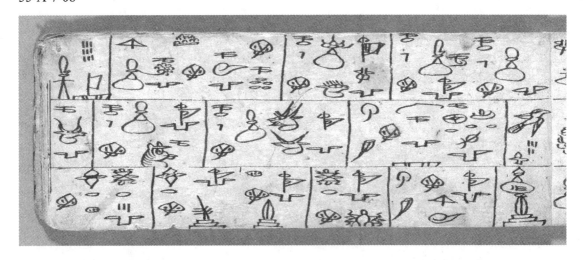

du²¹ mi⁵⁵ gɣ³³ kɣ⁵⁵ ɕi²¹ me³³ gɣ³³ dy²¹ khu³³.│ mɯ³³ lɯ⁵⁵ du²¹ ʥŋ³³ gə³³, khu³³ gə³³ dər³³
董　女　九　个　养　的　九　　地　辟　美利董主　　　　　　的　嘴　的　吐沫

phər²¹ thɣ⁵⁵, dər³³ phər²¹ pɯ³³ pa³³ be³³, hɯ⁵⁵ phər²¹ the²¹nɯ³³ thɣ³³. hɯ⁵⁵ phər²¹ pɯ³³ pa³³
白　吐　吐沫　白　　变化　做　海　白　　由此　以　产生　海　白　变化

be³³, kɣ³³ pher²¹ ua⁵⁵ lɣ³³ the²¹ nɯ³³ thɣ³³.│ kɣ³³ phər²¹dɯ³³ lɣ³³ pɯ³³ pa³³ be³³, du¹³ gə³³
做　蛋　白　五　个　由此　以　产生　蛋　白　一　个　变化　　做　董的

py³³ bɣ²¹ i²¹ ʂŋ⁵⁵ bu²¹ tso³³ the²¹ nɯ³³ thɣ³³.│kɣ³³ phər²¹ dɯ³³ lɣ³³ pɯ³³ pa³³ be³³,mə³³
祭司　伊世补佐　　　由此　以　产生　蛋　白　一　个　变化　　做

phæ²¹ ɯ³³ ha⁵⁵ the²¹nɯ³³ thɣ³³. kɣ³³ phər²¹ dɯ³³ lɣ³³ pɯ³³ pa³³ be³³, du¹³ gə³³ bər²¹ phər²¹
莫盘恩浩　　由此　以　产生　蛋　白　一　个　变化　　做　董　的　牦牛　白

the²¹ nɯ³³ thɣ³³.│kɣ³³ phər²¹ dɯ³³ lɣ³³ pɯ³³ pa³³ be³³, du¹³ gə³³ ʐua³³ phər²¹ the²¹ nɯ³³
由此　以　产生　蛋　白　一　个　变化　　做　董的　马　白　由此　以

thɣ³³.│kɣ³³ phər²¹ dɯ³³ lɣ³³ pɯ³³ pa³³ be³³, du¹³ gə³³ tshŋ⁵⁵ phər²¹ y²¹ phər²¹ the²¹ nɯ³³
产生　蛋　白　一　个　变化　　做　董的　山羊　白　绵羊　白　由此　以

thɣ³³. kɣ³³ ʥi²¹pɯ³³ pa³³ be³³, du¹³gə³³ mɯ³³ pher²¹, dy²¹ pher²¹ bi³³phər²¹ le²¹ phər²¹, kɯ²¹
产生　蛋　水　变化　做　董的　天　白　地　白　太阳　白　月亮　白　星

phər²¹ za²¹ phər²¹ the²¹ nɯ³³ thɣ³³, ʥi³³ uə²¹ ua³³ sy²¹ the²¹ nɯ³³ thɣ³³. ʥi³³ uə²¹ ua³³ sy²¹
白　娥星　白　由此　以　产生　精吾　五样　由此　以　产生　精吾　　五样

pɯ³³ pa³³ be³³, kɣ³³ hər²¹ kɣ³³ ʥæ²¹ kɣ³³ ʂŋ²¹ sŋ⁵⁵ lɣ³³ thɣ³³. kɣ³³hər²¹ pɯ³³ pa³³ be³³, he²¹
变化　做　蛋　绿　蛋　花　蛋　黄　三　个　产生　蛋　绿　变化　做

i³³ ba³³ da²¹ dʑər²¹ i³³ the²¹ nɯ³³ thʏ³³. kʏ³³ dʑæ²¹ pɯ³³ pa³³ be³³, dʑy²¹na⁵⁵ zo⁵⁵ lo³ dʑy²¹
恒依巴达 树 是 由此 以 产生 蛋 花 变化 做 居那若罗 山

i³³ the²¹ nɯ³³ thʏ³³. kʏ³³ ʂʅ²¹ pɯ³³ pa³³ be³³, tse⁵⁵ tse³³ hæ²¹ lʏ³³ me³³ i³³ the²¹ nɯ³³ thʏ³³
是 由此 以 产生 蛋 黄 变化 做 赠争含鲁美 是 由此 以 产生

kʏ³³ dʑi²¹ pɯ³³ pa³³ be³³, mu³³ lɯ⁵⁵ da³³ dʑi²¹ hɯ⁵⁵ i³³ the²¹ nɯ³³ thʏ³³. sa²¹ i³³uə³³ de³³
蛋 水 变化 做 美利达吉 海 是 由此 以 产生 刹依威德

thɯ³³, dʑy²¹ na⁵⁵ zo⁵⁵ lo³³ kʏ³³
他 居那若罗 顶

养育了九个女儿辟了九片地。美利董主嘴里吐出一口吐沫,吐沫发生变化,产生出一白海。白海发生变化,产生出五个白蛋。一个白蛋发生变化,产生出美利董主家的东巴祭司伊世补佐。一个白蛋发生变化,产生出女卜师莫盘恩浩。一个白蛋作变化,产生美利董主的白牦牛。一个白蛋作变化,产生出美利董主的白马。一个白蛋作变化,产生出美利董主的白山羊和白绵羊。蛋水作变化,产生出美利董主的白天和白地,产生出白太阳和白月亮,产生出白星和白娥星,产生出精吾[①]五样。精吾五样发生变化,产生出绿蛋、花蛋、黄蛋三个。绿蛋发生变化,产生出恒依巴达神树。花蛋发生变化,产生出居那若罗神山。黄蛋发生变化,产生出赠争含鲁美神石。蛋水发生变化,产生出美利达吉神海。刹依威德大神,坐在居那若罗神山顶上,

55-A-7-09

nɯ³³ dʑʅ²¹, phər²¹ lər⁵⁵ sæ²¹ lər⁵⁵ mu²¹ le³³ phʏ⁵⁵, khu³³ nɯ³³ le³³ tʂhər³³ gu³³, ka³³ me³³
以 坐 盘神 种 禅神 种 往下 又 撒 嘴 以 又 念咒 好 的

ɯ³³ me³³ gə²¹ le³³ lʏ²¹, khua²¹ me³³ dʑa³³ me³³ mu²¹ le³³ zər²¹. sa²¹ i³³ uə³³de³³, mu³³ lɯ⁵⁵
善 的 下 又 抬 坏 的 歹 的 下 又 压 刹依威德 美利董主

---

① 精吾:音译名词,是纳西族对"木、火、土、铁、水"这五行的称谓。

du²¹ dʐ̩³³ i²¹ ʂ̩⁵⁵ bu³³ tso³³ s̩⁵⁵ kɣ³³ le³³ dʐ̩²¹ guə³³, mɯ³³ thɣ³³ dy²¹ khu³³ thɣ³³ kɣ³³ pɯ⁵⁵
伊世补佐　　三　个　又　商量　　天　开　地　辟　产生　处　来历

kɣ³³ le³³ be³³ se²¹ uə³³ ts̩⁵⁵.|mɯ³³ lɯ⁵⁵ du²¹ dʐ̩³³ khu³³ nɯ³³ pe³³ ma³³ phər²¹ me³³ dɯ³³
处　又　做了　说是　　美利董主　　　嘴　以　莲花　白　的　一

lɣ⁵⁵ thɣ³³, ŋɣ²¹ phər²¹ khua⁵⁵ phər²¹ lo²¹ le³³ khu⁵⁵.|mɯ³³ lɯ⁵⁵ du²¹ dʐ̩³³ kɣ³³ ȵiə²¹ dɯ³³
团　出　银　白　碗　白　里　又　放　　美利董主　　　头　上　一

tɕi³³ nu²¹, mɯ³³ gə³³ bi³³ phər²¹ le²¹ phər²¹ kɯ²¹ phər²¹ za²¹ phər²¹ thɣ³³ me³³ the⁵⁵ ȵi²¹
放　着　天　的　太阳　白　月亮　白　星　白　娆星　白　出　的　一样

gɣ³³.|ŋɣ²¹ phər²¹ khua⁵⁵ phər²¹ du¹³ gə³³ khɯ³³ tɕər²¹ dɯ³³ tɕi³³ nu²¹, dy²¹ gə³³ dʑy²¹ lo²¹
像　银　白　碗　白　董的　脚上　一　放着　地的　山谷

sər³³ lɣ³³ thɣ³³ nu²¹ the⁵⁵ ȵi²¹ gɣ³³.|mɯ³³lɯ⁵⁵ du²¹ dʐ̩³³ nu²¹, du¹³ gə³³ uæ³³ tɕy²¹ dɯ³³
树　石　出　以　一样　像　美利董主　　　以　董的　左　方　一

tɕi³³ nu²¹, dʑy²¹ ʂ̩²¹ lo²¹ hər²¹ thɣ³³ me³³ the⁵⁵ ȵi²¹ gɣ³³.|ŋɣ³³ phər²¹ ŋɣ²¹ khua⁵⁵ du¹³ gə³³
放着　山　黄谷　绿　出现的　一样　像　银　白　银　碗　董的

i²¹ tɕy²¹ dɯ³³ tɕi³³ nu²¹, dy³³ phər²¹ dʑy²¹²phər²¹, tʂhu²¹ na⁵⁵ lo²¹ na²¹ thɣ³³me³³ the⁵⁵ȵi²¹
右　方　一　放着　海螺白　山　白　墨玉黑　谷黑　出现　的　一样

gɣ³³.|mɯ³³ ne²¹ dy²¹ nɯ³³ pɯ³³ pa³³ be³³, hu⁵⁵ ʂ̩²¹ dɯ³³ hu⁵⁵ thɣ³³.|hu⁵⁵ ʂ̩²¹ ko³³ lo²¹
像　天　和　地　以　变化　做　海黄　一　海　产生　海黄　里面

nɯ³³, kɣ³³ ʂ̩²¹
以　蛋黄

向下撒着盘神和禅神种。他的嘴里念着咒语，说是好的善的抬上来，坏的歹的压下去。刹依威德、美利董主和伊世补佐相商量，说是开天辟地的事做完了。

　　美利董主的嘴里吐出一团像白莲花一样的吐沫，把它装在一个白银碗里。他把白银碗放在头上，好似在白天空上升起白太阳和白月亮，升起白星和白娆星。美利董主把白银碗放在他的脚上，像大地上产生出白山和白谷、产生出树木和石头。美利董主把白银碗放在他的左边，像产生出黄色的高山和绿色的深谷。美利董主把白银碗放在他的右边，像产生出白海螺色的高山和墨玉黑的深谷一样。

　　天和地发生变化，产生出一片黄海。从黄海里产生一个黄蛋。

55-A-7-10

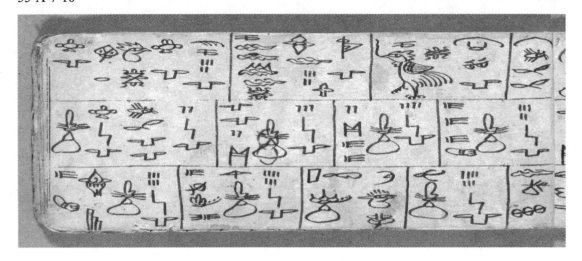

duɯ³³ ly³³ thγ³³. kγ³³ ʂʅ²¹ puɜ³ pa³³ be³³, æ²¹ ʂʅ²¹ duɯ³³me³³ thγ³³, no²¹ phər²¹ua³³ no²¹ thγ³³.|
一 个 产生 蛋 黄 变化 做 鸡 黄 一 只 产生 绒毛 白 五 根 产生

no²¹ phər²¹ puɯ³³ pa³³ be³³, tɕi²¹ phər²¹ tɕi²¹ na²¹ tɕi²¹ çy²¹ tɕi³³ ʂʅ²¹ tɕi³³ hər²¹ ua³³ sy²¹ the²¹
绒毛 白 变化 作 云 白 云 黑 云 红 云 黄 云 绿 五 样 由此

nɯ³³thγ³³.|hæ²² ʂʅ²¹ æ²¹ phər²¹ tɕy²¹ kho³³ mɯ³³ ȵ iə²¹ thγ³³,|mɯ³³ lɯ⁵⁵ iə³³ iə²¹ ə³³ dʐʅ³³
以 产生 金 黄 公鸡 鸣声 天 上 到 美利优尤 祖母

duɯ³³tʂhər⁵⁵ thγ³³.|lɯ⁵⁵ iə²¹ thγ³³thγ³³ ə³³ dʐʅ³³ȵi³³ tʂhər⁵⁵ thγ³³.|thγ³³ thγ³³ ȵi³³ uə³³ ə³³ dʐʅ³³
一 代 出世 利尤土图 祖母 二 代 出世 土图尼威 祖母

sʅ⁵⁵ tʂhər³³ thγ³³.|ȵi³³ uə³³ sa³³ sa²¹ ə³³ dʐʅ³³ lu⁵⁵ tʂhər³³ thγ³³.|sa³³ sa³³ sa⁵⁵ la²¹ ə³³ dʐʅ³³
三 代 出世 尼威莎刹 祖母 四 代 出世 莎沙绍劳 祖母

ua⁵⁵ tʂhər³³ thγ³³.|sa³³ la²¹ dʑy³³ dʐʅ²¹ ə³³ dʐʅ³³ tʂhua⁵⁵ tʂhər³³ thγ³³.|sa³³ za²¹ lər²¹ tsʅ⁵⁵ dʑi³³
五 代 出世 莎劳居孜 祖母 六 代 出世 莎饶朗宙吉姆

mu³³ ə³³ dʐʅ³³ ʂər³³ tʂhər⁵⁵ thγ³³.|to³³ ba²¹ ʂər⁵⁵ lər³³ mə³³ y²¹ nɯ³³,|ə³³ dʐʅ³³ ʂər³³ tʂhər⁵⁵
祖母 七 代 出世 东巴什罗 未 出世 以 祖母 七 代

thγ³³. |tɕi³³ so³³ tʂhu²¹
出 金梭崇补

黄蛋发生变化，产生一只金黄色的鸡，产生五根白绒毛。五根白绒毛发生变化，产生出白云、黑云、红云、黄云和绿云五种云彩。金黄色公鸡的啼鸣声传到了天上，（东巴什罗）的第一世祖母美利优尤出世，接着第二世祖母利尤土图出世，第三世祖母土图尼威出世，第四世祖母尼威莎刹出世，第五世祖母莎沙绍劳出世，第六世祖母莎劳居孜出世，第七世祖母莎饶朗宙吉姆出世。在东巴什罗未出世以前，先有了这七世祖母。金梭崇补

55-A-7-11

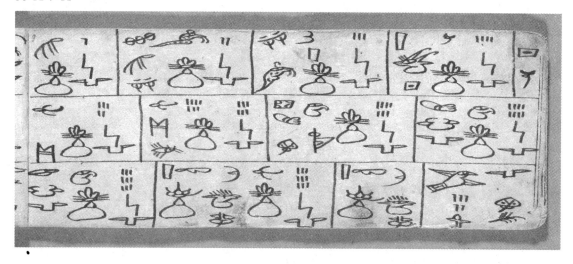

by³³ ə³³ phɣ³³ duɯ³³ tʂhər⁵⁵ thɣ³³. | tʂhu²¹ by³³ ȵiə³³ zl̩²¹ ə³³ phɣ³³ ȵi³³ tʂhər⁵⁵ thɣ³³. | ȵiə²¹ zl̩³³
祖父　　一　　代　　出世　崇补纽日　　　　祖父　　二　　代　　出世　纽日胜朵

se⁵⁵ to³³ ə³³ phɣ³³ sl̩⁵⁵ tʂhər³³ thɣ³³. | se⁵⁵ to³³ pe³³ ma⁵⁵ ə³³ phɣ³³ lu⁵⁵ tʂhər³³ thɣ³³. | pe³³ na⁵⁵
祖父　　三　　代　　出世　胜朵本玛　　　　祖父　　四　　代　　出世　本玛欧乌

ə³³ uə²¹ə³³ phɣ³³ ua⁵⁵ tʂhər³³ thɣ³³. | ə³³ uə²¹ luɯ⁵⁵ te³³ ə³³ phɣ³³ tʂhua⁵⁵ tʂhər³³ thɣ³³. | dʑiə³³
祖父　　五　　代　　出世　欧乌利登　　　　祖父　　六　　代　　出世

la²¹ pa³³ kə⁵⁵ the³³ ə³³ phɣ³³ ʂər³³ tʂhər⁵⁵ thɣ³³. | la²¹ by³³ thɣ³³ kə⁵⁵ ə³³ phɣ³³ ho⁵⁵
久劳巴格特　　祖父　　七　　代　　出世　劳补妥构　　　　祖父　　八

tʂhər³³ thɣ³³. dʑi³³ by³³ thɣ³³ kə⁵⁵ ə³³ phɣ³³ gɣ³³ tʂhər³³ thɣ³³. | to³³ ba²¹ ʂər⁵⁵ lər³³ mə³³ y²¹
代　出世　景补土构　　　　祖父　　九　　代　　出世　东巴什罗　　　　　未　出世

nuɯ³³, ə³³ phɣ³³ gɣ³³ tʂhər⁵⁵ thɣ³³. | to³³ ba²¹ ʂər⁵⁵ lər³³ mə³³ y²¹ nuɯ³³, | dʑi³³uə²¹ ua³³ sy²¹
以　祖父　　九　　代　　出世　东巴什罗　　　　未　出世以　精吾　　五　样

thɣ³³. dʑi³³ uə²¹ ua³³ sy²¹ puɯ³³ pa³³ be³³,
产生　精吾　　五　样　变化　做

第一世祖父出世，接着第二世祖父崇补纽日出世，第三世祖父纽日胜朵出世，第四世祖父胜朵本玛出世，第五世祖父本玛欧乌出世，第六世祖父欧乌利登出世，第七世祖父久劳巴格特出世，第八世祖父劳补妥构出世，第九世祖父景补土构出世[①]。当东巴什罗未出世之前，他的九世祖出世了。

　　东巴什罗未出世之前，先产生五样精吾五行。五样精吾发生变化，

---

① 在其他手抄本中，只有八世之说，这里似有误。因多数东巴古籍抄本中"劳补妥构"被称为东巴什罗的父亲。此书的"第九世景补土构"似与"劳补妥构"为同一世。"景补"为"王子"，那么"景补土构"意为"土构王子"，因此第八世与第九世应为同一人。

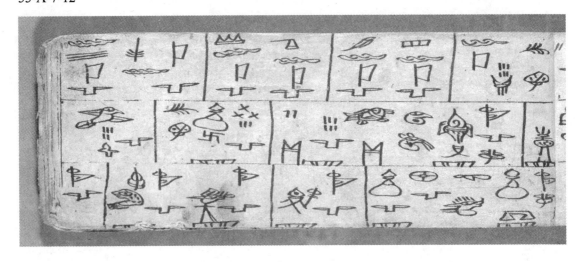

55-A-7-12

hər²¹ gə³³ tɕi³³ khu³³ the²¹ nɯ³³ thɣ³³, sər³³ gə³³ tɕi³³ khu³³ the²¹ nɯ³³ thɣ³³, | mi³³ gə³³ tɕi³³
风 的 境界 由此 以 产生 木 的 境界 由此 以 产生 火 的 境界

khu³³ the²¹ nɯ³³ thɣ³³, ʂu²¹gə³³ tɕi³³ khu³³ the²¹ nɯ³³ thɣ³³, | dʑi²¹ gə³³ tɕi³³ khu³³ tɕhe²¹ nɯ³³
由此 以 产生 铁 的 境界 由此 以 产生 水 的 境界 由此 以

thɣ³³, tʂʅ³³gə³³ tɕi³³ khu³³ tɕhe²¹ nɯ³³ thɣ³³. | tɕi³³ khu³³ tʂhua⁵⁵ kɣ³³pɯ³³ pa³³ be³³, | dʑi³³uə²¹
产生 土 的 境界 由此 以 产生 境界 六 个 变化 做 精吾

ua³³ sy²¹ thɣ³³. | dʑi³³uə²¹ ua³³ sy²¹ pɯ³³ pa³³be³³, he²¹ gə³³ i³³ do³³ sʅ³³ tshər²¹ sʅ³³ dy²¹ the²¹
五 样 产生 精吾 五 样 变化 做 神 的 吉祥 三 十 三 地 由此

nɯ³³ thɣ³³. | ȵi³³ uə³³ tʂhua⁵⁵ dy²¹ la³³ the²¹ nɯ³³ thɣ³³, ȵi³³ uə³³ dʑæ³³ na²¹, fɣ⁵⁵ na²¹ dʑy²¹
以 产生 尼坞鬼域 六 地 也 由此 以 产生 尼坞 麻雀 黑 鼠 黑 有

me³³ dy²¹ i³³ the²¹ nɯ³³ thɣ³³. | i³³ da⁵⁵ dy²¹ i³³ the²¹ nɯ³³ thɣ³³, | ɕy²¹ tso³³ dy²¹ i³³ the²¹
的 地 是 由此 以 产生 依道 地 是 由此 以 产生 徐佐 地 是 由此

nɯ³³ thɣ³³, | tsho²¹ ze³³ kho³³ lo¹³ dy²¹ i³³ the²¹ nɯ³³ thɣ³³, | la²¹ mu³³ i⁵⁵ dy²¹ the²¹ nɯ³³
以 产生 崇忍可罗 地 是 由此 以 产生 劳玛义 地 由此 以

thɣ³³. | he³³ pa²¹ dy²¹ the²¹ nɯ³³ thɣ³³, ȵi³³ me³³ thɣ³³, ʂʅ⁵⁵ bu²¹ lo²¹ pa⁵⁵ he³³ gə³³ dy²¹
产生 汉人 地 由此 以 产生 东方 史补罗巴 汉人 的 地

the²¹ nɯ³³
由此 以

产生风的境界[1]，木的境界、火的境界、铁的境界、水的境界和土的境界。五个境界发生变

---

[1] 纳西语[tɕi³³ khu³³]，在译著中有的译为"法轮"。据精通藏语的杨逸天老师说，应是"境界"，现从杨逸天老师译之。

化，产生五样精吾①，五样精吾五行发生变化，产生出三十三个吉祥的神界。同时也产生出六个尼坞鬼域，有黑麻雀黑老鼠的尼坞鬼域由此产生，脖细如针、肚大如海永远吃不饱的依道鬼所在的鬼域由此产生，徐佐鬼所在的鬼域由此产生；崇忍可罗鬼域由此产生；劳玛义鬼域由此产生。汉人界由此产生，东方史补罗巴汉人界由此产生；

55-A-7-13

thɣ³³;│i³³ tʂhŋ³³ mu²¹ gə³³ dzo²¹pa²¹ bɣ³³ lɣ⁵⁵ na²¹ çi³³ dy²¹ the²¹ nɯ³³ thɣ³³;│n̠i³³ me³³ gɣ²¹
产生　南方　　　的　笮巴补鲁　　纳西　地　由此 以 产生　西方

gə³³ nɣ²¹ lo³³ pa²¹ çɣ²¹ gɣ³³ dʐŋ²¹ dy²¹ the²¹ nɯ³³ thɣ³³;│ho³³ gɣ³³ lo²¹ gə³³ çɣ²¹ lo²¹ n̠iə²¹
的　奴罗巴许　　藏人　地 由此 以 产生　　北方　　　的　许罗扭贺

ho⁵⁵ gə²¹ lo⁵⁵ tshy⁵⁵ nɯ³³ dʐŋ²¹ me³³ dy²¹ i³³ the²¹ nɯ³³ thɣ³³.│bu³³ dɯ²¹ lɣ⁵⁵ la³³ sŋ³³ tshər²¹
格罗趣人　以　住　的　地 是 由此 以　产生　光　大　四射　三十

sŋ³³ dy²¹ the²¹nɯ³³ thɣ³³,│he²¹ gə³³ i³³ do³³ ɯ³³ me³³ sŋ³³ tshər²¹ sŋ³³ dy²¹ the²¹ nɯ³³ thɣ³³,│
三 界 由此 以 产生 神 的 吉祥　好 的 三十　三 界 由此 以 产生

he²¹ gə³³ mɯ³³ phər²¹ dy²¹ phər²¹ the²¹ nɯ³³ thɣ³³, dʑɣ²¹ phər²¹ lo²¹ phər²¹ the²¹ nɯ³³ thɣ³³,
神 的 天 白 地 白 由此以 产生 山 白 谷 白 由此以 产生

dʐŋ²¹ phər²¹ bər²¹ phər²¹ the²¹ nɯ³³ thɣ³³, ɯ³³ phər²¹ʐua³³ phər²¹, tshŋ⁵⁵phər²¹ y²¹ phər²¹ the²¹
犏牛 白 牦牛 白 由此 以 产生 牛 白 马 白 山羊 白 绵羊 白 由此

nɯ³³ thɣ³³.│la²¹ bv³³ thɣ³³ kə⁵⁵, sa³³ za²¹ lər²¹ tsi⁵⁵ dʑi³³ mu³³ ta⁵⁵ dze³³ dɯ³³ dʑi²¹ be³³,│n̠i³³
以 产生 劳补妥构　 莎饶朗宙吉姆　　 结合 一 家 做 东方

me³³ thɣ³³, khə²¹ tshe⁵⁵ tshe³³ bɣ³³ nɯ³³ dɯ³³ bu²¹ iə⁵⁵;│i³³ tʂhŋ³³ mu²¹, se⁵⁵ʐŋ³³ mi²¹ gu³³
格衬称补　　　　以 一 本领 给 南方　　胜日明恭

---

① 此处似有误，前文是"五样精吾"变化成"五个境界"，此处又还原成"五样精吾"，但从原文译之。

nɯ³³
以

产生出纳西人①住南方的笮巴补鲁地域；产生西方藏人居住的奴罗巴许地域；产生北方格罗趣人住的许罗扭贺地域。光芒四射的吉祥的三十三个神界由此产生，神的白天和白地、白山和白谷由此产生，神的白犏牛和白牦牛、白牛和白马、白山羊和白绵羊由此产生。

　　劳补妥构和莎饶朗宙吉姆结合做一家，东方之战神格衬称补赐东巴什罗一本领；南方的战神胜日明恭

55-A-7-14

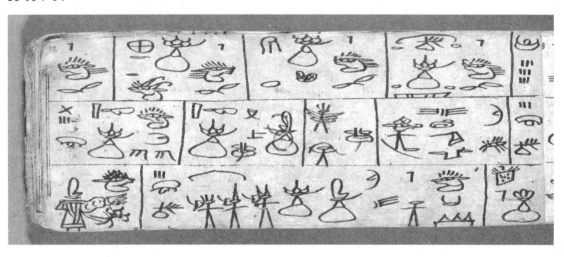

dɯ³³ bu²¹ iə⁵⁵; |ɲi³³ me³³ gɣ²¹, na⁵⁵ se³³ tʂhu³³ lu²¹ nɯ³³ dɯ³³bu²¹ iə⁵⁵; |ho³³gɣ³³ lo²¹, gɣ³³
一 本领　　　西方　　　纳生初卢　　　以 一 本领 给 北方

se³³ khə³³ ba²¹ nɯ³³ dɯ³³ bu²¹ iə⁵⁵; |mɯ³³ le³³ dy²¹ ly⁵⁵ gɣ³³, so³³ y²¹ tsi⁵⁵ gɣ³³ nɯ³³ dɯ³³
古生抠巴　　以 一 本领 给 天 和 地 中央 梭余晋古　　　以 一

bu²¹ iə⁵⁵. |gɣ³³ he³³ tshe²¹ sŋ⁵⁵ ha³³ le³³ gɣ³³ ɲiə¹³, to³³ ba²¹ ʂər⁵⁵ lər³³ y²¹ mə³³ y²¹ kha³³
本领 给 九 月 十 三 天 又 到 时 东巴什罗　　　生 未 生 之间

kha²¹, | to³³ ba²¹ ʂər⁵⁵ lər³³ nɯ³³, ə³³ me³³ sa³³ za²¹ lər²¹ tsŋ⁵⁵ dʑi³³ mu³³ tɕər²¹ ʂə⁵⁵ me³³, |
东巴什罗　　　以 母亲 莎饶朗宙吉姆　　　　上 说 是

ze²¹ nɯ³³ y²¹ lu³³ da²¹ uə³³ tsŋ⁵⁵? | ə³³ me³³ sa³³ za²¹ lər²¹ tsŋ⁵⁵ dʑi³³ mu³³ nɯ³³ le³³ ʂə⁵⁵:
何处 生来 怎样 说是 母亲 莎饶朗宙吉姆　　　　　以 又 说

tsho²¹ bər³³ ʐ̩³³ mu²¹ lo²¹ nɯ³³ y²¹ lu³³ tsŋ⁵⁵. to³³ ba²¹ ʂər⁵⁵ lər³³ nɯ³³ le³³ ʂə⁵⁵: tsho²¹
人 生 路 模子 里 以 生 来 说是 东巴什罗　　　以 又 说 人

_____
① 这里似是笔误，按大多东巴古籍之说，南方属称为"冷补"的"白族人"居住。

bər³³ zᵻ³³ mu²¹ mə³³ tʂhə⁵⁵ mə³³ ʂu²¹ thɣ³³,|thɯ³³ zᵻ³³ lo²¹ nɯ³³yʮ²¹ mə³³ lɯ³³ uə³³ tsᵻ⁵⁵.|sᵻ⁵⁵
生　路　模子　不　秽　　不　纯　产生　这　路　里　以　生　不　来　说是　　三

ha³³ i³³ so²¹ gɣ³³,|ə³³ me³³ sa³³ za²¹ lər²¹ tsᵻ⁵⁵ dʑi³³ mu³³ gə³³,la²¹biə²¹uæ³³ thɯ³³ phu⁵⁵ gə²¹
天　之　晨　到　母亲　莎饶朗宙吉姆　　　　　的　手臂　左　这　只　上

i³³ dɯ³³ lʮ²¹ ne²¹,to³³ ba²¹ ʂər⁵⁵ lər³³ tsᵻ⁵⁵ dɯ³³ zo³³ yʮ²¹ le³³ tshᵻ²¹.|sᵻ⁵⁵ ha³³ i³³ so²¹ gɣ³³,
的　一　抬　着　东巴什罗　　　叫　一　男　生　又　来　三　天　之　晨　到

mɯ³³ bɣ²¹ tshᵻ²¹ khua²¹ tʂhᵻ³³ ua²¹ nɯ³³,la²¹ bɣ³³ thɣ³³ kə⁵⁵,sa²¹ za²¹ lər²¹ tsᵻ⁵⁵ dʑi³³ mu³³
天　下　鬼　恶　所有　以　劳补妥构　　　莎饶朗宙吉姆

nɯ³³,mə³³ sa²¹ dɯ²² zo³³ yʮ²¹ kho³³ mi³³.|tshᵻ²¹ khua²¹ tʂhᵻ³³ ua²¹ le³³ʂə⁵⁵ me³³,nɯ³³ zo³³
以　不　一般　一　男　生　消息　听到　鬼　恶　所有　　又　说是　你　鬼

ŋə²¹ dɯ³³ sᵻ⁵⁵
我　一　现

赐予一本领；西方之战神纳生初卢赐予一本领；北方之战神古生抠巴赐予一本领；天地中央
之战神梭余晋古赐予一本领。过了九个月零十三天，当东巴什罗将生而未生时，东巴什罗就
对他的母亲莎饶朗宙吉姆说：我该从何处生出来？母亲莎饶朗宙吉姆回答说：就沿着人类出
生之路生出来吧！东巴什罗回答说：人类出生之路是不干净的，我不从此路降生下来。过
了三天之后的清晨，东巴什罗的母亲莎饶朗宙吉姆抬起了她的左手臂，东巴什罗就从母亲的
腋下生出来。东巴什罗出生后过了三天，天下所有的恶鬼都听到劳补妥构之妻莎饶朗宙吉姆
生了一个很奇特不一般的儿子的消息。所有的恶鬼就对他俩夫妇说："把你们的儿子现给我
们看看。"

55-A-7-15

lu³³ tsᵻ⁵⁵.|sa³³ za²¹ lər²¹ tsᵻ⁵⁵ dʑi³³ mu³³ le³³ ʂə⁵⁵ me³³: la³³me³³ la³³ zo³³ çi²¹, la³³ zo³³ gæ³³
来　说是　莎饶朗宙吉姆　　又　说　是　虎　母　虎　儿　养　虎　儿　保护

du³³ mə²¹；u³³ zo³³ u³³ y²¹ se²¹, nɯ³³ tɕy²¹ ʂʅ⁵⁵ mə³³tha⁵⁵ uə³³ tsʅ⁵⁵.｜to³³ ba²¹ ʂər⁵⁵ lər³³ le³³
兴 的　　自己 儿 自己 生 了　　你 方　现 不 可 说是　　东巴什罗　　　又

ʂə⁵⁵ me³³, zo³³ y²¹ gə²¹ i³³ mɯ³³ nɯ³³ mi³³, mu²¹ i³³ dy²¹ nɯ³³ mi³³ du³³ tsʅ⁵⁵, tshʅ²¹ ȵ̩ə²¹
说 是 男儿 生 上 是 天 以 听到　下 是 地 以 听到 兴 说是 鬼 向

dɯ³³ mə³³ sʅ⁵⁵ i³³ mə³³ du³³,｜dɯ³³ sʅ²¹ tho²¹ du³³ la²¹.｜ə³³ me³³ sa³³ za²¹ lər²¹ tsʅ⁵⁵ dʑi³³
一 不 现 的 不 兴　一 现 的 来吧　母亲　莎饶朗宙吉姆

mu³³ nɯ³³, to³³ ba³³ ʂər⁵⁵ lər³³ y²¹ le³³ tshʅ²¹ khuɑ²¹ dɯ³³ hua⁵⁵ tɕər²¹ ȵiə²¹ dɯ³³ sʅ⁵⁵ ne²¹.
以　　东巴什罗　　拿 了 鬼 恶 一 群 上　一 现 着

tshʅ²¹ khua²¹ dɯ³³ hua⁵⁵ nɯ³³ dɯ³³ ly²¹ ne²¹, miə²¹ i³³ tshʅ²¹ ly²¹ tshʅ²¹ sʅ³³ dzər²¹ pu⁵⁵ tsʅ⁵⁵,
鬼 恶 一 伙 以 一 看着　眼 是 鬼 看 鬼 死 威灵 带 说是

khu³³ i³³ tshʅ²¹ dʑʅ³³ khu³³ pu⁵⁵ tsʅ⁵⁵, la²¹ i³³ tshʅ²¹ sy⁵⁵ la²¹ pu⁵⁵ tsʅ⁵⁵, khu³³ i³³ tshʅ²¹ thɣ⁵⁵
嘴 是 鬼 吃 嘴 带 说是 手 是 鬼 杀 手 带 说是 脚 是 鬼 踩

khɯ³³ pu⁵⁵ tsʅ⁵⁵.｜tshʅ²¹ me³³ tshʅ²¹ tʂʅ³³ ua²¹, tɕi⁵⁵ tɕi³³ by³³ by²¹ ne²¹ le³³ hə²¹, miə²¹ ly³³
脚 带 说是 鬼 者 鬼 所有　悸 惧 的 又 去　眼

miə³³ ko²¹ miə²¹ bər³³thɣ³³ le³³ hə²¹, tʂʅ³³ sʅ²¹ ly⁵⁵ gɣ³³ mæ⁵⁵ lɯ⁵⁵ thɣ³³, dʑi³³ dʑə²¹ la³³lər³³
眼里　泪　出 又 去 这 之 前后　又 到 人 住 辽阔

dy²¹, tshʅ²¹ dʑʅ²¹ sa²¹ mə³³ dʑʅ²¹ se²¹ uə³³ tsʅ⁵⁵.｜to³³ ba²¹ ʂər⁵⁵ lər³³ i³³, mɯ³³ tɕər²¹ tshe²¹ho⁵⁵
地 鬼 住 地方 没 生 了 说是　东巴什罗　　是 天 上 十 八

ty³³, i³³ po³³ phər²¹me³³ kɣ⁵⁵ dʑi²¹ by²¹ nɯ³³ phər²¹ tsʅ³³ sæ²¹ tsʅ³³, ga³³ tsʅ³³ u²¹ tsʅ³³ nɯ²¹
层 绸缎　白 的 帐篷　底 以 盘神 请 禅神 请 嘎神 请 吾神 请 以

le³³ dʑʅ²¹, o⁵⁵ dʑi²¹ he²¹ dʑi²¹ lo²¹ nɯ³³ o⁵⁵ gu²¹ he²¹ gu²¹ nɯ²¹ le³³ dʑʅ²¹.｜dɯ³³ la³³ dɯ³³
又 坐 沃神 房 恒神 房 里 以 沃神 默诵 恒神 默诵 以 又 坐 一 又 一

ȵi³³ gɣ³³, to³³ ba²¹ ʂər⁵⁵ lər³³ thɯ³³, dʑi³³ le³³ la³³ ma²¹ bə³³ dɯ²¹ sʅ⁵⁵ kɣ³³ bɯ²¹ pər⁵⁵ bɯ²¹
天 到 东巴什罗　　他 走 了 喇嘛　　三 个 经书 写 经书

tʂhu³³ du³³ me³³ khə²¹ lɯ⁵⁵ thɣ³³,｜la³³ ma²¹ sʅ⁵⁵ kɣ³³ iə³³ ko²¹ tshʅ³³ ha³³ le³³ dʑʅ³³ hɯ³³,
诵 兴 的 处 又 到 喇嘛 三 个 家里 早饭　又 吃 去

to³³ ba²¹ ʂər⁵⁵ lər³³ tɕər²¹, tshʅ³³ha³³ dʑʅ³³ lu³³ le²¹ mə³³ ʂə⁵⁵.｜to³³ ba²¹ ʂər⁵⁵ lər³³
东巴什罗　　　上 早饭 吃 来 又 不 说　东巴什罗

　　莎饶朗宙吉姆对众恶鬼说：母虎养仔，母虎兴保护虎仔；我自己生我的儿子，不能把我
儿现在你们面前。东巴什罗说，生养了一个儿子，上方会由天知晓，下方会由地知道，不兴

不让鬼知道，就现给他们看一看吧！母亲莎饶朗宙吉姆就把儿子东巴什罗抱来现在恶鬼面前。所有的恶鬼一看东巴什罗，只见他生有一双看鬼则鬼亡的很有威力的眼睛，生有能吃鬼的厉嘴，生有一双杀鬼的手和两只踩鬼压鬼的脚。所有鬼都感到心悸神惧，眼里只落伤心泪，说是从此以后，这人类居住的辽阔大地上，就不会有鬼的立足之地了。

东巴什罗就到十八层天上，在白色绸缎帐篷下，迎请盘神和禅神，迎请嘎神和吾神，在沃神和恒神的神房里，默诵沃神和恒神的经文。有这么一天，东巴什罗来到三位喇嘛在写经和诵经的地方。三个喇嘛回到家里去吃早饭，而不请东巴什罗去就餐。东巴什罗一怒之下就

55-A-7-16

pɯ³³ pa³³ be³³, uæ³³ nɯ³³ hər³³ phər²¹ thɣ³³, i²¹ nɯ³³ hər³³ na²¹ thɣ³³, hər³³ nɯ³³
变化　做　左　以　风　白　起　右　以　风　黑　起　风　以

bɯ²¹ lɯ³³ khæ⁵⁵, ˩bɯ²¹ lɯ³³ kɣ³³ tɕi³³ sa²¹ i³³ mæ³³ le³³ tɕi³³, ˩mæ³³ tɕi³³ sa²¹ i³³
经书　刮　经书　首　放　处　是　尾　又　放　尾　放　处　是

kɣ³³ le³³ tɕi³³. ˩la³³ ma²¹ thɯ³³ sʅ⁵⁵ kɣ³³, to³³ ba²¹ sər⁵⁵ lər³³ khə²¹ le³³ mi⁵⁵ do³³: iə³³ ko²¹
首　又　放　喇嘛　这　三　个　东巴什罗　处　又　问　家里

tʂʅ³³ ha³³ dʐʅ³³ khɯ⁵⁵ kho³³ tho²¹, ˩bɯ²¹ lɯ³³ hər³³ nɯ³³ khæ⁵⁵, kɣ³³ mæ⁵⁵ mə³³ sʅ³³ sʅ²¹
早饭　吃　去　之后　经书　风　以　刮　首　尾　不　清楚

ɕiə³³ tsʅ⁵⁵. ˩to³³ ba²¹ sər⁵⁵ lər³³ nɯ³³ sə⁵⁵ me³³, n̩iə⁵⁵ nɯ³³ sʅ²¹ iə⁵⁵ bɯ³³ be³³ tsʅ⁵⁵. ˩kɣ³³ tɕi³³
了　说是　东巴什罗　以　说是　我　以　整理　给　要　做　说是　首　放

sa²¹i³³ kɣ³³ le³³tɕi³³, mæ³³ tɕi³³ sa²¹ i³³ mæ³³ le³³ tɕi³³, ˩kɣ³³ mæ³³ mə⁵⁵ dər³³ dər³³ le³³ be³³
处是　首　又　放　尾　放　处　是　尾　又　放　首　尾　沿着　差错　又　做

se²¹. ˩la³³ ma²¹ sʅ⁵⁵ kɣ³³ nɯ³³ le³³ sə⁵⁵, ˩to³³ ba²¹ sər⁵⁵ lər³³ n̩iə²¹ iə⁵⁵ lo³³
了　喇嘛　三　个　以　又　说　东巴什罗　上　给　的

作起法来：左边刮起白风，右边吹起黑风，白风黑风吹乱了经书，首页放到末页，末页放在首

页。这三位喇嘛，去问东巴什罗：当我们回家去吃早饭后，经书被风吹，首尾被吹乱搞不清
楚了。东巴什罗说，我给你们整理吧，就把首页放在前，末页放在尾，首尾没有差错理清了。
三位喇嘛说，没有什么东西可送给东巴什罗以致谢。

55-A-7-17

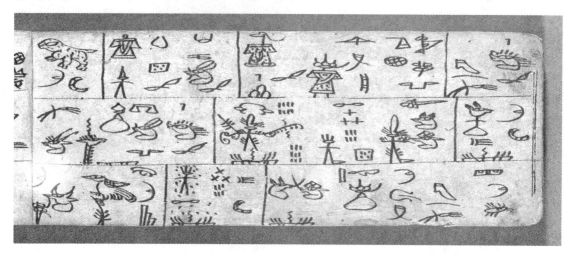

tso³³ mə³³ ʥy³³ uə³³ tsʅ⁵⁵.| la³³ ma²¹ thuɯ³³ sʅ⁵⁵ ky³³, ʥi³³ py²¹ dy²¹　le³³ sʅ⁵⁵, iə⁵⁵ kho³³
东西　没　有　说是　　喇嘛　他三个　衣　脱　肚子又　现　衣袖

phər²¹ le³³ iə⁵⁵,| ʥi³³　ʥæ²¹　duɯ³³ ly⁵⁵ zʅ²¹　le³³　iə⁵⁵. ʂər⁵⁵ lər³³ ʥi³³　ʥæ²¹　mu²¹ du³³ me³³,
白　又　给　衣　花　一　件　缝　又　给　什罗　　衣　花　穿　兴　的

buɯ²¹ luɯ³³ ʂu³³ mu²¹ the²¹ nɯ³³ thy³³.| tshʅ²¹ zər²¹ duɯ³³ bu²¹ iə⁵⁵. sʅ³³ se³³ le³³ŋy⁵⁵, he¹³ dy²¹
来历　铁　模子　由此　以　产生　鬼　压　一　本领给　死后又　超度　神　地

gə²¹ le³³ thy³³ me³³ duɯ³³ bu²¹ iə²¹.| ʥi³³ ʥiə²¹ la³³ lər³³ dy²¹ ,tshʅ²¹ mi⁵⁵ ma²¹ tso³³ ky⁵⁵ sʅ³³
上　又　到　的　一　本领给　人　住　辽阔　地　斯命麻佐固松玛

ma¹³, ʂu²¹ by³³ ər³³ by³³ ho⁵⁵ ly³³ ky³³ la³³ tshʅ⁵⁵, kə⁵⁵ hər²¹ gy³³ kho³³ kha³³ la²¹tʂhu⁵⁵, da²¹
　铁锅铜锅八个头也戴　树枝青九枝　手臂　插齿

ʥʅ²¹ gy³³ khæ³³ la²¹phu³³ ty⁵⁵, tɕi⁵⁵ bər²¹ gy³³khɯ²¹ la²¹ phu³³ ty⁵⁵ , tshʅ²¹ o³³ sʅ²¹ɕi³³ tʂhua⁵⁵
生九把　手中握　粗　绳九根手中　握　鬼类三百六十

tshər²¹ gu²¹ nɯ³³ sʅ³³, ʥi³³ sʅ³³ khy³³ le³³ ʥʅ³³, tsho²¹ he³³ nər⁵⁵ le³³ ʥiə²¹.| ʥi³³ ʥiə²¹ la³³
身后　以　领精人肉偷　又　吃崇人魂　压又　有　人住辽阔

lər³³ dy²¹, ʥi³³ ʥʅ²¹ sa²¹ mə³³ ʥy³³, le⁵⁵ phæ³³ kho²¹ mə³³ ʥʅ²¹, ɯ³³ ha⁵⁵ ʥər²¹ mə³³ ʥʅ²¹.|
地人　住处　没有牛拴桩　没生　禽栖树　没生

ʥi³³ ʥiə²¹ la³³ lər³³ dy²¹ , tshʅ²¹ o³³ sʅ²¹ ɕi³³ tʂhua⁵⁵ tshər²¹ sa²¹ le³³ ʥiə²¹.| ʥi³³ ne²¹ tsho²¹
人　住　辽阔　地　鬼类三百六十　　散又有　精人和崇人

dʑɳ²¹ guə³³, to³³ ba²¹ ʂər⁵⁵ lər³³ mə³³ ua²¹ me³³, tshɳ²¹ zər²¹ lo²¹ mə³³ lɯ³³.
商量   东巴什罗   不 是 的 鬼 压 能 不 来

三位喇嘛脱下衣服露出肚皮,扯下白衣袖,缝了一件花衣裳送给东巴什罗。东巴祭司兴穿花衣裳的出处就是这样。喇嘛赐给什罗一套压鬼的本领,给予超度死者到神界的本领。

　　在人类居住的辽阔大地上,有位女鬼叫斯命麻佐固松玛。她头上顶着八个铁锅和铜锅,手臂上插着九枝青刺枝,手持九把带齿的利刀,另只手拿九根粗绳,带领着三百六十种鬼类,在偷吃人肉,偷摄人魂。在人类居住的辽阔大地上,人类没有居住之地,连插根拴牛桩之地也没有,飞禽无栖息之树。在人类居住的辽阔大地上,到处都游散着三百六十种鬼。大地上的人类相互商量,说若不是东巴什罗,就无力把鬼压下去。

55-A-7-18

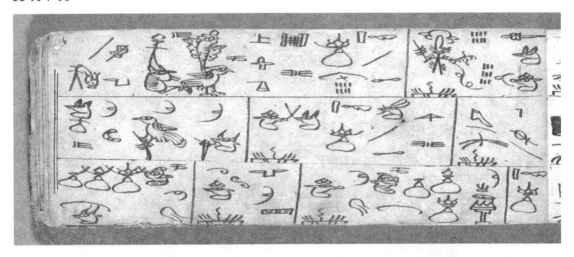

thɯ³³ dy⁵⁵ ne²¹ nɯ³³dy⁵⁵ bɯ³³ tsɳ⁵⁵ʔ | la²¹ u⁵⁵ la³³ sa²¹zo³³, ʐua³³ phər²¹ ta⁵⁵ ʂɳ⁵⁵ dʑæ³³, he²¹
他 请 谁 以 请 去 说 拉吾拉刹 男儿 马 白 话 知 骑 神

i³³ dʑi³³ bə²¹ phər²¹, dɣ³³ phər²¹ ɕiə²¹ gu⁵⁵ dʑæ³³, mɯ³³ tɕər²¹ tshe²¹ ho⁵⁵ ty³³, to³³ ba²¹ ʂər⁵⁵
之 蝙蝠   白 海螺 白 大雕 骑 天 上 十 八 层 东巴什罗

lər³³ le³³ dy⁵⁵ tʂər²¹. mɯ³³ tɕər²¹tshe²¹ho⁵⁵ ty³³ ȵiə²¹ thɣ³³, to³³ ba²¹ ʂər⁵⁵lər³³ le³³khə²¹ thɣ³³.
又 请 派 天 上 十 八 层 处 到 东巴什罗   又 上 到

to³³ba²¹ ʂər⁵⁵ lər³³ le³³ ʂə⁵⁵ me³³: sy²¹ ʂə⁵⁵sy²¹ ʂu²¹tshɳ²¹ da²¹ tsɳ⁵⁵. | la²¹u⁵⁵ la³³sa²¹ zo³³, he²¹
东巴什罗   又 说 是 啥 说 啥 找 来 说是 拉吾拉刹 男儿 神

i³³ dʑi³³ bə²¹ phər²¹ nɯ³³ le³³ ʂə⁵⁵ me³³, dʑi³³ dʑiə²¹ la³³ lər³³ dy²¹, tshɳ²¹ mi⁵⁵ ma²¹ tso³³ kɣ
之 蝙蝠 白 以 又 说 是 人 住 辽阔 地 斯命麻佐固松玛

sɳ³³ ma¹³, ʂu²¹ bɣ³³ ər³³ bɣ³³ ho⁵⁵ ly³³ kɣ³³ la³³ tshɳ⁵⁵, kə⁵⁵ hər²¹ gɣ³³ kho³³ kha³³ la²¹
铁 锅 铜 锅 八 个 头 也 戴 树枝 青 九 枝 手臂

tʂhu⁵⁵, da²¹ dʐ̩²¹ gɣ³³ khæ²¹ la²¹ phu³³ ty⁵⁵ , tɕi⁵⁵ bər²¹ gɣ³³ khɯ²¹ la²¹ phu³³ ty⁵⁵, tʂh̩²¹ o³³
插　齿　生　九　把　手　中　握　粗糙　九　根　手　中　拿　鬼　类

sɿ²¹ ɕi³³ tʂhua⁵⁵ tshər²¹gu²¹ nɯ³³ sɿ³³, dʑi³³ʂ̩³³ khɣ³³ le³³ dʐ̩³³, tsho²¹ he³³nər⁵⁵ le³³ dʑiə²¹.dʑi³³
三　百　六十　　后面　以　领　精人　肉　偷　又　吃　崇人　魂　压　又　有　人

dʐ̩²¹ sa²¹ mə³³ dʑy³³, ɯ³³ ha⁵⁵ dʐər²¹ mə³³ dʐ̩²¹, le⁵⁵ phæ³³ kho²¹ mə³³ dʐ̩²¹.| dʑi³³ dʑiə²¹ la³³
住　处　没　有　禽　栖　树　没　生　牛　拴　桩　没　生　人　住　辽阔

lər³³ dy²¹, dʑi³³ ne²¹ tsho²¹ dʐ̩²¹ guə³³, to³³ ba²¹ʂər⁵⁵ lər³³ u⁵⁵ le³³ dy⁵⁵ tʂər²¹ tʂh̩²¹ mu²¹tsɿ⁵⁵,|
地　精人　和　崇人　商量　　东巴什罗　　您　又　请　派　来　的　说是

tʂh̩²¹ thɣ⁵⁵ tʂh̩²¹ zər²¹dʑi³³ dʑiə²¹ la³³ lər³³ dy²¹lo²¹ du³³ za²¹ lu³³ uə³³tsɿ⁵⁵. mɯ³³ kɣ³³ o⁵⁵
鬼　踩　鬼　压　人　住　辽阔　地里　一　降　来　说是　天　上　沃神

ne²¹ he²¹ , to³³ ba²¹ ʂər⁵⁵ lər³³, phɣ³³ la²¹ mə³³ ua²¹ me³³,|dʑi³³ dʑiə²¹la³³ lər³³ dy²¹ gə³³ be³³
和　恒神　东巴什罗　　　大神　　不　是　的话　人　住　辽阔　　地　的

le³³ be³³ tʂh̩²¹ z̩³³ tɕər²¹ gu³³ lu²¹ ka³³ le²¹ ty⁵⁵ mə³³ lo²¹.| dʑi³³ dʑiə²¹ la³³ lər³³ dy²¹ gə³³
人类　　　　上　保福　保佑　赐　不能　人　住　辽阔　　地　的

be³³ le³³ be³³ tʂh̩²¹ z̩³³ mə³³ ua¹³, mɯ³³ tɕər²¹ phɣ³³ la²¹ o⁵⁵ ne²¹ he²¹, to³³ ba²¹ ʂər⁵⁵ lər³³
人类　　　　不　是　天　上　大神　沃神　和　恒神　东巴什罗

tʂhua⁵⁵ pa³³ be³³ mə³³ lo²¹.| to³³ ba²¹ ʂər⁵⁵ lər³³
供养　　做　不　能　　东巴什罗

究竟由谁去请东巴什罗呢？就让拉吾拉刹好男儿骑上听话的白马，神之白蝙蝠骑上白海螺色的大雕，到十八层天上去请东巴什罗。（他俩）到了十八层天上东巴什罗那儿，东巴什罗就问他俩：究竟是来问什么或找什么？拉吾拉刹好男儿和神之白蝙蝠回答道：在人类居住的辽阔大地上，有一个名叫斯命麻佐固松玛的女鬼，她头顶八口铁锅铜锅、臂上插着九枝青刺枝，手握九把带齿的利刀，手中还拿着九根粗绳，带领着三百六十种鬼类，在偷吃精人的肉，在压崇人的魂。人类无安生之处，飞禽无栖歇之树，连插根拴牛桩的地方都没有了。精人和崇人商量后就派我俩来请您东巴什罗，请您降临到大地上去踩鬼压鬼。如果不是天上的沃神和恒神，不是东巴什罗和大神，就不能对大地上的人类予以保佑和赐福。若不是大地上的人类就不能供养天上的大神，供养沃神和恒神，供养东巴什罗。请东巴什罗

55-A-7-19

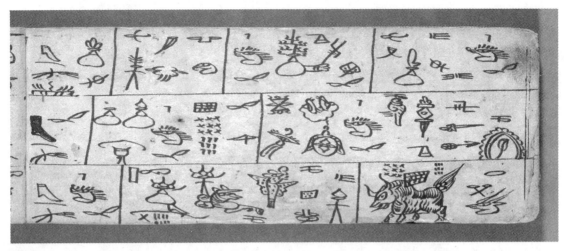

ʥi³³ ʥiə²¹ la³³ lər³³ dy²¹, tshŋ²¹ thɣ⁵⁵ tshŋ²¹ zər²¹ dɯ³³ za²¹ lu³³. |ə³³ ʂŋ²¹ la²¹ bɣ³³ thɣ³³kə⁵⁵
人   住   辽阔   地   鬼   踩   鬼   压   一   降   来   父亲   劳补妥构

ʥi³³ bɣ³³ nɯ³³, |kɣ³³ gə³³ ʂu²¹ khua³³ dɯ³³ bu²¹ iə⁵⁵, |la²¹ gɣ³³ ʂu³³ phər²¹ tɕiæ³³ tɕy³³ dɯ³³
景补   以   头   的   铁   冠   一   份   给   手里   铁   白   三叉戟   一

pa³³ iə⁵⁵ . ə³³ me³³ sa³³ za²¹ lər²¹ tsŋ⁵⁵ ʥi³³ mu³³ nɯ³³ dɯ³³ bu²¹ iə⁵⁵, tshŋ²¹ thɣ⁵⁵ tshŋ²¹ zər²¹
把   给   母亲   莎饶朗宙吉姆   以   一   本领   给   鬼   踩   鬼   压

gə³³ ho²¹ za²¹ na²¹ le³³ iə⁵⁵. |mɯ³³ tɕər²¹ o⁵⁵ ne²¹ he²¹ nɯ³³ dɯ³³ bu²¹ iə⁵⁵, bu²¹ lɯ³³ gɣ³³
的   靴   黑又 给   天   上   沃神和恒神 以   一   本领   给   经书   九十

tshər²¹ gɣ³³ tsŋ³³ le³³ iə⁵⁵ mu²¹, |hæ³³ ʂŋ²¹ tsər³³ lər²¹, hæ³³ ʂŋ²¹ ti³³ sæ³³ ,ua²¹ hər²¹ da³³ khə²¹
九   捆 又   给 的   金黄   板铃   金   黄 丁响   松石绿   大鼓

dɯ³³ bu²¹ iə⁵⁵, dy³³ phər²¹ bər²¹ kho³³, ʂu³³ phər²¹ phy³³ ba³³, ʂu³³ phər²¹ tɕiæ³³ tɕy³³ , ʂu³³
一   本领   给 海螺 白   号角   铁   白   降魔杵   铁   白   三叉戟   铁

phər²¹ gæ²¹ tha⁵⁵ , ʂu³³ phər²¹ lɯ³³ sŋ³³ , i³³ po³³phər²¹ kɣ⁵⁵ ʥi²¹ iə⁵⁵, tshŋ²¹ thɣ⁵⁵ tshŋ²¹ zər²¹
白   刀   利   铁   白   箭   绸   白   帐篷   给   鬼   踩   鬼   压

dɯ³³ bu²¹ iə⁵⁵. |mɯ³³ tɕər²¹ tshe²¹ ho⁵⁵ ty³³ , to³³ ba²¹ ʂər⁵⁵ lər³³ zua³³ phər²¹ ʥæ³³ le³³ za²¹,
一   本领   给   天   上   十   八   层   东巴什罗   马   白 骑 又 降

he²¹ i³³ ʥi³³ bə²¹ phər²¹, la²¹ u⁵⁵ la³³ sa³³ zo³³ nɯ³³ sŋ¹³ le³³ tshŋ²¹. | bu²¹ lɯ³³ gɣ³³ tshər²¹
神之 蝙蝠   白   拉吾拉刹   男儿 以 领 又   来   经书   九十

gɣ³³ tsŋ³³ bər²¹ gɣ³³ ɳiə²¹ tɕi⁵⁵ se¹³,
九   捆 牦牛 身上   驮了

降临到人类居住的辽阔大地上以踩鬼压鬼。父亲劳补妥构景补①赐给东巴什罗一本领，赐给
戴于头上的铁冠和手中的白铁三叉戟。母亲莎饶朗宙吉姆赐以一本领，赐予踩鬼压鬼的黑靴
子。天上的沃神和恒神赐予一本领，赐予九十九捆经书，赐予黄金板铃和丁响，赐予绿松石大
鼓、白海螺号角、白铁降魔杵、白铁三叉戟、白铁利刀、白铁利箭和白绸缎帐篷，赐予踩鬼
压鬼的本领。东巴什罗骑着白马，由神之白蝙蝠和拉吾拉刹好男儿领路降临下来。九十九捆
经书驮在牦牛身上，

55-A-7-20

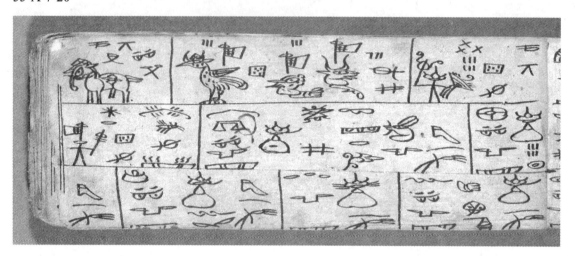

phər²¹ ne²¹ sæ²¹ i³³ ua²¹ hər²¹ tsho²¹ ze³³ gɤ³³ n̩iə²¹ le³³ tɕi⁵⁵ me⁵⁵, | dɤ³³ phər²¹ ɕiə³³ tɕhy²¹
盘神　和禅神是松石绿　大象　角　身上　又　驮的　海螺　白　大鹏

ga³³ la²¹ sʅ²¹ tɕhy³³ gu²¹ nɯ³³ sʅ³³, ua²¹ hər²¹ mɯ³³ dzər³³ ga³³ la²¹ sʅ²¹ tɕhy³³ gu²¹nɯ³³ sʅ³³,
战神　三种　后面以　领　松石绿　青龙　　战神　三样　后面以　领

bər²¹ phər²¹ mɯ³³dzər³³ga³³ la²¹ sʅ²¹ tɕhy³³ gu²¹ nɯ³³ sʅ³³ le³³ za²¹, | gə²¹ ba²¹ sʅ²¹ ɕi³³tʂhua⁵⁵
牦牛　白　青龙　　战神　三样　后面以　领　又降　弟子　三　百六十

tshər²¹gu²¹ nɯ³³ sʅ³³ le³³ za²¹, phər²¹ mu²¹ sæ²¹mu²¹ ga³³ mu²¹ u²¹ mu²¹ o⁵⁵ mu²¹ he²¹ mu²¹
后面　以　领　又降　盘神　兵禅神兵　嘎神兵　吾神兵　沃神兵　恒神兵

tɤ³³tɤ²¹ kɯ³³ kɯ²¹ sʅ³³ le³³ za²¹, mɯ³³ gɤ³³ lɯ³³ kɯ⁵⁵ the⁵⁵n̩i³³ be³³ le³³ za²¹ tshʅ²¹ . | mɯ³³
千千　万　万　领又降　打雷　地　响彻一样　地又降　来　天

gə³³ dy²¹ n̩iə²¹ thɤ³³, mɯ³³ gə³³ py³³ bɤ²¹ na⁵⁵ bɤ³³ so³³ gu³³ hæ³³ sʅ²¹ ba⁵⁵ ba³³ dʑi³³ zi³³
的　界里　到　天　的　祭司　纳补梭恭　　金黄花　衣漂亮

mu²¹, ʂər⁵⁵ lər³³ pa³³ le³³ be³³, mɯ³³ tshʅ²¹ mu²¹ le³³ zər²¹. | bi³³ gə³³ dy²¹ n̩iə²¹ thɤ³³, bi³³
穿　什罗　帮助又做　天　鬼　下又压　太阳的　界里　到　太阳

---

① 前文曾注什罗之父为劳补妥构，前文有误，此处亦误。校读为"劳补妥构景补"。

gə³³ pɣ³³ bɣ²¹ duɑ²¹ mɑ⁵⁵ tər²¹ dzʅ³³ nɯ³³, ʂər⁵⁵ lər³³ pɑ³³ le³³ be³³, bi³³ dy²¹ tshŋ²¹ i³³ mu²¹
的 祭司 端麻端支   以 什罗 帮助 又 做 太阳界鬼是下

le³³ zər²¹.| le²¹ gə³³ dy²¹ n̥iə²¹ thɣ³³, le²¹ gə³³ pɣ³³ bɣ²¹ tɕi⁵⁵ thɑ⁵⁵ tɕi⁵⁵ iə³³ nɯ³³, ʂər⁵⁵ lər³³
又 压 月亮的 界 里 到月亮的 祭司 敬套敬优   以 什罗

pɑ³³ le³³ be³³, le²¹ dy²¹ tshŋ²¹ i³³ mu²¹ le³³ zər²¹.|kɯ²¹ gə³³ dy²¹ n̥iə²¹ thɣ³³, kɯ²¹ gə³³ pɣ³³
帮助 又 做 月亮界鬼是 下 又 压 星 的 界 里 到星的 祭司

bɣ²¹ lo²¹ pɑ⁵⁵ zi³³ zæ³³ nɯ³³, sər⁵⁵ lər³³ pɑ³³ le³³ be³³ , kɯ²¹dy²¹ tshŋ²¹ i³³ mu²¹ le³³ zər²¹.|
罗巴汝冉   以 什罗 帮助 又 做 星界 鬼是下 又 压

tɕi²¹ gə³³ dy²¹n̥iə²¹ thɣ³³, tɕi²¹ gə³³ pɣ³³ bɣ²¹ tɕi³³ lɑ²¹ pɑ³³ ty³³nɯ³³, ʂər⁵⁵ lər³³ pɑ³³ le³³ be³³,
云 的 界 里 到 云 的 祭司 景罗巴氏 以 什罗 帮助 又做

tɕi²¹ dy²¹ tshŋ²¹ i³³ mu²¹ le³³ zər²¹.
云 界鬼是 下 又 压

盘神和禅神坐在绿松石色的大象上,带领三种白海螺色大鹏战神、三种绿松石色的青龙战神和三种白牦牛战神降临下来,带领着三百六十个弟子,带着千千万万的盘神兵和禅神兵、嘎神兵和吾神兵、沃神兵和恒神兵降临下来,晴天霹雳响彻大地般降临下来。东巴什罗来到了天界,祭天的东巴纳补梭恭穿着有金花的漂亮衣服,来帮助东巴什罗,把天界里的鬼压下去。什罗来到太阳界,祭太阳的东巴祭司端麻端支帮助什罗,把太阳界里的鬼压下去。什罗来到月亮界,祭月亮的东巴祭司敬套敬优帮助什罗,把月亮界里的鬼压下去。什罗来到星宿界里,祭星的东巴祭司罗巴汝冉帮助什罗,把星宿里的鬼压下去。什罗来到云界里,祭云的东巴祭司景罗巴氏帮助什罗,把云界里的鬼压下去。

55-A-7-21

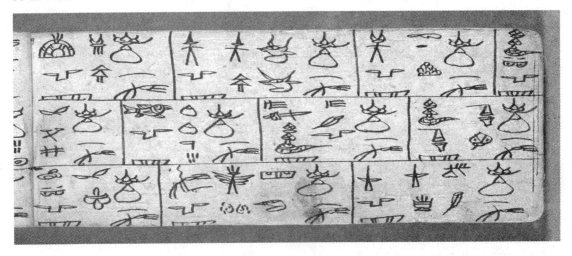

kɣ⁵⁵ gə³³ dy²¹ n̥iə²¹ thɣ³³, kɣ⁵⁵ gə³³ pɣ³³ bɣ²¹ kɣ⁵⁵thɑ⁵⁵ gɑ³³ u²¹ nɯ³³, ʂər⁵⁵ lər³³ pɑ³³ le³³
虹 的 界 里 到 虹 的 祭司 固套嘎吾   以 什罗 帮助 又

be³³, kɣ⁵⁵ dy²¹ tshŋ²¹ i³³ mu²¹ le³³ zər²¹.|dɣ²¹ gə³³ dy²¹ ȵiə²¹ thɣ³³, dɣ²¹ gə³³ py³³ bɣ²¹ dɣ²¹ dɣ²¹
做　虹界　　鬼　是　下　又　压　毒鬼的　界　里　到　毒鬼　的　祭司

tha⁵⁵ bər³³ y²¹ nɯ³³, şər⁵⁵ lər³³ pa³³ le³³ be³³, tshŋ²¹ i³³ mu²¹ le³³ zər²¹.|tse²¹ gə³³ dy²¹ ȵiə²¹
毒套班余　　以　什罗　帮助　又　做　鬼　是　下　又　压　仄鬼的　界里

thɣ³³, tse²¹ gə³³ py³³ bɣ²¹ tse²¹ sʅ³³ na²¹ dər³³ nɯ³³, şər⁵⁵ lər³³ pa³³ le³³ be³³, tshŋ²¹ zər²¹ mu²¹
到　仄鬼的　祭司　　仄史拿端　　　　以　什罗　帮助又做　鬼　压　下

le³³ zər²¹.|sʅ²¹ gə³³ dy²¹ ȵiə²¹ thɣ³³, sʅ²¹ gə³³ py³³ bɣ²¹ iə²¹ ȵi⁵⁵ tɕi⁵⁵ gu³³ nɯ³³, şər⁵⁵ lər³³
又　压　署的　界里　到　署的　祭司　尤聂季恭　　　以　什罗

pa³³ le³³ be³³, tshŋ²¹ zər²¹ mu²¹ le³³ zər²¹.|ȵi³³ gə³³ dy²¹ ȵiə²¹ thɣ³³, ȵi³³ gə³³ py³³ bɣ²¹thɣ³³
帮助　又　做　鬼　压　下　又　压　尼的　界　里　到　尼的　祭司　　土土

thɣ³³ ko²¹ ua³³ nɯ³³, şər⁵⁵ lər³³ pa³³ le³³ be³³, tshŋ²¹ zər²¹ mu²¹ le³³ zər²¹.| sa²¹ da⁵⁵ dy²¹
　各瓦　以　什罗　帮助又做　鬼　压下　又　压　刹道　界

ȵiə²¹ thɣ³³, sa²¹ da⁵⁵ py³³ bɣ²¹ sa²¹ thɣ³³ dʑi³³ uə²¹ nɯ³³, şər⁵⁵ lər³³ pa³³ le³³ be³³, tshŋ²¹zər²¹
里　到　刹道　祭司　刹上久乌　　　　以　什罗　帮助又做　鬼　压

mu²¹ le³³ zər²¹.|ty³³ gə³³ dy²¹ ȵiə²¹ thɣ³³, ty³³ gə³³ py³³ bɣ²¹ ty³³ pa³³ lo²¹ ȵi⁵⁵ nɯ³³, şər⁵⁵
下　又　压　敦的　界里　到　敦的　祭司　　敦巴罗尼　　　以　什罗

lər³³ pa³³ le³³ be³³, tshŋ²¹ zər²¹ mu²¹ le³³ zər²¹.| tʂhə⁵⁵ gə³³ dy²¹ ȵiə²¹ thɣ³³, tʂhə⁵⁵ şu⁵⁵ py³³
　帮助　又　做　鬼　压下　又　压　臭鬼的　界　里　到　臭鬼　除祭司

bɣ²¹ iə²¹ ŋɣ³³ so³³ phɣ³³nɯ³³, şər⁵⁵ lər³³ pa³³ le³³ be³³, tshŋ²¹ zər²¹ mu²¹ le³³ zər²¹.|tshŋ³³gə³³
　尤巫梭普　　　　以　什罗　帮助又做　鬼　压　下　又　压　楚鬼　的

dy²¹ ȵiə²¹ thɣ³³, tshŋ³³ py²¹ py³³ bɣ²¹ ze²¹bɣ³³ lo²¹ tʂə⁵⁵ nɯ³³, şər⁵⁵ lər³³ pa³³ le³³ be³³, tshŋ²¹
界　里　到　楚鬼　祭祭司　　壬补罗寿　　　以　什罗　帮助又做　鬼

zər²¹ mu²¹ le³³ zər²¹.|tər²¹ gə³³ dy²¹ȵiə²¹ thɣ³³, tər²¹ gə³³ py³³ bɣ²¹ tər²¹ u³³ so³³ dʑi³³ nɯ³³,
压　下　又　压　呆鬼的　界里　到　呆鬼的　祭司　　呆乌梭景　　　　以

şər⁵⁵ lər³³ pa³³ le³³ be³³, tshŋ²¹ zər²¹ mu²¹ le³³ zər²¹.
什罗　帮助　又　做　鬼　压　下　又　压

什罗来到虹界里，祭虹的东巴祭司固套嘎吾帮助什罗，把虹界的鬼压下去。什罗来到毒鬼鬼域里，祭毒鬼的东巴祭司毒套班余帮助什罗，把鬼压下去。什罗来到仄鬼地域里，祭仄鬼的东巴祭司仄史拿端帮助什罗，把鬼压下去。什罗来到署①界里，祭署的东巴祭司尤聂季恭帮

---

① 署：音译专有名词，相传与人类是同父异母的兄弟，为司山川河流与野生动物的精灵。下文的"尼"、"刹道"、"敦"等与署为同类，但居住地不同而有别称。

助什罗，把鬼压下去。什罗来到尼的地界里，祭尼的东巴祭司土土各瓦帮助什罗，把鬼压下去。什罗来到刹道的地界里，祭刹道的东巴祭司敦巴罗尼帮助什罗，把鬼压下去。什罗来到敦界里，祭敦的东巴祭司敦巴罗尼帮助什罗，把鬼压下去。什罗来到臭鬼鬼域里，除秽的东巴祭司尤巫梭普帮助什罗，把鬼压下去。什罗来到楚鬼鬼域里，祭楚鬼的东巴祭司壬补罗寿帮助什罗，把鬼压下去。什罗来到呆鬼鬼域里，祭呆鬼的东巴祭司呆乌梭景帮助什罗，把鬼压下去。

55-A-7-22

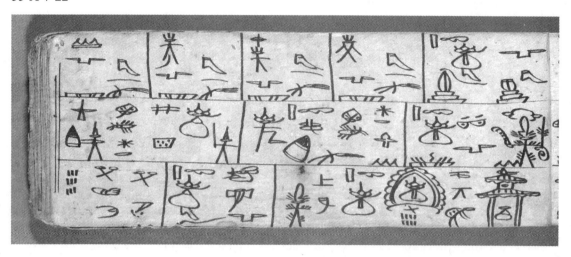

mi³³ gə³³ dy²¹ n̠iə²¹ thɣ³³, mi³³ gə³³ py³³ bɣ²¹ mi³³ dɯ²¹ zi³³zæ³³ nɯ³³,|ʂər⁵⁵ lər³³ pa³³ le³³
火鬼 的 界 里 到 火鬼 的 祭司 米迪汝冉 以 什罗 帮助 又

be³³, tshŋ²¹ zər²¹ mu²¹le³³ zər²¹.|bɯ²¹ gə³³ dy²¹ n̠iə²¹ thɣ³³, bɯ²¹ gə³³ py³³ bɣ²¹ bɯ²¹khɯ³³
做 鬼 压 下 又压 苯鬼 的 界 里 到 苯鬼 的 祭司 崩肯雄梭

çiə²¹ so³³ nɯ³³, ʂər⁵⁵ lər³³ pa²¹ le³³ be³³, tshŋ²¹ zər²¹mu²¹ lə³³ zər²¹.|thi⁵⁵lo³³ dy²¹ n̠iə²¹ thɣ³³,
以 什罗 帮助 又 做 鬼 压 下 又压 替罗鬼 界 里 到

thi⁵⁵ lo³³ py³³ bɣ²¹ thi⁵⁵ lo³³ thi⁵⁵ na⁵⁵ nɯ³³, ʂər⁵⁵ lər³³ pa³³ le³³ be³³, tshŋ²¹ zər²¹ mu²¹le³³
替罗鬼 祭司 替罗替那 以 什罗 帮助 又做 鬼 压 下 又

zər²¹.|mu³³ gə³³ dy²¹ n̠iə²¹ thɣ³³, mu³³ gə³³ py³³ bɣ²¹ iə²¹ ŋɣ⁵⁵ so³³ phɣ³³ nɯ³³, ʂər⁵⁵ lər³³
压 猛鬼 的 界 里 到 猛鬼 的 祭司 尤巫梭普 以 什罗

pa³³ le³³ be³³, tshŋ²¹ zər²¹ mu²¹ le³³ zər²¹.|to³³ ba²¹ ʂər⁵⁵ lər³³ thu³³, dʑy²¹ na⁵⁵ zo⁵⁵lo³³ kɣ³³
帮助又 做 鬼 压 下 又 压 东巴什罗 他 居那若罗 山顶

nɯ³³ za²¹, zo⁵⁵ lo³³ khɯ⁵⁵ n̠iə²¹ thɣ³³, dɣ²¹ zo³³ tɕhia³³ pa³³ la³³ lu⁵⁵ nɯ³³,dʑy²¹ na²¹ la²¹
以 降 若罗 麓 处 到 毒若巧巴拉利 以 山 黑手

phə³³ ty⁵⁵, dy²¹ tshŋ²¹ tɣ³³ tɣ²¹ kɯ³³ kɯ²¹ gu²¹ nɯ³³ sŋ³³, to³³ ba²¹ ʂər⁵⁵ lər³³ le³³ tər²¹ le³³
中 抬 毒 鬼 千 千 万 万 后面 以 领 东巴什罗 又 挡 又

hu³³ tsʰɿ²¹.|to³³ ba²¹ ʂər⁵⁵ lər³³ nɯ³³, dʑʮ²¹ na²¹ kʰɯ³³ nɯ³³ tsʰɿ³³, dʮ²¹ zo³³ tɕʰia³³ pa³³ la³³
拦　来　东巴什罗　　　　以　山　黑　脚　以　踢　毒若巧巴拉利

lɯ⁵⁵, dʮ²¹ tsʰɿ²¹ tʮ³³ tʮ²¹ kɯ³³ kɯ²¹ mu²¹ le³³ sʮ⁵⁵.|to³³ ba²¹ ʂər⁵⁵ lər³³ dʑi³³ dʑiə²¹ la³³ lər³³
毒鬼　千　千　万　万　下　又　杀　东巴什罗　　　人　住　辽阔

dʮ²¹ ɲiə²¹ tʰʮ³³. tsʰɿ²¹ mi⁵⁵ ma²¹ tso³³ kʮ⁵⁵ sɿ³³ ma¹³, ʂu²¹bʮ³³ ər³³ bʮ³³,kə⁵⁵ hər²¹ gʮ³³ kə⁵⁵,
地　里　到　斯命麻佐固松玛　　　　　铁锅　铜锅树枝青　九　枝

da²¹ dʐɿ²¹ gʮ³³ kʰæ²¹, tɕi⁵⁵ bər²¹gʮ³³ kʰɯ²¹ tɕi³³ la³³ mə³³ tɕi³³ be³³,|to³³ ba²¹ ʂər⁵⁵ lər³³ dʑi³³
齿　带　九　把　粗绳　九　根　放　也　不　放　做　东巴什罗　　　走

bɯ³³dʐo²¹ kʮ³³ le³³ tʰʮ³³ tsʰɿ²¹.|tsʰɿ²¹ mi⁵⁵ ma²¹ tso³³ kʮ⁵⁵ sɿ³³ ma¹³ nɯ³³ le³³ ʂə⁵⁵ me³³, to³³
要　桥　上　又　到　来　斯命麻佐固松玛　　　　　以　又　说　是

ba²¹ʂər⁵⁵ lər³³ nɯ²¹, mɯ³³ tɕər²¹ tsʰe²¹ ho⁵⁵ tʮ³³, i³³ po³³ pʰər²¹ me³³ kʮ⁵⁵ dʑi²¹ bʮ²¹, pʰər²¹
东巴什罗　　你　天　上　十　八　层　绸　白　的　帐篷　下　盘神

gu²¹ sæ²¹ gu²¹ nɯ²¹, o⁵⁵ dʑi²¹ he²¹ dʑi²¹ lo²¹, o⁵⁵ gu²¹ he²¹ gu²¹ nɯ²¹,
默诵　禅神　默诵　在　沃神　房　恒神　房　里　沃神　默诵　恒神　默诵　在

　　什罗到了火鬼地域里，祭火鬼的东巴祭司米迪汝冉帮助什罗，把鬼压下去。什罗到了苯鬼地域里，祭苯鬼的东巴祭司崩肯雄梭帮助什罗，把鬼压下去。什罗来到替罗鬼地域里，祭替罗鬼的东巴祭司替罗替那帮助什罗，把鬼压下去。什罗来到猛鬼地域里，祭猛鬼的祭司尤巫梭普帮助什罗，把鬼压下去。
　　东巴什罗从居那若罗神山顶上降临下来，来到若罗神山山麓，毒若巧巴拉利手抬一座大黑山，带领着千千万万的毒鬼，来阻拦东巴什罗。东巴什罗脚踢黑山，并杀死毒若巧巴拉利及千千万万的毒鬼。东巴什罗来到了人类居住的辽阔大地上。女鬼斯命麻佐固松玛未带她的铁锅和铜锅、未拿九枝青刺枝、九把带齿利刀和九根粗绳，等待在东巴什罗要经过的桥上。斯命麻佐固松玛见到东巴什罗就说道：东巴什罗，你在十八层天上的白绸帐篷下，默诵盘神和禅神的经文，在沃神和恒神的神房里默诵沃神和恒神的经，

55-A-7-23

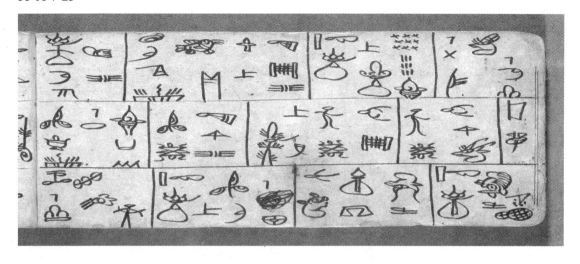

bɯ²¹ lɯ³³ tʂhu³³ i³³ mə³³ ka³³ la⁵⁵ uə³³ tsɿ⁵⁵. | mə³³ tʂhə⁵⁵ mə³³ ʂu²¹ dʑy³³ me³³ ȵi³³ uə³³ dy²¹,
经书　诵　是　不　累　吗　说是　不　秽　不　纯　有的　尼坞　地

sy²¹ ʂə⁵⁵ tshɿ²¹ da²¹ tsɿ⁵⁵? | to³³ ba²¹ ʂər⁵⁵ lər³³ nɯ³³ ʂə⁵⁵ me³³, ȵy⁵⁵ i³³ ȵi³³ ny²¹ gɣ³³ tshər²¹
啥　说　来　不知　说是　东巴什罗　　　以　说是　我　是妻子　九十

gɣ³³ kɣ⁵⁵ dʑy²¹, | dɯ³³ çi³³ me³³ ko³³ lo²¹, dɯ³³ gɣ³³ mə³³ lɣ²¹ tsɿ⁵⁵. | dʑi³³ dʑiə²¹ la³³ lər³³ dy²¹,
九　个　有　一　百　的　里面　一　个　未　足　说是　人　住　辽阔　地

nɯ²¹ ha⁵⁵ dɯ³³ gɣ³³ dʑy²¹ kho³³ mi³³, | nɯ²¹ hæ²¹ tshɿ²¹ mu²¹ tsɿ⁵⁵. | tshɿ²¹ mi⁵⁵ ma²¹ tso³³ kɣ⁵⁵
你　多　一　个　有　听　到　你　娶　来　的　说是　斯命麻佐固松玛

sɿ³³ ma²¹ nɯ³³ le³³ ʂə⁵⁵ me³³: ȵə⁵⁵ hæ²¹ gu²¹ da²¹ tsɿ⁵⁵. | ȵə⁵⁵ hæ²¹ gu²¹ se³³ mu¹³, | khu³³
　以　又　说是　我　娶　确实　说是　我　娶　确实　了　的话　嘴

nɯ³³ o³³ phər²¹ dɯ³³ lɣ⁵⁵ tʂhu²¹ ku⁵⁵ lu³³. | to³³ ba²¹ ʂər⁵⁵ lər³³ nɯ³³ le³³ ʂə⁵⁵ me³³, nɯ²¹ mə³³
以　骨　白　一　团　早　抛　来　东巴什罗　　　以　又　说是　你　不

zɣ²¹ dɯ³³ ȵi³³ dʑy³³ mə²¹ tsɿ⁵⁵, ə³³ gɣ³³ he²¹ gə³³ bər²¹ phər²¹ ʂɿ³³ be³³ ho⁵⁵. | dʑe³³ gə³³ to³³ ba²¹
娶　一　天　有　的话　舅　神　的　牦牛　白　死　做　愿　姪　的　东巴什罗

ʂər⁵⁵ lər³³ ʐua³³ phər²¹ ʂɿ³³ be³³ ho⁵⁵.
　马　　白　死　做　愿

难道你就不累吗？你到不干净的尼坞鬼域来说什么干什么？东巴什罗回答说：我有九十九个妻子，在一百个里还不足一个。听说在人类居住的辽阔大地上，有一个好女人，我是为娶你而来的。女鬼斯命麻佐固松玛又说，你确实是要娶我？你确实果真要娶我，你就像嘴里吐出一根白骨一样发个誓。东巴什罗就发誓：如果不娶你，愿舅舅的神的白牦牛死去，愿作为姪儿的东巴什罗的白马死掉！

55-A-7-24

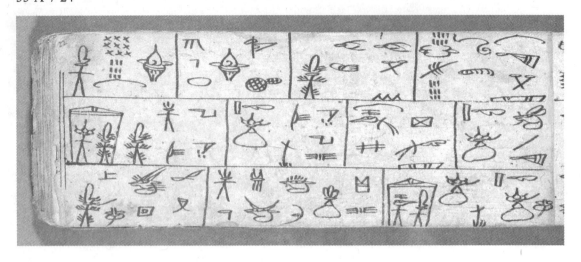

mɯ³³ kɣ³³ n̠i³³ nɣ²¹ gɣ³³ tshər²¹ gɣ³³ kɣ⁵⁵ dʑy²¹, |ka³³ du³³ gɣ³³ dʑy²¹ the³³ be³³ ho⁵⁵. |tshʅ²¹
天　上　妻子　九十　　九个　有　好　一　个　有　没　地　愿

mi⁵⁵ ma²¹ tso³³ kɣ⁵⁵ sʅ³³ ma²¹, gu²¹ la³³ gu²¹ tɕi⁵⁵ mi³³, |ʂu²¹ bɣ³³ ər³³ bɣ³³ ho⁵⁵ ly³³ , sər³³
斯命麻佐固松玛　　　　　信　也　信　认为　铁锅　铜　锅　八　个　树枝

hər²¹ gɣ³³ kə⁵⁵, tɕi⁵⁵ bər²¹ gɣ³³ khɯ²¹ da²¹ dʐŋ²¹ gɣ³³ khæ²¹ thɯ³³ , mɯ³³ le³³ dy²¹ ko⁵⁵ gu³³
青　九枝　粗绳　九　根　齿　生　九　把　这些　天　和　地之间

i³³ phi⁵⁵ le³³ tɕi³³. to³³ ba²¹ ʂər⁵⁵ lər³³, sʅ³³mu³³ lər²¹ te³³ ta⁵⁵ dʐe³³ du³³ dʑi²¹ be³³. sʅ³³ mu³³
是　丢　又　放　东巴什罗　　斯姆朗登　　结合　一家　做　斯姆朗登

lər²¹ te²¹ tshʅ²¹ ɕi³³ be³³ bɯ³³ tsʅ⁵⁵. |to³³ ba²¹ ʂər⁵⁵ lər³³ py²¹ ɕi³³ be³³ bɯ³³ tsi⁵⁵. |mɯ³³ khu³³
　作祟人做　要　说是　东巴什罗　　　祭祀人做　要　说是　天　边

thɣ⁵⁵ gə³³ ko³³ phər²¹ zo³³ tɕi⁵⁵ gu²¹ , dy²¹ khu³³ thɣ⁵⁵ gə³³ khæ³³ me³³ mi⁵⁵ tɕi³³ tshər³³ le³³
　的　戈盘若金　　　病　地　边　的　开美命金　　　发烧又

dʑiə²¹, |to³³ ba²¹ ʂər⁵⁵ lər³³ le³³ dy⁵⁵ tshʅ²¹.sʅ³³ mu³³ lər²¹ te³³ nɯ³³ le³³ ʂə⁵⁵ me³³, i³³ da⁵⁵ iə⁵⁵
有　东巴什罗　　又　请来　斯姆朗登　　以　又　说　是　经功钱　给

me³³ |tshʅ²¹ ko²¹ pɯ⁵⁵ kɣ⁵⁵ iə³³, y²¹ mə³³ du³³ uə³³ tsʅ⁵⁵. |ko³³ phər²¹ zo³³ tɕi⁵⁵, khæ³³ me³³
　的　鬼　魂　飞　会的　拿　不　兴　说是　戈盘若金　　　开美命金

mi⁵⁵ tɕi²¹ ko²¹, to³³ ba²¹ ʂər⁵⁵ lər³³ nɯ³³ le³³ py²¹. to³³ ba²¹ ʂər⁵⁵ lər³³ nɯ³³,
　家里　东巴什罗　　以　又　祭祀　东巴什罗　　以

愿天上的九十九个妻子里，没有一个好妻子。斯命麻佐固松玛确实信以为真，就把头上的八
个铁锅铜锅、九枝青刺枝、九根粗绳、九把带齿利刀都丢到天地之间。

　　东巴什罗和斯姆朗登^①结合做一家。斯姆朗登说是要做一个作祟之人。东巴什罗做一个祭祀之人。天边的戈盘若金生了病，地边的开美命金发了烧，就来请东巴什罗做法仪。斯姆朗登告诉东巴什罗，主持祭祀之人若拿主人家给的经功钱，鬼就会灵魂出窍，主持祭仪之人不兴拿经功钱。东巴什罗就到戈盘若金和开美命金家里举行祭仪。东巴什罗举行祭仪后，

55-A-7-25

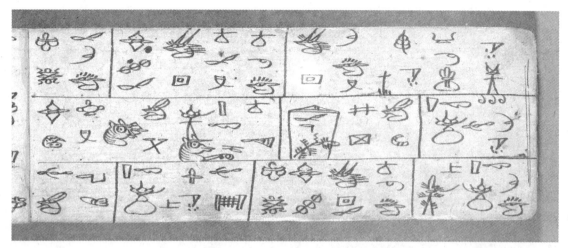

ŋɣ³³ hæ²¹ i³³ dɑ⁵⁵ iə⁵⁵ me³³ le²¹ mə³³ y²¹,│uɑ³³ tʂhu²¹ i³³ dɑ⁵⁵ iə⁵⁵ me³³ le²¹ mə³³ y²¹, i³³ dɑ⁵⁵
银　金　经功钱　给　的　又　不　拿　松石 墨玉 经功钱 给　的　又　不　拿　经功钱

tʂʰ̩³³ iə⁵⁵ me³³ mə³³ y²¹.│i³³ dɑ⁵⁵ mə³³ y²¹ me³³ py²¹ çy³³ be³³, khuɑ³³ mə³³ du³³ be³³
所　给　的　不　拿　经功钱 不　拿　的　祭仪　做　见效　不　兴　做

tsʅ⁵⁵. uɑ²¹ hər²¹ kə⁵⁵ kɣ³³ dɯ³³ me³³ dɯ³³ lɣ³³ gu³³ tʂhu²¹ bɣ³³ tʂʰ̩³³ bɣ²¹ le³³
说是 松石 绿　鹰　蛋　大　者　一　个　马　快　额鬃　下　又

tɕi³³. to³³ bɑ²¹ʂər⁵⁵ lər³³ i³³ zuɑ³³ phər²¹ʥæ³³ bə⁵⁵ tʂʰ̩³³ le³³ tshʅ²¹ .│iə³³ ko²¹ le³³thɣ³³ n̩iə²¹,│
放　东巴什罗　　是　马　白　骑　了　这　又　来　家里　又　到　时

sʅ³³ mu³³ lər²¹ te³³ gu²¹ ne²¹ tshər³³ le³³ ʥiə²¹.│sʅ³³ mu³³ lər²¹ te³³ le³³ ʂə⁵⁵ me³³, to³³ bɑ²¹
斯姆朗登　　病　和　发烧　又　有　斯姆朗登　　又　说是　东巴什罗

ʂər⁵⁵ lər³³ŋ̩²¹, ʥi³³ ʥʅ³³ o³³ ʥʅ³³ zu³³ mə³³ be³³, ʥi³³ o³³ le³³ ʥʅ³³ bu³³ se²¹ lɑ⁵⁵?│to³³ bɑ²¹
你　是非 吃 口舌 吃 约定 不 做 是非 口舌又 吃 要 了 吗 东巴什罗

ʂər⁵⁵ lər³³ nɯ³³ le³³ ʂə⁵⁵ me³³, sy²¹ be³³ ʥi³³ ʥʅ³³ o³³ ʥʅ³³ dɑ²¹ uə³³ tsʅ⁵⁵?│ ŋɣ³³ hæ²¹ uɑ³³
以　又　说　是　怎么地 是非 吃 口舌 吃 不知 说是 银　金　松石

tʂhu²¹ i³³ dɑ⁵⁵ tʂʰ̩³³ iə⁵⁵ tʂʰ̩³³ mə³³ y²¹ se²¹ tsʅ⁵⁵.│sʅ³³ mu³³ lər²¹ te³³ nɯ³³ le³³ ʂə⁵⁵ me³³,
墨玉 经功钱 所　给　所　不　拿 了 说是 斯姆朗登　　以　又　说是

to³³ ba²¹ ʂər⁵⁵ lər³³ nɯ²¹ , i³³ da⁵⁵ mə³³ y²¹
东巴什罗　　　　　你　经功钱　不　拿

给金银做经功钱什罗未拿，给松石墨玉作经功钱什罗未收下，所有送给的经石功钱什罗都未拿。作祭祀仪式而不拿经功钱，祭仪就不会见效。主人家就把一颗鹰蛋大的绿松石藏放在什罗白马的额鬃下。什罗做完祭仪后骑上白马回家去。到了家里后，女鬼斯姆朗登就生病发烧。斯姆朗登就对东巴什罗说：我俩曾约定，你不再去压传播是非和口舌的鬼，你现在要翻悔又去压传播是非口舌的鬼么？东巴什罗问道：我怎么又去压这传播口舌是非的鬼了？主人所给的金银松石墨玉等经功钱我都没有拿。斯姆朗登对东巴什罗说：你还说你不曾拿经功钱，

55-A-7-26

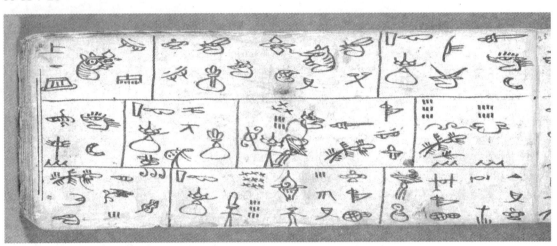

ʂə⁵⁵ na⁵⁵ sʅ³³, gu³³ tʂhu²¹ bɣ³³ tshŋ³³ bɣ²¹ i³³ dɯ³³ lɣ²¹ fæ³³.│to³³ ba²¹ ʂər⁵⁵ lər³³dɯ³³ lɣ²¹ le³³
说　的　还　马　快　额鬃　底的　一　看　去　东巴什罗　　　一　看　又

lu²¹ khɯ⁵⁵,ua²¹ hər²¹ kə⁵⁵ kɣ³³ dɯ³³ me³³ dɯ³³ lɣ³³ zua³³ bɣ³³ tshŋ³³ bɣ²¹ i³³ le³³ tɕi³³ do²¹.│
以　去　松石　绿　鹰　蛋　大　的　一　颗　马　额鬃　　底　是　又　放　见

to³³ ba²¹ ʂər⁵⁵ lər³³ nɯ³³ ʂə⁵⁵ me³³, nɯ²¹ ɕi²¹ kho⁵⁵ bu²¹ dʑy³³, æ³³ phɣ⁵⁵ khɣ³³ bu²¹ dʑy³³.│
东巴什罗　　　以　说　是　家畜　养　杀　份　有　庄稼　撒　收割　份　有

to³³ ba²¹ ʂər⁵⁵ lər³³ nɯ³³, phər²¹ gu²¹ sæ²¹ gu²¹ du³³.│to³³ ba²¹ ʂər⁵⁵ lər³³ nɯ³³, hæ³³ sʅ²¹
东巴什罗　　　以　盘神　默诵　禅神　默诵　兴　东巴什罗　　　以　金　黄

tsər³³ lər²¹ ȵi³³ me³³ dɯ³³ me³³ do⁵⁵, ua²¹ hər²¹ da³³ khə²¹ he³³ me³³ dɯ³³ me³³ la⁵⁵, gə²¹
板铃　太阳　大　的　摇　松石　绿　大鼓　月亮　大　的　敲弟子

ba²¹ sʅ²¹ ɕi³³ tʂhua⁵⁵ tshər²¹ khɯ⁵⁵, sʅ³³ mu³³ lər²¹ te³³ the³³ ȵiə²¹ sy⁵⁵.│sʅ³³ mu³³ lər²¹ te³³
三　百　六十　放　斯姆朗登　这儿　杀　斯姆朗登

gə³³, ʂu²¹bɣ³³ ər³³ bɣ³³ ho⁵⁵ lɣ⁵⁵, da²¹ dʐŋ²¹ gɣ³³ khæ²¹, tɕi⁵⁵ bər²¹gɣ³³ khɯ²¹, kə⁵⁵ hər²¹gɣ³³
的　铁锅　铜锅　八　个　齿　生　九　把　粗　绳　九　根　树枝　青　九

tʂhə²¹ dʑi⁵⁵ le³³ tɕi³³.sɿ³³ mu³³ lər²¹ te³³ ʂɿ³³ ne²¹ mə³³ ʂɿ³³ kua³³ tʂua⁵⁵ gɯ³³ , sɿ³³ zu̱²¹ dʑi³³
枝　 烧　 又　放　斯姆朗登　　　死 与 未 死 之间　　　 三　句　发

dy³³ ne²¹.|to³³ ba²¹ ʂər⁵⁵ lər³³ nɯ²¹,n̪i³³ nɣ²¹ gɣ³³ tshər²¹ gɣ³³ kɣ⁵⁵ dʑy²¹, n̪y⁵⁵ sɿ²¹ ka³³ me³³
咒　着　东巴什罗　　 你 妻子 九十 　 九 个 有 我 你 好 的

the³³ dɯ³³ ho⁵⁵.|tsər³³ lər²¹da³³ dʑi²¹ khua²¹ me³³kæ³³ the³³ ho⁵⁵.py²¹ le³³ khua²¹ me³³ dɯ²¹
不 得 愿　 板铃　 袋　烂 的　换 不 愿 祭祀 而 凶 的 得

be³³ ho⁵⁵.
做　愿。

你到你那骏马的额鬃下去看一看。东巴什罗到自己的骏马前，翻开额鬃看一看，只见一颗鹰蛋大的松石放在马的额鬃下。东巴什罗说，养家畜是为了杀了吃，撒种庄稼是为收割，我东巴什罗就该诵盘神经和禅神经。东巴什罗手摇太阳般大的黄金板铃，敲起月亮般大的松石法鼓，派出三百六十个弟子，杀了斯姆朗登女鬼，把斯姆朗登的八口铁锅铜锅、九枝青刺枝、九把带齿利刀、九根粗绳用火烧掉。女鬼斯姆朗登在将死未死时发了三句诅咒的话：东巴什罗虽有九十九个妻子，但愿没有一个像我一样好的；愿东巴什罗装板铃的袋囊烂了也没有换新的，愿东巴什罗去祭祀也只有坏效果；

55-A-7-27

dʑæ³³ gu²¹ khua²¹ me³³ kæ³³ the³³ ho⁵⁵.|to³³ ba²¹ ʂər⁵⁵ lər³³ ŋə⁵⁵ sy⁵⁵ se³³ kho³³ tho¹³, dʑi³³
骑　马　烂　 的　换　不 愿　东巴什罗　　 我 杀 了 之后　 人

dʑiə²¹ la³³ lər³³ dy²¹, dʑŋ³³ mu⁵⁵ o³³ dɯ³³ ly²¹ the³³ ho⁵⁵.|py²¹ kɣ⁵⁵ ʂɿ³³ dɯ³³ ly²¹ the³³ ho⁵⁵.|
住　辽阔　地　酋长 长 老 财 得 够 不 愿　祭 会 肉 得 够 不 愿

to³³ ba²¹ ʂər⁵⁵ lər³³nɯ³³, gɯ²¹ la³³ gɯ²¹ tɕi⁵⁵ mi³³ , mə³³sy⁵⁵ khɯ⁵⁵ le³³ do²¹.|dʑi³³ dʑiə²¹ la³³
东巴什罗　　　 以 信 也 确实 以为　 不 杀 放 又 见 人 住 辽阔

lər³³ dy²¹, tsʰŋ²¹ o³³ sʅ²¹ çi³³ tʂʰua⁵⁵ tsʰər²¹ sy⁵⁵, mə³³ dʑə²¹ tɕi⁵⁵ lɯ³³ sy⁵⁵ mə³³ mæ³³ me³³
　地　　鬼　类　三　百　　六十　　杀　莫久敬利　　　　杀　不　着　的

the⁵⁵ n̠i³³ gɣ³³.|to³³ ba²¹ ʂər⁵⁵ lər³³ nɯ³³, n̠i³³ me³³ tʰɣ³³, tsʰa³³ tsʰa²¹ çiə³³ tɕʰy²¹ dʑy³³
　一样　成　东巴什罗　　以　东方　　操查休曲　　　　山

ʂua²¹ kɣ³³, dy³³ pʰər²¹ na³³ tsa²¹ tsʰŋ⁵⁵, tsʰŋ²¹ kʰua²¹ mu²¹ le³³ zər²¹.|i³³ tʂʰŋ³³ mu²¹, mə⁵⁵
高　顶　海螺　白　纳召　建　鬼　恶　下　又　压　南方

mi³³ lər²¹ tsʅ⁵⁵ dʑy³³ ʂua²¹ kɣ³³, ua²¹ hər²¹ na³³ tsa²¹ tsʰŋ⁵⁵, tsʰŋ²¹ zər²¹ mu²¹ le³³ zər²¹.|
莫敏朗注　　山　高　顶　松石绿　纳召　　建　鬼　压　下　又　压

n̠i³³ me³³ gɣ²¹, i³³ dʑæ³³ dʑy³³ ʂua²¹ kɣ³³, tʂʰu²¹ na⁵⁵ na³³ tsa²¹ tsʰŋ⁵⁵, tsʰŋ²¹ zər²¹ mu²¹ le³³
西方　　尹章　山　高　顶　墨玉黑　纳召　　建　鬼　压　下　又

zər²¹.|ho³³ gɣ³³ lo²¹, mu²¹ ta³³ fɣ³³ fɣ²¹ dʑy³³ ʂua²¹kɣ³³, hæ³³ sʅ²¹ na³³ tsa²¹ tsʰŋ⁵⁵, tsʰŋ²¹ zər²¹
压　北方　　牟道夫夫　　山　高　顶　金黄　纳召　建　鬼　压

mu²¹ le³³ zər²¹.
下　又　压

愿什罗坐骑变劣马也换不到骏马。东巴什罗杀了我之后，在人类居住的辽阔大地上，愿酋长们得不到足够的财物；愿祭司们得不到足够的肉食。东巴什罗却信以为真，就不忍下手，虽杀了三百六十种鬼类，似乎就漏杀了一个叫莫久敬利的小鬼。东巴什罗就在东方的操查休曲山山顶上，建造白海螺色的纳召①，把鬼压下去；在南方莫敏朗注山山顶上，建造绿松石色的纳召，把鬼压下去；在西方的尹章山山顶上，建造墨玉色的纳召，把鬼压下去；在北方的牟道夫夫山山顶上，建造金黄色的纳召，把鬼压下去；

55-A-7-28

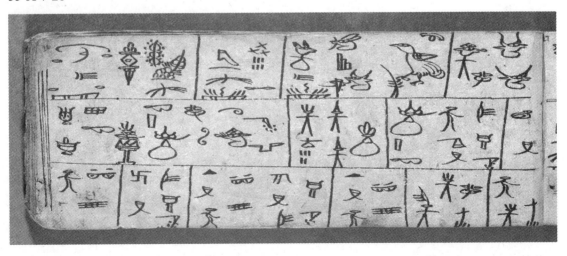

---

① 纳召：音译专有名词，为一种宗教构建物。具体做法是：插一根翠柏树干，四周垒之以石，石缝中插一些五色彩旗，用以压鬼。

muɯ³³① le³³ dy²¹ ly⁵⁵ gɣ³³, dy³³ sa²¹ ze²¹ɯ³³ kɣ³³, tʂhu³³ dʑæ²¹ tha⁵⁵ dʑæ²¹ tshɿ⁵⁵, tʂhu³³ dʑæ²¹
天　和　地　中央　　地脉　最　佳　处 墨玉　花　塔　花　建　墨玉　花

nɑ³³ tsa²¹ tshɿ⁵⁵, tshɿ²¹ zər²¹mu²¹ le³³ zər²¹,│tshɿ²¹ o³³ sɿ²¹ ɕi³³ tʂhua⁵⁵ tshər²¹ mu²¹ le³³ zər²¹.│
纳召　建　鬼　压　下　又　压　鬼　类　三　百　六十　　　　下　又　压

dʑi³³ dʑiə²¹ la³³ lər²¹ dy²¹, dʑi³³ dʑɿ²¹ sa²¹ le³³ dʑy³³, le⁵⁵ phæ³³ kho²¹ le³³ dʑɿ²¹, ɯ³³ ha⁵⁵dʑər²¹
人　住　辽阔　地　人　住　处又 有　牛　拴　桩　又　生　飞禽 栖 树

le³³ dʑɿ²¹.│be³³ le³³ be³³ tshɿ²¹ zɿ³³ nɯ³³, bər³³ y²¹ zʅ³³ ha³³ tshər²¹ na⁵⁵ ɕy⁵⁵ ma²¹ nɯ³³ tʂhu⁵⁵
又　生　人类　　　　　以 牦牛绵羊 酒　饭　肥肉 瘦肉柏 酥油 以 供养

pɑ³³ be³³. to³³ ba²¹ʂər⁵⁵lər³³ nɯ³³, be³³ le³³ be⁵⁵ tshɿ²¹ tɕər²¹gu³³ lu²¹ ka³³ le²¹ ty⁵⁵ le³³ be³³.│
做 东巴什罗　　　 以 人类　　　　　　上 保佑　赐福 赐 又 做

tshɿ²¹ me³³ tshɿ²¹ tʂhɿ³³ ua²¹, dɣ³³ dy²¹ be³³ le³³ du³³.│to³³ ba²¹ ʂər⁵⁵ lər³³ ȵy⁵⁵, ʂu²¹ me³³ ɕi³³
鬼 者 鬼 所有　安　地 又 祭 东巴什罗　　 自己 纯 的 他人

tɕər²¹ be³³,│tʂhə⁵⁵ me³³ ȵy⁵⁵ ȵiə²¹ dər³³;│ɯ³³ me³³ ɕi³³ tɕər²¹ be³³, khua²¹ me³³ ȵy⁵⁵ ȵiə²¹
上 做 秽 的 自己 上 落　 好 的 他人 上 做 歹 的 自己 上

dər³³; ka³³ me³³ ɕi³³ tɕər²¹ be³³,│khua²¹ me³³ ȵy⁵⁵ ȵiə²¹ dər³³;│ɕi³³ tshɿ²¹ ȵy⁵⁵ nɯ³³ py²¹,│
落 吉 的 他人 上 做 凶　 的 自己 上 落　 他人鬼 自己 以 祭

ȵy⁵⁵ tshɿ²¹ ȵy⁵⁵
自己 鬼 自己

在天和地中央，在地势地脉最好的地方，建造花墨玉色的塔花和纳召，把鬼压下去；把人类居住的辽阔大地上的三百六十种鬼类都压下去。之后，人类就又有可安居之地，拴牛之木桩又有可插之处，飞禽又有可栖之树。大地上的人类用牦牛和绵羊、醇酒和米饭、肥肉和瘦肉、翠柏和酥油，以供养东巴什罗。东巴什罗对人类予以保佑赐福，对所有的鬼予以祭祀，让鬼安静不再作祟于人。东巴什罗他自己，把纯净都给了他人，而秽的却粘在自己身上；把好的都赐给他人，而让歹的落于自身；把吉祥都给了他人，而把凶的落于自身；为他人祭鬼禳灾，而不会为自己驱鬼禳灾；

---

① 此段文字中，有一"mə"字无法与其他字连读成句，存疑。

55-A-7-29

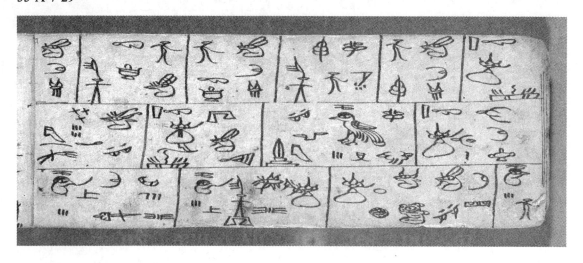

le³³ py²¹ mə³³ kɣ⁵⁵；| ɕi³³ bər³³ ɳy⁵⁵ nɯ³³ lo²¹,|ɳy⁵⁵ bər³³ ɳy⁵⁵ le³³ lo²¹mə³³ kɣ⁵⁵；| ɕi³³ ɕy³³
又　祭　不　会　　他人客　自己　以　待　自己　客　自己 又　待　不 会　　他人 事

ɳy⁵⁵ nɯ³³ be³³, ɳy⁵⁵ ɕy³³ ɳy⁵⁵ le³³ be³³ mə³³ kɣ⁵⁵.|to³³ ba²¹şər⁵⁵ lər³³ nɯ³³, ʥi³³ ʥiə²¹ la³³
自己　以　做　自己 法事 自己 又 做　不 会　东巴什罗　　　以　人　住 辽阔

lər³³ dy²¹, tshʅ²¹ o³³ sʅ²¹ ɕi³³ tʂhua⁵⁵ tshər²¹ zər²¹ se³³ ɳiə¹³,| to³³ ba²¹ şər⁵⁵ lər³³ ʥi³³ ʥiə²¹
　地 鬼　类 三 百　六十　　压 了 后　东巴什罗　　人 住

la³³ lər³³ dy²¹ nɯ³³ gə²¹ le³³ tshʅ²¹,|ʥy²¹ na⁵⁵ zo⁵⁵ lo³³ khɯ³³ɳiə²¹ thɣ³³, to³³ ba²¹ şər⁵⁵ lər³³
辽阔　地　以 上 又　来　居那若罗　　　山麓　处 到　东巴什罗

nɯ¹³ hua³³ phər²¹ sʅ⁵⁵ me³³ le³³ ko³³ py⁵⁵.|hua³³ phər²¹ sʅ⁵⁵ me³³ le³³ şə⁵⁵ me³³: to³³ ba²¹
和　白鹇鸟　三 只 又 相遇　白鹇鸟　三 只 又 说　是　东巴什罗

şər⁵⁵ lər³³ dɯ³³ sy²¹ ʥʅ³³ me³³ gu³³ be³³ le³²¹ mə³³ dɯ³³.|to³³ ba²¹ şər⁵⁵ lər³³ le³³ şə⁵⁵ me³³:
　一样 吃　的　饱 地 又 不　得　东巴什罗　　又 说

hua³³phər²¹ sʅ⁵⁵ me³³ mə³³ da²¹ sʅ²¹　thɣ³³ ʥy³³ iə³³ tsʅ⁵⁵.|hua³³ phər²¹ sʅ⁵⁵ me³³ le³³ şə⁵⁵
白鹇鸟　三 只 可怜　三 桩 有 的 说是 白鹇鸟　三 只 又 说

me³³, ɕi³³ gə³³ khɯ⁵⁵ şu³³ ʥy²¹ me³³, to³³ ba²¹şər⁵⁵ lər³³ nɯ³³ nɯ³³ do²¹ iə³³ tsʅ⁵⁵.| to³³ ba²¹
是 他人的　蛋子 有 的　东巴什罗　　你 以 见 的 说是　东巴什罗

şər⁵⁵ lər³³ nɯ³³ gə³³ gɣ³³ mu³³gu²¹, mi³³ tshʅ²¹　tʂhə⁵⁵ tshʅ²¹ bər²¹ dɯ³³ la³³ dɯ³³ ʥy²¹ me³³
　你 的 身　后 火鬼　　秽鬼　牦牛大 虎 大 有 的

le³³ do²¹ mə³³ lo²¹ iə³³ mu²¹ tsʅ⁵⁵.|hua³³ phər²¹ sʅ⁵⁵ me³³ le³³ şə⁵⁵ me³³, ɳy⁵⁵
又 见 不 能 的　说是　白鹇鸟　三 只 又 说 是　你

他人的客人①什罗能予以招待，而自己的客人却不会予以招待；自己能做为他人祈福的法事，而不会做为自己祈福的法仪。

　　东巴什罗把人类居住的辽阔大地上的三百六十种鬼类都压住之后，从人类居住的辽阔大地上返回天上，走到居那若罗神山山麓，遇到三只白鹇鸟。三只白鹇鸟对东巴什罗说：东巴什罗你是个得不到能吃饱的福分的人。东巴什罗对三只白鹇鸟说：你们三只白鹇鸟有三桩很不幸而可怜之事。白鹇鸟回答说：他人身上有蚤子，东巴什罗你可以看到。而你身后跟着牦牛、大老虎、大的火鬼和秽鬼你却无法见到。三只白鹇鸟又说：你自己

55-A-7-30

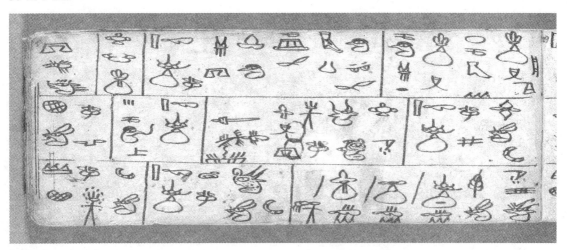

gə³³ khɯ⁵⁵ ʂu³³ bu²¹ dɯ²¹ bɣ³³ be³³ le³³ dʑy²¹ lu³³. | to³³ ba²¹ ʂər⁵⁵ lər³³ nɯ³³, tʂhu²¹ be³³ kɣ³³
的蚤子　　猪大堆地又有兴东巴什罗　　　以快地头

gə³³ dæ³³ na²¹ phɣ⁵⁵ hua³³ le³³ iə⁵⁵, dʑi³³ phər²¹ hua³³ le³³ iə⁵⁵, za³³ ɕy²¹ phɣ⁵⁵ hua³³ ȵiə²¹
的帽子　　脱白鹇鸟又给衣白白鹇鸟又给鞋红脱白鹇鸟上

iə⁵⁵. | hua³³ phər²¹ kɣ³³ na²¹ du³³ me³³, hua³³ phər²¹ gɣ³³ phər²¹ du³³, hua³³ phər²¹khɯ³³ ɕy²¹
给白鹇鸟　头黑兴是白鹇鸟　身白来历白鹇鸟　脚红

du²² me³³bɯ²¹lɯ³³ ʂu³³ mu²¹ the²¹ nɯ³³ le³³ thɣ³³ se²¹. | hua³³ phər²¹ sɿ⁵⁵ me³³ nɯ³³ le³³ ʂə⁵⁵
兴的出处模子此以又出了白鹇鸟　三只以又说

me³³, to³³ ba²¹sər⁵⁵ lər³³ nɯ³³. | dʑi³³ dʑiə²¹ la³³ lər³³ dy²¹, sɿ³³ mu³³ lər²¹ te³³ sy⁵⁵ me³³ gə³³,
是东巴什罗　　以人住辽阔地斯姆朗登　杀了的

tshɻ²¹ nɯ³³ bər²¹ dɯ²¹ la³³ dɯ²¹ be³³, to³³ ba²¹ sər⁵⁵ lər³³ nɯ³³ gu²¹ o²¹ le³³ dʑy²¹, mi³³ khə²¹
鬼以牦牛大虎大地东巴什罗　你背缠又有罪责

nɯ³³ ʂər⁵⁵ be³³ le³³ dʑy³³ se²¹, | to³³ ba²¹ ʂər⁵⁵ lər³³ nɯ³³ tʂhə⁵⁵ nɯ³³ lɣ⁵⁵ le³³ dʑy³³. | gɣ³³ dʐɻ²¹
以满地又有了东巴什罗　　秽以缠又有藏人

---

① 这里的"客人"是指"鬼"。

phər²¹ py³³ bɣ²¹le³³ dy⁵⁵, le³³ bɣ³³ sæ²¹ py³³ bɣ²¹ le³³ dy⁵⁵, na²¹ ɕi³³ u²¹ py³³ bɣ²¹ le³³ dy⁵⁵,
盘　祭司　又　请　白族　禅祭司　又　请　纳西　吾祭司　又　请

ɕy³³ le³³ be³³ dər³³ se²¹.
法　又　做　该　了

身上会有成堆的大如猪的蚤子。东巴什罗赶快地脱下头上的黑帽送给白鹇鸟戴上，脱下身上
的白衣服给白鹇鸟穿上，脱下脚上的红鞋子给白鹇鸟穿上。这就是白鹇鸟头黑、身白、脚红
的出处来历。三只白鹇鸟又说：东巴什罗在人类居住的辽阔大地上杀了斯姆朗登之后，如牦
牛、大虎、大的鬼就缠在东巴什罗身后，东巴什罗满身都负有罪责，秽已缠满什罗你的自身，
你该请藏人的盘祭司、白族的禅祭司、纳西的吾祭司举行祭仪以祭祀，

55-A-7-31

to³³ ba²¹ ʂər⁵⁵ lər³³ pɯ³³ pa³³ tɣ³³ sy²¹ kɯ²¹ sy²¹ le³³ be³³thɣ³³ lɯ³³ se²¹.│to²² ba²¹ʂər⁵⁵ lər³³
东巴什罗　　变化　千样　万样　又　做　出　来了　东巴什罗

iə³³ ko²¹ le³³ thɣ³³ n̩iə¹³, ze⁵⁵ tɕi³³ bə³³ y²¹ tʂər²¹, gɣ³³ dʐŋ³³ phər²¹ dɯ²¹ py³³ bɣ²¹ dy⁵⁵, le³³
家里　又　到　时　年轻　脚捷　派　藏人　盘　大　祭司　请　白族

bɣ³³sæ²¹ dɯ²¹ py³³ bɣ²¹ dy⁵⁵, na²¹ ɕi³³ u²¹ dɯ²¹ py³³ bɣ²¹dy⁵⁵, sər³³ ua³³ mə³³ ua¹³ gɣ³³ le³³
禅　大　祭司　请　纳西　吾　大　祭司　请　木　质　不　是　九　又

tshe³³ sy²¹ tse²¹ le³³ py²¹.│ʂŋ³³ phər²¹ z̩²¹ lɣ³³ tu²¹, ŋɣ³³ hæ²¹ ua³³ tʂhu²¹ i³³ da⁵⁵ be³³ le³³
十　样　用　又　祭　毡　白　神坛　设　银　金　松石　墨玉　经功钱　做　又

tɕi³³, bər³³ y²¹ z̩³³ ha³³ tʂhər²¹ na²¹ ɕy⁵⁵ ma²¹ phɣ³³ la²¹ tʂhu⁵⁵ pa³³ be³³,│sər³³ ua³³ gɣ³³ sy²¹
放　牦牛绵羊酒　饭　肥肉　瘦肉　柏　酥油　大神　供养　做　木　质　九样

py²¹ sər³³ be³³, lɣ³³ na²¹ du²¹ lɣ³³ be³³ le³³ py²¹,│ʂŋ⁵⁵ ne²¹ ua³³ i³³ le³³ tshŋ³³ phi²¹; ʂŋ³³ mu³³
祭　木　做　石　黑　祭　石　做　又　祭　活人　与　瓦鬼　是　又　分开　斯姆朗登

lər²¹ te³³ o²¹ he³³ thɯ³³, phər²¹ na⁵⁵ lɯ³³ kæ³³ tsu⁵⁵, tʂ̩³³ na²¹ gɣ³³ ty⁵⁵ bɣ²¹ le³³ zər²¹, gɣ³³
魂　　这　白　黑　地　相接　　土　黑　九　层　底　又　压　身

sy⁵⁵ he³³ sy⁵⁵ se²¹. mi³³ khə²¹ ta³³ khə²¹ ə⁵⁵ y²¹, khɯ³³ phy⁵⁵, dʑi³³ bə²¹ ʂ̩⁵⁵ kɣ³³ tɕər²¹n̠iə²¹
杀魂　杀了　罪责　　口舌　　猴　　狗獾　　蝙蝠　三　个　上　面

phy⁵⁵. |ər³³ tsʐ²¹ ɕi⁵⁵ le³³ tshər⁵⁵,da³³ kɣ³³ ɯ³³ le³³ ʂ̩⁵⁵, ʂ̩³³ mu³³ lər²¹ te³³, dɣ²¹ zo³³tɕhia⁵⁵
推脱　铜　铃　舌　又　割　　鼓　皮　又　剥　斯姆朗登　　毒若巧巴拉利

pa³³ la³³ lɯ⁵⁵ tɕər²¹ phi⁵⁵ le³³ tɕi³³.
上　抛　又　放

东巴什罗你就又能作法变化出千样万样了。

　　东巴什罗回到家里后，就派年轻捷足的小伙子，去请祭大盘神的藏人祭司，请祭大禅神的白族祭司，请祭大吾神的纳西族祭司，用不是木质的九种十样祭品予以祭祀，铺上白毡子设神坛，神坛上撒着白米作神粮，放置金银松石和墨玉作经功钱，用牦牛和绵羊、醇酒和米饭、肥肉和瘦肉、翠柏和酥油，以供养大神。用九种好木材制作祭木，用黑石①作祭石举行祭仪，把活人和传播口舌是非的瓦鬼分开；把女鬼斯姆朗登的灵魂压在黑白交界处的九层黑土下，把斯姆朗登的肉体杀死了，把期姆朗登的灵魂也杀死了。把在祭仪中所杀牲的罪责和举行仪式时出现的差错之责任，都推卸到猴子、狗獾和蝙蝠身上，割铜铃之舌，剥皮鼓之皮，抛到斯姆朗登和毒若巧巴拉利身上，让他们去承担罪责和过失。

55-A-7-32

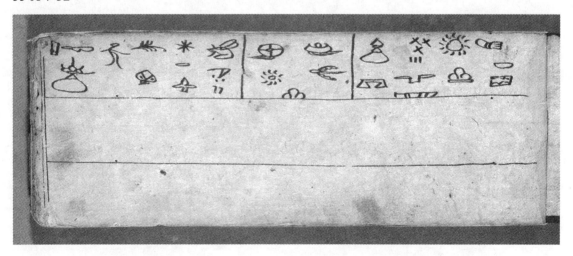

to³³ ba²¹ ʂər⁵⁵ lər⁵⁵ n̠y²¹, pɯ³³ pa³³ tɣ²¹ sy²¹ kɯ²¹ sy²¹ le³³ be³³ n̠i²¹.|n̠i³³ me³³ bu³³ dɯ²¹
东巴什罗　　自己　变化　千样　万　种　又　做　可　太阳　　光　大

lu⁵⁵ la³³, he³³ me³³ bu³³ dɯ²¹ zi³³ zæ²¹ dɣ²¹ gə²¹ le³³ thɣ³³,|he²¹ gə³³ ʂ̩³³ tshər²¹ ʂ̩³³ dɣ²¹
四射　月亮　　光　大　闪亮　地　上　又　到　神　的　三十　　三　地

---

① 这里似有笔误，东巴在祭祀中白石是作神石，黑石是作鬼石，这石头表示纳西族的文化神“卢神和沈神”，意思是表示所作的祭祀仪式之规程都按这两位神所规定的规矩在进行，就像石头一样千万年都没有变化。而这里写成“黑石”似有笔误。

ȵiə²¹ gə²¹ le³³ thɣ³³, bu³³ dɯ²¹ lu⁵⁵ lɑ³³ gɣ³³ le³³ hə²¹.
里　上　又　到　光　大　四射　成　又　了

东巴什罗自己，又可作千种万样的变化了，他又回到太阳光芒四射、月亮皎洁明亮的三十三个神界里，他身上也发着四射之光芒。

55-A-7-33

封三

55-A-7-34

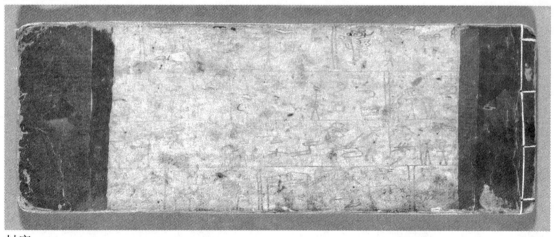

封底

（释读、翻译：王世英）

328-A-8-01

to³³ bɑ³³ ʂər⁵⁵ lər³³ ŋɣ̩⁵⁵•mæ⁵⁵ tʂu⁵⁵

超度东巴什罗·末卷

328-A-8 超度东巴什罗·末卷

【内容提要】

本卷叙述东巴什罗（to ba ʂər lər）娶了第一百个妻子，女鬼斯命麻佐固松玛（tshŋ mi ma tso kɣ sŋ ma）后，发了毒誓。但由于两人所处的是两个世界，因此东巴什罗（to ba ʂər lər）违背了自己的诺言，女鬼由此而死去。女鬼的死使东巴什罗（to ba ʂər lər）处在危险的境地中，终于东巴什罗（to ba ʂər lər）也死在了毒鬼的黑海之中。东巴什罗（to ba ʂər lər）死后，由于他生前祭祀活动中所产生的错误及罪责，使他的魂魄陷入各种鬼的纠缠之中。东巴什罗（to ba ʂər lər）的弟子们通过超度东巴什罗（to ba ʂər lər），将他的魂魄从鬼地中召回，送到了十八层天上，他的各代祖先和大神们居住的地方。

【英文提要】

Salvation Ritual for *to ba ʂər lər*, the Last Volume

This volume describes that after *to ba ʂər lər* married his centismal wife *tshŋ mi ma tso kɣ sŋ ma*, he made a blood oath. However, due to the different worlds they lived, *to ba ʂər lər* broke the promise and the demoness died for this. This death trapped *to ba ʂər lər* in dangerous precipice and finally he died in the black sea as well. For the mistakes and sins he made in the sacrificial rituals while living, after *to ba ʂər lər*'s death, his spirit was sank into the entanglement of ghosts. Thus, the follower of *to ba ʂər lər* summoned his spirit back from the ghost through salvation and ascended *to ba ʂər lər* to the highest level in heaven where his ancestors and gods lived.

328-A-8-02

　　第1行："905"为洛克藏书的编号，并用洛克音标标注此书用于"超度什罗仪式"。
　　第2行：中间的几个东巴文记录了书中的一些内容："东巴什罗的身世及东巴什罗亡于毒鬼黑海中，其弟子从黑海中把什罗拯救出来。"
　　第3行：记录了这些内容的纳西语读音。

328-A-8-03

a³³ la³³ mə³³ ʂər⁵⁵ n̠i³³, dʑi³³ dʑə²¹ la³³ lər³³ dy²¹, to³³ ba³³ ʂər⁵⁵ lər³³ thɣ³³ thɯ³³ ʐɿ³³
呵 也 不 说 日 　人 多 辽阔 地 　东巴什罗 　　　 出 这 代

to³³ ba³³ ʂər⁵⁵ lər³³ thɯ³³, tshɿ²¹ mi⁵⁵ ma²¹ tso³³ kɣ⁵⁵ sɿ³³ ma²¹, kə⁵⁵ hər²¹ gɣ³³ khɯ²¹ la²¹
东巴什罗 　　　 他 斯命麻佐固松玛 　　　　 枝 绿 九 根 手

phə³³ ty⁵⁵, da²¹ dʐɿ²¹ gɣ³³ khɯ²¹ la²¹ phə³³ ty⁵⁵, ər²¹ gɣ khɯ²¹, ər³³ bɣ³³ he³³ pe²¹ ho⁵⁵ phu³³
中 拿 齿 长 九 把 手中 拿 捆绳 九根 　铜锅 耳 朵 八 只

dʐɿ²¹ me³³ la²¹ phə³³ ty⁵⁵, tshɿ²¹ ua³³ sɿ²¹ çi³³ tʂhua⁵⁵tʂhər²¹ gu²¹ nɯ³³ sɿ³³ me³³ mə³³ tɕhi⁵⁵
长 的 手中 拿 鬼 族 三 百 六十 后 由 引 的 不怕

be³³, | tshη²¹ mi⁵⁵ ma²¹ tso³³ kɤ⁵⁵ sη³³ ma² dʑi³³ bɯ³³zʅ³³ nə²¹ le³³ tər²¹ tshη²¹. | tshη²¹ mi⁵⁵
地　　斯命麻佐固松玛　　　　　　走　要　路上　又　拦　来　　　斯命麻佐

ma²¹ tso³³ kɤ⁵⁵ sη⁵⁵ ma²¹ nɯ³³ le³³ şə⁵⁵ me³³, nə⁵⁵ i³³ ni³³ uə³³ dy²¹ çi³³ mu³³, nɤ²¹ i³³
斯命麻佐固松玛　　　由　又　说　道　　我　是 "尼坞" 地方人　是　　你　是

mɯ³³ tɕər²¹ tshə²¹ ho⁵⁵ ty³³, sη³³ phər²¹ kɤ⁵⁵ dʑi²¹ bɤ²¹, phər²¹ tsη³³ sæ²¹ tsη³³ ne²¹, ga³³
天　　上　十　八　层　毡　白　毡房　　下　盘神　请　禅神　请　在　胜神

tsη³³ o²¹ tsη³³ ne²¹ me³³ çi³³ mu³³ tsη⁵⁵, tshη³³ nə²¹ sy²¹ şə⁵⁵ sy²¹ be³³ tshη²¹ da²¹ tsη⁵⁵. |
请 吾神 请 在 的　人　是　说　这　地方 什么 说 什么 做　来　不　知

to³³ ba³³ şər⁵⁵ lər³³ le³³ şə⁵⁵ me³³, ni⁵⁵ i³³ mɯ³³ tɕər²¹ tshe²¹ ho⁵⁵ ty³³ ni²¹ nɤ²¹ gɤ³³
东巴什罗　　　又　说　是　我　是　天　上　十　八　层　妻子　　九

tshər²¹ gɤ³³ kɤ⁵⁵ dʑy²¹, dɯ³³ çi³³ lo²¹ dɯ³³ gɤ³³ mə³³ şər⁵⁵ na⁵⁵, | dʑi³³ dʑə²¹
十　九　个　有　一　百　里　一　个　不　满　也　　人　多

la³³ lər²¹ dy²¹, nɤ²¹ sη²¹ ga³³ mə³³ dʑy²¹, nɤ²¹ hæ²¹ tshη²¹ mə²¹ tsη⁵⁵, to³³ ba³³ şər⁵⁵ lər³³
辽阔　　地　你　似　能干 不　有　你　买　来　的　说　东巴什罗

dʑi³³ dʑη³³ ua³³ dʑη³³ zu³³ mə³³ be³³, he³³ gə³³ bər²¹ phər²¹ şη³³ le³³ ho⁵⁵ bə²¹ tsη⁵⁵.
非　斗　灾祸 排 约定 不　做　神　的　牦牛　白　死　又　愿　要　说

　　远古的时候，在人集中居住的辽阔大地上，在东巴什罗出世的年代里，东巴什罗不怕手里拿着九根绿树枝、九把长齿的铁器，九根捆人的绳子，拿着有八个耳朵的铜锅，身后带领着三百六十种鬼族的斯命麻佐固松玛，在斯命麻佐固松玛的必经之路上等着她。斯命麻佐固松玛对东巴什罗说："我是'尼坞'（地狱）地方的人，你是住在十八层天上的白色毡房中，经常迎请盘神、禅神、胜神和吾神的人，你在这里拦住我，究竟要干什么？究竟要对我说什么？"东巴什罗说："我在十八层天上，有九十九个妻子，一百个中还不够一个。在人们居住的辽阔大地上，没有一个姑娘有你那么能干，我是特意来娶你的。"东巴什罗和斯命麻佐固松玛说好，不能因神和鬼的结合而产生是非与灾祸，今后若违背诺言，东巴什罗但愿神的白牦牛死，

328-A-8-04

dze³³ gə³³ ʐua³³ phər²¹ ʂ̩³³ le³³ ho⁵⁵ bə²¹ tsɿ⁵⁵. | tshŋ²¹ mi⁵⁵ ma²¹ tso³³ kɣ⁵⁵ sɿ³³ ma²¹,
甥 的 马 白 死 又 愿 要 说 斯命麻佐固松玛

kə⁵⁵ hər²¹ dy²¹ le³³ ku⁵, da²¹ dʐŋ²¹ dy²¹ le³³ ku⁵⁵, tɕhi⁵⁵ ər²¹ dy²¹ le³³ ku⁵⁵, ,ər³³ bɣ³³ he³³ be²¹
枝 绿 地 又 抛 齿 长 地 又 抛 捆 绳 地 又 抛 铜 锅 耳 朵

ho⁵⁵ phu³³ dʐŋ²¹ me³³ mɯ²¹ le³³ ku⁵⁵, | tshŋ²¹ mi⁵⁵ ma²¹ tso³³ kɣ⁵⁵ sɿ³³ ma²¹, to³³ ba³³
八 只 长 的 下 又 抛 斯命麻佐固松玛 东巴什罗

ʂər⁵⁵ lər³³ ta⁵⁵ lo³³ dɯ³³ dʑi²¹ be³³. | mɯ³³ ne²¹ dy²¹ go⁵⁵ gu³³, ko³³ phər²¹ zo³³ tɕi⁵⁵ gu²¹
结合 一 家 做 天 和 地 之间 鹤 白 儿 小 病

le³³ dʑə²¹, khæ³³ me³³ mi⁵⁵ tɕi³³ tshər³³ le³³ dʑə²¹, | to³³ ba³³ ʂər⁵⁵ lər³³ thɯ³³, kua⁵⁵ phər²¹
又 有 开美 女 小 疾 又 有 东巴什罗 他 粮 白

iə⁵⁵ me³³ tʂhŋ³³ mə³³ y²¹, | i³³ da⁵⁵ iə⁵⁵ me³³ tshŋ²¹ ko²¹ pɯ⁵⁵ kɣ⁵⁵ tsɿ⁵⁵, tshŋ³³ mə³³ y²¹, |
给 是 那 不 拿 报酬 给 是 鬼 内 崩 会 说 那 不 拿

py²¹ phɣ³³ ŋɣ²¹ hæ²¹ ua²¹ tshu²¹ iə⁵⁵ me³³ tʂhŋ³³ mə³³ y²¹, | mɯ³³ ne²¹ dy²¹ go⁵⁵ gu³³, ko³³
祭 酬 银 金 松石 墨玉 给 是 那 不 拿 天 和 地 之间 鹤

phər²¹ zo³³ tɕi⁵⁵ gu²¹ mə³³ ɲi²¹, khæ³³ me³³ mi⁵⁵ tɕi³³ tshər³³ mə³³ ɲi²¹ | ko³³ phər²¹ zo³³ tɕi⁵⁵
白 儿 小 病 不 有 开美 女 小 疾 不 好 鹤 白 儿 小

nɯ³³, ua³³ hər²¹ kə⁵⁵ kɣ³³ dɯ³³ dɯ³³ ly³³, to³³ ba³³ ʂər⁵⁵ lər³³ gə³³ gu²¹ phər²¹ bɣ³³ tshŋ³³ bɣ²¹
由 松石 绿 鹰 头 大 一 颗 东巴什罗 的 马 白 额 毛 下

i³³ khɯ⁵⁵ le³³ tɕi⁵⁵, to³³ ba³³ ʂər⁵⁵ lər³³ iə³³ ko²¹ le³³ thy³³ ŋə²¹, tshŋ²¹ mi⁵⁵ ma²¹ tso³³ kɣ⁵⁵
是 放 又 在 东巴什罗 家里 又 到 时 斯命麻佐固松玛

sɿ³³ ma¹³ gu²¹ ne²¹ tsər³³ le³³ dʑə²¹, tshŋ²¹ mi⁵⁵ ma²¹ tso³³ kɣ⁵⁵ sɿ³³ ma²¹ nɯ³³ le³³ ʂə⁵⁵
病 和 疾 又 有 斯命麻佐固松玛 由 又 说

me³³, to³³ ba³³ ʂər⁵⁵ lər³³ dʑi³³ dʐŋ³³ ua³³ dʐŋ³³ zu³³ mə³³ be³³, | ŋɣ²¹ hæ²¹ ua²¹ tshu²¹ iə⁵⁵
是 东巴什罗 是非 斗 灾祸 惹 约是 不 做 银 金 松石 墨玉 给

me³³ y²¹ zu³³ mə³³ be³³。
是 拿 约定 不 做

但愿外甥家的白马死。斯命麻佐固松玛,把九根绿树枝扔在地上,把九把长齿铁器扔在地上,把捆人用的绳子扔在地上,把有八只耳朵的铜锅扔在地上,斯命麻佐固松玛和东巴什罗结合成了一家人。有一天,天地间白鹤似的小儿和开美小女生病了。东巴什罗前去做祭祀,主人给东巴什罗白米,东巴什罗没有拿。主人给东巴什罗做祭祀的酬金,东巴什罗没有拿。主人给东巴什罗金、银、墨玉、松石，东巴什罗也没有拿。祭司不拿酬金，就不能除掉鬼魂。天地之间白鹤似的小儿，开美小女经过祭祀，也不见疾病痊愈，于是，白鹤似的小儿，偷偷地将鹰头大小的绿松石拴在东巴什罗乘骑白马的前额鬃毛下。东巴什罗回到了家，斯命麻佐固松玛生病了，她对东巴什罗说："我们不是约定不招惹是非和灾祸吗？不是约定不接受别人给的金、银、墨玉、松石等酬金吗？

328-A-8-05

khua⁵⁵ gæ²¹ le³³ mu²¹ zu³³ mə³³ be³³, zər³³ tha⁵⁵ ly³³ tha⁵⁵ le³³ tse²¹ zu³³ mə³³ be³³. | to³³
铠甲　　又穿　约定　不做　刀　快　矛　快又用　约定　不做

ba³³ ʂər⁵⁵ lər³³ dɯ³³ ly²¹ le³³ ne²¹ khɯ³³, ʂər⁵⁵ lər²¹ gu²¹ phər²¹ dʑæ³³ zua³³ kɤ³³ tshi³³ bɤ²¹,
东巴什罗　一瞧又去　做　什罗　马　白　乘骑　额　鬃毛　下

ua²¹ hər²¹ kə⁵⁵ kɤ³³ dɯ³³ gə³³ dɯ³³ ly³³ dʑy³³ se³³ iə³³. | to³³ ba³³ ʂər⁵⁵ lər³³, ti³³ tsɿ³³ gə²¹
松石　绿　鹰头　大　的　一颗　有　了是　东巴什罗　　弟子　格巴

ba²¹ sɿ²¹ çi³³ tshua⁵⁵ tshər²¹ le³³ dʑŋ²¹ guə³³, | nɯ²¹ çi²¹ kho⁵⁵ du³³ be³³, | æ³³ phɤ⁵⁵ khɤ⁵⁵
三　百　六十　又　商量　　畜　养　杀　兴　的　粮撒　收　割

du³³ be³³. to³³ ba³³ ʂər⁵⁵ lər³³ nɯ³³, gɤ³³ dʑŋ²¹,le³³ bɤ³³ ,na²¹ çi³³ ti³³ tsɿ³³ gə²¹ ba²¹ sɿ²¹ çi³³
兴　的　东巴什罗　　由　藏族　白族　纳西　弟子　格巴　三　百

tshua⁵⁵ tshər²¹ gu²¹ nɯ³³ sɿ³³,sər³³ hər²¹ mi²¹ le³³ tshi⁵⁵,da²¹ dʑŋ²¹ mi²¹ le³³ tshi⁵⁵ ,ər³³ bɤ³³
六十　　后　由　引　枝　绿　下　又　抛　齿　长　下又　抛　铜锅

he³³ be²¹ ho⁵⁵ phu³³ dʑŋ²¹ me³³mɯ²¹ le³³ tshi⁵⁵,tshŋ²¹ mi⁵⁵ ma²¹ tso³³ kɤ⁵⁵ sɿ³³ ma²¹ le³³ sy⁵⁵,
耳朵　八　只　长　的　下　又　抛　斯命麻佐固松玛　　　　又杀

tshŋ²¹ ua³³sɿ²¹ çi³³ tshua⁵⁵ tshər²¹ mɯ²¹ le³³ sy⁵⁵. | tshŋ²¹ mi⁵⁵ ma²¹ tso³³ kɤ⁵⁵ sɿ³³ ma²¹ ʂŋ³³
鬼　族　三　百　六十　　下　又杀　斯命麻佐固松玛　　　　　　死

ne²¹ mə³³ ʂʅ³³ go³³ tso⁵⁵ guɯ³³,to³³ ba³³ ʂər⁵⁵ lər³³ tɕər²¹, dʑi³³ ne²¹ ua³³ le³³ guɯ³³, ʂər³³ tshər²¹
和   不   死   之   间   东巴什罗   上   是非 和 灾祸 又 咒 七   十

hæ²¹ mi⁵⁵ tɕi³³, ha³³ ne²¹ ʂʅ³³ go³³ dʑŋ³³ khu³³ khua²¹ ho⁵⁵ la²¹ be³³ tsʅ⁵⁵, py³³ bɣ²¹ dæ³³ na²¹
金   女   小   饭 和 肉   的 吃   口   坏 愿 也 做 说   祭司   法帽 黑

khua²¹ me³³, mə³³ kæ³³ ho⁵⁵ la²¹ tsʅ⁵⁵. py²¹ bɣ²¹ za³³ na²¹ khua²¹ me³³, mə³³ kæ³³ ho⁵⁵
坏   是   不   换 愿 也 说   祭司   鞋 黑 坏   是   不   换 愿

la²¹ tsʅ⁵⁵.tsər²² lər²¹ da³³ dʑi²¹ khua²¹ me³³ mə³³ kæ³³ ho⁵⁵ la²¹ tsʅ⁵⁵, py³³ bɣ²¹ dʑæ³³ gu²¹
也 说   板铃   套子 坏 的   不   换 愿 也 说   祭司   乘骑

khua²¹ me³³ mə³³ kæ³³ ho⁵⁵ la²¹ tsʅ⁵⁵. | dʑŋ³³ u³³ mə³³ lɣ²¹ ho⁵⁵,
坏   是   不   换 愿 也 说   酋长 财物 不 够   愿

不是约定不再披挂铠甲，不再带刀执矛吗？"东巴什罗去看自己的白马，果真在马前额的鬃毛下，有一颗鹰头大小的绿松石。东巴什罗和三百六十个格巴弟子去商量；饲养牲畜就是要杀的，撒播庄稼也是为了收割。东巴什罗带领三百六十个藏族、白族、纳西族组成的格巴弟子队伍，把斯命麻佐固松玛的绿树枝、长齿的铁器、捆绑人用的绳子和有八只耳朵的铜锅扔出去。杀死斯命麻佐固松玛，杀掉三百六十种鬼。斯命麻佐固松玛临死前诅咒说："愿七十个小女儿经常没有肉和饭吃，愿祭司们帽子戴坏了，没有新的换；鞋子穿坏了，没有新鞋子来换；板铃的套子烂了，没有新套子换；马儿骑坏了，没有马儿换。愿酋长的财物，永远不丰盛。

328-A-8-06

py²¹ ʂʅ³³ mə³³ guɯ³³ ho⁵⁵ | ɕi³³ gə³³ ɯ³³ me³³ py²¹,khua²¹ me³³ dʑa³³ me³³ u³³ to⁵⁵ thɣ³³ iə⁵⁵
祭司 肉 不   饱   愿 别 人 好 的 祭   坏   的 晦 的 自己 上 到 做

ho⁵⁵. | dʑi³³ dʑə²¹ la³³ lər³³ dy²¹ ,to³³ ba³³ sər⁵⁵ lər³³ nɯ³³, tshʅ²¹ mi⁵⁵ ma²¹ tso³³ kɣ⁵⁵ sʅ³³
愿   人 多   辽阔   地 东巴什罗   由 斯命麻佐固松玛

ma¹³ le³³ sy⁵⁵, tshʅ²¹ ua³³ sʅ²¹ ɕi³³ tshua⁵⁵ tshər²¹ mɯ²¹ le³³ sy⁵⁵, tshʅ²¹ zo³³ mə³³ dʑə²¹ tɕi⁵⁵
又   杀 鬼 族 三   百   六十   下 又 杀 鬼 儿 莫玖敬利

lɯ³³ phæ³³ le³³ tɕi³³, to³³ ba³³ ʂər⁵⁵ lər³³ thɯ³³, tʂʅ²¹ zo³³ mə³³ dʐə²¹ tɕi⁵⁵ lɯ⁵⁵ sy⁵⁵ mə³³
　　拴　又　在　东巴什罗　　　　他　鬼　儿　莫玖敬利　　　　　杀　不

mæ³³, du³³ gɣ³³ gə²¹ le³³ lɯ⁵⁵. | to³³ ba³³ ʂər³³lər³³　tʂʅ²¹ py²¹ mə³³ ʂu²¹ tʂʅ²¹ le³³ lɯ⁵⁵ |
　着　一　个　上　又　脱　东巴什罗　　　鬼　祭　不　纯　鬼　又　脱

dʐʅ³³ mu⁵⁵ u³³ mə³³ lu²¹, | py³³ bɣ²¹ ʂʅ³³ mə³³ gu³³, | tʂʅ²¹ sy⁵⁵ mə³³ se³³, tʂʅ²¹ le³³ lɯ⁵⁵
酋长　耆老　财　不　够　　祭司　肉　不　饱　　鬼　杀　不　完　鬼　又　脱

du³³me³³, pɯ²¹ lɯ³³ ʂu³³ mu²¹ the²¹ nɯ³³ thɣ³³. || bi²¹ thɣ³³ mə⁵⁵ tʂʅ³³ n̩i³³, to³³ ba³³ʂər⁵⁵lər³³
兴　的　规矩　楷模　这　由　产生　日　出　的　那天　东巴什罗

gu²¹ ne²¹ tshər³³ le³³ dʐə²¹, gɣ³³ dʐʅ²¹, le³³ bɣ³³, na²¹ ɕi³³ py³³ bɣ²¹ nɯ³³ dʑi³³ ne²¹ ua³³ le³³
疾　和　病　又　有　藏族　白族　纳西　祭司　由　是非鬼　和　灾祸鬼又

py²¹, hæ³³ ʂʅ²¹ tsər³³ lər²¹ kho³³ i³³ tshər⁵⁵ mə³³ tʂər²¹. to³³ ba³³ ʂər⁵⁵ lər³³ thɯ²¹ ka³³ me³³ ɯ³³
祭　金　黄　板铃　　锤　是　切　不　使　东巴什罗　　　　他　好　的　善

me³³ gə²¹ le³³ ʂʅ³³, tʂʅ³³ py²¹ mi³³ le³³ dər³³, lər²¹ khæ⁵⁵ gu³³ le³³ za²¹.
的　上　又　引　鬼　祭　目的　又　达　瞄　射　裂　又　显

愿祭司永远吃不饱肉，愿他们给别人做祭祀，给别人带来好处，把坏事和晦事留给自己。"在人类居住的辽阔大地上，东巴什罗杀掉了斯命麻佐固松玛，杀掉了三百六十种鬼，把小鬼莫玖敬利拴在了一根桩子上，结果莫玖敬利逃脱了。从此以后，东巴祭司除鬼不干净将有鬼逃脱。酋长耆老财富不丰盛，东巴祭司总吃不饱肉食。祭司杀鬼，有鬼逃脱的规矩和楷模产生了。

　　好日子这一天，东巴什罗生病了，藏族、白族、纳西族组成的三百六十个格巴弟子去祭祀是非和灾祸鬼，不让鬼切断祭司金黄色的板铃锤。把东巴什罗的心中美好的念头和想法引上来，这样祭的鬼又能达到目的，瞄准射出去的箭矢又能使靶板出现裂纹（中的）。

328-A-8-07

dʑi³³ dʐə²¹ la³³ lər³³ dy²¹, dʑi³³ y²¹ mɯ³³ kɣ⁵⁵ bɣ²¹, dy²¹ tʂʅ²¹ tse²¹ tʂʅ²¹ mɯ²¹ le³³ zər²¹, |
人　多　辽阔　地　人　生　天穹　下　毒　鬼　仄　鬼　下　又　压

to³³ ba³³ ʂər⁵⁵ lər³³ nɯ³³,n̩i³³ me³³ thɣ³³,dɣ³³ phər²¹ çə³³ tɕhy²¹ dʑy²¹ khɯ³³ thɣ⁵⁵,dɣ³³ phər²¹
东巴什罗　　　　由 太阳　　出 海螺 白 大鹏　　　山 旁 边 海螺 白

na³³ tsa²¹ tʂʅ⁵⁵,tʂʅ²¹ zər²¹ mɯ²¹ le³³ zər²¹. | i³³ tʂʅ³³ mɯ²¹,ua³³ hər²¹ ʐuɑ³³ lər²¹ dʑy²¹
纳召 竖 鬼 压 下 又 压 水 流 下 松石绿 马 嘶 山

khɯ³³ thɣ⁵⁵,ua³³ hər²¹ na³³ tsa²¹ tʂʅ⁵⁵,tʂʅ²¹ zər²¹ mɯ²¹ le³³ zər²¹. | n̩i³³ me³³ gɣ²¹,tshu²¹
旁边 松石绿 纳召 竖 鬼 压 下 又 压 太阳 落 墨玉

na⁵⁵ bu²¹ lɣ⁵⁵ dʑy²¹ khɯ³³ thɣ⁵⁵,tshu²¹ na⁵⁵ na²¹ tsa²¹ tʂʅ⁵⁵,tʂʅ²¹ zər²¹ mɯ²¹ le³³ zər²¹. |
　猪 牧 山 旁边　　墨玉 纳召 竖鬼 压 下 又 压

ho³³ gɣ³³ lo²¹,hæ³³ ʂʅ²¹ bæ³³ mi³³ dʑy²¹ khɯ³³ thɣ⁵⁵,hæ³³ ʂʅ²¹ na³³ tsa²¹ tʂʅ⁵⁵, tʂʅ²¹ zər²¹
北方　　 金 黄 灯火 山 旁边 金 黄 纳召 竖 鬼 压

mɯ²¹ le³³ zər². | mɯ³³ le³³ dy²¹ lɣ⁵⁵ gɣ³³,tshu³³ dʑæ²¹na³³ sa²¹ tʂʅ⁵⁵,tshu³³ dʑæ²¹ phy³³ ba³³
下 又 压 天 和 地 中央 玉花 纳召 竖 玉花 降魔杵

nɯ³³ tʂʅ²¹ zər²¹ mɯ²¹ le³³ zər²¹. | tʂʅ²¹ mi⁵⁵ ma²¹ tso³³ kɣ⁵⁵ sʅ³³ ma²¹ nɯ³³ tɕi⁵⁵ ne²¹ tɕhi²¹
由 鬼 压 下 又 压 斯命麻佐固松玛　　　　　由 口舌 和 是非

khɯ⁵⁵lɯ³³me³³³,dʑi³³ ne²¹ua³³ tʂʅ²¹khɯ⁵⁵ lɯ³³me³³, py³³bɣ²¹ tɕər²¹gu⁵⁵ khɯ³³ tsər³³khɯ⁵⁵
放 来 是 非鬼 和 灾祸鬼 放 来 是 祭司 上 疾 放 病 放

lɯ³³me³³, | to³³ ba³³ ʂər⁵⁵ lər³³nɯ³³,dʑi³³ ne²¹ tso²¹ tɕər²¹ gɣ³³ lɣ²¹ ga³³ le²¹ be³³, py²¹ ɯ³³
来 是 东巴什罗　　由 精人 和 崇人上　赐福 保佑 做 祭 好

me³³ be³³ le³³ be⁵⁵ tʂʅ²¹ zʅ³³ tɕər²¹ khua³³. | to³³ ba³³ ʂər⁵⁵ lər³³thɯ³³,he²¹ çy³³ be³³me³³, u³³
是 本勒奔茨汝　　上 益 东巴什罗　　是 神 祭祀 做 是 自己

çy³³ be³³ mə³³ kɣ⁵⁵,çi³³ tʂʅ²¹ py²¹ me³³,u³³ tʂʅ²¹ py²¹ mə³³ kɣ⁵⁵, | be³³ le³³ gɣ³³ mə³³ n̩i²¹,
祭祀 做 不 会 别人 鬼 祭 是 自己 鬼 祭 不 会 做 又 成 不 了

bi²¹ le³³ zɣ²¹ mə³³ n̩i²¹. | to³³ ba³³ ʂər⁵⁵ lər³³ thɯ³³ mə³³ nɯ²¹ mə³³ ua²¹ se²¹.
搓 又 竖 不 了 东巴什罗　　他 不 福 不 泽 了

东巴什罗把辽阔大地上，人们居住的天穹下所有的毒鬼和仄鬼都镇压下去。东巴什罗在东边白海螺似的大鹏山上，竖起白色"纳召"（石头及柏树做的神山）把鬼镇压下去；南方在松石般碧绿的马儿嘶叫的大山上，竖起绿松石"纳召"，把鬼镇压下去；西方在墨玉般的"牧猪"山上，竖起墨玉"纳召"，把鬼镇压下去；北方在金黄色神灯灯火山上，竖起黄金"纳召"，把鬼镇压下去。不让斯命麻佐固松玛施放口舌、是非鬼，不让她施放灾祸鬼和纠纷鬼，不让她在祭司身上施放疾病。东巴什罗给人们赐福保佑，让所有的祭祀，都给"本勒奔茨汝"（人类）带来好处。

但是，东巴什罗会祭祀神灵，却不会祭祀自己，会给别人除鬼，却不会除自己的鬼。他许多想为自己做的事，都做不成功，就像要搓的线，总是搓不紧。东巴什罗心中不安宁，家中缺少福泽。

328-A-8-08

to³³ ba³³ ʂər⁵⁵ lər³³ i³³, dʑi³³ dʐə²¹ la³³ lər³³ dy²¹ nɯ³³ gə²¹ le³³ hɯ³³, tho⁵⁵ lo³³ æ²¹ phər²¹
东巴什罗　　　是人多辽阔　地　由　上又去妥罗　崖　白

dɯ³³ dʑy²¹ khɯ³³ lɯ⁵⁵ thɣ³³, hua³³ phər²¹ sɿ⁵⁵ me³³ zo³³ i³³ le³³ go³³ pɣ⁵⁵. | to³³ ba³³ ʂər⁵⁵
一　山　旁又到　白鹇　三只小是又遇着　东巴什罗

lər³³ me³³ nɯ³³ sə⁵⁵, mə³³ ʂu²¹ hua³³ mə³³ ʂu²¹, hua³³ sɿ⁵⁵ thɣ³³ mə³³ ʂu²¹ se²¹ tsɿ⁵⁵. hua³³ sɿ⁵⁵
他　由说不净　白鹇不净　白鹇三件不净了说白鹇三

me³³ nɯ³³ le³³ ʂə⁵⁵ me³³, to³³ ba³³ sər⁵⁵ lər³³ nɣ²¹, ŋə³³ gə³³ gu³³ tho²¹ bər³³ tsɿ²¹, bər²¹ lər⁵⁵
只由又说是东巴什罗　　你我的背上蚊虫　苍蝇

sɿ⁵⁵ me³³ dʑy³³ i³³ do²¹, nɯ³³ gə³³ gu³³ dɯ³³ kɣ³³ bər³³ tsɿ²¹ bər²¹ lər⁵⁵ dʑy³³ mə³³ do²¹ , |
三只有是见你的脊背　上蚊子　苍蝇　有不知

nɯ³³ gə³³ gu³³ dɯ³³ kɣ³³, bər³³ bər³³ tʂhər³³ tʂhər³³ nɯ³³ mə³³ do²¹ se³³ tsɿ⁵⁵. | to³³ ba³³ ʂər⁵⁵
你的脊背　　上发炎　腐败　在不见了说　东巴什罗

lər³³ thɯ³³ tshu²¹ be³³ za²² çy²¹ phɣ⁵⁵ le³³ hua³³ le³³ gu⁵⁵, kɣ³³ gə³³ dæ³³ na²¹ phɣ⁵⁵ le³³
他赶快地鞋红脱又白鹇又穿　头的帽黑脱又

hua³³ le³³ thæ³³, gɣ³³ gə³³ dʑi³³ phər²¹ phɣ⁵⁵ le³³ hua³³ le³³ mu²¹, hua³³ phər²¹ gɣ³³ phər²¹ du³³
白鹇又戴　身的衣白脱又白鹇又穿白鹇　身白兴

hua³³ phər²¹ kɣ³³ na²¹ du³³, hua³³ phər²¹ khɯ³³ çy²¹ du³³, hua³³ no²¹ ŋɣ²¹ no²¹ hæ²¹ no²¹ dʑ²¹
白鹇　头黑兴白鹇　腿红兴白鹇毛银毛金毛长

du³³ me³³, pɯ²¹ lɯ³³ ʂu³³ mu²¹ the²¹ nɯ³³ thɣ³³. | hua³³ phər²¹ le³³ ʂə⁵⁵ me³³ , to³³ ba³³ ʂər⁵⁵
兴是规矩楷模这由产生白鹇　又说是　东巴什罗

lɚ³³ nɣ²¹ ,gɣ³³ lɣ²¹ ka³³ le²¹ ɕi³³ go⁵⁵ khua³³,tshŋ²¹ bu²¹ tse²¹ me³³ u³³ tɕɚ²¹ sə³³ iə³³ tsŋ⁵⁵. |
你   赐福 保佑   别 上 益 鬼 本事 毁 是 自己 上 损害了 说

tshŋ²¹ mi⁵⁵ ma²¹ tso³³ kɣ⁵⁵ sŋ³³ ma²¹ nuɯ³³ , dʑi³³ khu⁵⁵ ua³³ khuɯ⁵⁵ me³³ , py²¹miə²¹ tha⁵⁵
斯命麻佐固松玛   由 是非 放 灾祸 放 是 祭司   眼 尖

tʂhə⁵⁵ nuɯ³³ nə⁵⁵ iə³³ tsŋ⁵⁵, py²¹ nɣ⁵⁵ me³³ i³³ tʂhɚ²¹ nuɯ³³ tɚ⁵⁵ le³³ hə²¹. | to³³ ba³³ ʂɚ⁵⁵ lɚ³³
秽 由   缠 了 说 祭司 心 是 油 由 者 又 有   东巴什罗

nɣ²¹,gɣ³³ dʐŋ²¹ , le³³ bɣ³³ , na²¹ ɕi³³ py³³ bɣ²¹ nuɯ³³ , sŋ³³ phɚ²¹ zŋ²¹ lɣ³³ tu³³, tshua³³ phɚ²¹
你 藏族 白族   纳西 祭司 由 毡白   神座 设 米 白

kua⁵⁵ mu²¹ o⁵⁵, ŋɣ³³ hæ²¹ ua³³ tshu²¹ phɣ³³ la²¹ i³³ da⁵⁵ be³³,tʂhɚ²¹ na⁵⁵ ɕy⁵⁵ ma²¹ nuɯ³³,
神粮   倒 银 金 松石 墨玉·神   酬金 做 肥 肉 柏 酥油 由

muɯ³³ tɕɚ²¹ phɚ²¹ ne²¹ sæ²¹ tshu⁵⁵ pa³³ be³³.
天 上   盘神 和 禅神 天香   烧

　　东巴什罗从人们居住的辽阔大地上往下走，走到了一座白色的"妥罗（矮小）的山崖下"，碰上了三只白鹇鸟。东巴什罗对白鹇鸟说："不干不净的白鹇鸟，你们可知道在你们中间有三件不干净的事情？"三只白鹇鸟说："东巴什罗呀，你只看见别人背上的蚊虫和苍蝇，你脊背上的蚊子和苍蝇你看得见吗？你背上已经发炎腐败了，你看得见吗？"东巴什罗赶紧把自己脚上的红色靴子脱了给白鹇鸟穿，把自己黑色的法帽脱了给白鹇鸟戴上，把自己身上的白衣服脱下来，给白鹇鸟穿上。白鹇鸟洁白的身子，黑色的凤头，鲜红的脚，身上的毛就像黄金和白银，就是这样产生出来的。白鹇鸟又说："东巴什罗你给人们赐福保佑，但由于你经常对鬼使用本事，所有的坏处都被你得到了。斯命麻佐固松玛施放的是非灾祸鬼，使你敏锐的眼睛被秽气所缠，使你聪慧的心被脂肪所堵塞。你应该去请藏族、白族、纳西族的祭司，请他们用白色毡设神座，白米做的神粮倒在簸箕里，用金、银、墨玉、松石作神的酬金，用肥肉、瘦肉、酥油、柏枝烧天香，供养天上盘神、禅神，

328-A-8-09

ga³³　ne²¹　u²¹，　o⁵⁵　ne²¹　he²¹　gə³³　tshu⁵⁵　pa³³　be³³，｜tshŋ²¹　khu³³　mɯ²¹　nɯ³³　tshŋ⁵⁵，tho³³
胜神　和　吾神　沃神　和　恒神　的　天香　　烧　鬼　门　下　由　竖松

phər²¹　tɕi⁵⁵　lo²¹　ʂŋ²¹，｜kɯ³³　za²¹　na²¹　ma³³　dʑi³³nɯ²¹　ua³³　khɯ⁵⁵　lɯ⁵⁵　me³³，to³³　ba³³ʂər⁵⁵
白　敬罗　架　　庚饶纳嫫　　　是非　和　灾祸　放　来　是　东巴什罗

lər³³　dʑi³³　ne²¹ua³³　gə³³　tshə⁵⁵　nɯ³³　nə⁵⁵　mə³³　tʂər²¹，tʂŋ³³　khu³³　lo²¹　nə²¹　iə²¹　mə³³　tʂər²¹．｜
是非　和　灾祸　的　秽　由　缠　不　使　土穴　里　边　埋　不　使

hæ³³　ʂŋ²¹　tsər³³　lər²¹　ɕi⁵⁵　le³³　tshər⁵⁵　me³³　ci⁵⁵　le³³　tsŋ⁵⁵，ua³³　hər²¹　da³³　khə⁵⁵　kho³³　le³³　da⁵⁵
金　黄　板铃　锤　又　割　是　锤　又　按　松石绿　法鼓　角　又　砍

me³³　kho³³　le³³　tsŋ⁵⁵，tshŋ²¹　mi⁵⁵　ma²¹　tso³³　kɣ⁵⁵　sŋ³³　ma¹³　i³³　le³³　zər²¹　se¹³，to³³　ba³³　ʂər⁵⁵
是　角　又　安　斯命麻佐固松玛　　　是　又　镇压　后　东巴什罗

lər³³　be³³　me³³　le³³　gɣ³³　n̩i²¹，bi²¹　me³³　le²¹　zɣ²¹　se²¹．｜to³³　ba³³　ʂər⁵⁵　lər³³　gə³³　gə²¹ba²¹　sŋ²¹
做　是　又　成功　搓　是　又　紧　了　东巴什罗　的　格巴　三

ɕi³³　tshua⁵⁵　tshər²¹　nɯ³³，sŋ³³　phər²¹　zɣ²¹　lɣ³³　tɯ²¹，tshua³³　phər²¹　kua⁵⁵　mu²¹　o⁵⁵，tshŋ³³　su³³
百　六十　　由　毡　白　神座　设　米　白　神粮　簸箕　倒　犁　铁

phər²¹　me³³　se³³　do³³　du²¹　lu³³　tshŋ⁵⁵，ŋɣ²¹　hæ²¹　ua³³　tshu²¹　nɯ³³　phɣ³³　la²¹　i³³　da⁵⁵　be³³　le³³
白　的　规矩　董神石　竖　银　金　松石墨玉　由　神　酬金　做　又

tɕi³³，tʂhər²¹　na⁵⁵　ɕɣ⁵⁵　ma²¹　nɯ³³，mu³³　tɕər²¹　phər²¹　ne²¹　sæ²¹，ga³³　ne²¹　u²¹，o⁵⁵　ne²¹　he²¹
放　肥肉　瘦肉　柏　酥油　由　天　上　盘神　和　禅神　胜神　和　吾神　沃神　和　恒神

tshu⁵⁵pa³³be³³．｜tshŋ²¹　khu³³mɯ²¹　nɯ³³tshŋ⁵⁵，tho³³　phər²¹　tɕi⁵⁵　lo²¹　ʂŋ²¹，tshŋ²¹　mi⁵⁵　ma²¹tso³³
天香　烧　鬼　门　下　由　竖　松白　敬罗　架　斯命麻佐固松玛

kɣ⁵⁵　sŋ³³　ma²¹　ne²¹　kɯ³³　za²¹　na²¹　mo³³　nɯ³³　khɯ⁵⁵　me³³　dʑi³³　tər⁵⁵　ua³³　tər⁵⁵　by³³　le³³
和　庚饶纳嫫　　由　放　的　是非　结　灾祸　结　处　又

phər²¹．
解

供养胜神和吾神、沃神和恒神。在下方竖鬼门，鬼门上架白松做的敬罗（门檐），不让庚饶纳嫫等女鬼施放的是非和灾祸纠缠在东巴什罗你的身上，不让她们把什罗埋在土穴之中。把鬼割断的金黄色黄板铃的锤子接上，把鬼割断的松石般碧绿的法鼓角锤安上。把斯命麻佐固松玛镇压下去之后，东巴什罗你想做的能成功，就像手搓的绳儿又能紧了。"

　　东巴什罗的三百六十个格巴弟子，用白色毛毡铺神座，白米倒在簸箕里做神粮，按规矩将白铁犁尖竖起做董神石，用金、银、墨玉、松石做神的酬金，用肥肉、瘦肉、酥油、柏枝烧天香，供养天上的盘神、禅神、胜神、吾神、沃神、恒神。在下边竖起鬼门，鬼门上用白松架"敬罗"，解开庚饶纳嫫和斯命麻佐固松玛施放的是非和灾祸结子。

328-A-8-10

tshŋ²¹ nɯ⁵⁵ hæ³³ sʅ²¹ tsər³³ lər²¹ çi⁵⁵ tshər⁵⁵ me³³ le³³ tsʅ⁵⁵,ua³³ hər²¹ da³³ khə²¹ kho²¹ tshər⁵⁵
鬼　　由　金　黄　板　铃　锤　切　的　又　安　松石　绿　法鼓　角　割

me³³ le³³ tsʅ⁵⁵,tshŋ²¹ mi⁵⁵ ma²¹ tso³³ kɣ⁵⁵ sʅ³³ ma³³ mɯ²¹ le³³ zər²¹. | tshŋ²¹ mi⁵⁵ ma²¹ tso³³
是　又　安　斯命麻佐固松玛　　　　　　　　下　又　压　斯命麻佐固松玛

kɣ⁵⁵ sʅ³³ ma²¹, to³³ ba³³ şər⁵⁵ lər³³ gə³³ dʑi³³ tər⁵⁵ ua³³ tər⁵⁵ by²¹ le³³ phər²¹. | to³³ ba³³şər⁵⁵
东巴什罗　　　的　结　灾祸　结　外　又　解　东巴什罗

lər³³ be³³ me³³ gɣ³³ le³³ ɲi²¹, bi²¹ me³³ zɣ²¹ le³³ ɲi²¹, le³³ nɯ²¹ le³³ ua²¹ se²¹ . | lɯ⁵⁵ mu⁵⁵
做　的　成　又　能　搓　的　紧　又　能　又　福　又　泽　了　　动　所

lɯ⁵⁵ tʂhŋ³³ kɣ⁵⁵nɯ³³ ŋɣ²¹ hæ²¹ua³³ tshu²¹ ,mo²¹py⁵⁵ pu⁵⁵,tʂhər²¹ na⁵⁵ çy⁵⁵ ma²¹nɯ³³ to³³ ba²¹
动　所　会　由　银　金　松石　墨玉　宝物　带　肥肉　瘦肉　柏　酥油　由　东巴什罗

şər⁵⁵ lər³³ tshu⁵⁵ pa³³ be³³. dʑy²¹ na⁵⁵ zo⁵⁵ lo³³ kɣ³³, to³³ ba³³ şər⁵⁵ lər³³ mɯ³³ nɯ³³ dʑŋ²¹
天香　烧　居那若罗　　　上　东巴什罗　　　天　由　住

phər²¹ gu²¹ sæ²¹ gu²¹ ne²¹ le³³ dʑŋ²¹. ‖
盘神　愿　禅神　愿　在　又　住

ə³³ la³³ mə³³ şər⁵⁵ ɲi³³,mɯ³³ thɣ³³ dy²¹ khu³³ zŋ³³,to³³ ba³³ şər⁵⁵ lər³³ thɣ³³ tʂhŋ³³ zŋ³³,ə³³
呵　也　不　说　日　天　开　地　辟　代　东巴什罗　　　出生　这　代

ɲi³³ la²¹ sər²⁵⁵ ɲi³³, dʑi³³ dʑə²¹ la³³ lər³³ dy²¹,
昨天　也　前天　　人　住　辽阔　地

把鬼族切断了的金黄板铃的铃锤又接上，把鬼割断的松石般碧绿的法鼓的鼓角锤又安上，把斯命麻佐固松玛镇压下去，解开斯命麻佐固松玛施放给东巴什罗的是非与灾祸结子。从此，东巴什罗想办的事又能办成功，想搓的绳子又能搓紧了。所有的人类和动物带着金、银、墨玉、松石和宝物，送给东巴什罗，用肥肉、瘦肉、酥油、柏枝烧天香，供养东巴什罗。东巴什罗又回到居那若罗神山上，又住在天上，供奉着天上的盘神和禅神。

　　远古的时候，在开天辟地，东巴什罗出生的年代里。在那个过去的日子里，人们居住的辽阔大地上，

328-A-8-11

to³³ ba³³ ʂər⁵⁵ lər³³ thɯɯ³³, çi³³ dɣ²¹ le³³pɣ⁵⁵ ne²¹ me³³ , ǀ u³³ dɣ²¹ pɣ⁵⁵ mə³³ kɣ⁵⁵. ǀ çi³³ gə³³
东巴什罗　　　　　是　别人 毒鬼 又 送　在 是　　自己 毒鬼 送 不 回　别人的

tse²¹ tɣ⁵⁵ ne²¹ me³³ , u³³ tse²¹ tɣ⁵⁵ mə³³ kɣ⁵⁵. ǀ çi³³ tshʅ²¹ zər²¹ ne²¹me³³, ǀ u³³ tshʅ²¹ zər²¹
仄鬼 顶 在 是　　自己 仄鬼 顶 不 会　　别人 鬼 镇压 在 是　　自己 鬼 镇压

mə³³ kɣ⁵⁵. ǀ çi³³ dər³³ ʂɣ⁵⁵ ne²¹ me³³, ǀ u³³ dər³³ ʂɣ⁵⁵ mə³³ kɣ⁵⁵, dər³³ dər³³ ȵi⁵⁵ ȵi³³me³³,
不 会　别人 差 纠正 在 是　自己 错 纠 不 会　差　　　错　是

u³³ tɕər²¹ gə²¹ le³³ dʑy³³. ǀ to³³ ba³³ ʂər⁵⁵ lər³³ gə³³ kho²¹ me³³ çi³³ lo²¹ , ǀ to³³ ba³³ʂər⁵⁵ lər³³
自己上　妨 又 有　东巴什罗　　　　的 亲 的 人 中　东巴什罗

ə³³ me³³ sɑ³³ zɑ²¹ lər⁵⁵ tsʅ⁵⁵ dʑi³³ mu³³
母亲　莎饶朗宙吉姆

东巴什罗给别人送走毒鬼，却不会送来到自己家中的毒鬼；为别人抵御仄鬼带来的灾祸，却不会去抵御来到自己家中的毒鬼；给别人做祭祀，镇压鬼魂，却不会去镇压来到自己家中的鬼魂；会给别人纠正差错，却不会纠正自己身上出现的差错。自己出差错，给自己造成了灾祸。在东巴什罗最亲的亲人中，东巴什罗的母亲莎饶朗宙吉姆，

328-A-8-12

ə^{33} sɿ^{21} ʥi^{33} bv̩^{33} tho^{33} kə^{55} ,ə^{33} sɿ^{21} ə^{21}me^{33} nɯ^{33} ʈʂhʅ^{33} le^{33} ʂə^{55}. | to^{33} bɑ^{33} sər^{55} lər^{33} thɯ^{33},
父亲 景补土构 父 母 由 那 又 说 东巴什罗 他

mə^{33} sɿ^{33} gv̩^{33} sy^{21} ʥy^{33} iə^{33} tsɿ^{21}, | tshu^{55} pɑ^{33} be^{33} mə^{33} kv̩^{55} gv̩^{33} sy^{21} ʥy^{33}, | o^{55} dɯ^{21}
不 知 九 样 有 也 说 天香 烧 不 会 九 样 有 沃神 大

he^{21} dɯ^{21} tshu^{55} pɑ^{33} be^{33} mə^{33} kv̩^{55}, | to^{33} bɑ^{33} ʂər^{55} lər^{33} dv̩^{21} nɯ^{33}dʐʅu^{33} sɿ^{21} tshɿ^{21} me^{33},
恒神 大 天香 烧 不 会 东巴什罗 毒鬼 由 债 索 来 是

dʐu^{33} le^{33} ʐuɑ^{21} mə^{33} kv̩^{55}, | tshɿ^{21} nɯ^{33} dʐu^{33} sɿ^{21} tshɿ^{21} me^{33},tshɿ^{21} dʐu^{33}ʐuɑ^{21} mə^{33} kv̩^{55}. |
债 又 还 不 会 鬼 由 债 索 来 是 鬼 债 还 不 会

thɯ^{33} sy^{21} khuɑ^{21} me^{33} gv̩^{33} sy^{21} to^{33} bɑ^{33} ʂər^{55} lər^{33} ʨər^{21} gə^{21} le^{33} ʥy^{33}, | to^{33} bɑ^{33} ʂər^{55}
这 样 晦 的 九 样 东巴什罗 上 妨 又 有 东巴什罗

lər^{33} thɯ^{33}, ʂɿ^{33} se^{33} y^{21} mu^{55} gə^{33} dɯ^{33} ȵi^{33}, | dv̩^{21} zɿ^{33} gv̩^{33} kv̩^{55} nɯ^{33},
他 死 了 祖先 老 的 这 天 毒鬼 九 个 由

东巴什罗的父亲景补土构，父母亲两人说：“东巴什罗，他还有不知道的九种事情，他还有九种天香不会烧，不会给大神沃神和恒神烧天香。毒鬼来索取他曾欠下的债，他不会去偿还毒鬼索取的债。鬼魂来索取他曾欠下的债，他不会去还鬼魂索取的债。这样，东巴什罗犯下的错误，就会来危害东巴什罗。等到东巴什罗死后变成祖先的这一天，九个毒鬼

328-A-8-13

to³³ ba³³ ʂər⁵⁵ lər³³ go⁵⁵ gə²¹ le³³ dʑy³³, | dʐŋ³³ mu⁵⁵ ɯ³³ mə³³ lu²¹ le³³ hə²¹. | to³³ ba³³ ʂər⁵⁵
东巴什罗　　　　上 妨 又 有　主事 耆老 财物 不 够 又 去　东巴什罗

lər³³ thɯ³³ ti³³ tsʅ³³ gə²¹ ba²¹ sʅ²¹ ɕi³³ tshua⁵⁵ tshər²¹ gu²¹ nɯ³³ sʅ³³,ȵi³³ uə³³ fɣ⁵⁵ na²¹,dʑæ³³
他 弟子 格巴 三 百 六 十 后 由 引尼坞　鼠 黑麻雀

na²¹ dʑy²¹ me³³ dy²¹ lɯ⁵⁵ thɣ³³, | ȵi³³ uə³³ dy²¹ tshʅ²¹ dy²¹ nə²¹ le³³ pa³³ tshʅ²¹, | ȵi³³ me³³
黑 有 的 地 到 时 尼坞 毒鬼　地方 上 又 到 来 太阳

gɣ⁵⁵ ly³³ thɣ³³, | tshər³³ ne²¹ dʐŋ²¹ mə³³ tha⁵⁵. | to³³ ba³³ ʂər⁵⁵ lər³³ go²¹ tshər³³ me³³, | sʅ³³
九 个 出 热 在 坐 不 成 东巴什罗　　 内 热 是 想

me³³ nɯ³³ i³³ mə³³ tʂu⁵⁵ tʂu³³, | dər³³ uə²¹ dər³³ uə³³ gɣ³³,
的 心 是 不 清楚　错 似 错 似 成

就会来找东巴什罗的麻烦，就会出现主事者和耆老没有财物的日子。"

　　东巴什罗带领着三百六十个格巴弟子，走到了"尼坞"黑鼠、黑麻雀住的地方，东巴什罗其实已经走到了"尼坞"毒鬼住的地方。这里，九个太阳出现在天上，让人热得坐不住。东巴什罗从里边往外热，用来思想的心，就不太清爽了，心里边总觉得在某一个地方出现了差错。

328-A-8-14

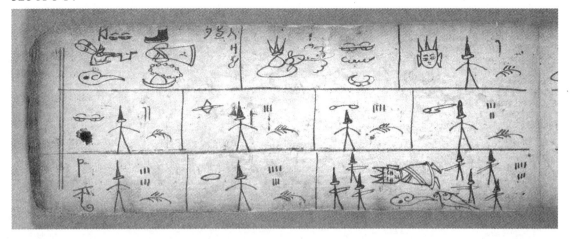

to³³ ba³³ ʂər⁵⁵ lər³³ thɯ³³, dʏ²¹ hu⁵⁵ na²¹ me³³ khu³³ lo²¹ le³³ thʏ³³ ȵə²¹,kʏ³³ gə³³ dæ³³ na²¹
东巴什罗　　　他　毒鬼　海　黑　的　旁边　又　到　时　头　的　帽　黑

phʏ⁵⁵ le³³ kæ³³ le³³ tɕi³³,gʏ³³ gə³³ dʑi³³ phər²¹ phʏ⁵⁵ le³³ thɯ³³ gu²¹ tɕi³³,khu³³ gə³³ za³³ na²¹
脱　又　前　又　放　身　的　衣　白　脱　又　这　后　放　脚　上　鞋　黑

phʏ⁵⁵ le³³ gə²¹ le³³ tɕi³³,tɕər³³ gʏ³³ bər³³ dər²¹ phʏ⁵⁵ le³³ lʏ⁵⁵ gʏ³³ tɕi³³, gʏ³³ tʂhər³³ le³³ u⁵⁵
脱　又　上　又　放　颈　上　念珠　　脱　又　中间　放　身子　洗　又　做

hu³³. | to³³ ba³³ ʂər⁵⁵ lər³³ miə²¹ tha⁵⁵ tshə⁵⁵ nɯ³³ ȵə⁵⁵ le³³ hə²¹, sɿ³³ gə³³ nɯ³³ la³³ tshə⁵⁵
去　东巴什罗　　　眼　尖　秽　由　缠　又　去　想　的　心　也　秽

nɯ³³ ȵə⁵⁵ le³³ dʑʏ³³. | to³³ ba³³ ʂər⁵⁵ lər³³ kʏ³³ i³³ dʏ²¹ tshɿ²¹ dɯ³³ gʏ³³ nɯ³³ pɯ³³. | miə²¹
来　缠　又　有　东巴什罗　　头　是　毒鬼　一　个　由　拿　眼

i³³ dʏ²¹ tshɿ²¹ ȵi³³ kʏ⁵⁵ nɯ³³ pɯ³³, | ua²¹ i³³ dʏ²¹ tshɿ²¹ sɿ⁵⁵ kʏ³³ nɯ³³ pɯ³³, | ua³³ i³³ dʏ²¹
是　毒鬼　两　个　来　拿　魂　是　毒鬼　三　个　由　拿　骨　是　毒

tshɿ²¹ lu⁵⁵ kʏ³³ nm³³ pɯ³³, | na²¹ i³³ dʏ²¹ tshɿ²¹ ua²¹ kʏ³³ nɯ³³ pɯ³³, | ko²¹ gə³³ ʂæ³³ i³³
鬼　四　个　由　拿　肉　是　毒鬼　五　个　由　拿　里　的　血　是

dʏ²¹ tshɿ²¹ tshua⁵⁵ kʏ³³ nɯ³³ pɯ³³,gʏ³³ nɯ³³ dʏ²¹ tshɿ²¹ ʂər³³ kʏ⁵⁵ nɯ³³ pɯ³³, | to³³ ba³³
毒　鬼　六　个　由　拿　身　是　毒鬼　七　个　来　拿　东巴什罗

ʂər⁵⁵ lər³³ thɯ³³,dʏ²¹ tshɿ²¹ ʂər³³ kʏ⁵⁵ nɯ³³,kʏ³³ lʏ²¹ khu³³ lʏ²¹ ne²¹ ,ȵi³³ uə³³ dʏ²¹ hu⁵⁵
　　他　毒鬼　七　个　由　头　抬　脚　抬　地　尼坞　毒鬼　海

na²¹ me³³ lo²¹ ȵə²¹ ku⁵⁵.
黑　的　里边　抛

东巴什罗走到了毒鬼黑海边,把头上的帽子脱了丢在前边,把身上的衣服脱了放在帽子后面,把脚上的黑色鞋子脱了放在上边,把脖颈上的念珠脱了放在中间,东巴什罗下水洗澡去了。于是,东巴什罗敏锐的眼睛和聪慧的心都被秽所纠缠,第一个毒鬼把什罗的头拿去了,第二个毒鬼把什罗的眼睛抠去了,第三个毒鬼把什罗的魂魄摄走了,第四个毒鬼把什罗的骨头掏去了,第五个毒鬼把什罗的肉取走了,第六个毒鬼把什罗身体里边的血吸走了,第七个毒鬼把什罗的身子要走了。最后,七个毒鬼有的抬着东巴什罗的头,有的抬着东巴什罗的脚,把东巴什罗抛到了毒鬼的黑海中。

328-A-8-15

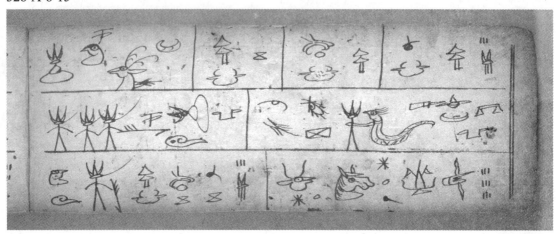

to³³ ba³³ ʂər⁵⁵ lər³³ thɯ³³, le³³ kæ²¹ zo³³ mə³³ ua²¹,kɣ³³ tshi³³ phər²¹ se³³ iə³³, tɕhi²¹ phər²¹
东巴什罗　　　　他 乌鸦　小 不 是 头 发 变 了 有 麂子 白

zo³³ mə³³ ua²¹,mæ³³ tshi³³ na²¹ se³³ iə³³,to³³ ba³³ ʂər⁵⁵ lər³³ thɯ³³ ʂʅ³³ le³³ mu⁵⁵ tɕy³³ se²¹. |
小 不 是 尾 兴 黑 了 有 东巴什罗　　　 他 死 又 老 有 了

tha⁵⁵ bɣ³³ tha³³, | zy²¹bɣ³³ tha³³, | na⁵⁵ bɣ³³ tha³³ ʂʅ⁵⁵ kɣ³³ nɯ³³,to³³ ba³³ ʂər⁵⁵ lər³³ dɣ²¹
套补塔　　 蕊补塔　　 纳补塔 三 个 由 东巴什罗　　　 毒鬼

hu⁵⁵ na²¹ me³³ lo²¹ thɣ³³ thɯ³³ gə²¹ le³³ tshər²¹ bɯ³³ tsʅ⁵⁵, la³³ mu³³ mɯ⁵⁵ thɣ³³phər²¹, nɯ³³
海 黑 的 里 到 是 上 又 捞 要 说 老姆　 法杖 白 由

dɣ²¹ hu⁵⁵ na²¹ me³³ lo²¹ ȵə²¹ tshu⁵⁵, | ʂʅ⁵⁵ tshə³³ mə³³ mæ²¹ iə³³,lɯ⁵⁵ tshe³³ mæ³³ nɯ³³ tʂu⁵⁵,
毒鬼 海 黑 的 里边 伸 三 庹 不 够 了 绶带鸟 尾 由 接

to³³ ba³³ ʂər⁵⁵ lər³³ ua²¹ he³³ thɯ³³ dɣ²¹ hu⁵⁵ na²¹ me³³ lo²¹ nɯ³³ gə²¹ le³³ tsʅ³³, gə²¹ le³³
东巴什罗　　　 魂魄 是 毒鬼 海 黑 的 里 来 上 又 接 上 又

thɣ³³. | kə⁵⁵ bɣ³³ i³³ dua³³ py³³ bɣ²¹ ,tha⁵⁵ bɣ³³ tha³³zy²¹ bɣ³³ tha³³,na⁵⁵ bɣ³³ tha³³ ʂʅ⁵⁵ kɣ³³
到 构补依端 祭司 套补塔　 蕊补塔　　　 纳补塔 三 个

nɯ³³ , bər²¹ phər²¹ dɯ³³ tɣ²¹ bər²¹ na⁵⁵ dɯ³³ kɯ²¹ be³³, ʐua³³ ʂua³³ dɯ³³ tɣ²¹ , ʐua³³ mu³³
由 牦牛 白 一 千 牦牛 黑 一 万 做 马 褐色 一 千 马 灰

duɯ³³ kuɯ²¹ be³³, to³³ ma³³ gɣ⁵⁵ lɣ³³ be³³, la²¹ ʐʅ³³ gɣ⁵⁵ ʐʅ³³ be³³.
一 万 做 面偶 九 个 做 手纹 九 件 做

东巴什罗他，虽然不是乌鸦，但头上出现了白色羽毛，虽然不是白色的麂子，尾巴已经变黑
了，东巴什罗老了、死了。东巴什罗的三个弟子，套补塔、蕊补塔、纳补塔，要从毒鬼的黑
海中将东巴什罗捞上来。他们把法杖伸进毒鬼的黑海中，法杖有三庹不够长。他们用绶带鸟
的尾巴接在法杖上，将东巴什罗的灵魂从毒鬼的黑海中捞上来，接了上来。构补依端东巴和
东巴什罗的三个弟子套补塔、蕊补塔、纳补塔用一千白牦牛、一万头黑牦牛，用一千匹褐色
马和一万匹灰马，用九个面偶、九个带着手纹的饭团，

328-A-8-16

dɣ²¹ tshʅ²¹ tshʅ⁵⁵ kɣ³³ dʐʅ²¹gə³³ dzu³³ le³³ zua²¹, | to³³ ba³³ ʂər⁵⁵ lər³³ thɯ³³, thɣ³³ phe³³dʐo²¹
毒鬼 山羊 头 长 的 债 又 还 东巴什罗 他 土布 桥

phər²¹ kɣ³³, no²¹ py⁵⁵ lɯ³³sʅ³³ kɣ³³, hæ³³ sʅ²¹ bæ³³ mi³³ kɣ³³,hæ³³ ʂʅ²¹ tsər³³ lər²¹ kho³³, ua³³
白 上 宝贝 箭 上 金 黄 灯 火 上 金 黄 板铃 声 松石

hər²¹ da³³ khə⁵⁵ kho³³, tɕi³³ khu³³ na²¹ kha³³ kɣ³³ nɯ³³ gə²¹ le³³ py⁵⁵. | ʂə⁵⁵ la³³ uə³³ kə²¹
绿 法鼓 声 京空纳卡 上 由 上 又 送 寿拉威格

dy²¹, ʂə⁵⁵ la³³ uə³³ gə²¹ la²¹ nɯ³³ gə²¹ le³³ py⁵⁵. | ɲi³³ uə³³ dy²¹ nɯ³³ to³³ ba³³ ʂər⁵⁵ lər³³
地方 寿拉威格 手 由 上 又 送 尼坞 地方 由 东巴什罗

mu⁵⁵ le³³ dʑə²¹, to³³ ba³³ ʂər⁵⁵ lər³³ ti³³ tsʅ³³ gə²¹ ba²¹ tha⁵⁵ by³³ tha³³,zy²¹ by³³ tha³³,na⁵⁵
死 又 有 东巴什罗 弟子格巴 套补塔 蕊补塔

by³³ tha³³ nɯ³³, ɯ³³ khua²¹ me³³ kho⁵⁵, zua³³ khua²¹ me³³ ŋɣ³³ tsæ³³ gu²¹ le³³ be³³, ʂʅ²¹
纳补塔 由 牛 劣 的 杀 马 劣 的 木身 乘 骑 又 做 肉

khua²¹ ha³³ khua²¹ phi⁵⁵, | to³³ ba³³ ʂər⁵⁵ lər³³ ua²¹ he³³ thɯ³³, gɣ³³ hɯ²¹ he³³mə³³ hɯ²¹,
不好 饭 不好 抛 东巴什罗 魂魄 是 身 安 神 不 安

tshɣ⁵⁵ zi³³ bu²¹ mə³³ zi³³. ‖ thɑ⁵⁵ bɣ³³ thɑ³³,zy²¹ bɣ³³ thɑ³³,nɑ⁵⁵ bɣ³³ thɑ³³
马　美　鬃不美　套补塔　　蕊补塔　　纳补塔

偿还长山羊头毒鬼索取的债，把东巴什罗从白色的土布桥上，宝箭上，金黄色的灯火上，金黄色板铃的响声中，绿松石般法鼓的响声中，从"京空纳卡"（用五色线编织的，象征天的设置）往上送。到了寿拉威格的地方，由寿拉威格亲手往上送。

　　东巴什罗死在了"尼坞"鬼地，东巴什罗的三个格巴弟子，套补塔、蕊补塔、纳补塔用瘦牛做祭祀，用劣马做驮木身的冥马，给鬼抛烂毡子，施烂肉和不好的饭，东巴什罗的身体和灵魂都得不到安宁，不像一匹骏马配上一身漂亮的鬃毛。

　　东巴什罗的三个格巴弟子套补塔、蕊补塔、纳补塔，

328-A-8-17

sʅ⁵⁵ kɣ³³ nɯ³³, to³³ bɑ³³ ʂər⁵⁵ lər³³ uɑ²¹ he³³ thɯ³³,thɣ³³ phe³³ dʑo³³ phər²¹ kɣ³³, hæ³³ ʂʅ²¹
三　个 由 东巴什罗　　　魂魄　　是 土布 桥 白 上 金 黄

bæ³³ mi³³ kɣ³³,ti³³ tsʅ³³ gə²¹ bɑ²¹ sʅ⁵⁵ ɕi³³ tshuɑ⁵⁵ tshər²¹ nɯ³³ hæ³³ ʂʅ²¹ tsər³³ lər²¹ do⁵⁵,uɑ³³
灯火　 上 弟子 格巴 三 百 六十　　由 金 黄 板铃 摇 松石

hər²¹dɑ³³ khə²¹ lɑ⁵⁵, tsho³³ le³³ gə²¹ le³³ pɣ⁵⁵. hæ³³ ʂʅ²¹ tsho²¹ zi³³ dʑæ³³ i⁵⁵ gə²¹ le³³ pɣ⁵⁵,to³³
绿 法鼓　 敲 跳 又 上 又 送 金 黄 大象　 骑 的 上 又 送

bɑ³³ ʂər⁵⁵ lər²¹ thɯ³³,ʂə⁵⁵ lɑ³³ uə³³ kə²¹ dy²¹ nɯ³³ gə²¹ le³³ pɣ⁵⁵, ʂə⁵⁵ lɑ³³ uə³³ kə²¹ lɑ²¹ nɯ³³
东巴什罗　　他 寿拉威格　 地方 由 上 又 送 寿拉威格　 手 由

le³³ pɣ⁵⁵. ‖ to³³ bɑ³³ ʂər⁵⁵ lər³³ y²¹ mu⁵⁵ nɣ²¹ dɯ³³ sʅ²¹, mə³³ ʂʅ³³ sʅ⁵⁵ dɯ³³ zʅ³³, dʑʅ²¹ tse²¹
又 送 东巴什罗　　祖先 你 这位 不 死 活 一 代 犏牛 用

bər²¹ tse²¹ py²¹, dər³³ dər³³ ɳi³³ ɳi³³ dʑy²¹ hu³³ iə³³, ʂʅ³³ se³³ y²¹ dɯ³³ zʅ³³, tshə²¹ tshʅ²¹ dʑʅ²¹
牦牛 用 祭祀 差错　　 有 似 是 死 了 祖先 一 个 秽鬼 犏牛

kɣ³³ bər²¹ kɣ³³ dʑʅ²¹ nɯ³³ dʑi³³ bɯ³³ zʅ³³ le³³ hu³³, gɣ³³ bɯ³³ dʑo²¹ le³³ tər²¹ i³³ kɣ⁵⁵. |
头 牦牛 头 长 由 走 要 路 又 拦 过 要 桥 又 拷 也 会

kə⁵⁵ bɣ̩³³ i³³ dua³³ nɯ³³ , khæ³³ tshæ³³tɕhi³³ nɯ³³ sæ³³ lɣ³³ tɕi³³ le³³ phɣ⁵⁵, thɣ³³ pɯ⁵⁵ kɣ³³
构补依端　　　由　竹叉子　　　由　血 粒 甜 又 洒 出 处来 历

le³³ be³³
又　做

把东巴什罗的魂魄从白色土布桥上，金黄色的灯火上，三百六十个格巴弟子摇着金黄色板铃，敲打着松石般的法鼓，跳着往上送，从金黄色的大象乘骑上往上送，送到寿拉威格住的地方，由寿拉威格亲手往上送。

现已成为祖先的这一位东巴什罗，在未死还活着的时候，用犏牛和牦牛做祭祀，在祭祀过程中难免会出现差错。在死后变成祖先的时候，长犏牛、牦牛头的秽鬼，就会拦住祖先要走的路，拦在祖先要过的桥上。构补依端东巴，用竹子抛洒甜血粒，做了犏牛和牦牛出处来历的仪式。

328-A-8-18

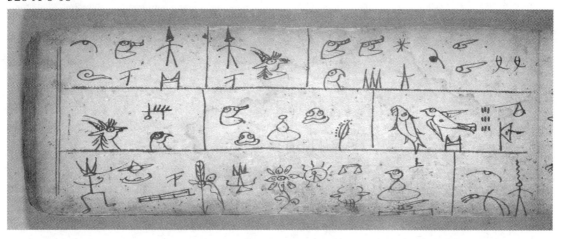

be³³ me³³ mə³³ dər³³ dər³³ , a⁵⁵ sæ²¹ dɣ²¹ uə³³, | dɣ²¹ sæ²¹ i³³, | a⁵⁵ kə²¹ a⁵⁵ mi³³ ,tɣ³³ tər²¹
做 的 不 差错　　呵禅毒伟　毒禅依　呵格呵明　独呆

na²¹, ʂ̩⁵⁵ ʂ̩³³ me²¹ me³³ i³³ so³³ua³³ hua³³, | a³³ pa³³ o³³ pa³³ ne²¹. | ȵi³³ uə³³ dʑi²¹na²¹ ʂu²¹
纳　实施梅美依松　华　呵巴沃巴嫩　尼坞　乌黑铁

khu³³ gɣ⁵⁵ khu³³ phu³³, | ʂə⁵⁵ la³³ uə³³gə²¹ pɣ³³ bɣ²¹ nɯ³³, to³³ ba³³ ʂər⁵⁵ lər³³ ua²¹ he³³
门 九 道 开　寿拉威格　　祭司　由 东巴什罗　　　魂魄

thɯ³³, tɣ³³ phe³³ dʑo²¹ phər²¹ kɣ³³, no²¹ pɣ⁵⁵ lɯ³³ ʂ̩³³ kɣ³³, hæ³³ ʂ̩²¹ bæ³³ mi³³ kɣ³³,no²¹
是 土 布 桥 白 上 宝贝 箭 上 金 黄 灯火 上 宝贝

pɣ⁵⁵ ba⁵⁵ ba³³ kɣ³³, mi²¹ lɣ³³ kə⁵⁵ ua²¹ kɣ³³ nɯ³³ gə²¹ le³³ pɣ⁵⁵, ʂə⁵⁵ la³³ ue³³ kə²¹ dɣ²¹ nɯ³³
花朵 上 明鲁 镜子 上 由 上 又 送 寿拉威格　　地方 由

ʂə⁵⁵ la³³ue³³ gə²¹ nɯ³³ gə²¹ le³³ pɣ⁵⁵, | to³³ ba³³ ʂər⁵⁵ lər³³ mə³³ ʂ̩³³ ʂ̩⁵⁵ dɯ³³ zɿ³³,
寿拉威格　　由 上 又 送 东巴什罗　　　不 死 活 一 代

仪式不出差错。（咒语）"呵禅毒伟，毒禅依。呵格呵明，独呆纳。实施梅美，依松华。呵巴沃巴嫩"。开谷尼坞地方黑色飞禽守护的九道黑铁门。寿拉威格祭司，把东巴什罗的魂魄，从白色土布桥上，神的宝箭上，宝贝花朵上，"阿鲁明鲁"镜子上往上送。送到寿拉威格的地方，再由寿拉威格往上送。

　　东巴什罗未死还活着的时候，

328-A-8-19

| uɯ³³ | tse²¹ | ʐuɑ³³ | tse²¹ | py²¹, | py²¹ | me³³ | dər³³ | dər³³ | n̠i³³ | n̠i³³ | dʑy³³ | ne²¹ | n̠i²¹, | | ʂɿ³³ | se³³ | y²¹ | dɯ³³ |
| 牛 | 用 | 马 | 用 | 祭祀 | 祭 | 是 | | | | 差错 | | | | | 有 | 似 | 了 | 死 了 祖先 一 |

| zɿ³³, | tshə⁵⁵ | tshɿ²¹ | uɯ³³ | kɣ³³ | ʐuɑ³³ | kɣ³³ | dʐŋ²¹ | me³³ | nɯ³³, | dʑi³³ | bɯ³³ | zɿ̠³³ | le³³ | hu³³, | gɣ³³ | bɯ³³ | dʑo²¹ |
| 个 | 秽鬼 | | 牛头 | | 马 | 头 | 长 | 的 | 由 | 走 | 要 | 路 | 又 | 拦 | 过 | 要 | 桥 |

| le²² | tər²¹ | i³³ | kɣ⁵⁵, | | kə⁵⁵ | bɣ³³ | i³³ | duɑ³³ | py³³ | bɣ³³nɯ³³, | khæ³³ | tshæ²¹ | tɕhi²¹ | nɯ³³ | sæ³³ | ly³³ | tɕhi⁵⁵ |
| 又 | 堵 | 也 | 会 | | 构补依端 | | | | 祭司 | 由 | 竹叉子 | | | 由 | 血 | 粒 | 甜 |

| le³³ | phɣ⁵⁵, | thɣ̠³³ | kɣ³³ | pɯ³³ | kɣ³³ | be³³, | uɯ³³ | ne²¹ | ʐuɑ³³ | thɣ̠³³ | kɣ³³ | pɯ⁵⁵ | kɣ³³ | mə³³ | dər³³ | dər³³. | |
| 又 | 洒 | 出 | 处 | 来 | 处 | 做 | 牛 | 和 | 马 | 出 | 处 | 来 | 历 | 不 | 差错 | | |

| a⁵⁵ | gɣ³³ | sæ²¹ | tsa²¹ | so³³ | uɑ³³ | ha³³, | | n̠i³³ | uə³³ | le²¹ | tshə⁵⁵ | sɿ³³ | phe³³ | uɯ³³ | kɣ³³ | dʐŋ²¹ | me³³ | mɯ²¹ | le³³ |
| 呵 | 古 | 禅 | 召 | 松 | 瓦 | 哈 | | 尼坞 | | 秽鬼 | | 头目 | | 牛 | 头 | 长 | 的 | 的 | 又 |

| zər²¹, | to³³ | ba³³ | ʂər⁵⁵ | lər³³ | uɑ²¹ | he³ | thɯ³³, | n̠i³³ | uə³³ | khuɑ²¹ | me³³ | gɣ³³ | dy²¹ | i³³ | æ²¹ | mə³³ | tʂər²¹, | |
| 压 | 东巴什罗 | | | | 魂魄 | | 是 | 尼坞 | | 晦 | 的 | 九 | | 地方 | 是 | 滞 | 不 | 使 |

| kə⁵⁵ | bɣ³³ | i³³ | dər³³ | py³³ | bɣ²¹ | nɯ³³, | uɑ³³ | hər²¹ | da³³ | kə²¹ | la⁵⁵, | hæ³³ | ʂɿ²¹ | tsər³³ | lər²¹ | do⁵⁵, | tsho³³ |
| 构补依端 | | | 东巴 | | | 由 | 松石 | 绿 | 法鼓 | 敲 | | 金 | 黄 | 板铃 | 摇 | | 跳 |

| le³³ | thɣ̠³³ | phe³³ | dʑo³³ | phər²¹ | kɣ³³, | no²¹ | py⁵⁵ | lɯ³³ | sɿ³³ | kɣ³³, | no²¹ | py⁵⁵ | ba⁵⁵ | ba³³ | kɣ³³ | nɯ³³ | gə²¹ |
| 又 | 土布 | | 桥 | 白 | 上 | 宝物 | 箭 | | | 上 | 宝贝 | | 花朵 | | 上 | 由 | 上 |

le³³ pɣ⁵⁵, sə⁵⁵ la³³ uə³³ gə²¹ dy²¹ ,ʂə⁵⁵ la³³ uə³³ kə²¹ la²¹ nɯ³³ gə²¹ le³³ pɣ⁵⁵
又　送　寿拉威格　　　地　寿拉威格　　　手　由　上　又　送

用牛用马做祭祀，祭祀中难免会出现差错，东巴什罗死后变成祖先的时候，长牛头、长马头的秽鬼会拦住祖先要走的路，会挡住祖先要过的桥。构补依端祭司用竹叉子抛洒甜血粒。做牛马出处来历的仪式，仪式不出差错。（咒语）"呵古禅召松瓦哈"。把"尼坞"地方长牛头的冷凄鬼头目镇压下去。东巴什罗的魂魄，就不会滞留在"尼坞"晦地方了。构补依端摇晃金黄色的板铃，敲打着绿松石法鼓，跳着把东巴什罗的魂魄从白色土布桥上，从宝箭上，宝贝花朵上送上去，送到寿拉威格居住的地方，寿拉威格亲手把东巴什罗的魂魄送上去。

328-A-8-20

to³³ ba³³ ʂər⁵⁵ lər³³ la³³ gɣ³³ hu²¹ he³³ hu²¹ se²¹, tshɣ⁵⁵ zi³³ bu²¹ zi³³ se²¹. | mə³³ ʂʅ³³ ʂʅ⁵⁵
东巴什罗　　　也　身　安　神　安　了　马　美　鬃　美　了　　不　死　活

thɯ³³ zʅ³³ ,to³³ ba³³ ʂər⁵⁵ lər³³ la³³ tshʅ⁵⁵ tse²¹ y²¹ tse²¹ py²¹,py²¹ me³³ dər³³ dər³³ hɯ³³ ne²¹
那　时　东巴什罗　　　也　山羊用绵羊用　祭　祭　是　差错　去　似了

n̥i²¹, | ʂʅ³³ se³³ y²¹ dɯ³³ zʅ³³, le²¹ tʂhə⁵⁵ tshʅ⁵⁵ kɣ³³ y²¹ kɣ³³ dʑʅ²¹ nɯ³³ , dʑi³³bɯ³³ zʅ³³ le³³
死　了　祖先　一　代　冷凄　山羊头　羊头　长　由　走　要　路　又

hu³³,gɣ³³ bɯ³³ dʑo²¹ le³³ tər²¹ i³³ kɣ⁵⁵. | kə⁵⁵ bɣ³³ i³³ dər³³ py²¹ bɣ²¹ nɯ³³, tshʅ⁵⁵ ne²¹ y²¹
拦　过　要　桥　又　堵　也　会　　构补依端　　东巴　由　山羊和绵羊

sæ³³ ly²¹ tɕhi²¹ le³³ phɣ⁵⁵,thɣ³³ kɣ³³ pɯ⁵⁵ kɣ³³ be³³ le³³ ʂə⁵⁵ ,ʂə⁵⁵ le³³ mə³³ dər³³ dər³³, æ²¹
血　粒　甜　又　洒　出处　来处　做　又　说　说　又　不　差错　　滞

mə³³ tʂʅ²¹le³³ pɣ⁵⁵. | py³³ bɣ²¹ hua⁵⁵ ly³³ tshu³³, a⁵⁵ la²¹ tər²¹ ha³³.dy²¹ hu⁵⁵ na²¹ me³³ thæ³³
不　使　又　送　　祭司　咒语　念　呵老呆哈　毒鬼　海　黑　的　底

le³³ phu³³, dy²¹ hu⁵⁵ na²¹ me³³ le³³ ko⁵⁵ hə²¹, le²¹ tʂhə⁵⁵ tshʅ⁵⁵ kɣ³³ dʑʅ²¹ me³³ mɯ²¹ le³³
又　捅　毒鬼　海　黑　的　又　涸　了　冷凄鬼　山羊　头　长　的　下　又

zər²¹. | thɣ³³ phe³³ dʑo³³ dʑhər²¹ kɣ³³ ,no²¹ py⁵⁵ lɯ³³ sʅ³³ kɣ³³, hæ³³ ʂʅ²¹ bæ³³ mi³³ kɣ³³, no²¹
压　　土布　桥白　　　上　宝物　箭　　上　金黄　灯火　　上　宝贝

py⁵⁵ ba⁵⁵ba³³ kɣ³³ nɯ³³ gə²¹ le³³ py⁵⁵. | t o³³ ba³³ sər⁵⁵ lər³³ mə³³ ʂʅ³³ sʅ⁵⁵ thɯ³³ zʅ³³
花　　上　由　上又送　东巴什罗　　　不　死　活　那　时

东巴什罗也身安神安了，就像一匹骏马，配上了一身美丽的鬃毛。东巴什罗未死活着的时候，用山羊和绵羊做祭祀，祭祀中难免会出现差错。东巴什罗死后变成祖先的时候，长山羊头、绵羊头的秽鬼会拦住祖先要走的路，会挡住祖先要过的桥。构补依端祭司给羊抛洒甜血粒，又做山羊、绵羊出处来历的仪式，仪式做得没有差错，不让东巴什罗滞留在鬼地，往上送。祭司念咒语："呵老呆哈。"把毒鬼黑海捅破，不让东巴什罗滞留在鬼地，往上送。让毒鬼黑海干涸，把长山羊头、绵羊头的"冷凑鬼"（秽鬼）镇压下去。从白色土布桥上，从宝箭上，金黄色灯火上，宝贝花朵上，把东巴什罗的魂魄送上去。

　　东巴什罗未死活着的时候，

328-A-8-21

bu²¹ tse²¹ æ²¹ tse²¹ py²¹, py²¹ me³³ dər³³ dər³³ hɯ³³ ne²¹ ɲi³³, | to³³ ba³³ ʂər⁵⁵ lər³³ sʅ³³ se³³
猪　用　鸡　用　祭　祭　是　差错　　去　似　成　东巴什罗　　死了

y²¹ dɯ³³ zʅ³³,le²¹tʂhə⁵⁵ bu²¹ kɣ³³, æ²¹ kɣ³³ dʑʅ²¹ nɯ³³,dʑi³³ bɯ³³ zʅ³³ le³³ hu³³,gɣ³³ bɯ³³ dʑo²¹
祖先　一　代　冷凑　猪　头　鸡　头　长　由　走　要　路又　拦　过　要　桥

le³³ tər²¹ i³³ kɣ⁵⁵. | kə⁵⁵ bɣ³³ i³³ dər³³ py³³bɣ²¹ nɯ³³ , bu²¹ ne²¹ æ²¹ tɕər²¹ sæ³³ lɣ³³ tɕi²¹ le³³
又　堵　也　会　构补依端　　祭司　由　猪　和　鸡　上　血　粒　甜　又

phɣ⁵⁵, bu²¹ ne²¹ æ²¹ gə³³　thɣ³³ kɣ³³　pɯ⁵⁵ kɣ³³ le³³ be³³, be³³ me³³ mə³³ dər³³ dər³³. | kə⁵⁵
洒　猪　和　鸡的　出处　　来历　又　做　做的　不　差错　　构补依端

bɣ³³ i³³ dua³³　py³³ bɣ²¹ khu³³ nɯ³³ hua⁵⁵ lɣ³³ tshu³³: a³³　i³³ so³³ ha³³. | le²¹ tʂhə⁵⁵ bu²¹ kɣ³³
构补依端　祭司　口　由　咒语　念　呵　依　松　哈　冷凑鬼　猪　头

ʥɣ²¹ me³³ muɯ²¹ le³³ zər²¹. | kə⁵⁵ bɣ³³ i³³ dər³³ py³³ bɣ²¹ nuɯ³³, thɣ³³ phe³³ ʥo³³ phər²¹
长 的 下 又 压 构补侬端 祭司 由 土 布 桥 白

kɣ³³, no²¹ py⁵⁵ luɯ³³ sʅ³³ kɣ³³ hæ³³ ʂʅ²¹ bæ³³ mi³³ kɣ³³, no²¹ py⁵⁵ ba⁵⁵ ba³³ kɣ³³ nuɯ³³ gə²¹
上 宝 箭 上金 黄 灯 火 上 宝贝 花朵 上 由 上

le³³ py⁵⁵. | to³³ ba³³ ʂər⁵⁵ lər³³ thuɯ³³ mə³³ sʅ³³ sʅ⁵⁵ uɯ³³ zʅ³³, khuɯ³³ tʂhʅ³³ tər²¹ zər²¹ tər²¹
又 送 东巴什罗 他 不 死 活那时 狗 悬 呆鬼 压 夭折

ŋɣ⁵⁵ me³³, dər³³ dər³³ huɯ³³ ne²¹ n̠i²¹. | sʅ³³ se³³ y²¹ duɯ³³ zʅ³³, le²¹ tʂə⁵⁵ khuɯ³³ kɣ³³
超度 是 差错 去 似 成 死 了祖先 一 代 冷凑 狗 头

ʥŋ²¹ nuɯ³³ ʥi³³ buɯ³³ zʅ³³ i³³ hu³³ i³³ kɣ⁵⁵,
长 由 走 要 路 是 拦 也 会

用猪用鸡做祭祀，所做的祭祀难免会出现差错。东巴什罗死后变成祖先的时候,长猪头和长鸡头的冷凑鬼，就会拦住祖先要走的路，会堵住祖先要过的桥。构补侬端东巴，给鸡和猪身上抛洒甜血粒，又做猪和鸡出处来历的仪式，所做祭祀没有差错，构补侬端祭司口中念咒语："呵依松哈。"把长猪头的冷凑鬼镇压下去。构补侬端东巴用白色土布搭的桥，用宝箭、金黄色的灯火，宝贝花朵，将东巴什罗送上去。

东巴什罗未死活着的时候，悬狗镇压呆鬼，杀狗超度凶死者，祭祀中难免会出差错。东巴什罗死后变成祖先，长狗头的冷凑鬼会拦在东巴什罗要走的路上，

328-A-8-22

gɣ³³ buɯ³³ ʥo²¹ i³³ tər²¹ i³³ kɣ⁵⁵. | kə⁵⁵ bɣ³³ i³³ dər³³ py³³ bɣ²¹ nuɯ³³ khuɯ³³ tʂə⁵⁵ le³³ tʂhər³³,
过 要 桥是堵 也 会 构补侬端 祭司 由 狗 秽 又 洗

sæ³³ lɣ³³ tɕi²¹ le³³ phɣ⁵⁵, khuɯ³³ gə³³ thɣ³³ kɣ³³ pu⁵⁵ kɣ³³ be³³, be³³ me³³ mə³³ dər³³ dər³³. |
血 粒 甜 又 洒 狗 的 出处 来历 做 做 的 不 差错

kə⁵⁵ bɣ³³ i³³ dər³³ khu³³ nuɯ³³ hua⁵⁵ lɣ³³ tshu³³, a³³ mi³³ ty⁵⁵ ty³³ i⁵⁵ i³³ so³³ ha³³, |
构补侬端 上 由 咒语 念 呵 明 敦 敦 壹 依 松 哈

ȵi⁵⁵ gə³³ sʅ³³ phe³³ mi³³ tshə²¹ tʂʅ⁵⁵ tshʅ²¹ mi²¹ le³³ zər²¹. | kə⁵⁵ bɣ³³ i³³ dər³³ nɯ³³ thɣ³³
尼　的　头目　火鬼　　秽鬼　　下　又　压　　构补依端　　由　土布

phe³³ dʑo²¹ phər²¹ kɣ³³,no²¹ py⁵⁵ lɯ³³ sʅ³³ kɣ³³, hæ³³ sʅ²¹ bæ³³ mi³³ kɣ³³ , no²¹ py⁵⁵ ba⁵⁵ ba³³
桥　白　上　宝贝　箭　上　金黄　灯火　上　宝贝　花朵

kɣ³³ nɯ³³ gə²¹ le³³ pɣ⁵⁵. | to³³ ba³³ şər⁵⁵ lər³³ thɯ³³, mə³³ sʅ³³ sʅ⁵⁵ thɯ³³ zʅ³³,la³³ tse²¹ dzʅ³³
上　由　上　又　送　东巴什罗　　他　不　死　活那　代　虎　用　豹

tse²¹ py²¹,py²¹ me³³dər³³ dər³³ ȵi³³ ȵi³³ hu³³ ne²¹ ȵi²¹, | sʅ³³ se³³ y²¹ du³³ zʅ³³, le²¹ tʂhə⁵⁵
用　祭　祭　是　差错　　　　去　似　成　　死　了祖先　一　代　冷凑

la³³ kɣ³³ dzʅ³³ kɣ³³dʐʅ²¹ nɯ³³ dʑi³³ bɯ³³ zʅ³³ le³³ hu³³,gɣ³³ bɯ³³ dʑo²¹ le³³ tər²¹ i³³ kɣ⁵⁵, |
虎头　豹　头　长　由　走　要　路　又　拦　过　要　桥　又　堵　也　会

kə⁵⁵ bɣ³³ i³³ dər³³ py³³ bɣ²¹ nɯ³³
构补依端　　　祭司　由

会堵住东巴什罗要过的桥。构补依端祭司给狗除秽，洒甜血粒，做狗的出处来历的仪式，所做的仪式不出差错。构补依端祭司口中念咒语，"呵明敦敦壹依松哈"，把尼地的头目，把火鬼和秽鬼镇压下去。构补依端祭司从白色土布桥上，宝箭上，金黄色灯火上，宝贝花朵上，把东巴什罗送上去。

　　在东巴什罗没死还活着的时候，用老虎和豹子做祭祀，祭祀中难免会出差错，东巴什罗死后变成祖先，长虎头和豹头的冷凑鬼，会拦住东巴什罗要走的路，会挡在东巴什罗要过的桥中间。构补依端祭司，

328-A-8-23

la³³ ne²¹ dzʅ³³ gə³³ tshə⁵⁵ le³³ tʂhər³³, sæ³³ ly³³ tɕi²¹ le³³ pɣ⁵⁵. dzʅ³³ ne²¹ la³³ gə³³ thɣ³³ kɣ³³
虎和　豹　的　秽　又　洗　血粒甜　又　洒　豹和　虎　的　出处

pɯ⁵⁵ kɣ³³ be³³, be³³　me³³ mə³³ dər³³ dər³³, | a³³ mi²¹ tər²¹ tər²¹ i⁵⁵ i³³ so³³ ua³³ ha³³, |
来历　做　做　的　不　差错　　呵明　呆呆　壹依松　瓦哈

le²¹ tʂhə⁵⁵ dzʐ³³ kɣ³³ la³³ kɣ³³ ʥʐ²¹ me³³ mɯ²¹ le³³ zər²¹. | to³³ ba³³ ʂər⁵⁵ lər³³ la³³ gɣ³³hɯ²¹
冷凑　　豹头虎头长　的　下　又压　东巴什罗　　也身安

he³³ hɯ²¹ se²¹,tʂhɣ⁵⁵zi³³ bu²¹ zi³³se²¹, | to³³ ba³³ ʂər⁵⁵ lər³³ mə³³ ʂʐ³³ sʐ⁵⁵ thɯ³³ zʐ³³, tshuɑ⁵⁵
神　安了马　美鬃　美了　东巴什罗　　　不死活这时鹿

tse²¹ i³³ tse²¹py²¹, py²¹ me³³ dər³³ dər³³ n̥i⁵⁵ n̥i³³ hɯ³³ uə²¹ gɣ³³, | ʂʐ³³ se³³ y²¹ dɯ³³ zʐ³³,
用野牛用祭　祭的差　错　　去　似成死了祖先一代

le²¹ tʂhə⁵⁵ tshuɑ⁵⁵ kɣ³³ i³³ kɣ³³ ʥʐ²¹ nɯ³³, ʥi³³ bu³³ zʐ³³ i³³ hu³³ i³³ kɣ⁵⁵, gɣ³³ bɯ³³ ʥo²¹
冷凑　　鹿　头野牛头长由　走要　路是拦也会过要桥

i³³ tər²¹ i³³ kɣ⁵⁵, kə⁵⁵ bɣ³³ i³³ dər³³ py³³ bɣ²¹ nɯ³³,tshuɑ⁵⁵ ne²¹ i³³ gə³³ sæ³³ lɣ³³ tɕhi³³ le³³
是堵也会　构补依端　　祭司　由　鹿　和野牛的血粒甜又

phɣ⁵⁵ , tshuɑ⁵⁵ nɯ²¹ i³³ gə³³ thɣ³³ kɣ³³ pɯ⁵⁵ kɣ³³ be³³,be³³ me³³ mə³³ dər³³ dər³³ , | kə⁵⁵bɣ³³
洒　鹿　和野牛的出处　来历做做的不差错　　构补依端

i³³ dər³³ khu³³nɯ³³　huɑ⁵⁵ lɣ³³ tshu³³: ɑ⁵⁵ sæ²¹ khɯ³³ uə²¹ ko²¹ tsʐ⁵⁵ so³³ ha³³, | tshe⁵⁵lɑ²¹
口由　咒语　念　呵禅肯威戈孜松哈　趁劳

给虎豹除秽洒甜血粒，给它们做出处来历的仪式，所做仪式没有出错，构补依端祭司口中念咒语："呵明呆呆，壹依松瓦哈。"把长虎头、豹头的冷凑鬼镇压下去。从此，东巴什罗身安神安了，就像骏马配上了一身美丽的鬃毛。

　　东巴什罗未死还活着的时候，用鹿和野牛做祭祀，所做的祭祀难免会出现差错。东巴什罗死后变成祖先的时候，长鹿头和野牛头的冷凑鬼，会拦在东巴什罗要走的路上，会挡在东巴什罗要过的桥上。构补依端祭司给鹿和野牛洒甜血粒，做它们出处来历的仪式，所做的仪式不出差错。构补依端口中念咒语："呵禅肯威戈敬松哈，趁劳

328-A-8-24

y²¹ kə²¹ ɑ²¹ mi²¹ ko³³ ko²¹ se²¹ i³³ so³³ha³³. | n̥i³³ tshʐ²¹ mɯ²¹ le³³ zər²¹ , | thɣ³³ phe³³ʥo³³
余构呵明戈哥塞依松哈　尼鬼　下又压　土布桥

phər²¹ kɣ³³ nɯ³³ gə²¹ le³³ sɿ³³, no²¹ py⁵⁵ lɯ³³ sɿ³³ kɣ³³, hæ³³ sɿ²¹ bæ³³ mi³³ kɣ³³, no²¹ by⁵⁵
白　　上　由　上　又　引　宝贝　　箭　　上　金　黄　灯火　上　宝贝

ba⁵⁵ ba⁵⁵ kɣ³³ nɯ³³ gə²¹ le³³ py⁵⁵. | to³³ ba²²sər⁵⁵lər³³ la³³ gɣ³³ hu²¹he³³hu²¹ se²¹,tshɣ⁵⁵ zi³³
花朵　　上　由　上　又　送　东巴什罗　　也　身　安　神　安　了　马　美

bu²¹ zi³³ se²¹. | to³³ ba³³ ʂər⁵⁵ lər³³ la³³, mə³³ sɿ³³ sɿ⁵⁵ thu³³ zɿ³³, y²¹ tse²¹ dæ³³ tse²¹ py²¹
鬃　美　了　东巴什罗　　也　不　死　活　这　时　猴　用　狐狸　用　祭

ŋɣ⁵⁵ me³³, py²¹ me³³ dər³³ ȵi³³ hu³³ uə²¹ gɣ³³, | sɿ³³ se³³ y²¹ dɯ³³ zɿ³³, y²¹ dʑi³³ le³³ bɯ²¹
超度　是　祭　的　差错　　走　似　成　死　了祖先　一　代　祖先　走　又　去

me³³, le²¹tʂʰə⁵⁵ y²¹ kɣ³³ dæ³³ kɣ³³ dʑɿ²¹ nɯ³³ hu³³ i³³ kɣ⁵⁵, gɣ³³ bɯ³³ dʑo²¹ la³³ tər²¹ i³³
时　冷凑　猴头　狐狸　头　长　由　拦　也　会　过　要　桥　也　堵　也

kɣ⁵⁵, | kə⁵⁵ bɣ³³ i³³ dər³³ py³³ bɣ²¹ nɯ³³, y²¹ thɣ³³ y²¹ pɯ⁵⁵,dæ³³ thɣ³³ dæ³³ pɯ⁵⁵ kɣ³³ le³³
会　构补依端　　祭司　由　猴　出　猴　来　狐狸　出　狐狸　来　处　又

be³³, | kə⁵⁵bɣ³³ i³³ dər³³ khu³³ nɯ³³ hua⁵⁵ lɣ³³ tshu³³: ko³³ ko²¹ i⁵⁵ i³³ so³³ so²¹,
做　构补依端　　口　由　咒语　念　戈　哥　依　依　松　松

余构呵明戈哥塞依松哈",把尼鬼镇压下去,构补依端东巴用白色土布桥把东巴什罗接引上来,用宝贝箭、金黄色灯火、宝贝花朵把东巴什罗送上去,从此东巴什罗身安神安了,就像一匹骏马配上了一身美丽的鬃毛。

　　东巴什罗未死还活着的时候,用猴子、狐狸做祭祀做超度仪式,祭祀中难免会出现差错。东巴什罗死后变成祖先的时候,长猴头、狐狸头的冷凑鬼会拦住东巴什罗要走的路,会挡在东巴什罗要过的桥中间。构补依端做猴和狐狸出处来历的仪式,并念咒语"戈哥依依松松

328-A-8-25

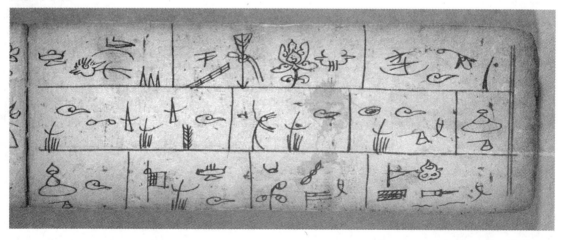

ha³³, le²¹ tʂʰə⁵⁵ y²¹ kɣ³³ dʑɿ²¹ me³³ mi²¹ le³³ zər²¹. | thɣ³³ phe³³ dʑo³³ phər²¹ kɣ³³, no²¹ py⁵⁵
哈　冷凑　猴头　长　的　下　又　压　土　布　桥　白　上　宝贝

luɯ³³ sʅ³³ kɣ³³ hæ³³ ʂʅ²¹ bæ³³ mi³³ kɣ³³, no²¹ py⁵⁵ bɑ⁵⁵ bɑ³³ kɣ³³ nuɯ³³ gə²¹ le³³ pɣ⁵⁵.｜
箭　　上　金　黄　灯火　上　宝贝　　花朵　　上　由　上　又　送

to³³ bɑ³³ ʂər⁵⁵ lər³³ thɯ³³, to⁵⁵ khɯ⁵⁵ dər³³ dər³³ n̠i⁵⁵ n̠i³³ dʑy³³ hɯ³³ me³³, tɕi⁵⁵ ne²¹ tɕhi²¹
东巴什罗　　他　除垛鬼　差错　　　　有　似　是　季鬼和　其鬼

py²¹,tər²¹ py²¹ tər²¹ŋɣ⁵⁵,dər³³ dər³³ n̠i⁵⁵n̠i³³ dʑy³³ hɯ³³ me³³,｜tshʅ³³ py²¹ dər³³ dər³³ n̠i³³n̠i³³
祭 呆鬼 祭 凶死者 超度差　错　　有　似　是　楚鬼 祭　差错

dʑy³³ hɯ³³ me³³,｜tshə⁵⁵ py²¹ tshə⁵⁵ ʂu⁵⁵ dər³³ dər³³ n̠i⁵⁵ n̠i³³ dʑy³³ hɯ³³ me³³,｜o⁵⁵ ʂu⁵⁵ he²¹
有　似　是　　秽鬼 祭 秽鬼 除 差错　　　　有　似　是　沃神 祭 恒神

ʂu⁵⁵ dər³³ dər³³ n̠i³³ n̠i³³ dʑy³³ hɯ³³ me³³,｜gɑ³³ py²¹ u²¹ py²¹dər³³ dər³³ n̠i⁵⁵ n̠i³³ dʑy³³hɯ³³
祭　差错　　　　　有　似　是　胜神 祭 吾神 祭　差错　　　　　人　似

me³³,｜kho³³ nɣ⁵⁵ tshu³³ ʂuɑ²¹ me³³,｜the³³ ɯ³³ tsu⁵⁵ phɯ⁵⁵ me³³,
是　声音 是 念 高　的　经书　中断　是

哈"，把长猴头的冷凑鬼镇压下去。从白色的土布桥上，从宝贝箭上，从金黄色的灯火中，从宝贝花朵上把东巴什罗送上去。

　　东巴什罗，若除垛鬼，祭祀季鬼（口舌鬼）其鬼（口舌鬼）、祭祀呆鬼超度凶死者时出现差错，在祭祀楚鬼、祭祀秽鬼，除秽中出现差错，在祭祀沃神、恒神、祭祀胜神、吾神中出现差错，东巴什罗若念诵经文的声音太高太凶，念诵中出现中断的情形，

328-A-8-26

bɯ²¹ dɯ²¹ hæ³³ mə³³ kɣ⁵⁵,｜tshʅ³³ py²¹dər³³ dər³³ n̠i⁵⁵ n̠i³³ me³³,tshʅ²¹ ʂu⁵⁵ ɕi³³ nɣ⁵⁵ mə³³
串珠　　挂 不 会　祭祀　差错　　　　　　是 鬼 祭 人 超度 不

kɣ⁵⁵ me³³,｜sər³³ ʂu²¹ dər³³ dər³³ me³³,｜sər³³ kɣ³³ to³³ pe³³ me³³,｜py²¹ sər³³ tshʅ⁵⁵ mə³³
会　是　木 找错　是　　木头 颠倒 是　　祭 木 竖 不

kɤ⁵⁵, | ʂua³³ ʂua²¹ dʑi⁵⁵ mə³³ kɤ⁵⁵ me³³, | y²¹ gə³³ ua²¹ he³³ thɯ³³,tɕhi³³ ua³³ gɤ³³ tshə²¹
会　　降秽火把　烧　不会 是　祖先的 魂魄　　 是　刺 枝 九 丛

ko⁵⁵ æ²¹ i³³ kɤ⁵⁵. | kə⁵⁵ bɤ³³ i³³ dər³³ nu³³ ,tse³³ ma²¹ lɤ³³ kɤ⁵⁵ kɤ³³, mi³³ çi³³ mi³³ ba²¹
中　挟 也 会　 构补依端　　 由 铁镰　石 摩擦　 火 舌 火 花

thɤ³³, tɕi³³ tsæ³³ gɤ³³ sy²¹ mi³³ nɯ³³ li⁵⁵, | to³³ ba³³ ʂər⁵⁵ lər³³ thɯ³³, py³³ sər³³ sæ³³ iə⁵⁵
出　刺 枝 九 样 火 由 烧　 东巴什罗　　　 他 祭 木 血 给

mə³³ gɤ³³ me³³,dɤ²¹ hɯ⁵⁵ na²¹ me³³ gɤ³³ hɯ⁵⁵ khu³³ ,bər³³ lər³³ nu³³ a²¹ i³³ kɤ⁵⁵
不　好 是 毒鬼海 黑 的　九 海 旁 苍蝇　 由 集 也 会

　东巴什罗胸前的念珠不会挂，祭鬼出差错，不会超度各种方式死去的人，找错祭木，不会竖祭木，或插祭木时将木头插颠倒，不会烧除秽用的梭要火把等，死时会把魂魄滞留在鬼地的刺蓬刺丛之中。构补依端祭司，用铁镰在石头上来回摩擦，擦出火舌和火花，焚烧鬼地的刺丛。
　东巴什罗他生前不认真地给祭木饲血，死后，他丧身的九个毒鬼黑海旁，就会苍蝇聚集。

328-A-8-27

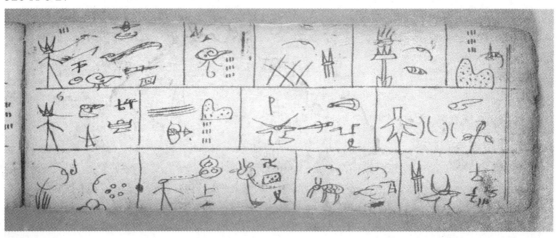

tha³³ by³³ tha³³, zy²¹ by³³ tha³³ ,na⁵⁵ by³³ tha³³ sɿ⁵⁵ kɤ³³ nu³³, la³³ mu³³ mɯ⁵⁵ thɤ³³ phər²¹,
套补塔　　 蕊补塔　　 纳补塔　　 三 个 由 拉姆　法杖 白

dɤ²¹ hɯ⁵⁵ na²¹ me³³ lo²¹ nə²¹ tshu³³ , sɿ³³ tɕi²¹ mə³³ lu²¹ ,lɯ⁵⁵ tshe³³ mæ³³ nu³³ tsu⁵⁵ ,to³³
毒鬼海 黑 的 里 边 伸　 三 抓 不 够　 绶带鸟　 尾 由 接

ba³³ sər⁵⁵ lər³³ ua²¹ he³³ gə²¹ le³³ sɿ³³, | dɤ²¹ dy²¹ kua²¹ me³³, dɤ²¹ hɯ⁵⁵ na²¹ me³³ gɤ³³
东巴什罗　　 魂魄　 上 又 引 毒鬼地 晦 的 毒鬼海 黑 的 九

hɯ⁵⁵ thæ³³ le³³ phu⁵⁵, hɯ⁵⁵ dʑi²¹ le³³ ko⁵⁵ tʂər²¹. | to³³ ba³³ sər⁵⁵ lər²¹ thɯ³³,tɕhi³³ tshɿ⁵⁵
海 底 又 摘　 海 水 又 涸 使　 东巴什罗　　　 他 竹签 插

mə³³ kɤ⁵⁵ me³³, | tshu⁵⁵ pa³³ dʑi⁵⁵ mə³³ kɤ⁵⁵, | bu²¹ na²¹ gɤ³³ bu²¹ kɤ⁵⁵ nu³³ gə²¹ le³³
不　会 是　 天香　 烧 不 会　坡 黑 九 坡 上 由 上 又

mə³³ thɣ³³ kɣ⁵⁵ , | kə⁵⁵ bɣ³³ i³³ dər³³ khu³³ nɯ³³ hua⁵⁵ li³³ tshu³³: a⁵⁵ tər²¹ so³³ ha³³. | ɯ⁵⁵
不　到　会　构补依端　　口　由　咒语　念　呵呆梭哈　灰堆

bɣ³³ hər³³nɯ³³ khæ⁵⁵ me³³ the⁵⁵ ɲi³³ be³³,bu²¹ na²¹ gɣ³³ bu²¹ phɣ²¹. | iə²¹ ko²¹ nɯ²¹ kho⁵⁵
风　由　刮　的　那样　　地坡黑九坡破　　家里　畜　杀

tsi²¹ thɣ³³me³³ , | ɯ³³ ɕy²¹ʂʅ³³ɕy²¹ bɣ³³ me³³ , | py²¹ sər³³ sæ³³ mə³³ iə⁵⁵ ,du²¹lɣ³³ kua⁵⁵ mə⁵⁵
肩胛掏是　　皮红肉红分是　　祭木　血　不　给董神石粮　不

phɣ⁵⁵, | gɯ⁵⁵ be³³ ɯ³³ nɯ³³ khua²¹ le³³ ʂə⁵⁵, nɯ³³ ko²¹ ɯ³³ nɯ³³ khua²¹ le³³ sʅ³³, | mə³³
撒　口　好　由　坏　又说　心中　好　由　坏　又想　不

kɯ⁵⁵ mə³³ gɯ²¹, mə³³ tshə⁵⁵ mə³³ ʂu²¹, | ɯ³³ kɣ³³ py²¹ nɯ³³ tʂʅ³³ pɣ⁵⁵ me³³,
熏　不　清　不　除　不净　牛头　干　由　这　送　是

套补塔、蕊补塔、纳补塔三个弟子，拿起祭祀用的拉姆法杖，伸到毒毒的黑海中，有三庹不够长，用绶带鸟的尾巴来接，将东巴什罗的魂魄从黑海中接引上来，然后把黑海海底捅破，使黑海干涸。

东巴什罗不会在祭祀场上插竹签，不会给神灵烧天香。死后，他的魂魄会滞留在鬼地的九道黑坡上，构补依端祭司口中念咒语："呵呆梭哈。"就像灰堆被大风刮走一样，捣毁鬼地的九道黑坡，把东巴什罗的魂魄接引上来。

东巴什罗在家中杀牲，掏牺牲的肩胛骨，他不会给祭木洒血，不去给董神石撒神粮，嘴巴虽好却说丑话，心儿虽好却往邪处想，就会不干不净地生出许多秽鬼来。或用干牛头送鬼

328-A-8-28

py³³ bɣ²¹ tʂʅ³³ py²¹ me³³, | le²¹ tʂhə⁵⁵ ʥy³³ i³³ kɣ⁵⁵. | tha⁵⁵ bɣ³³ tha³³ zy²¹ bɣ³³ tha³³,na⁵⁵
祭司　所　祭祀　是　冷凑鬼　有　也　会　套补塔　　蕊补塔

bɣ³³ tha³³ sʅ⁵⁵ kɣ³³ nɯ³³ tse²¹ gə³³ sæ³³ hɯ⁵⁵ lo²¹, la³³ mu³³ mɯ⁵⁵ thɣ³³ ʥo²¹phər²¹ tso⁵⁵, |
纳补塔　三　个　由　仄鬼的　血　海里　法杖　拐杖　桥白架

muɯ³³ thɣ³³ mə³³ mæ²¹ luɯ⁵⁵ tshe³³ mæ³³ nɯ³³ tʂu⁵⁵,∣y²¹ gə⁵⁵ ua³³ he³³ gə²¹ le³³ thɣ⁵⁵,∣
拐杖　　　不　够　绶带　　鸟尾　由　接　祖先的　魂魄　　上　又　掏

dɣ²¹ hɯ⁵⁵ na²¹ me³³ ,tse²¹ gə³³ sæ³³ hɯ⁵⁵ çy²¹ me³³ thæ³³ le³³ tɕhy³³ ,hɯ⁵⁵ le³³ ko⁵⁵.∣to³³
毒鬼海黑　的　仄鬼的　血　海　红　的　底　又　捅　海　又　涸

ba³³ʂər⁵⁵lər³³ ua²¹he³³ thɯ³³ ,thɣ³³ phe³³ʥo²¹ phər²¹ kɣ³³ , no²¹py⁵⁵ lɯ³³ sʅ³³ kɣ³³, hæ³³ ʂʅ²¹
东巴什罗　魂魄　　是　土布　　架　白　上　宝贝　箭　　上　金　黄

bæ³³mi³³ kɣ³³,ba⁵⁵ ba³³ tshe²¹ sʅ⁵⁵ ba²¹ kɣ³³ le³³ py⁵⁵,y²¹ la³³ gɣ³³hɯ²¹ he³³ hɯ²¹ se²¹,tʂhɣ⁵⁵
灯火　　上　花朵　　十　三　朵　上　又　送祖先也　身　安　神　安　了　马

zi³³ bu²¹ zi³³ se²¹.∣to³³ ba³³ sər⁵⁵ lər³³ ua²¹ he³³　thɯ³³ i³³ da⁵⁵ dy²¹ la³³ thɣ³³,∣kə⁵⁵ bɣ³³
美　鬃　美　了　东巴什罗　　　魂魄　　是　依道　地方　也　到　　构补

i³³ dər³³ py³³ bɣ²¹ nɯ³³ to³³ ma³³ gɣ³³ lɣ⁵⁵ be³³, sʅ³³ çy²¹ gɣ³³ phe⁵⁵ be³³, i³³ da⁵⁵ tshʅ²¹
依端　祭司　　由　面偶　九　个　做　肉　红　九　块　做　依道　鬼

le³³ lo²¹, i³³ da⁵⁵ tʂhʅ³³ le³³ zər²¹.∣to³³ ba³³ sər⁵⁵ lər³³　ua²¹ he³³ gə²¹ le³³ sʅ³³.
又　施　依道　这　又　压　东巴什罗　　　魂魄　上　又　引

做祭祀，会产生冷凑鬼。套补塔、蕊补塔、纳补塔三个弟子，用法杖在仄鬼的血海中架起桥梁，有三庹不够，用绶带鸟尾巴来接，将东巴什罗的魂魄从仄鬼的红色血海中掏出来，捅破毒鬼和仄鬼地方的黑海和血海，使他们的海干涸。把东巴什罗魂魄从白色的土布桥上、金黄色的神灯灯火上、宝贝箭上、十三朵花上引上来，往上送。这样，作为祖先的什罗也身安神安了，就像一匹骏马配上一身漂亮的鬃毛。

　　东巴什罗的魂魄走到了"依道鬼"（饿鬼）的地方。构补依端祭司，准备九个面偶，九块红肉，给依道鬼施食，然后将他们镇压下去。把东巴什罗的魂魄从"依道鬼"的地方引上来。

328-A-8-29

to³³ ba³³ ʂər⁵⁵ lər²¹ thɯ³³ çy²¹ tso³³ do²¹ dy²¹ thɣ³³,∣kə⁵⁵ bɣ³³ i³³dua³³ py³³ bɣ²¹ nɯ³³ to³³
东巴什罗　　　　他　虚佐鬼　朵鬼　地方　到　　构补依端　　祭司　　　由

ma³³ gɤ³³ lɤ⁵⁵ be³³,ʂʅ³³ çy²¹ gɤ⁵⁵ phe³³ be³³,la³³ zʅ³³ gɤ⁵⁵ zʅ³³ be³³,çə⁵⁵miə³³ gɤ³³ phe⁵⁵ be³³,
面偶　九　个　做　肉　红　九　块　做　手纹　九　条　做　饵块　九　块　做

çy²¹ tso²¹ do²¹ gə³³ tshʅ²¹ dzu³³ zua²¹,çy²¹ tso³³ mi²¹ le³³ zər²¹ . | to³³ ba³³ ʂər⁵⁵ lər³³ y²¹
虚佐鬼　朵鬼　的　鬼　债　还　　虚佐鬼　下　又　压　东巴什罗　　　祖先

mu⁵⁵ ua³³ he³³ gə²¹ le³³ py⁵⁵, | thɤ³³ phe³³ dʐo²¹ phər²¹ kɤ³³, hæ³³ ʂʅ²¹ bæ³³ mi³³ kɤ³³,
魂魄　上　又　送　土布　桥　白　上　金黄　灯火　上

no²¹ py⁵⁵ luɯ³³ sʅ³³ kɤ⁵⁵, ba⁵⁵ ba³³ tshe²¹ sʅ⁵⁵ ba²¹ nuɯ³³ ua²¹ he³³ gə²¹ le³³ sʅ³³. | to³³ba³³
宝贝　箭　上　花朵　十　三　朵　由　魂魄　上　又　引　东巴什罗

sər⁵⁵ lər³³ be³³ le³³ be⁵⁵ tshʅ²¹ zʅ³³ bɤ³³ dy²¹ n̩ə²¹ thɤ³³, dʑi³³ tsho²¹ mə³³ thɤ³³ nuɯ³³ | se²¹
本勒奔茨汝　　　　的　地方　上　到　精崇　未　出现　就

phər²¹ ba²¹ tsua³³ thɤ³³, se²¹ phər²¹ phy³³mu²¹ thɤ³³,thuɯ³³ n̩i³³ kɤ⁵⁵ nuɯ³³ puɯ³³ pa³³ be³³, |
沈盘宝抓　　产生　沈盘普姆　　　产生　他　俩　个　由　交合　做

be³³ le³³ be⁵⁵ tshʅ²¹ zʅ³³ la³³ the²¹ nuɯ³³ thɤ³³ mu²¹ . | be³³ le³³ be⁵⁵ tshʅ²¹ zʅ³³ ,gu²¹ gɤ²¹ mə³³
本勒奔茨汝　　　也　这　由　产生　的　本勒奔茨汝　　　疾病　赢　不

lo²¹ sʅ³³ le³³ mu⁵⁵ dʑy³³ iə³³.
了　死　又　老　有　了

东巴什罗走到了"虚佐鬼"（地狱之鬼）、朵鬼的地方。构补依端祭司用九个面偶、九块红肉，九个带着手纹的饭团，九块饵块偿还虚佐鬼、朵鬼索取的债，把它们镇压下去。把东巴什罗的魂魄从"虚佐"地方往上送。从白色的土布桥上，从金黄色灯火上，从宝贝箭上，从十三朵花上往上送。

东巴什罗的魂魄走到了"本勒奔茨汝"（人类）的地方，在人类居住的地方"精人和崇人"尚未产生，先产生了沈盘宝抓，产生了沈盘普姆，他们两个相交合，产生了"本勒奔茨汝"。在人类居住的大地上，人类不能战胜病痛，所以产生了死和老的事情。

328-A-8-30

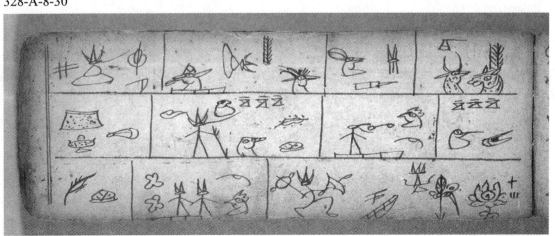

gu²¹ ʥy³³ tshər³³ ʥy³³ me³³ py³³ bɣ³³ nɯ³³ çɣ³³ le³³ be³³. | be³³ le³³ be⁵⁵ tshʅ²¹ zʅ³³ bɣ³³
疾　有　病　　有　是　祭司　由　祭祀　又　做　本勒本茨汝　　　的

dy²¹,to³³ba³³şər⁵⁵ lər³³ʂʅ³³me³³ le³³ŋɣ⁵⁵ se²¹ . | ŋɣ⁵⁵ me³³ le³³ tşu⁵⁵ kɣ⁵⁵. | ɯ³³ʥæ²¹ko⁵⁵mu³³
地方 东巴什罗　　死的又超度了　　超度了又接会　牛花杀牲

be³³,zua³³ ʥæ²¹ tsæ⁵⁵ gu²¹ be³³, sʅ³³ ʥæ²¹ ha³³ ʥæ²¹ phi⁵⁵, | kə⁵⁵ bɣ³³ i³³ dua³³ py³³ bɣ²¹
做　马　花　乘骑做　毡　花　饭　花　抛　构补依端　　　祭司

khu³³ nɯ³³ hua⁵⁵ ly³³ tshu³³,dɣ⁵⁵ dɣ²¹ dɣ³³ a⁵⁵ ne²¹ pa³³. | to³³ ba³³ şər⁵⁵ lər³³ ua²¹ he³³
口　由　咒语　念　毒　毒　毒　呵　嫩　巴　东巴什罗　　　魂魄

thu³³ , ʥi³³ʥɳ³³ ua³³ ʥɳ³³ dy²¹ i³³ æ²¹ mə³³ tşər²¹. | dɣ³³ dɣ²¹ dɣ³³, a⁵⁵ la³³ çi²¹ pa³³, | sy⁵⁵
是　是非斗 灾祸 生 地方是 滞 不 使 毒 毒 毒 呵 老 欣 巴 砍

sy³³ tse⁵⁵ tse³³ dy²¹ i³³ æ²¹ mə³³ tşər²¹. | kə⁵⁵ bɣ³³ i³³ dər³³, py³³ bɣ²¹ nɯ³³ ua³³ hər²¹ da³³
杀　争斗　地方是 滞 不 使　构补依端　　　祭司　由　松石 绿 法鼓

khə²¹ la⁵⁵ ,hæ³³ ʂʅ²¹ tsər³³ lər²¹ do⁵⁵ le³³ tsho³³, thɣ³³ phe³³ ʥo²¹ phər²¹ kɣ³³,hæ³³ʂʅ²¹ bæ³³
　敲　金黄 板铃　摇 又 跳 土布　桥 白 上 金黄

mi³³ kɣ³³, no²¹ py⁵⁵ lɯ³³ sʅ³³ kɣ³³,ba⁵⁵ ba³³ tshe²¹ sʅ³³ ba²¹,
灯火 上 宝贝 箭 上 花朵　 十 三 朵

人类有了疾病就请祭司们做祭祀。在人类居住的大地上，东巴什罗死了，已经做了东巴什罗的超度仪式，也把他接在了历代祖先之后。人们杀了杂色牛做牺牲，送杂色马给他做乘骑，给他送去了杂色的毡子和杂色的饭，构补依端祭司口中念咒语："毒、毒、毒，呵嫩巴！"东巴什罗的魂魄不再滞留在这成天斗是非，产生灾祸的地方。"毒、毒、毒，呵老欣巴！"东巴什罗的魂魄不再滞留在这砍砍杀杀、争争斗斗的地方。构补依端祭司敲打松石般碧绿的法鼓，摇晃金黄色板铃，跳着从白色土布桥上，从金黄色灯上，从宝贝箭上，从十三朵花儿上，

328-A-8-31

ʐ̩³³ ne²¹ ha³³ gu²¹ nɯ³³ gə²¹ le³³ pɣ⁵⁵, dɣ³³ phər²¹ çy³³ tɕhy²¹ dʑæ³³ me³³ gə³³ le³³ pɣ⁵⁵. |
酒 和 饭 后 由 上 又 送 海螺 白 大鹏 骑 地上 又 送

mu³³ dɯ²¹ ɲi³³ me³³ phər²¹, tɕi²¹ nɯ³³ kɑ⁵⁵ mə³³ tsər²¹, tɕi²¹ tɕər²¹ gə²¹ le³³ tɣ³³, ŋɣ²¹ bɑ²¹
天 大 太阳 白 云 由 遮 不 使 云 上 上 又 到 银花

hæ²¹ bɑ²¹ kɣ³³ nɯ³³ gə²¹ le³³ pɣ⁵⁵, dɣ³³ phər²¹ fɣ⁵⁵ zi³³ kɣ³³ nɯ³³ gə²¹ le³³ pɣ⁵⁵. | kə⁵⁵ bɣ³³
金花 上 由 上 又 送 海螺 白 螺 上 由 上 又 送 构补依端

i³³ duər³³ py³³ bɣ²¹ nɯ³³, dɣ²¹ dy²¹ nɯ³³ gə²¹ le³³ pɣ⁵⁵, tse²¹ dy²¹, mu³³ dy²¹ ɯ³³ dy²¹ bɯ²¹
祭司 由 毒鬼 地方 由 上 又 送 仄鬼 地方 猛鬼 地方恩鬼地方苯鬼

dy²¹, tʂhə⁵⁵ dy²¹, tər²¹ dy²¹, la³³ dy²¹, tshŋ³³ dy²¹, iə²¹ dy²¹ nɯ³³ gə²¹ le³³ pɣ⁵⁵. | le²¹ tʂhə⁵⁵
地方 秽鬼 地方 呆鬼 地方 佬鬼 地方 楚鬼 地方尤鬼地方由 上 又 送 冷凑鬼

dy²¹ i³³ mə³³ æ²¹ se²¹. | kə⁵⁵ bɣ³³ i³³ dər³³ tha⁵⁵ bɣ³³ tha³³, zy²¹ bɣ³³ tha³³, na⁵⁵ bɣ³³ tha³³,
地方是 不 滞 了 构补依端 套补塔 蕊补塔 纳补塔

ti³³ tsʅ³³ gə²¹ bɑ²¹ sʅ²¹ çi³³ tshua⁵⁵ tshər²¹ nɯ³³, ua³³ hər²¹ da³³ khə²¹ la⁵⁵, hæ³³ sʅ²¹ tsər³³ lər²¹
弟子 格巴 三 百 六 十 由 松石绿 法鼓 敲 金黄 板铃

do⁵⁵, tsho³³ le³³ la³³ mu³³ ba⁵⁵ ba³³ tshe²¹ sʅ³³ ba²¹ kɣ³³ nɯ³³ gə²¹ le³³ pɣ⁵⁵.
摇 跳 又 佬姆 花朵 十 三 朵 上 由 上 又 送

从酒和饭后往上送，让东巴什罗骑着海螺般洁白的大鹏鸟往上送，蓝天上的太阳不让乌云来遮盖，让太阳回到蓝天中，把东巴什罗从金花、银花、白色海螺上往上送。构补依端祭司，把东巴什罗从毒鬼、仄鬼、猛鬼、恩鬼、苯鬼、秽鬼、呆鬼、佬鬼、楚鬼、尤鬼的地方送上送，不让东巴什罗的魂魄滞留在冷凑鬼的地方。构补依端祭司、套补塔、蕊补塔、纳补塔，以及东巴什罗的三百六十个格巴弟子，敲打着松石般碧绿的法鼓，摇晃着金黄色板铃，跳着舞把东巴什罗从佬姆（女神）的十三朵花上送上去。

328-A-8-32

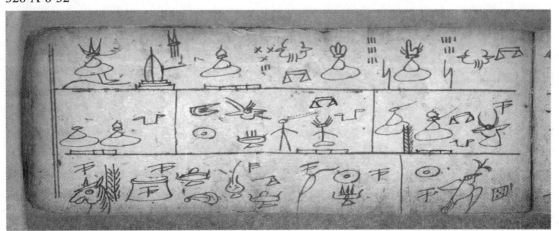

to³³ba³³ʂər⁵⁵ lər³³i³³, dʑy²¹na⁵⁵ zo⁵⁵ lo³³ thɯ⁵⁵, dʑy²¹ na⁵⁵ zo⁵⁵ lo³³ kɣ³³ le³³thɣ³³, he³³ i³³ ɯ³³
东巴什罗　是　居那若罗　　山腰　居那若罗　　　山顶　又　到　神　的　好

me³³ sɿ³³ tshər²¹ sɿ⁵⁵ dy²¹ nɯ³³ gə²¹ le³³ pɣ⁵⁵,ə³³ phɣ³³ gɣ³³ tʂhər⁵⁵ ,ə³³ dʑŋ³³ʂər³³ tʂhər⁵⁵
的　三　十　三　地　由　上　又　送　祖父　九　代　祖母　七　代

khə²¹ nɯ³³ gə²¹ le³³ pɣ⁵⁵.∣pɣ⁵⁵ le³³ o⁵⁵ dy²¹ he²¹ dy²¹ thɣ³³,∣la³³ ma²¹ se²¹ u³³ lər²¹ nɯ³³
前　由　上　又　送　送　又　沃神　地　恒神　地　到　喇嘛　胜吾朗　由

dʑŋ²¹ me³³ dy²¹ i³³ gə²¹ le³³ thɣ³³.∣to³³ ba³³ ʂər⁵⁵ lər³³ o⁵⁵ dy²¹ he²¹ dy²¹ thɣ¹³,he²¹ gə³³
住　的　地方　是　上　又　到　东巴什罗　吾神　地　恒神　地　到　神　的

ɯ³³ phər²¹ kho⁵⁵ mu³³ be³³,zʮa³³ phər²¹ dʑæ⁵⁵ gu²¹ be³³,sɿ³³ phər²¹ ha³³ phər²¹ phi⁵⁵,zʮ³³
牛　白　牺牲　　做　马　白　乘　骑　做　毡白　饭白　供酒

sa⁵⁵ ha³³ sa⁵⁵ ʂu²¹ le³³ be³³, ɕy⁵⁵ dy²¹ phər²¹ me³³ tʂʮ⁵⁵,ma³³ phər²¹ bæ³³mi³³ tʂʮ⁵⁵,∣ma³³
供　饭供　净　又　做　香条　白　的　点　酥油　灯火　点　酥油

phər²¹ fɣ⁵⁵ zi³³ sɿ³³,
鸟儿　领

东巴什罗走到了居那若罗神山的山腰和山顶，把他的魂魄从美好的三十三个神地送上去，从九代父系祖先住的地方送上去，从七代母系祖先住的地方送上去，送到沃神和恒神住的地方，送到喇嘛胜吾朗住的地方。在沃神和恒神的地方，用白牛做牺牲，白马做乘骑。给东巴什罗施白色牦牛毡和白色饭，施干净的供酒和供饭，点白色香条，燃酥油神灯，让酥油做的鸟儿引路，

328-A-8-33

na²¹ kha³³ tɕi³³ khu³³ kɣ³³ nɯ³³ gə²¹ le³³ pɣ⁵⁵,ɯ³³ phər²¹ zʮa³³ phər²¹,y²¹ phər²¹ dɣ³³ dʑŋ²¹,
纳卡景空　　上　由上边又　送　牛　白　马　白　羊　白　翅长

tɕi²¹ phər²¹, hər²¹ phər²¹ ,ua³³ hər²¹ mɯ³³ dzər³³ kɣ³³ nɯ³³gə²¹ le³³ pɣ⁵⁵.∣se²¹ me³³ kho³³
云　白　风　白　松石绿　青龙　上　由　上　又　送　岩羊大　角

tɕi²¹, lo²¹ iə⁵⁵ mæ³³ phər²¹tɕi⁵⁵ iə⁵⁵ kho³³ pa²¹ the³³ʂŋ²¹ the³³ phər²¹, dɣ³³ phər²¹mu²¹ kha³³,
独　　獐子　尾　白　水牛　角　宽旗　黄旗　白　海螺　白　螺号

hæ³³ ʂŋ²¹ tsæ²¹ lər²¹ kho³³,ua³³ hər²¹ da³³ khə²¹ kho³³ kɣ³³ nuɯ³³ gə²¹ le³³ pɣ⁵⁵. | muɯ³³ duɯ²¹
金　黄　板铃　声　松绿　法鼓　声　上　由　上　又　送　天　大

ɳi³³ me³³ phər²¹,tɕi²¹ nuɯ³³ ʂər³³ mə³³ tʂər²¹,bu³³ duɯ²¹ lu⁵⁵ la³³ ʥŋ²¹ me³³ dy²¹ gə²¹ le³³
太阳　　白　云　由　侵　不　使　光　大　四　射　住　的　地方上又

pɣ⁵⁵. | muɯ³³ tɕər²¹ tshe²¹ ho⁵⁵ ty³³,to³³ ba³³ ʂər⁵⁵ lər³³ gə³³ ə³³ sŋ³³ ʥi³³bɣ³³ tha³³ kə⁵⁵,ə³³
送　天　上　十　八　层　东巴什罗　　　的　父亲　景补土构

me³³ sa³³ za²¹ lər²¹ tsŋ⁵⁵ ʥi³³ mu³³ ʥŋ²¹ me³³ dy²¹ nuɯ³³　gə²¹ le³³ pɣ⁵⁵, muɯ³³ luɯ⁵⁵ duɯ²¹ ʥŋ³³
母亲　莎饶朗吉姆　　　　　住　的　地方由　上　又　送　美利董主

ʥŋ²¹ me³³ dy²¹,
住　的　地方

从"纳卡景空"(象征神地的设置)上往上送；从白牛、白马、长翅的白绵羊、白云、白风、松
石般青龙上往上送；从独角岩羊，白尾獐子，宽角水牛，黄色、白色的旗帜，白海螺螺号声，
金黄色板铃响声，松石般法鼓敲打声中往上送。送到乌云不会侵蚀太阳的光辉灿烂的地方去，
送到十八层天上东巴什罗父亲景补土构，母亲莎饶朗吉姆住的地方去；送到美利董主、

328-A-8-34

na⁵⁵ bɣ²¹ so³³ gu³³ pɣ³³ bɣ²¹ ʥŋ²¹ me³³ dy²¹ thɣ³³. | i³³ gɣ²¹ o³³ gə²¹ ʥŋ²¹ me³³ dy²¹ ɳə²¹
纳补梭恭　　　祭司　住　的　地方到　依古阿格　　住　的　地方上

thɣ³³,he³³ duɯ²¹ ua³³ phər²¹ ʥŋ²¹ me³³ dy²¹,ʥi²¹ gə³³ i²¹ʂŋ⁵⁵ he²¹ duɯ²¹ ʥŋ²¹ me³³ dy²¹ ɳə²¹
到　恒迪瓦盘　　　住　的　地方水　的　依世　神　大　住　的　地方上

thɣ³³, | tho³³ kə⁵⁵ ʥi³³ bɣ³³ he²¹ duɯ²¹ ʥŋ²¹ me³³ dy²¹ ɳə²¹ thɣ³³, | ga³³ u³³ la²¹ dua³³ he²¹
到　妥构吉补　　　神　大　住　的　地方上　到　　嘎乌劳端神

du²¹ dʑɿ²¹ me³³ dy²¹ ɳə²¹ thɿ⁵⁵,sə⁵⁵ la³³ uə³³ kə²¹ dʑɿ²¹ me³³ dy²¹ ɳə²¹ thɿ³³. | y²¹ mu⁵⁵ he²¹
大　住　的 地方 上 到　寿拉威格　　　 住 的 地方 上 到　祖先 老 神

dy²¹ thɿ³³,se²¹ me³³ kho³³ tɕi²¹ no³³ ,tɕi⁵⁵ iə⁵⁵ kho³³ pa²¹ no³³ ,lo²¹ iə⁵⁵ mæ³³phər²¹ no³³ , ɯ³³
地　到 岩羊 母 角 独 奶　水牛 角 宽 奶　獐子 尾 毛 奶 好

me³³ ma³³phər²¹khua⁵⁵, | he²¹ gə³³ ɯ³³me³³ phər²¹ gə³³ no³³nɯ³³ be³³me³³ ma²¹,tɕi⁵⁵ guə³³
的 酥油 碗　神 的 牛 母 白　的 奶 由 做 的 油 犏牛

bər²¹ guə³³ phər²¹ gə³³ no³³ nɯ³³ be³³ me³³ ma²¹ , y²¹ phər²¹ no³³ nɯ³³ be³³ me³³ ma²¹,ma³³
牦牛　白 的 奶 由 做 的 酥油 羊 白 奶 由 做 的 酥油

phər²¹ bæ³³ mi³³ gɿ³³ tshər²¹ tɕər³³ kɿ³³ nɯ³³ gə²¹ le³³ pɿ⁵⁵。
酥油 灯火　九 十 盏 上 由 上 又 送

纳补梭恭祭司住的地方去，送到依古阿格、恒迪瓦盘住的地方去，送到水方位的依世大神及妥构吉补住的地方去，送到嘎乌劳端大神、寿拉威格大神住的地方去，已经作为祖先的东巴什罗，一旦到达神地，就要从独角岩羊乳汁所做的酥油，宽角水牛的奶所做的酥油，白尾巴獐子乳汁所做的酥油，以及神地白色母牛、白色犏牛、白色绵羊的乳汁所做的酥油，用这些上等酥油点的九十盏神灯往上送，

328-A-8-35

to³³ ba³³ ʂər⁵⁵ lər³³ i³³ he²¹ dy²¹ le³³ thɿ³³ ɳə²¹, gɿ³³ hɯ²¹ he³³ hɯ²¹ se²¹. | dʑi²¹ i³³ dər²¹
东巴什罗　　 是 神地 又 到 时 身 安 神 安 了　水 流 泡沫

phɿ⁵⁵ phɿ³³,sɿ³³ bɿ³³ phɿ³³,phe²¹ be³³ dʑɿ³³ khə²¹ ɳə²¹ le³³ thɿ³³ se²¹. | le⁵⁵ dʑə²¹ sɿ²¹, bɿ³³
冒　斯补 祖 培本　祖母 前 边 又 到 了　勒周 父亲补勒

le²¹ me³³ khə²¹ le³³ thɿ³³ se²¹. | to³³ ba³³ʂər⁵⁵ lər³³ thɯ³³ , y²¹ dʑɿ²¹dzɿ³³ kə²¹ ɳə²¹ le³³ thɿ³³
母亲 跟前 又 到 了　东巴什罗　　 是 祖先 住 伴 跟前 又 到

se²¹, | çi⁵⁵ çy⁵⁵ æ²¹ ŋə²¹ le³³ thɣ³³ se²¹. | y²¹ mu⁵⁵ dɯ³³ sŋ²¹ la³³ ,to³³ ba³³ʂər⁵⁵ lər³³ u⁵⁵ dy²¹
了　人　站崖　前又　到了　　祖先　一位也东巴什罗　　　吾神地

he²¹ dy²¹ thɣ³³ me³³ khə²¹ gə²¹ le³³ ɳi⁵⁵. | lər³³ khæ⁵⁵ gɯ³³ za²¹,tshŋ³³ py²¹ mi³³ dər³³se²¹. |
恒神地到的　　处上又寄　瞄射裂　现鬼祭目的达了

zo³³ çi³³ mu⁵⁵ the²¹ be³³ ,æ³³ phɣ⁵⁵ zu²¹ the²¹ be³³. |
儿养老在防庄稼插饿在防

东巴什罗到了神地，身安神安了。东巴什罗终于到了像流水中产生泡沫一样的"斯补"（剪羊毛）祖父跟前，"培本"（织麻布）祖母跟前，到了"勒周"（捉獐）父亲，"补勒"（牧羊）母亲跟前，到了东巴什罗自己的伴侣跟前。到人们站立的山崖（人死后存放尸身的山洞）前。

　　现在死去的这一位祖先，已经寄给了回到吾神、恒神地方的东巴什罗，就像瞄准射出的箭使靶子出现裂纹，所做的祭祀已达到了目的。养儿防老，播谷防饥。

328-A-8-36

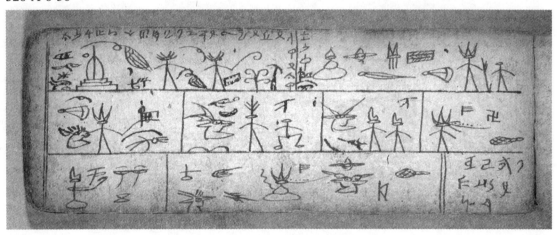

ʥy²¹ na⁵⁵ zo⁵⁵ lo³³ thɣ³³, dɯ³³ so²¹ la³³ iə²¹ tɣ³³ tʂŋ²¹ lɯ⁵⁵, ʥŋ³³ ne²¹ lɯ²¹ mə³³ lɯ⁵⁵ ,ʥŋ³³
居那若罗　　　到这早自古　绳扣脱　酋长和主事不脱离酋长

lər⁵⁵ dy²¹ ɳə²¹ phɣ⁵⁵,ʥŋ³³ tɕhy³³ dzɣ³³ tɕər²¹ ga³³. | he³³ i³³ ua³³ ʥi²¹ kɣ³³,　bɯ²¹ lɯ³³ zə̣²¹
种　地上撒　酋长后裔纠纷上赢　　神的绿水头　经书草

phi⁵⁵ tshi²¹,py²¹ ne²¹ pha³³ mə³³ phi⁵⁵,py²¹ bu²¹ dɯ²¹ me³³ tshŋ²¹ tɕər²¹ ga³³. | ə³³ khə⁵⁵
丢来祭司和卜师不丢　祭祀本事大鬼上　赢阿扣

tshua⁵⁵ tɯ³³ bu²¹,sŋ²¹ dzər²¹ zo³³ ɳə²¹ tsæ⁵⁵,sŋ²¹ ne²¹ zo³³ dɯ⁵⁵ dɯ³³ be³³ ho⁵⁵, | bɣ³³ lɣ⁵⁵
鹿　起坡父威　几上加父和儿一　样做愿羊牧

zʅ³³ za²¹ mæ³³,me³³ dzər²¹ mi⁵⁵ tɕər²¹ tsæ²¹ , me³³nɯ²¹ mi⁵⁵ʂua³³ʂua³³ be³³ ho⁵⁵. | py²¹ sa⁵⁵
路下尾母威　女上加母和女整齐　做愿东巴声

ɯ³³ be³³ ho⁵⁵,｜pha²¹ miə²¹ tha⁵⁵ ho⁵⁵.｜tʂʅ²¹ sʅ²¹ la²¹ kɣ³³ mæ³³,py²¹ sa⁵⁵ ɯ³³ me³³ nɯ³³
好 做 愿 卜师 眼 尖 愿 这 次 也 以 后 祭祀 话 好 的 福

ua²¹ khu³³ be³³ ho⁵⁵.｜dɣ²¹ tshʅ²¹ dɯ³³ kɣ⁵⁵ mə³³ lɯ⁵⁵ me³³, dɯ³³ lɣ²¹ lu³³
泽 辟 做 愿 毒鬼 一 个 不 脱 地 一 瞧 吧

到了居那若罗山上，早上去山上下绳扣，所下的绳扣自古都会下脱，但是，酋长和主事的人不能脱离，将酋长的种子撒遍大地，酋长的后裔能战胜纠纷。到神的碧绿水头，经书就像草儿一样到处乱丢，但是祭司和卜师的团结不能丢，本事大的祭司总能战胜鬼。在白鹿起身的阿扣山坡上，父亲的威力加在儿子身上，儿子的本事与父亲一样大。在牧羊路的下边，将母亲的本事加在女儿身上，母女的本事一样大。愿东巴诵经的声气好，卜师的眼睛敏锐，愿从此以后善于祭祀的祭司，能给做祭祀的人家带来福泽。

　　毒鬼一个也没有漏掉，来瞧吧。

328-A-8-37

dɣ²¹ gə³³ ə³³ sʅ²¹,tsæ²¹ ty³³ ŋɣ³³ ŋɣ²¹ dzʐ³³, a³³ me³³ so³³ ty³³ ɕy³³ ɕy²¹ma²¹ ‖ n̠i³³ kɣ⁵⁵ pɯ³³
毒鬼 的 父亲 占敦 奴奴支 母亲 梭敦虚畜麻 两 个 交合

pa³³ be³³, sʅ²¹ dɣ³³ na²¹ pɣ⁵⁵,‖ u²¹ be³³ tsæ²¹ tsʅ³³,‖ to³³ ty³³ tshʅ⁵⁵ bɣ³³ ‖ me³³ za²¹tsʅ³³
做 术毒纳布 吾本沾孜 朵敦斥补 梅饶孜姆

mu³³ ‖ dɣ²¹ bɣ³³ ko³³ gə⁵⁵ ‖ sʅ³³ bɣ³³ tho³³ lo³³ ‖ ty³³ dɣ²¹ tshʅ⁵⁵ bɣ³³ ‖ sa³³ za²¹ ɕy³³ ma¹³
毒补各构 斯补妥罗 敦毒斥补 梭饶虚麻

‖ sʅ⁵⁵ lo³³ se⁵⁵ gu³³ ‖ sʅ²¹ bɣ³³ kɣ⁵⁵ so³³,‖ khɯ³³ u³³ tər²¹ dzʐ³³,‖ so³³ gɣ³³ y²¹ mu³³,‖
什罗胜龚 史补固梭 肯吾呆支 梭古余姆

dɣ²¹ dɯ³³ na²¹ pɣ⁵⁵,‖ khɯ³³ me³³ d̠i³³ mu³³ dɣ²¹ mə³³ gɣ³³ kha³³ ɕi²¹,‖ dɣ²¹ tsʅ⁵⁵ phɣ³³
毒迪纳布 肯美吉姆 毒麻古卡欣 毒孜普姆

mu²¹,‖ tshʅ³³ gu²¹ n̠i³³ kɣ⁵⁵ pɯ³³ pa³³ be³³,‖ n̠i³³ dɣ³³ na²¹ pɣ⁵⁵ ‖ tshʅ³³ dɣ³³ na²¹ pɣ⁵⁵, lɣ³³
这 后 两 个 交合 做 尼毒纳布 楚毒纳布

dɣ³³ nɑ²¹ pɣ⁵⁵ ‖
吕毒纳布

毒鬼的父亲占敦奴奴支，母亲梭敦虚畜麻，他们两个相交合，产生了术毒纳布、吾本沾孜、朵敦斥补、梅饶孜姆，毒补各构、斯补妥罗、敦毒斥补、梭饶虚麻、什罗胜龚、史补固梭、肯吾呆支、梭古余姆、毒迪纳布、肯美吉姆、毒麻古卡欣和毒孜普姆。这以后由他们两个相交合，产生了尼毒纳布、楚毒纳布及吕毒纳布。

328-A-8-38

封底

（释读、翻译：和宝林）

335-A-9-01

to³³ bɑ³³ ʂər⁵⁵ lər³³ ŋɣ⁵⁵ ·

ə⁵⁵ mi²¹ dʐər²¹ tsæ⁵⁵ phər⁵⁵ ɕə⁵⁵

超度东巴什罗·给下一代祭司加威赐福

335-A-9 超度东巴什罗·给下一代祭司加威赐福

【内容提要】

大祭司去世了，他就要被人们送到神地去，人们不仅希望他所有善于祭祀、善于卜算的福分留给下一代的祭司，还希望大地上所有的福泽都能加在死去的祭司身上，让这些本事通过死者赐给活着的人，又加在下一代祭司身上，就像雪山赐给人们白银、大江赐给人们黄金，经书后一段是咒语。

【英文提要】

Salvation Ritual for *to ba ʂər lər*, Blessing the next Priest

When the archpriest passed away, he would be ascended to the sacred place. People wished that he would pass his abilities of sacrifice and augury on the next priest. On the other hand, people wished that all the fortunes on earth would add to the died priest and bestowed to the livings, furthermore, endowed on the next priest just like the snow mountain bestows human silver and grand river bestows human gold. The later section of this book is a passage of mantra.

335-A-9-02

第1行："1071"为洛克藏书的编号，并用洛克音标标注此书用于"超度什罗仪式"。
第2行：东巴文为仪式名：《超度什罗仪式》、经书名《把阿明东巴的威灵赐给东巴弟子》。
第3行：记录了书名的纳西语读法。

335-A-9-03

o²¹, to³³ ba³³ʂər⁵⁵ lər³³ mə³³ ʂʅ³³ sʅ⁵⁵ thɯ³³ zʅ³³，| mɯ³³ nɯ³³ sʅ³³ ua²¹ ku⁵⁵, dæ²¹ ne²¹ tshu²¹
哦, 东巴什罗　　　不　死　活那时　天　由　三　福分抛　勇敢和迅速

ua²¹ku⁵⁵, ga³³ ne²¹ zi³³ ua²¹ ku⁵⁵, kɣ⁵⁵ nɯ²¹ sʅ³³ ua²¹ ku⁵⁵, py²¹ ne²¹ phɑ²¹ ua²¹ ku⁵⁵, dæ²¹
福分抛　胜和美福分抛　会和知福分抛　祭祀和卜福分抛　勇敢

ne²¹ tshu²¹ bu²¹ dɯ³³,ga³³ be²¹ zi³³ bu²¹ dɯ³³, kɣ⁵⁵ ne²¹ sʅ³³ bu²¹ dɯ³³, py²¹ ne²¹ phɑ²¹ bu²¹
和 迅速 本事 得 胜和美 本事得 会和知本事得祭祀和卜本事

dɯ³³. | kh ɣ⁵⁵ gə³³ tshʅ³³ th ɣ³³ tshʅ²¹ py²¹ dɯ³³ bu²¹ dɯ³³, | so²¹ gə³³ bər³³ thv³³ bər³³ lo²¹
得 夜 的 鬼 到 鬼 祭 一 本事得 晨 的 客 到 客 待

dɯ³³ bu²¹dɯ³³. | to³³ ba³³ ʂər⁵⁵ lər³³ ʂʅ³³ se³³ y²¹ dɯ³³ zʅ³³, | to³³ ba³³ ʂər⁵⁵ lər³³ ua²¹ he³³
一 本事 得 东巴什罗 死了祖先一 代 东巴什罗 魂魄

thɯ³³, o⁵⁵ dy²¹ he²¹ dy²¹ gə²¹ le³³ pɤ⁵⁵ , | gə²¹ ba²¹ sʅ²¹ çi³³ tʂhua⁵⁵ tshər²¹ nɯ³³ gə²¹ le³³
是 沃神 地 恒神 地 上 又 送 格巴 三 百 六 十 由 上 又

pɤ55。 | ty33 so33
送 敦梭

    哦！东巴什罗未死还活着的时候，天上抛下三种福分，勇敢和迅速的福分，常胜和美丽的福分，会和知的福分，祭祀和卜算的福分。东巴什罗得到了勇敢和迅速的本事，常胜和美丽的本事，会和知的本事，祭祀和卜卦的本事。得到了夜里鬼来拜访，祭祀鬼魂的本事，早晨，客人来了招待客人的本事。东巴什罗死去变成祖先的时候，东巴什罗的魂魄要送往沃神和恒神居住的地方。由东巴什罗的三百六十个格巴弟子来送，由敦梭斥补、

335-A-9-04

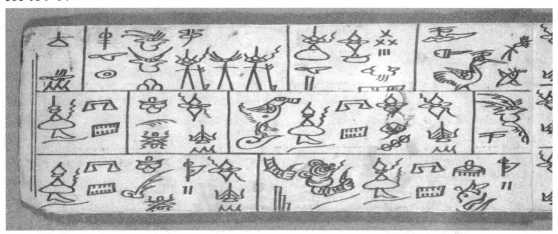

tʂhʅ⁵⁵ bɤ⁵⁵ me³³ nɯ³³ pɤ⁵⁵, | lɤ²¹ sʅ³³ ma²¹ da⁵⁵, se⁵⁵ y²¹ se⁵⁵ lɤ⁵⁵, pɤ³³ bɤ²¹ sʅ⁵⁵ kɤ³³ me³³
斥补 的 由 送 吕史麻道 胜余胜鲁 祭司 三 个 的

nɯ³³ pɤ⁵⁵, | to³³ ba³³ ʂər⁵⁵ lər³³ ua³³ he³³ thɯ³³, he³³ i³³ ɯ³³ me³³ sʅ³³ tshər²¹ sʅ³³ dy²¹
由 送 东巴什罗 魂魄 是 神 的 美好 三 十 三 地

gə²¹ le³³ pɤ⁵⁵. | mɯ³³ lɯ⁵⁵ tçi³³ phər²¹ tsu⁵⁵, ko³³ phər²¹ le³³ bɯ²¹ me³³, çi³³ mu⁵⁵ he²¹
上 又 送 天 地 云 白 间 鹤 白 又 去 时 人 老 神

dy²¹ le³³ bɯ²¹ me³³, | ŋɤ²¹ no²¹ hæ²¹ no²¹ sʅ⁵⁵ tçər²¹ mi²¹ le³³ sa⁵⁵. | tshy⁵⁵ khu³³ bæ³³ na⁵⁵
地 又 去 是 银 绒毛 金 绒毛 人 上 下 又 赐 海边 野鸭

le³³ hɯ²¹ me³³, he²¹ dy²¹ gə²¹ le³³ sʅ³³, ua²¹ pa⁵⁵ tshu²¹ pa⁵⁵ no³³ ua²¹ sʅ⁵⁵ tçər²¹ mɯ²¹
又 去 是 神 地 上 又 引 松石 胸毛 墨玉 胸毛 福泽 人 上 下

le³³ sa⁵⁵. | ŋ ɤ³³ lɤ³³ lɯ²¹ tʂhʅ⁵⁵ ɯ³³ tshua⁵⁵ phər²¹ le³³ bɯ²¹ me³³, he²¹ dy²¹ gə²¹ le³³ hɯ³³,
又 赐 雪山 利耻恩 鹿 白 又 去 是 神 地 上 又 去

ŋɣ³³ kho³³ hæ³³ kho³³the⁵⁵ɲi³³ no³³ua²¹ sɿ⁵⁵ tɕər²¹ mi²¹ le³³ sɑ⁵⁵. | lɑ³³dʑə²¹ so³³ kɣ³³ phər²¹,
银　　角　金　角　那样　　　　福泽　人　上　下　又　赐　虎　行　高 山顶 白

bər⁵⁵ dzɿ²¹ lɑ³³ çy²¹ le³³ buɯ²¹ me³³, he²¹ dy²¹ gə²¹ le³³ huɯ⁵⁵, bər⁵⁵ zi³³ kæ²¹ si³³ the⁵⁵ɲi³³
斑纹　长　虎　红　又　去　　时　神　地　上　又　去　斑纹　美　胆子　好　那样

吕史麻道、胜余胜鲁三个东巴祭司往上送，把东巴什罗的魂魄送到三十三个美好的神地去。
天地间的白鹤就要离去，和死去的老人一样送到神地去，希望他们的福泽，就像白鹤身上金、
银般的绒毛留给活着的人。大海边的野鸭就要离去，把他送到神地去，他前胸上松石、墨玉
般的羽毛，赐给活着的人。雪山利耻恩地方的白鹿就要离去，他们就要到神灵居住的地方去，
让他们的福泽，就像白鹿头上金子银子般的角，赐给活着的人。在白色的高山上，威猛的红
虎就要离去，他们就要到神灵居住的地方去，让他们的福泽，就像猛虎身上漂亮的斑纹和勇
敢的禀性。

335-A-9-05

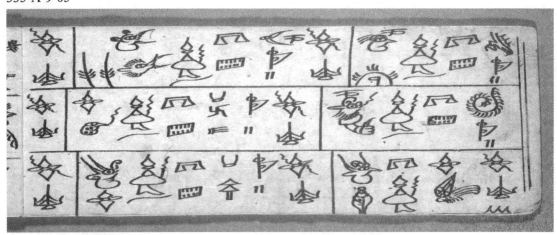

no³³ ua²¹ sɿ⁵⁵ le³³ sɑ⁵⁵, | lɑ³³ do³³ bi³³ duɯ²¹ bɣ²¹ gɣ²¹ buɯ²¹ le³³ buɯ²¹ me³³, he²¹ dy²¹
福泽　人　又　留　深 箐 林 大 下 熊 野猪 又 去　时　神 地

gə²¹ le³³ huɯ³³,dʑæ²¹ phər²¹ the⁵⁵ɲi³³ no³³ ua²¹ sɿ⁵⁵ le³³ sɑ55. | ko³³ suɑ²¹ ko²¹ kɣ³³ phər²¹,
上 又 去 獠牙 白 那样　福泽　人 又 赐 高原 原 上 白

huɑ³³ phər²¹ le³³ buɯ²¹ me³³, he²¹ dy²¹ gə²¹ le³³ sɿ³³, khuɯ³³ çy²¹ the⁵⁵ ɲi³³ no³³ ua²¹ sɿ⁵⁵
白鹇鸟　又　去　时　神 地 上 又 领 腿 红 那样　福泽　活

le³³ sɑ⁵⁵ | lɣ³³ kɣ³³ lɣ³³ dʑe²¹ ko⁵⁵ ua³³ hər²¹ tɕər⁵⁵ pu³³ le³³ buɯ²¹ me³³, he²¹ dy²¹ gə²¹
又 赐 石上 石 堆 间 松石绿 布谷鸟 又 去 声 神 地 的

le³³ huɯ³³, kho³³ uɯ³³ sɑ⁵⁵ uɯ³³ the⁵⁵ ɲi³³ no³³ ua²¹ sɿ⁵⁵ le³³ sɑ⁵⁵. | dɣ³³ phər²¹ si³³guɯ³³
又 去 声 好 气 好 那样　福泽　人 又 赐 海螺 白 狮子

le³³ buɯ²¹ me³³,he²¹ dy²¹ gə²¹ le³³ huɯ³³, lo²¹pɑ⁵⁵dʑi⁵⁵dʑi⁵⁵ the⁵⁵ɲi³³ no³³ ua²¹ sɿ⁵⁵ le³³ sɑ⁵⁵, |
又 去 是 神 地 上 又 去 鬃毛 飘飘 那样　福泽　人 又 赐

ua³³ hər²¹ muɯ³³ dzər³³ le³³ buʔ²¹ me³³, he²¹ dy²¹ gə²¹ le³³ huɯ³³, kho³³ tha⁵⁵ the⁵⁵ ȵi³³
松石绿 青龙   又 去 时 神 地 上 又 去 角利   那样

no³³ ua²¹ sʅ⁵⁵ le³³ sa⁵⁵。| dy³³ phər²¹çə²¹ tɕhy²¹ le³³ buʔ²¹ me³³, ua³³ hər²¹ dy³³ mæ³³
福泽   人 又赐   海螺 白 大鹏   又 去 是 松石绿 翅 尾

the⁵⁵ ȵi³³ no³³ ua²¹ sʅ⁵⁵ tɕər²¹ muɯ²¹ le³³ sa⁵⁵。
那样 福泽   人 上 下 又 赐

赐给活着的人。深箐大森林中的老熊和野猪就要离去，他们就要到神灵居住的地方去。他们的福泽就像老熊和野猪洁白的獠牙，赐给活着的人。白色高原上的白鹇鸟就要离去，他们就要到神灵居住的地方去，他们的福泽就像白鹇鸟红色的脚，赐给活着的人。石头间的绿色布谷鸟就要离去，他们就要到神灵居住的地方去，他们的福泽就像布谷鸟美好响亮的鸣叫声，赐给活着的人。海螺般洁白的雄狮就要离去，他们就要到神灵居住的地方去，他们的福泽，就像雄狮飘飘的鬃毛，赐给活着的人。海螺般洁白的大鹏鸟就要离开，他们就要到神地去，他们的福泽就像大鹏身上松石般的翅膀和尾巴，赐给活着的人。

335-A-9-06

kɣ⁵⁵ zʅ³³ phɣ⁵⁵ lɣ³³ le³³ buɯ²¹ me³³, he²¹ dy²¹ gə²¹ le³³ buɯ³³. kɣ⁵⁵ me³³ the⁵⁵ ȵi³³ no³³ ua²¹
会者 聪明 又 去 是 神 地 上 又 去 会 的 那样 福泽

sʅ⁵⁵ le³³ sa⁵⁵. | sər³³ zo³³ miə²¹ huɯ²¹ le³³ buʔ²¹ me³³, he²¹ dy²¹ gə²¹ le³³ huɯ³³, sər³³ me³³
人 又 赐 知者 眼 尖 又 去 是 神 地 上 又 引 知 的

the⁵⁵ ȵi³³ no³³ ua²¹ sʅ⁵⁵ le³³ sa⁵⁵。| to³³ ba³³ şər⁵⁵ lər³³ tʂʅ³³ dzʅ³³ buɯ³³ me³³, he²¹ dy²¹
那样 福泽   人 又 赐 东巴什罗   这 尊 去 时 神 地

gə²¹ le³³ sʅ³³, zʅ³³ şər²¹ ha⁵⁵ i³³, kɣ³³ phər²¹ dzæ³³ şʅ²¹ phy³³ do²¹ luɯ⁵⁵ do²¹ the⁵⁵ ȵi³³
上 又 去 寿 长 日 久 头 白 牙 黄 祖 见 孙 见 那样

no²¹ ua²¹ sʅ⁵⁵ tɕər²¹ muɯ²¹ le³³ sa⁵⁵。| tʂʅ³³ sʅ²¹ la²¹ kɣ³³ mæ⁵⁵, tshʅ³³ py²¹ sʅ³³ phe³³ ha⁵⁵,
福泽   人 上 下 又 赐 从 这 的 以后 祭祀 主人 家

to³³ ba³³ ʂər⁵⁵lər³³ he²¹ dy²¹ gə²¹ le³³ pɣ⁵⁵, gə²¹ ba²¹ sɿ²¹ çi³³ tʂhua⁵⁵ tshər²¹ nɯ³³,ua³³ hər²¹
东巴什罗　　　　神 地 上 又 送 格巴 三 百 六 十 由 松石 绿

da³³ khə²¹ la⁵⁵, hæ³³ ʂɿ²¹ tsæ³³ lər²¹ do⁵⁵, tsho³³ le³³ gə²¹ le³³ pɣ⁵⁵. | pɣ²¹ pha²¹ ɯ³³ me³³,
法鼓 敲 金黄板铃 摇 跳 又上 又 送 祭祀卜卦 善 的

zɿ³³ ʂər²¹ ha⁵⁵ i³³ the⁵⁵ ɲi³³ no³³ ua²¹ sɿ⁵⁵ le³³ sa⁵⁵, | na⁵⁵ bɣ²¹ so³³ gu³³ pɣ³³ bɣ²¹ the⁵⁵ ɲi³³
寿 去 日 久 那样 福泽 人 又 赐 纳补梭恭 祭司 那样

he²¹ dy²¹ gə²¹ le³³ hɯ³³。
神 地 上 又 去

聪明的会者就要离去，他们要到神灵居住的地方去，他们的福泽就像他们的聪明赐给活着的人。眼睛敏锐的知者就要离去，他们就要到神灵居住的地方去，他们拥有的福泽就像他们的知识一样赐给活着的人。东巴什罗就要离去，他们要到神灵居住的地方去，他的白头黄牙长寿健康，祖孙满堂的福泽赐给活着的人。从今以后，做祭祀的这一户主人家，要把东巴什罗送到神地去。三百六十个格巴弟子们，敲打着绿松石法鼓，摇晃着金黄色板铃，跳着舞把他送到神灵居住的地方去。请他把他长寿健康的福泽赐给活着的人。他就像天上的祭司纳补梭恭一样住到天上神地去了，

335-A-9-07

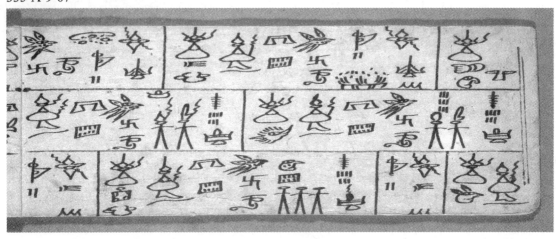

pɣ²¹ ɯ³³ pha²¹ ɯ³³ me³³, mɯ³³ tɕər²¹ ku²¹ ʂər⁵⁵ the⁵⁵ɲi³³ no³³ ua³³ sɿ⁵⁵ le³³ sa⁵⁵. | dy²¹ gə³³
祭 善 卜 善 的 天 上 星满 那样 福泽 人 又 赐 地 的

pɣ³³ bɣ²¹ sa³³ bɣ³³ sa³³ la²¹ thɯ³³,he²¹ dy²¹ gə²¹ le³³ hɯ²¹, pɣ²¹ ɯ³³ pha²¹ ɯ³³ thɯ³³,zə²¹
祭司 莎补莎劳 他 神 地 上 又 去 祭 善 卜 善 是 草

dzɿ²¹ dy²¹ ʂər⁵⁵ th e⁵⁵ ɲi³³ no³³ ua²¹ sɿ⁵⁵ le³³ sa⁵⁵。 | la²¹ bɣ²¹ tho³³ kə⁵⁵, he²¹ dy²¹ gə²¹ le³³
长 地 满 那样 福泽 人 又 赐 劳补妥构 神 地 上 又

hɯ²¹, pɣ²¹ ɯ³³ pha²¹ ɯ³³ th ɯ³³, he²¹ zo³³ he²¹ mi⁵⁵ zɿ³³ ʂər²¹ ha⁵⁵ i³³ no³³ ua²¹ sɿ⁵⁵
去 祭 善 卜 善 是 神 儿 神 女 寿 长 日 久 福泽 人

le³³ sɑ⁵⁵,| i²¹ ʂɻ⁵⁵ bu²¹ ʥo³³ he²¹ dy²¹ gə²¹ le³³ huɯ²¹, py²¹ ɯ³³ phɑ²¹ ɯ³³, du²¹ zo³³ du²¹
又　赐　依世补佐　　神　地　上　又　去　祭　善　卜　善　　董　儿　董

mi⁵⁵ gɣ³³ kɣ⁵⁵ zɻ³³ ʂər²¹ hɑ⁵⁵ i³³ the⁵⁵ n̪i³³ no³³ uɑ²¹ sɻ⁵⁵ le³³ sɑ⁵⁵.| ʥə²¹ bɣ³³ thɣ³³ tʂhɻ³³
女　九　个　寿　长　日　久　那样　福泽　　人　又　赐　玖补土蚕

he²¹ dy²¹ gə²¹ le³³ huɯ²¹, py³³ ɯ³³ phɑ²¹ ɯ³³ ,ɯ³³ huɯ²¹ sɻ²¹ zɻ³³ zɻ³³ʂər²¹ hɑ⁵⁵ i³³,| the⁵⁵n̪i³³
神　地　上　又　去　祭　善　卜　善　利恩　　三　儿　寿　长　日　久　那样

no³³ uɑ²¹ sɻ⁵⁵ tɕər²¹ mi²¹ le³³ sɑ⁵⁵,| ʥi³³ ɯ³³ʂər⁵⁵ lər³³ he²¹ dy²¹
福泽　　人　上　下　又　赐　精恩什罗　　　神　地

善祭善卜的福泽就像天上布满的星星那样，赐给活着的人。地的祭司莎补莎劳就要到神地去了，善祭善卜的福泽就像长满大地的青草赐给活着的人。劳补妥构大神就要到神地去了，善祭善卜的福泽就像长寿健康的恒神儿女一样赐给活着的人。依世补佐就要到神地去了，善祭善卜的福泽，就像长寿健康的董儿九兄弟一样，赐给活着的人。玖补土蚕就要到神地去了，善祭善卜的福泽，就像崇忍利恩三个长寿健康的儿子一样，赐给活着的人。精恩什罗就要到神地去了，

335-A-9-08

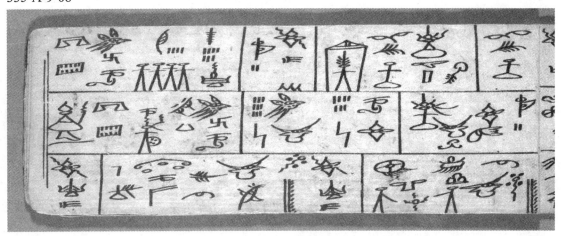

gə²¹ le³³ huɯ²¹, py²¹ ɯ³³, phɑ²¹ ɯ³³ me³³ tshy⁵⁵ zɻ³³ lu⁵⁵ zɻ³³ zɻ³³ ʂər²¹ hɑ⁵⁵ i³³ the⁵⁵ n̪i³³ no³³
上　又　去　祭　善　卜　善　的　趣　儿　四　个　寿　长　日　久　那样　福泽

uɑ²¹ sɻ⁵⁵ i³³ muɯ²¹ le³³ sɑ⁵⁵.| tshɻ³³ py²¹ sɻ³³ phe³³ tʂhɻ³³ duɯ³³ ʥi¹³, iə²¹ puɯ⁵⁵ kɣ³³ ʥɻ²¹
人　是　下　又　赐　祭祀　主人　这　一　家　尤　出处　住

zo³³, to³³ bɑ³³ ʂər⁵⁵ lər³³ gə³³ tɕy³³ tʂɻ²¹ kɣ³³ mæ³³ gɣ³³,| iə²¹ puɯ⁵⁵ kɣ³³ dzɻ²¹ zo³³, he²¹ dy²¹
人　东巴什罗　　　的　宗族　后裔　成　尤　出处　住　人　神　地

gə²¹ le³³ huɯ³³,kɣ³³ phər²¹ dzæ³³ sɻ²¹,zɻ³³ ʂər²¹ hɑ⁵⁵ i³³py²¹ ɯ³³ phɑ³³ ɯ³³,| gɣ³³ tʂhər⁵⁵ py²¹
上　又　去　头　白　牙　黄　寿　长　日　久　祭　善　卜　善　九　代　祭

nɯ²¹, ʂər³³ tʂhər⁵⁵ phɑ²¹ uɑ²¹,　| py²¹　khu³³　nɯ³³ i³³,　phɑ²¹ lɑ²¹ uɑ²¹ zɑ²¹ the⁵⁵ n̩i³³
福　　 七　　 代　卜　泽　　　祭司　口　福　有　　卜师　手　泽　降　　那样

no³³ uɑ²¹ sɿ⁵⁵ le³³ sɑ⁵⁵.　| dɯ³³　so²¹ mɯ³³　ʂuɑ²¹ phər²¹ nɯ³³ thɣ³³,　kɯ²¹ dʑɿ²¹ mɯ³³ ʂər⁵⁵,
福泽　　人　又　赐　　一　早　天　高盘神　由　开　星　长　天　满

kɯ²¹dʑɿ²¹ mæ³³ mə³³ tʂhər⁵⁵ me³³,　nɯ²¹ mu⁵⁵ y²¹n̩ə²¹ tʂhər³³,　no³³ uɑ²¹ sɿ⁵⁵ le³³ sɑ⁵⁵。 |
星　长　尾　不　断　　的　　您　老　祖先　上　加　　福泽　　人　又　赐

uæ³³ nɯ³³ bi³³ thɣ³³ lɣ²¹,　i²¹ nɯ³³ le²¹ tshe⁵⁵ bu³³,　dʑɿ²¹ le³³ se³³ mə³³ thɑ⁵⁵,thɯ³³ lɑ³³
左　 由　日　出　暖　　右　由　月　这　光　　算　又　完　不　了　　这　也

y²¹　　mu⁵⁵ nɣ²¹　n̩ə²¹tʂhər³³,
祖先　老　您　　上　加

他善于祭祀，善于卜卦的福分，就像长寿健康的高勒趣四个儿子一样把福泽赐给活着的人。

　　做祭祀的这一户主人家，是东巴什罗同一宗族的后裔。从尤氏族住处出来的人死了，就要到神地去，他白头牙黄长寿健康的福泽，九代祖先善于祭祀的福泽，七代祖先善于卜算的福泽，祭祀嘴里能给人带来安宁，卜师的手里能给带来福分的福泽，赐给活着的人。一天早上盘神去开天，天上布满了星宿，所长的星宿没有边际不会结束，将这样的福泽加在祖先您的身上，把祖先的福泽赐予活着的人。将左边温暖的阳光，右边明亮的月光，以及算不完的福泽加在祖先您身上。

335-A-9-09

no³³ uɑ²¹ sɿ⁵⁵ le³³ sɑ⁵⁵.mɯ³³ by²¹ tʂuɑ⁵⁵ tshər²¹ nɯ²¹ lɣ⁵⁵ nɯ²¹ dzɣ³³ me³³ y²¹ mu⁵⁵tɕər²¹n̩ə²¹
福泽　　人　又　赐　　天　下　六　星　畜　牧　畜　增　的　祖　老　上　边

tʂhər³³,no³³ uɑ²¹sɿ⁵⁵ tɕər²¹ mi²¹ le³³ sɑ⁵⁵,　| dy²¹　tɕər²¹ ʂər³³ ho⁵⁵ kɯ²¹ mæ³³　phər²¹ nɯ³³
加　福泽　　人　上　下　又　赐　　　地　上　七　星　星　尾　白　　上

dər³³, dy²¹ lo²¹ æ³³ phɣ⁵⁵ æ³³ dzɣ³³ tse³³ le³³ mə³³ se³³, ʐuɑ²¹ le³³ se³³ mə³³ thɑ⁵⁵ me³³, y²¹
达　 地　里　粮　撒　粮　增　用　又　不　了　量　又　完　不　成　的　祖先

mu⁵⁵tɕər²¹ŋə²¹ tʂhər³³,no³³ ua²¹ sʅ⁵⁵ le³³ sɑ⁵⁵.│tɕi³³ tʂu⁵⁵ ko³³ me³³ phər²¹, dɯ³³ me³³ tɣ²¹
上 边 加 福泽 人又 赐 云 间 鹤 母 白 一 只 千

sʅ³³ sʅ³,³ko³³ ʥi²¹ mu³³ ʂər⁵⁵ me³³,tsʅ²¹ le³³ se³³ mə³³ tha⁵⁵,thɯ³³ la³³ y²¹ mu⁵⁵ tɕər²¹ ŋə²¹
引 鹤 飞 天 满 的 算又 完 不 了 这 也 祖先 上 边

tʂhər³³no³³ ua²¹sʅ⁵⁵ le³³ sɑ⁵⁵.│lɯ³³ tshu²¹lɯ⁵⁵ ko²¹ kɣ³³, hua³³ phər²¹dɯ³³ me³³ nɯ³³ ɕi³³ sʅ³³
加 福泽 人 又赐 森林 高原 上 白鹇鸟 一 只由 百 领

sʅ³³,ko²¹ ʂər⁵⁵ lo²¹ ʂər⁵⁵ ɕy⁵⁵,tsʅ²¹ le³³ se³³ mə³³ tha⁵⁵, thɯ³³ la³³ y²¹ mu⁵⁵ tɕər²¹ ŋə²¹ tʂhər²¹,
高原满山箐 满 站 算又 完 不 成 这 也 祖先 上边 加

no³³ ua²¹ sʅ⁵⁵ tɕər²¹ mi²¹ le³³ sɑ⁵⁵.│ le⁵⁵ na²¹ sʅ²¹ lɣ⁵⁵ la³³, dɯ³³ do³³ dɯ³³ ʥər²¹ ʂər⁵⁵,
福泽 人 上 下 又赐 獐 大 黄橙橙 一 爬 一 树 满

y²¹zo³³ sʅ²¹ lu⁵⁵ la³³, dɯ³³ do³³ dɯ³³æ²¹ ʂər⁵⁵, tsʅ²¹ le³³ se³³ mə³³ tha⁵⁵,thɯ³³ la³³ y²¹
猴儿 黄 灿灿 一 爬 一 岩 满 算又 完 不 了 这 也 祖

mu⁵⁵ tɕər²¹ ŋə²¹ tʂhər³³ no³³ ua²¹ sʅ⁵⁵ le³³ sɑ⁵⁵.│ mɯ³³ nɯ³³ tɕi²¹ gu²¹ sɑ⁵⁵, dy²¹ nɯ³³ zə²¹
先 上 边加 福泽 人 又 赐 天 由 云 背 泄 地 由 草

gu²¹ sɑ⁵⁵;
背 泄

把祖先的福泽赐给活着的人。天上六星在放牧，所放牧牲畜兴旺发展，将这种福分加在祖先身上，让他们和祖先的福泽一起赐给活着的人。七星的尾巴点在大地上，大地上的庄稼丰收，算也算不完，量也量不了，将这种福分加在祖先身上，将他们和祖先的福泽一起赐给活着的人。天上彩云间的白鹤，一只母鹤领着千只小鹤，飞满天上，想数也数不清，将这样的福分加在祖先身上，让他们和祖先的福泽一起，赐给活着的人。高原森林中的白鹇鸟，一只母鸟引着百只小鸟，站满高原及山箐中，将这种福分加在祖先身上，让他们和祖先的福泽一起赐给活着的人。黄橙橙的大獐爬在树上，满树都是獐子，黄灿灿的猴儿爬在山岩上，满山都是猴子，数也数不过来，将此种福分加在祖先身上，让他们和祖先的福泽一起，赐给活着的人。

蓝天泄下白云，大地泄下青草，

335-A-9-10

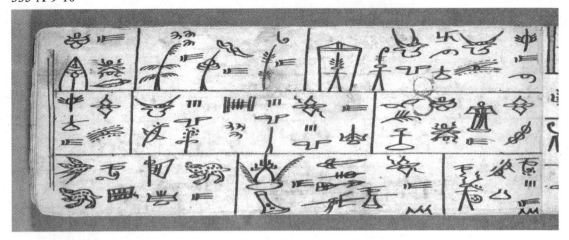

ŋɣ³³ lɣ³³ ŋv²¹ gu²¹ sa⁵⁵，i³³ bi²¹ hæ²¹ gu²¹ sa⁵⁵，|lɯ³³ kə⁵⁵ be³³ gu²¹ sa⁵⁵，çy⁵⁵ kə⁵⁵ tɕi²¹
雪山　银　背　泄　金沙江金　背　泄　杉树枝雪背　泄　柏树枝云

gu²¹ sa⁵⁵，mɯ⁵⁵ tshe²¹ dzər³³ gu²¹ sa⁵⁵.｜tshη³³ py²¹ sη³³ phe³³ tʂhη³³ dɯ³³ dʑi²¹,di³³ li²¹
背　泄　竹子　露　背　泄　祭祀　主人　这　一　家　丧家

zo³³ɯ³³nɯ³³,ɯ³³ thɣ⁵⁵ɯ³³ mə³³ thɣ⁵⁵，ɯ³³ tʂhη³³ thɣ⁵⁵ me³³ nɯ²¹dzɣ³³no³³ua²¹sη⁵⁵ le³³ sa⁵⁵，
儿好由　牛　出　好不出　牛　这　出　是　畜　增　福泽人　又　赐

dʑe³³ sa⁵⁵ ɯ³³ mə³³ sa⁵⁵，dʑe³³ tʂhη³³ sa⁵⁵ me³³ ua²¹ dzɣ³³ no³³ ua²¹ sη⁵⁵ le³³ sa⁵⁵.｜nɯ²¹ mu⁵⁵
粮供好不供粮所供是　泽　增　福泽人又　赐　祖先

sη⁵⁵ thɣ³³ tʂər⁵⁵，phe²¹ be³³ sη⁵⁵ thɣ³³ tɕhi³³，no³³ ua³³ sη⁵⁵ thɣ³³ sη⁵⁵ le³³ sa⁵⁵,|iə²¹ pɯ⁵⁵ kɣ³³
三件藏　培本　三件传　福泽　三件　人又赐　尤出处

dzη²¹ zo³³，ŋɣ²¹ hæ²¹ gɣ³³ dʑi³³ sa⁵⁵，ua²¹ tshu²¹ py²¹ tso³³ sa⁵⁵，phæ²¹ the³³ ɯ³³ le³³ sa⁵⁵，
住人　银金衣服　赐　松石墨玉　祭祀工具赐　卜卦　书　又　赐

ga³³ ne²¹ u²¹ gə³³ tso³³ tso³³ sa⁵⁵,|be²¹ dæ²¹ gu²¹ mu²¹ sa⁵⁵，khɯ³³ gɣ³³za³³ na²¹ sa⁵⁵，zər³³
胜神和吾神的　东西　赐　战士　头盔　赐　脚　上靴黑赐　刀

tha⁵⁵ ly³³ tha⁵⁵ sa⁵⁵，lɯ³³ tha⁵⁵ tɕæ³³ tɕy³³ sa⁵⁵，su³³ phər²¹ pe³³ pe³³ sa⁵⁵，no³³ ua²¹ mi²¹
快矛快赐　箭利载　赐　铁白斧子赐　福泽　下

le³³ sa⁵⁵.｜kɣ³³ phər²¹dzæ³³ sη²¹,zη³³şər²¹ ha⁵⁵ i³³,phɣ³³ do²¹ lɯ⁵⁵ do²¹,no³³ ua²¹ sη⁵⁵tɕər²¹ mi²¹
又　赐　头白牙黄寿长日久　祖　见孙见　福泽　人上　下

le³³ sa⁵⁵。
又　赐

雪山泄下白银，金沙江泄下黄金，杉树枝泄下白雪，柏树枝泄下白云，竹枝泄下露水，祖先

把福泽泄下赐给活着的人。

做祭祀的这一户主人家，儿女们拿牛做牺牲并不是图好看，只希望牲畜兴旺，福泽留给后人。拿出好粮食做供饭并不是为了图好看，只是希望以后粮食增产，把福泽留给后人。祖先呵，你身上所有的福泽，是你的祖先、"培本"（父母）传下来的，请你把你所有的福泽赐给活着的人。从尤氏族居住地出来的人，将你的金衣、银衣、松石和墨玉做的祭祀工具，卜卦用的卜书，胜神和吾神（粮神）所有的工具赐给活着的人，将你头上戴的头盔，脚上穿的靴子，快刀、利矛、利箭、戟以及白铁斧头都赐给活着的人，将你白头黄牙、健康长寿，四代同堂的福泽赐给后人。

335-A-9-11

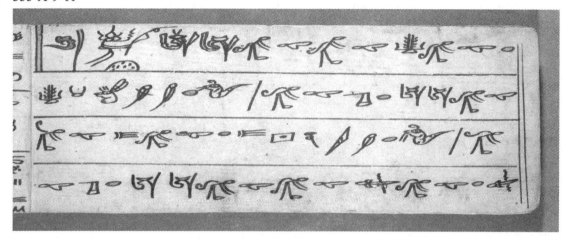

ʥy³³ bɣ²¹ ma²¹ kɣ³³ ʥŋ²¹ ʥŋ³³ tshŋ³³，ɕy⁵⁵ dy²¹ tʂɿ³³ hua⁵⁵ ly³³ tshu³³，a³³ a³³ tæ¹³ʂɿ³³ tæ²¹
祭司　双　膝　双　双　跪　香条　点　咒语　念　呵　呵　单　史　单

ʂɿ³³ no²¹ tæ²¹ ʂɿ³³ gɣ³³，no³³ kh o³³ lo³³ tsɿ³³ʥi³³ gɣ³³ ʐɿ²¹ dy²¹ tæ³³ ʂɿ³³ ʂu²¹ gɣ³³ a³³ a³³
史　糯　单　史　古　糯　可　罗　孜　吉　古　日　敦　单　史　松　古　呵　呵

tæ³³ ʂɿ³³ tæ³³ ʂɿ³³ sa³³ tæ³³ ʂɿ³³ gɣ³³ sa²¹ pe³³ na³³ do²¹ ʥi³³ gɣ³³ ʐɿ²¹ dy²¹ tæ³³ ʂɿ³³ ʂu²¹ gɣ³³
单　史　单　史　刹　单　史　古　刹　本　纳　朵　吉　古　日　敦　单　使　松　古

a³³ a³³ tæ³³ ʂɿ³³ tæ³³ ʂɿ³³ da⁵⁵ tæ²¹ ʂɿ³³ gɣ³³ da⁵⁵
呵　呵　单　史　单　史　大　单　使　古　大

祭司双膝跪在地上，点上香条念咒语。（咒语）

335-A-9-12

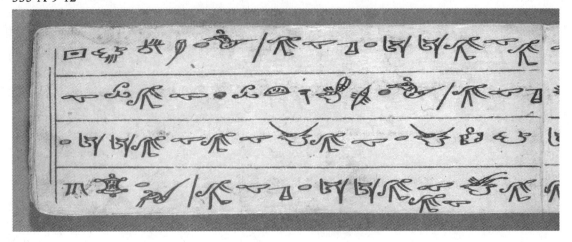

pe³³ pɣ⁵⁵ so³³ dʑi³³ gɣ³³ ʐʅ²¹ dy²¹ tæ³³ ʂʅ³³ su³³ gɣ³³ a³³ a³³ tæ³³ ʂʅ³³ tæ³³ ʂʅ³³ i²¹ tæ³³ ʂʅ³³
本　部　梭　吉　古　日　敦　单　史　松　古　呵　呵　单　史　单　史　益　单　史

gɣ³³ i¹³o²¹na²¹ lo²¹ luɯ⁵⁵ gɣ³³ʐʅ²¹ dy²¹ tæ³³ ʂʅ³³su²¹ gɣ³³ a³³ a³³ tæ³³ ʂʅ³³ tæ³³ ʂʅ³³ y²¹ tæ³³ʂʅ³³
古　益　吾　纳　吾　利　古　日　敦　单　史　松　古　呵　呵　单　史　单　史　余　单　史

gɣ³³ y²¹ dʑə²¹ bɣ³³ ga³³ tho²¹ gɣ³³ ʐʅ²¹ dy²¹ tæ³³ ʂʅ³³ su²¹ a³³ a³³ tæ³³ʂʅ³³ tæ³³ ʂʅ³³ se²¹ tæ³³
古　余　玖　补　高　妥　古　日　敦　单　史　松　呵　呵　单　史　单　史　神　单

（咒语）

335-A-9-13

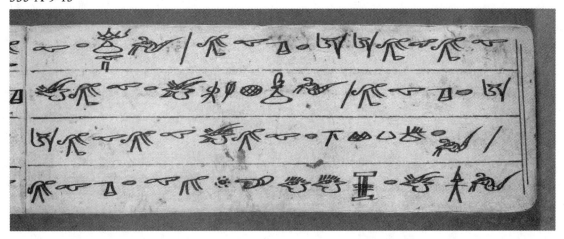

ʂʅ³³ gɣ³³ to³³ ba³³ʂər⁵⁵ lər³³, ʐʅ²¹ dy³³ tæ³³ ʂʅ³³ su³³ gɣ³³ a³³ a³³ tæ³³ ʂʅ³³ tæ³³ ʂʅ³³ i³³ tæ³³
史　古　东巴什罗　　　日　敦　单　史　松　古　呵　呵　单　史　　单　史　依　单

ʂʅ³³ gɣ³³ tshʅ⁵⁵ za²¹ dʑi³³ mu³³ se²¹ ʐʅ³³ dy²¹ tæ³³ ʂʅ³³ su²¹ gɣ³³ a³³ a³³ tæ³³ ʂʅ³³tæ³³ ʂʅ³³ tshʅ⁵⁵
史　古　次　饶　吉　猛　神　日　敦　单　史　松　古　呵　呵　单　史　单　史　次

tæ³³ ʂʅ³³ gɣ³³ ɕə⁵⁵ khə²¹ phɣ³³ so³³ gɣ³³zʅ²¹ dy²¹ tæ³³ ʂʅ³³ su²¹ gɣ³³ ʂʅ³³ bɣ²¹ by²¹ lɑ²¹æ²¹
单　史　古　秀　　克　普　梭　古　日　敦　单　史　松　古　史　补　比　劳　俺

æ²¹ phe²¹ gɣ³³ se²¹ dɣ²¹ zʅ²¹
俺　培　古　神　毒　日

（咒语）

335-A-9-14

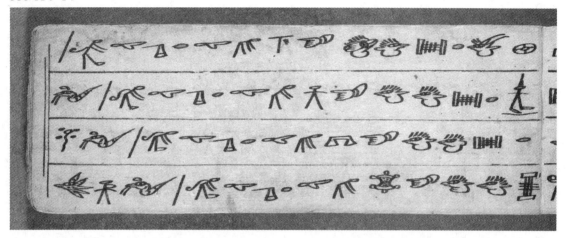

dy²¹ tæ³³ ʂʅ³³ su²¹ gɣ³³ ʂʅ³³ bv²¹ ɕy¹³lɑ³³ y³³ y³³ dɑ²¹ gɣ³³ se²¹ ni³³zʅ²¹ dy²¹ tæ³³ ʂʅ³³su³³
敦　单　史　松　古　史　补　秀　劳　余　余　达　古　　神　涅　日　敦　单　史　松

gɣ³³ ʂʅ³³ bɣ²¹ zo³³ lɑ³³ y³³ y³³ dɑ²¹ gɣ³³ dɣ²¹ dʑi³³ tʂhər³³ ʂʅ²¹ dy²¹ tæ³³ ʂʅ³³su²¹ gɣ³³ʂʅ³³
古　史　补　若　劳　余　余　达　古　毒　金　汁　日　敦　　单　史　松　古　史

bɣ²¹ gə³³ lɑ³³ y³³ y³³ dɑ²¹ gɣ³³ py²¹ bɑ³³ zʅ²¹ dy²¹ tæ³³ ʂʅ³³ su²¹ gɣ³³ ʂʅ³³ bɣ²¹ tho³³ lɑ²¹
补　格　劳　余　余　达　古　比　巴　日　敦　单　史　松　古　史　补　妥　劳

y³³y³³ dɑ²¹
余余　达

（咒语）

335-A-9-15

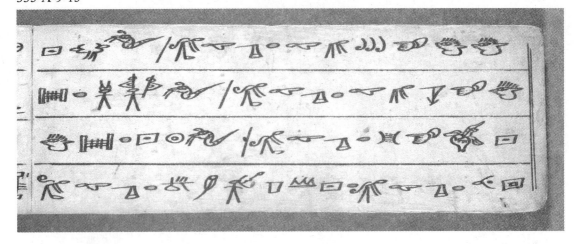

be³³ pɣ⁵⁵ zʅ²¹ dy²¹ tæ³³ ʂʅ³³ ʂu²¹ gɣ³³ ʂʅ³³ by²¹ hu²¹ la²¹ y³³ y³³ da²¹ gɣ³³tse²¹ dæ²¹ zʅ²¹
本　布　日　敦　单　史　松　古　史　补　恒　劳　余　余　达　古　仄　胆　日

dy²¹ tæ³³ ʂʅ³³ ʂu²¹ gɣ³³ ʂʅ³³ by²¹ tʂua³³ la²¹ y³³ y³³ da²¹ gɣ³³ be³³ ma³³ ʂʅ²¹ dy²¹ tæ³³ ʂʅ³³
敦　单　史　松　古　史　补　召　劳　余　余　达　古　本　玛　日　敦　单　史

ʂu²¹ gɣ³³ tɕər³³ la²¹ dʑy³³ be³³ tæ³³ ʂʅ³³ ʂu³³ gɣ³³ so³³ dʑi³³ tso²¹ to³³ mi³³ be³³ gɣ³³ tæ³³
松　古　江　劳　居　本　单　史　松　古　梭　金　佐　朵　明　本　古　单

ʂʅ³³ ʂu²¹ gɣ³³ kha³³ tɑ³³
史　松　古　卡　道

（咒语）

335-A-9-16

phɣ³³ da³³ tha⁵⁵ da³³ sa⁵⁵ gɣ³³ da²¹ le³³ ly²¹ puɯ³³ tæ³³ ʂʅ³³ ʂu³³ gɣ³³ zʅ²¹ lo²¹ le³³ n̠i³³
普　道　塔　道　刹　古　道　勒　吕　本　单　史　松　古　日　罗　勒　涅

du²¹ lo²¹ to³³ gɣ³³ dɑ²¹ gu³³ ʂ̩³³ ne²¹ dzɣ³³ pɑ³³ lɣ²¹ tʂə²¹ tæ³³ ʂ̩³³ su³³ │dʑɣ²¹ nɑ⁵⁵ zo⁵⁵
迪　罗　朵　古　达　庚　史　嫩　汝　宝　吕　周　单　史　松　　居　那　若　罗

lo³³ kɣ³³, lɑ³³ iə²¹ tɣ³³ tʂ̩²¹ luɯ⁵⁵, dzɣ³³ ne²¹ luɯ²¹ mə³³ luɯ⁵⁵, dzɣ³³ ne²¹ luɯ²¹ tʂu⁵⁵ tʂu⁵⁵,
上　自　悠　长　扣　脱　酋长　和　长老　不　脱　酋长　和　长老　团结

dzɣ³³ zo³³ y²¹ me³³ dzɣ³³ tɕər²¹ gɑ³³, │he²¹ i³³ uɑ³³ ʥi²¹ kɣ³³, the³³ uɯ³³ zə²¹ puɯ⁵⁵
酋　儿　生　是　纠纷　上　赢　神　的　碧　水　上游　经书　草　出

tshɿ²¹ │py²¹ ne²¹ phɑ²¹ mə³³ puɯ⁵⁵, │py²¹ lər⁵⁵ dy²¹ be³³ le³³ phɣ⁵⁵, phɣ³³ gə³³
来　祭司　和　卜师　不　断　　祭司　种籽　到处　地　又　撒　祖　的

dzər²¹ duɯ²¹ zo³³ le³³ tsæ⁵⁵, │muɯ³³ luɯ⁵⁵ tɣ³³ tɣ²¹ kɣ³³, le⁵⁵ tɕhi³³ guɯ³³ guɯ²¹ khu³³,
威　大　儿　又　加　天　地　千　千　处　阴间　万　万　旁

dzɣ³³ gɣ³³ khu³³,
纠纷　跟　前

（咒语）

在居那若罗山上，放置绳扣已很长久，山上放置的绳扣会脱掉，酋长和长老的团结不能脱。酋长和长老的团结，能战胜纠纷。在神地的碧水上游，是生产经书的地方，祭司和卜师的团结不能中断。做祭司的本事撒播在大地上，上辈的威力加在下辈人身上。在人世间的上千个地方或鬼地的上万个地方，在是非灾祸跟前，

335-A-9-17

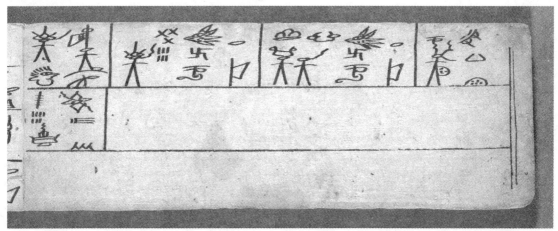

Py²¹ y²¹ tshɿ²¹ tɕər²¹ gɑ³³, │ti³³ tsɿ³³ gə²¹ bɑ²¹ sɿ²¹ ɕi³³ tʂhuɑ⁵⁵ tshər²¹ py²¹ uɯ³³ phɑ²¹ uɯ³³
祭祀　生　鬼　上　赢　　弟子　格巴　三　百　六十　　祭　善　卜　善

gɣ³³ be³³ ho⁵⁵ │lɣ³³ bɣ³³ zo³³ mi⁵⁵ py²¹ uɯ³³ phɑ²¹ uɯ³³ gɣ³³ be³³ ho⁵⁵. │kɣ³³ phər²¹ dzæ³³
成　做　愿　孙子　儿　女　祭祀　善　卜　善　成　做　愿　头　白　牙

ʂʅ²¹zʅ³³ ʂər²¹ hɑ⁵⁵ i³³ phɣ³³ do²¹ lɯ⁵⁵ do²¹zʅ³³ ʂər²¹ hɑ⁵⁵ i ³³ no³³uɑ²¹ sʅ⁵⁵ tɕər²¹ mi²¹ le³³ sɑ⁵⁵
黄 寿 长 日 久 祖 见 孙 见 寿 长 日 久 福泽 人 上 下 又 赐

有祭祀的祭司，就能战胜各种鬼。愿三百六十个格巴弟子善于祭祀、善于卜卦，愿死者儿女、子孙善于祭祀，善于卜卦。愿死者把白发黄牙、健康长寿、四世同堂的福泽赐给活着的人。

335-A-9-18

封底

（释读、翻译：和宝林）

326-A-10-01

çi³³ ŋɣ̩⁵⁵ • bər²¹ dʑi³³ the³³ ɯ³³

超度死者·献牦牛

326-A-10 超度死者·献牦牛

【内容提要】

　　这是一本超度死者时送牲的经书。当仪式进行到送死者上路的时候，要把活的牦牛、羊、马送给死者。这本经书列举了前人送牲的例子，说明这规矩历来就有。经书还告诉死者，若他不知道前去的路，牦牛和羊是知道的，他可以用马做乘骑跟着牦牛和羊走。到了祖先居住的地方，他还可以剪羊毛做衣服穿，把牦牛当做自己的财富去高原上放牧。希望他能把他拥有的福泽留给活着的人，为后人赐福。

【英文提要】

Salvation Ritual for the Dead, Ritual Yak Murder

This book is for the salvation of the dead and the ritual murder. When the ritual proceeded to the salvation section, living yak, lamb and horse were offered to the dead. This book lists the sample when ancestors did ritual murder. It shows that this rule had been existed all-time. It also tells the dead if didn't know the foregoing way, he could ride on the horse and follow the yak and lamb, because they knew the way. On arriving at the ancestor's place, the dead could make clothes by shearing the lamb and pasture the yak as his wealth. The dead was hoped to leave his fortune to the livings and endowed the descendants.

326-A-10-02

第1行："944"为洛克藏书的编号，并用洛克音标标注此书用于"超度放牧者仪式"。
第2行：东巴文为书名。
第3行：记录了此书书名的纳西语读音。

326-A-10-03

ʥŋ³³ kɤ⁵⁵ thɤ³³ tʂʅ³³ lo²¹, py²¹ kɤ⁵⁵ da³³ huɯ²¹ ŋə²¹, ʥi³³ ʥə²¹ la³³ lər³³ dy²¹, y²¹ ŋɤ⁵⁵
主事 会 出 这 群 祭 会 祭司 我 人 住 辽阔 地 祖先 超

tʂhʅ³³ dɯ³³ zʅ³³, | di³³ li²¹ zo³³ ɯ³³, ko³³ phər²¹ zo³³ tɕhi⁵⁵, bæ³³ a⁵⁵ mi⁵⁵ tɕi³³, y²¹ khə²¹
这 一 个 丧家 儿 好 鹤 白 小儿 野鸭 女 小 祖先

le³³ o²¹ tshŋ²¹, | lɤ³³ bɤ³³ lɤ³³ me³³ la³³, gɤ³³ bu²¹ tshe³³ bu²¹ lo⁵⁵, fɤ³³ tɕy²¹ huɯ²¹ lər²¹ ne²¹
又 集中来 孙 儿 孙 女 也 九 坡 十 坡 越 野鸭 叫 箐鸡 鸣 地

y²¹ khə³³ le³³ thɤ³³ tshŋ²¹. | sʅ³³ so²¹ bi²¹ thɤ³³ le³³ kæ²¹ lər²¹, ka³³ le³³ ɯ³³ kho³³ y²¹ tɕər²¹
祖先 前 又 到 来 三 早 日 出 乌鸦 叫 好 又 善 活 祖先 上

sʅ³³ dzu²¹ ʂə⁵⁵, | tʂhɤ⁵⁵ se³³ tɕi⁵⁵ pu³³ lər²¹, ka³³ le³³ ɯ³³ kho³³ y²¹ tɕər²¹ sʅ³³ dzu²¹ ʂə⁵⁵. | ʥi³³
三 句 说 秋天 到 布谷 叫 好 又 善 话 祖先 上 三 句 说 人

y²¹ muɯ³³ kɣ⁵⁵ bɣ²¹, y²¹　dʑi³³ le³³ buɯ²¹ me³³, muɯ³³ kɣ³³ zy²¹ ne²¹ za²¹ mə³³ æ²¹,y²¹　　la³³
生　天　穹　下　祖先　走　又　去　是　天　上三星　和　行星　不　斗祖先　　也

dy²¹ nuɯ³³ lo⁵⁵ le³³ fæ³³
地上　由　老　又　去

　　这一群主事者和祭司我，今天，来到这里超度这一位死者。丧家的儿女，白鹤似的小儿，野鸭似漂亮的小女，以及孙儿孙女们，越过九山十坡，像野鸡和箐鸡一般喊叫着，聚集在了祖先您的身旁。就像三天早晨的乌鸦叫唤声，他们要对您说三句好话，就像秋天布谷鸟的叫声，要对祖先你讲三句美好的话。在人类居住的天穹之下，祖先就要离开我们而去，天上的三星和行星没有发生争斗，祖先你可以从大地上出发。

326-A-10-04

dy²¹ ɳə²¹ sŋ²¹ ne²¹ lɣ²¹ mə³³ æ²¹,│y²¹ mu⁵⁵ duɯ³³ sŋ²¹ la³³,he¹³ dy²¹ gə²¹ le³³ pɣ⁵⁵.│tɕi²¹ khu³³
地　上　署　和　龙　不　争斗　祖先　这　位　也　神　地上　又　送　云间

phər²¹ lɣ⁵⁵ la³³, ka³³ le⁵⁵ me³³ i³³ le³³ dʑi²¹ tshŋ²¹, dy³³ dʑŋ²¹ tʂhŋ̍³³ ua²¹ le³³ dʑi²¹ tsŋ³³,│ so³³
白　生生　鹤　壮　母　是又飞　来　翅　长　所有　又　飞　来　高山

khu³³ sŋ²¹ lɣ⁵⁵ la³³, la³³ ɕy²¹ le³³ tsho³³ tshŋ²¹, bər⁵⁵ dʑŋ²¹ tʂhŋ̍³³ ua²¹ le³³ tsho³³ tshŋ²¹ │ko³³
旁　黄橙橙　虎　红　又　跳　来　斑纹　长　所有　又　跳　来　高原

ʂua²¹ ko²¹ kɣ³³ phər²¹,bər²¹ phər²¹ le³³ dʑə²¹ tshŋ²¹, kua³³ dʑŋ²¹ tʂhŋ̍³³ ua²¹ le³³ dʑə²¹ tshŋ²¹,│
原　顶　白　牦牛　白　又　跑　来　蹄　长　所有　又　跑　来

dʑi³³ dʑə²¹ la³³ lər³³ dy²¹, y²¹ gə³³ zo³³ tʂhər³³ mi⁵⁵ tʂhər³³ y²¹ gu²¹ le³³ thɣ³³ tshŋ²¹,│dʑi³³ dʑə²¹
人　住　辽阔　　地　祖先　的　孝男　　孝女　祖后　后　又　到　来　人　住

la³³ lər³³ dy²¹, phər²¹ na⁵⁵ le³³ a²¹ tshŋ²¹,bə³³ o²¹　le³³ a²¹ tshŋ²¹.
辽阔　　地　盘人　纳人　又　聚集　来　崩人　吾人又　聚　来

　　大地上，署和龙没有在争斗，可以把祖先送到神灵居住的地方去。天上的云儿白生生，矫健的白鹤飞来了，所有长翅的鸟儿都飞来了。高山上黄橙橙，高山上的红虎跳着来了，所有长斑纹的猛兽都跳着来了。高原顶上白皑皑，白色的牦牛跑着来了。所有长蹄的动物都跑着来了。在辽阔大地上，死者的孝儿孝女都来到了祖先跟前。大地上盘人、纳人来了，崩人、吾人来了。

326-A-10-05

tshŋ³³	py²¹	sŋ³³	phe³³	tʂʰŋ³³	dɯ³³	dʑi²¹,	zo³³	çi²¹	ɯ³³	mə³³	çi²¹,	zo³³	çi²¹	mu⁵⁵	the²¹	be³³,æ³³
祭祀	主人	这	一	家	儿	养	好看	不	养	儿	养	老	在	防	粮

phɣ⁵⁵	ɯ³³	mə³³	phɣ⁵⁵,	æ³³	phɣ⁵⁵	zu²¹	the²¹	be³³.	i³³	da²¹	tʂʰŋ³³	dʑi²¹	gə³³	tʂʰər³³	me³³	dɯ³³
撒	好看	不	撒	粮	撒	饿	在	防	主人	这	家	的	媳妇	一	

khu³³	phu³³,	zo³³	ɯ³³	dɯ³³	khu³³	phu³³,	mi⁵⁵	ɯ³³	dɯ³³	khu³³	phu³³,	sŋ³³	bɯ³³	to²¹	tshy⁵⁵
门	开	儿	好	一	门	开	女	好	一	门	开	父亲	去	庇护	价

zɿɑ²¹,	me³³	bɯ³³	ȵi⁵⁵	tshy⁵⁵	zɿɑ²¹,	ko²¹	gə³³	ȵi³³	tshy⁵⁵	zɿɑ²¹,	to⁵⁵	gə³³	ma²¹	tɕi³³	phɣ³³	le³³
还	母	去	寄生	债	还	里	的	奶	价	还	额	上	油	置	价	又

zɿɑ²¹,	gɣ³³	gɣ³³	lɣ²¹	phɣ³³	zɿɑ²¹,	ʂər³³	ga³³	le²¹	phɣ³³	zɿɑ²¹,	mɯ³³	phɣ³³	dy²¹	phɣ³³	zɿɑ²¹,
还	九	赐福	价	还	七	保佑	价	还	天	价	地	价	还

dʑŋ³³	phɣ³³	uə³³	phɣ³³	zɿɑ²¹,	sər³³	phɣ³³	lɣ³³	phɣ³³	zɿɑ²¹,	bər²¹	nɯ³³	y²¹	gə³³	tshy⁵⁵	phɣ³³	be³³
村	价	寨	价	还	木	价	石	价	还	牦牛	由	祖先	的	赔	价	做

le³³	zɿɑ²¹.	ŋɣ³³	lɣ³³	tho³³	dʑy²¹	ua³³	lɯ⁵⁵	tɣ²¹,	y²¹	khɯ³³	mə³³	thɯ²¹	thɯ²¹	lɯ³³	se²¹,	bər²¹
又	还	雪山	松山	处	又	到	祖先	脚	不	累	累	会	了	牦牛

nɯ³³	y²¹	gu²¹	tsæ⁵⁵,	y²¹	khɯ³³	mə³³	thɯ³³	lo⁵⁵	le³³	fæ³³.	la³³	lər³³	dʑi²¹	dɯ³³	ʂər³³	ho²¹	dər²¹
由	祖先	乘骑	献	祖先	脚	不	累	走	又	去	悠长	水	大	七	条	过

bɯ³³	me³³,	y²¹	khɯ³³	mə³³	tɕhi⁵⁵	tɕhi⁵⁵	lɯ³³	se²¹,	pa²¹	me³³	dɯ³³	dʑo²¹	y²¹	kæ³³	tʂo⁵⁵,	y²¹
要	是	祖先	脚	不	冷	冷	回	了	宽	的	一	桥	祖先	前	架	祖先

khɯ³³ mə³³ tɕhi⁵⁵ lo⁵⁵ le³³ fæ³³.│ ə³³ sʅ²¹ ə³³ gɣ³³ ŋə²¹
脚　　不　　冷　　越　　又　去　父　　舅　　我

做祭祀的这一户主人家，养育儿女不是为了图好看，养儿是为了防老。撒播庄稼不是图好看，而是为了防饥饿。这一户主人家的媳妇开启一道门，儿子开启一道门，女儿开启一道门，父亲死了，儿女要偿还庇护儿女的赔价，母亲死了要偿还十月怀胎的赔价，偿还吃奶的价，偿还额上抹油养育成长的价，偿还九种赐福的价、七种保佑的价。偿还父母亲的天地价、村寨房屋价，偿还木价、石价。用牦牛作为祖先的赔价来偿还。祖先走到雪山脚下的松林里，祖先说不累也累了，请你用牦牛作乘骑，轻松地走过去。到了大河边上，祖先说不冷，趟水的脚也会冷的，给祖先在大河上架起一座宽桥，请祖先腿脚不受凉地走过去。作为父舅辈的祭司我，

326-A-10-06

tshʅ³³ py²¹ ly⁵⁵ khɯ³³ dɣ²¹ nɯ³³ gə²¹ dɯ⁵⁵ dɯ³³, y²¹ dʑi³³ y²¹ çə⁵⁵ le³³ bɯ³³ me³³,bər²¹ nɯ³³
祭祀　　做　　场地　　　的　上边　　祖先走祖先行又　去　是　牦牛　由

gə²¹ le³³ sʅ³³,│ ŋɣ³³ lɣ³³ tho³³ dʑy²¹ ua³³, bər²¹ nɯ³³ mə³³ thy³³ kɣ³³ mə³³ dʑy³³,│ dʑi³³ ho²¹
上　又　引　雪山　　松林　山　上　牦牛　由　不　到　处　没　有　　水　流

hɯ⁵⁵ dər³³ kɣ³³, çy³³ sʅ²¹ bər²¹ nɯ³³ mə³³ dər²¹ kɣ³³ mə³³ dʑy³³.│ tshʅ³³ py²¹ ly⁵⁵ khɯ³³ dɣ²¹
湖泊　　中　兽　似牦牛　由　不　趟　处　没有　　祭祀　　做　场地

nɯ³³ gə²¹ dɯ⁵⁵ dɯ³³, zʅ³³ pa²¹ zʅ³³ tshʅ²¹ me³³ bər²¹ nɯ³³ sʅ³³,│ bu²¹ ʂua²¹ bu²¹ çy²¹ me³³
由　上　一　边　路宽　路窄　是　牦牛　由　知　坡　高　坡　矮　是

la³³ bər²¹　nɯ³³ sʅ³³, lo²¹ dɯ²¹ lo²¹ tɕi⁵⁵ bər²¹ nɯ³³ sʅ³³, bi³³ dɯ²¹ bi³³ tɕi⁵⁵ la³³ bər²¹ nɯ³³
也　牦牛　由　知　箐　大　箐　小　牦牛　由　知道　林　大　林　小　也　牦牛　由

sʅ³³, dʑi²¹ dɯ²¹ dʑi²¹ tɕi⁵⁵ la³³ bər²¹　nɯ³³ sʅ³³,│ dʑy²¹ na⁵⁵ ʂua³³ çy²¹ kɣ³³ la³³ bər²¹ nɯ³³
知道　水　大　水　小　也　牦牛　由　知　山　大　高　底　处　也　牦牛　由

sʅ³³.│y²¹ mu⁵⁵ dɯ³³ sʅ²¹ la³³ bər³³ nɯ³³ sʅ¹³ le³³ fæ³³.
知　祖父　　一　位　也牦牛　由　引　又　去

等祖先要从祭祀场地往上去时，要让牦牛作为向导领着您去。雪山松林中没有牦牛不曾到过的地方，在有水流和湖泊的地方，没有像野兽一样的牦牛不曾趟过的水。从祭祀场地往上去，什么地方的路宽，什么地方的路窄，哪儿的山坡高，哪儿的山坡矮，牦牛都知道。哪里的山箐大，哪里的山箐小，牦牛都知道。哪里的森林大，哪里的森林小，牦牛都知道。哪里的水大，哪里的水小，牦牛都知道。大山上的高处和矮处牦牛都去过。祖先呀，就让牦牛领着您上去吧。

326-A-10-07

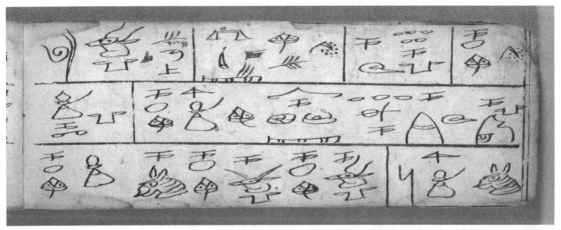

bər²¹ thɣ³³ bər²¹ pɯ⁵⁵ kɣ³³mə³³ sɿ³³, bər²¹ dzo²¹ ʂə⁵⁵ mə³³ n̠i²¹,｜gə²¹ nɯ²¹ dzər³³ tɕhi⁵⁵ thɣ³³,
牦牛 出 牦牛 来 处 不 知 牦牛 事 说 不 要 上 由 露 冷 生

dy²¹ nɯ³³ sa⁵⁵ lɣ²¹ thɣ³³, dzər³³ tɕhi⁵⁵ sa⁵⁵ lɣ²¹ pɯ³³ pɑ³³be³³,｜hɯ⁵⁵ phər²¹ dɯ³³ hɯ³³ thɣ³³,
地 由 气 暖 出 露 冷 气 暖 交 合 做 海 白 一 海 生

hɯ⁵⁵ phər²¹ pɯ³³ pɑ³³ be³³, kɣ³³ phər²¹ ua⁵⁵ lɣ³³ thɣ³³,｜kɣ³³ phər²¹ dɯ³³ lɣ³³ pɯ³³ pɑ³³
海 白 变 化 做 蛋 白 五 颗 生 蛋 白 一 颗 变化

be³³, he³³ dɯ²¹ ua³³ phər²¹ thɣ³³.｜kɣ³³ phər²¹ dɯ³³ lɣ⁵⁵ pɯ³³ pɑ³³ be³³, mɯ³³ lɯ⁵⁵ dɯ²¹ dʐɿ³³
做 恒 迪 窝 盘 产 生 蛋 白 一 颗 变化 做 美 利 董 主

thɣ³³, mɯ³³ lɯ⁵⁵ dɯ²¹ dʐɿ³³ pɯ³³ pɑ³³ be³³, du¹³ gə³³ mɯ³³ phər²¹ dy²¹ phər²¹ thɣ³³, bi²¹
产生 美 利 董 主 变 化 做 董 的 天 白 地 白 产生 日

phər²¹ le²¹ phər²¹ thɣ³³, kɯ²¹ phər²¹ za²¹ phər²¹ thɣ³³, dzy²¹ phər²¹ lo²¹ phər²¹ thɣ³³, hɯ⁵⁵
白 月 白 产生 星 白 宿 白 产生 山 白 箐 白 产生 海

phər²¹ æ²¹ phər²¹ thɣ³³.｜kɣ³³ phər²¹ dɯ³³ lɣ⁵⁵ pɯ³³ pɑ³³ be³³, du²¹ gə³³ zua³³ phər²¹ thɣ³³.
白 崖 白 产生 蛋 白 一 颗 变化 做 董 的 马 白 产生

kɣ³³ phər²¹ dɯ³³ lɣ⁵⁵ pɯ³³ pɑ³³ be³³, du¹³ gə³³ y²¹ phər²¹ thɣ³³ kɣ³³ phər²¹ dɯ³³ lɣ⁵⁵
蛋 白 一 颗 变化 做 董 的 羊 白 产生 蛋 白 一 颗

puɯ³³ pɑ³³be³³, du¹³ gə³³ bər²¹ phər²¹ thɣ³³.│dɯ³³ tʂər⁵⁵ mɯ³³ lɯ⁵⁵ du²¹ dʑɻ³³, ʐuɑ³³ phər²¹
变化　　做　董的牦牛　白　产生　一　代　美利董主　　　马　白

若不知道牦牛的出处来历，就不要说牦牛的事。由上边产生冰凉的露水，从地上产生暖气。冰凉的露水和暖气相交合，产生了一座白色大海。由白色大海作变化，产生了五颗白色的蛋。一颗白蛋作变化，产生了恒迪窝盘大神。一颗白蛋作变化，产生了美利董主。美利董主作变化，产生了董地的白色天，白色地，白色的日月，白色的星宿，白色的山和箐，白色的大海和山崖。一颗白色的蛋作变化，产生了董地的白马。一颗白蛋作变化，产生了董地的白羊。一颗白色的蛋作变化，产生了董地的白色牦牛。在这一代里，产生了美利董主、白马、

326-A-10-08

ɣ²¹ phər²¹ bər²¹ phər²¹ lu³³ sy²¹ thɣ³³, lu³³ sy²¹ puɯ⁵⁵.│mɯ³³ lɯ³³ du¹³ dɯ³³ tʂhər⁵⁵, ʐuɑ³³
羊　白　牦牛　白　四　样　产生　四　样　出世　美利董　　　一　代　马

phər²¹ ɣ²¹ phər²¹ bhər²¹ phər²¹ ho²¹, ko²¹ʂuɑ²¹ ko²¹ kɣ³³ phər²¹ i³³ le³³ lɣ⁵⁵ khɯ⁵⁵.│bər²¹ i³³
白　羊　白　牦牛　白　赶　高原　原顶　白　是　又　牧　去　牦牛　是

çi²¹ phər²¹ iə⁵⁵, ɣ²¹ i³³ dʑe³³ çɣ²¹ iə⁵⁵, ʐuɑ³³ i³³ tshe³³ phər²¹ tuɯ⁵⁵ le³³ çi²¹.│mɯ³³ lɯ⁵⁵ du²¹
稻　白　喂　羊　是　麦　红　喂　马　是　盐　白　饮　又　养　美利董

dɯ³³ tʂhər⁵⁵, mə³³ ʂɻ³³ mə³³ mu⁵⁵ me³³ thɯ³³ zɻ³³, ɣ²¹ sɻ³³ sɻ³³ phər²¹ ku⁵⁵,sɻ⁵⁵ dʑi³³ be³³ le³³
一　代　不　死　不　老　的　那　时　羊毛毡　白　擀　人　衣　做　又

mu²¹,│ko³³ ʂuɑ²¹ ko²¹ kɣ³³ phər²¹, ɣ²¹ dɯ³³ tʂhɻ³³ dɯ³³ me³³, bə³³ dɯ²¹ lɑ³³ çɣ²¹ do²¹ mə³³
穿　高原　原上　白　羊　大　这　一　只　掌　大　虎　红　见　不

tɕi⁵⁵, ɣ²¹ tɕi⁵⁵ tʂhɻ³³ dɯ³³ me³³, phɑ²¹ khɯ³³ nɣ⁵⁵ na²¹ uɑ²¹ me³³ tʂhɻ³³ mə³³ zər³³.│ɣ²¹ lɑ³³
怕　羊　小　这　一　只　豺　狼　嘴　黑　吓　的　那　不　怕　羊　也

tshe³³ phər²¹ tuɯ⁵⁵ le³³ iə⁵⁵.│mɯ³³ lɯ⁵⁵ du²¹ dɯ³³ tʂhɻ⁵⁵, bər²¹ phər²¹ tʂhɻ³³ dɯ³³ me³³, sɻ⁵⁵
盐　白　饮　又　给　美利董　　一　代　牦牛　白　这　一　只　人

gə³³ ɯ³³ ua²¹ iæ³³.
的   牛   是   了

白羊、白牦牛四种东西。美利董主赶着白马、白羊、白牦牛到高原上去放牧，给白牦牛喂白色稻米，给白羊喂红色的麦面，给白马饮用盐巴水。在美利董主活着的时候，剪来羊毛擀毡子，穿上披毡来御寒。在高原上，大的羊儿，看见巨掌红虎也不惧怕。小的羊儿也不怕黑嘴的豺狼来威胁，美利董主也时常让羊儿饮用白色的盐水。

    在美利董主这一代人中，牦牛是活人饲养的牲畜，

326-A-10-09

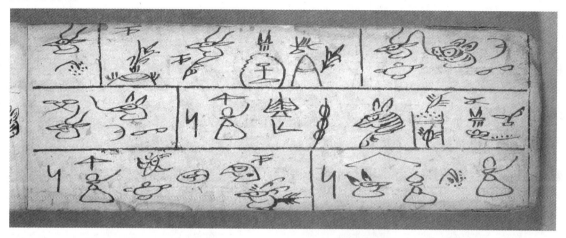

bər²¹ la³³ sʅ⁵⁵ gə³³ bər²¹ le³³ be³³. |bər²¹ phər²¹ ko²¹ phər²¹ do³³, iə²¹ ba²¹ dzər²¹ ba²¹ o²¹,
牦牛 也 人 的 牦牛 又 做   牦牛 白 高原 白 爬 尤孜花 奶花   食

mɯ³³ lɯ⁵⁵ du²¹ ʥʅ³³ bər²¹ sʅ³³ kɣ⁵⁵ ʥi²¹ thɣ²¹ so³³ ba²¹ be³³ le³³ ʥʅ²¹. |bər²¹ dɯ³³ tʂhʅ³³
美利董主   牦牛毛 毡 房 建 山花 做 又 住 牦牛 大 这

dɯ³³ me³³, bə³³ dɯ²¹ la³³ çy²¹ ua²¹ lɯ³³ la³³ mə³³ zər³³, |bər²¹ tɕi⁵⁵ tʂhʅ³³ dɯ³³ me³³, pha²¹
一 只 掌 大 虎 红 威胁 来 也 不 怕 牦牛 小 这 一 只 狼

nɯ³³ ua²¹ lɯ³³ la³³ tʂhʅ³³ mə³³ tɕi⁵⁵. |mɯ³³ lɯ⁵⁵ du¹³ dɯ³³ tʂhər⁵⁵, sʅ⁵⁵ gə³³ khɯ³³ tshu²¹
由 威胁 来 也 那 不 怕 美利董   一 代 人 的 脚力 快

zua³³ nɯ³³ be³³, zua³³ i³³ çi³³ phər²¹ ʥe³³ na²¹ kɣ³³ lər⁵⁵ iə⁵⁵. |mɯ³³ lɯ⁵⁵du²¹ dɯ³³ tʂhər⁵⁵,
马 由 做 马 是 稻 白 麦 黑 粮 粒 给 美利董   一 代

mu⁵⁵ me³³ tʂhʅ³³ dɯ³³ n̠i³³, le³³kæ²¹ zo³³ mə³³ ua²¹, kɣ³³ phər²¹ ʥy³³ se³³ iə³³, tɕhi²¹ phər²¹
老 的 这 一 天 乌鸦 儿 不 是 头 白 有 了 是 麂 白

zo³³ mə³³ ua²¹,mæ³³ na²¹ ʥy³³ se³³ iə³³. |dɯ³³ tʂhər⁵⁵,ʥi³³ y²¹ mɯ³³ kɣ⁵⁵ bɣ²¹,he³³ be³³ bɯ³³
儿 不 是 尾 黑 有 民 是 一 代 人 生 天 穹 下 神 做 去

duɯ³³ ȵi³³, muɯ³³ lɯ⁵⁵ du²¹ dʑɿ³³ gə³³.
　一　天　美利董主　　　　　的

牦牛也愿意为人所饲养。白色的牦牛爬到高原上去吃尤孜野花，去食有乳汁的花，美利董主搭建牦牛毛擀的毡房，山花似的住在高山上。大的牦牛不怕巨掌红虎来威胁，小的牦牛不怕黑嘴的豺狼来威胁。美利董主用白马做迅速赶路的脚力，用白色稻谷、黑色麦子及各种粮食来喂养白马。等到美利董主年老的时候，他不是乌鸦，但是就像行将老去的乌鸦，头上出现了白毛，他不是麂子，但是就像老麂子，尾巴已经变成黑色了。一旦生活在天穹下的人，将要成为神灵的时候。美利董主

326-A-10-10

du³³ zo³³ gɣ³³ kɣ⁵⁵,du²¹ mi⁵⁵ gɣ³³ kɣ³³ thɯ³³,zo³³ ɕi²¹ ɯ³³ mə³³ ɕi²¹,zo³³ ɕi²¹ mu⁵⁵ the²¹ be³³,
董儿 九 个 董女 九 个 是 儿 养 好 看 不 养 儿 养 老 在 防

æ³³ phɣ⁵⁵ ɯ³³ mə³³ phɣ⁵⁵,æ³³ phɣ⁵⁵ zu²¹ the³³ be³³.|mɯ³³ phɣ³³ dy²¹ phɣ³³ zuɑ²¹, dʑɿ³³ phɣ³³
粮 撒 好 不 撒 粮 撒 饿 在 防 天 价 地 价 还 村 价

uə³³ phɣ³³ zuɑ²¹,sər³³ phɣ³³ lɣ³³ phɣ³³zuɑ²¹, |bər²¹ ne²¹y²¹ ŋɣ³³ tsæ⁵⁵ gu²¹ nɯ³³ tshy²¹ phɣ³³
寨 价 还 木 价 石 价 还 牦牛 和 羊 木 身 乘 马 由 还 价

be³³ le³³ zuɑ²¹ . |du³³ zo³³ gɣ³³ kɣ⁵⁵ nɯ³³, i²¹ ʂɿ⁵⁵ bu²¹ dʑo³³ py³³ bɣ²¹ dy⁵⁵ le³³ py²¹. ʂɿ³³ i³³
做 又 还 董儿 九 个 由 依世补佐 祭司 请 又 祭 毡 是

bər³³ phər²¹ zɿ²¹ lɣ³³ tu²¹,tshɿ³³ ʂu³³ phər²¹ me³³ se³³ do³³ du²¹ lu³³ tshɿ⁵⁵, zɿ²¹ i³³ tshuɑ³³
牦牛 白 神座 设 犁 铁 白 的 按 规矩 董神 石 竖 神座 是 米

phər²¹ kuɑ⁵⁵ le³³ o⁵⁵, hæ³³ ʂɿ²¹ bæ³³mi³³ dɯ³³ tɣ²¹ dɯ³³ ɕi³³ tʂɿ⁵⁵. |i²¹ ʂɿ⁵⁵ bu²¹dʑo³³ py³³ bɣ²¹
白 神粮 又 倒 金 黄 灯火 一 千 一 百 点 依世补佐 祭司

nɯ³³, |ʂɿ⁵⁵ gə³³ zuɑ³³ nɯ³³|tshɿ³³ py²¹ lɣ⁵⁵ khu³³ dɣ⁵⁵ nɯ³³ ma¹³ khə²¹ tshi⁵⁵,ma¹³ khə²¹ le³³
由 人 的 马 由 祭祀 做 场 里 由 您 跟前 抛 您 跟前 又

thγ³³ ho⁵⁵,| sʅ⁵⁵ gə³³ zua³³ nɯ³³ mə³³ ʂʅ³³ ma²¹ khə²¹ tγ³³
到　愿　人　的　马　由　不　死　您　跟前　到

养育了九个儿子、九个姑娘。养育儿女不是为了图好看，是为了养儿防老，撒播庄稼，也不是为了图好看，是积谷防饥。偿还美利董主的天价、地价、村价、寨价、木价、石价。用羊、牦牛和祖先木身的乘骑马，去偿还美利董主的债。九个董儿，请依世补佐祭司做祭祀，用牦牛毛擀的白色毡子铺神座，白铁犁尖竖在神座上做董神石，白米倒在簸箕里做神粮，点起一千一百盏金黄色的灯火，依世补佐用人们饲养的马匹，从祭祀场上赶下去，让马匹能够到达祖先您的跟前。马儿到了祖先您的跟前，

326-A-10-11

ma²¹ gə³³ zua³³ le³³ be³³, mɯ³³ lɯ⁵⁵ du²¹ dʐʅ³³ ne²¹ zua³³ ɲi³³ kγ³³, mi²¹ ko²¹ miə²¹ bər³³
您　的　马　又　做　美利董主　　　和　马　两　个　眼　里　眼泪

thγ³³, ŋγ³³ ŋγ²¹ ne²¹ le³³ ly²¹.| y²¹ gu²¹ zua³³ nɯ³³ dʑæ⁵⁵, y²¹ la³³ gγ³³ hu²¹ he³³ hu²¹ se²¹ .|
出　哭　　在　又　面对祖先　乘骑马　来　做　祖先　也　身　安　神　安　了

i²¹ ʂʅ⁵⁵ bu²¹ dʑo³³ py³³ bγ²¹ nu²¹,tshʅ³³ py²¹ ly⁵⁵ khu³³ dγ²¹, y²¹mə³³ ʂʅ³³ me³³ tshi⁵⁵,| y²¹ la³³
依世补佐　　　祭司　由　祭祀　做　场　里　羊　不　死　的　抛　羊　也

sʅ⁵⁵ gə³³ y²¹ ua²¹ iæ³³.| tɕi⁵⁵ tha³³ y²¹ tshʅ³³ gæ²¹, y²¹ dʑi³³ le³³ be³³ fæ³³,| tshʅ³³ py²¹ ly⁵⁵
人　的　羊　是　了　剪　利　羊　毛　剪　祖先　衣　又　做　去　祭祀　做

khu³³ dγ²¹ nu³³ ma²¹ tɕy²¹ tshi⁵⁵, y²¹ la³³ ma¹³ khu³³ thγ³³, y²¹ la³³ miə²¹ bər³³ thγ³³,mɯ³³
场　地　由　您　朝　抛　羊　也　您　跟前　到　羊　也　眼泪　出

lɯ⁵⁵ du²¹ dʐʅ³³ miə²¹ bər³³ thγ³³ le³³ ly²¹.| mə³³ ʂʅ³³ sʅ⁵⁵ thu³³ zʅ³³, sʅ⁵⁵ gə³³ u³³ ɯ³³
美利董主　　　眼泪　流　又　面对　不　死　活　那　时　人　的　财富

bər²¹ nu³³ be³³,| ʂʅ³³ se³³ y²¹ du³³ zʅ³³, bər²¹ ɯ³³ tʂhʅ³³ du³³ me³³,|tshʅ³³ py²¹ ly⁵⁵ khu³³
牦牛　来　做　　死　了祖先　一　代　牦牛　好　这　一　只　祭场　做　场

dɣ²¹ nɯ³³ tshi⁵⁵,tshi⁵⁵ le³³ mɑ²¹ khɯ³³ thɣ³³,
里　冉　抛　　抛　又　您　跟前　到

就做您的马儿吧。马儿流眼泪，美利董主也流着泪，伤心地又面对。请用马做祖先您的乘骑，那样，祖先就身安神安了。

　　依世补佐祭司在祭祀场地里，把未死的羊儿赶下去，羊儿本来是人饲养的羊，请祖先您去剪羊儿身上的毛，去做您的衣服。从做祭祀的场地里将羊儿赶下去，羊儿到了祖先跟前，羊儿流着眼泪，美利董主流着眼泪，伤心地又面对。

　　美利董主您未死还活着的时候，牦牛是您的财富，您死了以后，牦牛要从做祭祀的地方抛下去，把牦牛赶到美利董主您的跟前。

326-A-10-12

bər²¹ la³³ miə²¹ ko²¹ miə²¹ bər³³ thɣ³³, mɯ³³ lɯ⁵⁵ du²¹ dʐ̩³³ la³³, miə²¹ ko²¹ miə²¹ bər³³ thɣ³³,
牦牛 也 眼 里 眼泪 出　　美利董主　　　 也 眼 里 眼泪 　出

le³³ dʐ̩²¹, thɯ³³ s̩²¹ la³³ kɣ³³ mæ⁵⁵, mɯ³³ lɯ⁵⁵ du³³dʐ̩³³ la³³,gɣ³³ hu²¹ he³³ hu²¹ se²¹, tʂhɣ⁵⁵
又 住 这样 做 的 以后　 美利董主　　　　 也 身 安 神 安 了 马

zi³³ bu²¹ zi³³ se²¹.| dɯ³³ tʂh̩⁵⁵, du²¹ zo³³ gɣ³³ kɣ⁵⁵ thɯ³³, mɯ³³ phv³³dy²¹ phɣ³³ zua²¹,dʐ̩³³
美 鬃 美 了　 一 代 董 儿 九 个 是　 天 价 地 价 还 村

phɣ³³ uə³³ phɣ³³ zuɑ².| bər²¹ phər²¹ me³³ nu³³ zua²¹.| mɯ³³ lɯ⁵⁵ du²¹ dʐ̩³³ phɯ³³ ɯ³³ sa⁵⁵
价 寨 价 还　 牦牛 白 的 来 还　 美利董主　　　 话 好 会

ɯ³³, phɣ³³ do²¹ lɯ⁵⁵ do²¹ no³³ ua²¹ s̩⁵⁵ le³³ sa⁵⁵.mɯ³³ tɕər²¹ ku²¹ iə²¹ dʐɣ²¹,dy²¹ tɕər²¹ zə²¹
好 祖 见 孙 见 福泽 人 又 赐 天 上 星 使 增 地 上 草

iə²¹ dzy³³ be³³ ho⁵⁵,du²¹ gə³³ zo³³ mi⁵⁵ gɣ³³ kɣ⁵⁵ la³³ z̩³³ ʂər²¹ ha⁵⁵ i³³,dʑi²¹ i³³ dər²² ʂər⁵⁵,
似 增 做 愿 董 的 儿 女 九 个 也 寿 长 日 久 水 流 塘 满

nɯ²¹ne²¹ ua²¹ gɣ³³ be³³ ho⁵⁵.| dɯ³³ tʂhər⁵⁵, tso²¹ ze³³ lɯ⁵⁵ ɯ³³ tsho²¹ bər³³ tsh̩²¹ dɯ³³ ɲi³³,
福 和 泽 成 做 愿　 一 代　 崇忍利恩　　　 人 迁 来 一 天

ho²¹ la³³ mə³³ ho²¹ sy²¹ mə³³ dʑy³³, mɯ³³ lɯ⁵⁵ mə³³ ʂʅ³³ tʂhər³³ ,tʂhʅ³³ tʂər³³ ho²¹ mə³³ kɤ⁵⁵,
赶　是　不　赶　什么 没　有　天　地　不　死　药　　这　药　赶　不　会

tsho²¹ ze³³ lɯ⁵⁵ ɯ³³ ʂʅ³³ ne²¹ mu⁵⁵ le³³ dʑə²¹.│ɯ³³ hu²¹ tʂhʅ³³ ʂʅ²¹ zʅ³³,dʑə²¹ bɤ³³ thy³³ tʂhʅ³³
崇忍利恩　　　死　和　老　又　有　利恩儿　这　三　个　玖补土蛊

zʅ³³ ʂər²¹ py³³ bɤ²¹ dy⁵⁵ le³³ py²¹. zuɑ³³ y²¹.
寿　长　祭司　　请　又　祭　马　羊

牦牛眼里流着眼泪，美利董主流着眼泪，坐在一起。从此以后，美利董主也身安神安了，就像骏马配上了一身漂亮的鬃毛。九个董儿用牦牛作为天价、地价、村价、寨价偿还给自己的父亲。美利董主把他会说好话，健康长寿，四世同堂的福泽赐给了活着的人。从此，九个董族的儿女，就像天上布满星星，地上长满青草一样繁荣昌盛，他们健康长寿，生活似水流满塘，充裕富足，有福有泽。

　　崇忍利恩从天上迁徙下来的时候，带着许多东西，很少有不曾带来的，就是不会带天地间的不死不老药。长寿的崇忍利恩终于老了，死了。崇忍利恩的三个儿子，请玖补土蛊祭司做祭祀，要把马、羊、

326-A-10-13

bər²¹ nɯ³³ y²¹ gu²¹ pɤ⁵⁵, he²¹ dy²¹ gə²¹ le³³ pɤ⁵⁵.│y²¹ la³³ kho³³ ɯ³³ sa⁵⁵ɯ³³ nɯ³³ no³³ uɑ²¹
牦牛 由 祖先 上 送　神　地 上　又　送　祖先 也　声 好　气 好　由　福泽

sʅ⁵⁵ le³³ sa⁵⁵.│ɯ³³ hu²¹ thɯ³³ sʅ²¹ zʅ³³,mɯ³³ thɤ³³ dy²¹ khu³³ ne²¹ le³³dʑə²¹.│o²¹ i³³ ka³³ le²¹
人　又　赐　利恩儿 这　三　个　天　开　地 辟　在　又　住　窝依高勒趣

tshy⁵⁵ la³³ mu⁵⁵ dɯ³³ ɳi³³,tshy⁵⁵ zʅ³³ tʂhʅ³³ lu⁵⁵ zʅ³³,dʑi³³ ɯ³³ ʂər⁵⁵ lər²¹ dy⁵⁵ le³³ py²¹,thɤ³³
也　死 一　天　趣　儿　这　四　个　精恩什罗　　请　又　祭　土布

phe³³dʑo³³ phər²¹ tso⁵⁵,hæ³³ ʂʅ²¹ bæ³³ mi³³ tɤ²¹ le³³ çi³³ tɕər³³ tʂʅ⁵⁵, │tsʅ⁵⁵ py²¹ ly⁵⁵ khu³³ dɤ²¹
桥　白　架　金　黄　灯　火　千　又　百　盏　点　祭祀　做　场　地

nɯ³³, ʐua³³ ne²¹ y²¹ bər²¹ i³³ y²¹ gu²¹ tshi⁵⁵, he¹³ dy²¹ gə²¹ le³³ pɣ⁵⁵.| tshy⁵⁵ zɭ³³ lu⁵⁵ zɭ³³ la³³,
由　　马　和 羊 牦牛 是 祖先 后 抛　　神 地方 上 又 送　　趣　 儿 四 个 也

mɯ³³ phɣ³³ dy²¹ phɣ³³ ʐua²¹ ʥɭ³³ phɣ³³ uə³³ phɣ³³ ʐua²¹, sər³³ phɣ³³ lɣ³³ phɣ³³ ʐua²¹.
天　 价　 地　 价　 还　 村　 价　 寨　 价　 还　 木　 价　 石　 价　 还

牦牛献给祖先，和祖先一起送到神灵住的地方去。祖先也好声好气地把他们所有的福泽赐给
活着的人。得到福泽的崇忍利恩三个儿子开天辟地幸福地生活着。
　　窝依高勒趣死的那一天，窝依高勒趣的四个儿子，请精恩什罗祭司做祭祀，用土布作白
色桥梁，点上成百上千盏灯，从祭祀场上把马、羊、牦牛献给祖先，把它们和祖先一起送到
神地去。高勒趣的四个儿子，作为天价、地价、村价、寨价、木价、石价偿还欠下父亲的债，

326-A-10-14

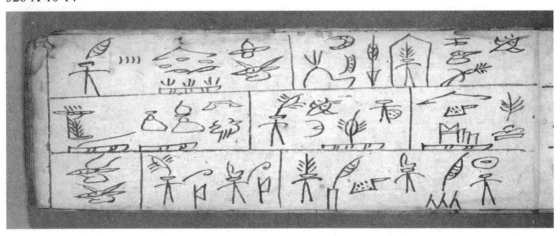

tshy⁵⁵ zɭ³³ tʂhɭ³³ lu⁵⁵ zɭ³³,mɯ³³ kɣ³³ kuu²¹ iə²¹ dzɣ³³,dy²¹ tɕər²¹ zə²¹ iə²¹ dzɣ³³, le³³ nɯ²¹ le³³
趣　 儿 这 四 个 天 上 星 似 增 地 上 草 儿 似 长 又 福 又

ua²¹ se²¹.| pɯ³³ bu²¹ zə²¹ pɯ³³ bu²¹,na³³pɯ²¹ kæ³³ nɯ³³ ʥy³³, lɯ³³ sɭ³³ pi²¹ nɯ³³ hɯ⁵⁵,pɯ²¹
泽 了 蒿 坡 草 蒿 坡 黑 规范 前 就 有 箭 胶 由 粘 规矩

lɯ³³ ʂu³³ mu²¹ kæ³³ nɯ³³ ʥy³³. tshɭ³³ py²¹ sɭ³³ phe³³ tʂhɭ³³ dɯ³³ ʥi²¹, ko³³ phər²¹ ə³³ sɭ²¹
楷模　 前 就 有 祭祀 主人 这 一 家 鹤 白 父亲

mu⁵⁵, y²¹ ʥi³³ y²¹ ɕə⁵⁵ le³³ bɯ²¹ me³³, o⁵⁵ dy²¹ he²¹ dy²¹ gə²¹ le³³ pɣ⁵⁵,|i³³ da²¹ tʂhɭ³³ dɯ³³
老 祖先 走 祖先 行 又 去　 是 沃神地 恒 神地　 上 又 送 主人 这 一

ʥi¹³, zo³³ ɕi²¹ ɯ³³ mə³³ ɕi²¹, zo³³ ɕi²¹ mu⁵⁵ the²¹ be³³, æ³³ phɣ⁵⁵ ɯ³³ mə³³ phɣ⁵⁵, æ³³ phɣ⁵⁵
家 儿 养 好 看 不 儿 养 老 在 防 庄稼 撒 好 看 不　 撒 庄稼 撒

ʐu²¹ the²¹ be³³,| mɯ³³ phɣ³³ dy²¹ phɣ³³ ʐua²¹, ʥɭ³³ phɣ³³ uə³³ phɣ³³ ʐua²¹, sər³³ phɣ³³ lɣ³³
饿 在 防 天 价 地 价 还 村 价 寨 价 还 来 价 石

phɣ³³ ʐuɑ²¹,bər²¹ ne²¹ y²¹ nɯ³³ dzu³³ le³³ ʐuɑ²¹,|ʐo³³ çi²¹ du³³ khu³³ phɣ³³,mi⁵⁵ çi²¹ du³³
价　还　牦牛 和　羊　来　债　又　还　　儿　养　一　门　开　女　养　一

khu³³ phu³³,|sɿ²¹ bɯ³³　to²¹ tshy⁵⁵ ʐuɑ²¹, me³³ bɯ³³ mi⁵⁵ tshy⁵⁵ ʐuɑ²¹, ko²¹ gə³³ n̠i⁵⁵ tshy⁵⁵
门　开　　父　去　保佑　债　还　母　去　女　债　还　　内　的　乳　债

ʐuɑ²¹ ,to⁵⁵ gə³³ mɑ²¹ tɕi³³ phɣ³³ le³³ ʐuɑ²¹.
还　额　上　油　沾　价　又　还

高勒趣的四个儿子，就像星星布满天空，青草长遍大地一样兴旺发达，有福有泽了。蒿草生长在山坡上，蒿草成为黑色的规矩，制箭用胶粘，规矩和楷模早就有了。这一个做祭祀的主人家，他家像天上白鹤似的父亲死了，成为祖先的他就要送到沃神、恒神的地方去。这一户主人家养育儿子不是为了图好看，养儿是为了防老，撒播庄稼也不是为了图好看，是为了积谷防饥。要偿还父母的天价、地价、村价、寨价、木价、石价，要用羊和牦牛偿还父母亲的债。养育儿子开启一道门，养育女儿开启一道门，要偿还父亲保护子女的债，要偿还母亲养育子女的债，要偿还喂奶的债，要偿还成长中给子女额上抹油呵护的债。

326-A-10-15

gɣ³³ gɣ³³ lɣ²¹ phɣ³³ ʐuɑ²¹, ʂər³³ kɑ³³ le²¹ phɣ³³ʐuɑ²¹.|dʑŋ³³ kɣ⁵⁵ thy³³ tʂɿ³³lo²¹,py²¹ kɣ⁵⁵da³³
九　赐福　价　还　　七　保佑　价　还　　主事　会　出　这群 祭 会 祭司

hu²¹ŋə²¹, y²¹ i³³ tshŋ³³ py²¹ lɣ⁵⁵ khu³³ dɣ²¹ nɯ³³ gə²¹ le³³ py⁵⁵, he²¹ dy²¹ gə²¹ le³³ py⁵⁵.|mə³³
我 祖先 是 祭祀　做　场　地　由　上　又　送　神　地上　又　送　不

ʂɿ⁵⁵ sɿ³³ thɯ³³ zŋ³³, sɿ⁵⁵ khɯ³³ ʐuɑ³³ nɯ³³ be³³|sɿ³³ se³³ y²¹ du³³ zŋ³³,y²¹ khɯ³³ ʐuɑ³³ nɯ³³
死　活　这　代　人　脚力 马　由　做　死 了 祖先 一 代 祖先 脚力　马　由

be³³ le³³ fæ³³, y²¹ lɑ³³ gɣ³³hu²¹ he³³ hɯ²¹, tʂhy⁵⁵ zi³³ bu²¹ zi³³ se²¹.|mə³³ sɿŋ³³ sɿ⁵⁵ thɯ³³ zŋ³³,
做　又　去　祖先 也 身　安　神　安 马 美　鬃　美　了　　不　死　活　这　时

y²¹sɿŋ³³ dʑi³³ lɣ²¹ be³³,|sɿŋ³³ se³³ y²¹ du³³ zŋ³³,y²¹ lɑ³³ y²¹ sɿŋ³³ y²¹dʑi³³ be³³ le³³ fæ³³.|mə³³ sɿŋ³³
羊毛 衣 暖　做　　死 了 祖先 这 代 祖 也 羊毛 祖先 衣 做　又　去　　不　死

sŋ⁵⁵ thɯ³³ zŋ³³, bər²¹ nɯ³³ sŋ⁵⁵ u³³ be³³, | sŋ³³ se³³ y²¹ dɯ³³ zŋ³³, bər²¹ nɯ³³ y²¹ u³³ be³³ le³³
活　那时　牦　由　人　财富　做　死　了祖先那　代　牦牛　由　祖先　财富　做　又

fæ³³. | ko³³ ʂua²¹ ko²¹ kɣ³³ phər²¹ lɯ⁵⁵ thɣ³³, bər²¹ i³³ iə²¹ ba²¹ dʑər²¹ ba²¹ ua²¹ le³³ fæ³³,
去　高原　原上　白　又　到　牦牛是　尤孜花　奶尖花　　食又　去

偿还九种赐福，七种保佑的债。主事的这一群人和主持祭祀的祭司我，要把祖先和牦牛、马、羊一起从祭祀场地往上送，一直送到神灵居住的地方去。祖先还活着的时候，用马来做您的脚力，死后，仍可以用马做您的脚力，祖先还活着的时候，用羊毛做成衣服来御寒，死后，也可以用羊毛做成衣服去穿。祖先还活着的时候，您把牦牛当作自己的财富，死后，您还可以把牦牛当作您的财富。从这以后，您就可以身安神安了，就像一匹骏马配上了漂亮的鬃毛，完美无缺了。

　　祖先呵，你们到了高原上，让牦牛去吃高原上开花的尤孜野花和出乳汁的奶尖花，

326-A-10-16

y²¹ la³³ bər²¹ sŋ³³ kɣ⁵⁵ dʑi²¹ thɣ²¹, so³³ ba²¹ be³³ le³³ dʐŋ²¹, | bər²¹ la³³ so³³ ʂua²¹ dʑi²¹ tɕi⁵⁵
祖先也　牦牛　毛　毡房　建　山　花　做　又　住　牦牛　也　高山　　水　冷

tɯ²¹ le³³ fæ³³, | ko²¹ ba²¹ be³³ le³³ çy⁵⁵, iə²¹ tsŋ²¹ thər⁵⁵ le³³ fæ³³, | y²¹ la³³ bər²¹ phər²¹ thɣ⁵⁵
喝　又　去　高原花　做　又　站　尤孜草　吃　又　去　祖先　牦牛　白　奶渣饼

lɣ⁵⁵ ma²¹ lɣ⁵⁵ dʐŋ³³ le³³ fæ³³, | y²¹ la³³ bər²¹ me³³ no³³ ȵi⁵⁵ thɯ²¹ le³³ fæ³³, | bər²¹ sŋ³³ ba³³
酥油饼　吃　又　去　祖先也　牦牛　母　乳　汁　喝　又　去　牦牛　毛　衣服

la²¹ da²¹, y²¹ dʑi³³ mu²¹ le³³ fæ³³. ‖ dʐŋ³³ kɣ⁵⁵ thɣ³³ tʂhŋ³³ lo²¹ py²¹ kɣ⁵⁵ da³³ hu²¹ ŋə²¹,
织　祖先衣服　穿　又　去　主事会　的　这群祭会　祭司　我

tʂhŋ³³ py²¹ lɣ⁵⁵ khu³³ dɣ²¹ nɯ³³ gə²¹ dɯ⁵⁵ dɯ³³, bər²¹ y²¹ zua³³ nɯ³³ y²¹ mu⁵⁵ gə²¹ le³³ sŋ³³
祭祀　做　场地的　上一边　牦牛羊马　由　祖先　上又　引

ŋɣ³³ lɣ³³ tho³³ dʑy²¹ ua³³ bər²¹ nɯ³³ mə³³ thɣ³³ kɣ³³ mə³³ dʑy³³, mə³³ sŋ³³ kɣ³³ mə³³ dʑy³³. |
雪山　松林山　处　牦牛　由　不　到　处　没　有　不　知　处　没　有

祖先您也到高原上搭建牦牛毛毡房,像山花一样住到山上去。牦牛到高原上去喝山里的泉水,像山花一般站在高原上去吃尤孜野花。祖先去吃白牦牛乳汁做的奶渣饼,去吃白牦牛乳汁做的酥油饼,去喝母牦牛的奶水,去用牦牛毛织成衣服穿。会主事的这一群人和主持祭祀的祭司我,在祭祀的场地里,让牦牛、羊、马把祖先领上去。到了雪山脚下的松林里,这里没有牦牛未曾到过的地方,没有牦牛不熟悉的地方,

326-A-10-17

he²¹ i³³ ua³³ dʑi²¹ kɣ³³, le⁵⁵ tɕi³³ da³³ dʑi²¹ ŋə⁵⁵ la³³ mə³³ dər³³ dər³³ |y²¹ la³³ y²¹ dʐ²¹ by³³
神 的 碧 水 头 鬼的 达水 边 也 不 差错 祖先 也 祖先 住 山丘

ly³³ kho²¹ nɯ³³ he²¹ dy²¹ gə²¹ le³³ py⁵⁵. |lo⁵⁵ tshu²¹ da³³ hɯ²¹ ŋə²¹, bər²¹ y²¹, ʐua³³ gə³³ no³³
处 由 神 地 上 又 送 罗崇 达恒 我 牦牛 羊 马 的 福泽

ua²¹ sʅ⁵⁵ le³³ sa⁵⁵, |y²¹ gə³³ phɯ³³ ɯ³³ sa⁵⁵ ɯ³³ no³³ ua²¹ sʅ⁵⁵ le³³ sa⁵⁵. |i²¹ i³³ zɣ⁵⁵ hər²¹ iə⁵⁵
人 又 赐 祖先的 话 好 气 好 福泽 人 又 赐 右 是 草 绿 给

uæ³³ i³³ dʑi²¹ le³³ tɯ⁵⁵, |no³³ ua²¹ sʅ⁵⁵ le³³ sa⁵⁵, |nɯ²¹ by³³ khu³³ i³³ ua²¹ la³³ by³³ ,no³³ ua²¹
左 是 水 又 饮 福泽 人 又 赐 畜 分 处 是 泽 也 分 福泽

sʅ⁵⁵ le³³ sa⁵⁵, |ʐua³³ sʅ²¹ tɕi⁵⁵ gu²¹ sa⁵⁵, lɯ³³ ɯ³³ lo²¹ phər²¹ sa⁵⁵ |by³³ phər²¹ sʅ³³ phər²¹ sa⁵⁵,
人 又 赐 马 黄 驮子 卸 耕牛 牛杠 白 卸 羊 白 毛 白 卸

æ²¹ phər²¹ no²¹ phər²¹ sa⁵⁵,no³³ ua²¹ sʅ⁵⁵ le³³ sa⁵⁵.
公鸡 绒毛毛 卸 福泽 人 又 赐

牦牛不至于把神地的碧水头和鬼地的达吉河弄错,把祖先从祖先居住的山丘旁送到神灵居住的地方去。罗崇(称超度开丧祭司)祭司我将牦牛、羊、马三种牺牲的福泽赐给这一户主人家,把祖先说的好话和福泽赐给活着的家人。祭司我右手给羊、牦牛、马儿喂青草,左手给他们饮水,将牛、羊、马三种牺牲的福泽赐给活着的人,在牺牲离开的地方,将福泽也分开,把福泽赐给活着的人。就像黄马把背上驮子卸下,耕牛把白色的牛杠卸下,羊儿把它身上毛卸下,公鸡把它白色的绒毛卸下,将牺牲卸下的福泽赐给活着的人。

326-A-10-18

no²¹ py⁵⁵ luɯ³³ sȵ³³ kɤ³³ ,sȵ³³ phər²¹ zȵ²¹ lɤ³³ kɤ³³, no³³ uɑ²¹ sȵ⁵⁵ le³³ sɑ⁵⁵.│mɯ³³ kɤ³³ kuɯ²¹ iə²¹
宝贝　箭　上毡白神座　上　福泽　人又赐　天上星　样

dzɤ³³, dy²¹ tɕər²¹ zə²¹ iə²¹ dzɤ³³,buɯ²¹ ʥər²¹ tshe⁵⁵ iə²¹ dzɤ³³,ʐuɑ³³ sȵ²¹ fɤ³³ iə²¹ dzɤ³³, no³³
增　地上草样增栗树　叶似增马黄毛样增福泽

uɑ²¹ sȵ⁵⁵ le³³ sɑ⁵⁵,│ py²¹ nuɯ³³ nuɯ²¹ uɑ²¹ i³³ dɑ²¹ tɕər²¹ ŋə²¹ tər⁵⁵, sȵ²¹ nuɯ³³ zo³³ tɕər²¹ tər⁵⁵,│
人又赐　祭司由福泽主人上边结合父由儿上结

me³³ nuɯ³³ mi⁵⁵ tɕər²¹ tər⁵⁵,│kɤ³³ phər²¹ ʥæ³³ sȵ²¹ phɤ³³ do²¹ luɯ⁵⁵ do²¹ zȵ³³ ʂər²¹ hɑ⁵⁵ i³³ ,
母由女上结头白牙黄祖见孙见寿长日久

tɤ²¹ le³³ ɕi³³ sy²¹ gɤ³³.│tʂȵ³³ py²¹ sȵ³³ phe³³ tʂhȵ³³ duɯ³³ ʥi¹³ , ɕi³³ ɕɤ⁵⁵ æ²¹ khə²¹ nuɯ³³ gə²¹
千又百样好祭祀主人这一家人站岩前由上

le³³ thɤ³³,│nuɯ²¹ ne²¹ uɑ²¹,huɯ²¹ ne²¹ ʥæ³³ le³³ gɤ³³ ho⁵⁵.│bi²¹ thɤ³³ mə⁵⁵ thuɯ³³ ȵi³³,ʣȵ³³ kɤ⁵⁵
又到福和泽富和裕又成愿日出的那天主事会

thɤ³³ tʂhȵ³³ lo²¹, py²¹ kɤ⁵⁵ dɑ³³ huɯ²¹ ŋə²¹,tʂhȵ³³ py²¹ lɤ⁵⁵ khuɯ³³ dɤ²¹,
出这群祭会祭司我祭祀做场里

从宝贝箭上，从白色毡子铺设的神座上，给活着的人赐福泽。把天上布满星星，地上长遍青草，栗树上叶儿茂盛，马鬃一样稠密的福泽赐给活着的人，由祭司将祖先的福泽系在这一个主人家上，把父亲的福泽系给他的儿子，把母亲的福泽系给她的女儿，愿这一户主人家白头黄牙，健康长寿，四世同堂，千样百样好。做祭祀的这一户主人家从送祖先的山岩上回到家中，祝愿他们有福有泽，生活富裕幸福。

　　好日子这一天，主事的这一群人和祭司我，在做祭祀的场地中，

326-A-10-19

y²¹ pɣ⁵⁵ he²¹ dy²¹ gə²¹ le³³ pɣ⁵⁵,│ y²¹ la³³ bər²¹ y²¹ ʐua³³ nɯ³³ sʅ¹³ le³³ fæ³³,│mɯ³³ i³³ zy²¹
祖先送 神 地 上 又 送 祖先 也 牦牛 羊 马 由 引 又 去 天 是 三星

ne²¹ za²¹ mə³³ æ²¹ dy²¹ i³³ sʅ²¹ ne²¹ lɣ²¹ mə³³ æ²¹,│tʂu⁵⁵ kɣ³³ tɣ³³ tɣ²¹ kɯ³³ kɯ³³ khua⁵⁵
与 行星 不 争斗 地 是 署 和 龙 不 争斗 最前   千 千 万 万 铠甲

gɯ⁵⁵ gæ²¹ hæ³³ dæ²¹ mu³³ kæ³³nɯ³³ dʑi³³,ʐua³³ dʑæ³³ dæ²¹ mu²¹ gæ³³ nɯ³³ dʑi³³,khɯ³³ mu³³
穿 铠甲 披 勇敢 战士 前   由 走 马 骑 勇敢 士兵 前 由   走 狗儿

gæ³³ nɯ³³ sʅ³³, lɣ⁵⁵ gɣ³³ to³³ kə²¹ iə³³ ma²¹ tɣ³³ tɣ²¹ kɯ³³ kɯ²¹ dʑi³³, bər⁵⁵ dʑŋ²¹ tɣ³³ tɣ²¹
前 由 引 中间 端格 优麻   千 千 万 万 走 斑纹 长 千 千

kɯ³³ kɯ²¹, dy³³ dʑŋ²¹ tɣ³³ tɣ²¹kɯ³³ kɯ²¹, khua³³dʑŋ²¹ tɣ³³ tɣ²¹ kɯ³³ kɯ²¹ ho²¹,│tʂhər²¹ gu²¹、
万 万 翅 长 千 千 万 万   蹄 长 千 千 万 万 带 肥肉 背

na⁵⁵ gu²¹ pu⁵⁵, ʐʅ³³ ha³³ tɣ³³ tɣ²¹ kɯ³³ kɯ²¹ pu⁵⁵,│ ŋɣ²¹ hæ²¹ ua³³ tshu²¹
瘦肉 背 带 酒 饭 千 千 万 万 带 银 金 松石 墨玉

把祖先送上去，让牦牛、羊、马在祖先前边引路。现在，天上三星和行星没有争斗，地上署和龙没有争斗，祖先正好上路。让千千万万穿铠甲和骑马的勇敢士兵走在最前面，中间是千千万万的端格优麻战神。让狗儿在前边引路，把千千万万长斑纹的猛兽，千千万万长翅膀的飞禽，千千万万长蹄的动物带在后边。背着肥肉、瘦肉，带着千千万万的酒和饭，背着金银、墨玉、松石把祖先送上去。

326-A-10-20

gu²¹ le³³ pu⁵⁵,⎸gɣ³³ dʑŋ²¹ phər²¹ dɯ²¹ zo³³,tɕy²¹ lɯ³³ he³³ ʂər²¹ tɕi⁵⁵,tshu²¹na²¹ tɑ⁵⁵ tse³³ dʑæ³³
背　又　带　藏族　盘　大　人　驴子　　耳　长　驮墨玉黑　骏马　　骑

dʑŋ²¹ me³³ gæ³³ le³³ ho²¹ i³³ gə²¹ tʂu⁵⁵ tshŋ²¹.⎸le³³ bɣ³³ hæ³³ ʂŋ²¹ tsho²¹ ze³³ tɕi⁵⁵, tɕi⁵⁵ iə⁵⁵
犏牛　母　前　边　赶　是　上　接　来　　白族　金　黄　大象　　驮　水牛

kho³³ bɑ²¹ ho²¹, gə²¹ i³³ dʐu³³ le³³ tshŋ²¹,⎸zo³³ ly⁵⁵ nɑ²¹ ɕi³³ gɣ³³,nɑ²¹ ɕi³³ gu²¹ phər²¹ dʑæ³³
角　宽　赶　上　又　接　来　儿　儿　小　纳西　是　纳西　马　白　骑

bər²¹ ne²¹ y²¹ le³³ ho²¹,gə²¹ i³³ dzu³³ le³³ tshŋ²¹,⎸tshŋ³³ py²¹ ly⁵⁵ khu³³ dɣ²¹,ʐŋ³³ gu²¹ hɑ³³ gu²¹
牦牛　和羊　又　赶　上　又　接　又　来　祭祀　　做　场　里酒背饭背

pu⁵⁵,tʂhər²¹ gu²¹ nɑ⁵⁵ gu²¹ pu⁵⁵ le³³ tshŋ²¹.⎸bə³³ ne²¹ o²¹nɯ³³ py⁵⁵,phər²¹ ne²¹ nɑ²¹ nɯ³³ gə²¹
带　肥肉　背　瘦　背　带　又　来　崩人　和吾人来　送　盘人　和　纳人　来　上

le³³ py⁵⁵,⎸dʑŋ³³ kɣ⁵⁵ thɣ³³ tshŋ³³ lo²¹,py²¹ kɣ⁵⁵ dɑ³³ hɯ²¹ nɯ³³ gə²¹ le³³ py⁵⁵.
又　送　　主事　会　的　　这群　祭会祭司　　由　上　又　送

　　藏族盘人驮着长耳朵的驴子，骑着墨玉般黑色的骏马，赶着犏牛接上来了。白族禅人驮着金黄大象，赶着宽角的水牛接上来了。小儿是纳西，纳西人骑着白马，赶着牦牛和羊群接上来了。从祭祀场地里，他们背着肥肉、瘦肉、成背的酒和饭接上来了。崩人和吾人、纳人和盘人都来给祖先送行。由主事者和东巴祭司往上送，

326-A-10-21

y²¹ la³³ khæ⁵⁵ gu²¹ ʐ̩³³ pɣ⁵⁵ ne²¹, lɣ³³ la⁵⁵ thɣ⁵⁵ pɣ⁵⁵ ne²¹, ta⁵⁵ le³³ zæ²¹ le³³ fæ³³.│y²¹ i³³
祖先也 射箭　　　路送地　石打　　路送地　　说又笑又去 祖先是

nɯ³³ dɯ²¹ mu²¹, zɣ²¹ do²¹ tɕi⁵⁵ mə³³ dər³³, │ʐ̩³³ tshŋ²¹ ʐ̩³³ pa²¹ tshe²¹ mə³³ dər³³,│y²¹ la³³
胆　大　的　仇见怕不　必　　路窄　路宽　计较不　必　祖先也

sl̩³³ phər²¹ ku³³ mu²¹ thæ³³, mɯ³³ dzər³³ tɕi⁵⁵mə³³ dər³³, y²¹ la³³ la³³ ɯ³³ ba³³ la²¹ mu²¹, la²¹
毡　白　帽子　戴　　青龙　　怕不　必 祖先也虎 皮衣服　　穿虎

do²¹ tɕi⁵⁵ mə³³ dər³³.│dər³³ lɯ³³ khɯ²¹ lɯ³³ kho⁵⁵, dɣ²¹ dæ³³ do²¹ la³³ tɕi⁵⁵ mə³³ dər³³.│y²¹
见怕不　必　　肥　田　荒　地　间　野猫　狐狸 见也 怕　不少　祖先

la³³ zua³³ gu²¹ dʑæ³³, bər²¹ y²¹ gæ³³ nɯ³³ ho²¹, y²¹ pɣ⁵⁵ gə²¹ le³³ pɣ⁵⁵.│na²¹ mo³³ ɲi³³ be³³
也 马 儿 骑 牦牛 羊前　由 赶　祖先送上 又 送　广大　　两　村

ko⁵⁵ lɯ⁵⁵ thɣ³³,ta⁵⁵ sæ²¹ kho³³ nɯ³³ sl̩³³,tho³³ bi³³ bɣ²¹ le³³ fæ³³ ,│y²¹ la³³ nɯ³³ hɯ²¹ pha³³
间　又　到 说笑声　 由 引 松林　钻又 去　祖先也 心 安 脸

zæ²¹ ne²¹, zua³³ y²¹ bər²¹ nɯ³³ sl̩³³ le³³ fæ³³.
笑　地　马　羊 牦牛 由 领　又 去

祖先边射箭边赶路，边打石头边赶路，说说笑笑地走了去，祖先呵，您的胆子很大，不会害怕在路上遭遇仇人，也不要去计较路宽路窄。戴上您的白色毡帽，不用害怕天上的青龙，穿上您的虎皮衣服，不用害怕遇着老虎，更不用害怕荒田野地里的野猫和狐狸。您骑着马儿，赶着牦牛和羊大胆地往前走。到了两个村子之间，您要循着人们的说话声和笑声，去钻村边的松林。您尽管带着笑脸，放心地赶着马、牦牛和羊前往。

326-A-10-22

ŋɣ³³ lʏ³³ tho³³ dʑy²¹ua³³ lɯ⁵⁵ thʏ³³,bər²¹ y²¹ ʐua³³ nɯ³³ mə³³ sɿ³³ mə³³ kʏ⁵⁵ sy²¹ mə³³ dʑy³³,｜
雪山　松山　处　又　到　牦牛羊马　由　不　知　不　会　一样　没　有

he²¹ i³³ ua³³ dʑi²¹ kʏ⁵⁵,le⁵⁵ tɕhi³³ da³³ dʑi²¹ nə⁵⁵ la³³ mə³³ dər³³ dər³³,｜y²¹ pʏ⁵⁵ gə²¹ le³³ pʏ⁵⁵,
神的碧水头　鬼地　达吉　里　也　不　差错　　祖先　送　上　又　送

y²¹ la³³ mɯ³³ bʏ²¹ ho²¹ me²¹ sɿ³³ iə²¹ gʏ⁵⁵ zɿ³³ khə²¹ lɯ⁵⁵ thʏ³³,｜sɿ³³ bʏ³³ phʏ³³, phe²¹ be³³
祖先也　天　下　禾　梅　束　尤　九　兄弟　处　又　到　　斯补　祖父　培本

dʑɿ³³khə²¹thʏ³³,le⁵⁵ dʑə²¹sɿ²¹,bʏ³³ le²¹ me³³ khə²¹ thʏ³³,｜y²¹ dʑɿ²¹ dʑɿ³³ khə²¹ thʏ³³,ɕi³³çʏ⁵⁵ æ²¹
祖母处　到　勒周　父亲　补勒　母亲　处　到　祖先　坐　件　处　到　人　站　崖

nə²¹ thʏ³³.｜y²¹ la³³ dʑy²¹ na⁵⁵ zo⁵⁵ lo³³ khɯ³³ lɯ⁵⁵ thʏ³³, i³³ tʂhɿ³³ mɯ²¹, mɯ³³ hər²¹ dy²¹
处　到　祖先也　居那若罗　　　旁　又　到　南方　　天　绿　地

hər³³ ko⁵⁵ , çi³³ hər²¹ ʐua³³ hər²¹ dʑæ³³ me³³ dy²¹, y²¹ nɯ³³ lʏ²¹ bɯ³³ la³³ mə³³ ɲi²¹ .｜dʑy²¹
绿　处　人　绿　马　绿　骑　的　地方　祖　由　瞧　去　也　不　要

na⁵⁵ zo⁵⁵ lo³³ ɲi³³ me³³ gʏ²¹, mɯ³³ na²¹ dy²¹ na²¹ kho⁵⁵,
居那若罗　　西方　　天　黑　地　黑　处

祖先到了雪山的松林中，牦牛、羊、马没有它们不知道、不熟悉的地方，它们决不会混淆神的碧水上游和鬼地的达吉边，把祖先送上去。到了纳西族禾、梅、束、尤九兄弟住的地方，就是走到了"斯补"祖父，"培本"祖母，"勒周"父亲，"补勒"母亲和祖先伴侣的跟前，就是走到了"人们"站立的山崖（指存放死者木身的山崖）旁。祖先到了居那若罗神山上。不要跑到南边绿色天地里，绿人骑绿马的地方去看热闹。不要跑到居那若罗神山的西边黑色天地里，

326-A-10-23

çi³³ na²¹ ʐua³³ na²¹ dʑæ³³ me³³ dy²¹, y²¹ nɯ³³ ly²¹ bɯ³³ la³³ mə³³ du³³.｜dʑy²¹ na⁵⁵ zo⁵⁵ lo³³
人　黑　马　黑　骑　的　地方　祖　由　瞧　去　也　不　兴　居那若罗

ho³³ gɣ³³ lo²¹ dɯ³³ pha³³, mɯ³³ çy²¹ dy²¹ çy²¹ kho⁵⁵, tse²¹ çy²¹ ʐua³³ çy²¹ dʑæ³³ me³³ dy²¹,
北边　　　一　方　天　红　地　红　处　仄鬼　红　马　红　骑　的　地方

y²¹　nɯ³³ ly²¹ bɯ³³ la³³ mə³³ du³³.｜dʑy²¹ na⁵⁵ zo⁵⁵ lo³³ ȵi³³ me³³ thɣ³³, mɯ³³ phər²¹ dy²¹
祖先　由　瞧　去　也　不　兴　居那若罗　　　东方　　　天　白　地

phər²¹,｜kɯ²¹ phər²¹ za²¹ phər²¹ kho⁵⁵,｜he²¹ i³³ u³³ me³³ sʐ³³ tshər²¹sʐ⁵⁵ dy²¹ ua²¹,｜thɯ³³ dy²¹
白　　星　白　宿　白　处　　神　的　美好的　三　十　三　地　是　这　地方

ŋɣ²¹ ba²¹ hæ²¹ ba²¹,｜ua²¹ ba²¹ tshu²¹ ba²¹gɣ³³ sy²¹ ɯ³³ me³³ ba²¹,｜y²¹ nɯ³³ miə²¹ tha⁵⁵tʂʐ³³
银　花　金　花　松石花　　墨玉花九　样　好　的　开　祖先　由　眼　尖　这

dy²¹ ly²¹ le³³ fæ³³,｜y²¹ la³³ zʐ³³ sər²¹ ha⁵⁵ i³³ mu⁵⁵ mə³³ kɣ⁵⁵ me³³ dy²¹ nə²¹ thɣ³³,｜y²¹ la³³
地方　瞧　又　去　祖先　也　寿　长　日　久　老　不　会　的　地方上　到　祖先　也

gɣ³³ hɯ²¹ he³³ hɯ²¹ se²¹, tshɣ⁵⁵ zi³³ bu²¹ zi³³ se²¹.
身　安　神　安　了　马　美　鬃　毛　了

黑人骑黑马的地方去看热闹。不要到居那若罗神山的北边红色天地里，红色仄鬼骑红马的地方去看热闹。居那若罗神山的东边，是白色的天地，有白日、白月、白色星宿的地方，是神灵居住的美好的三十三个地方。这里盛开着金花、银花、松石花、墨玉花等九种美妙的花，祖先您应该到那个地方去看一看，那里是人健康长寿，永远不会变老的地方。祖先，您一到那里就身安神安了，就像骏马配上了一身漂亮的鬃毛，完美无缺了。

326-A-10-24

y²¹ ʥŋ²¹ by³³ ly³³ khə²¹ nɯ³³ gə²¹ |he²¹ uə³³ ua⁵⁵ uə³³ ʥy³³,he²¹ dy²¹ ua³³⁴ dy²¹ ʥy³³,mɯ³³
祖先住 山坡 上 由 上 神寨 五寨 有 神地 五 地 有 天

by̦²¹ çə³³ tɕhy²¹ ʥi²¹ me³³ tʂhȵ³³ dɯ³³ uə³³, |he²¹ gə³³ uə³³ ua²¹ iə³³,ŋɣ³³ hæ²¹ dy²¹ ȵə²¹ khu³³
下 大鹏 飞 的 这 一 寨 神的 寨 是 了 银金 地上铺

me³³ dy²¹ ,tʂhȵ³³ dy²¹ he¹³ gə³³ dy²¹ ua³³ iə³³, |y²¹ la³³ tʂhȵ³³ dy²¹ mɯ³³ pha³³ dy²¹ pha³³
的 地方 这 地方神 的 地方 是 了 祖先也 这 地 天 样 地 样

ly²¹ .ʥŋ³³ pha³³ uə³³ pha³³ le³³ ly²¹ lu³³. |thɯ³³ dy²¹ bər²¹ phər²¹ so³³ ʂua³³ kɣ³³ le³³ khɯ⁵⁵,
瞧村 样寨 样 又 瞧 来 这地方 牦牛 白 岭 高原上又放

sȵ³³ phər²¹dy²¹ ȵə²¹ khu³³ me³³ dɯ³³ uə²¹ ʥy³³,thɯ³³ uə³³ me²¹ gə³³ uə³³ ua²¹ iə³³. |thɯ³³
毡 白 地上 铺 的 一 寨 有 这 寨梅 的寨 是 了 这样

sy²¹ dɯ³³ dy²¹ ʥy³³, la³³ ʥə²¹ so³³ kɣ³³ phər²¹, la³³ ɯ³³ dy²¹ ȵə²¹ khu³³, thɯ³³ dy²¹ ho²¹
一 地方有 虎 跑 山 头 白 虎 皮 地上铺 这 地方 禾

dy²¹ ua²¹ ,thɯ³³ uə³³ ho²¹ uə³³ ua²¹. |thɯ³³ sy²¹ dɯ³³ dy²¹ ʥy³³, hæ³³ ȵ̩³³ tsho²¹ ze³³ dy²¹
地 是 这 寨禾寨 是 这样 一 地有 金黄大象 地

lo²¹ i⁵⁵,hæ³³ ȵ̩²¹ zə²¹ ly⁵⁵ fɣ³³ lɣ⁵⁵ dy²¹ ȵə²¹ khu³³,thɯ³³ dy²¹ ȵ̩⁵⁵ dy²¹ ua²¹ ,thɯ³³ uə³³ ȵ̩⁵⁵
里躺 金黄草 荐 毛 毡 地上 铺 这 地方 束 地 是 这寨 束

uə³³ ua²¹. |thɯ³³ dy²¹
寨 是 这 地

由祖先居住的地方往上，有五个神灵居住的地方，有五个神灵的村寨。天上飞翔着的大鹏鸟的地方，是神居住的地方，是神的村寨。这地方，白银和黄金铺在大地上。祖先呵，您可以到这地方来看看这里的天地，看看这里的村寨。有一个地方，高原山岭上放牧着牦牛，地上铺着白色的毛毡，这是梅氏族的地方，是梅氏族的村寨。有这样一个地方，这里高山上有猛虎出没，地上铺着虎皮，这是禾氏族的地方，是禾氏族的村寨。有这样一个地方，大地上躺着金黄色的大象，大地草荐似的绿茵覆盖，铺着羊毛毯，这地方是束氏族的地方，这寨是束氏族的村寨。

326-A-10-25

gə²¹ luɯ⁵⁵ thɣ³³, | sɿ⁵⁵ uə³³ tɕi³³dy²¹ khu³³, | tshua⁵⁵ phər²¹ bu²¹ ɳə²¹ lo⁵⁵, zə²¹ lɣ⁵⁵ fɣ³³ lɣ⁵⁵ dy²¹
上　 又　 到　 束寨　在　 地里　 鹿　 白　坡上 起　草　荐　毛毯　地

ɳə²¹ khu³³,thɯ³³ dy²¹ iə¹³ dy²¹ ua²¹ ,thɯ³³ uə³³ iə¹³ uə³³ ua²¹, | thɯ³³kɣ²¹ gə²¹ le³³ pɣ⁵⁵, |
上　铺　 这　 地　尤　地　是　 这　 寨　尤　寨　是　　上边　上　又　到

y²¹ la³³ y²¹ dʑɿ³³ by³³ lɣ³³ kho²¹, mɯ³³ thɣ³³ dy²¹ khu³³ ne²¹ le³³ fæ³³, khu³³ ba²¹ ʐua³³ lər²¹
祖先也祖先　 住　山坡　 处　 天　开地辟　做　 又　去　狗　吠　马　嘶

ne²¹ le³³ dʑɿ²¹, | tʂhɿ³³ dy²¹ dɯ³³ ba²¹ phɣ⁵⁵ me³³ dɯ³³ zɿ³³ dʑɿ³³ le³³ se³³ mə³³ tha⁵⁵, |
地　 又　住　 这地方　一　荏　撒　是　 一　辈子　吃　又　完　不　了

dɯ³³ dʑi³³ mu²¹ me³³ dɯ³³ zɿ³³ tʂhɿ⁵⁵ mə³³ tha⁵⁵, bər³³ nɯ³³ zɿ³³ dʑi²¹ khɯ⁵⁵, dɣ³³ nɯ³³ ma²¹
一　衣　穿　是　一　辈子　烂　不　了　水槽　由　酒　水　掺　　犁　由　供

tʂhua³³ tsha²¹, kə⁵⁵nɯ³³ sɿ³³ çy²¹ ho²¹, y²¹ la³³ tʂhɿ³³ dy²¹ gə²¹ le³³ pɣ⁵⁵, | ko³³ʂua²¹ y²¹ me³³
米　拌　 耙　由　肉　红　收　祖先也　 这　地方　上　又　送　 高山　 羊　母

no³³ ɳi⁵⁵ tsha²¹, thɣ⁵⁵ lɣ⁵⁵ ma²¹ lɣ⁵⁵ dʑɿ³³ le³³ fæ³³. | ko³³ ʂua²¹ko²¹ kɣ³³ phər²¹, bər²¹ me³³
乳汁　挤　奶渣　酥油　吃　又　去　　高原　高顶　白　　牦牛母

no³³ ɳi⁵⁵ thu²¹ le³³ fæ³³.
乳汁　喝　又　去

到了那上边，那就是束氏族村寨所在地。白鹿在山坡上跳跃，地上铺着草和毛毯，这就是尤氏族的地方，是尤氏族的村寨。把祖先送到这些地方去，祖先们可以在历代祖先居住的山坡旁，开辟自己的天地，狗吠马嘶地生活在那里。那里是撒播一荏庄稼，一辈子吃不完的地方。

那里是裁一件衣服，一辈子穿不烂的地方。是用水槽掺酒水，犁拌供米，耙收红肉的地方。把祖先送到那个地方去。到那里去挤羊儿的乳汁喝，去制作酥油和奶渣，到高原上去喝牦牛乳汁。

326-A-10-26

bər²¹ la³³so³³ ʂua²¹ʥi³³ ʂu²¹ thɯ²¹ le³³ fæ³³.| ʥŋ³³ kɣ³³ thɣ³³ tʂhŋ³³ lo²¹, py²¹ kɣ⁵⁵ da³³ hu²¹
牦牛也　高山　　水净　喝　又　去　主事会　出　这群　　祭会　祭司

ŋə²¹, tshŋ³³ py²¹ ly⁵⁵ khu³³ dɣ²¹ nɯ³³ gə²¹ le³³ pɣ⁵⁵, |y²¹ ʥŋ²¹ by³³ ly³³ kho²¹, he²¹ dy²¹ gə²¹
我　祭祀　　做　场　地　由　上　又　送　祖住　山坡　处　神地上

le³³ pɣ⁵⁵,| y²¹ la³³ ko³³ ʂua²¹ ko²¹ phər²¹ bər²¹ phər²¹ y²¹ phər²¹ lɣ⁵⁵, bər³³ ʂŋ³³ y²¹ ʂŋ³³ gɣ³³
又　送　祖先也　高原　　原　白　牦牛　白　羊　白　牧　牦牛毛　羊毛　衣服

ʥi³³ mu²¹ le³³ fæ³³.|y²¹ la³³ bər²¹ le³³ʥi³³ bər²¹ ɯ³³ kɣ³³ nɯ³³ y²¹ gu²¹ tsæ⁵⁵.|y²¹ gə³³ la²¹
　穿　又　去　祖先也　牦牛　又　供　牦牛　好上　　由　祖先乘　骑　祖先的　手

tʂu⁵⁵ phər²¹,la³³ ɕy²¹ tʂə²¹nɯ³³ phər²¹,sər³³ kɣ³³tɕhi³³ nɯ³³ pər²¹,y²¹ ne²¹ ʐua³³ la³³ ʂŋ⁵⁵ tɕər²¹
结　白　虎　红　爪　由　解　木　上　刺　由　解　祖先和　马　也　人　上

mə³³ tʂhər⁵⁵ tʂhŋ³³ gɣ³³ se²¹,|y²¹ ʥŋ²¹ ʥŋ³³ nə²¹ la²¹ tʂu⁵⁵ phər²¹, y²¹ ne²¹ bər²¹ la³³ ʂŋ⁵⁵ tɕər²¹
不　握　　成了　祖先伴侣　上　手结　解　　祖先和　牦牛　也　人　上

mə³³ tʂhər⁵⁵ tʂhŋ³³ gɣ³³ se²¹,| y²¹ la³³ gɣ³³ hu²¹ he³³ hu²¹, tshɣ⁵⁵ zi³³ bu²¹ zi³³ se²¹.
不　握　　成了　祖先也　身　安　神安　马　美　鬃　美了

让牦牛喝高山上纯净的水。会主事的这一群人和祭祀的祭司我，从祭祀场地上把祖先送上去，送到祖先们居住的山坡上，送到神地里去。祖先到高原上去放牧牦牛和羊，去用牦牛毛和羊毛做衣服穿，去用上好的牦牛去做您的乘骑。

　　要解开死者（祖先）和人的手结。祖先和马跟人的手结用红虎的爪子，用树枝上的刺来解，人和死者及马的手就不会握在一起了。解开祖先、牦牛和他伴侣的手结，他们的手不会握在一起了。从今以后，祖先身安神安了，就像骏马配上一身美丽的鬃毛，完美无缺了。

326-A-10-27

y²¹ la³³ tʂɻ³³dy²¹ gə²¹ le³³ pɣ⁵⁵,sɻ⁵⁵ hu⁵⁵mi²¹ le³³ thɣ³³.|bər²¹ pɣ⁵⁵ so³³ kɣ³³ phər²¹ le³³ tɕi³³,
祖先也 这地方上又 送人拦 下又到 牦牛送山顶白又放

sɻ⁵⁵ hu⁵⁵ mi²¹ le³³ thɣ³³.|y²¹ pɣ⁵⁵ ko²¹ kɣ³³ phər²¹ le³³ tɕi³³,sɻ⁵⁵ hu⁵⁵ mi²¹ le³³ thɣ³³|tshɻ⁵⁵
人拦 下又到 羊送高原顶白又放人拦 下又到 山羊

pɣ⁵⁵ dɑ³³ iə²¹ dʑər²¹ le³³ tɕi³³,sɻ⁵⁵ hu⁵⁵ mi²¹ le³³ tɣ³³.|bu²¹ pɣ⁵⁵ tsɻ³³ lo³³ na²¹ le³³ tɕi³³, sɻ⁵⁵
送达尤 树又放人拦 下又到猪送硝水箐大又放人

hu⁵⁵ mi²¹ le³³ thɣ³³,|tshɻ³³ py²¹ ly⁵⁵ khu³³ dɣ²¹, y⁵⁵ mu⁵⁵ dɯ³³ sɻ²¹, ʐɯɑ³³ y²¹ bər²¹ la³³ gə²¹
拦 下又到 祭祀做场里祖先 一位马羊牦牛也上

le³³ pɣ⁵⁵,|o⁵⁵ dy²¹ he²¹ dy²¹ gə²¹ le³³ tɕi³³.|y²¹ mu⁵⁵ dɯ³³ sɻ²¹ la³³ ,kho³³ ɯ³³ sa⁵⁵ ɯ³³ no³³
又送 沃神地恒神地上又放祖先 一 位也话好气好福泽

uɑ²¹ sɻ⁵⁵ le³³ sɑ⁵⁵.
人又赐

把祖先送到上边那个地方,把人拦了下来。把牦牛送到高山上,把人拦了下来。把羊送到白顶的高原上,把人拦了下来。把山羊送到"达尤"树旁,把人拦了下来。把猪送到有硝水的山箐里,把人拦了下来。从祭祀的场地中把这一位祖先和牦牛、羊、马一块送上去,送到沃神、恒神居住的地方去,把祖先的福泽和说过的好话赐给活着的人。

326-A-10-28

da²¹ bu²¹ gɤ³³ bu²¹ ua²¹ mə³³ phi⁵⁵,│ da²¹ dʑi²¹ ʂər³³ ho²¹ ua²¹ phi⁵⁵ mə³³ tha⁵⁵ se²¹.│dʑŋ³³
阴坡　九坡　福　不　失　阴水　七　条　福　失　不　成　了 主事

kɤ⁵⁵ tʂhŋ³³ lo²¹, py²¹ kɤ⁵⁵ da³³ huɯ²¹ ŋə²¹, ma²¹ gɤ³³ lɤ⁵⁵,pɯ³³ gɤ³³ tʂhə²¹ nɯ³³ no³³ ua²¹ mi²¹
会　这　群　祭　会　　祭司　我　酥油 九 饼　蒿　九　根　由　福泽　　下

le³³ sa⁵⁵,│ sŋ²¹ nɯ³³ zo³³ le³³ to²¹,　sŋ²¹ çy⁵⁵ zo³³ çy⁵⁵ dɯ³³ dɯ³³ gɤ³³,me³³ nɯ³³ mi⁵⁵ le³³
又　赐　父　由　儿　又　保佑　父　站 儿　站　一　样　成　母亲 由　女儿 又

to²¹, me³³ çy⁵⁵ mi⁵⁵ çy⁵⁵ ʂua³³ ʂua³³ gɤ³³.│tshŋ³³ py²¹ dʑi²¹ dzʅ³³, çi³³ çy⁵⁵ æ²¹ gɤ³³,le³³ nɯ²¹
保佑　母　站　女　站　整齐　成　祭祀　家　旺　人 站 崖 好 又　福

le³³ ua²¹, zŋ³³ ʂər²¹ ha⁵⁵ i³³, dʑi²¹ i³³ dər³³ ʂər⁵⁵ gɤ³³ be³³ ho⁵⁵ │to³³ tsʅ⁵⁵ ŋə³³ nɯ³³ be³³ gɤ³³
又　泽　寿　长　日　久　水　流　塘　满　成 做 愿　东柱　我　由　村 头

gə²¹
的

没有在九个阴坡上散失福泽，不在七条阴面的河流上散失福泽。主事的这一群人和会祭祀的
祭司我，用九饼酥油，九根蒿枝将福泽赐给下边的人。让父亲保佑儿子，父子一般长大，让
母亲保佑女儿，母女长得一样高。愿祭祀过后，家中兴旺，祖先居住的"人站崖"好。家中
呈现出又福又泽、健康长寿、水流满塘、充裕富足的好光景。
　　东柱是村头的

326-A-10-29

to³³ zy²¹ nɯ³³ pər⁵⁵ iə⁵⁵ ua²¹ me⁵⁵,| gɣ³³ mæ³³ ə³³ ʂər²¹ khua⁵⁵,mi⁵⁵ mə³³ du³³ me⁵⁵.|ə³³ ze²¹
东玉   由   写   给   是   的   头尾   筷子   碗   忘   不   兴   的   慢慢

le³³ sɿ³³ dɣ³³ dər³³ me⁵⁵,| nɣ⁵⁵me³³ sɿ⁵⁵ ko⁵⁵ tʂua³³, ə³³ ze³³ le³³ sɿ³³ dɣ²¹ me⁵⁵.
又   想   该   是   心儿   三   瓣   慢慢 又 想   吧

东玉写了送给我的。若头尾像碗筷一样谐和地诵读，就不会忘记的，慢慢想去吧。心儿分三瓣，慢慢想去吧。

326-A-10-30

封底

（释读、翻译：和宝林）

38-A-11-01

ʂər⁵⁵ lər³³ ŋɣ⁵⁵• bu²¹ dʑe²¹ uɑ²¹ ʂər⁵⁵

超度东巴什罗·使用本领招魂

38-A-11 超度东巴什罗·使用本领招魂

【内容提要】

　　这是一本超度东巴祭司时使用的经书。东巴祭司生前做祭祀参加战斗，虽然祭祀中并未做错什么事，战争中也没有发生过失魂落魄的事。但是，人死后，会把自己的魂魄滞留在各种地方，需要在超度他的灵魂的时候，将其滞留各地的魂魄招回。后一段说祭司们没有本事就不能去做祭祀，无知也不能胡乱给人卜卦说事。祭祀和卜卦的本事是天上的盘孜莎美赐予的，祭司要以神灵和前辈为榜样，认真学习和使用这些本领。

【英文提要】

Salvation Ritual for *to ba ʂər lər*, Summoning the Spirits

This book is used during the salvation ritual for *to ba* priest. The *to ba* priest did sacrifice rituals and joined battles while living. There, although, wasn't any mistake in the sacrifice and no spirit crush-out in the battle, the spirit of the dead would be detained in places around. Thus, it was needed to summon those detained spirits back during the salvation ritual. The later passage describes that priests could do sacrifice if only sufficient in ability. They could not do augury for others if ignorant. The ability of sacrifice and augury was bestowed by nymph *pər dʑ sa me*. Hence, the priest should set gods and ancestors as an example and learn these abilities seriously.

38-A-11-02

第 1 行："1712" 为洛克收藏的编号，并用洛克音标标注此书用于"超度什罗仪式"。
第 2 行：东巴文字符为此书名：《祈求神力，为死者招魂》。
第 3 行：洛克音标标注此书书名的纳西语读音。

38-A-11-03

a^{33} la^{33} mə^{33}ʂər^{55}n̩i^{33}, mɯ^{33}nɯ^{33} sʅ^{33} u ^{21}ku ^{55}, py^{21} u ^{21} pha^{21} u ^{21} dɯ^{21}, dæ^{21} ne ^{21} tshu^{21}
呵也　不　说　日　天　由　三　福分　抛　祭祀福分卜卦　福分得　勇敢和　迅速

u^{21} dɯ^{33},ga^{33} ne^{21}zi^{33} u^{21} dɯ^{33},kɣ^{55} ne^{21} sʅ^{33} u^{21} dɯ^{33}.|dʑi^{21} dʑə^{21} la^{33} lər^{33} dy^{21}, tshʅ^{21} thɣ^{3}
福分得　胜和美福分得　会和知福分得　　人　住　辽阔　地　鬼　到

lɯ^{33} me^{33} tshʅ^{21} le^{33} py^{21} du^{33},ʂʅ^{33} ne^{21} ha^{33} le^{33} lo^{21} du^{33}.|gu^{21} me^{22} ɕy^{33} be^{33} du^{33},ʂʅ^{33} me^{33}
来　是　鬼　又　祭　兴　肉　和　饭　又　施　兴　病　的　祭祀　做　兴　死　的

tshu^{33} thɣ^{55} du^{33}.|ɕi^{33} ɕy^{33} nə^{55} nɯ^{33} be^{33},|nə^{55}ɕy^{33} le^{33} mə^{33} be^{33},|ɕi^{33} sʅ^{33} ɕi^{33} ha^{33} bər^{33}
超度　　兴　别人祭　我　来　做　自己　祭祀又　不　做　别人　肉别人饭客

le^{33} lo^{21}.|ɕə^{33} sʅ^{33} ɕə^{33} ha^{33} bər^{33} mə^{33} lo^{21}
又　待　自己　肉　自　饭　客　不　待

　　远古的时候，天上抛下三种福分，人们得到了做祭祀和卜卦的福分，得到了勇敢和迅速的福分，得到了常胜和美丽的福分、得到了会和知的福分。在人们居住的辽阔大地上，鬼来了，就要祭鬼，就用饭和肉来施鬼。人死了就兴超度，人病了就要做祭祀。别人的祭祀由我来做，自己的祭祀自己不能做，用别人的肉和饭待客，不用自己的肉和饭来待客。

38-A-11-04

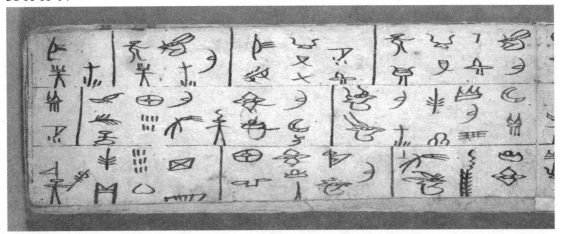

çi³³ tshŋ²¹ u³³ nɯ³³ py²¹|ŋə⁵⁵ tshŋ²¹ ŋə⁵⁵ le²¹ mə³³ py²¹.|çi³³ ŋə²¹ khua³³ me³³ tshe³³ sy²¹
别人鬼——自己来 祭 自己 鬼自己又 不 祭 别人上 益 的 十 样

be³³,|ŋə⁵⁵ tɕər²¹ khua³³ me³³ dɯ³³ sy²¹ le³³ be³³ mə³ kɣ⁵⁵.|iə²¹ pɯ⁵⁵ kɣ³³ dzŋ²¹ zo³³,ə³³ ȵi³³
做自己 上 益 的 一 样 又 做 不会 尤 出 处 住 人 昨天

lɑ²¹ ʂər⁵⁵ ȵi³³, mə³³ ʂŋ³³ ʂŋ⁵⁵ thɯ³³ zŋ³³,ua²¹ phi⁵⁵ he³³ tɕhə³³ mə³³ dʑy³³ na⁵⁵.|ɯ³³ tse²¹ bər²¹
也 前天 不死活那时魂 失 魄 丢 没 有 也 牛用 牦牛

tse²¹ py²¹ ,mi³³ mə³³ dər³³ me³³ dʑy³³ i³³ kɣ⁵⁵, sər³³ tse²¹ lɣ³³ tse²¹ py²¹ mi³³ mə³³ dər³³ me³³
用 祭目的 不 达 的 有 也会 木 用 石用 祭 目的不 达 的

dʑy³³ i³³ kɣ⁵⁵, dæ²¹ me³³zŋ²¹ uə³³ gɣ⁵⁵ uə³³ phɣ²¹, zŋ²¹ dy²¹ gɣ³³ dy²¹ tshe⁵⁵,|ȵi³³ me³³ thɣ³³
有 也会 勇敢的 仇寨 九 寨 破 仇 地 九 地 除 东方

tɕy²¹ ua²¹ he³³ tɕhi³³ lo²¹ the²¹ mə³³ æ²¹,|ʂŋ³³ se³³ y²¹ dɯ³³ zŋ³³, ua²¹ he³³
向 魂魄 刺 中 那 不 滞 死了祖先 一 代 魂魄

别人的鬼自己除，自己的鬼自己不会除，做了让别人受益的十件事，不会为自己做一件好事。住在尤氏族居住地的人，在过去的日子里，在未死还活着的时候，虽然未曾发生过失魂落魄的事。但是，使用牛、牦牛、木石做祭祀的过程中，会有祭祀没有祭好的情况发生。勇敢地攻破敌人的九个村寨，夺取九个地方，虽然没有把自己的魂魄失落在东方的刺丛之中。但是，死去成为祖先的时候，

38-A-11-05

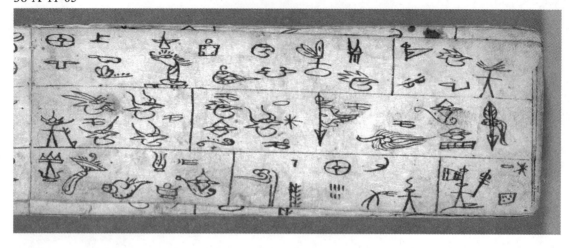

ŋi³³ me³³ thɣ³³, ʂə⁵⁵ʂŋ³³ lər²¹ pa³³ phy²¹ nɯ³³ dʑŋ²¹ me³³ dy²¹, tər²¹ za⁵⁵ dʑə²¹bɣ³³ dʑŋ²¹ me³³
东方　　　寿依朗巴聘　　　由　住　的　地方　呆饶玖补　　　住　的

dy²¹,na²¹ zɭ³³ kə⁵⁵ bɣ³³ dʑŋ²¹ me³³dy²¹ i³³æ²¹ i³³kɣ⁵⁵,|the³³ŋə²¹æ²¹ me³³ dzu³³ le³³zɹa²¹,dʑŋ³³
地方 纳日唑补　　　住　的　地方 是 滞也会　那里　滞　的　债 又 还 主事

kɣ⁵⁵ thɣ³³ tʂh³³ lo²¹,py²¹ kɣ⁵⁵ da³³ hɯ²¹ ŋə²¹,tshŋ⁵⁵ phər²¹ y²¹ phər²¹,bər²¹ phər²¹, |æ²¹ phər²¹
会　出　这群 祭 会　达恒　我　山羊 白 绵羊 白　牦牛 白　　公鸡

kɣ³³ nɯ³³ ua²¹ le³³ ʂər⁵⁵,bər²¹ phər²¹ tɣ³³ tɣ²¹ kɯ²¹ kɯ²¹ kɣ³³ ga³³ la²¹ the³³ phər²¹ kɣ³³,ə⁵⁵
上　由　魂 又 招　牦牛 白　千 千 万 万　上 胜神　旗 白 上 呵

ga³³ bər²¹ mæ³³ phər²¹ kɣ³³ nɯ³³ ua²¹ le³³ ʂər⁵⁵,no²¹ py⁵⁵ lɯ³³ ʂŋ³³ kɣ³³, hæ³³ ʂŋ²¹ bæ³³ mi³³
嘎　牦牛尾 白　上 由　魂 又 赎 宝贝 箭　　上 金 黄 灯火

kɣ³³, hæ³³ ʂŋ²¹ tsæ³³ lər²¹ kɣ³³, dɣ³³ phər²¹ mu²¹ kho³³ kɣ³³, ha³³ sa³³ zɭ³³ sa⁵⁵ kɣ³³ nɯ³³
上 金 黄 板铃　上 海螺 白螺 号 上 供 供饭 供酒 上 由

ua²¹ le³³ ʂər⁵⁵.|y²¹ mu⁵⁵ dɯ³³ ʂŋ²¹ la³³ ə³³ ŋi³³ la²¹ ʂər⁵⁵ ŋi³³, mə³ ʂŋ³³ ʂŋ⁵⁵ thɯ³³ zŋ³³,|ga³³
魂 又 招 祖先 一 个 也 昨天 也 前天 不 死 活 这 代 胜

mu²¹ dæ²¹ mu²¹ tɣ³³ tɣ²¹ kɯ²¹ kɯ²¹ ʂŋ³³.
兵 勇敢 兵 千 千 万 万 引

魂魄会滞留在寿依朗巴聘住的地方，会滞留在呆饶玖补住的地方,滞留在纳日唑补住的地方去。魂魄滞留在了那里，就得去那里还债。会主事的这一群人和达恒我，用白山羊、白绵羊、白牦牛、公鸡把死者的魂魄招回，从千千万万的白牦牛身上,从胜神的旗帜上，从白色牦牛尾巴上,金黄色灯盏上，宝贝箭上，金黄色板铃上，白色的螺号上，供酒、供饭上把死者的魂魄招回。

　　这一位祖先，在过去的日子里，未死还活着的时候，带着千千万万勇敢的胜神，

38-A-11-06

dæ³³ me³³ ɯ³³ tse²¹ ʐua³³ tse²¹ py²¹ me³³　mə³³ dər³³ dər³³, mi³³ tse²¹ dʑi²¹ tse²¹ py²¹, py²¹
能干 地　牛　用　马　用　祭　的　不　差错　　火　用　水　用　祭　祭

la³³ mə³³ kɣ⁵⁵ me³³mə³³dʑy³³,|dæ²¹ me³³ zɣ²¹ uə³³gɣ⁵⁵ uə³³ phɣ²¹, zɣ²¹dy²¹ mi²¹ le³³ tshe⁵⁵,|
也　不　会　的　　　没有　勇敢地　仇寨　九　寨　破　仇　地下　又　除

i³³ tʂhɳ³³ mɯ²¹ la³³ ua²¹he³³ the²¹mə³³ æ²¹.|ʂɳ³³ se³³ y²¹ dɯ³³ zɳ³³,ua²¹ phi⁵⁵ he³³ tɕhə³³ dʑy³³
南方　　　　也　魂魄　那　不　滞　死了祖先一个魂　失　魄　丢　有

i³³ kɣ⁵⁵. i³³ tʂhɳ³³ mɯ²¹, ho⁵⁵ i³³ dʑo²¹ bɣ³³ ly²¹ nu²²dʑɳ²¹ me³³ dy²¹,ʂɳ¹ dzɳ³³ dʑi³³ bɣ³³ dʑɳ²¹
也　会　南方　　　霍依佐补吕　　　由　住　的地方 史支金补　　　住

me³³ dy²¹ i³³ æ²¹ i³³ kɣ⁵⁵.|lɣ⁵⁵ tsɳ⁵⁵ dʑi³³ bɣ³³ the³³ ŋə²¹ dzu³³ le³³ ʐua²¹, tshɳ⁵⁵ hər²¹ y²¹
的 地方是 滞 也会　鲁孜金补　那里 债 又 还 山羊 绿 绵羊

hər²¹,ɯ³³ hər²¹ æ²¹ phər²¹ nu³³ dzu³³ le³³ ʐua²¹ thɣ³³phe²² dʑo³³ phər²¹ kɣ³³ nu³³ ua²¹ le³³
绿 牛 绿 公鸡　由 债 又 还 土 布 桥 白 上 由 魂 又

ʂər⁵⁵,|hæ³³ ʂɳ²¹ bæ³³ mi³³ kɣ³³, no²¹ py⁵⁵ lu³³ sɳ³³ kɣ³³, ga³³ la²¹ the³³ phər²¹ kɣ³³, ə⁵⁵ ga³³
招　金 黄 灯火 上 宝贝 箭　上 胜神 旗 白 上 阿嘎

bər³³ mæ³³ phər²¹
牦牛 尾　白

能干地用牛、用马做祭祀，祭祀没有出过差错。用火、用水做祭祀，也没有不会使用的地方。勇敢地攻破敌人的九个寨、攻占九块地方，也没有发生过失魂落魄的事情。祖先死了以后，会发生失魂落魄的情况，会把自己的魂魄滞留在霍依佐补吕住的地方，失落在史支金补住的地方，失落在鲁孜金补住的地方。要到那里去还债，招回祖先的魂魄。用绿色的山羊、绿色的绵羊、绿色的牛和公鸡去还债，从土布白桥上，从金黄色灯火上，从宝贝箭上，从胜神旗帜上，从白色的阿嘎牦牛尾巴上，

38-A-11-07

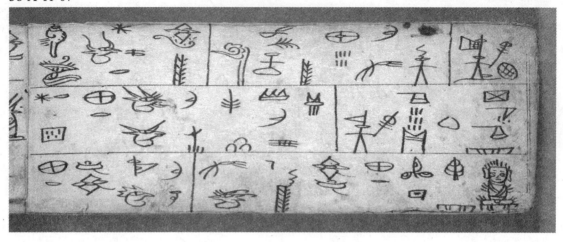

dɣ³³ phər²¹mu²¹kho³³,hæ³³ ʂɿ²¹ tsæ³³ lər²¹, bər²¹ phər²¹tɣ³³ tɣ²¹ kɯ³³ kɯ²¹nɯ³³ y²¹ mu⁵⁵ ua²¹
海螺白　螺号　　金　黄　板铃　牦牛　白　千　千　万　万　上　由　祖先　魂

le³³ ʂər⁵. iə²¹ pɯ⁵⁵ kɣ³³ʥɿ²¹ zo³³, y²¹ mu⁵⁵ dɯ³³ ʂɿ²¹ la³³,ə³³n̠i³³ la²¹ ʂə⁵⁵ n̠i³³ mə³³ ʂɿ³³ ʂɿ⁵⁵
又　招　尤　出　处　住　人　祖先　一　个　也　昨天　和　前天　不　死　活

thɯ³³ zɿ³³,|ga³³ mu²¹ dæ²¹ mu²¹ tɣ³³ tɣ²¹ kɯ³³ kɯ²¹ ʂɿ³³,n̠i³³ me³³ gɣ²¹,tshɿ⁵⁵ ne²¹ y²¹ tse²¹
这　时　胜　兵勇敢兵　千　千　万　万　引　西方　　山羊　和　绵羊　用

py²¹, py²¹ la³³ mə³³ dər³³dər³³,sər³³ tse²¹ lɣ³³ tse²¹ py²¹,mi³³ mə³³ dər³³ kɣ³³ la³³ mə³³ ʥy³³,|
祭　祭　也　不　差错　　木　用　石　用　祭目的　不　达　处　也　没有

n̠i³³ me³³ gɣ²¹, ua²¹ phi⁴⁴ he³³ tɕhə³³ the³³ n̠ə²¹ mə³³ æ²¹ na⁵⁵.|ʂɿ³³ se³³ y²¹ dɯ³³ zɿ³³, ua²¹
西方　　　魂　失　魄　丢　那　里　不　滞　也　死　了祖先一　位　魂

phi⁵⁵ he³³ tɕə³³ ʥy³³ i³³ kɣ⁵⁵, n̠i³³ me³³ gɣ²¹nɣ²¹ uə³³ pa²¹ lo³³ çy²¹ nɯ³³ ʥɿ²¹ me³³ dy²¹,
失　魄落　有　也　会　西方　　奴乌巴罗徐　　由　住　的　地方

le⁵⁵ tɕhi³³ ʂɿ³³ phɣ³³ ʥɿ²¹ me³³ dy²¹,
楞启斯普　　　　住　的　地方

从白海螺螺号上，从金黄色的板铃上，从千千万万的白牦牛上将祖先的魂魄招回。

　　尤氏族居住地的人，死去的祖先呵，在过去的日子里当您未死还活着的时候，带领千千万万的胜神勇敢士兵到西边方向去。在那里用山羊和绵羊做祭祀，所做的祭祀不曾出差错。勇敢地去攻破西方的九座铁寨，攻占九个铁方位的地方。没有在西方发生失魂落魄的事，也没有把魂魄滞留在了那里。但是人死后成为祖先的时候，还会发生失魂落魄的事，会把魂魄滞留在西方奴乌巴罗徐居住的地方，滞留在楞启斯普居住的地方，

38-A-11-08

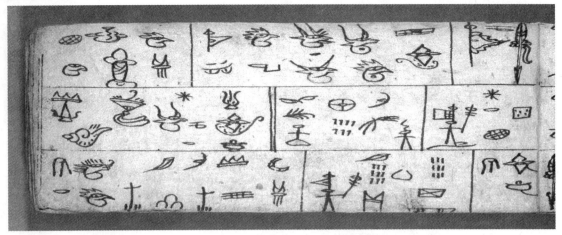

mu²¹ kə⁵⁵ dʑi³³ bʏ³³ khə²¹ æ²¹ i³³ kʏ⁵⁵.∣the³³ nə²¹ æ²¹ buɯ³³ la²¹, tshŋ⁵⁵ na²¹ y²¹ na²¹ bər²¹
猛　构　景　补　　　　旁　滞　也　会　那　里　滞　也　是　山羊 黑羊 黑 牦牛

na²¹ æ²¹ na²¹ dzu³³ le³³ zua²¹, thʏ³³ phe³³ dzo²¹ phər²¹ kʏ³³ nɯ³³ ua²¹ le²² ʂər⁵. ‖ ga³³ la²¹
黑　鸡　黑　债　又　还　土布　桥　白　上　由　魂　又　招　胜神

the³³ tɕhi²¹ kʏ³³, no²¹py⁵⁵ lɯ³³ ʂŋ³³ kʏ³³, hæ³³ ʂŋ²¹ bæ³³ mi³³ kʏ³³, dy³³ phər²¹ mu²¹ kho³³
旗帜　上　宝贝　箭　上　金　黄　灯火　上　海螺　白　螺号

kʏ³³, hæ³³ ʂŋ²¹ tsər³³ lər²¹ kʏ³³ bər²¹ phər²¹ tʏ³³ tʏ²¹ kɯ³³ kɯ²¹, zɭ³³ sa⁵⁵ ha³³ sa⁵⁵ kʏ³³nɯ³³
上　金　黄　板铃　上　牦牛　白　千　千　万　万　供酒　供饭　上　由

ua² le³³ʂər⁵⁵. ‖ iə²¹ pɯ⁵⁵ kʏ³³dʑŋ²¹ zo³³, ə³³ ɳi³³ la²¹ ʂər⁵⁵ ɳi³³,mə³³ʂŋ⁵⁵ thɯ³³zŋ³³,∣ga³³ mu²¹
魂　又　招　尤　出　处　住　人　昨天　也　前天　不　死　那时　胜神 兵

dæ²¹ mu³³ tʏ³³ tʏ²¹ kɯ³³ kɯ²¹ ʂŋ³³,ho³³ gʏ³³ lo²¹,bu²¹ ne²¹ æ²¹ tse²¹ py²¹, dʑi²¹ ne²¹ lʏ³³ tse²¹
勇敢　兵　千　千　万　万　引　北方　猪　和　鸡　用　祭　水　和　石　用

py²¹, mi³³ mə³³ dər³³ me³³ dʑy³³ i³³ kʏ⁵⁵,∣dæ²¹ me³³ dʑi²¹ uə³³ gʏ⁵⁵ uə³³ phʏ²¹,dʑi²¹ dy²¹ gʏ³³
祭　目的　不　达　的　有　也　会　勇敢　地　水　寨　九　寨　攻　水　地　九

dy²¹ tshe⁵⁵,∣ho³³ gʏ³³ lo²¹ ua²¹ phi⁵⁵ he³³ tɕhə³³
地　破　北方　魂　失　魄　丢

　　滞留在猛构景补居住的地方。即使滞留在那些地方，也可以用黑山羊、黑绵羊、黑鸡偿还鬼债，从白色的土布桥上招回丢失的魂魄。也可以从胜神旗帜上，宝贝箭上，金黄色灯火上，白色的海螺螺号上，金黄色板铃上，千千万万的白牦牛上，供饭、酒上把死者的魂招回。

　　居住在尤氏族住地的人，在过去的日子里，祖先未死还活着的时候，带领着千千万万胜神勇敢的士兵到北方去，在那里用猪、鸡，用石和水做祭祀。即使祭祀会有不周到的地方，带领千千万万勇敢的胜神兵，去攻打水方位的九个村寨，去攻破水方位的九个地方，也没有发生失魂落魄的事情。

38-A-11-09

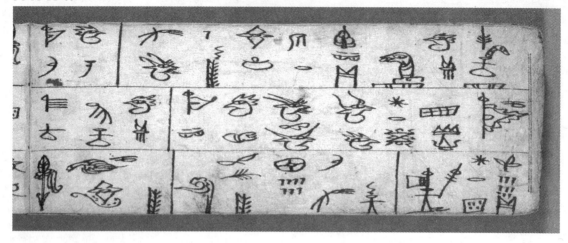

the^{33} nə^{21} mə^{33} æ^{21} na^{55}.।ʂ^{33} se^{33} y^{21}　du^{33} z^{33},ua^{21} he^{33} ho^{33} gɣ^{33} lo^{21} gə^{33}çy^{21} uə^{33} dæ^{21}
那　里　不　滞　也　死　了　祖先　一　位　　魂魄　　北方　　　的　　徐坞丹

mu^{33} nə^{55} gə^{33} dy^{21} æ^{21} i^{33} kɣ^{55},ho^{33} gɣ^{33} lo^{21} gə^{33} nɣ^{21} dʑ^{33} dʑi^{33} bɣ^{33}dʑ^{21} me^{33} dy^{21} i^{33} æ^{21}
姆妞　　的　地　滞　也　会　北方　　　的　努祖景补　　　　住　的　地方　是　滞

i^{33} kɣ^{55},gə^{21} lo^{55} tshy^{55} bə^{33} lɯ^{21} nu^{33} dʑ^{21} me^{33} dy^{55}, ho^{21} phu^{55} tʂh^{55} bɣ^{33} dʑ^{21} me^{33} dy^{21}
也　会　格罗趣　　　崩仂　由　住　的　地方　禾普赤补　　　　住　的　地方

i^{33} æ^{21} i^{33} kɣ^{55}.।the^{33} nə^{21} æ^{21} bɯ^{33} la^{33},tsh^{55} ʂ^{21}, y^{21} ʂ^{21}, bər^{33} phər^{21} tɣ^{33} tɣ^{21} kɯ^{33} kɯ^{21}
是　滞　也　会।那　里　滞　也　是　山羊　黄　绵羊黄　牦牛　白　千　千　万　　万

æ^{21} ʂ^{21}, thy^{33} phe^{33} dzo^{21} phər^{21} kɣ^{33}, hæ^{33} ʂ^{21} bæ^{33} mi^{33} kɣ^{33}, ga^{33} la^{21} the^{33} phər^{21} kɣ^{33},
鸡　黄　土　布　桥　白　上　金黄　灯火　上　胜神　旗帜　上

no^{21} py^{55} lɯ^{33} ʂ^{33} kɣ^{33},ə^{55}　ga^{33} bər^{21} mæ^{33} phər^{21} kɣ^{33} nɯ^{33} y^{21} ua^{21} gə^{21} le^{33} ʂər^{55}.। iə^{21}
宝贝　箭　上　阿嘎　牦牛　尾　白　上　由　祖先　魂　上　又　招　　尤

pɯ^{55} kɣ^{33} dʑ^{21} zo^{33},ə^{33} ni^{33} la^{21} ʂər^{5} ni^{33}, mə^{33} ʂ^{33} ʂ^{55} dɯ^{33} z^{33},।ga^{33} mu^{21} dæ^{21} mu^{21} tɣ^{33}
出　处　住　人　昨天　也　前天　不　死　活　一　代　胜神　兵　勇敢　兵　千

tɣ^{21} kɯ^{33} kɯ^{21} ʂ^{33}, z^{21} uə^{33} gɣ^{55} uə^{33} phɣ^{21},
千　万　万　引　仇　寨　九　寨　攻

也没有把魂魄滞留在那里。但是，祖先死了之后，会把魂魄滞留在北方，滞留在努祖景补住的地方，滞留在徐坞丹姆妞居住的地方，滞留在格罗趣崩仂居住的地方，滞留在禾普赤补居住的地方。即使滞留在了那些地方，祭司我用黄色山羊、黄色绵羊、千千万万的白牦牛偿还鬼债，在黄色鸡身上，白色土布桥上，金黄色灯火上，胜神旗帜上，宝贝箭上、阿嘎白色牦牛尾巴上，将祖先的魂魄招回。
　　居住在氏族居住地的人，在过去的日子里，祖先未死还活着的时候，带领千千万万的胜

神勇敢士兵，去攻打仇人的九个村寨，

38-A-11-10

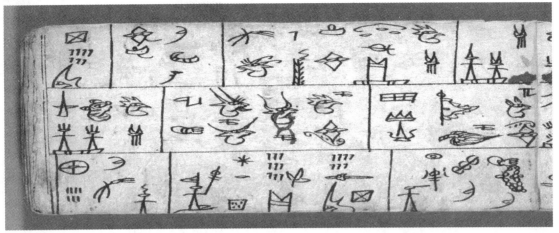

şər³³ tshər²¹ æ²¹ uə³³ phγ²¹,|ua²¹ phi⁵⁵ he³³ tɕhə³³ mə³³dʑγ³³ na⁵⁵.|ʂʅ³³ se³³ y²¹ dɯ³³ zʅ³³,ua²¹
七　十　崖　寨　破　魂　失　魄　落　没　有　也　死　了　祖先　一　代　魂

he³³ mɯ³³ ne²¹ dy²¹ zγ⁵⁵ gγ³³,kɯ²¹ uə³³ za²¹ uə³³ lo²¹ nə²¹ æ²¹ i³³ kγ⁵⁵.|dγ²¹ ne²¹ tse²¹ dy²¹
魄　天　和　地　中央　星　村　宿　寨　里　边　滞　也　会　毒鬼　和　仄鬼　地方

æ²¹ i³³ kγ⁵⁵,tər²¹ tshʅ²¹ la³³ tshʅ²¹ dy²¹ nə²¹ æ²¹ i³³ kγ⁵⁵.|mə³³ ʂu²¹ the³³ nə²¹ æ²¹ bɯ³³ la³³,
滞　也　会　呆鬼　　佬鬼　　地方　滞　也　会　不　干净 那　里 滞 也 是

tshʅ⁵⁵ phər²¹, y²¹ phər²¹, bər²¹ phər²¹,æ²¹phər²¹ nɯ³³ ua²¹ le³³ şər⁵⁵.|thγ³³ phe³³ dʑo³³ phər²¹
山羊　白　绵羊　白　牦牛　白　公鸡　　由　魂　又　招　土布　桥　白

kγ³³,hæ³³ʂʅ²¹bæ³³mi³³ kγ³³,ga³³ la²¹ the³³ tɕhi²¹kγ³³,ə⁵⁵ ga³³bər²¹mæ³³phər²¹tʂʅ³³ dʑi³³ ua²¹
上　金　黄　灯火　上　胜神　旗帜　　上　阿嘎牦牛尾　白　所供　魂

le³³ şər⁵⁵.|ə³³ ɲi³³ la²¹ şər⁵⁵ ɲi³³,mə³³ ʂʅ³³ sʅ⁵⁵ thɯ³³ zʅ³³,|dæ²¹ mu²¹ tshu²¹ mu³¹ tγ³³ tγ²¹
又　招　昨天　也　前天　　不　死　活　那时，勇敢　兵　迅速　兵　千　千

kɯ³³ kɯ²¹ sʅ³³,zʅ²¹ uə³³ gγ⁵⁵ uə³³ phγ²¹,zə̩r³³ æ²¹ şər³³ æ²¹ tshe⁵⁵,|ma²¹ ly³³ tshu³³ mə³³
万　万　引　仇人寨　九　寨　攻　刀　崖　七　崖　破　　咒语　念　不

kγ⁵⁵,bɯ³³ dɯ²¹ hæ³³ mə³³ kγ⁵⁵,
会　念　珠　挂　不　会

攻破仇人的七座山崖，也没有发生失魂落魄的事。祖先死后，魂魄会滞留在天地中间的星宿
寨中，会滞留在毒鬼、仄鬼的地方，滞留在呆鬼、佬鬼的地方。即使滞留在了那些不干净的
地方，祭司会用白山羊、白绵羊、白牦牛、公鸡将祖先的魂魄招回，从白色土布桥上，从金
黄色灯火上，从胜神旗帜上，从白色的阿嘎牦牛尾巴上，将祖先的魂魄招回。

　　在过去的日子里，祖先未死还活着的时候，带领千千万万勇敢、迅速的士兵去攻打仇人

的九个村寨，攻破仇人七座剑般山崖，即使不会念咒语，不会挂念珠，

38-A-11-11

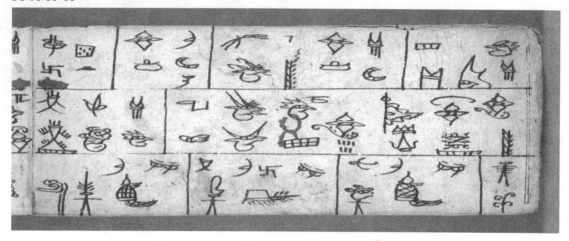

nɣ⁵⁵me³³ ɯ³³ nuɯ³³ khuɑ²¹ le³³ sʅ³³,| uɑ²¹ phi⁵⁵ he³³ tɕhə³³ mə³³ dʑy³³ nɑ⁵,| mu⁵⁵ se³³ y²¹
心　　好　由　邪　又　想　魂　失　鬼　落　不　有　也　死了　祖先

dɯ³³ zʅ³³,uɑ²¹ phi⁵⁵ he³³ tɕhə³³ dʑy³³ i³³ kɣ⁵⁵,| tʂʅ³³ uə³³ æ²¹ uə³³ kɣ³³ i³³ æ²¹ i³³ kɣ⁵⁵,| mu³³
一　代　魂　失　魄　丢　有　也　会　　土寨　岩寨　上　是　滞　也　会　　猛鬼

dy²¹,ɯ²¹ dy²¹,zɐr²¹ dy²¹,lɑ³³ dy²¹ æ²¹ i³³ kɣ⁵⁵.| mə³³ ʂu²¹the³³ ȵə²¹ æ²¹ bɯ³³ lɑ³³, tshʅ⁵⁵ ne²¹
地　恩鬼　地　豹　在　虎　地　滞　也　会　　不　干净　那　里　滞　也　是　山羊和

y²¹,　æ²¹ phɐr²¹,　thy³³ phe³³ dzo³³ phɐr²¹ kɣ³³ nɯ³³ uɑ²¹ le³³ ʂɐr⁵⁵,gɑ³³ lɑ²¹ the³³ tɕhi²¹ kɣ³³,
绵羊公鸡　　土布　桥　白　上　由　魂　又　招　胜神　旗帜　上

hæ³³ ʂʅ²¹ bæ³³ mi³³ kɣ³³,mɯ³³ hɐr²¹ dy²¹ ʂʅ²¹ kho⁵⁵ nɯ³³ y²¹ mu⁵⁵ uɑ²¹ he³³ gə²¹ le³³ ʂɐr⁵⁵.|
金　黄　灯火　上　天　绿　地　黄　间　由　祖先　魂魄　　上　又　招

y²¹　lɑ³³ ə³³ sʅ³³ mə³³ sʅ³³ lɑ³³, kɣ³³　gə³³ mu³³ kuə²¹ ly²¹ le³³ lu³³.| ə³³ me³³ mə³³ sʅ³³ lɑ³³,
祖先也　父亲　不　知　也　头　上　头盔　　瞧　又　来　母亲　不　知　也

phe²¹　be³³　thɐr²¹ zi³³ mæ³³ i³³ ly²¹ le³³ lu³³.| ə³³ gɣ³³ mə³³ sʅ³³ lɑ³³, kɣ³³　gə³³ mu³³ guə²¹
麻布　　裙　美　尾　是　瞧　又　来　舅　　不　知　也　头　的　头盔

ly²¹ le³³ lu³³, |kho²¹ lɯ³³
瞧　又　来　亲戚　邻居

即使好心产生了邪念，也没有发生过失魂落魄的事情。死后的祖先还会发生失魂落魄的事情。
祖先的魂魄会滞留在土寨、岩寨之中，会滞留在猛鬼、恩鬼的地方，会滞留在虎豹活动的地
方。祭司我用山羊、绵羊、公鸡，从白色的土布桥上，金黄色灯火上，从绿莹莹的天，黄灿
灿的大地中招回祖先的魂魄。祖先的灵魂，若认不出自己的父亲，就看着他头上的头盔来。
若认不出自己的母亲，就看着身上漂亮的麻布裙子的尾巴来，若认不出自己的舅舅，就看着

他头上的头盔来。若认不出自己的亲戚邻居，

38-A-11-12

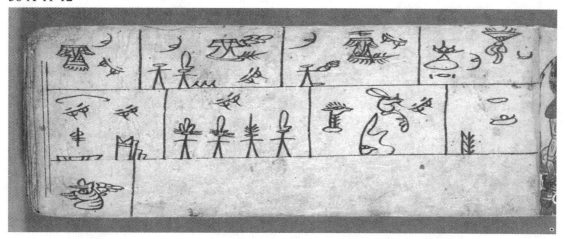

gɣ³³ gə³³ khua⁵⁵ gæ²¹ ly²¹ le³³ lu³³,| u³³ zo³³ u³³ mi⁵⁵ mə³³ sɿ³³ la³³,gɣ³³ gə³³ dʑi³³ zi³³ mæ³³
身　的　铠甲　　瞧　又　来 自己儿 自己女 不　知 也 身 的 衣 美 尾

phər²¹ ly²¹ le³³ lu³³.| u³³ gə³³ la³³ iə²¹ dʐɿ³³ huɯ²¹ mə³³ sɿ³³ la³³,khua⁵⁵ phər²¹ mæ³³ dʐɿ²¹ ly¹³
白　瞧　又　来 自己 的 亲密　伙伴　不　知 也 铠甲 白 尾 长 瞧

le³³ lu³³,| py³³ bɣ²¹ mə³³ sɿ³³ la³³,tsər³³ lər²¹ kho³³ i³³ mi³³ le³³ lu³³,| u³³ mɯ³³ u³³ dy²¹ ly²¹
又 来　祭司 不　知 也 板铃　声 也 听 又 来 自己天 自己地 瞧

le³³ lu³³,u³³ dʐɿ³³ u³³ uə³³ ly²¹ le³³ lu³³,| u³³ gə³³ sɿ³³ by³³ phɣ³³,phe²¹ be³³ dʐɿ³³, le⁵⁵ dʐə²¹
又 来 自己村 自己寨 瞧 又 来 自己 的 斯补 祖父 培本 祖母 勒周

sɿ²¹,bɣ³³ le²¹ me³³ ly²¹ le³³ lu³³.| y²¹ gə³³ y²¹ dʐɿ²¹ by³³ ly³³ kho²¹,ɕi³³ ɕy⁵⁵ æ²¹ khə²¹ ly²¹
父亲 补勒 母亲 瞧 又 来　祖先 的 祖先 住 山坡　中 人 站 崖 旁 瞧

le³³ lu³³.| thɯ³³ sɿ²¹ la²¹ kɣ³³ mæ⁵⁵,y²¹ la³³ gɣ³³ huɯ²¹ he³³ huɯ²¹,tshɣ⁵⁵ zi³³ bu²¹ zi³³ se²¹.
又 来 这样 的 以 后　祖先 也 身 安 神 安 马 美 鬃 美 了

就看着身上穿的铠甲来。若认不出自己的子女，就看着他们身上漂亮的衣服白色尾巴来。若认不出自己亲密的伙伴，就看着他们身上白色铠甲的尾巴来。若认不出祭司，就循着板铃的响声来。祖先呵，你要看着自己的天地，自己的村寨,自己的"斯补"祖父,"培本"祖母,"勒周"父亲,"补勒"母亲来，来到祖先居住的山坡上，来到人们站立的山崖（存放祖先木身的地方）上来。这样做过之后，祖先就可以身安神安了，就像一匹骏马配上了一身美丽的鬃毛。

38-A-11-13

a³³ la³³ mə³³ ʂər⁵⁵ ȵi³³,sər⁵⁵ lər³³ y²¹ mu⁵⁵ dɯ³³ sʅ²¹ la³³,mɯ³³ nɯ³³ sʅ³³ u²¹ ku⁵⁵,ɡa³³ ne²¹
呵　也　不　说　日　什罗　祖先　　一　位　也　天　由　三　本领　抛　胜　和

zi³³ u²¹ dɯ³³, py²¹ ne²¹ pha²¹ u²¹ dɯ³³,| kɣ³³ nə²¹ ʂu²¹ phər²¹ be³³ kho³³ thæ³³, ɡa³³ la²¹
美　本领　得　祭　和　卜　本领　得　头　上　铁　的　戟　头　戴　胜神

bər²¹ tɕhy³³ si²¹ so³³ the⁵⁵ ȵi³³ ɡ ɣ³³.| ɡɣ³³ nə²¹ dʑi³³ zi³³ mu²¹, ·ŋɣ²¹ dʑi³³ hæ²¹ dʑi³³ the⁵⁵ ȵi³³
牦牛　大鹏　狮子　三　那样　成　身　上　衣　美　穿　银　衣　金　衣　那样

ɡɣ³³.| thɯ⁵⁵ nə²¹ bɯ³³ kɯ⁵⁵ kɯ⁵⁵,mɯ³³ ɕi⁵⁵ sʅ³³ hər²¹ the⁵⁵ ȵi³³ ɡɣ³³,| khɯ³³ ɡɣ³³ za³³ na²¹
成　腰间　隔　腰带　扎　彩虹　黄　绿　那样　成　脚　上　鞋　黑

kɯ⁵⁵,tshʅ²¹ thy⁵⁵ tshʅ²¹ zər²¹ the⁵⁵ ȵi³³ ɡɣ³³.| ɕə³³ tɕhy²¹ dɣ³³ tshi³³ la²¹ phə³³ ty³³, tʂʅ³³
穿　鬼　踩　鬼　压　那样　成　大鹏　翅膀　手　中　拿　一

da⁵⁵ tʂhʅ³³ by²¹ the⁵⁵ ȵi³³ ɡɣ³³.| hæ³³ sʅ²¹ tsæ³³ lər²¹ do⁵⁵, phɣ³³ la²¹ tʂʅ³³ sa⁵⁵ tʂʅ³³ za²¹
砍　就　碎　那样　成　金　黄　板铃　摇　神　一　请　就　降

the⁵⁵ ȵi³³ ɡɣ³³.
那样　成

　　远古的时候，成为祖先的东巴什罗，从天上抛下三种本领，什罗得到了常胜和美丽的本领，得到了祭祀和卜卦的本领。什罗头上戴着白铁戟头，就像三尊胜神：大鹏、牦牛、狮子。身上穿着漂亮的衣服，就像是穿着金银服饰，腰间扎着腰带，就像黄黄绿绿的彩虹。脚上穿着黑色鞋子，就像要把鬼踩在脚下镇压下去。手里拿着大鹏的羽毛，就像一砍下去，就会粉碎。摇晃着金黄色板铃，就像天上的神马上就要降临。

38-A-11-14

kho³³ ɯ³³ dɯ³³ thɣ⁵⁵ ne²¹, mɯ³³ gɣ³³ lɯ³³ ŋə⁵⁵ ŋə³³ me³³ thɣ³³ lɯ³³ the⁵⁵ ȵi³³ gɣ³³.|khu³³
声　好　一　出　在　雷击　地抖落　的　出　来　那样　成　口

nɯ³³ ʂə⁵⁵ me³³ i³³, phɣ³³ la²¹ tʂhɻ³³ khɣ²¹ tʂhɻ³³ za²¹ the³³ ȵi³³ gɣ³³.|mɯ³³ tɕər²¹pər²¹ dʑɻ²¹
来　说　的　是　神　　一　请　就　降　那样　成　天　上　盘孜莎美

sɑ³³ me³³ le³³ ʂə⁵⁵ me³³,|py³³ bɣ²¹ dzər²¹ mə³³ i³³ me³³ nɯ³³,|la²¹ nɯ³³ dʑy²¹ na⁵⁵ zo⁵⁵ lo³³
　又　说　是　祭司　威　不　由　的　来　手　由　居那若罗

dʑy²¹ lɣ²¹ me³³ the⁵⁵ ȵi³³ gɣ³³.|mə³³ kɣ⁵⁵ mə³³ sɻ³³ me³³ nɯ³³dʑy²¹ na⁵⁵ zo⁵⁵ lo³³ dʑy²¹ khɯ³³
山　抬　的　那样　成　不　会　不　知　的　由　居那若罗　　山　旁

bər²¹ nɯ³³ thæ⁵⁵ ne²¹ the⁵⁵ ȵi³³ gɣ³³.| mə³³ kɣ⁵⁵ mə³³ sɻ³³ me³³ nɯ³³ ʂə⁵⁵, ɯ³³ bɣ³³ hər³³
牦牛　由　撞　在　那样　成　　不　会　不　知　的　由　说　灰堆　风

nɯ³³ khæ⁵⁵ ne²¹ the⁵⁵ ȵi³³ gɣ³³.|phər²¹dʑɻ³³ sɑ³³ me³³ le³³ ʂə⁵⁵me³³,|py³³ bɣ²¹ kho³³ i³³ dɯ³³
由　刮　在　那样　成　盘孜莎美　　又　说　是　祭司　话　是　一

mi³³ ne²¹ lu³³ tsɻ⁵⁵. |py³³ bɣ²¹ phɑ²¹ u³³ mə³³ iə⁵⁵ me³³,|mə³³ sɻ³³ ɕi³³ gə³³
听　在　来　说　祭司　卜　本领　不　赐　是　　不　知　别人　的

东巴什罗一出声，就像天上的雷电轰鸣，地上马上就出现地震一样，东巴什罗一张口说话就像神灵马上就要降临。

　　天上的盘孜莎美说："若祭司本身没有神威，就像空手要把居那若罗神山抬起来。不会又无知的人就像牦牛的角要去顶撞居那若罗神山，就像大风要刮起大灰堆。"盘孜莎美又说："来听听大祭司说的话，若大祭司没有赐下本领，无知无识，就别去

38-A-11-15

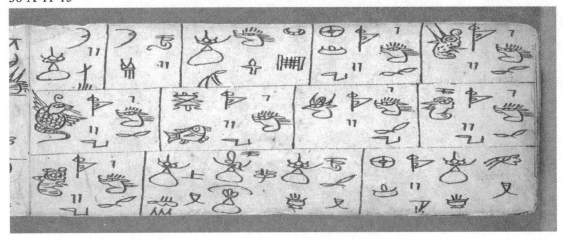

py²¹ mu³³ be³³ mə³³ ɳi²¹,|mə³³ kɣ⁵⁵ pha²¹ mə³³ ɳi²¹ .|lɯ⁵⁵ kɣ³³ py³³ bɣ²¹ le³³ ʂə⁵⁵ me³³,py²¹
祭祀　做　不　要　不　会　卜　不　要　利古　祭司　又　说　是　祭祀

bu³³ sy²¹　be³³ dʑy³³ da²¹ tsʅ⁵⁵.|ɳi³³ me³³ he³³　me³³ the⁵⁵ ɳi³³ be³³,py²¹　bu³³ dɯ³³ bu³³ iə⁵⁵
本事 怎样 地 有　是　说 太阳　月亮　那样　的　祭祀 本事 一 本事 给

bɯ³³ tsʅ⁵⁵,|ua³³ hɚ² mɯ³³ dzɚ³³ the⁵⁵ ɳi³³ be³³, py²¹　bu³³　dɯ³³ bu³³　iə⁵⁵ bɯ³³ tsʅ⁵⁵,|hæ³³
要 说 松石 绿 青龙　那样　的　祭祀 本事 一 本事 给 要 说 金

ʂʅ²¹ lɣ²¹ dʑə³³ the⁵⁵ ɳi³³ gə³³ py²¹ bu³³ dɯ³³ bu³³ iə⁵⁵ bɯ³³ tsʅ⁵⁵ .|hæ³³ ʂʅ²¹ ɳi³³ ʂʅ²¹ the⁵⁵ ɳi³³
黄 鲁 玖　那样　的　祭祀 本事 一 本事 给 要 说　金 黄 鱼 黄 那样

gə³³ py²¹　bu³³ dɯ³³ bu³³ iə⁵⁵ bɯ³³ tsʅ⁵⁵.|dɣ³³ phɚ²¹ çə³³ tɕhy³³the⁵⁵ ɳi³³ gə³³ py²¹ bu³³dɯ³³
的　祭祀 本事　一 本事 给 要　说 海螺 白 大鹏 那样　的　祭祀本事 一

bu³³　iə⁵⁵ bɯ³³ tsʅ⁵⁵ .|dɣ³³　phɚ²¹ si³³ gɯ³³ the⁵⁵ ɳi³³ gə³³ py²¹ bu³³ dɯ³³ bu³³ iə⁵⁵ bɯ³³
本事 给 要　说 海螺 白 狮子 那样　的　祭 本事 一　本事 给 要

tsʅ⁵⁵.|bə³³ dɯ²¹ la²¹ çy²¹ the⁵⁵ ɳi³³gə³³ ,py²¹ bu³³　dɯ³³ bu³³ iə⁵⁵ bɯ³³ tsʅ⁵⁵.|lɯ⁵⁵ kɣ³³　py³³
说 掌 大 虎 红 那样　的　祭祀 本事 一　本事 给 要 说 利古　祭司

bɣ²¹ le³³ ʂə⁵⁵　me³³, mɯ³³ tɕɚ²¹ phɚ²¹ dʐʅ³³ sa³³ me³³ ŋɣ⁵⁵,py²¹　bu³³ pha²¹ bu³³　dɯ³³ iə⁵⁵
又　说　是　天 上 盘孜莎美　　您　祭祀 本事 卜卦 本事 一　给

lu³³ .|ɳi³³ me³³ he³³ me³³ the⁵⁵ ɳi³³ py²¹ u³³　ku⁵⁵ me³³
来　太阳　月亮　那样 祭祀 福分 抛 是

给人做祭祀。不会卜算就不要替别人卜卦。"

　　利古(中间意思，表示人间)祭司说："你有什么样的祭祀本领？"

　　盘孜莎美说："我要赐给你太阳、月亮那样的祭祀本领，要赐给你绿松石青龙那样的祭祀
本领，要赐给你金黄色鲁玖，金黄色鱼儿那样的祭祀本领，要赐给你海螺般洁白的狮子那样

的祭祀本领，要赐给你白海螺般大鹏那样的祭祀本领，要赐给你巨掌红虎那样的祭祀本领。"
利古祭司说："盘孜莎美，请赐给我们祭祀和卜卦的本领。"盘孜莎美抛下日月一样的祭祀本
领，

38-A-11-16

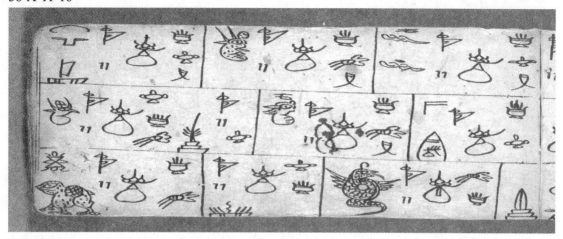

lɯ⁵⁵ kɤ³³ py³³ bɤ²¹ nɯ³³ mɯ³³ thɤ³³ dy²¹ khu³³ the⁵⁵ ȵi³³ gə³³ py²¹ u³³ dɯ³³ me⁵⁵.∣ua³³
利古　　祭司　由　天　开　地　辟　似　的　祭祀　福分　得　是　松石

hər²¹ mɯ³³ dzər³³ the⁵⁵ ȵi³³ gə³³ py²¹ u³³ ku⁵⁵ iə⁵⁵ me³³.∣lɯ⁵⁵ kɤ³³ py³³ bɤ²¹ nɯ³³, tɕi²¹
绿　青龙　　那样　的　祭祀　本事　抛　给　是　利古　　祭司　由　云

phər²¹ tɕi²¹ na²¹ the⁵⁵ ȵi³³ gə³³ py²¹ u³³　dɯ³³ me⁵⁵.∣dɤ³³ phər²¹ çə³³ tɕhy²¹ the⁵⁵ ȵi³³ gə³³
白　云　黑　那样　的　祭祀福分　得　是　海螺　白　大鹏　那样　的

py²¹ u³³ ku⁵⁵ iə⁵⁵ me³³,∣lɯ⁵⁵ kɤ³³ py³³ bɤ³³ nɯ³³ hæ²¹ i³³ ba⁵⁵ da²¹ dzər²¹ the⁵⁵ ȵi³³ gə³³py²¹
祭祀福分　抛　给　是　利古　　祭司　由　含依巴达　　树　那样　的　祭祀

u³³　dɯ³³ me⁵⁵.∣dɤ³³ phər²¹ si³³ gɯ³³ the⁵⁵ ȵi³³ py²¹ u³³ ku⁵⁵ iə²⁵⁵ me³³,∣so³³ ʂua²¹ the⁵⁵ ȵi³³
福分　得　是　海螺　白　狮子　那样　祭祀　福分抛　给　是　山　高　那样

gə³³ py²¹ u³³ dɯ³³ me⁵⁵.∣hæ³³ ʂɿ²¹ pa⁵⁵ me³³ the⁵⁵ ȵi³³ gə³³ py²¹ u³³ ku⁵⁵ iə⁵⁵ me³³,∣ lɯ⁵⁵
的　祭祀　本事　得　是　金　黄　大蛙　那样　的　祭祀　本事　抛　给　是　利古

kɤ³³ py³³ bɤ²¹ nɯ³³,dzi³³ dzə²¹ la³³ lər²¹ dy²¹ the⁵⁵ ȵi³³ py²¹ u³³ dɯ³³.∣hæ³³ ʂɿ²¹ lɤ²¹ dzə³³
　祭司　由　人　住　辽阔　地　那样　祭祀　福分　得　金　黄　鲁玖

the⁵⁵ ȵi³³ py²¹　u³³ ku⁵⁵ iə⁵⁵ me³³,∣dzy²¹ na⁵⁵ zo⁵⁵ lo³³
那样　祭祀　本事　抛　给　是　居那若罗

利古祭司得到的是开天辟地那样的祭祀本领。盘孜莎美抛下松石般青龙那样的祭祀本领，利
古祭司得到的是白云、黑云似的祭祀本领，盘孜莎美抛下海螺般洁白大鹏鸟那样的祭祀本领，
利古祭祀得到的是含依巴达神树那样的祭祀本领；抛下海螺般洁白狮子似的祭祀本领，得到

的是高山那样的祭祀本领；抛下金黄色大蛙那样的祭祀本领，得到的是辽阔大地那样的祭祀本领；抛下金黄色鲁玖那样的祭祀本领，得到的是居那若罗神山

38-A-11-17

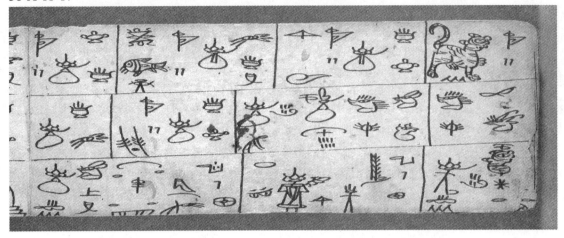

the⁵⁵ n̠i³³ py²¹ u³³ du̠³³.∣hæ³³ ʂ̠²¹ n̠i³³ ly²¹ the⁵⁵ n̠i³³ py²¹ u³³　ku⁵⁵ iə⁵⁵me³³,∣mu̠³³ lu̠⁵⁵
那样　祭祀福分得　金 黄 鱼 儿 那样　祭祀本领 抛 给 是　　　美利

dɑ²¹ dʑi²¹ hu̠⁵⁵ the⁵⁵ n̠i³³ py²¹ u³³ du̠³³.∣bə³³ du̠²¹ lɑ³³ çy²¹ the⁵⁵ n̠i³³　py²¹ u³³ ku⁵⁵,∣lu̠⁵⁵
　达吉 海 那样　祭祀本事 得 掌 大 虎 红 那样　祭祀本领 抛　森林

tshu²¹lu̠⁵⁵ nɑ²¹ the³³ n̠i³³ py²¹ u³³ du̠³³.∣lu̠⁵⁵ kɣ³³ py³³ bɣ²¹ le³³ ʂə⁵⁵ me³³,mu̠³³ tɕər²¹ tshe²¹
　大　那样　祭祀本领 得　利古　祭司　又 说 是 天 上 十八

ho⁵⁵ ty³³ gə³³ phər²¹ dʐɣ³³ sɑ³³ me³³ u⁵⁵, ŋə³³ tɕər²¹ bu²¹ tse²¹ khu̠⁵⁵ iə⁵⁵ lu³³ be³³ tsʐ⁵⁵.∣bu²¹
　层 的　盘孜莎美　　　　您 我 上 本事用　放 给 来 做 洗 本事

tse²¹ le³³ iə⁵⁵ se²¹.∣lu̠⁵⁵ kɣ³³ py³³ bɣ²¹ le³³　ʂə⁵⁵ me³³, mu̠³³ ne²¹ dy²¹ ly⁵⁵ gɣ³³ , tshʐ²¹ thɣ⁵⁵
用 又　给 了 利古　祭司　又 说 是 天 和 地 中间　鬼 踩

tshʐ²¹ zər²¹ bu̠³³ du̠³³ n̠i³³,∣gɣ³³ n̠ə²¹ dʑi²¹ zi³³mu²¹, çi³³ ŋɣ⁵⁵ bu̠³³ du̠³³ n̠i³³,∣lu̠⁵⁵ kɣ³³ py³³
鬼 压 去 一 天　身 上 衣 美 穿　人 超度 去 一 天　利古 祭司

bɣ³³ŋə²¹, phɣ³³ lɑ²¹ tɣ³³ tɣ³³ ku̠³³ ku̠²¹
我 神　千 千 万 万

那样的祭祀本领；抛下金黄色鱼儿那样的祭祀本领，得到了美利达吉神海那样的祭祀本领；抛下巨掌红虎那样的祭祀本领，得到了大森林那样的祭祀本领。利古祭司又说："住在十八层天上的盘孜莎美，您还要赐给我使用祭祀本领的办法。"盘孜莎美赐给了祭司们使用本事的办法。

　　利古祭司说：当我要去踩鬼镇压鬼魂的那一天，当我穿着漂亮的衣服，要给别人做超度仪式的那一天，如果不去迎请千千万万的神灵

38-A-11-18

mə³³ sɑ⁵⁵ me³³,tshŋ²¹ thɣ⁵⁵ tshŋ²¹ ʥər²¹ lo²¹ mə³³ luɯ³³.|bi²¹ thɣ³³ mə³³ du³³ n̥i³³ luɯ⁵⁵ kɣ³³
不　 清　 是 鬼 踩　 鬼　 压　 赢 不 了　日 出　的 一 天 利古

py³³ bɣ²¹ŋə²¹, phər²¹ ne²¹ sæ²¹ ka³³ tɕi³³,o⁵⁵ ne²¹ he²¹ ka³³ tɕhi³³,phɣ³³ la²¹ tɣ³³ tɣ²¹ kuɯ³³
祭司　 我　 盘神 和 禅神 求助 沃神 和 恒神　求助　 神　 千　千 万

 kuɯ²¹ le³³ ka³³ tɕi³³,|tua³³ kə²¹ iə³³ ma²¹ sŋ²¹ ɕi³³ tʂhua⁵⁵ tshər²¹ le³³ ka³³ tɕhi³³ ,|py³³ bɣ²¹
万 又　 求助　 端格　优麻 三　百　六　十　 又　 求助　 祭司

dzər²¹ du²¹ tɣ³³ tɣ²¹ kuɯ³³ kuɯ²¹ le³³ ka³³ tɕhi³³,|muɯ³³ gə³³ phɣ³³ la²¹ za²¹ luɯ³³ me³³,ko³³
威　 大 千 千 万　 万　 又　 求助　 天　 的　神　 降　 来 是 鹤

ʥi²¹ kə⁵⁵ ʥi²¹ the⁵⁵ n̥i³³gɣ³³,|so³³ kɣ³³ zər²¹ tsho³³ la³³ tsho³³ py²¹ khə²¹ tɣ³³ me³³ the⁵⁵ n̥i⁴⁴
飞 鹰 飞 那样 成　 山　上　 豹子 跳 虎 跳 祭司 前 到　的　那样

gɣ³³,|ʥi²¹ lo²¹ ʂu²¹ dzər³³ n̥i³³ dzər³³ py²¹ khə²¹ thɣ³³, py²¹ tɕər²¹ gɣ³³ lɣ²¹ ka³³ le²¹ luɯ³³
成　 水 牛 水獭 游 鱼儿 游 祭司 前 到 祭司 上 赐福　保佑 来

me³³ the⁵⁵ n̥i³³ gɣ³³,|tɕi²¹ go⁵⁵ ko³³ʥi²¹ thɣ³³, huɯ⁵⁵ lo²¹ bæ³³ na²¹thɣ³³ɕə³³ tɕhy²¹ ʥər²¹ kɣ³³
的　那样 成 云 中 鹤 飞 到 海　里　野鸭　到　大鹏　 树 上

thɣ³³ me³³ the⁵⁵ n̥i³³ gɣ³³,|phɣ³³ la²¹ tɣ³³ tɣ²¹ kuɯ³³ kuɯ²¹ mə³³ za²¹ la³³ ,py²¹ nuɯ³³ phɣ³³ la²¹
到　 的　那样 成　 神　 千　千 万　 万 不　降 也 祭司 由 神

ta⁵⁵ me³³ sŋ⁵⁵ dzṳ²¹ kho³³ le³³ mi³³, py²¹ nuɯ³³ sŋ³³ dzṳ²¹ ta⁵⁵ me³³,ɕi³³ nuɯ³³ tɣ²¹ le³³ ɕi³³
说 的　 三　句　话　又 听 祭司 由 三　句　说 是 别人 由 千 又 百

dzɣ²¹ tɕər²¹ khua³³.|tshŋ²¹ zər²¹ buɯ³³ du³³ n̥i³³, ɕi³³ ŋɣ⁵⁵ buɯ³³ du³³ n̥i³³, py³³ bɣ²¹ kæ³³
句　 上　 好　鬼　压 去　 一　天 别人 超度 去　 一　天 祭司 前

nuɯ³³,
由

就不能去踩鬼和镇压鬼族。好日子这一天，利古祭司我，求助于千千万万的盘神、禅神、沃神、恒神，就像天上飞来的白鹤和雄鹰，就像山岭上的豹子和猛虎跳动到了祭司跟前求助于三百六十尊端格优麻战神，求助于千千万万威力强大的祭司。天上的神灵降临来，就像水中的水獭和鱼儿游到了祭司跟前，来帮助祭司我。神灵来帮助祭司，就像白鹤来到白云间，野鸭来到大海中，大鹏来到树上。即使千千万万的神灵不在祭司跟前，祭司听神灵的话，所说的三句，顶得上别人所说的千百句。利古祭司我，要去踩鬼镇压超度死者的时候，

38-A-11-19

ua³³ hər²¹ da³³ khə²¹ la⁵⁵,hæ³³ ʂʅ²¹ tsər³³ lər²¹ do⁵⁵ le³³ tsho³³,|ua³³ hər²¹ mɯ³³ dzər³³ the⁵⁵
松石绿　　法鼓　　敲金　黄板铃　　摇又跳　松石绿　青龙　　那样

ȵi³³ lɣ²¹ na²¹ mɯ²¹ le³³ zər²¹.|dɣ³³　phər²¹ çə³³ tɕhy²¹ the⁵⁵ ȵi³³, æ²¹ na²¹ mɯ²¹ le³³ zər²¹.|
龙　黑　下　又　压　海螺白　大鹏　　那样　鸡黑　下　又　压

dɣ³³ phər²¹ si³³ gɯ³³　the⁵⁵ ȵi³³ ʂʅ²¹ na²¹ mɯ²¹ le³³ zər²¹ . |bə³³dɯ²¹ la³³çy²¹ the⁵⁵ ȵi³³,la³³
海螺白　狮子　　那样　狮黑　下　又　压　　掌大虎红那样　　虎

na²¹ mɯ²¹ le³³ zər²¹. |he²¹ gə³³ ga³³ la²¹ bər²¹ phər²¹ the⁵⁵ ȵi³³,bər²¹ na²¹　mɯ²¹ le³³ zər²¹. |
黑　下　又　压　神的　胜神　牦牛　白　那样　牦牛黑　下　又　压

he²¹ gə³³ tshʅ⁵⁵ phər²¹ the⁵⁵ ȵi³³, tshʅ⁵⁵ na²¹ mɯ²¹ le³³ zər²¹.| hæ³³ ʂʅ²¹ ma⁵⁵ iə³³ the⁵⁵ ȵi³³
神的　山羊　白　那样　山羊黑　下　又　压　金黄　孔雀　　那样

ma⁵⁵ iə²¹ na²¹ me³³ mɯ²¹ le³³ zər²¹. |sa²¹ i³³ uə³³ de²¹　the⁵⁵ ȵi³³ mi³³ma³³ se²¹ de⁵⁵ mɯ²¹
孔雀　黑的　下　又　压　刹依威德　那样　　米麻沈登　　下

le³³ zər²¹,he²¹ dɯ²¹ uə³³ phər²¹ the⁵⁵ ȵi³³,tshʅ²¹ dɯ²¹ ua³³ na²¹ mɯ²¹ le³³ zər²¹ ,i³³ gɣ³³ o³³ 又
压　　恒迪窝盘　　那样　　此迪窝纳　　下　又　压　依古窝格

kə²¹ the⁵⁵ȵi³³, i³³ gɣ²¹ ti³³ na⁵⁵ mɯ²¹ le³³ zər²¹,to³³ ba³³ ʂər⁵⁵ lər³³ the⁵⁵ ȵi³³,dɣ²¹ lɯ⁵⁵ tɕha⁵⁵
那样　　依古丁纳　　下　又　压　东巴什罗　　那样　毒利巧巴拉利

pɑ³³ lɑ³³ lɯ⁵⁵ mɯ²¹ le³³ zər²¹.
　　下　　又　　压

敲打着绿松石法鼓，摇晃金黄色板铃，就像绿松石般的青龙一样，把黑龙镇压下去；像白海
螺似的大鹏鸟一样，把黑鸡镇压下去；像白海螺似的狮子一样，把黑狮子镇压下去；像巨掌
红虎一样，把黑色的虎镇压下去；像胜神白牦牛一样，把黑牦牛镇压下去；像胜神白山羊一
样，把黑山羊镇压下去；像金黄色孔雀那样，把黑孔雀镇压下去；像刹依威德大神一样，把
米麻沈登镇压下去；像恒迪窝盘那样，把此迪窝纳镇压下去；像依古窝格那样，把依古丁纳
镇压下去；像东巴什罗那样，把毒利巧巴拉利镇压下去。

38-A-11-20

thɑ⁵⁵ iə³³ di³³ bɑ³³ the⁵⁵ n̩i³³ be³³, uɑ³³ hər²¹ dɑ³³ khə²¹ lɑ⁵⁵,hæ³³ ʂʅ²¹ tsər³³ lər²¹ do⁵⁵,tər²¹
塔优丁巴　　　　那样　地　松石绿法鼓　打 金黄 板铃 摇 呆鬼

tshŋ²¹ gɣ³³ kɣ⁵⁵ mɯ²¹ le³³ zər²¹.|lər²¹ ʥə³³ tɕi⁵⁵ ʥə³³ the⁵⁵ n̩i³³ be³³, ʂu³³ phər²¹ dɑ²¹ thɑ²¹
　九　 个　下 又 压 朗玖敬玖　　　那样　地　铁 白 刀 利

lɑ²¹ phə³³ ty⁵⁵,ze²¹ tshŋ²¹ mɯ²¹ le³³ zər²¹.|mə³³ py²¹ ʥi³³ zɣ²¹ dɑ²¹ thɑ⁵⁵ lɑ²¹ phə³³ ty⁵⁵, zɣ²¹
手 中 拿 壬鬼　　下 又 压 莫毕精如　　达铁利 拿 中　 仇人

zər²¹ mɯ³³ le³³ zər²¹.| nə³³ n̩ə²¹ iə³³ mɑ²¹ zər³³ thɑ⁵⁵ lɑ²¹ phə³³ ty⁵⁵, zɣ²¹ zər²¹ mɯ²¹ le³³
压 下 又 压 扭牛 优麻 剑 利 手 中 拿 仇 压 下 又

zər²¹.|iə²¹ n̩i⁵⁵ tɕi⁵⁵ gu³³, hæ³³ ʂʅ²¹ tsər³³ lər²¹ do⁵⁵,uɑ³³ hər²¹ dɑ³³ kho²¹ lɑ⁵⁵ ʂɣ²¹ tshŋ²¹ mɯ²¹
压 优聂季恭　　 金 黄 板铃 摇 松石 绿 法鼓 敲 署 鬼 下

le³³ zər²¹.|y²¹ ʂʅ⁵⁵ bu²¹ ʥo³³ hæ³³ ʂʅ²¹ tsæ⁵⁵ lər²¹ do⁵⁵, ʂɣ²¹ tshŋ²¹ mɯ³³ le³³ zər²¹.|lo⁵⁵
又 压 依世补佐　　 金 黄 板铃 摇 术鬼 下 又 压

tshu²¹ dɑ³³hu²¹ nɯ³³, uɑ³³ hər²¹ dɑ³³ khə²¹ lɑ⁵⁵, hæ³³ ʂʅ²¹ tsæ³³ lər²¹ do⁵⁵, ʥi³³ ʥə²¹ lɑ³³
罗匆达恒　　 松石 法鼓 敲 金 黄 板铃 摇 人 住 辽阔

lər³³ dy²¹,tshʐ²¹ ua³³ sʐ²¹ çi³³ tshua⁵⁵ tshər²¹ muɯ³³ le³³ zər²¹.|y²¹ mu⁵⁵ duɯ³³ sʐ²¹ la³³ , o⁵⁵
地　鬼　族 三 百 六十 　下 又 压 死者 　一 个 也 沃神

ne²¹ he²¹ gə²¹ sʐ²¹ çi³³ tshua⁵⁵ tshər²¹ dy²¹ gə²¹ le³³ pɣ⁵⁵,|gɣ³³ huɯ²¹ he³³ huɯ²¹, tʂhɣ⁵⁵ zi³³
和 恒神的 三 百 六十 　 地方 上 又 送 身 安 神安 马 美

bu²¹ zi³³ se²¹.
鬃 美 了

　　像塔优丁巴战神那样,敲打着绿松石法鼓,摇晃金黄色板铃,把九个呆鬼镇压下去。像朗玖敬玖战神那样,手里拿着白铁利刀,把壬鬼镇压下去。像莫毕精如大神一样,将达铁的利刀拿在手中,把仇人镇压下去。扭牛优麻战神手里拿着利剑,把仇人镇压下去。优聂季恭祭司摇晃金黄色板铃,敲响绿松石法鼓,把署地的鬼镇压下去,依世补佐祭司摇晃金黄色板铃把术族鬼镇压下去。罗匁达恒(开丧祭司)敲打绿松石法鼓,摇晃金黄色板铃,把人们居住的辽阔大地上的三百六十种鬼镇压下去,把死者送回到沃神、恒神的三百六十个神地去。从此,愿死者身安神安,像一匹骏马配上了一身漂亮的鬃毛。

38-A-11-21

封三

38-A-11-22

封底

　　　　　　　　　　　　　　　　　　　　　　　　（释读、翻译:和宝林）

133-A-41-01

şər⁵⁵ lər³³ ŋɣ̩⁵⁵ • he²¹ zʅ³³ phi²¹ mæ⁵⁵ tʂu⁵⁵ • no³³

uɑ²¹ mɯ²¹ sɑ⁵⁵ the³³ ɯ³³ uɑ²¹ me⁵⁵

祭什罗仪式·神路图下卷·迎请福泽经

133-A-41 祭什罗仪式·神路图下卷·迎请福泽经

【内容提要】

在做超度什罗仪式的时候，根据古规先要用羊作牺牲给死者送走病痛，用大鹏鸟的蛋壳和蛋清作药，再用净水瓶里的水来洗秽，只有污秽变得纯净了，死者的灵魂才能及早地升到吾神、恒神的世界。要将东巴什罗（to ba ʂər lər）一样的死者送到神居住的三十三重好天之上。要由能算会祭祀的三个东巴和三百六十个东巴什罗（to ba ʂər lər）的弟子，将他从白麻布桥、洁白的海螺、金黄色的板铃、绿松石色的大鼓、金黄色的油灯、十三朵花、十三支香烛、十三支拴有宝物的箭上送上去。还要将他从白山羊、白绵羊上送走，将他从白马上送走。从各种洁净的地方，从各种神居住的地方送上去。虽然这位死者的灵魂被送上去了，但不能让他的福泽随他而去。将他儿女成群、英勇善战、物质生活富足的福泽迎请下来遗留给活着的人。愿从此以后，父亲与儿子长得一样高大，愿母亲与女儿站着一样高，愿劈石能劈出火花，石头被劈开。

【英文提要】

Worshipping *to ba ʂər lər,* Painting of Sacred Road (the Last Volume),

Befalling the Bounty

During the salvation ritual for *ʂər lər*, according to ancient rules, it was needed to sacrifice lambs for the dead to take the pains away. It was needed to make remedy out of the egg-shell and egg-white of Garuda. Then, washed the filth by using water from Jade Vase, for only if the filth turned pure, the spirit of the dead would ascend to the land of gods soon. The dead, same as ***to ba ʂər lər***, should be sent off to the thirty-third level of heaven. There should have three ***to ba*** and three-hundred and sixty followers of ***to ba ʂər lər*** who acquainted with augury and sacrifice. They could escort the dead to heaven through a way that made of cambric bridges, holiness conches, golden bells, turquoise drums, golden oil-lanterns, thirteen flowers, thirteen sticks of incenses and thirteen arrows with treasures. The dead should also be sent off over white goat, white sheep and white horse. He should be ascended through any pure land and any fairy land. Although the spirit of the dead was ascended above, the fortune should not go with it. The fortune that enrich in posterity, brave in battle and abundant in life should be left to the living ones. Blessing the fortune could raise sons as strong as father, daughters as tall as mother evermore. Blessing the fortune could also split sparks on stone and cleft it after all.

133-A-41-02

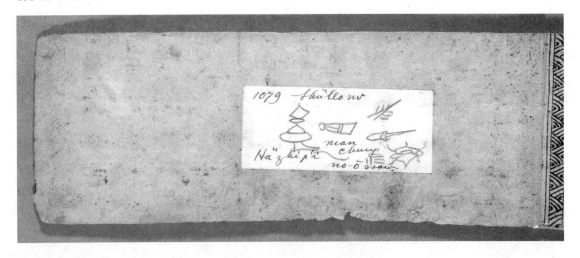

第 1 行："1079"为洛克收藏的编号，并用洛克音标标注经书用于"超度什罗仪式"。
第 2 行：以东巴文记写经书名：《开神路之末本·求福泽》。
第 3 行：洛克音标标注此书书名的纳西语读音。

133-A-41-03

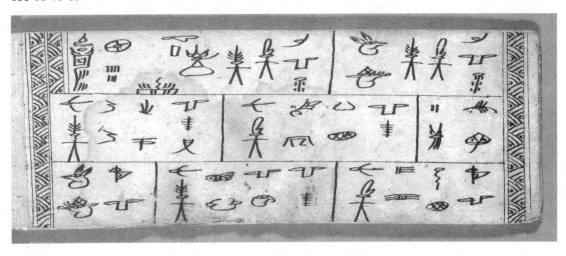

ə³³ la³³ mə³³ ʂər⁵⁵ n̩i³³, dzi³³ dʑə²¹ la³³ lər³³ dy²¹, to³³ ba³³ ʂər⁵⁵ lər³³ gə³³ ,æ³³ sʅ²¹ æ²¹ me³³
阿也 不 说 日 人 跑 广阔 地 东巴什罗   的 父亲 母亲

mə³³ thy³³ sʅ³³ thɯ³³ dzʅ²¹, | dzi³³ ne²¹ tsho²¹ gə³³ æ³³ sʅ²¹ æ²¹ me³³ mə³³ thy³³ sʅ³³ thɯ³³
不 出 来 那时   精人 与 崇人 的 父亲 母亲 不 出 来 那

dzʅ²¹, æ³³ sʅ²¹ se⁵⁵ se³³ zɣ²¹ phər²¹ thy³³ zʅ³³ me³³, | æ³³ me³³ ba²¹ gə³³ phy³³ mu²¹ thy³³
时 父亲 胜生儒盘   出 代 么 母亲 芭格普姆   出

thɯ³³ zʅ³³, thɯ³³ n̩i³³ kɣ⁵⁵ nɯ³³ pu³³ pa³³ be³³, dzi³³ ne²¹ tsho²¹ i³³ thɣ³³ le³³ tshʅ²¹, | æ³³
那 代 他们 两 个 来 交合 做 精人 与 崇人 是 出 又 来 父亲

sౄ²¹ la²¹ by̢³³ thy̢³³ kə⁵⁵ thy̢³³ thɯ³³ zౄ³³, | æ³³ me³³ sa²¹ za²¹ lər²¹ tshe⁵⁵ dʑi³³ mu³³ the²¹
劳补妥构　　　　出　那　代　母亲　萨饶朗衬金姆　　　　　这

nɯ³³ thy̢³³.
来　出

　　很早很早以前，在人类生活的辽阔大地上，当东巴什罗的父亲与母亲还没有出世的时候，当精与崇的父亲与母亲还没有出世的时候，在胜生儒盘父亲与芭格普姆母亲出世的那个时候，他们两个相交合，生出了精与崇。在生出了劳补妥构父亲的那个时候，也生出了萨饶朗衬金姆母亲。

133-A-41-04

thɯ³³ n̢i³³ ky̢⁵⁵ nɯ³³ pɯ³³ pa³³ be³³,to³³ ba³³ ʂər⁵⁵ lər³³ the²¹ nɯ³³ thy̢³³ le³³ tshౄ²¹. | to³³ ba³³
它们　两个　来　交合　做　东巴什罗　　　这　来　出　又　来　东巴

ʂər⁵⁵ lər³³ y̢²¹ me³³ dzi³³ uə²¹ ua³³ sy²¹ ky̢³³ nɯ³³ y̢²¹ le³³ tshౄ²¹. | ʂər⁵⁵ lər³³ çy̢³³ se³³ zౄ²¹
什罗　生　么　精威　五样　上来　生了　来　什罗　此人　死者

mu⁵⁵ dɯ³³ sౄ²¹ ŋy̢⁵⁵ tʂhౄ³³ n̢i³³, gu²¹ tshər²¹ dzi⁵⁵ dʑə²¹ la³³ lər³³ dy̢²¹ ko⁵⁵ khɯ⁵⁵ iə³³ ky̢⁵⁵,
死　一位　超度　这　天　病痛　人类生活的辽阔大地　上　放　是　会

dzi³³ uə²¹ ua³³ sy²¹ ky̢³³ nɯ³³ khɯ⁵⁵ iə³³ ky̢⁵⁵, | na⁵⁵ gu²¹ dzౄ³³ nɯ³³ khɯ⁵⁵, ua³³ gu²¹ ly̢³³
精威　五样　上　来　放　是　会　肌肉痛　土　来　放　骨头痛　石头

nɯ³³ khɯ⁵⁵ i³³ ky̢⁵⁵. sa⁵⁵ gu²¹ hæ³³ nɯ³³ khɯ⁵⁵ iə³³ ky̢⁵⁵, fy̢³³ gu²¹ zə²¹ nɯ³³ khɯ⁵⁵ i³³
来　放　也会　气痛　风　来　病　是　会　体毛痛　草　来　放　是

ky̢⁵⁵. | gy̢³³ mu³³ khɯ³³ la²¹ lu⁵⁵ sy²¹ gu²¹ me³³ mi²¹ khɯ⁵⁵ nɯ³³ i³³ ky̢⁵⁵. | to³³ ba³³ ʂər⁵⁵
会　身体　手脚　四样　病者　火　放　来　是　会　东巴什罗

lər³³ çy³³ se³³ zʅ²¹ mu⁵⁵ dɯ³³ sʅ²¹ ŋɣ⁵⁵ me³³ gu²¹ tshər²¹ phɣ⁵⁵ mə³³ tha⁵⁵ iə³³ tsʅ⁵⁵.
　此人　死者死　一　位　超度么　病痛　　脱　不　能　说　是

他们两个相交合，生出了东巴什罗。东巴什罗是从精威五行上出生的。在超度像东巴什罗那样的这位死者的这天，病痛会从精威五行上放到人类生活的辽阔大地上。土会放来肌肉痛，石头会放来骨头之痛，风会放来气痛，草会放来体毛之痛，身体和四手四脚的病痛由火施放出来。可是，据说就算超度了这位像东巴什罗一样的死者也不能解脱这些病痛。

133-A-41-05

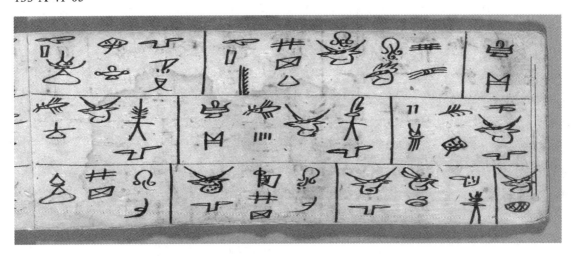

to³³ ba³³ ʂər⁵⁵ lər³³ thɯ³³, pɯ³³ pa³³ ne²¹ pa³³ thɣ³³ me³³ be³³. | to³³ ba³³ ʂər⁵⁵ lər³³ çy³³
东巴什罗　　　　他　交合　交媾　出　的　做　东巴什罗　　　　此人

se³³ zʅ²¹ mu⁵⁵ dɯ³³ sʅ²¹ gə³³, gu²¹ tshər³³ phɣ⁵⁵ me³³ y²¹ ne²¹ æ²¹ nɯ³³ phɣ⁵⁵ dər³³ tsʅ⁵⁵. |
死者　　一　位　的　病痛　　送　么　绵羊与鸡　来　脱　该　说

ha³³ ua³³ lɯ⁵⁵ tʂʅ³³ y²¹ gə³³ æ³³ sʅ²¹ thɣ³³, | ha³³ ua³³ lɯ⁵⁵ lu³³ y²¹ gə³³ a³³ me³³ thɣ³³, |
哈窝黎斥　　绵羊的　父亲　出　哈窝黎鲁　　绵羊的　母亲　出

thɯ³³ ȵi³³ kɣ⁵⁵ nɯ³³ pɯ³³ pa³³ be³³, y²¹ phər²¹ the²¹ nɯ³³ thɣ³³, he²¹ gə³³ gu²¹ tshər³³ phɣ⁵⁵
他们　两个　来　交合　作绵羊　白　这　来　出　神　的　病痛　　送

mə³³ tha⁵⁵, | y²¹ dzæ²¹ thɣ³³ me³³ ga³³ gə³³ gu²¹ tshər³³ phɣ⁵⁵ mə³³ tha⁵⁵, | y²¹ na²¹ thɣ³³
不　能　绵羊花　出　么胜利神的　病痛　　送　不　能　绵羊黑出

me³³ le²¹ tʂhə⁵⁵ tshʅ²¹ dzu³³ mu²¹ le³³ zua²¹. | y²¹ mu³³
么　冷凑鬼　　债　下　又　还　绵羊牺牲

东巴什罗，他做了一次大变化。变化的结果说，要送走这位像东巴什罗一样的死者的病痛，就要用绵羊与鸡送走。出现了羊的父亲哈窝黎斥，出现了绵羊的母亲哈窝黎鲁，他们两个相交合，生出了白绵羊，可这白绵羊不能用它送走神的病痛；生出了花绵羊，可不能用它送走胜利神的病痛；生出了黑绵羊，用它偿还冷凑鬼的债。

133-A-41-06

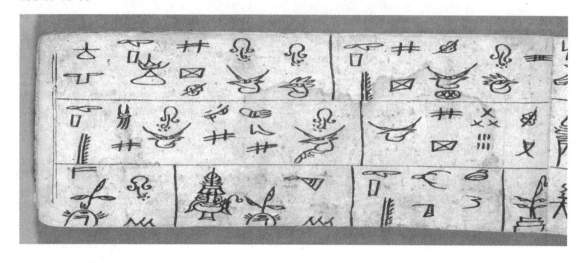

tʂʅ³³ thɣ³³ to³³ ba³³ʂər⁵⁵ lər³³ gu²¹ ne²¹ tshər³³ le³³ phɣ⁵⁵, | y²¹ ne³³ æ²¹nɯ³³ phɣ⁵⁵, | to³³ ba³³
这 出 东巴什罗 病 与 痛 又 送 绵羊 与 鸡 来 送 东巴

ʂər⁵⁵ lər³³ çy³³ se³³ zʅ²¹ mu⁵⁵ dɯ³³ sʅ²¹ gə³³, gu²¹ tshər³³ phɣ⁵⁵ me³³ y²¹ mu³³ æ²¹ mu³³ me³³
什罗 此人 死者 一 位 的 病痛 送 么 绵羊 牺牲 鸡 牺牲 它

nɯ³³ pɣ⁵⁵ dər³³ tsʅ⁵⁵. to³³ ba³³ ʂər⁵⁵ lər³³ çy³³ se³³ zʅ²¹ mu⁵⁵ dɯ³³ la³³, sʅ²¹ kɣ³³ gu²¹ y²¹ gə³³
来 是 说 东巴什罗 此人 死者 一 位 也 头痛 绵羊 的

kɣ³³nɯ³³ pɣ⁵⁵, miə²¹ gu²¹ miə²¹ nɯ³³ pɣ⁵⁵, khɯ³³ gu²¹ la²¹ gu²¹ me³³, y²¹ gə³³ khɯ³³ ne²¹ la²¹
头 来 送 眼 痛 眼 来 送 脚 痛 手 痛 么 绵羊 的 脚 与 手

nɯ³³ phɣ⁵⁵, | y²¹ gə³³ gu²¹ tshər²¹ sʅ²¹ çi³³ tʂhua⁵⁵ tshər²¹ gu²¹ me³³ ko³³ ʂua²¹ mu²¹ tshe⁵⁵
来 送 绵羊 的 病痛 三百六十 病 么 草坝 高 杜鹃 叶子

pa²¹ me³³ nɯ³³ mu²¹ le³³ pɣ⁵⁵. | bu²¹ ba³³ dʑi²¹ nɯ³³ mu²¹ tshər³³ mu²¹ le³³ phi⁵⁵, | to³³ ba³³
宽 么 来 下 又 送 净水瓶 水 来 杜鹃 秽 下 又 弃 东巴

ʂər⁵⁵ lər³³ çy³³ se³³ zʅ²¹ mu⁵⁵ dɯ³³ sʅ²¹ ŋɣ⁵⁵ me³³ tʂhə⁵⁵ me³³ le³³ ʂu²¹ se²¹, kɯ⁵⁵ me³³ le³³
什罗 此人 死者 一 位 超度 么 秽 么 又 洁净 了 熏 么 又

gɯ²¹ se²¹. | hæ²¹ i³³ ba³³ da²¹ dzər²¹
纯净 了 含依巴达 树

所生出的绵羊这种牺牲么，就都用来送走东巴什罗的病痛。用绵羊和鸡来送像这位东巴什罗一样的死者的病痛。说是要送这位像东巴什罗一样的死者的病痛，就要用绵羊和鸡来送。这位像东巴什罗一样的死者，头痛就用绵羊的头来送，眼痛就用绵羊的眼来送，手痛脚痛么，就用绵羊的手和脚来送。绵羊的三百六十种病痛么，就用高山上那宽叶杜鹃树送下去。用净水瓶里的水来洗杜鹃的秽，将秽丢下去。超度这位像东巴什罗一样的死者么，污秽变洁净，熏过的变得纯净了。

133-A-41-07

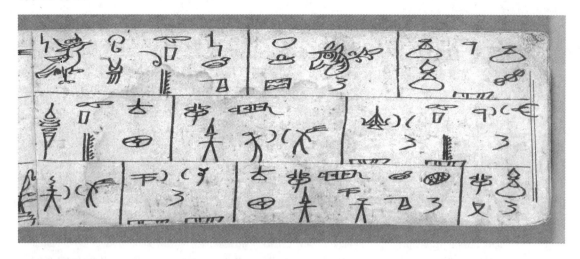

kɣ³³ to⁵⁵,dɣ³³phər²¹çy³³ tɕhy²¹kɣ³³ kɣ⁵⁵ kɣ³³dʑi²¹ nɯ³³ŋɣ⁵⁵ me³³ tʂhər³³le³³ khɯ⁵⁵,tʂhə⁵⁵ me³³
顶上　　白翅　　大鹏鸟　 蛋壳　 蛋清　 来　超度者　药　又　放　秽的

le³³ ʂu²¹ se²¹,∣gɣ³³ hɯ²¹he³³ y²¹ se²¹,tʂhu⁵⁵ zi³³ bu²¹ zi³³ se²¹,∣u⁵⁵ dy²¹ he²¹ dy²¹ ko²¹,
又　洁净了　　身轻神安　　了　马 美 鬃毛 漂亮了　吾神 地 恒神 地 里

tʂhu²¹ be³³ gə²¹ thy³³ se²¹. to³³ ba³³ ʂər⁵⁵ lər³³ çy³³ se³³ zɿ²¹ mu⁵⁵ dɯ³³ sɿ²¹ ŋɣ⁵⁵ gə³³ tʂhɿ³³
快 做 上 出 了 东巴什罗　　　此人　死者　一位　超度 的 这

dɯ³³ ɲi³³,∣nɯ³³ dɣ²¹ khɣ²¹ me³³ çi³³ ne²¹ tshɿ²¹ la³³ le³³ tʂhɣ³³ phi³³ se²¹.∣sɿ⁵⁵ dy²¹ ʂər⁵⁵
一 天　尼独　请 么 人 与 鬼 也 又 分开　了 活人 地 什罗

lər³³ ŋɣ⁵⁵ gə³³ dy²¹ la³³ le³³ tʂhɣ³³ phi³³ se²¹, ko²¹ ne²¹ gu²¹ la³³ tʂhɣ³³ phi²¹ se²¹,sɿ¹ ne²¹ʂɿ³³
超度 的 地方 也 又 分开　了 亲 与 戚 也 分开　了 活 与 死

la³³ tʂhɣ³³ phi²¹ se²¹,∣phər²¹ dy²¹ na²¹ dy²¹ tʂhɣ³³ phi²¹ se²¹.∣bi³³ thy³³ mə⁵⁵ tʂhɿ³³ ɲi³³,
也 分开　了　白 地 黑 地 分开 了 太阳 出 这 这 天

nɯ³³ dɣ²¹ khɣ²¹ me³³ phər²¹ zo³³ tʂhə⁵⁵ ʂu⁵⁵ tʂhə⁵⁵ mu²¹ se²¹,∣nɣ⁵⁵ me³³ he³³ hɯ²¹ se²¹.
尼独　　请 么 盘子 秽 除 秽 吹 了 心 神 安 了

在含依巴达树的树梢上，放上那白海螺般的大鹏鸟的蛋壳和蛋清作药，污秽变得纯净了，身体变轻了，心神安定了，马儿有神了，马鬃更美了，及早地升到了吾神、恒神的世界。

　　在超度像这位东巴什罗一样的死者的这天，请来了"尼独"么，分开了人与鬼，分开了活人与超度什罗的地界，分开了亲与戚，分开了活与死，分开了白地与黑地。太阳晴朗的这天，请来了"尼独"么，盘人除秽除净了，心神安宁了。

133-A-41-08

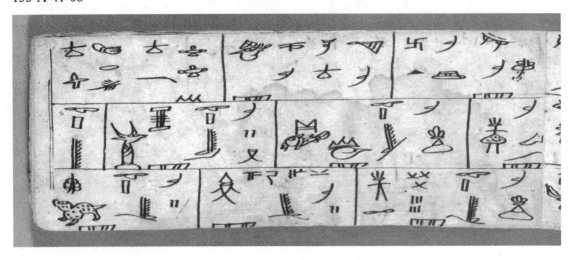

tʂʅ³³ sy²¹ la²¹ gɣ³³ mæ⁵⁵,ẓʅ³³ phər²¹ tʂʅ³³ ẓʅ³³ mɯ²¹ nɯ³³ dɯ⁵⁵ dɯ³³ se²¹. | dzi³³ y²¹ tsho²¹
这　事　了　之后　路　白　这　条　下　来　整齐　　了　精人 生存 崇人

y²¹ dy²¹, phər²¹ ne²¹ na²¹ la³³ mə³³ tʂhɣ³³ phi²¹,ɯ³³ ne²¹ khua²¹ la³³ mə³³ tʂhɣ³³ phi²¹, ʂər⁵⁵
生存 地　白　与　黑　也　不　分开　　好　与　坏　也　不　分开　　什罗

lər³³ çy³³ se³³ ẓʅ²¹ mu⁵⁵ dɯ³³ sʅ²¹ gə³³, dy²¹ la³³ mə³³ do²¹ mə³³ no³³ iə³³. | tshʅ²¹ gə³³ sʅ³³
此人 死者　一位　的　地　也　不　见　不　知觉 了　鬼　的　首领

phe³³ ʂʅ³³ dzʅ³³ dʑi³³ bɣ³³ dzʅ²¹ me³³ dy²¹, to³³ ba³³ ʂər⁵⁵ lər³³ çy³³ se³³ ẓʅ²¹ mu⁵⁵ dɯ³³ sʅ²¹
史支金补　　住　的 地 东巴什罗　此人　死者　一位

la³³, ŋɣ⁵⁵ mə³³ n̠i²¹ iə³³ me⁵⁵! | n̠i³³ uə³³ hɯ⁵⁵ hy²¹dy²¹, to³³ ba³³ ʂər⁵⁵ lər⁵⁵ çy³³ se³³ ẓʅ²¹
也 超度 不 能 是 能 尼窝恒许　地 东巴什罗　此人 死者

mu⁵⁵ dɯ³³ sʅ²¹ la³³, ŋɣ⁵⁵ mə³³ dɯ³³ iə³³ tsʅ⁵⁵. | i²¹ da⁵⁵ dy²¹ la³³ to³³ ba³³ ʂər⁵⁵ lər⁵⁵ çy³³ se³³
一位　也 超度 不 兴 说是 伊达　地 也 东巴什罗　此人

ẓʅ²¹ mu⁵⁵ dɯ³³ sʅ²¹ la³³, ŋɣ⁵⁵ mə³³ n̠i²¹ iə³³ tsʅ⁵⁵. çy²¹ tso³³ dy²¹ la³³ to³³ ba³³ ʂər⁵⁵ lər⁵⁵ çy³³
死者　一位　也 超度 不 能 说是 许左　地 也 东巴什罗　此人

se³³ ẓʅ²¹ mu⁵⁵ dɯ³³ sʅ²¹ la³³, ŋɣ⁵⁵ mə³³ n̠i²¹ iə³³ tsʅ⁵⁵. | ŋɣ²¹ tɕə³³ dy²¹ i³³ to³³ ba³³ ʂər⁵⁵ lər⁵⁵
死者　一位　也 超度 不 能 说是 吾久　地 是 东巴什罗

ŋɣ⁵⁵ mə³³ n̠i²¹ iə³³ tsʅ⁵⁵. | tshʅ²¹ ua³³ sʅ²¹ çi³³ tʂhua⁵⁵ tshər²¹ dy²¹ la³³ to³³ ba³³ ʂər⁵⁵ lər⁵⁵ çy³³
超度 不 能 说是 鬼 骨 三百六十　　地 也 东巴什罗　此人

se³³ ẓʅ²¹ mu⁵⁵ dɯ³³ sʅ²¹ la³³ ŋɣ⁵⁵ mə³³ dɯ³³ iə³³ tsʅ⁵⁵.
死者　一位　也 超度 不 兴 说是

从那以后，那条白道变得整齐了。

在人类生活的大地上，没有分开白与黑，没有分开好与坏，就见不着也感觉不到超度这位像什罗一样的死者的地方。

不能在鬼首领史支金补居住的地方超度像这位东巴什罗一样的死者，不兴在尼窝恒许那个地方超度像这位东巴什罗一样的死者，不兴在伊达那个地方超度像这位东巴什罗一样的死者。不能在许左那个地方超度像这位东巴什罗一样的死者，不能在吾久那个地方超度像这位东巴什罗一样的死者，不兴在三百六十种鬼族居住的地方超度像这位东巴什罗一样的死者。

133-A-41-09

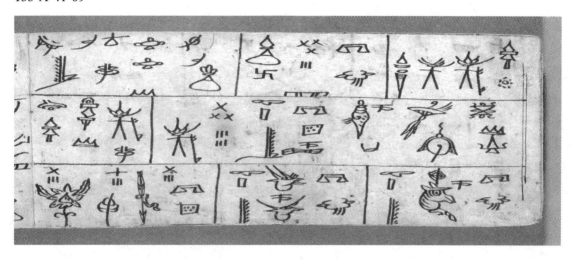

to³³ ba³³ ʂər⁵⁵ lər³³ çy³³ se³³   ʐ̩²¹ mu⁵⁵ dɯ³³ sɿ²¹ la³³, tʂhɿ²¹ dy²¹ ly²¹ mə³³ du³³, nɣ⁵⁵ me³³
东巴什罗　　　　　此人　死者　一位　也　鬼　地　瞧　不　兴　心

tʂhɿ³³ dɯ²¹ la³³, tʂhɿ²¹ dy²¹ mi²¹ le³³ za²¹ mə³³ du³³.| to³³ ba³³ ʂər⁵⁵ lər³³ çy³³ se³³ ʐ̩²¹ mu⁵⁵
如此　大　也　鬼　地　下　也　去　不　兴　东巴什罗　　　　　此人　死者

dɯ³³ sɿ²¹ la³³, he²¹ i³³ ɯ³³ me³³ i³³ dər³³ sɿ³³ tshər²¹ sɿ⁵⁵ dy²¹ lo²¹ nu³³ gə²¹ le³³ pɣ⁵⁵.|
一位　也　神的　好　的　依端　三十三　　地里　来　上　又　送

tsɿ²¹ kɣ⁵⁵ tʂhɿ³³ lo²¹ py²¹ kɣ⁵⁵ tʂhɿ³³ ua²¹ nu³³, tha²¹ py³³ tha²¹, dʐ̩²¹ py³³ tha²¹, phy³³ py³³
算　会　所有　祭祀　会　所有　来　塔本塔　　止本塔　　培本塔

tha²¹ sɿ⁵⁵ gɣ³³ nu³³, | ʂər⁵⁵ lər³³ ti³³ ʐ̩³³ sɿ²¹ çi³³ tʂhua⁵⁵ tshər²¹ nu³³, ʂər⁵⁵ lər³³ çy³³ se³³
三　个　来　什罗　弟子　三百六十　　来　什罗　此人

ʐ̩²¹ mu⁵⁵ dɯ³³ sɿ²¹ la³³, ʐ̩³³ i³³ phe²¹ phər²¹ dzo²¹ kɣ³³ gə²¹ le³³ ʂɣ³³, dɣ³³ phər²¹ bu²¹ khua³³,
死者　一位　也　路么　麻布　白　桥　上　上　又　领　海螺　白　号角

hæ³³ sɿ²¹ tsər³³ lər²¹,ua³³ hæ²¹ da³³ khə²¹,hæ³³ sɿ²¹ bæ³³ mi³³,ba²¹ ba³³ tshe²¹ sɿ⁵⁵ ba²¹, hy⁵⁵
金黄的　板铃　绿松石色　大鼓　金黄色的　油灯　花儿　十三　朵　香

dy²¹ tshe²¹ sʅ⁵⁵ ly³³, n̠y²¹ by⁵⁵ lɯ³³ sʅ³³ tshe²¹ sʅ⁵⁵ ly³³ kɤ³³ nɯ³³ gə²¹ le³³ ʂɤ³³. | ʂər⁵⁵ lər³³
　十三　支　宝物　箭　十三　　支　上　来　上　又　领　　什罗

çy³³ se³³ zʅ²¹ mu⁵⁵ dɯ³³ sʅ²¹ lɑ³³, tshŋ⁵⁵ phər²¹ y²¹ phər²¹ kɤ³³ nɯ³³ gə²¹ le³³ pɤ⁵⁵. | ʂər⁵⁵
　此人　死者　一位　也　山羊　白　绵羊　白　上　来　上　又　送　什罗

lər³³ çy³³ se³³ zʅ²¹ mu⁵⁵ dɯ³³ sʅ²¹ lɑ³³, gu²¹ phər²¹ kɤ³³ nɯ³³ gə²¹ le³³ pɤ⁵⁵.
　此人　死者　一位　也　马　白　上　来　上　又　送

超度像这位东巴什罗一样的死者么，不兴朝鬼界看，就算胆子再大，也不能下到鬼界去。将
这位像东巴什罗一样的死者呀，送到神居住的三十三重好天之上！由能算会祭祀的东巴——
塔本塔、止本塔、培本塔他们三个，由三百六十个东巴什罗的弟子，将这位像东巴什罗一样
的死者从超度他用的白麻布桥上领过来，从白海螺号角、金黄色的板铃、绿松石色的大鼓、
金黄色的油灯、十三朵花、十三支香炷、十三支拴有宝物的箭上领上去。超度像这位东巴什
罗一样的死者么，将他从白山羊、白绵羊上送走；超度像这位东巴什罗一样的死者么，将他
从白马上送走，

133-A-41-10

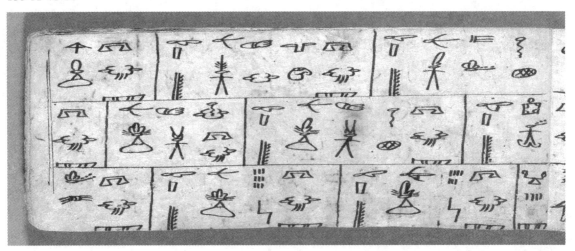

mɯ³³ lɯ⁵⁵ du²¹ dzʅ³³ khə²¹ nɯ³³ pɤ⁵⁵, | ʂər⁵⁵ lər³³ çy³³ se³³ zʅ²¹ mu⁵⁵ dɯ³³sʅ²¹ ŋɤ⁵⁵ me³³ æ³³
美利董主　　　　处　来　送　什罗　此人　死者　一位　超度　么　父亲

sʅ²¹ lɑ²¹ bɤ³³ thɤ³³ kə⁵⁵ khə²¹ nɯ³³ gə²¹ le³³ pɤ⁵⁵, | ʂə⁵⁵ lər³³ çy³³ se³³ zʅ²¹ mu⁵⁵ dɯ³³ sʅ²¹
劳补妥构　　　　处　来　上　又　送　什罗　此人　死者　一位

ŋɤ⁵⁵ me³³ æ³³ me³³ sa³³za²¹ lər²¹ tse⁵⁵ dʑi³³ mu³³ khə²¹ nɯ³³ gə²¹ le³³ pɤ⁵⁵, | æ³³ phɤ³³ uɑ²¹
超度　么　母亲　莎饶勒赠金姆　　　　处　来　上　又　送　祖父

tse⁵⁵ dʑi³³ bɤ³³ khə²¹ nɯ³³ gə²¹ le³³ pɤ⁵⁵, | æ³³ dzʅ³³ luɑ²¹ tse⁵⁵ dʑi³³mu³³ khə²¹ nɯ³³ gə²¹ le³³
瓦赠金补　　处　来　上　又　送　祖母　峦赠金姆　　　　处　来　上　又

pɣ⁵⁵, | ʂər⁵⁵ lər³³ tɕər³³ lər²¹ lər³³ tsʅ⁵⁵ khə²¹ nɯ³³ gə²¹ le³³ pɣ⁵⁵, | æ³³ phɣ³³ gɣ³³ tʂhər⁵⁵
送　　什罗　　孜量量孜　　　　　住处　来　上　又　送　　祖父　　九　代

khə²¹ nɯ³³ gə²¹ le³³ pɣ⁵⁵. | æ³³ dzʅ³³ ʂər³³ tʂhər⁵⁵ khə²¹ nɯ³³ gə²¹ le³³ pɣ⁵⁵, | kho³³ lɣ⁵⁵ dæ²¹
处　来　上　又　送　　祖母　七　代　　处　来　上　又　送　　　空鲁丹史

将他从美利董主的地方送上去；超度像东巴什罗一样的这位死者么，将他从劳补妥构父亲那
儿送上去；超度像东巴什罗一样的这位死者么，将他从莎饶勒赠金姆母亲那儿送上去，从瓦
赠金补祖父那儿送上去，从峦赠金姆祖母那儿送上去，从孜量量孜什罗那儿送上去，从九代
祖父居住过的地方送上去，从七代祖母居住过的地方送上去，

133-A-41-11

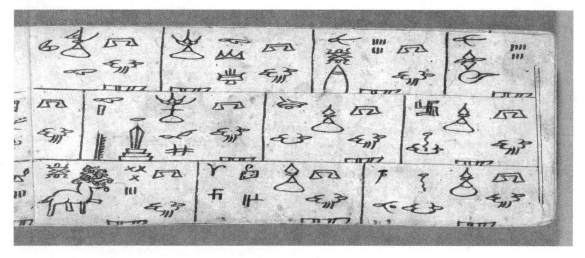

ʂʅ⁵⁵ khə²¹ ɳə²¹ gə²¹ le³³ pɣ⁵⁵, | ʂər⁵⁵ lər³³ mi³³ uɑ²¹ khə²¹ nɯ³³ gə²¹ le³³ pɣ⁵⁵, | æ³³ sʅ²¹ dʑy²¹
处　　　上　又　送　　什罗　敏威　处　来　上　又　送　　父亲　山

sʅ²¹ khə²¹ nɯ³³ gə²¹ le³³ pɣ⁵⁵, | uɑ³³ hæ²¹ ʂər³³ hu⁵⁵ dy²¹ nɯ³³ gə²¹ le³³ pɣ⁵⁵. | ʂər⁵⁵ lər³³
黄　处　来　上　又　送　　绿松石色 七　湖　地　来　上　又　送　　什罗

ɕy³³ se³³ zʅ²¹ mu⁵⁵ dɯ³³ sʅ²¹ ŋɣ⁵⁵ me³³ dʑy²¹ nɑ⁵⁵ zo⁵⁵ lo³³ kɣ⁵⁵, iə²¹ ɲi³³ tɕi⁵⁵ khu³³ pɣ³³bɣ²¹
此人　死者　一位　　超度么　居那若罗山　　上　尤涅敬公　　　东巴

khə²¹ nɯ³³ gə²¹ le³³ pɣ⁵⁵, | tʂʅ²¹ bɣ³³ he³³ dɯ²¹ khə²¹ nɯ³³ gə²¹ le³³ pɣ⁵⁵, | ɯ³³ me³³ dʑi³³
处　来　上　又　送　　支补　神　大　处　来　上　又　送　　恩美金补

bɣ³³ he³³ dɯ²¹ khə²¹ nɯ³³ gə²¹ le³³ pɣ⁵⁵, hæ³³ ʂʅ²¹ tsho²¹ ze³³ sʅ²¹ ɕi³³ tʂhuɑ⁵⁵ tʂhər²¹ dzʅ²¹
神　大　处　来　上　又　送　　金黄色　大象　三百六十　　　　生活

me³³ dy²¹ nɯ³³ gə²¹ le³³ pɣ⁵⁵, | bər²¹ bɣ³³ dʑæ²¹ i³³ he³³ dɯ²¹ dzʅ²¹ me³³ dy²¹ nɯ³³ gə²¹ le³³
的　地　方　来　上　又　送　　搬补久衣　　神　大　生活　的　地　方　来　上　又

pɣ⁵⁵, | na²¹ kha³³ ʥi³³ bɣ³³ he³³ dɯ²¹ dʐŋ²¹ me³³ dy²¹ nɯ³³ gə²¹ le³³ pɣ⁵⁵,
送　　纳卡金补　　　　神　大　生活的　地方　来　上　又　送

从空鲁丹史那儿送上去，从什罗的敏威那里送上去，从父亲那黄色的山那儿送上去，从七个绿松石色的湖边送上去。超度什罗么，从居那若罗山上尤涅敬公东巴那儿送上去，从支补大神生活的地方送上去，从恩美金补大神生活的地方送上去，从三百六十只金色大象住的地方送上去，从搬补久衣大神住的地方送上去，从纳卡金补大神住的地方送上去，

133-A-41-12

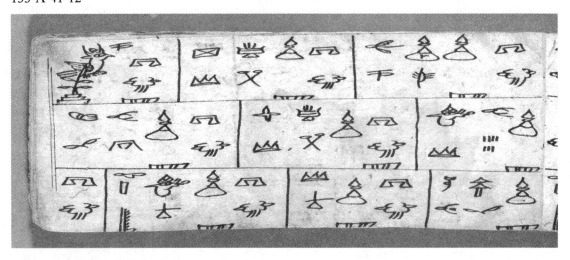

hæ²¹ i³³ ba³³ da²¹dzər²¹ kɣ³³ to⁵⁵, dɣ³³ phər²¹ ɕy³³ tɕy²¹ dʐŋ²¹ me³³ dy²¹ nɯ³³ gə²¹ le³³ pɣ⁵⁵. |
含依巴达　　　　树　顶上　白海螺　大鹏鸟　住　的　地方　来　上　又　送

tse²¹ mi⁵⁵ u²¹ tɕi³³ he³³ dɯ²¹ dʐŋ²¹ me³³ dy²¹ nɯ³³ gə²¹ le³³ pɣ⁵⁵, | hɯ²¹ phər²¹ tʂua²¹ ɕi³³
呈蜜吾吉　　　神　大　住　的　地方　来　上　又　送　　恒盘爪喜

he³³ dɯ²¹ dʐŋ²¹ me³³ dy²¹ nɯ³³ gə²¹ le³³ pɣ⁵⁵, la³³ iə²¹ gu³³ tʂua³³ he³³ dɯ²¹ dʐŋ²¹ me³³ dy²¹
神　大　住　的　地方　来　上　又　送　拉尤庚爪　　　神　大　住　么　地方

nɯ³³ gə²¹ le³³ pɣ⁵⁵, | sy²¹ mi⁵⁵ uə³³ tɕi⁵⁵ he³³ dɯ²¹ dʐŋ²¹ me³³ dy²¹ nɯ³³ gə²¹ le³³ pɣ⁵⁵ |
来　上　又　送　许蜜窝吉　　　神　大　住　的　地方　来　上　又　送

tsho²¹ mi⁵⁵ gɯ²¹ ʂər³³ he³³ dɯ²¹ dʐŋ²¹ me³³ dy²¹ nɯ³³ gə²¹ le³³ pɣ⁵⁵, | ʂər⁵⁵ lər³³ ɕy³³ se³³
崇蜜庚什　　　神　大　住　的　地方　来　上　又　送　什罗　　此人

zŋ²¹ mu⁵⁵ dɯ³³ sŋ²¹ ŋɣ⁵⁵ me³³ tsho²¹ tʂhŋ³³ he³³ dɯ²¹ dʐŋ²¹ me³³ gə²¹ le³³ pɣ⁵⁵, | mi²¹ tʂhŋ³³
死者　一位　超度的　崇蛊　神　大　住　的　上　又　送　蜜蛊

he³³ dɯ²¹ dʐŋ²¹ me³³ gə²¹ le³³ pɣ⁵⁵, | na²¹ tʂua³³ tha⁵⁵ iə³³ he³³ dɯ²¹ dʐŋ²¹ me³³
神　大　住　的　上　又　送　纳爪套尤　　　神　大　住　的

从含依巴达树的树梢上，在那白色的大鹏鸟居住的地方送上去。从呈蜜吾吉大神住的地方送

上去，从恒盘爪喜大神住的地方送上去，从拉尤庚爪大神住的地方送上去，从许蜜窝吉大神住的地方送上去，从崇蜜庚什大神住的地方送上去。超度什罗么，从崇蛊大神住的地方送上去，从蜜蛊大神住的地方送上去，从纳爪套尤大神住的

133-A-41-13

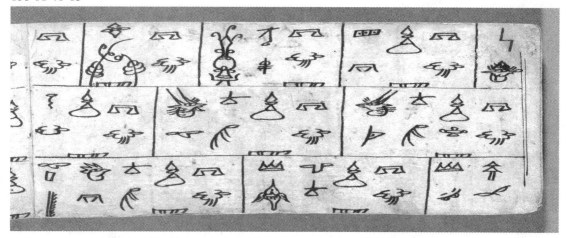

gə²¹ le³³ pɣ⁵⁵,｜hy⁵⁵ hæ²¹ kɣ³³ tər⁵⁵ tər³³ dʐ̩²¹ me³³ dy²¹ nɯ³³ gə²¹ le³³ pɣ⁵⁵,｜y⁵⁵ lu³³
上 又 送　柏树绿枝头缠绕　长 的 地方 来 上 又 送　玉鲁

dzər²¹ ly⁵⁵ dy²¹ nɯ³³ gə²¹ le³³ pɣ⁵⁵,｜tʂ̩²¹ tʂua³³ he³³ dɯ²¹ dʐ̩²¹ me³³ dy²¹ nɯ³³ gə²¹ le³³
汁吕　地方 来 上 又 送　止爪 神 大 长 的 地方 来 上 又

pɣ⁵⁵,｜tʂhə⁵⁵ tsho²¹ dʑi³³ bɣ³³ he³³ dɯ²¹ dʐ̩²¹ me³³ dy²¹ nɯ³³ gə²¹ le³³ pɣ⁵⁵,｜tʂʰ̩⁵⁵ʂ̩³³ tʂʰ̩³³
送　臭崇金补　神 大 住 的 地方 来 上 又 送　茨史蛊补

bɣ²¹ he³³ dɯ²¹ dʐ̩²¹ me³³ dy²¹ nɯ³³ gə²¹ le³³ pɣ⁵⁵,｜i²¹ the²¹ tʂʰ̩³³ bɣ²¹ he³³ dɯ²¹dʐ̩²¹ me³³
　神 大 住 的 地方 来 上 又 送　以忒蛊补　神 大 住 的

dy²¹ nɯ³³ gə²¹ le³³ pɣ⁵⁵,｜ʂər⁵⁵ lər³³ ɕy³³ se³³ ʐ̩²¹ mu⁵⁵ dɯ³³ sɩ²¹ ŋɣ⁵⁵ me³³ æ²¹ tʂua³³ tʂʰ̩³³
地方 来 上 又 送　什罗　此人 死者 一位 超度 么　矮爪蛊补

bɣ³³ he³³ dɯ²¹ dʐ̩²¹ me³³ dy²¹ nɯ³³ gə²¹ le³³ pɣ⁵⁵,｜mi²¹ dʑy³³ thy³³ tʂʰ̩³³ he³³ dɯ²¹ dʐ̩²¹
　神 大 住 的 地方 来 上 又 送　蜜居吐蛊　　神 大 住

me³³ dy²¹ nɯ³³ gə²¹ le³³ pɣ⁵⁵,｜mi²¹ do²¹ thɑ⁵⁵ iə²¹
的 地方 来 上 又 送　米多套尤

地方送上去，从绿柏树枝枝头缠绕的地方送上去，从玉鲁汁吕那个地方送上去，从止爪大神住的地方送上去，从臭崇金补大神住的地方送上去，从茨史蛊补大神住的地方送上去，从以忒蛊补大神住的地方送上去。超度像这位东巴什罗一样的死者么，从矮爪蛊补大神住的地方送上去，从蜜居吐蛊大神住的地方送上去，从米多套尤

133-A-41-14

he³³ duɯ²¹ dzʅ²¹ me³³ dy²¹ nu³³ gə²¹ le³³ pɣ⁵⁵, | khɯ³³ uə²¹ kə⁵⁵ bɣ³³ he³³ duɯ²¹ dzʅ²¹ me³³
神　大　　住　的　地方来　上　又　送　　肯窝构补　　　神　大　住　的

dy²¹ nu³³ gə²¹ le³³ pɣ⁵⁵. | ʂər⁵⁵ lər³³ ɕy³³ se³³ zʅ²¹ mu⁵⁵ duɯ³³ sʅ²¹ ŋɣ⁵⁵ me³³, ʂʅ²¹ tʂuɑ³³ŋɣ³³
地方　来　上　又　送　　什罗　此人　死者　　一位　超度么　史爪吾猛

mu³³ he³³ duɯ²¹ dzʅ²¹ me³³ dy²¹ nu³³ gə²¹ le³³ pɣ⁵⁵. | ku²¹ bɣ³³ dzi³³ dæ²¹ he³³ duɯ²¹ dzʅ²¹
　神　大　住　的　地方来　上　又　送　　古本金档　　　神　大　住

me³³ dy²¹ nu³³ gə²¹ le³³ pɣ⁵⁵, | se²¹ bɣ³³ tshʅ³³ hy³³ he³³ duɯ²¹ dzʅ²¹ me³³ dy²¹ nu³³ gə²¹
的　地方　来　的　又　送　　沈本茨许　　　神　大　住　的　地方来　上

le³³ pɣ⁵⁵, | lo²¹ se³³ tɕy²¹ bɣ³³ he³³ duɯ²¹ dzʅ²¹ me³³ dy²¹ nu³³ gə²¹ le³³ pɣ⁵⁵, | sɑ³³ tʂhu²¹
又　送　　罗沈局本　　　神　大　住　的　地　来　上　又　送　　萨楚独爪

dɣ²¹ tʂuɑ³³ he³³ duɯ²¹ dzʅ²¹ me³³ dy²¹ nu³³ gə²¹ le³³ pɣ⁵⁵, | khɣ⁵⁵ ne²¹ so²¹ se³³ he³³ duɯ²¹
　神　大　住　的　地　来　上　又　送　　库能索沈　　　　神　大

dzʅ²¹ me³³ dy²¹ nu³³ gə²¹ le³³ pɣ⁵⁵, | tshe⁵⁵ tʂuɑ³³
住　的　地　来　上　又　送　　称爪

大神住的地方送上去，从肯窝构补大神住的地方送上去。超度这位像什罗一样的死者，就从史爪吾猛大神居住的地方送上去，从古本金档大神住的地方送上去，从沈本茨许大神住的地方送上去，从罗沈局本大神住的地方送上去，从萨楚独爪大神住的地方送上去，从库能索沈大神住的地方送上去，

133-A-41-15

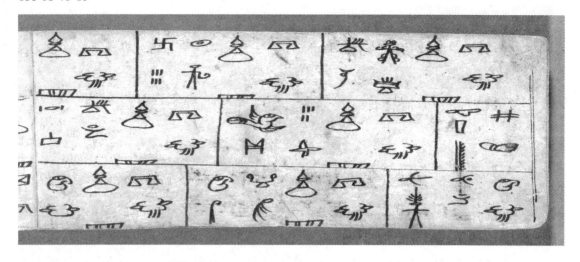

he³³ duɯ²¹ dʐ̩²¹ me³³ dy²¹ nɯ³³ gə²¹ le³³ pɣ⁵⁵, | ɯ³³ tʂhua³³ ma²¹ a³³ he³³ duɯ²¹ dʐ̩²¹ me³³
神　大　住　的　地　来　上　又　送　恩欻麻阿　　　　神　大　住　么

dy²¹ nɯ³³gə²¹ le³³ pɣ⁵⁵, | so³³na⁵⁵ tɕiə⁵⁵ uə²¹ he³³duɯ²¹ dʐ̩²¹ me³³ dy²¹ nɯ³³ gə²¹ le³³ pɣ⁵⁵, |
地　来　上　又　送　梭拿久吾　　　　神　大　住　的　地　来　上　又　送

by²¹ lɣ³³ so³³ uə²¹ he³³ duɯ²¹ dʐ̩²¹ me³³ dy²¹ nɯ³³ gə²¹ le³³ pɣ⁵⁵, | dzi³³ uə²¹ ua³³ sy²¹ he³³
本鲁索窝　　　　神　大　住　的　地　来　上　又　送　精威　五行　神

duɯ²¹ dʐ̩²¹ me³³ dy²¹ nɯ³³ gə²¹ le³³ pɣ⁵⁵. | ʂər⁵⁵ lər³³ ɕy³³ se³³ ʐ̩²¹ mu⁵⁵ duɯ³³ ʂ̩²¹ ŋɣ⁵⁵ me³³
大　住　么　地　来　上　又　送　什罗　　此人　死者　　一位　超度　么

gu³³ la²¹ kə⁵⁵ bɣ³³ he³³ duɯ²¹ dʐ̩²¹ me³³ dy²¹ nɯ³³ gə²¹ le³³ pɣ⁵⁵, | kə⁵⁵ di²¹ khua⁵⁵ bɣ³³ he³³
古劳构补　　　　神　大　住　的　地　来　上　来　送　构迪垮补　　　　神

duɯ²¹ dʐ̩²¹ me³³ dy²¹ nɯ³³ gə²¹ le³³ pɣ⁵⁵, | æ³³ ʂ̩²¹ khua³³ dʑi³³ kə⁵⁵ bɣ³³
大　住　的　地　来　上　又　送　父亲　垮吉构补

从称爪大神住的地方送上去，从恩欻麻阿大神住的地方送上去，从梭拿久吾大神住的地方送上去，从本鲁索窝大神住的地方送上去，从精威五行大神住的地方送上去。超度像这位什罗一样的死者么，从古劳构补大神住的地方送上去，从构迪垮补大神住的地方送上去，从父亲垮吉构补

133-A-41-16

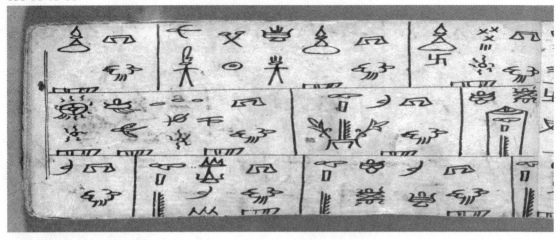

he³³ dɯ²¹ dzŋ²¹ me³³ dy²¹ nɯ³³ gə²¹ le³³ pɣ⁵⁵, | æ³³ me³³ tɕi⁵⁵ ma²¹ uə³³ tshŋ²¹ he³³ dɯ²¹
神　大　住　么　地　来　上　又　送　　母亲　吉麻乌此　　　神　大

dzŋ²¹ me³³ dy²¹ nɯ³³ gə²¹ le³³ pɣ⁵⁵, | he²¹ i³³ ɯ³³ me³³ i³³ dua³³ sŋ³³ tshər²¹ sŋ⁵⁵ dy²¹ bu³³
住　的　地　来　上　又　送　　神的好者　依端　　三十三　　　　地

do²¹ lu⁵⁵ la³³ dy²¹ nɯ³³ gə²¹le³³ pɣ⁵⁵, ȵi³³ me³³ bu³³ dɯ²¹ lu⁵⁵ la³³ dzŋ²¹ me³³, he³³ me³³ zi³³
光明灿烂　　地　来　上　又　送　太阳　光明灿烂　　　　住　么　月亮

zæ³³ dzŋ²¹ me³³ dy²¹, kɯ²¹ bu³³ za²¹ bu³³ dzŋ²¹ me³³ dy²¹nɯ³³ gə²¹ le³³ pɣ⁵⁵, | ʂər⁵⁵ lər³³ ɕy³³
　住　的　地舸星闪饶星闪　长　的　地　来　上　又　送　什罗　此人

se³³ ʐ̩²¹ mu⁵⁵dɯ³³ sŋ²¹ ŋɣ⁵⁵ me³³ŋɣ²¹ dʑi³³ hæ²¹ dʑi³³mə³³ zi³³ gə³³ dy²¹ nɯ² gə²¹ le³³ mə³³
死者　一位　超度么　银衣　金衣　不美　的　地　来　上　又　不

pɣ⁵⁵, | ʂər⁵⁵ lər³³ ɕy³³se³³ ʐ̩²¹mu⁵⁵ dɯ³³sŋ²¹ bæ³³ mi³³ mə²¹ bu³³ me³³gə³³ dy²¹nɯ³³gə²¹ le³³
送　什罗　此人　死者　一位　油灯　不亮者　的　地　来　上　又

mə³³ pɣ⁵⁵. | ʂər⁵⁵ lər³³ ɕy³³se³³ ʐ̩²¹ mu⁵⁵ dɯ³³ sŋ²¹ ŋɣ⁵⁵ me³³ ŋɣ²¹ ne²¹ hæ²¹ la³³ mə³³ ha⁵⁵
不送　什罗　此人　死者　一位　超度么　银　与　金　也　不　剩余

me³³ gə³³ dy²¹ nɯ³³ gə²¹ le³³ pɣ⁵⁵, | ʂər⁵⁵ lər³³ ɕy³³ se³³ ʐ̩²¹ mu⁵⁵ dɯ³³ sŋ²¹ ŋɣ⁵⁵ me³³
不　缺　地　来　上　又　送　什罗　　此人　死者　一位　超度么

大神住的那儿送上去，从母亲吉麻乌此大神住的那儿送上去，从依端善神那光明灿烂的三十
三重地送上去，从月亮皎洁的那个地方，从舸星闪烁饶星闪烁的地方送上去。超度这位像什
罗一样的死者，不从不漂亮的金衣银衣地方送上去。超度这位像什罗一样的死者，不从油灯
不亮的地方送上去。超度这位像什罗一样的死者，从金子不多银子不少的地方送上去。超度
这位像什罗一样的死者，

133-A-41-17

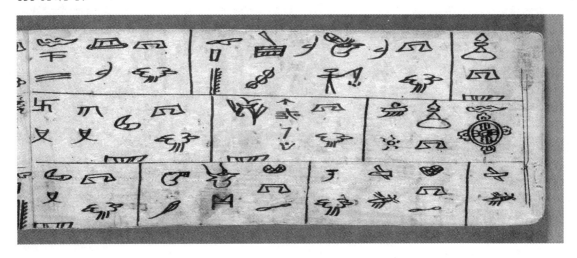

tɕi³³ phər²¹ hæ³³ phər²¹ mə³³ ʂɣ³³ ʂɣ²¹ me³³ gə³³ dy²¹ nɯ³³ gə²¹ le³³ pɣ⁵⁵. | ʂər⁵⁵ lər³³ ɕy³³
云　白　风　白　不　纠结　者　的　地　来　上　又　送　什罗　此人

se³³ ʐ̩²¹ mu⁵⁵ dɯ³³ s̩²¹ la³³, the³³ ɯ³³ bɯ²¹ lɯ³³ mə³³ pər⁵⁵ tʂhu³³ mə³³ se³³ me³³ dy²¹, lo³³
死者　一位　也　经书　　　不　写　读　不　完　的　地　活

mə³³ be³³ la³³ dʐ̩³³ mə³³ se³³ me³³ dy²¹　nɯ³³ gə²¹ le³³ pɣ⁵⁵, | he²¹ gə³³ ɯ³³ me³³ ka³³ me³³
不　干　也　吃　不　完　的　地　来　上　又　送　神　的　好者　善者

dʑy³³ me³³ dy²¹ nɯ³³ gə²¹ le³³ pɣ⁵⁵, | i³³gɣ³³ o³³kə²¹ bu³³ dɯ²¹ lu⁵⁵ la³³ dy²¹ nɯ³³ gə²¹ le³³
有　的　地　来　上　又　送　依古窝格　　光明灿烂　　地　来　上　又

pɣ⁵⁵, | he³³ me³³ bu³³dy²¹ he¹³ gə³³ tɕi³³phər²¹khɑ³³ lɣ⁵⁵ tʂua³³ i³³ dʑy³³ me³³ dy²¹ nɯ³³ gə²¹
送　月亮　亮地　神　的　白云　　　神座　床　是　有　的　地　来　上

le³³ pɣ⁵⁵, | ɑ⁵⁵ dʑi²¹ bər²¹ uə³³ khə²¹ nɯ³³ gə²¹ le³³ dʑər⁵⁵, | na²¹ bɣ⁵⁵ ti⁵⁵ lɯ³³ khə²¹ nɯ³³
又　送　阿吉崩窝　　处　来　上　又　送　纳布替里　　处　来

gə²¹ le³³ dʑər⁵⁵, | ti³³ lər²¹
上　又　送　替勒

从白云、白风互不纠结的地方送上去。将这位像什罗一样的死者，从那不写经书经书也读不完、不用干活（东西）也吃不完的地方送上去，从有好神善神的地方送上去，从依古窝格那光明灿烂的地方送上去，从月儿皎洁明亮的，从有白云般的神座的地方送上去，从阿吉崩窝那儿送上去，从纳布替里那儿送上去，

133-A-41-18

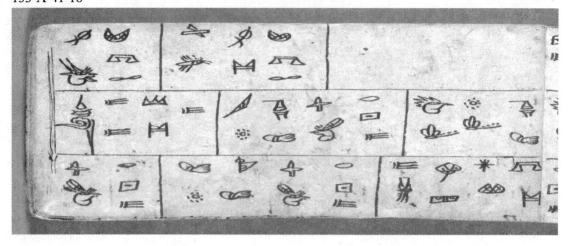

za²¹ tʂʅ²¹ khə²¹ nɯ³³ gə²¹ le³³ dʑər⁵⁵, | ti³³ lər²¹ za²¹ uə³³ khə²¹ nɯ³³ gə²¹ le³³ dʑər⁵⁵, | sa¹³
饶鬼　　处　来　上　又　送　　替勒　饶鬼寨　处　来　上　又　送　萨

sa¹³ mi¹³ uə¹³ sa²¹ | do¹³ by¹³ ty¹³ la¹³ sy¹³ lo¹³ gɣ¹³ bə¹³ sa¹³, | tɕy¹³ lər¹³ by¹³ lər¹³ ty¹³
萨米窝洒　朵　本　提　喇　徐　罗　古　波　萨　　局　量　布　量　堆

sy¹³ lo¹³ gɣ¹³ bə¹³ sa¹³ | la¹³, by¹³ thə¹³ la¹³ sy¹³ lo²¹ gɣ¹³ be¹³ sa¹³, | sa¹³ gɣ²¹ ba²¹ lua²¹
徐　罗　古　波　萨　喇　本　特　喇　徐　罗　古　本　萨　　萨　古　把　栾

dɣ¹³ khə²¹ gə¹³ uə¹³
独　口　构　窝

从替勒饶鬼那儿送上去，从替勒寨里送上去。

（咒语）萨萨米窝洒朵本提喇徐罗古波萨，局量布量堆徐罗古波萨喇，本特喇徐罗古本
萨，萨古把栾独口构窝

133-A-41-19

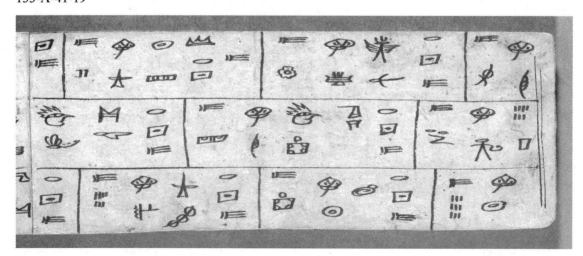

be¹³ sa¹³, | sa¹³ n̠i²¹ ba¹³ tər²¹ ma²¹ dʐ̩²¹ mi²¹ gɣ¹³ be²¹ sa²¹, | sa¹³ ʂʅ¹³ ba¹³ uə¹³ ze¹³ a¹³
本萨　　　萨尼把德麻支米古本萨　萨思把窝仁阿

gɣ¹³ be²¹ sa²¹, | a¹³ za²¹ ba¹³ tshy²¹ lər²¹ uə¹³ ʂʅ²¹ gɣ¹³ be²¹ sa²¹, | a¹³ lua¹³ ba¹³ tshy²¹ ɕy³
古本萨　阿饶把趣量窝史古本萨　阿瓦把趣徐

tɕiə²¹ ty²¹ gɣ¹³ be²¹ sa²¹, | a²¹ tʂhər²¹ ba¹³ uə²¹ de¹³ to²¹ gɣ¹³ be²¹ sa²¹, | a²¹ tɕər¹² ba¹³ ma¹³
久堆古本萨　阿车把窝德托古本萨　阿久把麻

tʂhə²¹ gɣ¹³ be²¹ sa²¹, | sa¹³ gɣ²¹ ba³ ma²¹
愁古本萨　萨古把麻

本萨，萨尼把德麻支米古本萨，萨思把窝仁阿古本萨，阿饶把趣量窝史古本萨，阿瓦把趣徐
久堆古本萨，阿车把窝德托古本萨，阿久把麻愁古本萨，萨古把麻

133-A-41-20

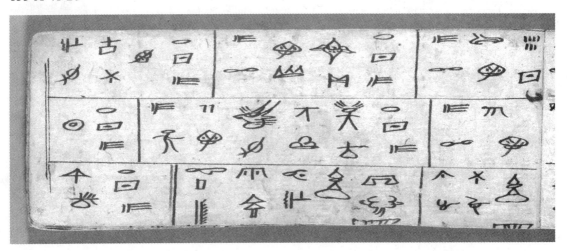

i¹³ za²¹ lu¹³ la¹³ ne¹³ gɣ¹³ be¹³ sa¹³, | sa¹³ uə¹³ ba¹³ mi¹³ dʑy¹³ uə¹³ gɣ¹³ be¹³ sa¹³, | sa¹³ uə¹³
亦杂卢喇馁古本萨　萨窝把米局窝古本萨　萨窝

dʐ̩¹³ ba¹³ ŋa¹³ be²¹ ma²¹ gɣ¹³ be¹³ sa¹³, | sa¹³ n̠y²¹ n̠i¹³ ba²¹ i²¹ za¹³ ɕy³ lɣ¹³ dzi¹³ tʂʅ¹³ gɣ¹³
支把阿本麻古本萨　萨牛尼把亦杂徐鲁吉池古

be¹³ sa¹³, | n̠y²¹ n̠i¹³ ba¹³ ba¹³ mɯ¹³ so¹³ gɣ¹³ be¹³ sa²¹. | ʂər⁵⁵ lər³³ ɕy³³ se³³ ʐ̩²¹ mu⁵⁵
本萨　牛尼把把美索古本萨　什罗　此人　死者

dɯ³³ sʅ²¹ ŋɣ⁵⁵ la³³ tʂua³³ tha⁵⁵ khua³³ i³³ dʐ̩²¹ me³³ dy²¹ nɯ³³ gə²¹ le³³ pɣ⁵⁵, | he²¹ mi⁵⁵ la³³
一位　超度也爪套垮依　　住的地来上又送神女拉姆

mu³³ he³³ dɯ²¹ dʐ̩²¹ me³³ dy²¹ nɯ³³
　神大住的地来

亦杂卢喇馊古本萨，萨窝把米局窝古本萨，萨窝支把阿本麻古本萨，萨牛尼把亦杂徐鲁吉池古本萨，牛尼把把美索古本萨。

　　超度这位像什罗一样的死者，从爪套垮依住的那儿送上去，从拉姆大女神住的那儿送上去，

133-A-41-21

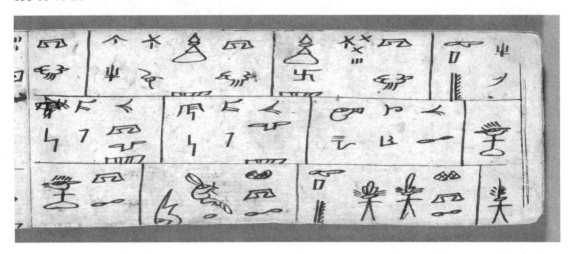

gə²¹ le³³ pɣ⁵⁵, | mu³³ be²¹ la²¹ mu³³ he³³ du²¹ dzŋ²¹ me³³ dy²¹ nu³³ gə²¹ le³³ pɣ⁵⁵. | he²¹ i³³
上　又　送　美本喇木　　　　神 大 住 的 地 来 上 又 送　神 的

u³³ me³³ i³³ dua³³ sŋ³³ tshər²¹ sŋ⁵⁵ dy²¹ dzŋ²¹ me³³ dy²¹ nu³³ gə²¹ le³³ pɣ⁵⁵. | ti³³ ba³³ ʂər⁵⁵
善 的 依端　三十三　　地 住 的 地 来 上 又 送　丁巴什罗

lər³³çy³³ se³³ zŋ²¹ mu⁵⁵thu³³,be³³ le³³ dzŋ³³ mə³³ se³³,y²¹ le³³ mu⁵⁵ mə³³ kɣ⁵⁵,tshər³³ le³³ iə²¹
此人 死者　他 做 了 吃 不 完生 了 老 不 会 腐 了 烂

mə³³ kɣ⁵⁵ me³³ dy²¹ nu³³ gə²¹ le²² thɣ³³ be⁵⁵ ho⁵⁵! | so¹³ tshər²¹ ba¹³ gɣ²¹ zər²¹ dzŋ²¹ dy²¹
不 会 的 地 来 上 又 出 做 愿　索车把古热　　　住 地

nu³³ gə²¹ le³³ thɣ³³. | a³³ lo²¹ bər¹³ ba²¹ khə²¹ nu³³ gə²¹ le³³ tʂər⁵⁵, | y²¹ dzŋ²¹ dzɣ³³ khə²¹
来 上 又 出　阿罗背巴　　　处 来 上 又 送 死者　伴侣

gə²¹ le³³ tʂər⁵⁵, | çi³³ çy⁵⁵ æ³³ khə²¹ gə²¹ le³³ tʂər⁵⁵, | ʂər⁵⁵ lər³³ çy³³ se³³ zŋ²¹ mu⁵⁵ thu³³,
上 又 送　喜许矮扣　　上 又 送　什罗　此人 死者 他

æ³³ phɣ³³ æ³³ dzŋ³³ khə²¹ nu³³ gə²¹ le³³ tʂər⁵⁵. | æ³³ sŋ²¹
祖父　 祖母　处 来 上 又 送　父亲

从美本喇木大神住的地方送上去，从善神依端大神住的三十三重地上送上去。丁巴什罗一样的这位死者，愿他从那做了吃不完，生了不会死，腐了不会烂的地方重生！在索车把古热住的地方又重生。从阿罗背巴住的地方送上去，送到死者伴侣的住处，送到喜许矮扣那个地方。将这位像什罗一样的死者，送到祖父祖母那儿。送到父亲

133-A-41-22

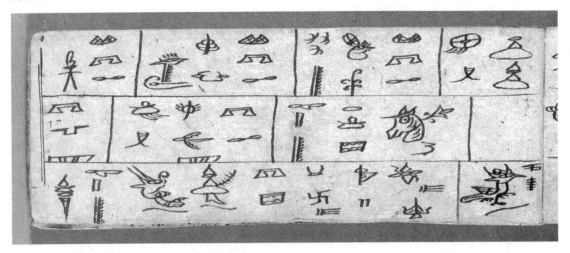

æ³³ me³³ khə²¹ nɯ³³ gə²¹ le³³ tʂər⁵⁵, | sɿ³³ bɣ³³ lo²¹ çy⁵⁵ khə²¹ nɯ³³ gə²¹ le³³ tʂər⁵⁵, | phe²¹
母亲　　处　来　上　又　送　祖父　罗序　处　来　上　又　送　　祖母

be³³ luɑ⁵⁵ lɯ²¹ khə²¹ nɯ³³ gə²¹ le³³ tʂər⁵⁵. | ȵi³³ me³³ bu³³ dɯ²¹ lu⁵⁵ lɑ³³ gə³³ u⁵⁵ dy²¹ he²¹
　栾里　　处　来　上　又　送　太阳　　光明灿烂　　　的吾神 地 恒神

dy²¹ gə²¹ le³³ thɣ³³ lɯ³³ se²¹. | he³³ me³³ dze³³ dɯ²¹ zi⁵⁵ zæ³³ dy²¹ nɯ³³ gə²¹ le³³ tʂər⁵⁵, |
地　上　又　出　来　了　| 月亮　　明亮皎洁　　　地　来　上　又　送

ʂər⁵⁵ lər³³ çy³³ se³³ zɿ²¹ mu⁵⁵ thɯ³³,gɣ³³ hu²¹ he³³ hɯ²¹ se²¹, tʂhu⁵⁵ zi³³ bu²¹ zi³³ se²¹. |
什罗　　此人　死者　他　身　轻　神　安　了　马　美　鬃毛 美 了

ʂər⁵⁵ lər³³ çy³³ se³³ zɿ²¹ mu⁵⁵ thɯ³³,uɑ³³ hæ²¹ mɯ³³ dzər³³ zɿ³³ ʂər²¹ the⁵⁵ ȵi³³ he²¹ be³³ gə²¹
什罗　　此人　死者　他　绿松石　青龙　　寿　长　那样　神 一样地 上

le³³ hə²¹.uɑ³³hæ²¹ mɯ³³dzər³³ gə³³, khuɑ³³ ɯ³³ sa⁵⁵ ɯ³³ the⁵⁵ ȵi³³ no³³ uɑ²¹ sɿ³³ le³³ sɑ⁵⁵. |
又 去　绿松石　青龙　　的　声　好　气　好　那样地 福泽　活人 又 降

dy³³ phər²¹ çy³³ tɕy²¹ zɿ³³ ʂər²¹
白海螺　大鹏鸟　寿　长

　　母亲那儿，从罗序祖父那儿送上去，从栾里祖母那儿送上去。送了之后又会从太阳明亮的吾神、恒神的地方上来。从月儿明亮的地方送上去，这位像什罗一样的死者，身轻神安了，马鬃漂亮了，马儿精神了。

　　这位像什罗一样的死者，像长寿的青龙般，像神一样地上去了，将青龙一样的好声好气之福泽遗留给了活着的人。

133-A-41-23

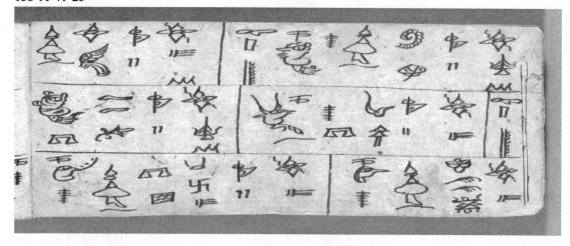

the⁵⁵ ȵi³³ he²¹ be³³ gə²¹ le³³ hə²¹,ua³³ hæ²¹ lɣ³³ tshi³³ mæ³³tshi³³ the⁵⁵ ȵi³³ no³³ ua²¹ sʅ⁵⁵ le³³
那样　神　般　上　又　去　绿松石　翅膀　尾巴　那样　福泽　活人　又

sa⁵⁵. ｜ ʂər⁵⁵ lər³³ çy³³ se³³ zʅ²¹ mu⁵⁵ ŋɣ⁵⁵ me³³ dɣ⁵⁵ phər²¹ se³³ gu³³ zʅ³³ ʂər²¹ he³³ be³³ gə²¹
降　什罗　活人　死者　超度　么　白海螺　狮子　寿　长　神　般　上

le³³ hə²¹,luə²¹ ba⁵⁵ the⁵⁵ ȵi³³ no³³ ua²¹ sʅ³³ le³³ sa⁵⁵.bu³³ du³³ la³³ hy²¹ gə³³,pər⁵⁵ zi³³ kæ²¹
又　去　峦巴　那样　福泽　活人又　降　掌　大　手　红　的　斑纹漂亮　威风

zi³³ the⁵⁵ ȵi³³ no³³ ua²¹ sʅ³³ be³³ mu²¹ le³³ sa⁵⁵. ｜ kua³³ gə³³ zʅ³³ʂər²¹ thu³³,khua³³ tha⁵⁵ he³³
美　那样　福泽　活人般　下　又　降　鹤　的　寿　长　它　声　好耳

tha⁵⁵ the⁵⁵ ȵi³³ no³³ ua²¹ sʅ³³ be³³ mu²¹ le³³ sa⁵⁵. ｜ ʂər⁵⁵ lər³³ çy³³ se³³ zʅ²¹ mu⁵⁵ ŋɣ⁵⁵ me³³
尖　那样　福泽　活人般　下　又　降　什罗　此人　死者　超度么

hua³³ phər²¹ zʅ³³ ʂər²¹ he³³ du²¹ gə²¹ le³³ hə²¹,kho³³ ɯ³³ sa⁵⁵ ɯ³³ the⁵⁵ ȵi³³ no³³ ua²¹ sʅ³³
白鹇鸟　寿　长神大　上　又　去　声　好气　好　那样　福泽　活人

be³³ mu²¹ le³³ sa⁵⁵. ｜ kua³³ phər²¹ zʅ³³ ʂər²¹ he³³ be³³ gə²¹ le³³ hə²¹, ŋɣ²¹ nua²¹ hæ²¹ nua²¹
般　下　又　降　白鹤　寿　长　神　般　上　又　去　银绒毛　金绒毛

no³³ ua²¹ sʅ³³ be³³ mu²¹ le³³ sa⁵⁵.
福泽　活人般　下　又　降

他像长寿的大鹏神鸟一样上去了，将它那绿松石色的翅膀与尾部般的福泽遗留给活着的人。这位像白海螺色的狮子般长寿，像什罗一样的死者，超度他么，他像神一样地上去了，将峦巴那样的福泽遗留给活着的人，将红掌虎的漂亮斑纹和英武的威力般的福泽遗留给活着的人，将长寿的白鹤那好声利耳的福泽遗留给活人。超度像这位什罗一样的死者，他像白鹇鸟一样长寿，像神一样上去了，将他那好声好气的福泽遗留给活着的人，将银绒毛金绒毛般的福泽遗留给活着的人。

133-A-41-24

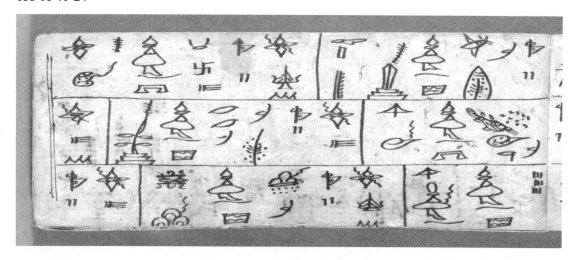

uɑ³³ hæ²¹ tɕə⁵⁵ pu³³ zʅ³³ ʂər²¹ he³³ be³³ gə²¹ le³³ hə²¹, kho³³ ɯ³³ sa⁵⁵ ɯ³³ the⁵⁵ ȵi³³ no³³uɑ²¹
绿松石　布谷鸟　寿 长 神 般 上 又 去　声　好 气 好　那样　福泽

sʅ³³ be³³ mu²¹le³³ sa⁵⁵. ǀ ʂər⁵⁵ lər³³ɕy³³ se³³zʅ²¹ mu⁵⁵ thɯ³³, ǀ zo⁵⁵ lo³³zʅ² ʂər²¹ he³³ be³³ gə²¹
活 般 下 又 降　什罗　此人　死者　他　若罗山 寿 长 神 般 上

le³³ hə²¹, dʑy²¹ dɯ²¹ mə³³ mu⁵⁵ the⁵⁵ ȵi³³ no³³ uɑ²¹ sʅ³³ be³³ mu²¹ le³³ sa⁵⁵. ǀ hæ²¹ i³³ ba³³
又 去　山 大 不 老　那样　福泽　活人 般 下 又 降　含依巴达

dɑ²¹ dzər²¹,zʅ³³ ʂər²¹ he³³ be³³ gə²¹ le³³ hə²¹, piə⁵⁵ dɯ²¹ piə⁵⁵ tɕi⁵⁵ dzʅ²¹ me³³ le³³ mə³³ kɣ⁵⁵
　树 寿 长 神 般 上 又 去　叶 大 叶 小 生 么 枯 不 会

gə³³ the⁵⁵ ȵi³³ no³³ uɑ²¹ sʅ⁵⁵ be³³ mu²¹ le³³ sa⁵⁵. ǀ mɯ³³ lɯ⁵⁵ da³³ dʑi²¹ hɯ⁵⁵,zʅ³³ ʂər²¹ he³³
的 那样　福泽　活人 般 下 又 降　美利达吉　　湖 寿 长 神

be³³ gə²¹ le³³ hə²¹, ȵi³³ y²¹ dər³³ ʂər⁵⁵ lɯ³³ me³³ hɯ⁵⁵ dɯ²¹ ko⁵⁵ mə³³ kɣ⁵⁵ gə³³ the⁵⁵ ȵi³³
般 上 又 去　鱼 捉 塘 满 来 么　湖 大 干 涸 不 会 的 那样

no³³ uɑ²¹ sʅ³³ be³³ mu²¹ le³³ sa⁵⁵. ǀ tse⁵⁵ tse³³ hæ²¹ lɣ³³ me³³,zʅ³³ ʂər²¹ he³³ be³³ gə²¹ le³³
福泽　活人 般 下 又 降　增争含鲁美　　　寿 长 神 般 上 去

hə²¹, lɣ³³ dɯ²¹ go²¹ mə³³ kɣ⁵⁵ gə³³ the⁵⁵ ȵi³³ no³³ uɑ²¹ sʅ³³ be³³ mu²¹ le³³ sa⁵⁵. ǀ mɯ³³ lɯ⁵⁵
了 石 大 裂 不 会 的 那样　福泽　活人 般 下 又 降　美利董主

du²¹ dzʅ³³ zʅ³³ ʂər²¹ he³³ be³³ gə²¹ le³³ hə²¹, du²¹ zo³³
　寿 长 神 般 上 又 去　董 儿子

他像长寿的绿松石色布谷鸟那样上去了,将那好声好气当作福泽遗留给活着的人。这位像什罗一样的死者么,长寿如若罗山,他像神一般地上去了,将那大山之不老的福泽遗留给活着的人;他像长寿的含依巴达树,像神一般地上去了,将长有永不会干枯的大叶子小叶子的福

泽遗留给活着的人。他像长寿的美利达吉湖，像神一般地上去了，将那捉鱼鱼满塘，湖水永
不干涸的福泽遗留给活着的人。他像长寿的增争含鲁美一般，像神一般地上去了，将那大石
头永不裂开的福泽遗留给活着的人。他像长寿的美利董主，像神一般地上去了，

133-A-41-25

gɣ⁵⁵ zo³³ gɣ⁵⁵ mi⁵⁵ çi²¹ me³³ the⁵⁵ ɲi³³ no³³ ua²¹ sɿ⁵⁵ be³³ mu²¹ le³³ sa⁵⁵. | la³³ tʂhua³³ he³³
九　儿子　九　女儿　生养　么　那样　福泽　活人　般　下　又　降　喇猷　神

be³³ gə²¹ le³³ hə²¹,dæ²¹ zo³³ gɣ⁵⁵ zo³³ the⁵⁵ ɲi³³ no³³ ua²¹ sɿ³³ be³³ mu²¹ le³³ sa⁵⁵. | tsho²¹
般　上　又　去　能干儿子　九　个　那样　福泽　活人　般　下　又　降

ze³³ luɯ⁵⁵ ɯ³³ he³³ be³³gə²¹ le³³ hə²¹,ɯ³³ huɯ²¹ sɿ²¹ zɿ³³ i³³ ,the⁵⁵ ɲi³³ no³³ua²¹ sɿ⁵⁵ be³³ mu²¹
崇忍利恩　神　般上　又　去　恩恒　三儿子是　那样　福泽　活人　般　下

le³³ sa⁵⁵. | ka³³ le²¹ ka³³ tshy⁵⁵ he³³ be³³ gə²¹ le³³ hə²¹. tshy⁵⁵ zɿ³³ lu⁵⁵ zɿ³³ no³³ ua²¹ sɿ⁵⁵ be³³
又　降　高勒高趣　　　神般　上　又　去　趣儿子　四个　福泽　活人般

mu²¹ le³³ sa⁵⁵, | zo³³ ɯ³³tʂhɿ³³ gɣ³³ nuɯ³³,ə³³ sɿ²¹ ŋɣ⁵⁵ me⁵⁵ dʑi²¹ duɯ²¹ be³³ le³³ŋɣ⁵⁵ dʑi²¹ʂua²¹
下　又　降　儿子好　这位　来　父亲　超度　么　水　大　一样　又　超度　水深

dʑi²¹ ka³³ duɯ²¹ be³³ le³³ ŋɣ⁵⁵, | dzɿ²¹ kɣ⁵⁵ tʂhɿ³³ lo²¹ py²¹ kɣ⁵⁵ tʂhɿ³³ o²¹ nuɯ³³, kho⁵⁵ me³³
水　汹涌　作　又　超度　坐　会　这伙　祭会　这群　来　宰　的

nuɯ²¹ gə²¹ pu⁵⁵ fæ³³. tɕər⁵⁵ me³³ æ³³ la³³ gə²¹ pu⁵⁵ fæ³³, lo⁵⁵ me³³ dʑi³³ la³³ gə²¹ pu⁵⁵ fæ³³, |
牲畜　上　送　去　煮　么　鸡　也　上　送去　成堆的　衣服　上　送去

ŋɣ³³ lɣ³³ phɣ³³ la²¹ y²¹ duɯ³³ se⁵⁵,
雪山　神　拿　到　了

将他生养九个儿子、九个女儿的福泽遗留给活着的人。他像喇猷神一般地上去了，将他生养
九个能干儿子的福泽遗留给活着的人。他像崇忍利恩一样地上去了，像神一样地上去了，将

他生养三个恩恒儿子的福泽遗留给活着的人。他像高勒高趣一样上去了，将他生养四个儿子的福泽遗留给活着的人。

这位贤能的儿子超度他的父亲么，超度仪式的规模如汹涌的江水一般大。由这群能说会诵的祭祀者，把宰了的牲口送上去，把煮了的鸡也送上去，把成堆的衣服送上去，雪山上的神们接到了之后，

133-A-41-26

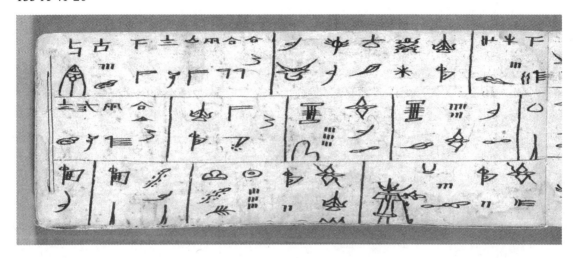

ŋɣ³³ lɣ³³ lɣ³³ sʅ⁵⁵ tʂhə³³,the⁵⁵ ȵi³³ no³³ ua²¹ ʂua²¹ ʂua²¹ be³³ mu²¹ le³³sa⁵⁵, | mə³³ nɯ²¹ dze³³
雪山　　石　三块　　们那样　福泽　　高高地　　　下　又　降　不　财　麦子

mə³³ nɯ²¹,dɣ³³ dɣ²¹ hæ²¹ nɯ³³ the⁵⁵ ȵi³³ no³³ ua²¹ tʂhʅ³³ dʑi²¹ mu²¹ le³³ sa⁵⁵. | mə³³ ȵi²¹
不　财　千万　金　来　那样　福泽　　这家　　下　又　降　不　要

dʑi²¹ mə³³ ȵi²¹, dʑi²¹ hu⁵⁵ dʑi²¹ dər²¹ the⁵⁵ ȵi³³ no³³ ua²¹ sʅ⁵⁵ be³³ mu²¹ le³³ sa⁵⁵ lɯ³³ se²¹ , |
水　不　要　水　混合　水　浑浊　那样　　福泽　活人般　下　又　降　来　了

sʅ⁵⁵ gə³³ no³³ ua²¹ the⁵⁵ ȵi³³ ʂua²¹ be³³ se²¹. | phe³³ bu²¹ gɣ³³ bu²¹ zʅ²¹ nɯ²¹ lo⁵⁵, no³³ ua²¹
活人的　福泽　那样　　高　作了　麻布坡　九座　死者来　翻　福泽

gə²¹ the²¹ lo⁵⁵ mə³³ tʂər²¹, | phe³³ dʑi²¹ ʂər³³ ho²¹ zʅ²¹ nɯ³³ dər²¹, no³³ ua²¹ gə²¹ the²¹ dər²¹
上　呀　翻　不　让　麻布　水　七　条　死者来　涉　福泽　上　呀　涉

mə³³ tʂər²¹. | phɣ³³ tɕhi³³ ga³³ mə³³tɕhi³³, ga³³ tɕhi³³ hua²¹ mə³³ tɕhi³³, | hua²¹ lɣ³³ gɣ⁵⁵ lɣ³³
不　让　祖父　送　战神　不送　战神　送　华神　不送　　华神　石　九　颗

hua³³ kə⁵⁵ gɣ³³ kə⁵⁵,hua²¹ dʑi²¹ gɣ³³ hua²¹, hua²¹ ma²¹ gɣ³³ lɣ⁵⁵ the⁵⁵ ȵi³³ no³³ ua²¹ sʅ⁵⁵ le³³
华神　树枝　九　枝　华神　河　九　条　华神　酥油　九　饼　那样　福泽　活人又

sa⁵⁵. | lua³³ tʂhu²¹ da³³ hɯ²¹ nɯ³³, khua³³ tshʅ²¹ khua³³ bɣ²¹ ʂu²¹ iə⁵⁵ uə²¹, sʅ³³ phər²¹ dʑi³³
迎　作祭者　来　声　细　声　粗　正在　羊毛　白　美衣

zi³³ sɿ⁵⁵ y⁵⁵ y³³, ʂɿ³³ ʂua²¹ la⁵⁵ zɿ³³ sɿ²¹ y⁵⁵ y³³, bi³³ gɣ²¹ ʂɣ³³ uə²¹ sɿ⁵⁵ y⁵⁵ y³³,the⁵⁵ ȵi³³ no³³
　三　摇　　腊肉　　三　摇　法杖　　　　三　摇　那样　福泽

ua²¹ sɿ⁵⁵ le³³ sa⁵⁵,
　活人　又　迎

在高高的地方将三块雪山之石的福泽遗留给了活着的人。麦子不代表财物，将那千千万万的金子之福泽遗留给了这家人。不要么就不要水，将那混合过的水的福泽遗留给了活着的人。福泽就如此这般地在高处降临了。

　　死者来翻越九座麻布坡，福泽呀就不让它翻上去；死者来涉七条河，福泽呀就不让它涉过河去。送别祖父不送战神，送别战神不送华神，将九颗华神石、九根华神树枝、九条华神河、九饼华神酥油那样的福泽迎到活人上。此时，正在作祭祀的东巴我，口里发出或粗或细的声音，摇三次白羊毛做的漂亮的衣服，摇三次有肥有瘦的腊肉条，摇三次法杖，将它们那样的福泽遗留给活着的人。

133-A-41-27

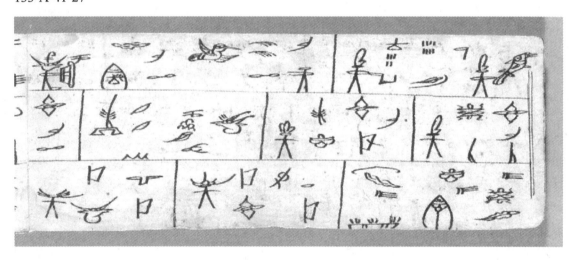

lɯ³³ y²¹ zo³³ uɯ³³ gə³³, sɿ³³ phər²¹ bæ³³ bi³³ ho⁵⁵, ho³³ho²¹ tɕi²¹ ta⁵⁵ho²¹. tɕi³³ phər²¹ ua³³mə³³
这家孝子　　的　羊毛　白　衣襟　赶　相合　云　才合　云　白　骨　没

dʑy²¹, so³³ ko⁵⁵ lɣ⁵⁵ le³³ hə²¹. tɕi²¹tʂu⁵⁵ ko³³ ta⁵⁵ dʑy²¹, tɕi²¹ tʂu⁵⁵ ko³³ zɿ³³ tʂə²¹, ko³³ zɿ³³ mə³³
有　高山上　绕　了　去　云　间　鹤　才　有　云　间　鹤拿　抓　鹤　抓　不

kɣ⁵⁵ mæ³³ ȵy²¹ zɿ³³, bər²¹ le³³ ko³³ lɯ⁵⁵ hə²¹. ko³³ lɯ⁵⁵ the²¹ lɯ⁵⁵ ho⁵⁵, no³³ ua²¹ gə²¹ the²¹
会　尾部抓　　掉毛了　鹤　脱　了　鹤　脱　那　脱　让　福泽　上　那

lɯ⁵⁵ mə³³ tʂər²¹, ŋɣ²¹ no³³ hæ²¹ no³³ the⁵⁵ ȵi³³ no³³ ua²¹ sɿ⁵⁵ le³³ sa⁵⁵. | bɯ³³ me³³ bɯ³³
脱　不　让　银　羽毛　金　羽毛　那样　福泽　活人　又　降　女人　么　女人

tʂhɿ³³ ua²¹,sər³³ ʂɿ²¹ tse⁵⁵ thy²¹ pu⁵⁵, hu³³ hu²¹ dʑi²¹ ta⁵⁵ hu²¹, dʑi²¹ na⁵⁵ o³³ mə³³ i³³, lo²¹ ȵə²¹
所有　黄木　水桶　带　臽　水　只　臽　大水　骨　没　有　沟　里

lo⁵⁵ le³³ hə²¹. ʥi²¹ lo²¹n̩i³³ tɑ⁵⁵ ʥy²¹, ʥi²¹ lo²¹ n̩i³³ ʐ̩³³ tʂə²¹, n̩i³³ ʐ̩³³ mə³³ kɣ⁵⁵ mæ³³ n̩ə²¹
越　又　去　水里鱼　只有　水里鱼　拿抓　鱼　拿不　会尾部

ʐ̩³³, huɑ²¹ le³³ n̩i³³ lɯ⁵⁵ hə²¹. n̩i³³ lɯ⁵⁵ the²¹ lɯ⁵⁵ ho⁵⁵, no³³ uɑ²¹ gə²¹ the²¹ lo⁵⁵ mə³³ tʂər²¹,
拿　滑　了鱼　脱了　鱼脱那脱　让　福泽　上那脱不　让

ŋɣ²¹ da²¹ hæ²¹ da²¹ the⁵⁵ n̩i³³ no³³ uɑ²¹ sɿ⁵⁵ le³³ sɑ⁵⁵.| dzər²¹ gə² dʐi²¹ me³³ tʂhy⁵⁵ mɯ²¹
银　金　那样　福泽　活人又降　树上长么叶子下

tʂhɣ⁵⁵, ʥi²¹ mɯ²¹ ʥi³³ me³³ dər²¹ gə²¹ u²¹ be³³ se²¹.| a³³ sɿ²¹ ŋɣ²¹ khu³³ phu³³, no³³ uɑ²¹
落　水下　走么沫上升做了　父亲　银门开　福泽

khu³³ mə³³ phu³³,| ə³³ me³³ hæ²¹ tʂhɣ³³ tɕhi⁵⁵, no³³ uɑ²¹ tʂhɣ³³ mə³³ tɕhi⁵⁵.dʐɿ³³ khu³³ nɯ²¹
门不开　母亲金迎请　福泽迎不请　吃口福

thɣ⁵⁵ ho⁵⁵!| py²¹ khu³³ uɑ²¹ zɑ²¹ gɣ³³ be³³ ho⁵⁵!| the⁵⁵ n̩i³³ no³³ uɑ²¹ sɿ⁵⁵ le³³ sɑ⁵⁵.|
出　愿　东巴口福泽下成做愿　那样　福泽　活人又降

no³³ uɑ²¹ mɯ³³ nɯ³³ tɕi²¹ gu²¹ sɑ⁵⁵,dy²¹ nɯ³³ zə²¹ gu²¹ sɑ⁵⁵, ŋɣ³³ lɣ³³ ŋɣ³³ gu²¹ sɑ⁵⁵, i³³ bi²¹
福泽　天来云背降　地来草背降　雪山银背降江

hæ²¹ gu²¹ sɑ⁵⁵,
金背降

这家的孝子呀，白羊毛恰合缝衣襟，云儿最相合。白云无骨绕高山，云间有白鹤。云间抓白鹤，抓呀抓不住，抓到鹤尾巴，鹤儿挣脱羽毛落，鹤儿逃掉了。鹤儿逃脱就让它逃吧，但不要让福泽跟着它逃脱，将银羽毛和金羽毛的福泽遗留给活着的人。所有的女人们，带着黄木做的桶，舀呀来舀水。大水没有骨，穿越山谷而去了。水里只有鱼，去抓水中鱼，抓呀抓不到，抓到鱼尾巴，鱼儿滑得逃掉了。鱼儿逃了就让它逃吧，但不要让福泽跟着它逃脱。

　　树儿往上长，树叶往下落；水儿往下流，水沫往上漂。父亲开银门，没开福泽门；母亲迎金子，迎不来福泽。愿吃口得口福！愿东巴之口迎福泽，福泽降临给活人！愿遗留下来的福泽如天上的白云背满背，愿遗留下来的福泽如大地上的青草背满背，愿遗留下来的福泽如雪山上的银子背满背，愿遗留下来的福泽如金沙江里的金子背满背，

133-A-41-28

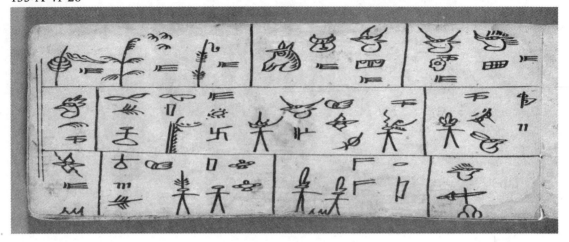

hy⁵⁵ kə⁵⁵ tɕi²¹ gu²¹ sa⁵⁵, luɯ³³ kə⁵⁵ be³³ gu³³ sa⁵⁵, muɯ⁵⁵ tshe²¹ dzər³³ gu²¹ sa⁵⁵！| tʂhɣ²¹ nuɯ³³
柏树枝 云 背 降 杉树枝 雪 背 降 竹子 露水 背 降 马 来

tɕi⁵⁵ ʂɿ²¹ sa⁵⁵, le⁵⁵ nuɯ³³ lua²¹ phər²¹ sa⁵⁵, | bɣ³³ nuɯ³³ sɿ³³ phər²¹ sa⁵⁵, bu²¹ dɣ³³ tʂhər³³ gu²¹
驮 黄 卸 牛 来 轭 白 卸 绵羊 来 羊毛 白 卸 猪 肉 背

sa⁵⁵, | æ²¹ nuɯ³³ no³³ gu²¹ sa⁵⁵！| iə²¹ po⁵⁵ gɣ³³ dzɿ²¹ zo³³, to³³ pa³³ ʂər⁵⁵ lər³³ ɕy³³ se³³ ʐɿ²¹
卸 鸡 来 毛 背 卸 尤本 古孜 男子 东巴什罗 此人 死者

mu⁵⁵ dɯ³³ sɿ²¹ la³³, ʐɿ²¹ la³³ kho³³ ɯ³³ sa⁵⁵ ɯ³³ no³³ ua²¹ sɿ⁵⁵ le³³ sa⁵⁵！py²¹ khu³³ no²¹ i³³
一 位 也 死者 也 声 好 气 好 福泽 活人 又 迎 祭祀 口 福 有

dzər²¹ la³³ ua²¹ za²¹ gɣ³³ be³³ ho⁵⁵, | phɣ³³ do²¹ luɯ⁵⁵ do²¹ the⁵⁵ ȵi³³ no³³ ua²¹ sɿ⁵⁵ be³³ mu²¹
身体 福泽 成 做 愿 祖父 见 孙儿 见 那样 福泽 活人 作 下

le³³ sa⁵⁵！| tʂhɿ³³ sɿ²¹ la²¹ kɣ³³ mæ⁵⁵, sɿ²¹ do²¹ zo³³ do²¹ duɯ⁵⁵ duɯ³³ gɣ³³ be³³ ho⁵⁵, | me³³ hy⁵⁵
又 迎 从此以后 父亲 见 儿子 见 整齐 成 作 愿 母亲 站

mi⁵⁵ hy⁵⁵ ʂua³³ ʂua³³ gɣ³³ be³³ ho⁵⁵, | dzɿ²¹ mi⁵⁵ y²¹ me³³ lɣ³³ gu³³ da³³ be³³ ho⁵⁵！
女 站 整齐 成 作 愿 砍 火 拿 么 石 裂开 作 愿

愿遗留下来的福泽如柏树枝背上了云，愿遗留下来的福泽如杉树枝背上了雪，愿遗留下来的福泽如竹子上露水背满了！愿马儿卸下黄色的驮子，牛儿卸下白轭，绵羊卸下白羊毛，猪儿卸下成背的猪肉，鸡卸下成背的鸡毛！

　　这个叫尤本的古孜男子，像这位东巴什罗一样的死者呀，活人迎来他的好声好气！愿作祭之人嘴上的福气成为身上的福气！愿活人迎请来像祖父与儿孙共济一堂那样的福气！从此以后，愿父亲与儿子长得一样高大！愿母亲与女儿站着一样高！愿劈石能劈出火花，石头被劈开！

133-A-41-29

şər⁵⁵ lər³³ py²¹ gə³³ he²¹ ʐ̩³³ phi²¹ çi³³ dze²¹.
什罗　　祭祀　的　　神路图　　　十　　册

祭"东巴什罗"的经书十册。

133-A-41-30

封底：

şər³³ dze²¹.
七　　册

七册。

（释读：和桂华；翻译：和虹）

182-B-21-01

şɣ̩²¹ gɣ̩²¹ · şɣ̩²¹ dɣ²¹ · şɣ̩²¹ khu³³

phu³³ · şɣ²¹ tʂhɣ̩³³ tɕhi³³

祭署 · 调解争斗 · 打开署门 · 送署

182-B-21 祭署·调解争斗·打开署门·送署

【内容提要】

在人类生活的各个时代，都曾经与署类发生了争斗，就像东巴什罗（to ba ʂər lər）来调解一样，在各个时代的东巴的调解下，人类与署类和解了，人类的灵魂也从署地被招了回来。作仪人家请求打开五方署给主人家福泽子嗣，兴旺发达之门。东巴祝愿作仪人家获得长寿、吉祥、福泽和子孙兴旺之福分。经书后部分述退送各方各地之署。

【英文提要】

Worshipping ʂv (the God of Nature), Mediation in Struggles,

Opening the Door of ʂv, Sending off ʂv

In any period human beings lived, there existed struggles against the *ʂv* tribe. Just like **to ba ʂər lər** mediated the struggle, under the mediation of **to ba** in different periods, human beings and the *ʂv* tribe compromised each other and the spirit of human beings were summoned back from the *ʂv* land. The family under ritual prayed opening the door of *ʂv* in five directions to bestow enrichment in posterity and abundance in life. **to ba** blessed the family under ritual bestowed fortunes in longevity, luck, felicity and posterity. The later section of the book is about withdrawing and sending off the *ʂv* in all directions.

182-B-21-02

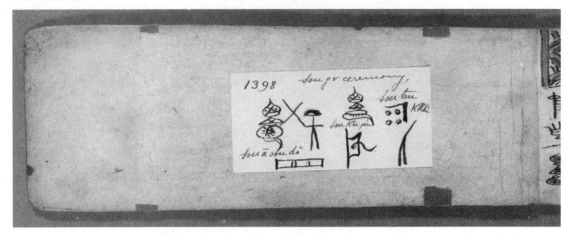

第 1 行："1398" 为洛克收藏的编号。
第 2 行：东巴文是仿写的经书书名，其间以及上方音标是洛克记录的经书书名读音。

182-B-21-03

a³³ la³³ ma²¹ ʂər⁵⁵ ȵi³³,muɯ³³ thɣ³³ dy²¹ khu³³、bi³³ thɣ³³ le²¹ thɣ³³、kɯ²¹ thɣ³³ zɑ²¹ thɣ³³ gə³³
远古的时候　　　　天　开　地　辟　日　出　月　出　星　出　饶星　出　的

tʂhɿ³³ dzɿ²¹,dʑy²¹ thɣ³³ lo²¹ thɣ³³,sər³³ thɣ³³lɣ³³ thɣ³³,dʑi²¹ thɣ³³ khæ³³ thɣ³³gə³³ tʂhɿ³³ dzɿ²¹,|
那　时　山　出谷出　木　出 石 出　水　出 水沟　出 的 那时

phər²¹ thɣ³³ ʂæ²¹ thɣ³³, o⁵⁵ thɣ³³ he²¹ thɣ³³,| gɑ³³ thɣ³³ u²¹ thɣ³³,du²¹ thɣ³³ se²¹ thɣ³³, dzi³³
盘神　出　禅神 出沃神　出 恒神　出　嘎神　出 吾神出卢神 和　沈神 出　精人

thɣ³³ tsho²¹ thɣ³³,bə³³ thɣ³³ u²¹ thɣ³³,phər²¹ thɣ³³ nɑ²¹ thɣ³³,| ʂɣ²¹ thɣ³³ ȵi³³ thɣ³³ gə³³ tʂhɿ³³
出 崇人　出 崩人出吾人出　盘人 出 纳人 出　署　出 尼出　的 那

dzɿ²¹.| muɯ³³ thɣ³³ dy²¹ khu³³ zɿ³³, be³³ le³³ be³³ tshɿ²¹ zɿ³³, ʂɣ¹³ gə³³ tsa⁵⁵ nɑ⁵⁵ lɯ²¹ tʂhɿ³³
时　天 开 地 辟 时候 人类　　　　　署 的　召纳里斥

tɕiə²¹ nə²¹ æ²¹. | dɣ³³ phər²¹ ɕy²¹ tɕhy⁵⁵,to³³ ba³³ ʂər⁵⁵ lər³³ la²¹nɯ³³ dy²¹,mə³³ æ²¹ le³³ dy²¹
上　　争斗　海螺　白　大鹏　东巴什罗　　　手　来　调解　不争斗　又　和解

se²¹. | phɣ⁵⁵ tʂʅ³³ u³³ lu⁵⁵,ʂɣ²¹ me³³ na²¹ py⁵⁵ æ²¹,to³³ba³³ ʂər⁵⁵lər³³ la²¹ nɯ³³ dy²¹,mə³³ æ²¹
了　普斥吾陆　　　署美纳布　争斗　东巴什罗　　手　来　调解　不争斗

le³³ dy²¹ se²¹；| mɯ³³ lɯ⁵⁵ du²¹ dzɳ³³ sər³³ zo³³ ȵi²¹ ma³³ æ²¹, |
又　和解　了　美利董主　　　斯若尼麻　　　争斗

　　远古的时候，天地开辟，出现了太阳和月亮，星星和饶星的时代，出现了高山深谷，树木石头的时代，出现了水和水沟的时代。盘神和禅神，嘎神和吾神，沃神和恒神，卢神和沈神出现了的时代。精人和崇人、崩人和吾人、盘人和纳人、署和尼都出现了的时代。天地开辟的时代，人类和召纳里斥署发生了争斗，在东巴什罗的调解下，他们消除了争斗和解了。普斥吾陆与署美纳布发生了争斗，在东巴什罗的调解下，他们消除了争斗和解了。美利董主和斯若尼麻发生了争斗，

182-B-21-04

kɣ⁵⁵ lo³³ lɣ⁵⁵ tse²¹ la²¹ nɯ³³ dy²¹,mə³³ æ²¹ le³³ dy²¹ se²¹；| dɣ²¹ sa⁵⁵ ŋa³³ thɣ⁵⁵ ȵi⁵⁵ gə³³ ty²¹
顾罗鲁仄　　　手　来　调解　不争斗　又　和解　了　都沙敖吐　　尼格屯乌

uə³³ æ²¹,phɣ⁵⁵ bu²¹ mi²¹ tʂʅ⁵⁵ di³³ dua³³ la²¹ nɯ³³ dy²¹, mə³³ æ²¹ le³³ dy²¹ se²¹；| dzæ³³zo⁵⁵
争斗　铺补米斥丁端　　　　手　来　调解　不争斗　又　和解　了　　　在若

ȵiə²¹ hy²¹ ①ʂɣ²¹ dɣ³³ na²¹py³³ æ²¹,ʂə⁵⁵ la³³ uə²¹ kə⁵⁵ la³³ nɯ³³ dy²¹,mə³³ æ²¹ le³³ dy²¹ se²¹. |
牛许　　署都纳布　争斗　受拉乌格　　手　来　调解　不争斗　又　和解　了

ŋɣ³³ lɣ³³ tʂhər³³ dy³³ sʅ²¹ zʅ³³ ʂɣ²¹ i³³ tha³³ mu³³ æ²¹, bu³³ bu²¹ y²¹ tɕi⁵⁵ tʂhu³³ bɣ³³ la²¹ nɯ³³
雪山　车屯斯汝　　署依套姆　争斗　东巴　余敬崇补　　　手　来

---

① 后面提到 tsæ³³ zo⁵⁵ ȵiə²¹ hy²¹ 与 ʂɣ²¹ lɯ³³ mɯ³³ 争斗，此处似有误，存疑。

dy²¹, mə³³ æ²¹ le³³ dy²¹ se²¹；∣ me²¹ se³³ dy³³ duɯ²¹ ʂɣ²¹ zo³³ gɣ³³ kɣ⁵⁵ æ²¹,dɑ³³ bɣ³³ khuɯ³³
调解 不 争斗 又 和解 了　　枚生都迪　　　署 子 九 个 争斗 达补肯此

tshŋ²¹ lɑ²¹ nɯ³³ dy²¹, mə³³ æ²¹ le³³ dy²¹ se²¹；∣ khuɯ²¹ tɕɣ²¹ sŋ²¹ zŋ³³ ʂɣ²¹ ty³³ sɑ³³ zɑ̩²¹ æ²¹,
　手 来 调解 不 争斗 又 和解 了　肯举斯汝　　　署屯沙饶　　　争斗

thɣ⁵⁵ tɣ³³ ko²¹ uɑ³³ lɑ²¹ nɯ³³ dy²¹,mə³³ æ²¹ le³³ dy²¹ se²¹；∣ i³³ gɣ³³ ɑ³³ khuɑ³³ ʂɣ²¹ gə³³ æ⁵⁵
吐吐格瓦　　　手 来 调解不 争斗 又 和解 了　依古阿夸　　　署 的 崖

ʂuɑ²¹ dʑi³³ thɑ⁵⁵ mu³³ kɑ⁵⁵ æ²¹,∣
　高　 吉套姆　　　上 争斗

在顾罗鲁仄的调解下，消除了争斗和解了；都沙敖吐和尼格屯乌发生了争斗，在铺补米斥丁端的调解下，他们消除了争斗和解了；在若牛许与署都纳布发生了争斗，在受拉乌格的调解下，他们和解了；雪山上车屯斯汝与署依套姆发生了争斗，在东巴余敬崇补的调解下，他们和解了；枚生都迪和九个署子发生了争斗，在达补肯此的调解下他们和解了；肯举斯汝和署屯沙饶发生了争斗，在吐吐格瓦的调解下他们和解了；依古阿夸与高崖上之署的吉套姆发生了争斗，

182-B-21-05

lɯ⁵⁵ khu³³ bu³³ bu²¹ lɑ²¹nɯ³³ dy²¹,mə³³ æ²¹ le³³ dy²¹ se²¹；∣ se²¹ tsuɑ³³ dʑi³³ mu³³ ʂɣ²¹ me⁵⁵
贤能的　 东巴　 手 来 调解 不 争斗 又 和解 了　沈爪金姆　　　署美

nɑ²¹ bɣ³³ æ²¹, lɯ⁵⁵ khu³³ bu³³ bu²¹ lɑ²¹ nɯ³³ dy²¹, mə³³ æ²¹ le³³ dy²¹ se²¹；∣ be³³ le³³ be⁵⁵
纳布　 争斗 贤能的　 东巴　 手 来 调解 不 争斗 又 和解 了　　人类

tshŋ²¹ zŋ³³ ʂɣ²¹ ne²¹n̩i³³ n̩iə²¹ æ²¹,lɑ³³ bɣ³³thɣ³³ kə⁵⁵ lɑ²¹ nɯ³³ dy²¹,mə³³æ²¹ le³³ dy²¹ se²¹；∣
　署 和 尼 上 争斗 劳补妥构　　　手 来 调解 不 争斗 又 和解 了

dzæ³³ zo⁵⁵ n̩iə²¹ hy²¹ ʂɣ²¹ lɯ³³ mu³³ n̩iə²¹ æ²¹,lɯ⁵⁵ khu³³ bu³³ bu²¹ lɑ²¹ nɯ³³ dy²¹,mə³³ æ²¹
在若牛许　　 署里美　　 上 争斗 贤能的　 东巴　 手 来 调解 不 争斗

le³³ dy²¹ se²¹；｜ha³³ nɯ³³ sər³³ n̩iə²¹ æ²¹, ɕiə⁵⁵ by³³ ko²¹ ua³³ la²¹ nɯ³³ dy²¹,mə³³ æ²¹ le³³
又 和好 了　　哈人　和　斯人 上 争斗 休补格瓦　　 手 来 调解 不 争斗 又

dy²¹ se²¹；｜da³³ tʂə³³ ə²¹ uə⁵⁵、iə²¹ la⁵⁵ di³³ dua³³ ha³³ zo³³ gɣ³³ kɣ⁵⁵ ʂɣ²¹ n̩iə²¹ æ²¹,｜dɣ³³
和好 了　　岛周阿乌　　　尤拉丁端　　 哈若　九 个 署 上 斗 毒鬼

ne²¹ tse²¹n̩iə²¹ æ²¹,la³³ py³³thy³³ kə⁵⁵ la²¹ nɯ³³ dy²¹,mə³³ æ²¹ le³³ dy²¹ se²¹.｜bi³³ thy³³ mə⁵⁵
和 仄鬼 上 斗 拉毕吐构　　 手 来 调解 不 斗 又 和好 了　日 出 不

tʂʂɣ³³ n̩i³³,i³³ da²¹ tʂʂɣ³³ dɯ³³ dʑi²¹,na⁵⁵ py³³ se³³ gu³³ la²¹ nɯ³³ dy²¹, phər²¹ me³³ mɯ³³ tɕiə²¹
这 天 主人 这 一 家 纳补胜恭　　 手 来 调解 盘人 的 天 上

gɣ³³tshər²¹ gɣ³³ tsər³³ n̩iə²¹ mə³³ æ²¹ be³³ le³³ dy²¹；｜sa³³ by³³ sa³³ la²¹ la²¹nɯ³³ dy²¹,na²¹
九 十 九 层 上 不 斗 (地) 又 和解　 沙补沙拉　　 手 来 调解 纳人

me³³ dy²¹ tɕiə²¹ ʂər³³ tshər²¹ ʂər³³ tsər³³ tɕiə²¹ mə³³ æ²¹ be³³ le³³ dy²¹；｜
的 地 上 七 十 七 层 上 不 斗（地）又 和解

贤能的东巴来调解，他们和解了；沈爪金姆和署美纳布发生了争斗，贤能的东巴来调解，他们和解了；人类与署和尼发生了争斗，劳补妥构来调解，他们和解了；在若牛许和署里美发生了争斗，贤能的东巴来调解，他们和解了；哈人与斯人发生了争斗，休补格瓦来调解，他们和解了；岛周阿乌、尤拉丁端、哈若九子与署发生了争斗，与毒鬼和仄鬼发生了争斗，拉毕吐构来调解，他们和解了。阳光明媚的这一天，纳补胜恭为主人家调解，在盘人的九十九层天上消除了争斗和解了；沙补沙拉为主人家调解，在纳人七十七层地上消除了争斗和解了。

182-B-21-06

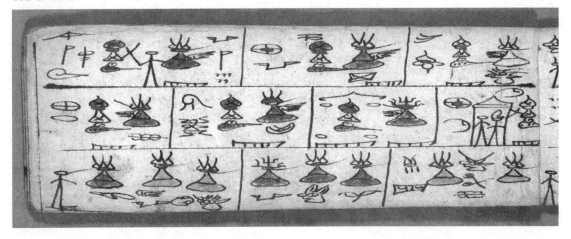

mɯ³³ lɯ⁵⁵ da²¹ dʑi²¹ hɯ⁵⁵ ko³³ lo²¹, ʂɣ²¹ me³³ na²¹ py⁵⁵ ne²¹ n̩i³³ thy³³ ko²¹ uə³³ nɯ³³ mə³³
美利达吉海　　　　 中　 署美纳布　　 和 尼土格瓦　　 来 不

æ²¹ be³³ le³³dy²¹.｜n̩i³³ me³³ thy³³ ʂɣ²¹ phər²¹ lɣ²¹ phər²¹ ne²¹ kə²¹ tshe⁵⁵ tshe⁵⁵ by³³ la²¹
争斗 地 又 和解 东方　　 署 白 龙 白 和 格趁趁补　　　　　 手

nuɯ³³ dy²¹, mə³³ æ²¹ le³³ dy²¹ se²¹；| i³³ tʂhɿ³³ muɯ²¹, ʂɣ²¹ hər²¹ lɣ²¹ hər³³ ne²¹ se⁵⁵ ʐɿ³³ mi²¹
来　调解　不　争斗　又　和解了　　　南方　　　　署绿龙绿和　　胜日明恭

gu³³ lɑ²¹ nuɯ³³ dy²¹, mə³³ æ²¹ le³³ dy²¹ se²¹；| ȵi³³ me³³ gɣ²¹, ʂɣ²¹ na²¹ lɣ²¹ na²¹ ne²¹ na³³
　手　来调解　不　争斗　又　和解了　　　西方　　　　署黑龙黑和

tshe³³ tʂu³³ lu²¹ lɑ²¹ nuɯ³³ dy²¹, mə³³ æ²¹ le³³ dy²¹ se²¹；| ho²¹ gɣ³³ lo²¹, ʂɣ²¹ ʂɿ²¹ lɣ²¹ ʂɿ²¹ ne²¹
纳趁崇陆　手　来调解　不　争斗　又　和解了　　　北方　　署黄龙黄和

gɣ³³ se³³ khə³³ bu²¹ lɑ²¹ nuɯ³³ dy²¹, mə³³ æ²¹ le³³ dy²¹ se²¹；| muɯ³³ ne²¹ dy²¹ ly⁵⁵ kɣ³³, ʂɣ²¹
古生扣布　　手　来调解　不　争斗　又　和解了　　天　和　地　中间　署

dzæ²¹ lɣ²¹ dzæ²¹ so³³ y²¹ tsi⁵⁵ gɣ³³ lɑ²¹ nuɯ³³ dy²¹, mə³³ æ²¹ le³³ dy²¹ se²¹. | bi³³ thɣ³³ mə⁵⁵
花龙花梭余晋古　　手　来调解　不　争斗　又　和解了　日　出　不

tʂhɿ³³ ȵi³³, i³³ da²¹ tʂhɿ³³ duɯ³³ dʑi²¹, ʂɣ²¹ ne²¹ lɣ²¹ ȵiə²¹ lɑ³³ mə³³ æ²¹, | ze⁵⁵ dʑi³³ bə³³ y²¹
这天主人　这　一　家　署　和龙　上　也　不争斗　年轻　脚轻

tʂhər²¹, to³³ ba³³ ʂər⁵⁵ lər³³ dy⁵⁵, lɑ³³ bɣ³³ thɣ³³ kə⁵⁵ dy⁵⁵, i²¹ ʂɿ⁵⁵ bu³³ dzo³³ dy⁵⁵, | dʑə³³ bɣ³³
让　东巴什罗　　请　劳补妥构　　请　依世补佐　　请　玖补

thɣ³³ tʂhɿ³³ dy⁵⁵, dzər³³ ɯ³³ ʂæ³³ læ³³ dy⁵⁵, iə⁵⁵ ȵi⁵⁵ tɕi³³ gu³³ dy⁵⁵, | kɣ⁵⁵ lo⁵⁵ kɣ⁵⁵ dzɑ²¹ dy⁵⁵,
土蚩　请　精恩什罗　　请　尤尼晋古　　请　顾罗顾杂　　请

y²¹ tɕi⁵⁵ tʂhu³³ bɣ³³ dy⁵⁵, |
余敬崇补　　　　请

在美利达吉海中，署美纳布和尼土格瓦不争斗和解了。东方，格趁趁补来调解，不与白色的署和龙争斗和解了；南方，胜日明恭来调解，不与绿色的署和龙争斗和解了；西方，纳趁崇陆来调解，不与黑色的署和龙争斗和解了；北方，古生扣布来调解，不与黄色的署和龙争斗和解了；天和地之间，梭余晋古来调解，不与花色的署和龙争斗和解了。

天气晴好的这一天，这一主人家不与署和龙争斗，让捷足年轻人去请东巴什罗，去请劳补妥构，去请依世补佐，去请玖补土蚩，去请精恩什罗，去请尤尼晋古，去请顾罗顾杂，去请余敬崇补，

182-B-21-07

da³³ bɣ³³ khɯ³³ tshʅ³³ dy⁵⁵,bu³³ bu²¹ ua³³ mə³³ tʂər⁵⁵ me³³ gɣ³³ tshər²¹ gɣ³³ kɣ⁵⁵ dy⁵⁵.sʅ³³ i³³
达 补 肯 此   请 东巴 骨头 不 哽 的 九 十 九 个 请 羊毛

tshua³³ phər²¹ zɣ²¹ lɣ³³ tɯ²¹, ŋɣ²¹ hæ²¹ ua³³ tʂhu²¹ i³³ da⁵⁵ be³³ le³³ iə⁵⁵,| ʂɣ²¹ tha³³ gɣ³³
米   白 神坛 设   银 金 松石 墨玉 供品 作 又 给   署 塔 九

tha³³ tshʅ³³, dzi³³ khɯ³³ se²¹ me³³ kho⁵⁵, ʂɣ²¹ uə³³ gɣ³³ uə³³ be³³,| ʂər³³ çi³³ khua⁵⁵ phər²¹,
塔   建   精 肯 塞 美 寇   署 寨 九 个 建   七 百 木牌 白

ua³³ çi³³ khua⁵⁵ ʂua²¹, mɯ⁵⁵ tshe²¹ gɣ³³ uo²¹, la³³ kha³³ gɣ³³ bi³³,| khɯ²¹ ʂʅ²¹ khɯ²¹ hər²¹,
五 百 木牌 高   竹子 九 丛 白杨 九 片 线 黄 线 绿

ba²¹ ʂʅ²¹ ba²¹ hər²¹, bər²¹ phər²¹ dɯ³³ tɣ²¹, bər²¹ na²¹ dɯ³³ ku²¹, tsho²¹ mɯ²¹ sy⁵⁵ me³³ ɣ²¹
花 黄 花 绿 牦牛 白 一 千 牦牛 黑 一 万 人 下 杀（助）生命

phɣ³³ ʐua²¹. hy³³ ɣ²¹ tʂhu²¹ me³³ khua⁵⁵ phɣ³³ be³³ le³³ ʐua²¹.| zo³³ i³³ ŋɣ²¹ mə³³ ɣ²¹, ŋɣ²¹
债 还 野兽 捉 快（助）杀 债（助）又 还 男子（助）银 不 淘 银

phər²¹ be³³ le³³ tshy⁵⁵. mi⁵⁵ i³³ hæ²¹ mə³³ ɣ²¹, hæ²¹ phɣ³³ be³³ le³³ tshy⁵⁵.gɣ³³ dʑy²¹ çi²¹ mə³³
白（助）又 还 女儿（助）金 没 淘 金 债（助）又 还 九 山 林 没

tshər⁵⁵,sər³³ tshy⁵⁵ be³³ le³³ ʐua²¹.| ʂər³³ lo²¹ mɯ⁵⁵ mə³³ da⁵⁵,mɯ⁵⁵tshy⁵⁵ be³³ le³³ ʐua²¹.æ³³
砍   柴 债 作 又 还   七 谷 竹子 没 砍 竹 债 作 又 还 悬崖

ʂua²¹ bæ³³ mə³³ phɣ²¹,bæ³³ tshy⁵⁵ be³³ le³³ ʐua²¹. lo²¹ ho⁵⁵ n̩i³³ mə³³ ɣ²¹, n̩i³³ tshy⁵⁵ be³³ le³³
高 蜂 没 掏 蜂蜜 债 作 又 还 谷 深 鱼 没 捉 鱼 债 作 又

ʐua²¹.|
还

去请达补肯此，去请九十九个诵经不会哽喉的东巴。设署用羊毛毡子铺设的神坛，以金、银、松石、墨玉为供品，建九座署塔。在精肯塞美寇，建九个署寨，做七百个白木牌、五百个高木牌、九丛竹子、九片白杨林。做黄线绿线，做黄花绿花。做白牦牛一千、黑牦牛一万来还债。要还杀人的命债，打猎的债。男子虽没挖银子，要还银债；女子虽没淘金，要还淘金的债。虽没砍九座山林的树木，要还树债；虽没砍七条山谷的竹子，要还竹债；虽没掏高岩上的蜂窝，要还蜜债；虽没在深谷中捉鱼，也要还鱼债。

182-B-21-08

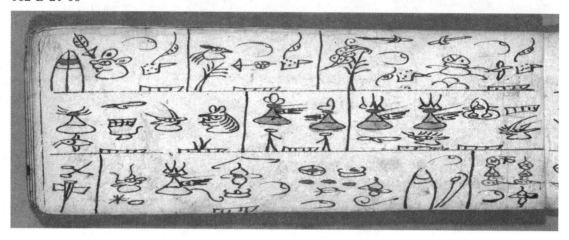

dʑy²¹ kɣ³³ gɣ²¹ mə³³ khæ⁵⁵,gɣ²¹ tshy⁵⁵ be³³ le³³ zua²¹；| dzər²¹ kɣ³³ hua³³ mə³³ khæ⁵⁵ me³³,
山 上 熊 没 射 熊 债 作 又 还　　　树 上 白鹇 没 射 （助）

hua³³ tshy⁵⁵be³³ le³³zua²¹；dzər²¹ kɣ³³ z̩²¹ mə³³ da⁵⁵,z̩²¹ tshy⁵⁵ be³³ le³³zua²¹；lɣ³³ kɣ³³ pa³³
白鹇 债 作 又 还　树 上 蛇 没 砍 蛇 债 作 又 还　石 上 蛙

mə³³ sy⁵⁵,pa³³ tshy⁵⁵ be³³ le³³zua²¹. | dzʅ³³ mu⁵⁵ kæ³³ i³³ tʂhər²¹ phər²¹ dzi³³,le⁵⁵gu²¹ kæ³³ i³³
没 杀 蛙 债 作 又 还　头目 长老 前（助）肥肉 白 献 牛 马 前（助）

zə̩²¹ hər²¹ ku⁵⁵. | uæ³³ i³³ du²¹ la²¹ phu⁵⁵ nui³³ dy²¹, i²¹ i³³ se²¹ la²¹ phu⁵⁵ nui³³ dy²¹, |
草 绿 扔 左边（助）卢神 手 中 来 调解 右边（助）沈神 手 中 来 调解

to³³ ba³³ ʂər⁵⁵ lər³³la²¹nui³³ dy²¹,py²¹ bɣ²¹ kha³³ ui³³sa⁵⁵ ui³³ la²¹ nui³³ dy²¹,dy²¹ se³³ | dzo³³
东巴什罗　　手 来 调解 东巴 声 好气 好 手 来 调解 调解 了 桥

gɣ³³ tɕi⁵⁵,zʅ³³ dʑi³³ tɕi⁵⁵ me³³, | bər³³ phər²¹ dui³³ tɣ²¹, bər³³ na²¹ dui³³ kui²¹ nui³³ lui⁵⁵ kɣ³³
渡 怕 路 走 怕 的 牦牛 白 一 千 牦牛 黑 一 万 来 贤能 的

py³³bɣ²¹ la²¹ nui³³ ua²¹ tɕiə³³ mui³³mə³³ hui³³,dy²¹ mə³³ hui³³ be³³ ua²¹ le³³ ʂər⁵⁵；bi³³ nui³³
东巴 手 来 魂 跑 天 没 去 地 没 去（地）魂 又 招 太阳 和

le²¹ bɣ²¹ mə³³ i³³, kui²¹ nui³³ za²¹ bɣ³³ mə³³ i³³, dʑy²¹ nui³³ lo²¹ bɣ²¹ mə³³ i³³ be³³ ua²¹ le³³
月亮 下 没 留 星 和 饶星 下 没 留 山 和 谷 下 没 留（地）魂 又

ʂər⁵⁵；│ʂɣ²¹ phər²¹ ʂɣ²¹ hər²¹ bɣ²¹ mə³³ i³³ be³³，│
招　　署　白　署　绿　下　没　留（地）

虽没射杀山上的熊，要还熊债；虽没射杀树上的白鹇鸟，要还鸟债；虽没砍树上的大蛇，要
还蛇债；虽没杀石头上的蛙，要还蛙债。就像头目长老前要敬上肥肉，牛马之前要放绿草一
样。左边由卢神来调解，右边由沈神来调解，东巴什罗来调解，东巴的好声好气来调解。调
解以后，在地上走受惊，过桥时受惊吓丢失的灵魂，贤能的东巴用成千白牦牛，上万黑牦牛
招魂。不让魂逃到天上，跑到地下招魂；不让魂扣留在太阳和月亮上，星星和饶星上，大山
和山谷下招魂；不让魂扣留在白署绿署下，

182-B-21-09

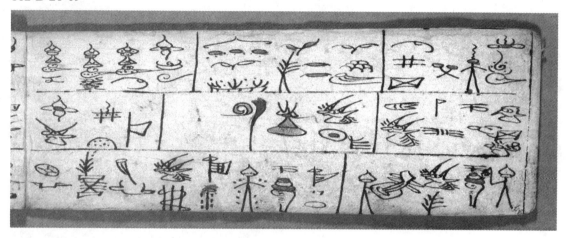

ʂɣ²¹ na²¹ ʂɣ²¹ ʂʅ²¹ ʂɣ²¹ dzæ²¹ bɣ²¹ mə³³ i³³ be³³，ua²¹ le³³ ʂər⁵⁵．│ua²¹ ʂər⁵⁵ se⁵⁵ mɯ²¹ bɣ²¹
署　黑　署　黄　署　花　下　没　留（地）魂　又　招　　魂　招　后　天　下

kɯ²¹ iə³³ dzɣ³³，dy²¹ tɕiə²¹ zə²¹ iə²¹ dzɣ³³，dzər³³ kɣ³³ tshe⁵⁵ iə²¹ dzɣ³³，dʑi³³ kɣ³³ dər²¹ iə²¹
星　一样　增　地　上　草　一样　增　树　上　叶　一样　增　水　中　泡沫　一样

dzɣ³³．│mə³³ gu²¹ mə³³ tshər³³，mə³³ tɕi⁵⁵ mə³³ bɣ²¹，zʅ³³ ʂər²¹ ha⁵⁵ i³³，kho³³ y²¹ he³³ hɯ²¹，
增　　无　病　无　热　不　悸病　不　怕　寿　长　日　增　声　轻　神　安

dʑi²¹ i³³ dər³³ ʂər⁵⁵．│le³³ nɯ²¹ le³³ ua²¹，hɯ²¹ ne²¹ dzæ³³ dɯ³³ khu³³ le³³ thɣ³³ ho⁵⁵．‖
水　流　潭　满　又　生儿　又　育女　富　和　强　一　门　又　到　愿

　o³³ i³³ ma³³ ho³³．│la¹³ dzər³³ ko²¹ tsʅ³³ phər²¹ gu³³ ɕiæ¹³ tshe³³ lo³³．│ɲi³³ me³³ thɣ³³
　窝　依　麻　禾　拉　子　各　子　盘　给　向　称　罗　东方

sʅ³³ phe³³ dʑi³³ bɣ³³ i²¹ kho³³ ga³³ dzʅ³³ thɣ³³ tʂʅ³³ dzʅ²¹，gu³³ mu³³ dy³³ phər²¹ the⁵⁵ ɲi²¹
酋长　　金补依课嘎支　　　　　　诞生　这　时代　身体　海螺　白　那样

gɣ³³，│tse³³ phər²¹ i³³ ʂər³³ khæ⁵⁵，dy²¹ phər²¹ da³³ dʑə²¹ pu⁵⁵，│
像　琵琶　　弹　海螺　白　钥匙　　带

扣留在黑署黄署下招魂。招魂以后，人类发展如天上星星一样多，地上青草一样茂盛，树上树叶一样繁茂，水中泡沫一样多。愿人们无病无痛，不得冷病悸病，延年益寿，声安神宁，流水满塘！子孙兴旺，生活富强！

　　窝依麻禾，拉子各子盘给向称罗。东方的酉长金补依课嘎支吐斥的时代，身体如白海螺一样，一手弹琵琶，一手拿白海螺钥匙，

182-B-21-10

ȵi³³ me³³ thɣ³³ gə³³ ʂɣ²¹ phər²¹ lɣ²¹ phər²¹ dɯ³³ tɣ²¹ dɯ³³ ku²¹ dzɿ²¹ le³³ tɕi³³. | ʂɣ²¹
东方　　　的 署 白 龙 白 一 千 一 万 住 又 在 署

phər²¹ lɣ²¹ phər²¹ dɯ³³ tɣ²¹ dɯ³³ ku²¹ gə³³ ʂɣ²¹ khu³³ lɣ²¹ khu³³ tʂhɿ³³ le³³ phu³³. | ʂɣ²¹
白 龙 白 一 千 一 万 的 署 门 龙 门 这 又 打开 署

phər²¹ lɣ²¹ phər²¹ dɯ³³ tɣ²¹ dɯ³³ ku²¹ khɣ⁵⁵ by³³ zɿ³³ by³³ le³³ iə⁵⁵ tshɿ²¹, | nɯ²¹ by³³
白 龙 白 一 千 一 万 年份 福分 寿 福分 又 给 来 生儿 福分

ua²¹ by³³, hɯ²¹ by³³ dzæ²¹ by³³ le³³ iə⁵⁵ tshɿ²¹. i³³ da²¹ tʂhɿ³³ dɯ³³ dʑi¹³, mə³³ gu²¹ mə³³
育女 福分 富 福分 强 福分 又 给 来 主人 这 一 家 无 病 无

tshər³³ dɯ³³ khu³³ le³³ tɕi³³ se²¹. | i³³ tʂhɿ³³ mɯ²¹ sɿ³³ phe³³ dzu³³ tɕi³³ ga³³ by³³ thɣ³³
热 一 门 又 在 了 南方 酉长 孜吉嘎补 诞生

tʂhɿ³³ dzɿ²¹, | gu³³ mu³³ | ua²¹ hər²¹ the⁵⁵ ȵi²¹ gɣ³³. uæ³³ i³³ mi³³ thɣ²¹ pu⁵⁵, i²¹ i³³
这 时代 身体 松石绿 那样 像 左边（助）火把 带 右边（助）

ua²¹ hər²¹ da³³ dʑə²¹ pu⁵⁵, i³³ tʂhɿ³³ mɯ²¹ gə³³ ʂɣ²¹ hər²¹ lɣ²¹ hər²¹ dɯ³³ tɣ²¹ dɯ³³ ku²¹
松石绿 钥匙 带 南方 的 署 绿 龙 绿 一 千 一 万

dzɿ²¹ le³³ tɕi³³. i³³ tʂhɿ³³ mɯ²¹, ʂɣ²¹ hər²¹ lɣ²¹ hər²¹ dɯ³³ tɣ²¹ dɯ³³ ku²¹ gə³³ ʂɣ²¹ khu³³
住 又 放 南方 署 绿 龙 绿 一 千 一 万 的 署 门

lɣ²¹ khu³³ tʂhʅ³³ le³³ phu³³. ʂɣ²¹ hər²¹ lɣ²¹ hər²¹ nɯ³³ |
龙　门　这　又　打开　署绿　龙　绿　来

在东方住着成千上万白色的署和龙，打开这成千上万署和龙之门，成千上万白色的署和龙带
来了增加年份和寿岁的福分、子孙兴旺的福分、生活富强的福分。这一人家，无病无痛了。
南方酋长孜吉嘎补诞生的时代，孜吉嘎补的身体像绿松石那样，他左手举火把，右手拿绿松
石钥匙，打开居住在南方的成千上万绿色的署和龙之门。绿色的署和龙

182-B-21-11

khɣ⁵⁵ by³³ zʅ³³ by³³, nɯ²¹ by³³ ua²¹ by³³ le³³ iə⁵⁵ tshʅ²¹. | i³³ da²¹ tʂhʅ³³ dɯ³³ dʑi¹³, mə³³
年 福分 寿 福分 生儿 福分 育女 福分 又 给 来 主人 这 一 家 无

gu²¹ mə³³ tshər³³, mə³³ tɕi⁵⁵ mə³³ by²¹ dɯ³³ khu³³ le³³ thɣ³³ ho⁵⁵. | n̩i³³ me³³ gɣ²¹ sʅ³³ phe³³
病 无 热 不 悸病 不 怕 一 门 又 出 愿 西方 酋长

se²¹ mi⁵⁵ zo³³ ga³³ thɣ³³ tʂhʅ³³ zʅ³³, | gu³³ mu³³ dɣ³³ tsər³³ the⁵⁵ n̩i²¹ gɣ³³, | uæ³³ i³³ zʅ³³
胜命若嘎 诞生 这 时代 身体 闪亮 那样 像 左边（助）蛇

hər²¹ ty⁵⁵, i²¹ i³³ tʂhu²¹ na⁵⁵ da³³ dʑə³³ pu⁵⁵, | n̩i³³ me³³ gɣ²¹ gə³³ ʂɣ²¹ na²¹ lɣ²¹ na²¹ dɯ³³
绿 捉 右边（助）墨玉 黑 钥匙 带 西方 的 署黑 龙 黑 一

tɣ²¹ dɯ³³ ku²¹ dzɿ²¹ le³³ tɕi³³. | n̩i³³ me³³ gɣ²¹, ʂɣ²¹ na²¹ lɣ²¹ na²¹ dɯ³³ tɣ²¹ dɯ³³ ku²¹ gə³³ |
千 一 万 住 又 放 西方 署黑 龙 黑 一 千 一 万 的

ʂɣ²¹ khu³³ tʂhʅ³³ le³³ phu³³. | ʂɣ²¹ na²¹ lɣ²¹ na²¹ nɯ³³ khɣ⁵⁵ by³³ zʅ³³ by³³, nɯ²¹ by³³ ua²¹
署 门 这 又 打开 署黑 龙 黑 来 年 福分 寿 福分 生儿 福分 育女

by³³ tʂhʅ³³ le³³ iə⁵⁵. | i³³ da²¹ tʂhʅ³³ dɯ³³ dʑi¹³, mə³³ gu²¹ mə³³ tshər³³, zʅ³³ ʂər²¹ ha⁵⁵ i³³ gɣ³³
福分 这 又 给 主人 这 一 家 无 病 无 热 寿 长 日 增 成为

be³³ ho⁵⁵. | ho³³ gɣ³³ lo²¹ sʅ³³ phe³³
愿 北方 酋长

带来了增加年份和寿岁的福分、子孙兴旺的福分。这一主人家，无病无痛，不得悸病冷病了。
西方酋长胜命若嘎诞生的时代，他的身体如光环一般闪亮。左手捉着绿蛇，右手带着黑墨玉
钥匙，打开了居住在西方的黑色的署和龙之门。黑色的署和龙带来了增加年份和寿岁的福分、
子孙兴旺的福分。愿这一人家，无病无痛，延年益寿。北方酋长

182-B-21-12

na²¹ tho³³ se³³ he³³ dɯ²¹ thγ³³ tʂhŋ³³ zŋ³³,gu³³ mu³³ ua²¹ hər²¹ the⁵⁵ n̩i²¹ gγ³³, | uæ³³ i³³ ər³³
纳妥生　　　神　大　诞生　这　时代　身体　松石绿　那样　　　像　　左边（助）铜

hy²¹ da³³ dʑə²¹pu⁵⁵, i²¹ i³³ hæ³³ ʂŋ²¹ tha⁵⁵ phər²¹ pu⁵⁵, ho³³ gγ³³ lo²¹ ʂγ²¹ ʂŋ²¹ lγ²¹ ʂŋ²¹ dɯ³³
红　钥匙　　带　右边（助）金黄　塔　　白　带　　北方　　署　黄　龙　黄　一

tγ²¹ dɯ³³ kɯ²¹ dzŋ²¹ le³³ tɕi³³. | ʂγ²¹ ʂŋ²¹ lγ²¹ ʂŋ²¹ dɯ³³ tγ²¹ dɯ³³ kɯ²¹ gə³³ ʂγ²¹ khu³³ tʂhŋ³³
千　一　万　住　又　在　　署　黄　龙　黄　一　千　一　万　的　署　门　这

le³³ phu³³. | ʂγ²¹ ʂŋ²¹ lγ²¹ʂŋ²¹ dɯ³³ tγ²¹dɯ³³ kɯ²¹nɯ³³ khγ⁵⁵ by³³ zŋ³³ by³³ nɯ²¹ by³³ ua²¹
又　打开　　署　黄　龙　黄　一　千　一　万　来　年　福分　寿岁　福分　生儿　福分育女

by³³ mi²¹ le³³ iə⁵⁵. | i³³ da²¹ tʂhŋ³³ dɯ³³ dʑi¹³, mə³³ gu²¹ mə³³ tshər³³, mə³³ tɕhi⁵⁵ mə³³ by²¹
福分　下　又　给　主人　这　一　家　无病　无发热　不　冷　不　悸病

dɯ³³ khu³³ le³³ thγ³³ ho⁵⁵. | tʂhŋ³³ n̩i³³, ty³³ i³³ sŋ²¹ phe³³ nɯ²¹ ne²¹ ua²¹ le³³ iə⁵⁵, | n̩i³³ i³³
一　门　又　出　愿　　这　天　屯　的　酋长　生儿　和　育女　又　给　　尼的

sŋ³³ phe³³ nɯ²¹ ne²¹ ua²¹ le³³ iə⁵⁵, | sa²¹ da⁵⁵ sŋ³³ phe³³
酋长　生儿　和　育女　又　给　　刹道　　酋长

纳妥生大神诞生的时代，他的身体像绿松石一样。左手拿红铜钥匙，右手托金黄色塔，打开
了成千上万黄署黄龙的署门。成千上万的黄署黄龙带来了年份和寿岁的福分，子孙兴旺的福
分。愿这一人家，无病无痛，不得冷病悸病。这一天，屯的酋长给了作仪之家生儿育女的福
分，尼的酋长给了作仪之家生儿育女的福分，刹道酋长

182-B-21-13

nɯ²¹ ne²¹ ua²¹ le³³ iə⁵⁵. | ly³³ i³³ sʅ³³ phe³³ nɯ²¹ ne²¹ ua²¹ le³³ iə⁵⁵. | sʅ³³ phe³³ tso³³ na³³
生儿 和 育女 又 给   吕 的 酋长   生儿 和 育女 又 给   酋长   佐纳

lɯ²¹ tʂhʅ⁵⁵ nɯ²¹ ne²¹ ua²¹ le³³ iə⁵⁵, khɤ⁵⁵ ne²¹ zʅ³³ le³³ iə⁵⁵. | nɯ²¹ ne²¹ ua²¹ le³³ iə⁵⁵. | i³³
里斥   生儿 和 育女 又 给   年份 和 寿岁 又 给   生儿 和 育女 又 给   主人

da²¹ tʂhʅ³³ dɯ³³ dʑi¹³, mə³³ gu²¹ mə³³ tshər³³, kho³³ y²¹ he³³ hɯ²¹, dʑi²¹ i³³ dər²¹ sər⁵⁵ dɯ³³
这 一 家 无病 无发热 声轻 神安 水流 潭 满 一

khu³³ thy³³. | sɤ²¹ ne³³ lɤ²¹ tʂhʅ³³ua²¹, sɤ²¹ hɯ⁵⁵ lo²¹nɯ³³gə²¹ le³³ dzʅ²¹ fæ³³. | ȵi³³ thy³³ ko²¹
门 出 署 和 龙 所有 署 海中 从 上 又 住 去 尼土格瓦

ua³³ tʂhʅ³³ ua²¹ dʑy²¹ na³³ zo⁵⁵ lo³³ kɤ³³ nɯ³³ gə²¹ le³³dzʅ²¹ fæ³³. | sa²¹ da⁵⁵ tʂhʅ³³ ua²¹ dy²¹
所有   居那若罗山   上 从 上 又 住 去   刹道 所有 地

nɯ³³ gə²¹ le³³ dzʅ²¹ fæ³³. | æ³³ sər³³ gɤ³³ sər³³、æ³³ lɤ⁵⁵ gɤ⁵⁵ lɤ⁵⁵ kɤ³³ nɯ³³gə²¹ le³³ dzʅ²¹. |
从 上 又 住 去 岩树 九棵 岩石 九个 上 从 上 又 住

ty³³ i³³ tʂhʅ³³ ua²¹ me³³ æ²¹ sua²¹ so³³ sua²¹ tʂhʅ³³ ua²¹ kɤ³³ nɯ³³ gə²¹ le³³ dzʅ²¹ fæ³³,
屯 (的) 所有 (助) 岩 高 山 高 所有   上 从 上 又 住 去

u⁵⁵ dzʅ²¹
自己 住

给了作仪之家生儿育女的福分，吕的酋长给了作仪之家生儿育女的福分。署酋佐纳里斥给了作仪之家生儿育女、年份和寿岁的福分。这一人家无病无痛，声轻神宁，流水满潭。所有的署和龙，从署海中上去吧。尼土格瓦从居那若罗山上上去吧。所有的刹道从地上上去吧。从九棵岩石树、九个岩石上上去吧。所有的屯署都住到各个高山高崖上自己的地盘中去吧。

182-B-21-14

u⁵⁵ le³³ dzๅ²¹. khɣ⁵⁵ by³³ zๅ³³ by³³ nɯ²¹ by³³ ua²¹ by³³ me⁵⁵ me³³ tʂhๅ³³ le³³ iə⁵⁵. ｜
自己 又 住　　年 福分 寿岁 福分 生儿 福分 育女 福分 要（助） 这 又 给

i³³ da²¹ tʂhๅ³³ dɯ³³ dʑi²¹, khɣ⁵⁵ ne²¹ zๅ³³ le³³ dɯ³³, nɯ²¹ ne²¹ ua²¹ le³³ dɯ³³, mə³³ gu²¹ mə³³
主人 这 一 家 年份 和 寿岁 又 得 生儿 和 育女 又 得 无 病 无

thər³³, zๅ³³ ʂər²¹ ha⁵⁵ i³³ le³³ gɣ³³ ho⁵⁵. ｜ bi³³ thɣ³³ mə⁵⁵ tʂhๅ³³ ȵi³³, lɯ⁵⁵ kɣ³³ py³³ bɣ²¹
热 寿 长 日 增 又 成为 愿 太阳 出 （不） 这 天 贤能 东巴

nɯ³³ ʂɣ²¹ ne²¹ lɣ²¹ tʂhɣ³³ le²¹ mə³³ tɕhi³³, ʂɣ²¹ ne³³ lɣ²¹ ka³³ la³³ i³³ kɣ⁵⁵. ｜ to³³ ba³³ ʂər⁵⁵
来 署 和 龙 又 没 退送 署 和 龙 闲逛 会 东巴什罗

lər³³ nɯ³³ hæ²¹ ʂๅ²¹ tsər³³ lər²¹ do⁵⁵, ʂɣ²¹ phər²¹ lɣ²¹ phər²¹ tʂhๅ³³ ua²¹ me³³, ȵi³³ me³³ thɣ³³
来 金 黄 板铃 摇 署 白 龙 白 所有 的 东方

gə³³ dɣ²¹ phər²¹ dʑy²¹ ʂua²¹ kɣ³³, ｜ hɯ²¹ phər²¹ æ²¹ phər²¹ khu³³, æ²¹ lɣ³³ gɣ³³ lɣ³³, æ²¹ sər³³
的 海螺 白 山 高 上 海 白悬崖 白 口 岩 石 九 个 岩树

gɣ³³ da²¹, dʑi³³ tsər³³ gɣ³³ ho²¹ khu³³ nɯ³³ gə²¹ le³³ tɕhi³³ fæ³³. ｜ i³³ tʂhๅ³³ mɯ²¹ gə³³ ʂɣ²¹
九 枝 水 流 九 条 旁 从 上 又 退送 去 南方 的 署

hər²¹ lɣ²¹ hər²¹ tʂhๅ³³ ua²¹ me³³, ua²¹ hər²¹ dʑy²¹ ʂua²¹ kɣ³³, hɯ⁵⁵ hər²¹ so³³ hər²¹ khu³³ nɯ³³
绿 龙 绿 所有 的 松石绿 山 高 上 海 绿 山 绿 口 从

gə²¹ tɕhi³³ fæ³³. ｜
上 退送 去

祈求增加年份和寿岁的福分。愿这一人家，得到年份和寿岁，得到生儿育女的福分，无病无痛，延年益寿。太阳晴好的这一天，如果贤能的东巴不退送署和龙，署和龙会四处闲逛。东巴什罗摇响金黄色的板铃，把白色的所有的署和龙，从东方白海螺高山上，白色的海子和悬崖口，九个岩石，九丛树木，九条河水旁退送上去。南方所有绿色的署和龙，从绿松石色的高山上，从绿色的海子悬崖口退送上去。

182-B-21-15

æ²¹ lɣ³³ gɣ³³ lɣ³³, æ²¹ sər³³ gɣ³³ da²¹,dʑi²¹ tsər³³ gɣ³³ ho²¹ khɯ³³ nɯ³³ gə²¹ le³³ tɕhi³³ fæ³³. |
岩　石　九个　岩　树　九枝　河　水　九　条　旁　从　上　又　退送去

ʂɣ²¹ na²¹ lɣ²¹ na²¹ tʂhɿ³³ ua²¹ me³³, n̠i³³ me³³ gɣ²¹gə³³ tʂhu²¹ na⁵⁵ dʑy²¹ ʂua²¹ kɣ³³, hɯ⁵⁵ na²¹
署　黑　龙　黑　所有　的　西方　　的　墨玉黑　山　高　上　海黑

æ²¹ na²¹ khu³³ nɯ³³ gə²¹ tɕhi³³ fæ³³. æ²¹ lɣ³³ gɣ³³ lɣ³³, æ²¹ sər³³ gɣ³³ da²¹, dʑi²¹ tsər³³ gɣ³³
崖黑　口　从　上　退送去　岩　石　九个　岩　树　九　枝　流　水　九

ho²¹ khu³³ nɯ³³ gə²¹ le³³ tɕhi³³ fæ³³. | ʂɣ²¹ ʂɿ²¹ lɣ²¹ ʂɿ²¹ tʂhɿ³³ ua²¹ me³³, ho³³ gɣ³³ lo²¹ gə³³
条　旁　从　上　又　退送去　署黄　龙　黄　所有　的　北方　　的

hæ³³ ʂɿ²¹ dʑy²¹ ʂua²¹ kɣ³³, hɯ⁵⁵ ʂɿ²¹ æ²¹ ʂɿ²¹ khu³³ nɯ³³ gə²¹ tɕhi³³ fæ³³, | æ²¹ lɣ³³ gɣ³³
金黄　山　高　上　海黄　崖黄　口　从　上　退送去　岩　石　九

lɣ³³, æ²¹ sər³³ gɣ³³ da²¹, dʑi²¹ tsər³³ gɣ³³ ho²¹ khu³³ nɯ³³ gə²¹ le³³ tɕhi³³ fæ³³. | ʂɣ²¹ dzæ²¹
个　岩　树　九枝　水　流　九　条　旁　从　上　又　退送去　署花色

lɣ²¹ dzæ²¹ tʂhɿ³³ ua²¹ me³³, | mu³³ ne²¹ dy²¹lɣ⁵⁵ kɣ³³ gə³³ tʂhu³³ dzæ²¹dʑy²¹ ʂua²¹ kɣ³³,hɯ⁵⁵
龙　花色　所有　的　天　和　地之间　的　墨玉　花色　山　高　上　海

dzæ²¹ æ²¹ dzæ²¹ khu³³ nɯ³³ gə²¹ tɕhi³³ fæ³³. æ²¹ lɣ³³gɣ³³ lɣ³³, æ²¹ sər³³ gɣ³³ da²¹, dʑi²¹ tsər³³
花　崖　花　口　从　上　退送去　岩　石　九个　岩　树　九　枝　流　水

gɣ³³ ho²¹ khu³³ nɯ³³ gə²¹ le³³ tɕhi³³ fæ³³. | ʂɣ²¹ ne²¹ lɣ²¹ tʂhɿ³³ ua²¹ tʂhɿ³³ dʑy²¹ tʂhɿ³³ lo²¹
九　条　旁　从　上　又　退送去　署和　龙　所有　这山　这谷

lu³³ nɯ³³ gə²¹ le³³ tɕhi³³. æ²¹ |
地　从　上　又　退送　岩

从九个岩石、九棵树、九条河水旁退送上去。所有黑色的署和龙，从西方黑色的高山上，从
黑色的海子口退送上去。从九个岩石、九棵树、九条河水旁退送上去。所有黄色的署和龙，
从北方黄色的高山上，从黄色的海子口退送上去，从九个岩石、九棵树、九条河水旁退送上
去。所有花色的署和龙，从天和地之间花墨玉色的高山上，从花色的海子口退送上去。从九
个岩石、九棵树、九条河水旁退送上去。把署和龙从这里的山这里的谷中退送上去。

182-B-21-16

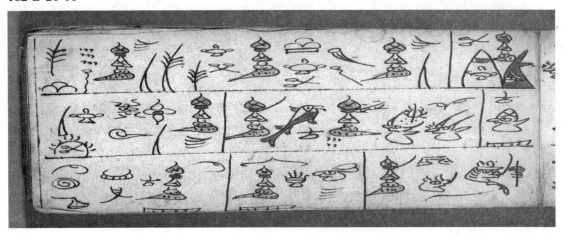

ly³³ gɣ³³ lɣ⁵⁵, æ²¹ sər³³ gɣ³³ dɑ²¹,dʑi²¹ tsər³³ gɣ³³ ho²¹ khɯ³³ nɯ³³ gə²¹ le³³ tɕhi³³ fæ³³. dzər²¹
石　九　个　岩　树　九　枝　河水　九　条　旁　从　上　又　退送　去　树

dɯ²¹ dzər²¹ tɕi⁵⁵,ly³³ dɯ²¹ lɣ³³ tɕi⁵⁵, dʑi²¹ dɯ²¹ dʑi²¹ tɕi⁵⁵ khɯ³³ nɯ³³ gə²¹ le³³ tɕhi³³ fæ³³. |
大　树　小　石　大　石　小　水　大　水　小　旁　从　上　又　退送　去

dʑy²¹ dɯ²¹ æ²¹ dɯ²¹ dʑy²¹ tɕi⁵⁵ æ²¹ tɕi⁵⁵, | ko²¹ dɯ²¹ ko²¹ tɕi⁵⁵, hɯ⁵⁵ ʂʅ²¹ hɯ⁵⁵ hæ²¹ khɯ³³
山　大　悬崖　大　山　小　悬崖　小　草甸　大　草甸　小　海　黄　海　绿　旁

nɯ³³ gə²¹ le³³ tɕhi³³ fæ³³. | ʂɣ²¹ ne²¹ n̥i³³ tʂʅ³³ uɑ²¹, o³³ nɯ³³ miə²¹ kɑ⁵⁵, dze³³ nɯ³³ gu²¹
从　上　又　退送　去　署　和　尼　所有　财物（助）眼　遮　粮食（助）仓

ʂər⁵⁵ be³³ le³³ iə⁵⁵se²¹. | tʂʅ³³dy²¹ be³³ le³³be⁵⁵ tsh²¹z̩³³gə³³ dy²¹, | mə³³ tʂhə⁵⁵ mə³³ ʂu²¹
满（地）又　给了　这地　人类　的地　不　干　不　净

dʑy³³ me³³ dy²¹, ʂɣ²¹ne²¹ lɣ²¹ tʂʅ³³ uɑ²¹ tʂʅ³³ dy²¹ dz̩²¹ mə³³ du³³. | ʂɣ³³ mɯ³³ ʂɣ²¹ dy²¹ u³³
有　的地　署　和　龙　所有　这地　住　不　兴　署　天　署　地　自己

mɯ³³ u³³ dy²¹ le³³ dz̩²¹ fæ³³. | ʂɣ²¹ khɯ³³ ɯ³³ me³³ gə²¹ le³³ khɯ⁵⁵, ʂɣ²¹ ʐuɑ³³ tʂhu²¹ me³³
天　自己　地　又　住　去　署　狗　好　的　上　又　放　署　马　快　的

gə²¹ le³³ ly⁵⁵. |
上　又　遛

从九个岩石、九棵树、九条河水旁退送上去；从大树小树、大石头小石头、大河小河旁退送

上去。从大山大崖、小山小崖，大大小小的高山草甸旁，黄海绿海边上退送上去。已经给了所有的署和尼，满眼的财物，满仓的粮食。这里是人类的地盘，是不干不净之地，所有的署和龙不兴居住在这里，去住到自己的天地间去，把署的好狗放上去，骏马在那里遛去吧。

182-B-21-17

tʂʅ³³ se³³ la²¹ kɣ³³ mæ⁵⁵, i³³ da²¹ tʂʅ³³ dɯ³³ dʑi²¹, mə³³ gu²¹ mə³³ tshər³³, mə³³ tɕhi⁵⁵ mə³³
这　完　了　以后　　主人　这　一　家　无　病　无　热　无　冷病　无

by²¹, pɯ³³ ba³³ ne³³ ba³³ be²¹ tʂu⁵⁵ ne³³ ŋə³³ be³³ mə³³ dɯ³³. | i³³ da²¹ tʂʅ³³ dɯ³³ dʑi²¹, mə³³
悸病　变化　　　　　　　　交合　做　不　得　主人　这　一　家　无

gu²¹ mə³³ tshər³³, mə³³ tɕhi⁵⁵ mə³³ by²¹, zʅ³³ ʂər²¹ ha⁵⁵ i³³, kho³³ y²¹ he³³ hɯ²¹, dʑi²¹ i³³ dər³³
病　无　热　　无　冷病　无悸病　寿　长　日　增　声　轻　神　安　水　流　潭

ʂər⁵⁵, | nɯ²¹ ne²¹ ua²¹, hɯ²¹ ne²¹ dzæ³³ dɯ³³ khu³³ thɣ³³. | nɯ²¹ mæ⁵⁵ ua²¹ mæ⁵⁵ la³³ mə³³
满　生儿　和育女　富　和　强　一　门　出　生儿尾　育女尾　也　没

tər⁵⁵, hɯ²¹ mæ⁵⁵ dzæ³³ mæ⁵⁵ la³³ mə³³ tər⁵⁵. | ʂɣ²¹ mæ⁵⁵ lɣ²¹ mæ⁵⁵ the²¹ ȵiə²¹ tər⁵⁵. | tər⁵⁵
关　富尾　强尾　也　没　关　　署尾　龙尾　那　里　关　关

dɯ³³ se³³ lo²¹ me⁵⁵. | ʂɣ²¹ ne²¹ lɣ²¹ lo²¹ se³³ me³³, | ȵi³³ nɯ³³ py²¹ me³³ hɯ²¹ tɕiə²¹ khua³³,
得　了施食（助）署　和　龙　施食完（助）白天　来　吟经（助）晚上　　受益

hu²¹ nɯ³³ py²¹ me³³ he³³ tɕiə²¹ khua³³, he³³ nɯ³³ py²¹ me³³ zʅ³³ be³³ khua³³ be³³ dɯ³³
晚　来　诵经（助）月　上　受益　月　来　诵经（助）一辈子上　受益（助）一

khu³³ thɣ³³. |
门　出

这样做未完之前，这一主人家病痛缠身，得了冷病悸病，做不了变化交合。（做了以后）这一人家，无病无痛，不得冷病悸病，得以延年益寿，声轻神宁，水流满潭，子孙兴旺，生活富强。不关生儿育女，生活富强之福分，要把祭署和龙的仪式尾巴关上。关了以后，要给署和龙施食。施完食以后，愿白天诵经作仪直到晚上都受益，晚上诵经作仪一个月都受益，一个月诵经作仪一辈子都受益。

182-B-21-18

i^{33} dɑ^{21} tʂʅ^{33} dɯ^{33} ʥi^{21},mə^{33} gu^{21} mə^{33} tshər^{33},mə^{33} tɕhi^{55} mə^{33} by^{21},zʅ^{33} ʂər^{21} hɑ^{55} i^{33}, kho^{33}
主人　　这　一　家　无　病　无　发热　不　冷病　不　悸病 寿 长 日 增 声

y^{21} he^{33} hɯ^{21}, ʥi^{21} i^{33} dər^{33} ʂər^{55} gɣ^{33} be^{33} ho^{55}. | khu^{33} gɣ^{33}.
轻 神 安 水 流 潭 满 成为 愿 苦古

愿这一人家，无病无痛，不得冷病悸病，延年益寿，声轻神安，水流满潭。苦古。

182-B-21-19

封底

（释读：和丽军；翻译：李英）

175-B-22-01

$$\text{ʂɣ}^{21} \text{ gɣ}^{21} \cdot \text{mə}^{33} \text{ æ}^{21} \text{ le}^{33}\text{dy}^{21}$$

$$\text{me}^{33} \text{ gə}^{33} \text{ the}^{33} \text{ ɯ}^{33} \text{ uo}^{21}$$

祭署·不争斗又和好

175-B-22　祭署·不争斗又和好

【内容提要】

　　经书叙述署类与人类之间发生矛盾，发生争斗，由东巴什罗来调解；各个时代的人们与署的争斗，由各时代各家的东巴来调解；五方的东巴为五方的署类作调解，调解之后，虽然没有伤害署，但要给署偿还财物，以求得和好。后部分述及为作仪之家招魂。

【英文提要】

Worshipping ṣv (the God of Nature), No Struggle for Harmony

This book describes that struggles and contradictions between the *ṣv* tribe and human beings were mediated by **to ba**. Mediation of struggles in different periods was in charge of different **to ba**. **to ba** of five directions mediated the *ṣv* tribe of five directions. Although there was no harm on *ṣv*, after the mediation, treasures needed to consecrate to *ṣv* for peaceful harmony. The later section describes the summoning of spirits for families under ritual.

175-B-22-02

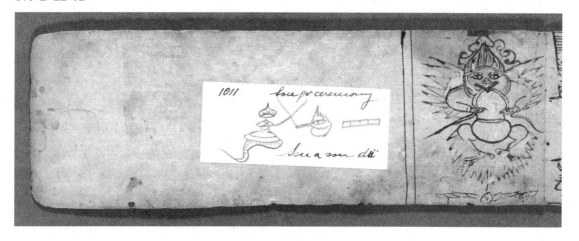

第1行："1011"为洛克收藏的编码，并用洛克音标标注经书用于"祭署仪式"。

第2行：东巴文是仿写的经书名。

第3行：洛克音标标注书名之读音。

右侧所画形象是大鹏神鸟像。

175-B-22-03

a³³ la³³ mə³³ ʂər⁵⁵ n̥i³³, mɯ³³ thʏ³³ dy²¹ khu³³ dʐʅ²¹, bi³³ thʏ³³ le²¹ thʏ³³ dʑʅ²¹, kɯ²¹ thʏ³³
很古的时候　　　　　天　开　地　辟　时代　太阳出　月亮出　时代　星　星

za²¹ thʏ³³ dʑʅ²¹, dʑy²¹ thʏ³³ lo²¹ thʏ³³ dʑʅ²¹, sər³³ thʏ³³ lʏ³³ thʏ³³ dʑʅ²¹, dʑi²¹ thʏ³³ khæ³³ thʏ³³
饶星　出　时代　山　　出　谷　出　时代　树　出　石　出　时代　水　出　渠　出

dʑʅ²¹. phər²¹ thʏ³³ ʂæ²¹ thʏ³³, ga³³ thʏ³³ u²¹ thʏ³³, o⁵⁵ thʏ³³ he²¹ thʏ³³ dʑʅ²¹, | lu²¹ thʏ³³ se²¹
时代　盘神　出　禅神　出　嘎神　出吾神出　沃神　出　恒神　出　时代　卢神出　沈神

thʏ³³ dʑʅ²¹, dzi³³ thʏ³³ tsho²¹ thʏ³³ dʑʅ²¹, bə³³ thʏ³³ o²¹ thʏ³³ dʑʅ²¹, phər²¹ thʏ³³ na²¹ thʏ³³
出　时代　精人　出　崇人　出　时代　崩人　出　俄人出　时代　盘人　　出　纳人　出

dzɿ²¹, | ʂɣ²¹ thɣ³³ n̩i³³ thɣ³³ dzɿ²¹. | be³³ le³³ be⁵⁵ tshŋ²¹ zŋ³³ ne²¹ ʂɣ²¹ n̩i³³ kɣ⁵⁵, mɯ³³ thɣ³³
时代　署　出　尼　出　时代　人类　　　　　　　和　署　两个　天　开

dy²¹ khu³³ æ²¹. | ʂɣ¹³ gə³³ tse³³ nɑ³³ lɯ²¹ tʂhŋ⁵⁵ dy³³ phər²¹ ɕy³³ tɕhy²¹ tɕər²¹ n̩ə²¹ æ²¹.
地　辟　争斗　署　的　召纳里斥　　海螺　白　大鹏　　上　争斗

to³³ ba³³ ʂər⁵⁵ lər³³ la²¹ nɯ³³ dy²¹. | phy³³ tʂhŋ³³ uə³³ lu⁵⁵ nɯ³³ ʂɣ¹³ gə³³ sɿ³³ phe³³ tɕər²¹ n̩ə²¹
东巴什罗　　手　来　调解　普蚩乌路　　来　署　的　酋长　　上

æ²¹, to³³ ba³³ ʂər⁵⁵ lər³³ la²¹ nɯ³³ dy²¹, | mɯ³³ lɯ⁵⁵ du²¹ dzɿ³³ nɯ³³ sər³³ zo³³ n̩i³³ ma²¹ æ²¹,
争斗　东巴什罗　　手　来　调解　美利董主　　来　斯若尼麻　　争斗

y²¹ ʂɿ⁵⁵ bu³³ dzo³³ la²¹ nɯ³³ dy²¹, | se²¹ gɣ³³
余世补佐　　　手　来　调解

　　远古的时候，天地开辟的时代，出现太阳月亮的时代，出现星星饶星的时代，出现高山峡谷的时代，出现树木石头的时代，出现水和沟渠的时代。出现盘神禅神、嘎神吾神、沃神恒神的时代，出现卢神和沈神、精人和崇人的时代，出现崩人和俄人、盘人和纳人、署和尼的时代。人类和署类两家，为开天辟地争斗；与署的召纳里斥争斗。人类与署争斗，由海螺大鹏的手来调解；由东巴什罗的手来调解。普蚩乌路与署酋争斗，由东巴尤聂季恭的手来调解。美利董主与斯若尼麻争斗，由余世补佐的手来调解。

175-B-22-04

phy³³ gu²¹ ma¹³, le⁵⁵ tɕhi³³ sɿ³³ phy³³ tɕər²¹ n̩ə²¹ æ²¹, ku⁵⁵ lo³³ ku⁵⁵ tse³³ la²¹ nɯ³³ dy²¹. |
色古普给麻　　楞启斯普　　上　争斗　故罗故仄　　手　来　调解

n̩ə⁵⁵ n̩ə²¹ sa³³ thɣ³³ n̩i⁵⁵ gə³³ ty³³ uə²¹ æ²¹, phɣ⁵⁵ bu²¹ mi²¹ tʂhŋ⁵⁵ di³³ duɑ³³ la²¹ nɯ³³ dy²¹. |
纽牛莎吐　　尼格屯乌　　争斗　铺补米斥丁端　　手　来　调解

tse²¹ zo³³ miə²¹ hy²¹, n̩i³³ gə³³ sɿ³³ phe³³ | tɕər²¹ n̩ə²¹ æ²¹. ʂər⁵⁵ la²¹uə³³ kə²¹ la²¹ nɯ³³ dy²¹. |
仄若美许　　尼的酋长　上　争斗　什劳吾格　　手　来　调解

ŋɣ³³ lɣ³³tʂhər²¹ ty³³ sʅ²¹zɿ³³ nɯ³³ ɳə⁵⁵ sa³³ tha³³ mu³³ tɕər²¹ ɳə²¹ æ²¹,y²¹ tɕi⁵⁵ tʂhu²¹ bɣ³³ la²¹
雪山　蛀敦　　三　子　来　纽莎套姆　　　上　争斗　余敬崇补　　　手

nɯ³³ dy²¹. | me²¹ se³³ ty³³ dɯ²¹ nɯ³³, | gɣ³³ lu³³ gɣ³³ tɕiə³³ tɕər²¹ ɳə²¹ æ²¹,da²¹ bɣ³³ khɯ³³
来　调解　枚生督迪　　　来　古鲁古久　　　上　争斗　达补肯初

tshʅ³³ la²¹ nɯ³³ dy²¹. | khɯ³³ tɕy²¹ sʅ²¹ zɿ³³ nɯ³³, ʂɣ²¹ ty³³ sa³³ za²¹ tɕər²¹ ɳə²¹ æ²¹, thɣ³³
手　来　调解　打猎　放狗　三　子　来　署屯沙饶　　　上　争斗

thɣ³³ ko²¹ uə³³ la²¹ nɯ³³ dy²¹. |
土土格瓦　　手　来　调解

色古普给麻与楞启斯普争斗，由故罗故仄的手来调解。纽牛莎吐与尼格屯乌争斗，由铺补米斥丁端的手来调解。仄若美许与尼的酋长争斗，由什劳吾格的手来调解。雪山蛀敦三子与纽莎套姆争斗，由余敬崇补的手来调解。枚生督迪与古鲁古久争斗，由达补肯初的手来调解。打猎放狗的三子与署屯沙饶争斗，由土土格瓦的手来调解。

175-B-22-05

du²¹ zo³³ a⁵⁵ khua²¹ nɯ³³, æ³³ ʂua²¹ dʑi³³ tha⁵⁵ mu³³ tɕər²¹ æ²¹, i⁵⁵ ʂʅ⁵⁵ bu²¹ dzo³³ la²¹ nɯ³³
董若阿垮　　　来　岩刷吉套姆　　　上　争斗　依世补佐　　　手　来

dy²¹. | se²¹ tsua³³ kə³³ mu³³ nɯ³³,ʂɣ¹³ gə³³ sʅ³³ phe³³ tɕər²¹ ɳə²¹ æ²¹, | i²¹ ʂʅ⁵⁵ bu²¹ dzo³³ la²¹
调解　沈爪构姆　　　来　署的　酋长　　上　争斗　依世补佐　　　手

nɯ³³ dy²¹. | be³³ le³³ be⁵⁵ tshʅ²¹ zɿ³³ nɯ³³ | ɳi³³ dy²¹ la²¹ py⁵⁵ tɕər²¹ ɳə²¹ æ²¹, la²¹ bɣ³³ thɣ³³
来　调解　人类　　　　来　尼毒纳布　　上　争斗　劳补妥构

kə⁵⁵ la²¹ nɯ³³ dy²¹. | tse²¹ zo³³ ɳiə²¹ hy²¹ lɯ³³ mɯ³³ ʂɣ²¹ ɳə²¹ æ²¹,lu⁵⁵ kɣ³³ py³³ bɣ²¹ la²¹
手　来　调解　仄若美许　　里美　署　上　争斗　能干的　东巴　手

nɯ³³ dy²¹. | ha³³ nɯ³³ sər³³ tɕər²¹ æ²¹, ɕiə⁵⁵ bɣ³³ ko²¹ ua³³ la²¹ nɯ³³ dy²¹. | da³³ tʂə³³ ə²¹
来　调解　哈人　来　斯人　上　争斗　休补格瓦　　　手　来　调解　岛周阿乌

uə⁵⁵、iə²¹ la⁵⁵ di³³dua³³、ha³³ zo³³ gɣ³³ kɣ⁵⁵ ʂɣ²¹ n̠ə²¹ æ²¹, dɣ²¹ ne²¹ tse²¹ n̠ə²¹ æ²¹ ,la³³ bɣ³³
　尤拉丁端　　　 哈若　 九 个 署 上 争斗 毒鬼 和 仄鬼 上 争斗 劳补

thɣ³³ kə⁵⁵ la²¹ nɯ³³ dy²¹. | bi³³ thɣ³³ mə⁵⁵ tʂhɻ³³ n̠i³³, i³³ da²¹ tʂhɻ³³ dɯ³³ dʑi¹³ ,mɯ³³ tɕər²¹
妥构　 手 来 调解 日 出　这 天 主人 这 一 家 天 上

phər²¹ me³³ gɣ³³ tshər²¹ gɣ³³ dzɻ³³ tɕiə²¹ n̠iə²¹ æ²¹ |
　白 的 九十　 九 尊 上　 争斗

董若阿垮与岩刷吉套姆争斗，由依世补佐的手来调解。沈爪构姆与署酋争斗，由依世补佐之手
来调解。人类与尼毒纳布争斗，由劳补妥构之手来调解。仄若美许与里美署争斗，由能干的东
巴之手来调解。哈人与斯人争斗，由休补格瓦来调解。岛周阿乌、尤拉丁端、九个哈若与署争
斗，与毒鬼和仄鬼争斗，由劳补妥构之手来调解。出太阳的这天，天上白色的九十九尊署

175-B-22-06

na⁵⁵ bɣ³³ so³³ gu³³ la²¹ nɯ³³ dy²¹. mə³³ æ²¹ le³³ dy²¹ se²¹. | dy²¹ tɕər²¹ na²¹ me³³ ʂər³³
纳补梭恭　　　 手 来 调解 不 争斗 又 和好 了　 地 上 黑 的 七

tshər²¹ ʂər³³ dzɻ³³ tɕər²¹ n̠iə²¹ æ²¹ ,sa³³ bɣ³³ sa³³ la²¹ la²¹ nɯ³³ dy²¹. | mɯ³³ lɯ⁵⁵ da³³ dʑi²¹ hu⁵⁵
　十 七 尊 上　 争斗 沙补沙劳　 手 来 调解　 美利达吉海

ko³³ lo²¹, ly³³ i³³ dʑi³³ mu³³ tʂhɻ³³, thɣ³³ thɣ³³ ko²¹ uə³³ la²¹ nɯ³³ dy²¹. | n̠i³³ me³³ thɣ³³,
中　 吕依金姆　　 她 土土各瓦　　 手 来 调解　 东方

ʂɣ²¹ phər²¹ lɣ²¹ phər²¹ tɕər²¹, | gə²¹ tshe⁵⁵ tshe⁵⁵ bɣ³³ la²¹ nɯ³³ dy²¹. | i³³ tʂhɻ³³ mɯ²¹ gə³³ ʂɣ²¹
署 白 龙 白 上　 格衬称补　　 手 来 调解 南方　　　 的 署

hər²¹ lɣ²¹ hər²¹ tɕər²¹, se⁵⁵ zɻ³³ mi²¹ gu³³ la²¹ nɯ³³ dy²¹. | n̠i³³ me³³ gɣ²¹, ʂɣ²¹ na²¹ lɣ²¹
绿 龙 绿 上　 胜日明恭　　 手 来 调解 西方　 署 黑 龙

na²¹ tɕər²¹ ,na⁵⁵ se³³ tʂhu³³ lu²¹ la²¹ nɯ³³ dy²¹ .ho³³ gɣ³³ lo²¹ gə³³ ʂɣ²¹ ʂɻ²¹ lɣ²¹ ʂɻ²¹ tɕər²¹ ,gɣ³³
黑 上　 纳生初卢　 手 来 调解 北方　　　 的 署 黄 龙 黄 上

se³³ khə³³ ba²¹ la²¹ nɯ³³ dy²¹. | mɯ³³ ne²¹ dy²¹ ly⁵⁵ kɣ³³ gə³³ ʂɣ²¹ dzæ²¹ lɣ²¹ dzæ²¹tɕər²¹, |
古生抠巴　　手　来　调解　天　和　地　之间　　的　署　花　龙　花　上

so³³ y²¹ tsi⁵⁵ gɣ³³ la²¹ nɯ³³ dy²¹. | bi³³ thy³³ mə⁵⁵ tʂhʅ³³ ɲi³³, i³³ da²¹ tʂhʅ³³ dɯ³³ dʑi²¹, ʂɣ¹³
梭余晋古　　手　来　调解　日　出　　这　天　主人　这　一　家　署

tɕər²¹ mə³³ æ²¹ le³³ dy²¹ se²¹.ze⁵⁵tɕi³³ bə³³ y²¹ tʂər²¹, py³³ bɣ²¹ ua³³ mə³³ tʂər³³gə³³ gɣ³³ kɣ⁵⁵
上　不争斗又和好了　年轻　　脚轻让　东巴　骨　不　哽　的　九个

dy⁵⁵, sʅ³³ i³³ bər³³ phər²¹ zɣ²¹ lɣ³³ tɯ²¹, ŋɣ²¹ hæ²¹ ua³³ tʂhu²¹ i³³ da⁵⁵ be³³ le³³ iə⁵⁵. he²¹
请　羊毛　毡　白　神坛　设　银　金松石墨玉　供品　作　又　给　神

i³³ dʑi²¹ kɣ³³ dʑi³³ kho³³
的 瓦吉水 头 精肯

纳补梭恭的手来调解，不争斗又和好了。黑的七十七尊署，由沙补沙劳手来调解。美利达吉海中，与吕依金姆之间的争斗由土土各瓦的手来调解。与东方白色的署和龙的争斗，由格衬称补的手来调解。与南方的绿色的署和龙的争斗，由胜日明恭的手来调解。与西方的黑色的署和龙的争斗，由纳生初卢的手来调解。与北方的黄色的署和龙的争斗，由古生抠巴的手来调解。与天和地之间的花色的署和龙的争斗，由梭余晋古的手来调解。天气晴好的这一天，这一人家与署不争斗和好了。让捷足年轻人，请来九个诵经不哽喉的东巴，铺设羊毛毡神坛，供金银松石墨玉。在神的瓦吉水头神的精肯

175-B-22-07

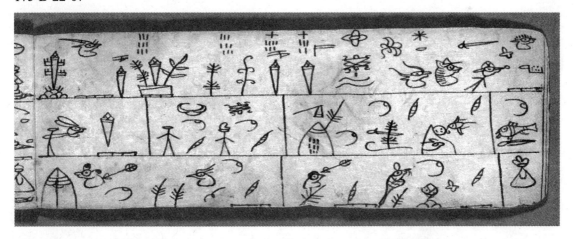

se²¹ me³³ kho⁵⁵, khua⁵⁵ phər²¹ ʂɣ²¹ uə³³ gɣ³³ uə³³ be³³. mɯ⁵⁵ tshe²¹ gɣ³³ bi³³, la³³ kha³³ gɣ³³
生梅课　　木牌　白　署　村　九　村　做　竹子　九　片　白杨　九

bi³³ be³³. ʂər³³ ɕi³³ phua⁵⁵ phər²¹,ua³³ ɕi³³ khua⁵⁵ ʂua²¹ be³³.khɯ³³ ʂʅ²¹ khɯ²¹ hər²¹, ba²¹ ʂʅ²¹
片　做　七　百　木牌　白　五　百　木牌　高　树　线　黄　线　绿　花　黄

ba²¹ hər²¹ be³³. bər³³ phər²¹ dɯ³³ tɣ²¹,bər³³ na²¹ dɯ³³ kɯ²¹ be³³.zua³³ ʂua³³ dɯ³³ tɣ²¹, zua³³
花　绿　做　牦牛　白　一　千　牦牛　黑　一　万　做　马　枣红　一　千　马

mu³³ dɯ³³ kɯ²¹ be³³ le³³ ʐua²¹.tsho²¹ sy⁵⁵ mə³³ dʑy³³ y²¹ phɣ³³ ʐua²¹, | hy³³ mæ³³ mə³³ dʑy³³
灰黄　一　万　做　又　还　人　杀　不　有　生　价　还　　兽　得　不　有

khua⁵⁵phɣ³³ʐua²¹. | tʂua²¹ ɯ³³ ŋɣ²¹ mə³³tɕər⁵⁵ me³³ ŋɣ²¹ tshy⁵⁵ be³³ le³³ʐua²¹,bɯ²¹ ɯ³³ hæ²¹
木牌　价　还　男子　好　银　不　挖　的　银　债　作　又　还　女子　好　金

mə³³ tɕər⁵⁵ me³³ hæ²¹ tshy⁵⁵ be³³ le³³ ʐua²¹. | gɣ³³ dʑy²¹ sər³³ mə³³ tshər⁵⁵, sər³³ tshy⁵⁵ be³³
不　挖　的　金　债　作　又　还　九　山　树　没　砍　树　债　作

le³³ ʐua²¹, ʂər³³ lo²¹ mɯ⁵⁵ mə³³ da⁵⁵ me³³ mɯ⁵⁵ tshy⁵⁵ be³³ le³³ ʐua³³. æ³³ ʂua²¹ bæ³³ mə³³
又　还　七　谷　竹　不　砍（助）竹　债　作　又　还　岩　高　蜂　不

phɣ²¹ me³³ bæ³³ tshy⁵⁵ be³³, | i³³ bi²¹ n̠i³³ mə³³ y²¹ me³³ n̠i³³ tshy⁵⁵ be³³, | ŋɣ³³ lɣ³³ gɣ²¹
掏（助）蜜　债　作　大江　鱼　没　捉（助）鱼　债　作　　雪山　熊

mə³³ sy⁵⁵,gɣ²¹ tshy⁵⁵ be³³ le³³ dy²¹.bi³³ lo²¹ fɣ³³ mə³³ tɕy²¹,fɣ³³ tshy⁵⁵ be³³ le³³ dy²¹. | dzər²¹
没　杀　熊　债　作　又　调解　林　中　野鸡　没　下扣　野鸡　债　作　又　调解　　树

kɣ³³ hua³³ mə³³ khæ⁵⁵,hua³³ tshy⁵⁵ be³³ le³³ dy²¹.sər³³ kɣ³³ ʐ̩²¹ mə³³ sy⁵⁵,ʐ̩²¹ tshy⁵⁵ be³³ le³³
上　白鹇鸟　没　射杀　白鹇鸟　债　作　又　调解　树　上　蛇　没　杀　蛇　债　作　又

dy²¹. lɣ³³ kɣ³³ pa³³ mə³³ sy⁵⁵, pa³³ tshy⁵⁵ be³³ le³³ dy²¹. | lu²¹
调解　石　上　蛙　没　杀　蛙　债　作　又　调解　卢神

生梅课，建九个署寨。做九片竹林，九片白杨林。做七百块白木牌，做五百块高木牌。做黄线绿线，做黄花绿花。做一千白牦牛，一万黑牦牛。做一千枣红马，一万灰黄马，偿还署债。没有杀人但偿还生命的债，没有猎杀野兽但偿还署木牌。好男虽没有去挖银子，偿还银债；好女虽没淘金，偿还金债。没砍九座山的树木，但偿还砍了的债；没砍七条山谷的竹子，但偿还砍了的债；没在高岩上掏蜜，但偿还掏蜜的债；没捉大江中的鱼，但偿还捉了鱼的债；没杀雪山上的熊，但偿还杀熊的债；虽没在林中下扣，但偿还杀野鸡的债；虽没射杀树上的白鹇鸟，但偿还了白鹇鸟的债；虽没砍树上的蛇，但偿还了杀蛇的债；虽没杀石头上的蛙，但偿还了蛙的债。

15-B-22-08

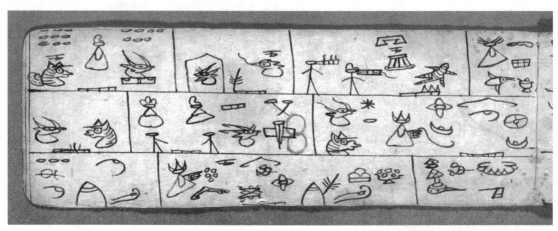

gə³³ mu³³ dze³³ gu³³ phər²¹ dzi³³, gu²¹ ne²¹ tɕi⁵⁵ ta⁵⁵ ta³³,tʂhər²¹ by³³ gɣ³³ lɣ⁵⁵ dzi³³ le³³ dy²¹.
的　　财物　马　白　给　马　和　鞍　一同　　油　饼　九　团　给　又　调解

se²¹ gə³³ mu³³ dze³³ le⁵⁵ na²¹ dzi³³, le⁵⁵ na²¹ lo⁵⁵ ta⁵⁵ ta³³, tʂhər²¹ by³³ ʂər³³ lɣ⁵⁵ dzi³³ le³³
沈神 的　财物　　牛　黑　给　牛　黑　犁架　一同　　油　饼　七　团　给　又

dy³³. | kɣ⁵⁵ʥi²¹ kɣ³³ nɯ³³ tʂhŋ⁵⁵ na²¹phæ³³ le³³ dy²¹,sər³³ʥi²¹ mæ³³nɯ³³ æ²¹phər²¹phæ³³le³³
调解　帐篷　里　由　山羊　黑　拴　又　调解　思吉河　下游　在　鸡　白　　拴又

dy²¹. | dzŋ³³ gə³³ mu⁵⁵ dze³³ sŋ³³ phər²¹ dzi³³ le³³ dy²¹.ze⁵⁵ tɕi³³ mu⁵⁵ dze³³ lɑ³³ ɯ³³ dzi³³ le³³
调解　头目 的　财物　　羊白　白　给　了 调解　年轻　　财物　虎　皮　给　又

dy²¹. | dzŋ³³ mu⁵⁵ kæ³³　tʂhər²¹ dər³³ dzi³³. | gu²¹ le⁵⁵ kæ³³　i³³ zə²¹ dɯ²¹ dzi³³. | uæ³³　gə³³
调解　头目 长老 前　　肥肉　　给　　马牛 前（助）草 大　给　　左边　　的

lu²¹　lɑ²¹ phu⁵⁵ nɯ³³ dy²¹. i²¹　gə³³ se²¹ lɑ²¹ phu⁵⁵ nɯ³³ dy²¹.dy²¹ gɣ³³ tɕi⁵⁵,dzo²¹ gɣ³³tɕi⁵⁵. |
卢神　手　中　来调解　右边 的　沈神　手　中　来调解 地　走　怕　桥　过怕

bər³³ phər²¹ dɯ³³ tɣ²¹,bər³³ na⁵⁵ dɯ³³ kɯ²¹,ʐua³³ ʂua³³ dɯ³³ tɣ²¹,ʐua³³ mu³³ dɯ³³ kɯ²¹ kɣ³³
牦牛 白　一　千 牦牛　黑　一　万　马　枣红 一　千　马　灰黄 一　万　上

nɯ³³o²¹ le³³ ʂər⁵⁵.mɯ³³ne²¹　dy²¹ by²¹ mə³³　i³³ be³³ o²¹ le³³ʂər⁵⁵, bi³³ ne²¹ le²¹ mə³³ i³³,kɯ²¹
来　魂 又 招　天 和　地 下　没有（助）魂 又 招　日 和 月 没有　　星

ne²¹ zɑ²¹ mə³³ i³³,ʥy²¹ ne²¹ lo²¹ by²¹ mə³³ i³³ be³³ o²¹ le³³ ʂər⁵⁵. | mɯ³³ gə³³ o²¹ hər²¹ nɣ⁵⁵
和 饶星 没有　山 和 谷 下 没有（助）魂 又 招　　天 的 松石 绿　心

me³³,dy²¹ gə³³ hæ³³ ʂŋ²¹ nɣ⁵⁵ me³³ kɣ³³ nɯ³³ o²¹ le³³ ʂər⁵⁵.ʥy²¹ gə³³ sər³³ nɣ⁵⁵ me³³,lo²¹ gə³³
　地 的 金 黄 心　　上 来 魂 又 招 山 和 木 心　　山谷 的

ʥi²¹ nɣ⁵⁵ me³³. | ʂɣ²¹ gə³³ nɣ⁵⁵ me³³ æ³³ ne²¹ ʂu²¹ nɯ³³ be³³, |
水 心　　署 的 心　　铜 和 铁 来 做

白马和鞍献给卢神，再献上九个油饼，以作调和的酬物。黑牛和犁架都作为给沈神的礼物献上，再献上七个油饼，以作调和的酬物。帐篷里拴黑山羊，以求和；思吉河下游拴白鸡，以求和。白毡子作给头目的礼物，以作调和之酬物。虎皮给年轻人，以作调和的酬物。给头目和老者献上肥肉。牛马跟前献上青草。由左边卢神的手来调解，以右边沈神的手来调解。如在地上走时受惊，在过桥时受惊，就用一千白牦牛，一万黑牦牛，一千枣红马，一万灰黄马来招魂。从天上和地上招魂，从日和月上招魂，从星星饶星招魂，从大山和山谷中招魂。从天的绿松石般的心，地的黄金般的心上来招魂。招回落在山上的树木的心、箐沟水的心里的魂。即使署的心是铜铁做的，

175-B-22-09

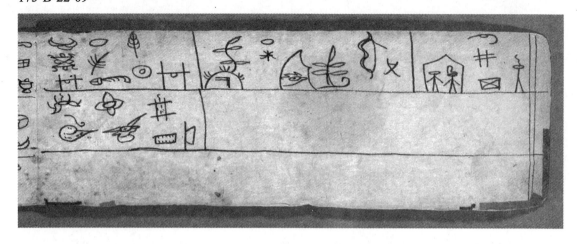

ŋɣ²¹ ne²¹ hæ²¹ nuɯ³³ kæ³³. gu³³ mu³³ sər³³ ne²¹ dɑ³³ nuɯ³³ be³³, ɕy⁵⁵ ne²¹ mɑ²¹ nuɯ³³ kæ³³. |
银　和　金　来　换　身体　　木　和　铁矿　来　做　柏　和　油　来　换

ko³³ ʂuɑ²¹ mu²¹ lo³³ phər²¹, tɣ²¹ gɣ²¹ ɕi³³ gɣ²¹ me³³, mə³³ gɣ²¹ le³³ tɣ²¹ se²¹. æ²¹ lo²¹ tɕhi²¹
高原　杜鹃　白　千　弯　百　曲（助）　不　弯　又　直　了　岩　棋

luɯ³³ me³³, huɑ³³ me³³ le³³ by³³ se²¹. | i³³ dɑ²¹ tʂʅ³³ duɯ³³ dʑi²¹, mə³³ gu²¹ mə³³ tshər³³, zʅ³³
弓　大　光滑　的　又　粗　了　主人　这　一　家　无　病　无　热　寿

ʂər²¹ hɑ⁵⁵ i³³, | kho³³ y²¹ he³³ huɯ²¹, dʑi²¹ i³³ dər³³ ʂər⁵⁵, nuɯ²¹ ne²¹ uɑ²¹, huɯ²¹ ne²¹ dzæ³³ gɣ³³
长　延年　声　轻　神　安　水　流　潭　满　生儿　和　育女　富　和　强　成为

be³³ ho⁵⁵. |
愿

也要用金银来换。即使身体由木与铁矿来做，也要由柏枝和油来换。高原白杜鹃树，即使千曲百弯，也变直了。岩中制大弓的棋树，光滑又粗大了。这一主人家，无病无痛，延年益寿，声轻神安，水流满潭，子孙兴旺，富裕强盛了。

175-B-22-10

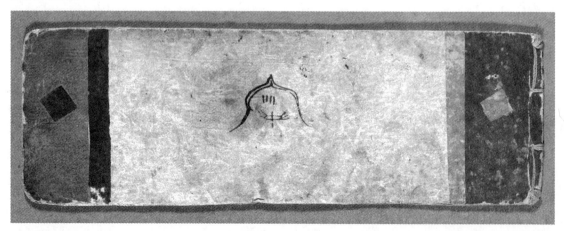

封底：
  lu^{33} dze^{21}.[①]
  四　　册

  四本经书。

　　　　　　　　　　　　　　　　　（释读、翻译：李英）

---

① 这与经书内容无关。或许是东巴收藏经书之编号。

92-B-26-01

ʂɣ̩²¹ gɣ̩²¹ · ʂɣ̩²¹ khɣ²¹
me³³ gə³³ the³³ ɯ³³ uɑ²¹
祭署·迎请署神

92-B-26 祭署·迎请署神

【内容提要】

　　这是一本祭署仪式中迎请署神的经书。做祭祀的这一户主人家，在祭祀场上，制作了署暂且歇息的绿柏"纳召树"，制作了代表署之一方天地的"纳卡景空"，制作了署塔，署居住的竹林，白杨树木和署寨，准备了表各种署神的木牌等。希望人们所要迎请的各个地方，各种各样的署，降临到这些设置上来。希望他们来吃人们献上的酒饭，来喝人们精心准备的药水，接受人们对他们的祭祀。

【英文提要】

Worshipping *ʂv* (the God of Nature), Greeting the *ʂv*

This book is about greeting the *ʂv* in the worship ritual. Family under the ritual made a cedar "*na tsa* tee" for *ʂv* to rest in the sacrificial shrine. Members of the family made "*na kho tɕi kho*" representing the landscape of *ʂv*, also made pagoda of *ʂv*, bamboo grove where *ʂv* lived. They made poplars and village of *ʂv* and prepared various wooden signs representing various *ʂv*. They prayed all the *ʂv* from all directions befalling on these wares, accepting the oblations, imbibing the elaborate remedy and receiving the worship of human beings.

92-B-26-02

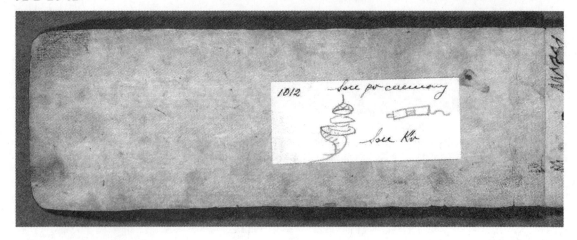

第 1 行："1012"为洛克收藏的编号，并用洛克音标标注此书用于"祭署仪式"。
第 2 行：两个东巴文字符是此书书名。
第 3 行：洛克音标标注书名之读音。

92-B-26-03

ə³³ la³³ mə³³ ʂə⁵⁵ ɳi³³, mɯ³³ la³³ kɯ²¹ dzŋ²¹ ɯ³³, kɯ²¹ dzŋ²¹ tʂhŋ³³ ɳi³³ ɯ³³, dy²¹ la³³ zə²¹
呵　也　不　说　日　天　也　星　长　好　星　长　这　天　好　地　也　草

tʂhŋ³³ hər²¹, zə²¹ y²¹ tʂhŋ³³ ɳi³³ hər²¹. | i²¹ nɯ³³ bi³³ thy³³ ly²¹, uæ³³nɯ³³ le²¹ tshe⁵⁵ bu³³, |
所　绿　草　生　这　天　绿　　右　由　日　出　暖　左　由　月　光　明

gə²¹ i³³ la²¹ sa²¹ to⁵⁵ khɯ³³ phər²¹, gɣ³³ dzŋ²¹ khy⁵⁵ dzŋ²¹ ɯ³³, | mi²¹ i³³ bɣ³³ ly⁵⁵ zŋ³³ za²¹
上　是　拉萨　坡　脚　白　藏族　年　算　善　下　是　羊　牧　路　下

mæ³³, le³³ bɣ³³ he³³ tsŋ²¹ ɯ³³, na²¹ ɕi³³ hɑ⁵⁵ tsŋ²¹ ɯ³³. | mɯ³³gə³³ kɯ²¹ɯ³³、khy⁵⁵ ɯ³³, zy²¹
尾　白族　月　算　善　纳西　天　算　善　天　的　星　好　年　好　行星

ɯ³³、hɑ⁵⁵ ɯ³³ tʂhŋ³³ dɯ³³ ɳi³³. | bi²¹thy³³ mə⁵⁵ tʂhŋ³³ ɳi³³, i³³ da¹³ tʂhŋ³³ dɯ³³ dʑi²¹, ly⁵⁵ kɣ³³
好　天　好　这　一　天　日　出　的　这　天　主人　这　一　家　利古

py³³ bγ²¹ nɯ³³ ʂγ²¹ khγ²¹ lγ²¹ khγ²¹ tʂhγ³³ dɯ³³ ȵi³³, | ȵi³³me³³ thγ³³ gə³³ ʂγ²¹ ne²¹ lγ²¹tʂhγ³³
祭司　　由　　署　请　龙　请　　这　一　天　东方　　　的　署　和　龙　所

khγ²¹ me³³, | ɕy⁵⁵ hər²¹ na³³ tsa²¹ kγ³³, mɯ⁵⁵ tshe²¹ gγ³³ bi³³, ʂγ²¹ khua⁵⁵.
请　　的　　　柏绿　纳召　上　竹子　　九　片　署　木牌

　　远古的时候，天上的星星长得好，今天的星光最好，地上的草绿茵茵，今天的草长得格
外绿。右边的太阳暖融融，左边的月光明亮。上边拉萨白色山脚下的藏族善于推算年份，今
年的年份最好。牧羊路下边的白族善于推算月份，这月月份最好。住在中间的纳西族善于推
算日子，今天的日子最好。在天上的星宿好、年份好、行星好的这个日子里。好日子这一天，
这一户主人家和祭司要迎请署和龙。东方所请的署和龙，就请降临在绿柏纳召上，请降临到
九片竹林，

92-B-26-04

gγ³³ khua⁵⁵,na²¹ kha³³ tɕi³³ khu³³ lo²¹ ȵə²¹ dɯ³³ za²¹ lu³³. | ɕy²¹ mi³³ bæ³³ mi³³ kγ³³, ha³³
九　块　　纳卡景空　　　里边　一　下来　香炉　灯盏　上　饭

khua⁵⁵ by²¹ dγ³³ kγ³³, i³³ dɯ³³ za²¹ lu³³. ʂγ²¹ zo³³ lɯ⁵⁵ tɕi³³ la²¹ ʂγ²¹ gu²¹ tʂu⁵⁵, ɕy²¹ mi³³,
碗　面团　上　是　一　下来　署儿　利金　也　署　后　跟　香炉

bæ³³ mi³³, ha³³ khua⁵⁵,u³³ dze³³ kγ³³ i³³ dɯ³³ za²¹ lu⁵⁵. | i³³ tʂhγ³³ mɯ²¹ gə³³ ʂγ²¹ hər²¹ lγ²¹
灯盏　饭　碗　财物　上　是　一　下来　南方　　　的　署　绿　龙

hər²¹ khγ³³ me³³ tʂhγ³³ dɯ³³ ȵi³³, ɕy⁵⁵ hər²¹ na³³ tsa²¹ kγ³³, mɯ⁵⁵ tshe²¹ gγ⁵⁵ bi³³ kγ³³, ʂγ³³
绿　请　是　这　一　天　柏绿　那召　上　竹子　九　片　上　署

khua⁵⁵ gγ³³ khua³³,la³³ kha³³ gγ⁵⁵ bi³³,na²¹ kho³³ tɕi³³ kho³³ kγ³³ i³³ dɯ³³ za²¹ lu³³, | ʂγ²¹
牌　九　块　白杨　九　片　纳卡景空　　　上　是　一　下来　署

zo³³ lɯ⁵⁵ tɕi³³ la²¹ ha³³ khua⁵⁵ by²¹ dγ³³ kγ³³ i³³ dɯ³³ za²¹ lu³³, ʂγ²¹ la²¹ phər²¹ i³³ tʂhər³³
儿　利金　也　饭　碗　面团　上　是　一　下来　署手　白　是　药

khua⁵⁵ dɯ³³ y²¹ lu³³. | ʂɣ²¹ zo³³ lɯ⁵⁵ tɕi³³ gu²¹ tʂu⁵⁵ la³³ mə³³ ga³³, | le⁵⁵ gu²¹ dzi³³ mə³³
碗　　一　拿　来　署儿　利署　后　跟　也　不　为难　牛马　献　不

ga³³. | ŋi³³ me³³ gɣ²¹, ʂɣ²¹ na²¹ lɣ²¹ na²¹, dʑy²¹ na²¹ æ²¹ na²¹, tʂhu²¹ na⁵⁵ huɯ⁵⁵ lo²¹ dzʅ²¹
为难　西方　　署黑　龙黑　山黑　崖黑　墨玉　海　里　住

me³³ ʂɣ²¹ tʂhʅ³³ ua²¹, khɣ²¹ me³³ dɯ³³ za²¹ lu³³, | ɕy⁵⁵ hər²¹ na³³ tsa²¹ kɣ³³, muɯ⁵⁵ tshe²¹ gɣ⁵⁵
的　署　所有　　请　是　一　下　来　柏　绿　纳召　上　竹子　九

bi³³, ʂɣ²¹ khua³³ gɣ³³ kua³³,
片　署牌　九　块

九块署木牌，"纳卡景空"（祭司布置的一方天地）上，请降临在香炉、灯盏上，请降临到饭碗、面团上来。署的儿女利金也随署降临来，请降临在香炉、灯盏、饭碗、面团上来。南方的绿署绿龙，在人们迎请的这一天里，请降临到绿柏"纳召"上，九片竹林、九块署的木牌上，九个"纳卡景空"上来，署儿利金也随署降临到饭碗和面团上来，请署白净的手来拿人们供奉的药。署儿利金的降临，不会使主人为难，给署供上牛马，也不会为难。西方的黑署、黑龙以及住在黑山、墨玉般黝黑大海中的署，请你们降临来，请降临在绿柏"纳召"上，降临到九片竹林、九块木牌、

92-B-26-05

na²¹ kha³³ tɕi³³ khu³³ gɣ⁵⁵ kho³³ lo²¹、ʂɣ²¹ uə³³ gɣ⁵⁵ uə³³ lo²¹, tʂhər³³ khua⁵⁵ ha³³ khua⁵⁵
纳卡景空　　九　处　里　署寨　九寨里　药　碗　饭　碗

kɣ³³ mə³³ tɕi⁵⁵ dɯ³³ za²¹ lu³³. | ʂɣ²¹ pha³³ phər²¹ i³³ tʂhər³³ khua⁵⁵, ha³³ khua⁵⁵ le³³ dzʅ³³ lu³³,
上　不　惧　一　下　来　署脸　白　是　药　碗　饭　碗　又　吃　来

ʂɣ²¹ zo³³ lɯ⁵⁵ tɕi³³, tʂhər³³ dʑi²¹ mə³³ ha⁵⁵ le³³ thu²¹ lu³³, | ʂɣ²¹ la²¹ phər²¹ la³³ tʂhər³³ khua⁵⁵
署儿　金利　　药　水　不　剩　又　喝　来　署手　白　也　药　碗

le³³ y²¹ lu³³. ʂɣ²¹ tʂu⁵⁵ mə³³ gu³³ be³³. nɯ²¹ dɯ³³ ɕy³³ dɯ³³ u³³ dze³³ dzi³³, | ʂɣ²¹ la³³ u³³
又　拿　来　署　接连　不　断　地　畜　大　兽　大　财粮　供　署　也　财

nɯ³³ miə²¹ṣər⁵⁵,dze³³ nɯ³³ miə²¹ ka⁵⁵ be³³ le³³ iə⁵⁵. | ho³³ gɤ³³ lo²¹, ṣɤ²¹ ṣ̩²¹ lɤ²¹ ṣ̩²¹ dʑɤ²¹
由　眼　满　粮　由　眼　遮　地　又　给　　北方　　署　黄　龙　黄　山

ṣ̩²¹æ²¹ ṣ̩²¹ hu⁵⁵ ṣ̩²¹ lo²¹ gə³³ ṣɤ²¹ khɤ²¹ me³³ , | ɕy⁵⁵ hər²¹ ha³³ tsa²¹ kɤ³³,mu⁵⁵ tshe²¹ gɤ⁵⁵
黄崖　黄海　黄里　的　署　请　是　柏　绿　那召　上　竹子　九

bi³³、la³³ kha³³gɤ⁵⁵ bi³³, ṣɤ³³ khua⁵⁵、ɕy²¹ mi³³、bæ³³ mi³³, ṣɤ²¹ uə³³ gɤ⁵⁵ uə³³, ẓ̩²¹ khua⁵⁵
片　白杨　　九　片　署　牌　香炉　　灯盏　　署　寨　九　寨　蛇　碗

pa³³ khua⁵⁵ dzi³³ me³³ dɯ³³ za²¹ lu³³. | ṣɤ²¹ la³³ tṣhər³³ dʑi²¹ mə³³ ha⁵⁵ dɯ³³ thu²¹ lu²¹ , |
蛙　碗　供　的　一　降　来　署　也　药　水　不　剩　一　喝　来

ṣɤ²¹ la²¹ phər²¹ la³³ ṣɤ²¹ tṣhər³³ thu³³ se³³
署　手　白　也　署　药　喝　了

九个"纳卡景空"、九个署寨、药碗、饭碗上来，请他们无所惧怕地降临来。白脸庞的署又来吃人们供奉的药和饭，署的儿女利金也来把药水喝完。署白净的手又来拿人们供奉的药。人们会接连不断地献上牲畜、野兽和财粮，使所供奉的财物和粮食遮盖住署的眼睛，使他们心满意足。北方的黄署和黄龙，及所有住在黄色大山上、黄色山崖上，黄色大海里的署和龙，请降临在绿柏"纳召"上，降临到九片竹子、九片白杨树林，降临到署的木牌、香炉、灯盏、九个署寨及人们制作蛇蛙面团碗上来。请署将人供奉的署药喝完。署药喝了之后，纯净洁白的手

92-B-26-06

tṣhər³³ le³³ y²¹ lu³³, | ṣɤ²¹ za²¹ tṣu⁵⁵ mə³³ gu³³, | ṣɤ²¹ gə³³ lɯ⁵⁵ tɕi³³ nu²¹ ne²¹ ɕy²¹ le³³ y²¹
药　又　拿　来　署　下　接连　不　断　署　的　利金　由　畜兽　又　拿

lu³³. | ṣɤ²¹ la³³ u³³ nɯ³³ miə²¹ ṣər⁵⁵, dze³³ nɯ³³ miə²¹ ka⁵⁵ be³³ le³³ iə⁵⁵. | mɯ³³ ne²¹ dy²¹
来　署　也　财　由　满　满　粮　由　眼　遮　地　又　给　天　和　地

lɤ⁵⁵ gɤ³³ gə³³ ṣɤ²¹ ne²¹ lɤ²¹ khɤ²¹ me³³,mɯ⁵⁵ tsh²¹ gɤ⁵⁵ bi³³,la³³ kha³³ gɤ³³ uə²¹ , ṣɤ²¹ khua⁵⁵
中央　的　署　和　龙　请　是　竹子　九　片　白杨　九　丛　署　牌

gɤ³³ khua⁵⁵, na²¹ kha³³ tɕi³³ khu³³ gɤ³³ kho³³, ʂɤ²¹uə³³ gɤ⁵⁵ uə³³, ɕy²¹mi³³ bæ³³ mi³³, tʂhər³³
九　块　纳卡景空　　　九　处　署寨 九寨　香炉　灯盏　药

khua⁵⁵ ha³³ khua⁵⁵, zɻ̩²¹ ne²¹ pa³³, bu³³ du²¹ lu⁵⁵ la³³ u³³ dze³³ khua⁵⁵ kɤ³³ du³³ za²¹ lu³³. |
碗　饭　碗　蛇和蛙 光 大 四 射 财粮　牌　上 一　降 来

ʂɤ²¹ la³³ tʂhər³³ dʑi²¹ mə³³ ha⁵⁵ le³³ thu²¹ lu³³, | ʂɤ²¹ la²¹ phər²¹ me³³, tʂhər³³ khua⁵⁵ le³³
署 也 药　水 不 剩 又 喝 来 署 手 白 的 药 碗 又

dzu³³ lu³³. | ʂɤ²¹ la³³ za²¹ me³³ tʂu⁵⁵ mə³³gu³³, ʂɤ²¹ zo³³ lɯ⁵⁵ tɕi³³ la³³ nɯ²¹ dzi³³ ɕy³³ dzi³³
拿 来 署 也 降 的 接连 不 断 署 儿 利金 也 畜 献 兽 献

mə³³ ga³³ gɤ³³, | ʂɤ²¹ nɯ³³ khua⁵⁵ mə³³ kho³³, | ʂɤ²¹ gɤ³³ lɤ²¹
不 为难 成　署 由 牌 不 取 署 九 个

又来拿药。所有的署接连不断地降临来，署儿利金也来拿人们献出的畜和兽。人们要给署心满意足的财物和粮食。天地中央的署和龙，请降临在九片竹林，九丛白杨，九张署的木牌，九个"纳卡景空"上，请降临到九个署寨，香炉、灯盏、药碗、饭碗、面团做的蛇和蛙，以及光辉灿烂的财物粮食的木牌上来。署来把供上的药水喝完，白净的手又来拿药碗。所请的署接连不断地降临来，人们给署的儿女利金献上牲畜和野兽也不会为难。若署不去取人们献上的木牌，九位署

92-B-26-07

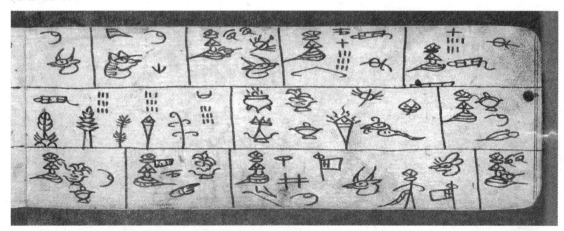

ɯ³³ dzi³³ mə³³ y²¹ be³³, | bə³³ zua³³ zə²¹ mə³³ sɻ̩³³. | ʂɤ²¹ la³³ u³³ nɯ³³ miə²¹ ʂər⁵⁵. dze³³
牛 献 不 拿 地 人类 马儿 草 不 知 署 也 财 由 眼 满 粮

nɯ³³ miə²¹ ka⁵⁵ be³³ le³³ iə⁵⁵. | mɯ³³tɕər²¹ tshe²¹ ho⁵⁵ ty³³ nɯ³³ dzɻ̩²¹ me³³ ʂɤ²¹ phər²¹ khɤ²¹
由 眼 遮 地 又 给 天 上 十八 层 由 住 的 署 白 请

me³³ du³³ za²¹ lu²¹, | dy²¹ du²¹ tshe²¹ ʂər³³ dy²¹ nɯ³³ dzɻ̩²¹ me³³ ʂɤ²¹ la³³ khɤ²¹ ne³³ du³³
是 一 下 来 地 大 十七 地 由 住 的 署 也 请 是 一

za²¹ lu³³, | khɣ²¹ me³³ na³³ tsa²¹ kɣ³³, ʂɣ²¹ tha⁵⁵ gɣ³³ tha⁵⁵ kɣ³³, mɯ⁵⁵ tshe²¹ gv⁵⁵ uə²¹ , la³³
下　来　请　的　纳召　　上　署　塔　九　座　上　竹子　　　九　丛　白杨

kha³³ gɣ⁵⁵ bi³³, ʂɣ²¹ khua⁵⁵ gɣ³³ khua⁵⁵, | çy²¹ mi³³, bæ³³ mi³³, tʂhər³³ khua⁵⁵ ha³³ khua⁵⁵,
九　片　署　牌　九　张　　香炉　灯盏　　药　碗　饭　碗

u³³ dze³³ ʐʅ²¹ pa³³ bu³³ dɯ²¹ la⁵⁵ la³³ khua⁵⁵ kɣ³³ dɯ³³ za²¹ lu³³. | ʂɣ²¹ la³³ ha³³ dʑi²¹
财　粮　蛇　蛙　光　大　四　射　牌　上　一　下　来　署　也　饮　食

mə³³ ha⁵⁵ dɯ³³ dzʅ³³ lu³³, tʂhər³³ dʑi²¹ mə³³ ha⁵⁵ dɯ³³ thɯ²¹ lu³³. | ʂɣ²¹ la²¹ phər²¹ la²¹
不　剩　一　吃　来　药　水　不　剩　一　喝　来　署　手　白　也

tʂhər³³ khua⁵⁵ dɯ³³ y²¹ lu³³. | ʂɣ²¹ tʂhʅ²² za²¹ me³³ tʂu⁵⁵ mə³³ gu³³, ʂɣ³³ lɯ⁵⁵ tɕi³³ kæ³³ ɯ³³
药　碗　一　拿　来　署　所　下　是　接连　不　断　署　利金　前　牛

ne²¹ çy³³ dzi³³ mə³³ ga³³ gɣ³³, | ʂɣ²¹ la³³ u³³ nɯ³³ miə²¹ ʂər⁵⁵
和　兽　献　不　为难　成　署　也　财　由　眼　满

不去取人们献给他们的牛，人类的马就会不识青草。给署献上能遮盖住他们眼睛，使他们心
满意足的财物和粮食。请十八层天上的白署降临来，请大地上十七个地方的署降临来，请他
们降临在"纳召"上，降临到九片竹林、九片白杨树林、九张署的木牌上来，请他们降临到
九座署塔、香炉、灯盏上，降临到蛇、蛙、财物粮食的光辉灿烂的木牌上来。请署吃完供在
这里的饮食及药后，请署纯净洁白的手又来拿药碗。请署接连不断地降临来，署的儿女利金
来拿供在他面前的牛和兽，主人也不会为难。给署献上能遮盖住他们眼睛、

92-B-26-08

dze³³ nɯ³³ miə²¹ ʂər²¹ be³³ le³³ ʐua²¹ . | mɯ³³ kɣ³³ lv²¹ hər²¹ khɣ²¹ me³³ dɯ³³ za²¹ lu³³, so³³
粮　由　眼　满　地　又　还　　天　上　龙　青　请　的　一　下　来　岭

gə³³ dɣ³³ phər²¹ si³³ gɯ³³ khɣ²¹ me³³ dɯ³³ za²¹ lu³³. | æ²¹ ʂua²¹ bu²¹ ʂʅ²¹ khɣ²¹ me³³ dɯ³³
的　海螺　白　狮子　请　的　一　下　来　崖　高　猪　黄　请　是　一

za²¹ lu³³,∣dʑy²¹ na⁵⁵ zo⁵⁵ lo³³ kɣ³³,n̠i⁵⁵tʂʅ³³ ko²¹ ua³³ khɣ²¹ me³³ dɯ³³ za²¹ lu³³,∣dʑy²¹ na⁵⁵
下　来　居那若罗　　　　上　尼支各瓦　　请　是　一　下来　居那

zo⁵⁵ lo³³ kɣ³³,ʂɣ²¹　gə³³ la²¹ sa²¹ ma¹³ khɣ²¹ me³³ dɯ³³ za²¹ lu³³.∣dʑy²¹ na⁵⁵ zo⁵⁵ lo³³ thɯ⁵⁵
若罗　上署　的 拉刹麻　请　是　一 下来　　居那若罗　　腰

ʂɣ²¹　gə³³ sa²¹ la³³ by³³ khɣ²¹ me³³ dɯ³³ za²¹ lu³³.∣ma⁵⁵ mi³³ pa³³ la²¹ æ²¹　gə³³ ʂɣ²¹ khɣ²¹
署　的 刹拉补　请　是　一 下来　　冒米巴拉　　崖 的 署 请

me³³ dɯ³³ za²¹ lu³³,∣mɯ³³ lɯ⁵⁵ da²¹ dʑi²¹ hɯ⁵⁵ ʂɣ²¹ khɣ²¹ me³³ dɯ³³ za²¹ lu³³,∣mɯ³³
是　一 下 来　美利达吉　　海署 请 是 一 下 来

lɯ⁵⁵ da²¹ dʑi²¹ hɯ⁵⁵ gə³³ lɣ²¹ dʑə³³ khɣ²¹ me³³ dɯ³³ za²¹　lu³³,∣ʂɣ²¹ tha⁵⁵ gɣ³³ tha⁵⁵, na²¹
美利达吉　　海 的 鲁玖　　请 是 一 下　来 署 塔 九 座

kha³³ tɕi³³ khu³³,mɯ⁵⁵ tshe²¹,ʂɣ²¹ khua⁵⁵ gɣ³³ kua⁵⁵la³³ ka³³ gɣ⁵⁵ kho³³、tʂhər³³ khua⁵⁵ ha³³
纳卡景空　　　竹子　署牌 九 块 白杨　九 片 药 碗 饭

khua⁵⁵,z̩³³ pa³³ khua⁵⁵ dze³³ dɯ³³ zi⁵⁵ z̩³³ kɣ³³ dɯ³³ za²¹　lu³³.∣ʂɣ²¹ la³³ tʂhɣ³³ dz̩³³
碗 蛇蛙牌 光 大 闪亮 上 一 下 来　署 也 饭 吃

使他们心满意足的财物和粮食。请天上青龙降临下来，请山岭上海螺般洁白的狮子降临来，请山崖上黄色的野猪降临来，请居那若罗神山上的尼支各瓦署降临来，请居那若罗神山顶上的拉刹麻降临来，请神山山腰上的刹拉补降临来。请冒米巴拉山崖上的署降临来，请美利达吉神海中的署降临来，请美利达吉神海中的鲁玖降临来。请署降临到九座署塔上，降临到竹子、署牌、白杨做的九片树林中，请降临到药碗、饭碗上，请降临到绘有蛇蛙的闪闪发光的木牌上来。请署将供上的饭

92-B-26-09

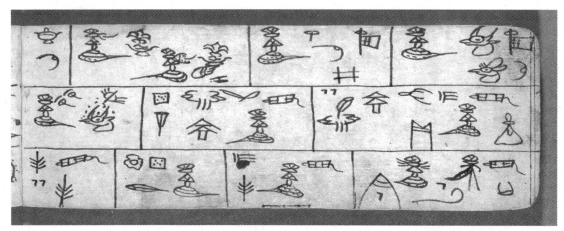

mə³³ ha⁵⁵ le³³ dz̩³³ lu³³,ʂɣ²¹la³³ tʂhər³³ khua⁵⁵ le³³ thɯ²¹ lu³³,ʂɣ²¹ la³³ nɯ³³ hɯ²¹ pha²¹ zæ²¹
不 剩 又 吃 来 署也 药 碗 又 喝 来 署也 心 舒 脸 笑

be³³,ʂɣ²¹ la²¹ phər²¹ nɯ³³ tʂhər³³ khuɑ⁵⁵ le³³ y²¹ lu³³. | ʂɣ²¹ la³³ tʂu⁵⁵ mə³³ gu³³ be³³ lu³³,
地署 手 白   由 药   碗   又 拿来 署 也 连接 不 断 做 来

mə³³ gɑ³³ gɣ³³, | ʂɣ²¹ la³³ nɯ²¹ iə⁵⁵ çy³³ iə⁵⁵ le³³ y²¹ lu³³, mə³³ gɑ³³ gɣ³³. | ʂɣ²¹ la³³ u³³
不 为难 成   署 也 畜 送 兽 送 又 拿来 不 为难 成   署 也 财

nɯ³³ miə²¹ ʂər⁵⁵,dze³³ nɯ³³ miə²¹ kɑ⁵⁵ be³³ le³³ iə⁵⁵. | ʂɣ²¹ gə³³ dʑi³³ bɣ³³ tha⁵⁵ iə³³ khɣ²¹   请
由 眼   满 粮 由 眼   遮 地 又 给   署 的 金补套尤   请

me³³ dɯ³³ zɑ²¹ lu³³. | n̠i²¹ gə³³ dʑi³³ bɣ³³ tha⁵⁵gɯ³³ uə³³ sa²¹ khɣ²¹ me³³ dɯ³³ zɑ²¹ lu³³, |
的   一 下 来   是 一 下 来 尼 的 金补套庚威刹   请   的 一 下 来

n̠i³³ gə³³ sʅ³³ phe³³ dzər²¹ nɯ³³ dzʅ²¹ me³³ khɣ²¹ me³³ dɯ³³ zɑ²¹ lu³³, | dʑi²¹ nɯ³³ dzʅ²¹ gə³³
尼 的 头目 树   由 住 的 请   的 一 下 来   水 由 住 的

ʂɣ²¹ gə³³ sʅ³³ phe³³ khɣ²¹ me³³ dɯ³³ zɑ²¹ lu³³, | dy²¹ nɯ³³ dzʅ²¹ me³³ sa²¹ da⁵⁵ sʅ³³ phe³³
署 的 头目 请   是 一 下 来   地 由 住 的 刹 道 头目

khɣ²¹ me³³ dɯ³³ zɑ²¹ lu³³, | ʂɣ²¹ gə³³ dɯ³³ dʑy²¹ dɯ³³ sʅ³³ phe³³,dɯ³³ lo²¹ ko³³ gə³³ dɯ³³
请 是 一 下 来   署 的 一 山 一 头目   一 箐 里 的 一

lɯ⁵⁵ tɕi³³, khɣ²¹ me³³ dɯ³³ zɑ²¹ lu³³.
利金   请   的 一 下 来

吃完，又来拿药碗喝药。署心情舒畅，带着笑脸，用白净的手来取药碗。所请的署，请接连
不断地降临来，你们的降临，不会使主人为难，署来取人们献上的牲畜和野兽，这也不会使
主人家为难。用能遮盖住署眼睛，使他们心满意足的财物和粮食供养署。请署的金补套尤降
临来，请尼的金补套庚威刹降临来，请住在树上的尼的头目，住在水中的署的头目，住在地
上的刹道头目降临来。请一山上的一个署头目，一箐中的一位署儿利金降临来。

92-B-26-10

dzɿ³³ ne²¹ uə³³ gə³³ ʂɤ²¹ i³³ khɤ²¹ me³³ dɯ³³ za²¹ lu³³, ǀ tɕi²¹ kɤ³³ so³³ kɤ³³,dər³³ lɯ³³ khɯ²¹
村　和　寨　的　署　也　请　的　一　下　来　　云　上　岭　上　田　地　荒地

lɯ³³ dzɿ²¹ me³³ ʂɤ²¹ i³³ dɯ³³ za²¹ lu³³, ǀ dʑi²¹ lo²¹ dzɿ²¹ me³³ sɤ²¹ i³³ khɤ²¹ me³³ dɯ³³ za²¹
　　住　的　署　也　一　下　来　　房里　住　的　署　也　请　的　一　下

lu³³, ǀ æ²¹ lɤ³³ gɤ⁵⁵ lɤ³³,æ²¹ sər³³ gɤ³³ tər⁵⁵,la²¹ kha³³ gɤ³³ tər⁵⁵,di³³ li³³ gɤ⁵⁵ bi³³ khɯ³³
来　　崖　石　九　颗　崖　树　九　丛　白杨　　九　丛　蕨菜　九　片　旁

dzɿ²¹ me³³ ʂɤ²¹ i³³ khɤ²¹ me³³ dɯ³³ za²¹ lu³³. ǀ hɯ⁵⁵dər³³ gɤ³³ hɯ⁵⁵, dʑi³³ kho³³ gɤ³³ ho²¹
住　的　署　也　请　的　一　降　来　　海塘　九　海　　水　泉　九　条

lo²¹ dzɿ²¹ me³³ ʂɤ²¹ khɤ²¹ me³³ dɯ³³ za²¹ lu³³. ǀ çy⁵⁵ hər²¹ na³³ tsa²¹ kɤ³³,na²¹ kha³³ tɕi³³
里　住　的　署　请　的　一　下　来　　柏　绿　纳召　　上　纳卡景空

khu³³ kɤ³³,mɯ⁵⁵ tshe²¹ gɤ⁵⁵ bi³³,la³³ kha³³ gɤ³³ uə³³, ʂɤ²¹ khua⁵⁵ kɤ³³ ŋə²¹ dɯ³³ za²¹ lu³³. ǀ
上　竹子　九　片　白杨　　九　丛　署　牌　上边　一　下　来

tshər³³ khua⁵⁵、ha³³ khua⁵⁵, ǀ ʐɿ²¹ khua⁵⁵ pa³³ khua⁵⁵ dzi³³ dɯ²¹ zi⁵⁵ zæ³³ kɤ³³ i³³ dɯ³³ za²¹
药　碗　饭　碗　　蛇　牌　蛙　牌　光亮　闪烁　上　也　一　下

lu³³. ǀ ha³³ dʑi²¹, tʂhər³³ dʑi²¹ mə³³ ha⁵⁵ dɯ³³ dzɿ³³ lu³³. ǀ ʂɤ²¹ la³³ nɯ³³ hɯ²¹ pha³³ zæ²¹
来　饮食　药　水　不　剩　一　吃　来　署　也　心　舒　脸　笑

be³³,ʂɤ²¹ la²¹ phər²¹ i³³ tʂhər³³ khua⁵⁵ dɯ³³ y²¹ lu³³. ǀ ʂɤ²¹ la³³ za²¹ me³³ tʂu⁵⁵ mə³³ gu³³,
地署　手　白　是　药　碗　一　拿　来　署　也　下　是　接连　不　断

mə³³ ga³³ gɤ³³.
不　为难　成

村子和寨子里的署，请降临来；云彩中和山岭上的署请降临来；田地、荒地里的署请降临来；房里的署请降临来；请九块崖石、九丛崖树、九片白杨树林、九丛蕨菜中的署降临来。请九个水塘中、九条泉水中的署降临来。请署降临在绿柏"纳召"堆上，降临在"纳卡景空"上，降临在九片竹林、九丛白杨树林，降临到署牌上、饭碗、药碗上，降临在闪闪发光的蛇牌和蛙牌上来。署要吃完人们所供奉的饭和药，心情舒畅、脸带笑容地用白净的手来拿药碗。请署接连不断地降临来，这样也不会使主人家为难。

92-B-26-11

şɣ²¹ luɯ⁵⁵ tɕi³³ la³³ ɯ³³ dzi³³ çɣ⁵⁵ dzi³³ le³³ y²¹ lu³³. mə³³ ga³³ gɣ³³, | şɣ²¹ la³³ u³³ nɯ³³
署 利金 也 牛 供 兽 供 又 拿 来 不 为难 成 署 也 财 由

miə²¹ şər⁵⁵.dze³³ nɯ³³ miə²¹ ka⁵⁵ be³³ le³³ iə⁵⁵. | şɣ²¹ khua⁵⁵ mə³³ kho³³ me³³, | bə³³ ʐua²¹
眼 满 粮 由 眼 遮 地 又 给 署 牌 不 取 是 人 马

zə²¹ mə³³ sʅ³³ i³³ kɣ⁵⁵. | şɣ²¹ gə³³ sʅ³³ phe³³ dɯ²¹ me³³ gɣ³³ kɣ⁵⁵ mə³³ za²¹ me³³,le⁵⁵ na²¹
草 不 知 也 会 署 的 头目 大 的 九 个 不 降临 是 牛 黑

zɣ⁵⁵ hər²¹ phiə⁵⁵ mə³³ sʅ³³ i³³ kɣ⁵⁵, | bə³³ şʅ²¹ phər²¹ ŋɣ³³ lɣ³³,na²¹ ŋɣ³³ lɣ³³ nɯ³³ dzʅ²¹
草 绿 叶 不 知 也 会 白沙 白 雪山 黑 雪山 由 住

me³³ şɣ²¹ i³³ khɣ²¹me³³ dɯ³³ za²¹ lu³³. | hər³³ ne²¹ tshy⁵⁵ bu²¹ kɣ³³, | æ²¹ şua²¹ kɣ³³ nɯ³³
的 署 是 请 的 一 降临 来 风 和 趣 坡 上 崖 高 上 由

dzʅ²¹ me³³ şɣ²¹ i³³ khɣ²¹ me³³ dɯ³³ za²¹lu³³, | fɣ³³ lo²¹ tşʅ⁵⁵ phər²¹ uə³³ nɯ³³ dzʅ²¹ me³³
住 的 署 也 请 的 一 下 来 夫 罗 智 盘 寨 由 住 的

şɣ²¹,khɣ²¹me³³ dɯ³³ za²¹ lu³³. | sa⁵⁵ uə³³ æ²¹ kho³³ hɯ⁵⁵ nɯ³³ dzʅ²¹ me³³ şɣ²¹,khɣ³³ me³³
署 请 的 一 降临 来 束河 岩柯 海子 由 住 的 署 请 的

dɯ³³ za²¹ lu³³. | lɣ³³ na²¹ çi³³ lɣ²¹ kɣ³³ nɯ³³ dzʅ²¹ me³³ şɣ²¹,khɣ²¹ me³³ dɯ³³ za²¹ lu³³. |
一 降 来 石黑 人 瞧 处 由 住 的 署 请 的 一 下 来

ə⁵⁵ na²¹uə³³
阿纳威

署儿利金也来取人们所供奉的牛和兽，人们不会为难你。用能遮盖住署的眼睛，使署心满意足的财物和粮食送给署。若署不去取木牌，人类的马儿就会不识草。若署的九个大头目不降临来，牛儿就会不知道绿草的叶片。请住在白沙、白雪山、黑雪山上的署降临来。请住在风和趣的山坡上的署和山崖上的署降临来，请住在夫罗智盘寨的署降临来，请住在束河岩柯海

子里的署降临来，请住在可以站着看人的大石头上的署降临来，请住在阿纳威地方的

92-B-26-12

dʐ̩²¹ me³³ ʂʐ̩²¹ khɣ²¹ me³³ dɯ³³ za²¹ lu³³，∣ la³³ ʂʅ⁵⁵ tshə⁵⁵ me³³ dʑy²¹ gə³³ ʂɣ²¹, khɣ²¹ me³³
　 住 的 署 请 是 一 下 来 拉市 臭美局 的 署 请 的

dɯ³³ za²¹ lu³³.∣ la³³ ʂʅ⁵⁵ dʑi²¹ thy³³ kɣ³³ gə³³ ʂɣ²¹, khɣ²¹ me³³ dɯ³³ za²¹ lu³³.∣ phɣ⁵⁵
　 一 下 来 拉市 水 出 处 的 署 请 是 一 下 来 普

tshy²¹ uə³³ ʂə⁵⁵ ʂə³³ tʂhər³³ dʑi²¹ dər³³ gə³³ ʂɣ²¹ khɣ²¹ me³³ dɯ³³ za²¹ lu³³.∣ dʑi²¹ uə³³
　 趣坞 寿寿 . 硝水塘 的 署 请 的 一 下 来 清溪

dʑi²¹ khɣ³³ kɣ³³ gə³³ ʂɣ²¹, khɣ²¹ me³³ dɯ³³ za²¹ lu³³.∣ gu²¹ be³³ i³³ gɣ²¹ uə³³ gə³³ ʂɣ²¹,
　 水 出 处 的 署 请 的 一 下 来 大研 依古 寨 的 署

khɣ²¹ me³³ dɯ³³ za²¹lu³³.∣ be³³ mæ³³ da²¹ pa²¹ tɣ⁵⁵ gə³³ ʂɣ²¹, khɣ²¹ me³³ dɯ³³ za²¹ lu³³.∣
　 请 的 一 下 来 寨 后 达巴杜 的 署 请 的 一 下 来

ɯ³³ kho²¹ ə⁵⁵ na²¹dʑy²¹ gə³³ ʂɣ²¹, khɣ²¹ me³³ dɯ³³ za²¹ lu³³.∣ se³³ bi²¹ dʑy²¹ gə³³ ʂɣ²¹,
　 长水 阿那局的 署 请 的 一 下 来 文笔 山 的 署

khɣ²¹ me³³ dɯ³³ za²¹ lu³³.∣ mə³³ tshə⁵⁵ dər³³ gə³³ ʂɣ²¹ ,khɣ²¹ me³³ dɯ³³ za²¹ lu³³.∣ ɯ⁵⁵
　 请 的 一 下 来 莫愁 湖 的 署 请 的 一 下 来

le³³ kə⁵⁵ na²¹dʑy²¹
恩勒构纳局

署降临来，请拉市臭美局的署降临来，请拉市水出处的署降临来，请住在普趣坞寿寿硝水塘
的署降临来，请住在清溪村出水处的署降临来，请丽江大研镇的署降临来，请寨后达巴杜的
署降临来，请长水阿那局的署降临来，请文笔山上的署降临来，请莫愁湖的署降临来，请恩
勒构纳局

92-B-26-13

gə³³ ʂɤ²¹ ,khɤ²¹ me³³ dɯ³³ za²¹ lu³³. | ɯ⁵⁵ le³³ dʑi³³ pa³³ tʂʅ²¹ me³³ ʂɤ²¹ ,khɤ²¹ me³³ dɯ³³
的　署　　请　的　一　下　来　恩勒　吉巴茨　　的　署　请　的　一

za²¹ lu³³. | mɯ²¹sa⁵⁵ uə³³ dʑy²¹ dɯ²¹ ȵi³³ lo²¹ ko⁵⁵ gə³³ ʂɤ²¹ ,khɤ²¹ me³³ dɯ³³ za²¹ lu³³. |
下　来　下束河　　山　大　两　箐　里　的　署　请　的　一　降　来

ʂɤ²¹ la³³ nɤ⁵⁵ me³³ ɯ³³ me³³ gə²¹ le³³ ʂʅ³³, | ʂɤ²¹ gə³³ dzʅ³³ mu⁵⁵ la³³, khua⁵⁵ bæ²¹ le³³
署　也　心　好　的　上　又　引　署　的　大头目　也　木牌　　又

kho³³ lu³³, | ʂɤ²¹ zo³³ lɯ⁵⁵ tɕi³³ gɤ³³ kɤ⁵⁵ la³³ ,ɯ³³ iə⁵⁵ le³³ y²¹ lu³³. | dər³³ lɯ³³ khɯ²¹ lɯ³³
取　来　署　儿　利金　九　个　也　牛　给　又　拿　来　　田地　　荒地

tʂu⁵⁵,bə³³ zua³³ zə²¹ mə³³ gua³³ i³³ kɤ⁵⁵, | dɯ³³ dʑy²¹ kɤ³³ gə³³ ʂɤ²¹, dɯ³³ lo²¹ kho³³ gə³³
间人类　马　草　不　吃　也　会　一　山　上　的　署　一　箐　里　的

ʂɤ²¹ lɯ⁵⁵ tɕi³³ khɤ²¹ me³³ ʂʅ³³ phər²¹ ua⁵⁵ do³³ kɤ³³. ha³³ khua⁵⁵ kɤ³³ i³³ dɯ³³ za²¹ lu³³. |
署　利金　请　是　毛　白　五　团　上　饭　碗　上　也　一　下　来

mɯ⁵⁵ tshe²¹ gɤ⁵⁵ uə³³,la³³ kha³³ gɤ⁵⁵ bi³³,ʂɤ²¹ khua⁵⁵、ʂɤ²¹dʑi²¹ gɤ⁵⁵ dʑi²¹ lo²¹ i³³ dɯ³³ za²¹
竹子　　九　片　白杨　九　片　署　牌　署　房　九　座　里　是　一　下

lu³³, | tshua⁵⁵ tshy⁵⁵ i³³ tshy⁵⁵ be³³, zər²¹ tshy⁵⁵ la³³ tshy⁵⁵ be³³,gɤ²¹ tshy⁵⁵ bu²¹ tsy⁵⁵ be³³,
来　鹿　价　野牛　价　做　豹　价　虎　价　做　熊　价　猪　价　做

的署降临来，请恩勒吉巴茨的署降临来，请下束河大山两箐里的署降临来。把署的好心往上引，署的大头目来取人们赐予的木牌，九个署儿利金又来拿人们供奉的牛儿，否则，放牧在田地，荒地间的马儿会不吃青草。请一山上的署，一箐中的署降临来，请你们降临在五团白色的毛团上，降临到饭碗上，降临在九片竹林、九片白杨树林、署的木牌上，署的房子中来。人们用财物粮食以及木牌，作为鹿、野牛赔价，作为虎、豹、熊、野猪的赔价来偿还。

92-B-26-14

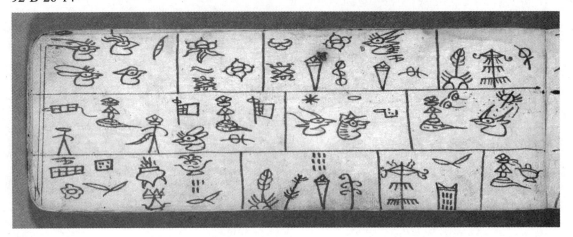

tɕhi²¹ tshy⁵⁵ le³³ tshy⁵⁵, fɣ³³ tshy⁵⁵ huɯ²¹ tshy⁵⁵ be³³, | ba²¹ ʂʅ²¹ ba²¹ hər²¹ be³³, khuɯ²¹ ʂʅ²¹
麂　价　獐　价　野鸡　价　箐鸡　价　做　花　黄　花　绿　做　线　黄

khuɯ²¹ hər²¹ be³³, | ŋɣ³³ khua⁵⁵ hæ²¹ khua⁵⁵ be³³,ua²¹ khua⁵⁵ tshu²¹ khua⁵⁵ be³³,se³³ me²¹
线　绿　做　银　牌　金　牌　做　松石　牌　墨玉　牌　献　塞枚

khua⁵⁵ phər²¹ kɣ³³ du³³ za²¹ lu³³. | ɕy⁵⁵ hər²¹ na²¹ tsa²¹,na²¹ kha³³ tɕi³³ khu kɣ³³ du³³
牌　白　上　一　下　来　柏　绿　纳召　纳卡景空　　上　一

za²¹ lu³³, | ʂɣ²¹ zo³³ luɯ⁵⁵ tɕi³³ khɣ²¹ me³³ le²¹ mə³³ ga³³,ʂɣ²¹ za²¹ la³³ mə³³ ga³³, | bər³³
下　来　署儿利金　请　的　又　不　难　署　下　也　不　难　牦牛

phər²¹ du³³ tɣ²¹、ʐua³³ mu³³ du³³ kuɯ³³ nuɯ³³ dzu³³ le³³ ʐua²¹, | ʂɣ²¹ la³³ u³³ nuɯ³³ miə²¹
白　一　千　马　灰　一　万　由　债　又　还　署　也　财　由　眼

ʂər⁵⁵,dze³³ nuɯ³³ miə²¹ ka⁵⁵ be³³ le³³ iə⁵⁵. | the³³ phər²¹、ʂʅ³³ phər²¹ du³³ i³³ ʂɣ²¹ le³³ iə⁵⁵,
满　粮　由　眼　遮地　又　给　布　白　毛　白　团　是　署　又　给

ɕy²¹mi³³、bæ³³ mi³³, tʂhər³³ uɯ³³ ua³³ sy²¹ ʂɣ²¹ le³³ iə⁵⁵, | ɕy⁵⁵ hər²¹ na³³ tsa²¹,muɯ⁵⁵tshe²¹,
香炉　灯盏　药　五　种　署　又　给　柏　绿　纳召　竹子

la³³ kha³³,ʂɣ²¹ khua⁵⁵ gɣ⁵⁵ bi³³ be³³, | na²¹ kha³³ tɕi³³ khu³³ be³³,ʂɣ²¹ uə³³ gɣ⁵⁵ uə³³ iə⁵⁵, |
白杨　署　牌　九　片　做　纳卡景空　　做　署　寨　九　寨　给

ʂɣ²¹ la³³ ha³³ dzʅ³³
署　也　饭　吃

作为麂子、獐子、野鸡、箐鸡的赔价来偿还。制作黄花、绿花、黄线、绿线，制作金牌、银牌、松石、墨玉牌，制作塞枚树做的木牌，请署降临到牌上来。制作绿柏纳召堆，制作"纳卡景空"，请署降临到这些制作上来。请署儿利金，没有让我们为难，请署降临也不会太难。用一千头白牦牛、一万匹灰色的马，偿还署索取的债。用能遮盖住署眼的财物和粮食，偿还署索取的债。给署白色的布，白色的毛团、香炉、灯盏和五种药，制作绿柏纳召，九片竹林、白杨树林和署的木牌，制作"纳卡景空"和署的九个寨子。署即使不在这儿吃饭，

92-B-26-15

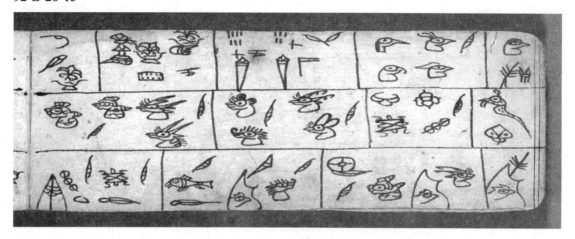

tʂhər³³ dʑi²¹ mə³³ thɯ³³ bɯ³³ la³³. | ʂɣ²¹ la²¹ phər²¹ nɯ³³ tʂhər³³ khuɑ⁵⁵ le³³ y²¹ lu³³, | ʂər³³
药　　水　　不　　喝　　也　　是　署　手　白　　由　　药　　碗　又　拿　来　　七

çi³³ khuɑ⁵⁵ phər²¹ be³³,uɑ³³ çi³³ khuɑ⁵⁵ ʂua³³ be³³ le³³ iə⁵⁵,ko³³ tshy⁵⁵ kə⁵⁵ tshy⁵⁵ be³³, fɣ³³
百　牌　　白　做　五　百　牌　　花　做　又　给　　鹤　价　鹰　价　做　野鸡

tshy⁵⁵ hɯ²¹ tshy⁵⁵ be³³. | sər³³ kɣ³³ hua³³ tshy⁵⁵ be³³, | zər²¹ tshy⁵⁵ la³³ tshy⁵⁵ be³³, tshuɑ⁵⁵
价　箐鸡　价　做　　树　上　白鹇　价　做　　豹　价　虎　价　做　　鹿

tshy⁵⁵ i³³ tshy⁵⁵ be³³, | gɣ²¹ tshy⁵⁵ bu²¹ tshy⁵⁵ be³³, | tɕhi²¹ tshy⁵⁵ le³³ tshy⁵⁵ be³³, | ŋɣ²¹ tshy⁵⁵
价　野牛　价　做　　熊　价　野猪　价　做　　麂子　价　獐子　价　做　　银　价

hæ²¹ tshy⁵⁵ be³³,uɑ²¹ tshy⁵⁵ tshu²¹tshy⁵⁵ be³³, | zɭ²¹ tshy⁵⁵ pa³³ tshy⁵⁵ be³³. | ŋɣ³³ lɣ³³ tshu²¹
金　价　做　松石　价　墨玉　价　做　　蛇　价　蛙　价　做　　雪山　墨玉

phɣ̩²¹ tshy⁵⁵ le³³ be³³, i³³ bi²¹ hæ²¹ zə¹² tshy⁵⁵ le³³ be³³, | dʑi²¹ bi³³ ɲi³³ tshy⁵⁵ be³³, æ²¹ to⁵⁵
挖　价　又　做　金沙江　金　淘　价　又　做　　水中　鱼　价　做　崖上

bu²¹ tshy⁵⁵ be³³, | ba²¹ phu⁵⁵ la³³ tshy⁵⁵ be³³,æ²¹ ko⁵⁵ se²¹ tshy⁵⁵ be³³, | æ²¹ sər³³
猪　价　做　　阳　面　虎　价　做　崖　上　岩羊　价　做　　崖　木

不在这儿喝药水，署白净的手也来拿药碗。做七百块白木牌，五百块杂色木牌，作为鹤的赔价，鹰的赔价，作为野鸡、箐鸡、树上的白鹇鸟，虎、豹、白鹿、野牛、熊、野猪、麂子、獐子、银、金、松石、墨玉、蛇、蛙的赔价来偿还。作为雪山上挖墨玉的赔价，作为金沙江淘金子的赔价，作为水中捉鱼的赔价、崖上猎野猪的赔价来偿还，作为阳坡上捕虎的赔价来偿还，作为山崖上猎岩羊的赔价，作为山崖树木中

92-B-26-16

tɕi²¹ tshy⁵⁵ be³³, | ʂɣ²¹ la³³ nɣ⁵⁵ me³³ ɯ³³ me³³ gə²¹ le³³ sɿ³³, u³³ nɯ³³ miə²¹ ʂər⁵⁵, dze³³ nɯ³³
麂子 价 做　　署 也 心　好 的　上 又 引 财 由 眼 满 粮 由

miə²¹ ka⁵⁵ be³³ le³³ zua²¹ . | sər³³ kɣ³³ zɿ²¹ tshy⁵⁵ be³³ le³³ zua²¹, lɣ³³ kɣ³³ pa³³ tshy⁵⁵ be³³
眼 遮 地 又 还　　　树 上 蛇 价 做 又 还　石 上 蛙 价 做

le³³ zua²¹ . | i³³da¹³ tʂhɿ³³ dɯ³³ dʑi²¹, mə³³ gu²¹ mə³³ tshər³³, kho³³ y²¹ he³³ hɯ²¹, nɯ²¹ ne²¹
又 还　主 人 这 一 家　不 病 不 疾　声 轻 神 安 福 和

ua²¹ ,dʑi²¹ i³³ dər³³ ʂər⁵⁵, hɯ²¹ ne²¹ dzæ³³ be³³ ho⁵⁵.
泽　水 流 塘 满　富 和 裕 做 愿

麂子的赔价来偿还。把署善良的心又引上来，用能遮盖住署的眼睛，使署心满意足的财物和粮食，偿还署索取的债，作为署树上蛇的赔价，石头上蛙的赔价来偿还。

愿这一户主人家不再生疾病，家中常传佳音，有福有泽，生活似流水满塘、充裕富足。

92-B-26-17

封底

（释读、翻译：和宝林）

307-B-30-01

$$\text{ʂɣ}^{21} \text{ gɣ}^{21} \cdot \text{n̩i}^{33} \text{ bɣ}^{33} \text{ lɑ}^{21} \text{ dər}^{33} \text{ sɑ}^{55}$$

祭署·迎请涅补劳端大神

307-B-30　祭署·迎请涅补劳端大神

【内容提要】

　　各种大神和署就住在居那若罗（ʤy nɑ zo lo）神山的四周，当居那若罗（ʤy nɑ zo lo）四边尚未形成之时，大神们住在美利达吉（mɯ lɯ dɑ ʤi）神海之中以及各种各样的"法轮"（各种元素组成的基座）之上。做祭祀的这一户主人家，从各个地方把神、祭司（包括涅补劳端 ȵi by lɑ dər）和各种署和尼，请到家中来，安置在神座上，香炉、神灯上，希望这些神和署能赐福保佑这一户主人家。

【英文提要】

Worshipping ʂv (the God of Nature), Greeting the God ȵi by lɑ dər

All gods and ʂv lived around the sacred mountain *ʤy nɑ zo lo*. Before the embryonic form of *ʤy nɑ zo lo*, gods lived in the sacred sea *mɯ lɯ dɑ ʤi* and all sorts of Dharma-cakra (a pedestal made of all elements). Family under ritual prayed gods, priests (including *ȵi by lɑ dər*) and all kinds of *ʂv* and *ȵi* befalling on sacred pedestals, censers and sacred lanterns to bless the family member.

307-B-30-02

第1行："5055"为洛克收藏的编号，并用洛克音标标注此书用于"祭署仪式"。
第2行：两个东巴文为"祭署"。
第3行：五个东巴文为书名：《迎请涅补劳端》。
第4行：记录了书名之纳西语读音。

307-B-30-03

a³³ la³³ mə³³ ʂər⁵⁵ n̩i³³, mɯ³³ thɣ³³ dy²¹ khu³³ zɿ³³, dʑy²¹ na⁵⁵ zo⁵⁵ lo³³ thɣ³³ tʂhɿ³³ zɿ³³. |
呵 也 不 说 日 天 开 地 辟 代 居 那 若 罗 产生 这 代

dʑy²¹ na⁵⁵ zo⁵⁵ lo³³ kɣ³³, py²¹ ne²¹ pha²¹ gə³³ ə³³ sɿ²¹ thɣ³³. | i³³ bu³³ ɕi³³ bo³³ bu³³ dɯ²¹ lu⁵⁵
居 那 若 罗 上 祭司 和 卜师 的 父亲 产生 绸 缎 光 大 四

la³³ kɣ⁵⁵ dʑi²¹ tɕər²¹, o⁵⁵ gə³³ bu²¹ lu³³ pɯ³³ pa³³ be³³ | dzi³³ ne²¹ tsho²¹ gə³³ ə³³ me³³ the²¹
射 帐 房 上 沃神 的 经书 变化 做 精人 和 崇人 的 母亲 这

nu³³ thɣ³³, | sa³³ dər³³ i³³ so³³ la³³ mu³³ le³³ mi²¹ be³³, | gɣ³³ mu³³ hæ³³ ʂɿ²¹ bu³³ dɯ²¹ lu⁵⁵
由 产生 萨朵依梭拉姆 又 名 作 身体 金 黄 光 大 四

la³³ the⁵⁵ n̩i³³ gɣ³³. | sa³³ dər³³ i³³ so³³ la³³ mu³³ thɯ³³, hæ³³ ʂɿ²¹ gɣ³³ dʑi³³ mu²¹, ŋɣ²¹ phər²¹
射 那样 成 萨朵依梭拉姆 他 金 黄 衣服 穿 银 白

ə⁵⁵ lɣ³³ mi²¹ lɣ³³ la²¹ phe³³ ty⁵⁵,
阿鲁明鲁　　　　手　中　拿

　　远古的时候，开天辟地的时代，居那若罗神山产生的时代。在居那若罗神山上，产生了祭司和卜师的父亲。在绸缎做的光辉灿烂的帐房旁，沃神的经书作变化，产生了精人和崇人的母亲。她的名字就叫作"萨朵依梭拉姆"，她的身体似黄金做成，光芒四射，他穿着金黄色的衣服，手里拿着白银的"阿鲁明鲁"（镜子），

307-B-30-04

la²¹ mi⁵⁵ ty³³ ty²¹ kɯ³³ kɯ²¹ gɣ³³ lɣ²¹ thy³³. | bi²¹ thy³³ mə³³ tʂhɿ³³ ɳi³³, i³³ da¹³ tʂhɿ³³ dɯ³³
神 女 千 千 万 万 赐福 产生 日 出 的 这 天 这人 这 一

dʑi¹³,sa³³ dər³³ i³³ so³³ la³³ mu³³ tshu⁵⁵ pa³³ be³³, | khɣ²¹ me³³ mɯ³³ tɕər²¹ tshe²¹ ho⁵⁵ ty³³
家 萨朵依梭拉姆 天香 烧 请 是 天 上 十 八 层

nɯ³³ kɣ²¹, i³³ da¹³ tʂhɿ³³ dʑi²¹ tɕər²¹ gɣ³³ lɣ¹ ka³³ le²¹ dɯ³³ be³³ lu³³. ‖ dʑy²¹ na⁵⁵ zo⁵⁵ lo³³
由 请 主人 这 家 上 赐福 保佑 一 做 来 居那若罗

ɳi³³ me³³ thy³³,uə³³ kə²¹ bɯ²¹ lɯ³³ pɯ³³ pa³³ be³³, dɣ³³ phər²¹ bu³³ dɯ²¹ lu⁵⁵ la³³ kɣ⁵⁵ dʑi²¹
东边 威格 经书 变化 做 海螺 白 光 大 四 射 帐房

ko²¹,dɣ²¹ ʂɿ³³ ʂə⁵⁵ la³³ uə³³ kə²¹ he²¹ dɯ²¹ the²¹ nɯ³³ thy³³, | o⁵⁵ ne²¹ he²¹ gə³³ ə³³ sɿ²¹ dɯ³³
里 督施什罗威格 神大 这 由 产生 沃神和恒神的 父亲 一

gɣ³³ thy³³, | gu³³ mu³³ dɣ³³ phər²¹ bu³³ dɯ²¹ lu⁵⁵ la³³ the⁵⁵ ɳi³³ gɣ³³, | dɣ³³ phər²¹ gɣ³³ dʑi³³
个 产生 身体 海螺 白 光 大 四 射 那样 成 海螺 白 衣服

mu²¹, ʂu³³ phər²¹ tɕər³³ tɕuə³³ la²¹ phə³³ ty⁵⁵.
穿 铁 白 戴 手 中 拿

　　赐福于千千万万的神女。好日子这一天，这一户主人家烧天香，供养萨朵依梭拉姆，请住在十八层天上的萨朵依梭拉姆，给这一户主人家赐福保佑。
　　在居那若罗神山的东方，威格的经书做变化，在海螺般洁白、光辉灿烂的帐房中，产生

了督施什罗威格大神,他就是沃神和恒神的父亲,他的身体就像海螺一般洁白光芒四射,他穿着海螺般洁白的衣服,手里拿着白铁戟,

307-B-30-05

dɣ²¹ ʂ̩³³ ʂə⁵⁵ la³³ uə³³ kə²¹ la²¹ nɯ³³, phɣ³³ la²¹ tɣ³³ tɣ²¹ kɯ³³ kɯ²¹ gɣ³³ lɣ²¹ iə⁵⁵. | bi²¹ thɣ³³
督施什罗威格　　　　　手　由　神　千　千　万　万　赐福　给　日　出

mə⁵⁵ tʂʰɿ³³ n̥i³³, i³³ da¹³ tʂʰɿ³³ dʑi²¹ nɯ³³, u³³ ɯ³³ ua³³ sɣ²¹ nɯ³³, dɣ³³ ʂ̩³³ ʂə⁵⁵ la³³ uə³³ gə²¹ gə³³
的　这　天　主人　这　家　由　财　好　五　样　由　督施什罗威格　　　　的

tʂʰu⁵⁵ pa³³ be³³. | bi²¹ thɣ³³ mə⁵⁵ tʂʰɿ³³ n̥i³³, mɯ³³ tɕər²¹ tʂʰe²¹ ho⁵⁵ tɣ³³, dɣ²¹ ʂ̩³³ ʂə⁵⁵ la³³
天香　烧　日　出　的　这　天　天　十　十　八　层　督施什罗威格

uə³³ kə²¹ dɯ³³ za²¹ la³³, ʂ̩³³ phər²¹ zɣ²¹ lɣ³³ tɕər²¹, ɕɣ²¹ mi³³ bæ³³ mi³³ tɕər²¹ n̥ə²¹ dɯ³³ za²¹
　　一　下　来　毡　白　神坛　上　香炉　灯盏　上　边　一　下

lu³³, | i³³ da¹³ tʂʰɿ³³ dʑi²¹ tɕər²¹ gɣ³³ lɣ²¹ ka³³ le²¹ dɯ³³ za²¹ lu³³. ‖ dʑɣ²¹ na⁵⁵ zo⁵⁵ lo³³, i³³
来　主人　这　家　上　赐福　保佑　一　下　来　居那若罗

tʂʰɿ³³ mɯ²¹, gə³³ tʂʰe⁵⁵ tʂʰe⁵⁵ bɣ³³ bɯ²¹ lɯ³³ pɯ³³ pa³³ be³³, | i³³ do³³ hɯ⁵⁵ ko³³ lo²¹, tʂʰɿ⁵⁵
南方　　格衬衬补　　　经书　变化　做　宝贝　海　里边

tsua³³ dʑi³³ mu³³ the²¹ nɯ³³ thɣ³³, | gɣ³³ mu³³ hæ³³ ʂ̩²¹ bu³³ dɯ²¹ lu⁵⁵ la³³ the⁵⁵ n̥i³³ gɣ³³, |
茨抓金姆　　这　由　产生　身体　金　黄　光　大　四　射　那样　成

hæ³³ ʂ̩²¹ gɣ³³ dʑi³³ mu²¹, hæ³³ ʂ̩²¹ tsər³³ lər²¹ la²¹ phə³³ tɣ⁵⁵, ua³³ hər²¹ bɯ³³ dɯ²¹ tʂʰe²¹ ho⁵⁵
金　黄　衣服　穿　金　黄　板铃　手　中　拿　松石　绿　念珠　十　八

lɣ³³ i³³ me³³ la²¹ phə³³ tɣ⁵⁵, | nɯ²¹ n̥i³³ tʂʰɿ³³ ua²¹ me³³
个　有　的　手　中　拿　福　要　所有　的

从督施什罗威格的手中,赐福给千千万万的神。好日子这一天,这一户主人家用五种好东西

烧天香，供养督施什罗威格大神，请大神从十八层天上降临来，请降临在白毡神座上，降临
在香炉、灯盏上，来赐福和保佑这一户主人家。

在居那若罗神山的南边，由格衬衬补大神的经书作变化，在有宝贝的大海里，产生了茨
抓金姆大神，茨抓金姆的身体似黄金一样光辉灿烂，她穿着金黄色衣服，手里拿着金黄色板
铃，拿着由十八颗绿松石做的念珠，她赐福给所有需要福泽的人，

307-B-30-06

he²¹ mi⁵⁵tɤ³³ tɤ²¹ kɯ³³kɯ²¹, tʂʅ⁵⁵tsuɑ³³dʑi³³ mu³³ gɤ³³ lɤ²¹ iə⁵⁵. | bi²¹ thɤ³³ mə⁵⁵ tʂʅ³³ ȵi³³,
神 女 千 千 万 万　　茨抓金姆　　　　赐福　给　日　出　的　这　天

no²¹ py⁵⁵ uɑ³³ sy²¹ nɯ³³, tʂʅ⁵⁵ tsuɑ³³ dʑi³³ mu³³ tshu⁵⁵ pɑ³³ be³³, | bi²¹ thɤ³³ mə⁵⁵ tʂʅ³³ ȵi³³,
宝贝　五　样　由　　茨抓金姆　　　　　天香　烧　日　出　的　这　天

mu³³ tɕər²¹ tshe²¹ ho⁵⁵ tɤ³³, tʂʅ⁵⁵ tsuɑ²¹ dʑi³³ mu³³ khɤ²¹ me³³ dɯ³³ zɑ²¹ lu³³,sʅ³³ phər²¹ zɤ²¹
天　上　十　八　层　茨抓金姆　　　　请　是　一　降　来　毡　白　神坛

lɤ³³ kɤ³³ dɯ³³ zɑ²¹ lu³³; bæ³³ mi³³、ɕy²¹ mi³³ kɤ³³ dɯ³³ zɑ²¹ lu³³, i³³ dɑ¹³ tʂʅ³³ dʑi²¹ tsər²¹,
上　一　下　来　灯盏　香火　上　一　下　来　主人　这　家　上

gɤ³³ lɤ²¹ kɑ³³ le²¹ dɯ³³ zɑ²¹ lu³³. ‖ dʑy²¹ nɑ⁵⁵ zo⁵⁵ lo³³ ȵi³³ me³³ gɤ²¹, kɑ³³ me³³ bɯ²¹ lɯ³³
赐福　保佑　一　下　来　居那若罗　　　西方　好　的　经书

pɯ³³ pɑ³³ be³³, | no²¹ py⁵⁵ ɯ³³ me³³ bu³³ dɯ²¹ lu⁵⁵ lɑ³³ kɤ⁵⁵ dʑi²¹ ko²¹ lo²¹, sər³³ pɑ³³ so³³
变化　做　宝贝　好　的　光　大　四　射　帐房　里边　　斯巴梭补肯

bɤ³³ khɯ³³ the²¹ nɯ³³ thɤ³³, sər³³ pɑ³³ so³³ bɤ³³ khɯ³³ gu³³ mu³³ ŋɤ³³ phər²¹ bu³³ dɯ²¹ lu⁵⁵
　　这　由　产生　斯巴梭补肯　　　　身体　银　白　光　大　四

lɑ³³, ŋɤ³³ phər²¹ gɤ³³ dʑi³³ mu²¹, dʐə²¹ tshe²¹ lɑ²¹ phə³³ tɤ⁵⁵, dzi³³ ne²¹ tsho²¹ tɤ³³ tɤ²¹ kɯ³³
射　银　白　衣服　穿　玖称　手　中　拿　精人和　崇人　千　千　万

kɯ²¹ le³³ gɤ³³ lɤ²¹, | bi²¹ thɤ³³ mə⁵⁵ tʂʅ³³ȵi³³ sər³³ pɑ³³ so³³ bɤ³³ khɯ³³ tshu⁵⁵ pɑ³³ be³³, |
万　又　赐福　日　出　的　这　天　斯巴梭补肯　　　　天香　烧

khɣ²¹ me³³,
 请   是

赐福给千千万万的神女。好日子这一天，人们用五种宝贵的东西给茨抓金姆烧天香，希望她在好日子里，从十八层天上降临来。请她降临到人们为她布置的白色毛毡神座上，降临到香炉、灯盏上，来赐福和保佑这一户主人家。

在居那若罗神山的西边，由好的经书作变化，在用宝贝制作的光辉灿烂的帐房里面，产生了斯巴梭补肯大神，他的身体用银子作成，银光闪闪。他穿着一件白银做的衣服，手里拿着玖称宝伞，给千千万万的精人和崇人赐福。好日子这一天，给斯巴梭补肯烧天香，请他

307-B-30-07

mɯ³³ tɕər²¹ tshe²¹ ho⁵⁵ ty³³ nɯ³³ dɯ³³ za²¹ lu³³, sɿ³³ phər²¹ zʅ²¹ lɣ³³ kɣ³³ i³³³ dɯ³³ za²¹ lu³³,
天 上 十 八 层 由 一 降 来 毡 白 神座 上 是 一 下 来

çy²¹ mi³³ bæ³³ mi³³ kɣ³³ i³³ dɯ³³ za²¹ lu³³. | sər³³ pa³³ so³³ bɣ³³ khɯ³³, i³³ da²¹ tʂʅ³³ dʑi²¹
香炉 灯盏 上 是 一 降 来 斯巴梭补肯   主人 这 家

tɕər²¹ gɣ³³ lɣ²¹ ka³³ le²¹ dɯ³³ za²¹ lu³³. ‖ dʑy²¹ na⁵⁵ zo⁵⁵ lo³³ ho³³ gɣ³³ lo²¹, çi²¹ po³³ bɯ²¹
上 赐福 保佑 一 下 来 居那若罗   北方 绸缎 经书

lɯ³³ pɯ³³ pa³³ be³³, bu³³ dɯ²¹ lu⁵⁵ la³³ ko³³ lo²¹, | pɣ⁵⁵ ʂʅ²¹ çə³³ tɕhy²¹ the²¹ nɯ³³ thɣ³³, |
变化 做 光辉灿烂   里边 布史 大鹏 这 由 产生

dzi³³ dʑə²¹ la³³ lər³³ dy²¹, ʂɣ²¹ tʂʅ³³ ua²¹ gə³³ sɿ³³ phe³³ çə³³ tɕhy²¹ thɣ³³, çə³³ tɕhy²¹ tɣ³³ tɣ²¹
人 住 辽阔 地方 署 所有 的 头目 大鹏 产生 大鹏 千 千

kɯ³³ kɯ²¹ le³³ gɣ³³ lɣ²¹. | bi²¹ thɣ³³ mə⁵⁵ tʂʅ³³ ɳi³³, çə³³ tɕhy²¹ tshu⁵⁵ pa³³ be³³, mɯ³³ tɕər²¹
万 万 又 赐福 日 出 的 那天 大鹏 天香 烧 天 上

tshe²¹ ho⁵⁵ ty³³, çə³³ tɕhy²¹ dɯ³³ za²¹ lu³³, sɿ³³ phər²¹ zʅ²¹ lɣ³³ tɕər²¹ dɯ³³ za²¹ lu³³, çy²¹ mi³³
十 八 层 大鹏 一 下 来 毡 白 神座 上 一 下 来 香炉

bæ³³mi³³ tɕər²¹ dɯ³³ za²¹ lu³³, çə³³ tɕhy²¹ za²¹ me³³, i³³ da¹³ tʂh̩³³ dʑi²¹ tɕər²¹ gɣ³³ lɣ²¹ ka³³
灯盏　　上　一　下　来　大鹏　　下　是　主人　这　家　上　赐福　保佑

le²¹ dɯ³³ be³³ lu³³. ‖ mɯ³³ le³³ dy²¹ zɣ⁵⁵ gɣ³³, sʅ⁵⁵ gə³³ pu²¹ lɯ³³ pu³³ pa³³ be³³,to³³ ba³³
　一　做　来　天　和　地　中央　人　的　经书　　变化　做　东巴

ʂər⁵⁵ lər³³ the²¹ nɯ³³ thɣ³³.
什罗　　这　由　产生

从十八层天上降临来，请他降临在白色毡子神座上，降临在香炉、灯盏上。请斯巴梭补肯降
临来，来给这一户主人家赐福保佑。

　　居那若罗神山的北边，用绸缎做的经书作变化，从灿烂的光芒之中产生了布史大鹏，他
是人类居住的辽阔大地上所有署的头目，他给千千万万的大鹏赐福。好日子这一天，人们给
大鹏烧天香，请他从十八层天上降临来。请他降临在白色毡子神座上，降临在香炉灯盏上。
大鹏降临，给这一户主人家赐福保佑。

　　由天地中央，人们使用的经书作变化，产生了东巴什罗，

307-B-30-08

no²¹ py⁵⁵ ɯ³³ me³³ kɣ³³ dʑi²¹ lo²¹,to³³ ba³³ ʂər⁵⁵ lər³³py²¹ ne²¹ pha²¹ gə³³ ə³³ sʅ²¹ thɣ³³. | to³³
宝贝　好的　　帐房　里　东巴什罗　　祭司　和　卜师　的　父亲　产生

ba³³ ʂər⁵⁵ lər³³ thɯ³³, gɣ³³ mu³³ ua³³ hər²¹ bu³³ dɯ²¹ lu⁵⁵ la³³ the⁵⁵ ɲi³³ gɣ³³, to³³ ba³³ ʂər⁵⁵
东巴什罗　　他　身体　松石　绿　光　大　四　射　那样　成　东巴什罗

lər³³ tʂhʅ³³, tshu²¹na⁵⁵ gɣ³³ dʑi³³ mu²¹,uæ³³ i³³ hæ³³sʅ²¹ to³³ bɯ²¹ ty⁵⁵, i²¹ i³³ py²¹ dzər²¹ dɯ²¹
他　墨玉　　衣服　穿　左　是　金黄　线轴　拿　右　是　祭　威　大

me³³ pu²¹ lɯ³³ ty⁵⁵, py²¹ bɣ²¹ sʅ²¹ çi³³ tshua⁵⁵ tshər²¹ le³³ gɣ³³ lɣ²¹, | bi²¹ thɣ³³ mə⁵⁵ tʂhʅ³³
的　经书　拿　祭司　三　百　六　十　又　赐福　日　出　的　那

ɲi³³, to³³ ba³³ ʂər⁵⁵ lər³³ tshu⁵⁵ pa³³ be³³, mɯ³³ tɕər²¹ tshe²¹ ho⁵⁵ ty³³, to³³ ba²¹ ʂər⁵⁵ lər²¹ dɯ³³
天　东巴什罗　　天香　烧　天　上　十八　层　东巴什罗　　一

za²¹ lu³³, sꞵ³³ phər²¹ ʐ̣ʅ²¹ lɣ³³ kɣ³³ i³³ dɯ³³ za²¹ lu³³, çy²¹ mi³³、bæ³³ mi³³ kɣ³³ i³³ dɯ³³ za²¹
下　来　毡　白　神座　上　是　一　下　来　香炉　　灯盏　上　是　一　下

lu³³,｜to³³ ba³³ ʂər⁵⁵ lər³³ thɯ³³, i³³ da²¹ tʂʅ³³ dʑi²¹ tɕər²¹, gɣ³³ lɣ²¹ ka³³ le²¹ dɯ³³ be³³ lu³³.｜
来　东巴什罗　　　他　主人　这　家　上　赐福　保佑　一　做　来

to³³ ba³³ ʂər⁵⁵ lər³³ pɯ³³ pa³³ be³³, he²¹ gə³³ la²¹ bɣ³³ tho³³ kə⁵⁵ the²¹ nɯ³³ thɣ³³,｜la²¹ bɣ³³
东巴什罗　　　变化　做　神的　劳补妥构　　　这　由　产生　劳补

tho³³ kə⁵⁵,uæ³³ la²¹ ə⁵⁵ lɣ³³ mi²¹ lɣ³³ ty⁵⁵,i²¹ la²¹ hæ³³ ʂꞵ²¹ phi²¹ pha³³ ty⁵⁵,｜n̦i⁵⁵ tʂʅ³³ ko²¹
妥构　　左手　镜子　　　拿右手　金黄　琵琶　　拿　涅支各瓦

ua³³ he²¹ dɯ²¹ la³³ tʂʅ³³ n̦i³³ tshu⁵⁵ pa³³be³³,｜la²¹ bɣ³³ tho³³ kə⁵⁵ thɯ³³,sꞵ³³ phər²¹ ʐ̣ʅ²¹ lɣ³³
神　大　也　今天　天香　烧　劳补妥构　　　他　毡　白　神座

kɣ³³ i³³ dɯ³³ za²¹ lu³³, i³³ da¹³ tʂʅ³³ dʑi²¹ tɕər²¹ gɣ³³ lɣ²¹ ka³³ le²¹ be³³ le³³ dɯ³³ za²¹ lu³³.
上　是　一　下　来　主人　这　家　上　赐福　保佑　做　又　一　降　来

就在宝贝做的帐房中，产生了各种祭司和卜师的父亲东巴什罗。东巴什罗他身体就像绿松石一样闪闪发光，穿着一件墨玉做的衣服，左手拿着金黄色的绕线轴，右手拿着威力强大的经书，给三百六十位祭司和卜师赐予福泽。好日子这一天，给东巴什罗烧天香，请在十八层天上的东巴什罗降临来，请他降临到白色牦牛毡子做的神座上，请他降临在香炉、灯盏上，请他降临来，给这一户主人家赐福保佑。

　　由东巴什罗做变化，产生了劳补妥构大神，劳补妥构左手拿着镜子，右手拿着琵琶，好日子这一天，连同涅支各瓦一起烧天香，供养他们。请劳补妥构大神降临来，请他降临在白色牦牛毡的神座上，降临在香炉、灯盏上。请他降临来，请给这一户主人家赐福保佑。

307-B-30-09

to³³ ba³³ ʂər⁵⁵ lər³³ pɯ³³ pa³³ be³³, thɣ³³ thɣ³³ ko²¹ ua³³ py³³ bɣ²¹ the²¹ nɯ³³ thɣ³³, thɣ³³ thɣ³³
东巴什罗　　　变化　做　土土各瓦　　祭司　这　由　产生　土土

ko²¹ ua³³ hæ³³ ʂꞵ²¹ da³³ kɣ³³ la⁵⁵, ga³³ gə³³ dy²¹ n̦ə²¹ dzꞵ²¹,｜bi²¹ thɣ³³ mə⁵⁵ tʂʅ³³ n̦i³³, tshu⁵⁵
各瓦　金黄　大鼓　敲胜神的　地方上　住　日　出　的　那天　天香

pa³³ be³³, thɣ³³ thɣ³³ ko²¹ua³³ʂʅ²¹ ne²¹ ȵi³³ sʅ³³ sʅ³³ i³³ dɯ³³ za²¹ lu³³, sʅ³³ phər²¹zʅ²¹ lɣ³³ kɣ³³
烧　署　　土土各瓦　　署和尼领　是一下来毡　白　神座　上

i³³ dɯ³³ za²¹ lu³³, çy²¹ mi³³ bæ³³ mi³³ kɣ³³ dɯ³³ za²¹ lu³³, i³³ da¹³ tʂhʅ³³ dʑi²¹ tɕər²¹, gɣ³³ lɣ²¹
是一下来香炉　灯火　上一下来主人　这家　上　赐福

ka³³ le²¹ be³³ le³³ dɯ³³ za²¹ lu³³. ‖ to³³ ba³³ ʂər⁵⁵ lər³³ pɯ³³ pa³³ be³³, se²¹ tho³³ dʑə²¹ uə³³
保佑　做又一　下来　东巴什罗　　变化　做　塞妥玖威

py³³ bɣ²¹ the²¹ nɯ³³ thɣ³³, se²¹tho³³ dʑə²¹ uə³³ py³³ bɣ²¹ nɯ³³, hæ³³ ʂʅ²¹ tsər³³ lər²¹ do⁵⁵, ua³³
祭司　这由产生　塞妥玖威　　祭司　由　金黄板铃　摇松石

hər²¹ da³³ khə²¹ la⁵⁵, tshu⁵⁵ pa³³ be³³, ∣ se³³ tho³³ dʑə²¹ uə³³ py³³ bɣ²¹ nɯ³³ sa²¹ da⁵⁵ ʂɣ²¹
绿　法鼓　敲天香　做　塞妥玖威　　祭司　由　刹道　署

sʅ³³ pe³³ le³³ sʅ³³ sʅ³³ dɯ³³ za²¹ lu³³, sʅ³³ phər²¹ zʅ²¹ lɣ³³ kɣ³³, çy²¹ mi³³ bæ³³ mi³³ kɣ³³ dɯ³³
头目　又引　一下来毡　白　神座　上香炉　灯火　上一

za²¹ lu³³, i³³ da²¹ tʂhʅ³³ dʑi²¹ ko²¹, gɣ³³ lɣ²¹ ka³³ le²¹ dɯ³³ za²¹ lu³³.
下来主人　这家里　赐福　保佑　一下来

东巴什罗作变化，产生了土土各瓦祭司。土土各瓦敲打着金黄色大鼓，住在胜神居住的大地上。好日子这一天，这一户主人烧天香，请土土各瓦大神偕同署和尼一起降临来，请降临在白色牦牛毡子神座上，请降临在香炉、灯盏上，请赐福保佑这一户主人家。

　　东巴什罗作变化，产生了塞妥玖威祭司，塞妥玖威祭司摇晃着金黄色板铃，敲打着绿松石法鼓。这一户主人家烧天香，请塞妥玖威祭司偕同刹道署的头目降临来，请降临在白色牦牛毡神座上，降临在香炉、灯盏上，请降临来给这一户主人家赐福保佑。

307-B-30-10

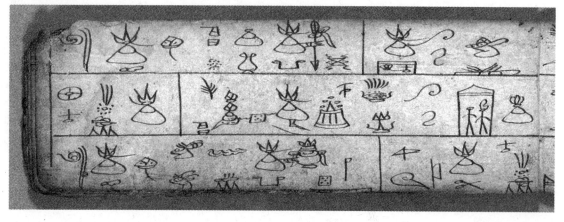

to³³ ba³³ ʂər⁵⁵ lər³³ pɯ³³ pa³³ be³³, ty³³ by²¹ o⁵⁵ zo³³ py³³ bɣ²¹ the²¹ nɯ³³ thɣ³³, ty³³ by²¹ o⁵⁵
东巴什罗　　变化　做　敦毕窝若　祭司　这　由　产生　敦毕窝若

zo³³ hæ³³ ʂʅ²¹ luɯ³³ sʅ³³ la²¹ phə³³ ty⁵⁵, | dzi³³ dʑə²¹ la³³ lər³³ dy²¹ gə³³ tʂhʅ³³ tsua³³ kɣ³³ i³³
　金　黄　箭　手　中　拿　人　住　辽阔　地　的　这　床上　是

dzʅ²¹ le³³ tɕi³³, dzi³³ dʑə²¹ la³³ lər³³ dy²¹,be³³ le³³ be⁵⁵ tshʅ²¹ zʅ³³ tɕər²¹ gɣ³³ lɣ²¹ ka³³ le²¹ le³³
　住　又　在　人　住　辽阔　地　人类　　　上　赐福　保佑　又

be³³ ne²¹, | tʂhʅ³³ ȵi³³ tʂhu⁵⁵ pa³³ be³³, ty³³ by³³ o⁵⁵ zo³³, ty¹³ gə³³ ʂɣ²¹ sʅ³³ phe³³ i³³ le³³ sʅ³³
做　在　今天　天香　烧　敦毕窝若　　敦　的　署　头目　是　又　引

sʅ³³ dɯ³³ za²¹ lu³³,sʅ³³ phər²¹ zɣ²¹ lɣ³³ kɣ³³,ɕy²¹mi³³、bæ³³ mi³³ kɣ³³ dɯ³³ za²¹ lu³³, i³³ da¹³
　一　降　来　毡　白　神座　上　香炉　灯火　上　一　降　来　主人

tʂhʅ³³ dʑi²¹ tɕər²¹,gɣ³³ lɣ²¹ ka³³ le²¹ dɯ³³ be³³ lu³³. ‖ to³³ ba³³ ʂər⁵⁵ lər³³ pɯ³³ pa³³ be³³, lo²¹
这　家　上　赐福　保佑　一　做　来　东巴什罗　变化　做

se³³ tɕi²¹ by³³ py³³ by²¹ the²¹ nɯ³³ thɣ³³,lo²¹ se³³tɕi³³ by³³ hæ³³ ʂʅ²¹ py²¹ba³³ la²¹ phə³³ ty⁵⁵,
罗生京补　祭司　这　由　产生　罗生京补　金　黄　净水壶　手　中　拿

ʂɣ²¹ gə³³ dy²¹ ko³³ lo²¹ nɯ³³ dzʅ²¹, | mɯ³³ lɯ⁵⁵ da²¹ dʑi²¹ hɯ⁵⁵ khu³³ tɕhi³³ le³³ tɕi³³, tʂhʅ³³
署　的　地　里边　由　住　美利达吉神海　　旁　守　又　在　今天

ȵi³³ tʂhu⁵⁵ pa³³ be³³,
天香　烧

　　东巴什罗作变化，产生了敦毕窝若祭司，敦毕窝若手里拿着金黄色宝箭，就坐在辽阔大地的这张床上，给辽阔大地上的人类赐福保佑。今天烧天香，供养他，请敦毕窝若偕署的头目敦神降临来，请降临在白色毛毡上，降临在香炉灯盏上，来给这一户主人家赐福保佑。
　　东巴什罗作变化，产生了罗生京补祭司，罗生京补祭司手里拿着净水壶，就住在署神的地方上，守在美利达吉神海边，今天，这一户主人烧天香，

307-B-30-11

lo³³ se³³ tɕi³³ by³³ nɯ³³ ʂɣ²¹ le³³ sʅ³³ sʅ³³ dɯ³³ za²¹ lu³³, sʅ³³ phər²¹ zʅ²¹ lɣ³³ kɣ³³, ɕy³³ mi³³
罗生京补　　由　署　又　引　一　下来　毡　白　神座　上　香炉

bæ³³ mi³³ kɣ³³ dɯ³³ za²¹ lu³³, i³³ da¹³ tʂʰɳ³³ dʑi²¹ tɕər²¹, gɣ³³ lɣ²¹ ka³³ le²¹ dɯ³³ be³³ lu³³. ‖
灯盏　　上　一　下　来　主人　这　家　上　赐福　保佑　一　做　来

mɯ³³tɕər²¹ tshe²¹ ho⁵⁵ ty³³ nɯ³³ dzɳ²¹ me³³ he²¹ dɯ²¹n̠i³³ bɣ³³ la²¹ dər³³, la²¹ ko²¹ tsɳ⁵⁵ phər²¹
天　十　十八　层　由　住　的　神大　涅补劳端　　　劳戈自盘金补

dʑi³³bɣ³³ he²¹dɯ²¹, ǀ ʂy²¹ tʂʰɳ³³ua²¹ le³³ sɳ³³ sɳ³³,dzi³³dʑə²¹ la³³lər³³dy²¹,be⁵⁵ tshɳ²¹ zɳ³³ tɕər²¹,
神大　　署　所有　又　引　人　住　辽阔　地人类　　　上

gɣ³³ lɣ²¹ ka³³ le²¹ be³³ le³³ dɯ³³ za²¹ lu³³. ‖ o⁵⁵ pa³³ uə³³ ze²¹ bu³³ dɯ²¹ lu⁵⁵ la³³ pɯ³³
赐福　保佑　做　又　一　降　来　窝巴威壬　　光　大　四　射　变化

pa³³ be³³, ǀ dzi³³ uə²¹ ua²² sy²¹ pɯ³³ pa³³ be³³, hər³³ gə³³ kho³³ lɣ⁵⁵, mi³³ gə³³ kho³³ lɣ⁵⁵,
做　精威　五　样　变化　做　风　的　法轮　火　的　法轮

dʑi²¹ gə³³ kho³³ lɣ⁵⁵, tʂɳ³³ gə³³ kho³³ lɣ⁵⁵ thy³³, ǀ dʑy²¹ na⁵⁵ zo⁵⁵ lo³³ lu⁵⁵ pha³³ piə⁵⁵ mə³³
水　的　法轮　　土　的　法轮　　产生　居那若罗　　四　边　变　不

kɣ⁵⁵
会

罗生京补带领着署一起降临来，请降临在白色毛毡神座上，降临在香炉、灯盏上，请降临来
给这一户主人家赐福保佑。

住在天上十八层的涅补劳端大神及劳戈自盘金补大神,带领着所有的署，请降临人类居
住的辽阔大地上，给人类赐福保佑。

由窝巴威壬灿烂的光芒作变化，产生了五种"精威"，产生了风的法轮，火的法轮，水
的法轮，土的法轮。当法轮的变化尚未形成居那若罗的四方之时，

307-B-30-12

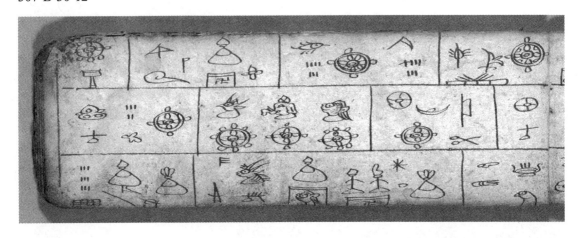

gə³³ kho³³lɣ⁵⁵ tɕər²¹. ǀ mɯ³³ lɯ⁵⁵ da²¹dʑi²¹hɯ⁵⁵ ko³³ lo²¹, he²¹ gə³³ ua³³ hər²¹ ɯ³³ me³³ dzɳ²¹
的　法轮　上　美利达吉　　神海　里边　神　的　松石绿　好　的　住

kɣ³³ be³³, | lɯ⁵⁵ tʂhɻ³³ ʂər⁵⁵ me³³, kho³³ lɣ⁵⁵ ʂər⁵⁵ le³³ be³³. | dzi³³ dʑə²¹ la³³ lər³³ dy²¹, dze³³
处　做　　动物　　满　的　法轮　满　又　做　人　住　辽阔　地　粮

ba³³ kho³³ lɣ⁵⁵ ɯ³³ me³³ tʂhɻ³³ ua³³ tsy²¹, | dɣ³³ phər²¹ çə³³ tɕhy²¹ kho³³ lɣ⁵⁵.hæ³³ ʂɻ²¹ tsho²¹
庄稼　法轮　好　的　这　五　种　海螺　白　大鹏　法轮　金　黄　大象

ze³³ kho³³ lɣ⁵⁵, dɣ³³ phər²¹ si³³ gɯ³³ kho³³ lɣ⁵⁵, ȵi³³ me³³ he³³ me³³ kho³³ lɣ⁵⁵ khu³³ le³
法轮　海螺　白　狮子　法轮　太阳　月亮　法轮　旁　又

tɕi³³, | bi²¹ thɣ³³ mə³³ tʂhɻ³³ ȵi³³,he²¹ dɯ²¹ gɣ³³ kɣ⁵⁵ dɯ³³ za²¹ lu³³, | sa³³ dər³³ i³³so³³ he²¹
放　日出　的　那　天神　大　九　个　一　下　来　萨朵依梭　神

dɯ²¹, dɣ³³ phər²¹ se³³ gɯ³³ tsua³³ nɯ³³ dz²¹. he²¹ dɯ²¹ la³³ mu³³ tɣ³³ tɣ²¹ ku³³ kɯ³³, ɯ³³
大　海螺　白　狮子　床　由　坐　神　大　拉姆　千　千　万　万　好

me³³ tsua³³ nɯ³³ le³³ dzɻ²¹ lu³³. | ʂɻ⁵⁵ lo³³ uə³³ kə²¹.
的　床　由　又　坐　来　　什罗威格

这些法轮，在松石般碧绿的美利达吉神海中，是大神们最好的住处，它就是所有动物的法轮。在人类居住的辽阔大地上，所有粮食和庄稼的五种好法轮，就放在海螺般洁白的大鹏法轮，金黄色大象的法轮，海螺般洁白的狮子法轮，以及日和月的法轮的旁边。好日子这一天，请九个大神从天上降临来，请萨朵依梭大神就坐在海螺般洁白的狮子床上，请千千万万的大神和"拉姆"（女神）坐在好的床上。请什罗威格

307-B-30-13

hæ³³ ʂɻ²¹ tsho³³ ze³³ tsua³³ nɯ³³ dzɻ²¹, i³³ ʂər⁵⁵ he²¹dɯ²¹ tɣ³³ tɣ²¹ ku³³ kɯ²¹, ɯ³³ me³³ tsua³³
金　黄　大象　床　由　坐　依世　神　大　千　千　万　万　好　的　床

nɯ³³ dɯ³³ dzɻ²¹ lu³³. | sər³³ pa³³ so³³ bɣ³³ khɯ³³, dɣ³³ phər²¹ çə³³ tɕhy²¹ tsua³³ nɯ³³ dzɻ²¹,
由　一　住　来　斯巴梭补肯　　海螺　白　大鹏　床　由　坐

sər³³ pa³³ he²¹ dɯ³³ tɣ³³ tɣ²¹ ku³³ kɯ²¹,ɯ³³ me³³ tsua³³ nɯ³³ dɯ³³ dzɻ²¹ lu³³. | tshɻ⁵⁵ tsua³³
斯巴　神　大　千　千　万　万　好　的　床　由　一　坐　来　茨抓

dʑi³³ mu³³ ua³³ hər²¹ tsua³³ ɯ³³ kɣ⁵⁵ nɯ³³ dʐŋ²¹,nɯ³³ ɲi³³ he²¹ dɯ²¹ tʂhŋ³³ ua²¹,tɣ³³ tɣ²¹ kɯ³³
金姆　松石绿 床 好 上 由 坐 泽 要 神 大 所有 千 千 万

kɯ²¹ ɯ³³ me³³ tsua³³ nɯ³³ dʐŋ²¹ le³³ lu³³. | to³³ ba³³ ʂər⁵⁵ lər²¹ hæ³³ ʂŋ²¹ kho³³ lɣ⁵⁵ tsua³³
万 好 的 床 由 坐 又 来 东巴什罗　　金 黄 法轮 床

nɯ³³ dʐŋ²¹,ti³³ tsŋ³³ gə²¹ ba²¹ sŋ²¹ ɕi³³ tshua⁵⁵ tshər²¹ɯ³³ me³³ tshua³³ nɯ³³ dɯ³³ dʐŋ²¹ lu³³. |
由 坐 弟子 格巴 三 百 六 十 好 的 床 由 人 坐 来

dɣ³³ phər²¹ ɕə³³ tɕhy²¹ tɕi²¹ ne²¹ hər³³ gə³³ tsua³³ nɯ³³ dʐŋ²¹,miə²¹ i³³ ɲi³³ me³³ he³³ me³³
海螺 白 大鹏 云 和 风 的 床 由 坐 眼 是 太阳 月亮

tɕɣ²¹ le³³ lɣ²¹, ʂŋ²¹ zŋ³³ ɕə³³ tɕhy²¹ tɣ³³ tɣ²¹ kɯ³³ kɯ²¹ la³³, ɯ³³ me³³ tsua³³ nɯ³³ dʐŋ²¹ le³³
方向 又 瞧 黄 似 大鹏 千 千 万 万 也 好 的 床 由 坐 又

lu³³. | la²¹ ko²¹ tsŋ⁵⁵ phər²¹ dʑi³³ bɣ³³, ɲi³³ me³³ he³³ me³³ tsua³³ nɯ³³ dʐŋ²¹, | ʂɣ²¹ ne²¹ ɲi³³
劳戈自盘金补　　　　 太阳 月亮 床 由 坐 署 和 尼

tʂhŋ³³ ua²¹
所有

坐在金黄色大象的床上，请所有千千万万的依世大神坐在好的床上来。请斯巴梭补肯坐在海
螺般洁白的大鹏床上，请千千万万的斯巴大神坐在好床上来。请茨抓金姆坐在绿松石的床上，
请所有千千万万需要福泽的大神坐在好床上来。请东巴什罗坐在金黄色的法轮上，请三百六
十个格巴弟子坐在好床上来。请海螺般洁白的大鹏神鸟坐在云和风的床上，眼睛朝着太阳和
月亮，由太阳、月亮光芒映照下，请千千万万金黄色的大鹏鸟坐在好床上来。请劳戈自盘金
补坐在太阳、月亮的床上，请所有署和尼

307-B-30-14

tɕi²¹ phər²¹ kho²¹ khu³³, ʂɣ²¹ i³³ pe³³ ma³³ ba⁵⁵ ba³³ tsua³³ nɯ³³ dɯ³³ dʐŋ²¹ lu³³. | to³³ ba³³
云 白 栅栏 旁 署 是 莲花 花儿 床 由 一 坐 来 东巴

ʂər⁵⁵ lər³³ hæ³³ʂʅ²¹ kho³³ lɤ⁵⁵ kɤ³³ nɯ³³ dzʅ²¹,he²¹ ne²¹ tshŋ²¹ i³³ le³³ tshŋ³³ phi²¹. | be⁵⁵ tshŋ²¹
什罗　　金黄　法轮　　上 由 坐 神 和 鬼 是 又 分别　　　人类

zʅ³³ ne²¹ ʂɤ²¹ i³³ le³³ tshŋ³³ phi²¹. | to³³ ba³³ ʂər⁵⁵lər³³ tɕi²¹ phər²¹ hər³³ phər²¹ kɤ³³nɯ³³ pɯ³³
和 署 是 又 分别　　东巴什罗　　云 白 风 白 上 由 变化

pa³³ be³³, | ȵi³³ uə³³ tshua⁵⁵dy²¹ gə³³ py³³ bɤ²¹ tshua⁵⁵ kɤ³³ be³³ le³³ tɕi³³. | ȵi³³ uə³³ tshua⁵⁵
做 尼坞　　六 地 的 祭司　　六 个 做 又 放 尼坞　　六

dy²¹ gə³³ gu²¹ ne²¹ tshər³³ py⁵⁵ be³³ ho⁵⁵. | sər³³ kɤ³³ lu⁵⁵ pha³³ phɤ³³ la²¹ tʂhŋ³³ ua²¹ me³³, |
地 的 疾 和 疾 送 做 愿　树 上 四 方 神灵　　所有　的

dæ²¹ ne²¹ tshu²¹,ga³³ ne²¹ u²¹ tʂhŋ³³ ua²¹ me³³, | piə⁵⁵ hua⁵⁵ dɯ²¹ me⁵⁵ o⁵⁵
勇敢 和 迅速 胜神 和 吾神 所有　　的　变化　　大 的 沃神

包括还在白云边上徜徉的署，坐在莲花宝座上来。

　　东巴什罗坐在金黄色法轮上，将神和鬼加以区别，将人类和署加以区别。东巴什罗坐在白云、白风上作变化，产生了"尼坞"六地的六个祭司，他们把"尼坞"地方产生的疾病送走。

　　请树上四方的所有大神，所有勇敢而行动迅速的大神，所有胜神和吾神，所有变化大的沃神

307-B-30-15

he²¹ tʂhŋ³³ ua²¹ me³³, | ʂɤ²¹ ne²¹ ȵi³³ tʂhŋ³³ ua²¹ me³³, | i³³ da¹³ tʂhŋ³³ dʑi²¹ ko²¹.sʅ³³ phər²¹
恒神 所有　　的　署 和 尼 所有　　的　主人 这 家里 毡 白

zʅ²¹ lɤ³³kɤ³³,ɕy²¹mi³³、bæ³³ mi³³ kɤ³³,tʂhər³³dʑi²¹ tʂhər³³ khua⁵⁵ kɤ³³ i³³ dɯ³³za²¹ lu³³. ‖ sa³³
神座　上 香炉　灯火　上 药 水药 碗 上 是 一 下 来　　萨

dər³³ i³³ so³³ mɯ³³ tɕər²¹ tshe²¹ ho⁵⁵ ty³³ nɯ³³ dɯ³³ za²¹ lu³³. | ʂʅ⁵⁵ lo³³ uə³³ kə²¹ dʑy²¹ na⁵⁵
朵依梭　天 上 十 八 层 由 一 下 来　　什罗威格　　居那

zo⁵⁵ lo³³n̠i³³ me³³ thɣ³³ nuɯ³³ duɯ³³ za²¹ lu³³, | tʂ̩ŋ⁵⁵ tsuɑ³³ dʑi³³ muɯ³³, dʑy²¹ nɑ⁵⁵ zo⁵⁵ lo³³ i³³
若罗　　东边　　　　由　一　下　来　　茨抓金姆　　　　居那若罗

tʂ̩ŋ³³ muɯ²¹ nuɯ³³ duɯ³³ za²¹ lu³³, | sər³³ pa³³ so³³ bɣ³³ khuɯ³³ dʑy²¹ nɑ⁵⁵ zo⁵⁵ lo³³ n̠i³³ me³³
南边　　　由　一　下　来　　斯巴梭补肯　　　　居那若罗　　　　　西边

gɣ²¹ nuɯ³³ duɯ³³ za²¹ lu³³.
　由　一　下　来

和恒神都降临来，请所有的署和尼降临来，请降临到这一户主人设置的白毡神座上来，降临到香炉、灯盏，药水、药碗上来。萨朵依梭从十八层天上降临来，什罗威格从居那若罗东方降临来，茨抓金姆从居那若罗山的南边降临来，斯巴梭补肯从居那若罗山的西边降临来，

307-B-30-16

dy³³ phər²¹ çə³³ tɕhy²¹，dʑy²¹ nɑ⁵⁵ zo⁵⁵ lo³³ ho³³ gɣ³³ lo²¹ nuɯ³³ duɯ³³ za²¹ lu³³, hæ²¹ i³³ bɑ⁵⁵
海螺白　大鹏　　居那若罗　　　北边　　由　一　降来　含依巴达

dɑ²¹ dzər²¹ kɣ³³ duɯ³³ dʑ̩²¹ lu³³, | to³³ bɑ³³ ʂər⁵⁵ lər³³, muɯ³³ ne²¹ dy²¹ ly⁵⁵ gɣ³³ i³³ bo³³
　树　上　一　坐　来　东巴什罗　　　天　和　地　中央　绸缎

phər²¹ me³³ bu³³ duɯ²¹ lu⁵⁵ lɑ³³ kɣ⁵⁵ dʑi²¹ bɣ²¹ i³³ duɯ³³ dʑ̩²¹ lu³³. | phɣ³³ lɑ²¹ tʂ̩ŋ³³ uɑ²¹
　白　的　光大四射帐房　下　是　一　住来　神灵　所有

me³³, dʑ̩²¹ kɣ³³ mə³³ dər³³ dər³³ le³³ be³³ se²¹.
　的　住处不差错又做了

海螺般洁白的大鹏鸟请从居那若罗的北边降临来，请坐在含依巴达神树上来。东巴什罗请降临到天地中央来，请住到绸缎做的光辉灿烂的帐房中来。所有神的住处都不差错了。

307-B-30-17

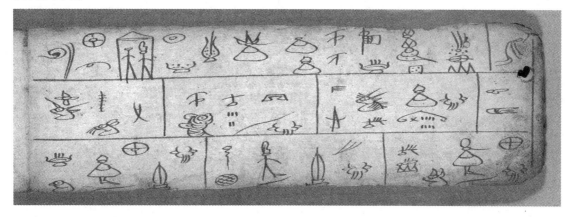

bi²¹ thɣ³³ mə⁵⁵ tʂʅ³³ n̩i³³,i³³ da¹³ tʂʅ³³ dɯ³³ dʑi²¹,ly⁵⁵ kɣ³³ py³³ bɣ²¹ nɯ³³ ma²¹ tshua³³ zʅ³³
日 出 的 这天 主人 这 一 家 利古 祭司 由 油 米 酒

nɯ³³ o⁵⁵ ne²¹ he²¹, phər²¹ ne²¹ sæ²¹, ga³³ ne²¹ u²¹, ʂɣ²¹ gə³³ tshu⁵⁵ pa³³ be³³. | i³³ da¹³ ma²¹
由 沃神和 恒神 盘神 和 禅神 胜神和 吾神 署 的 天香 烧 主人 膝盖

kɣ³³ dzɻ²¹ dzɻ³³ tʂʅ⁵⁵,nɯ²¹ ne²¹ ua²¹, khɣ⁵⁵ ne²¹ zʅ³³ le³³ me⁵⁵. | phɣ³³ la²¹ tʂʅ³³ ua²¹ me³³
双 双 跪福和 泽岁 和 寿 又 要 神灵 所有 的

gə²¹ le³³ pɣ⁵⁵.sa³³ dər³³ i³³ so³³ mɯ³³tɕər²¹ tshe²¹ho⁵⁵ ty³³ le³³ pɣ⁵⁵, | ʂʅ⁵⁵ lo³³ uə³³ kə²¹, dʑy²¹
上 又 送 萨朵依梭 天 上 十八层 又 送 什罗威格

na⁵⁵ zo⁵⁵ lo³³ n̩i³³ me³³ thɣ³³ le³³ pɣ⁵⁵, | tʂʅ⁵⁵ tsua³³ dʑi³³ mu³³ dʑy²¹ na⁵⁵ zo⁵⁵ lo³³ i³³ tʂʅ³³
居那若罗 东边 又 送 茨抓金姆 居那若罗 南边

mɯ²¹ le³³ pɣ⁵⁵, | sər³³ pa³³ so³³ bɣ³³ khɯ³³ dʑy²¹ na⁵⁵ zo⁵⁵ lo³³ n̩i³³ me³³ gɣ²¹ le³³ pɣ⁵⁵,
又 送 斯巴梭补肯 居那若罗 西方 又 送

好日子这一天，利古祭司用酥油、米、酒烧天香，供养沃神、恒神、盘神、禅神、胜神、吾神和署。主人双膝跪在地上，向神和署祈求福分泽分、祈求长寿健康。然后把所有的大神都送回去，把萨朵依梭大神送回到十八层天上去，把什罗威格送回到居那若罗神山的东边去，把茨抓金姆送回到居那若罗神山的南边去，把斯巴梭补肯送回到居那若罗神山的西边去，

307-B-30-18

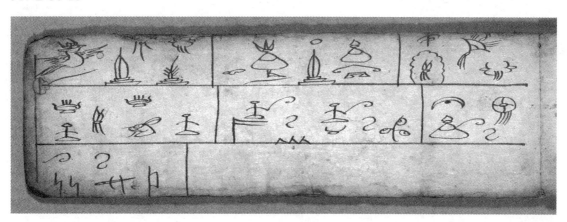

dʑɣ³³ phər²¹ çə³³ tɕhy²¹dʑy²¹ na⁵⁵ zo⁵⁵ lo³³ ho³³ gɣ³³ lo²¹ le³³ pɣ⁵⁵, | to³³ ba³³ ʂər⁵⁵ lər³³ dʑy²¹
海螺　白　　大鹏　居那若罗　　　　　北边　　又　送　东巴什罗

na⁵⁵ zo⁵⁵ lo³³ kɣ³³,mɯ³³ tɕər²¹ gə²¹ le³³ pɣ⁵⁵, | i³³ po³³ phər²¹ me³³ kɣ³³ dʑi²¹ kɣ³³ le³³ pɣ⁵⁵,
居那若罗　　上　天　上　上　又　送　绸缎　白　的　帐房　上　又　送

hæ³³ ʂ̩²¹tsər³³ lər²¹ kho³³ nɯ³³ pɣ⁵⁵. | u³³ dʐ̩²¹ kɣ³³ i³³ u³³ le³³ dʐ̩²¹, | ʂua²¹ dʐ̩²¹ çy²¹ gɣ³³
金　黄　板铃　　声　由　送　自己　住　处　是自己　又　住　　高处　住　低处　赐福

lɣ²¹, kho³³ dʐ̩²¹ nɣ⁵⁵ gɣ³³ lɣ²¹. | ha⁵⁵ nɯ³³ gɣ³³ lɣ²¹ ka³³ le²¹ n̠i⁵⁵ tɕər²¹ khua³³. gɣ³³ lɣ²¹
远处　住　近　赐福　　夜　由　赐福　保佑　天　上　益　赐福

tʂhər³³ tʂhər²¹, ka³³ le²¹ da⁵⁵ da³³ gɣ³³ be³³ ho⁵⁵.
稳当　　　　保佑　牢靠　成　做　愿

把海螺般洁白的大鹏送回到居那若罗神山的北边去。把东巴什罗送回到居那若罗神山顶上的天上去，让他住在白色的绸缎帐房里去。用金黄色板铃的响声送所有的大神。让他们又住到自己的地方去。请住在高处的神，给低处的人赐福保佑，请住在远处的神，给近处的人赐福保佑。请晚上赐的福分，一天都受益。愿神所赐的福分稳当，愿神的保佑牢靠。

307-B-30-19

封底

（释读、翻译：和宝林）

314-B-31-01

şʏ̩²¹ gʏ̩²¹ · tso³³ mɑ³³ ʏ²¹ tʂʏ̩³³ · kʏ̩³³ tʂu⁵⁵

祭署·迎请佐玛祖先·上卷

314-B-31 祭署·迎请佐玛祖先·上卷

【内容提要】

迎请各地各种各样的署神的佐玛祖先，请他们为了给人类赐福住到吾地来（生产粮食、人类居住的地方）。这一户主人家将用各种宝贵的东西烧天香，供养他们。希望这些署神能赐福保佑这一户主人家及大地上所有的人类。迎请的署神不仅是叫得上名字，知道住在什么地方的署神祖先，而且还包括那些叫不上名字的，不知住在什么地方的署神祖先。

【英文提要】

Worshipping *ṣv* (the God of Nature), Greeting the Ancestor *tso ma*, the First Volume

This book is about greeting the ancestor *tso ma* of various *ṣv* in all places and praying them to live in the human land (grain-producing and human habitation) for blessing. This family would use any precious article for thurification to consecrate, praying these gods could bless the family and all human beings. *ṣv* under greeting were not only those familiar ones knowing names and living places, but also those unknowns.

314-B-31-02

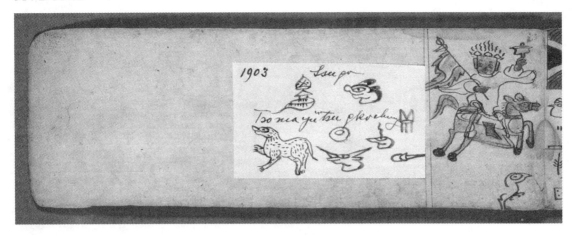

第 1 行："1903"是洛克收藏的编号，并用洛克音标标注此书用于"祭署仪式"。
第 2 行：两个东巴文意为"祭署"。
第 3 行：洛克音标标注书名的读音。
第 4 行：六个东巴文为此书书名：《迎请佐玛祖先·上卷》。

标签的下面：

314-B-31-03

a³³ la³³ mə³³ ʂər⁵⁵ n̩i³³,i³³ da¹³ tʂʅ³³ duɯ³³ dʑi²¹, muɯ³³ bɤ²¹ kuɯ²¹ tʂʅ³³ dzɿ²¹, kuɯ²¹ dzɿ²¹ tʂʅ³³
呵　也　不　说　日　主人　这　一　家　天　下　星　所　长　星　长　这

n̩i³³ uɯ³³,dy²¹ lo²¹ zə²¹ tʂʅ³³ y²¹, zə²¹ y²¹ tʂʅ³³ n̩i³³ hər¹. uæ³³ nuɯ³³ bi³³ thɤ³³ lɤ²¹, i²¹ nuɯ³³
天　好　地　里　草　所　生　草　生　这　天　绿　左　由　日　出　暖　右　由

le²¹ tshe⁵⁵ bu³³ tʂʅ³³ n̩i³³. | tɕy⁵⁵ tshu⁵⁵ sɤ²¹ khɤ²¹ me³³, be⁵⁵ tshɿ²¹ zɿ³³ bɤ³³ dy²¹, sɤ²¹ gə³³
月　光　明　这　天　最　早　署　请　是　人类　　　　的　地方　署　的

sʅ³³ phe³³,hæ³³ sʅ²¹ kho³³ lɤ⁵⁵ la²¹ phə³³ ty⁵⁵,u³³ gə³³ dy²¹ le³³ dzɿ²¹,u³³ gə³³ sɤ²¹ sʅ³³ phe³³
头目　金　黄　法轮　　手　中　拿　吾　的　地方　又　住　吾　的　署　头目

tshu⁵⁵pa³³ gə²¹ le³³be³³. | i³³ da¹³ tʂʅ³³ dʑi¹³ tɕər²¹,ga³³ le²¹ tʂhər³³ tʂhər²¹,gɤ³³ lɤ²¹ da⁵⁵ da³³
天香　　上　又　做　主人　这　家　上　保佑　愉快　　赐福　切实

duɯ³³ be³³ lu³³. | n̩i³³ me³³ thɤ³³ gə³³, sɤ²¹ gə³³ sʅ³³ phe³³ nuɯ³³, gɤ³³ lɤ²¹ ka³³ le²¹ thɤ⁵⁵
一　做　来　东方　　的　署　的　头目　由　赐福　保佑　做

luɯ³³ me³³, | dʑə²¹ gə³³ lɤ⁵⁵ bɤ²¹ buɯ³³kə⁵⁵ sɤ²¹,gɤ³³ lɤ²¹ ka³³ le²¹ u³³ gə³³ dy²¹ n̩ə²¹ dzɿ²¹ le³³
来　是　玖格吕本补格　　　署　赐福　保佑　吾　的　地方　上　住　又

tɕi³³, | i³³ da¹³ tʂʅ³³ dʑi¹³ tɕər²¹ gɤ³³ lɤ²¹ ga³³ le²¹ duɯ³³ be³³ lu³³. | i³³ tʂʅ³³ muɯ²¹, sɤ²¹
在　主人　这　家　上　赐福　保佑　一　做　来　南方　署

gə³³ sʅ³³ phe³³ ma²¹ du²¹
的　头目　麻董

远古的时候，这一户主人家，天上长满了星星，今天星星长得特别好。地上生长着绿草，今天的绿草格外碧绿。左边升起的太阳暖融融，右边出现的月光分外明亮。最早迎请的是和人类住在一起的署族头目，请他们手里拿着黄金做的法轮，为赐福降临吾的地方来，人们要烧天香，供养署神。请署神愉快地保佑这一户主人家，切实地赐福给这一户主人家。请东方的署神头目来给这一户主人家赐福保佑，署神的玖格吕本补格，为赐福请到吾的地方来，给这一户主人家赐福保佑。南方的署神头目麻董

314-B-31-04

bɣ³³ sʅ³³ me³³,gɣ³³ lɣ²¹ u³³ gə³³ dy²¹ nə²¹ dz²¹ le³³ tɕi³³, | i³³ da¹³ tʂhʅ³³ dʑi²¹ tɕər²¹, gɣ³³ lɣ²¹
补史美　　 赐福　吾的地方上　住又在　 主人　这　家 上　赐福

ka³³ le²¹ du³³ be³³ lu³³. | ɲi³³ me³³ gɣ²¹, ʂɣ²¹ gə³³ sʅ³³ phe³³ zo²¹ mi³³ lɣ⁵⁵ bu²¹ bɣ³³ kə⁵⁵,
保佑　 一　做来　西方　　署 的 头目　 若明吕本补构

gɣ³³ lɣ²¹ u³³ gə³³ dy²¹ nə²¹ dz²¹ le³³ tɕi³³, | i³³ da¹³ tʂhʅ³³ dʑi²¹ tɕər²¹ gɣ³³ lɣ²¹ ka³³ le²¹
赐福　 吾 的地方 上　住又 在　 主人 这家 上　赐福　保佑

du³³ be³³ lu³³. | ho³³ gɣ³³ lo²¹,ʂɣ²¹ gə³³ sʅ³³ phe³³ o⁵⁵ a³³ do²¹ lɣ³³ bu²¹ bɣ³³ kə⁵⁵ gɣ³³ lu²¹
一　做来　北方　　署 的 头目　窝阿朵吕本补格　　　 赐福

u³³ gə³³ dy²¹ nə²¹dzʅ²¹ le³³ tɕi³³, | i³³ da¹³tʂhʅ³³ dʑi¹³ tɕər²¹ gɣ³³ lɣ²¹ka³³ le²¹du³³ be³³ lu³³. |
吾 的地方 上　住又在　 主人 这家 上 赐福　保佑 一　做来

lɣ²¹ dzʅ²¹ tu³³ gə³³ ʂɣ²¹ sʅ³³ phe³³ kə⁵⁵ na²¹ lɣ²¹ gu³³ ko²¹ lɣ³³ bu²¹, gɣ³³ lɣ²¹ u³³ gə³³ dy²¹
龙方位　 的 署　头目　构那吕庚戈吕本　　　　 赐福　吾 的 地方

nə²¹ dzʅ²¹ le³³ tɕi³³. | i³³ da¹³ tʂhʅ³³ dʑi²¹ tɕər²¹ gɣ³³ lɣ²¹ ka³³ le²¹ du³³ be³³ lu³³.
上　住又 在　 主人　这家 上 赐福　保佑　 一 做来

补史美，为赐福降临到吾的地方，来给这一户主人家赐福保佑。西方署神头目若明吕本补构，
为赐福降临吾的地方，来给这一户主人家赐福保佑。北方的署神头目窝阿朵吕本补格，为赐
福降临吾的地方，来给这一户主人家赐福保佑。龙方位（东南方）署的头目构那吕庚戈吕本，
为赐福降临吾的地方，来给这一户主人家赐福保佑。

314-B-31-05

y²¹ dzʅ²¹ tu³³ gə³³ ʂɣ²¹ sʅ³³ phe³³, to³³ tɕɣ²¹ lɣ⁵⁵ bu²¹ bɣ³³, gɣ³³ lɣ²¹ u³³ gə³³ dy²¹ nə²¹ dzʅ²¹
羊 方位　 的 署 头目　朵居吕本补　　　 赐福　吾 的地方 上 住

le³³ tɕi³³. | y²¹ dzʅ²¹ tu³³ gə³³ ʂɣ²¹ sʅ³³ phe³³ bɣ³³ a⁵⁵ ma²¹ ka³³ bɣ³³ lɣ⁵⁵ bu²¹, gɣ³³ lɣ²¹ u³³
又 在 羊方位　 的 署　头目　　补阿麻嘎补吕本　　　赐福吾

gə³³ dy²¹ ɳə²¹ dzɿ²¹ le³³ tɕi³³,i³³ da¹³ tʂʰɿ³³ dʑi²¹ tɕər²¹gɣ³³ lɣ²¹ ka³³ le²¹ duɯ³³ be³³ lu³³. | ɯ³³
的 地方 上 住 又 在 主人 这 家 上 赐福 保佑 一 做 来 牛

dzɿ²¹ tuɯ³³ gə³³ ʂɣ²¹ sɿ³³ pʰe³³ lɣ⁵⁵ buɯ²¹ gɣ³³ lu²¹ u³³ gə³³ dy²¹ ɳə²¹ dzɿ²¹ le³³ tɕi³³, i³³ da²¹
方位 的 署 头目 吕 本 赐福 吾 的 地方 上 住 又 在 主人

tʂʰɿ³³ dʑi²¹ tɕər²¹ gɣ³³ lɣ²¹ ka³³ le²¹ duɯ³³ be³³ lu³³. | muɯ³³ le³³ dy²¹ lɣ⁵⁵ gɣ³³ gə³³ ʂɣ²¹ sɿ³³
这 家 上 赐福 保佑 一 做 来 天 又 对 中央 的 署 头目

pʰe³³, tsɿ³³ ma²¹ tʰa⁵⁵ me³³ ka³³ le²¹ u²¹ gə³³ dy²¹ ɳə²¹ dzɿ²¹ le³³ tɕi³³, | ɳi³³ gə³³ sɿ³³ pʰe³³
孜麻塔美 赐福 吾 的 地方 上 住 又 在 尼 的 头目

dzər²¹ nuɯ³³ dzɿ²¹ le³³ tɕi³³,ty²¹ gə³³ sɿ³³ pʰe²¹ æ²¹ nuɯ³³ dzɿ²¹ le³³ tɕi³³, | ʂɣ²¹ gə³³ sɿ³³ pʰe³³
树 由 住 又 在 敦 的 头目 崖 由 住 又 在 署 的 头目

dʑi²¹ nuɯ³³ dzɿ²¹ le³³ tɕi³³,u²¹ gə³³ sɿ³³ pʰe³³ dy²¹ nuɯ³³ dzɿ²¹ le³³ tɕi³³,
水 由 住 又 在 吾 的 头目 地 由 住 又 在

羊方位（西南方）的署神头目朵居吕本补，为赐福降临到吾的地方来，羊方位（这里是笔误，应为狗方位西北方）的署神头目补阿麻嘎补吕本，为赐福降临到吾的地方来，来给这一户主人家赐福保佑。牛方位（东北方）的署神头目吕本为赐福降临到吾的地方来，来给这一户主人家赐福保佑。天地中央的署神头目孜麻塔美，为赐福降临到吾的地方来。尼的头目住在树上，敦的头目住在山崖上，署的头目住在水中，吾的头目住在大地上，

314-B-31-06

i³³ da²¹ tʂʰɿ³³ dʑi²¹ nuɯ³³ tsʰu⁵⁵ pa³³ be³³,i³³ da¹³tʂʰɿ³³ dʑi²¹ tɕər²¹,gɣ³³ lɣ²¹ ka³³ le²¹ duɯ³³ be³³
主人 这 家 由 天香 烧主人 这 家 上 赐福 保佑 一 做

lu³³. | muɯ³³ ne²¹ dy²¹ lɣ⁵⁵ gɣ³³ gə³³ ʂɣ²¹ sɿ³³ pʰe³³, ɯ³³ me³³ hæ³³ tsɿ²¹ kʰo³³ lɣ⁵⁵ la²¹ pʰə³³
来 天 和 地 中央 的 署 头目 好 的 金 黄 法轮 手中

ty⁵⁵, i³³ da¹³ tʂhɿ³³ dʑi³³ nu³³ tshu⁵⁵ pa³³ be³³, mɯ⁵⁵ khɯ²¹ ʐɿ³³ nu³³ dɯ³³ za²¹ lu³³. | ȵi³³
拿 主人　 这 家 由　天香　 烧 火烟　 路 由 一 降 来

me³³ thɤ³³ gə³³ ʂɤ²¹sɿ³³ phe³³ kə⁵⁵ bɤ³³ lɤ⁵⁵ bɯ³³gɤ³³ lɤ²¹ u³³ gə³³dy²¹ ȵə²¹ dʑə²¹ le³³ tɕi³³, |
东方　　 的 署 头目　 构补吕本　　 赐福 吾 的 地方上 住 又 在

i³³ da¹³ tʂhɿ³³ dʑi²¹ tɕər²¹ gɤ³³ lɤ¹² ka³³ le²¹ dɯ³³ be³³ lu³³. | i³³ tʂhɿ³³ mɯ²¹ gə³³ ʂɤ²¹ sɿ³³
主人　 这 家　 上 赐福　保佑　 一 做 来　南方　 的 署 头目

phe³³ ma²¹ du²¹ gɤ³³ lɤ²¹ u³³ gə³³ dy²¹ ȵə²¹ dʑə²¹ le³³ tɕi³³, i³³ da²¹ tʂhɿ³³ dʑi¹³ go⁵⁵, gɤ³³ lɤ²¹
麻董　　 赐福 吾 的 地方 上 住 又 在 主人　 这 家 上　 赐福

ka³³ le²¹ dɯ³³ be³³ lu³³. | ȵi³³ me³³ gɤ²¹ gə³³ ʂɤ²¹ sɿ³³ phe³³ zo³³ mi³³ lɤ⁵⁵ bɯ³³ gɤ³³ lɤ²¹ u³³
保佑　 一 做 来 西方　 的 署 头目　 若命吕本　　 赐福 吾

gə³³ dy²¹ ȵə²¹ dʑɿ²¹ le³³ tɕi³³, | ho³³ gɤ³³ lo²¹ gə³³ ʂɤ²¹ sɿ³³ phe³³, o⁵⁵ a³³ to³³ lɤ⁵⁵ bɯ³³ thɯ³³,
的 地方 上 住 又 在 北方　　 的 署 头目　 窝阿东吕本　　　他

gɤ³³ lɤ²¹ u³³ gə³³ dy²¹ dʑɿ²¹ le³³ tɕi³³,
赐福 吾 的 地方 住 又 在

这一户主人家，给这些署神烧天香，供养他们，请署神赐福保佑这一户主人家。天地中央的署神头目，手里拿着上好的黄金法轮，这一户主人家给他烧天香，请他从天香的火烟路中降临来。东边方向的署神头目构补吕本为赐福，住到吾的地方来，来给这一户主人家赐福保佑。南边方向的署神头目麻董为赐福住到吾的地方来，来给这一户主人家赐福保佑。西边方向的署神头目若命吕本，为赐福住到吾的地方来，来给这一户主人家赐福保佑。北边方向的署神头目窝阿东吕本，为赐福住到吾的地方来，

314-B-31-07

i³³ da¹³ tʂhɿ³³ dʑi²¹ tɕər²¹ gɤ³³ lɤ²¹ ka³³ le²¹ dɯ³³ be³³ lu³³. | lɤ²¹ dʑə²¹ tu³³ gə³³ ʂɤ²¹ sɿ³³
主人　 这 家 上 赐福　 保佑　 一 做 来　龙 方位　 的 署头目

phe^{33}, kə^{55} na^{21} ly^{21} gɯ^{33} ko^{21} ly^{33} bɯ^{33},gɤ^{33} lɤ^{21} u^{33} gə^{33} dy^{21} ɲə^{21} dzʅ^{21} le^{33} tɕi^{33}, i^{33} da^{13}
　　构纳吕庚戈吕本　　　　　　赐福　吾 的 地方上　住 又 在 主人

tʂhʅ^{33} dʑi^{21} tɕər^{21},gɤ^{33} lɤ^{21} ka^{33} le^{21} dɯ^{33} be^{33} lu^{33}. | y^{21} dzʅ^{21} tɯ^{33} gə^{33} ʂɤ^{21} sʅ^{33} phe^{33} to^{33}
　　这 家 上 赐福 保佑 一 做 来 羊 方位 的 署 头目

tɕy^{21} ly^{55} bɯ^{33},gɤ^{33} lɤ^{21} u^{33} gə^{33} dy^{21} ɲə^{21} dzʅ^{21} le^{33} tɕi^{33}, i^{33} da^{13} tʂhʅ^{33} dʑi^{21} tɕər^{21} gɤ^{33} lɤ^{21}
　　东居吕本　　　　赐福　吾 的 地方上　住 又 在 主人 这 家 上 赐福

ka^{33} le^{21}dɯ^{33} be^{33} lu^{33}. | y^{21} dzʅ^{21} tɯ^{33}gə^{33} ʂɤ^{21} sʅ^{33} phe^{33} zo^{33} mi^{55} ly^{21}, | u^{33} gə^{33} dy^{21} ɲə^{21}
　　保佑　 一 做 来 羊 方位　 的 署 头目 若命吕　　 吾 的 地方 上

dzʅ^{21} le^{33} tɕi^{33}, ly^{21} bɯ^{33}gɤ^{33} lɤ^{21} dzʅ^{21} le^{33} tɕi^{33}, | ɯ^{33} dzʅ^{21} tɯ^{33}gə^{33} ʂɤ^{21} sʅ^{33} phe^{33} tsho^{21}
　　住 又 在 吕本 赐福　住 又 在 牛 方位　 的 署 头目

tʂhʅ^{33} ly^{33} bɯ^{33}gɤ^{33} lɤ^{21}, | u^{33} gə^{33} dy^{21} dzʅ^{21} le^{33} tɕi^{33}, | i^{33} da^{21} tʂhʅ^{33} dʑi^{21} ko^{55} gɤ^{33} lɤ^{21}
　　崇斥吕本　　　赐福　吾 的 地方　住 又 在　主人 这 家 上 赐福

ka^{33} le^{21} dɯ^{33} be^{33} lu^{33}, | sʅ^{21} gə^{33} sʅ^{33} phe^{33},
　　保佑　 一 做 来 署 的 头目

来给这一户主人家赐福保佑。龙方位（东南方）的署神头目构纳吕庚戈吕本，为赐福到吾的地方来，来给这一户主人家赐福保佑。羊方位（西南方）的署神头目东居吕本为赐福，住到吾的地方来，来给这一户主人家赐福保佑。羊方位（应是狗方位西北方）的署神头目若命吕，为赐福住到吾的地方来，吕本署也住到吾的地方来，牛方位（东北方）的署神头目崇斥吕本，为赐福住到吾的地方来，来给这一户主人家赐福保佑。

314-B-31-08

tʂhʅ^{33} ua^{21} me^{33}, mɯ^{33} ne^{21} dy^{21} ly^{55} gɤ^{33} nɯ^{33} dzʅ^{21} me^{33} dy^{33} dzʅ^{21} ʂɤ^{21}, dʑy^{21} nɯ^{33} dzʅ^{21}
　所有　 的 天 和 地 中央 由 住 的 翅 长署 山 由 住

me³³ dʏ³³ dzʅ²¹ ʂʏ²¹,huɯ⁵⁵ nuɯ³³ dzʅ²¹ me³³ dʏ³³ dzʅ²¹ ʂʏ²¹,sər³³ ne²¹ lʏ³³ nuɯ³³ dzʅ²¹ me³³ dʏ³³
的　翅　长　署　海　由　住　的　翅　长　署　木　和　石　由　住　的　翅

dzʅ²¹ ʂʏ²¹,│ i³³ da²¹ tʂhʅ³³ dʑi²¹ nuɯ³³ tshu⁵⁵ pa³³ le³³ be³³ buɯ³³,thu³³ n̩ə²¹ le³³ dzu³³ lu³³.│
长　署　主人　这　家　由　天香　又　烧　要　这里　又　拿　来

o⁵⁵ a²¹ tʂʅ³³ i³³ so³³ ua³³ ha³³,na⁵⁵ ma²¹ pa³³ dʑi³³ the³³ çi³³ so³³ uə³³,│ the³³ pa³³ dʑi³³ la²¹
窝呵　止　依　梭　瓦　哈　那　麻　鲍　吉　腾　喜　梭　威　腾　巴　吉　劳

mi³³ çi³³ dze³³ so³³ uə³³ ua³³ha³³.│ ʂʏ²¹ gə³³ sʅ³³ phe³³ ua³³ hər²¹ kho³³ lʏ⁵⁵ la²¹phe³³ ty⁵⁵,
明　喜　增　梭　威　瓦　哈　署　的　头目　松石绿　法轮　手中拿

lʏ⁵⁵ buɯ³³ gʏ³³ lʏ²¹ │ u³³ gə³³ dy²¹ n̩ə²¹ dzʅ²¹ le³³ tçi³³,│ i³³ da¹³ tʂhʅ³³ dʑi²¹ tçər²¹ gʏ³³ lʏ²¹
吕　本　赐福　吾　的　地方上　住　又　在　主人　这　家　上　赐福

ka³³ le²¹duɯ³³ be³³ lu³³.│ n̩i³³ me³³ thʏ³³, ʂʏ²¹ gə³³ sʅ³³ phe³³ gu²¹lʏ⁵⁵ kə⁵⁵ bʏ³³ lʏ⁵⁵ buɯ³³gʏ³³
保佑　一　做来　东方　署　的　头目　恭吕构补吕本　赐福

lʏ²¹ │ u³³ gə³³ dy²¹ n̩ə²¹ dzʅ²¹ le³³ tçi¹³, i³³ da²¹ tʂhʅ³³ dʑi²¹ tçər²¹,
吾　的　地方上　住　又　在　主人　这　家　上

署族的所有头目，住在天地中央长翅的署，住在山上长翅的署，住在大海中长翅的署，住在木石之上长翅的署，这一户主人家正烧天香供养你们，请你们来享受。"窝呵止依梭瓦哈那麻鲍吉腾喜梭威，腾巴吉劳明喜增梭威瓦哈"（咒语）。署的头目吕本手里拿着绿松石法轮，为赐福住到吾的地方来，来给这一户主人家赐福保佑。东方的署神头目恭吕构补吕本，为赐福住到吾的地方来，

314-B-31-09

i³³ da¹³ tʂhʅ³³ dʑi²¹ tçər²¹ gʏ³³ lʏ²¹ ka³³ le²¹ duɯ³³ be³³ lu³³.│ i³³ tʂhʅ³³ mi²¹ gə³³ ʂʏ²¹ sʅ³³
主人　这　家　上　赐福　保佑　一　做来　南方　的　署头

phe³³,ma⁵⁵ du³³ ly³³ bɯ³³,gɤ³³lɤ²¹ u³³ gə³³ dy²¹ ȵə²¹ dzɿ²¹ le³³ tɕi³³,i³³ da¹³ tʂhɿ³³ dʑi²¹ tɕər²¹
目　麻董吕本　　　　赐福　吾的地方上　　住又在　主人　这 家 上

gɤ³³ lɤ²¹ ka³³ le²¹ dɯ³³ be³³ lu³³. | ȵi³³ me³³ gɤ²¹ gə³³ ʂɤ²¹ sɿ³³ phe³³ mi³³ zo²¹ ly⁵⁵ bɯ³³,
赐福　保佑　一 做 来　西方　　的 署 头目　米若吕本

gɤ³³ lɤ²¹ u³³ gə³³ dy²¹ ȵə²¹ dzɿ²¹ le³³ tɕi³³, i³³ da¹³　tʂhɿ³³ dʑi²¹ tɕər²¹ gɤ³³ lɤ²¹ ka³³ le²¹ dɯ³³
赐福　吾的地方 上 住 又 在 主人　这 家 上 赐福 保佑 一

be³³ lu³³. | ho³³ gɤ³³ lo²¹ gə³³ ʂɤ²¹ sɿ³³ phe³³ o²¹ a⁵⁵ do²¹ ly³³ bɯ²¹ gɤ³³ lɤ²¹, | u³³ dy²¹ dzɿ²¹
做 来 北方　　的 署 头目 窝阿董吕本　　赐福　吾 地 住

le³³tɕi³³,i³³ da¹³ tʂhɿ³³ dʑi²¹ tɕər²¹ gɤ³³ lɤ²¹ ka³³ le²¹ dɯ³³ be³³ lu³³. | lɤ²¹ dzɿ²¹ tu³³ gə³³ ʂɤ²¹
又 在 主人　这 家 上 赐福 保佑 一 做 来 龙 方位　的 署

sɿ³³ phe³³ kə⁵⁵ na²¹ lɤ²¹ gu²¹ ko²¹ ly³³ bɯ²¹, gɤ³³ lɤ³³ u³³ dy²¹ dzɿ²¹ le³³ tɕi³³, i³³ da¹³ tʂhɿ³³
头目　构纳吕庚戈吕本　　　　赐福　吾 地方 住 又 在　主人　这

dʑi²¹ tɕər²¹ gɤ³³ lɤ²¹ ka³³ le²¹ dɯ³³ be³³ lu³³, | y²¹ dzɿ²¹ tu³³ gə³³ ʂɤ²¹ sɿ³³ phe³³ tsho²¹ tʂhɿ³³
家 上 赐福　保佑　一 做 来 羊 方位　的 署 头目　　崇蚩

ly³³ bɯ²¹,
吕本

来给这一户主人家赐福保佑。南方的署神头目麻董吕本，为赐福住到吾的地方来，来给这一户主人家赐福保佑。西方的署神头目米若吕本，为赐福住到吾的地方来，来给这一户主人家赐福保佑。北方的署神头目窝阿董吕本，为赐福住到吾的地方来，来给这一户主人家赐福保佑。龙方位的署神头目构纳吕庚戈吕本，为赐福住到吾的地方来，来给这一户主人家赐福保佑。羊方位的署神头目崇蚩吕本，

314-B-31-10

gɣ³³ lɣ²¹ u³³ gə³³ dy²¹ ɳə²¹ dzʅ²¹ le³³ tɕi³³, i³³ da²¹ tʂhʅ³³ dʑi²¹ tɕər²¹,gɣ³³ lɣ²¹ ka³³ le²¹ duɯ³³
赐福 吾 的 地方 上 住又 在 主人 这 家 上 赐福 保佑 一

be³³ lu³³. | ʂɣ²¹ gə³³ sʅ³³ phe³³, tsʅ²¹ le³³ se³³ mə³³ tha⁵⁵ tʂhʅ³³ ua²¹ me³³,muɯ³³ ne²¹ dy²¹ lɣ⁵⁵
做 来 署 的 头目 数 又 完 不 了 所有 的 天 和 地 中央

gɣ³³ nuɯ³³ ze²¹ dzʅ²¹ me³³,dʑy²¹ na⁵⁵ zo⁵⁵ lo³³ kɣ³³ nuɯ³³ ze²¹ dzʅ²¹ me³³,muɯ³³ luɯ⁵⁵ da²¹ dʑi²¹
由 那儿 住 的 居那若罗 上 由 那儿 住 的 美利达吉

huɯ⁵⁵ nuɯ³³ ze²¹ dzʅ²¹ me³³, dzər²¹ nuɯ³³ ze²¹ dzʅ²¹ me³³, æ²¹ ʂua²¹ dʑy²¹ ʂua²¹ kɣ³³ nuɯ³³ ze²¹
海 由 那儿 住 的 树 由 那儿 住 的 崖 高山 高处 由 那儿

dzʅ²¹ me³³, | u³³ gə³³ dy²¹ lo²¹ gɣ³³ lɣ²¹ duɯ³³ dzʅ²¹ lu³³, | muɯ³³ ne²¹ dy²¹ zɣ⁵⁵ gɣ³³ nuɯ³³
住 的 吾 的 地方 赐福 一 住 来 天 和 地 中央 由

kho³³ lɣ⁵⁵ uɯ³³ me³³ la²¹ phə³³ ty⁵⁵ le³³ lu³³, i³³ da¹³ tʂhʅ³³ dʑi²¹ nuɯ³³ ka³³ ne²¹ uɯ³³ me³³ ua³³
法轮 好 的 手 中 拿 又 来 主人 这 家 由 好 的 善 的 五

ɕi³³ sy²¹ nuɯ³³ tshu⁵⁵ pa³³ be³³. | ɳi³³ me³³ thɣ³³ dy²¹ gə³³ ba⁵⁵ ba³³ kɣ³³ gə³³ ʂɣ²¹ sʅ³³ phe³³
百样 由 天香 做 东方 地 的 花朵 上 的 署 头目

gu²¹ lɣ³³ lɣ³³ buɯ²¹ gɣ³³ lɣ²¹ ka³³ le²¹ u³³ dy²¹ dzʅ²¹ le³³ tɕi³³, i³³ da¹³ tʂhʅ³³ dʑi²¹ nuɯ³³ no²¹
恭吕吕本 赐福 保佑 吾 地 住 又 在 主人 这 家 由 宝贝

py⁵⁵ ua³³ sy²¹,uɯ³³ me³³ ɕi³³ sy²¹nuɯ³³ tshu⁵⁵ pa³³ be³³ i³³ da¹³ tʂhʅ³³ dʑi²¹ tɕər²¹ gɣ³³ lɣ²¹ ko³³
五 样 好 的 百样 由 天香 做 主人 这 家 上 赐福 保佑

le²¹ duɯ³³ be³³ lu³³. | i³³ tʂhʅ³³ muɯ²¹,dy²¹ gə³³ ba⁵⁵ ba³³ kɣ³³ gə³³ ʂɣ²¹ sʅ³³ phe³³ ma²¹ du³³
一 做 来 南方 地 的 花朵 上 的 署 头目 麻董署金

ʂɣ²¹ tɕi³³

为赐福请住到吾的地方来，来给这一户主人家赐福保佑。所有数不完的署神头目，不管他住在天地中央的什么地方，不管他住在居那若罗神山的什么地方、美利达吉神海的什么地方，不管他住在树上、山崖上、大山上的什么地方，都为了赐福住到吾的地方来，手里拿着好的法轮，到天地中央来，这一户主人家要用五百种美好吉祥的东西烧天香，供养你们。住在东边大地花朵上的署神头目恭吕吕本为了给主人赐福保佑，请住到吾地来，这一户主人要用五种宝贝，百样好东西烧天香，供养你们。请你们给这一户主人家赐福保佑。住在南方大地花朵上的署神头目麻董署金斯本，

314-B-31-11

sər³³ buɯ³³,gɣ³³ lɣ²¹ u³³ dy²¹ dʐŋ²¹ le³³ tɕi³³,i³³ da¹³ tʂhŋ³³ dʑi²¹ nuɯ³³ ɯ³³ me³³ ua³³tshər²¹ sy²¹
斯本　　赐福　吾　地　住又　在　主人　这　家　由　好的　五　十　种

nuɯ³³ tshu⁵⁵ pa³³ be³³, gɣ³³ lɣ²¹ ka³³ le²¹ duɯ³³ be³³ lu³³. | ȵi³³ me³³ gɣ²¹ dy²¹ gə³³ ba⁵⁵ ba³³
由　天香　烧　赐福　保佑　一　做来　西方　地　的　花朵

kɣ³³ ʂɣ²¹ gə³³ sŋ³³ phe³³ lɣ⁵⁵ buɯ³³gɣ³³lɣ²¹ u³³ dy²¹ dʐŋ²¹ le³³ tɕi³³,i³³ da¹³ tʂhŋ³³dʑi²¹ nuɯ³³ ɯ³³
上　署　的　头目　吕本　赐福　吾　地　住又　在　主人　这　家　由　好

me³³ ua³³ tshər²¹ sy²¹ nuɯ³³ tshu⁵⁵ pa³³ be³³,i³³ da¹³ tʂhŋ³³ dʑi²¹ tɕər²¹ gɣ³³ lɣ²¹ ka³³ le²¹ duɯ³³
的　五　十　种　由　天香　做　主人　这　家　上　赐福　保佑　一

be³³ lu³³. | ho³³ gɣ³³ lo²¹ dy²¹ gə³³ ba⁵⁵ ba³³ kɣ³³ ʂɣ³³ gə³³ sŋ³³ phe³³ du²¹ a⁵⁵ do²¹ lɣ⁵⁵ buɯ³³,
做来　北方　地　的　花朵　上　署　的　头目　董阿朵吕本

gɣ³³ lɣ²¹ u³³ dy²¹ dʐŋ²¹ le³³ tɕi³³, | i³³ da¹³ tʂhŋ³³ dʑi²¹ ɯ³³ me³³ ua³³ sy²¹ nuɯ³³ tshu⁵⁵ pa³³
赐福　吾　地　住又　在　主人　这　家　好的　五　样　由　天香

be³³, i³³da¹³ tʂhŋ³³dʑi¹³ tɕər²¹,gɣ³³ lɣ²¹ ka³³ le²¹ duɯ³³ be³³ lu³³. | y²¹ dʐŋ²¹ tuɯ³³ dy²¹ gə³³ ba⁵⁵
烧　主人　这　家　上　赐福　保佑　一　做来　羊方位　地　的　花朵

ba³³ kɣ³³ ma²¹ du²¹ kə⁵⁵ by³³ lɣ⁵⁵ buɯ³³ ʂɣ²¹ gə³³ sŋ³³ phe³³ gɣ³³ lɣ²¹ u³³ dy²¹ dʐŋ²¹ le³³ tɕi³³,
上　麻董构补吕本　　署　的　头目　赐福　吾　地　住又　在

i³³ da¹³ tʂhŋ³³ dʑi²¹ nuɯ³³ ɯ³³ me³³ ua³³ sy²¹ nuɯ³³ tshu⁵⁵ pa³³ be³³, i³³ da¹³ tʂhŋ³³ dʑi²¹ tɕər²¹,
主人　这　家　由　好　的　五样　由　天香　烧　主人　这　家　上

gɣ³³ lɣ²¹ ka³³ le²¹ duɯ³³ be³³ lu³³. | ɯ³³ dʐŋ²¹ tuɯ³³ dy²¹ gə³³ ba⁵⁵ ba³³
赐福　保佑　一　做来　牛　方位　地　的　花朵

为赐福住到吾地来，这一户主人家用五十种好东西烧天香，供养你们，请你们给这一户主人家赐福保佑。西方大地花朵上的署神头目吕本为赐福住到吾地来，这一户主人要用五十种好东西烧天香，供养你们，请你们给这一户主人家赐福保佑。北方大地花朵上的署神头目董阿朵吕本，为赐福请到吾地居住，这一户主人家要用五样好东西烧天香，供养你们，请你们来赐福保佑这一户主人家。羊方位大地花朵上的署神头目麻董构补吕本，为赐福请住到吾地来，这一户主人家要用五种好东西烧天香，供养你们，请你们给这一户主人家赐福保佑。牛方位大地花朵上的

314-B-31-12

tsho⁵⁵ tʂhʅ³³ ly⁵⁵ buɯ³³ gɣ³³ lɣ²¹ u³³ dy²¹ dzʅ²¹ le³³ tɕi³³,i³³ da¹³ tʂhʅ³³ dʑi¹³ nuɯ³³ ɯ³³ me³³ ua³³
措　斥吕本　　　　　赐福　吾地　住　又　在　主人　这　家　由　好　的　五

sy²¹tshu⁵⁵ pa³³be³³,gɣ³³ lɣ²¹ ka³³ le²¹bɣ³³ tsa²¹be³³. | muɯ³³ le³³ dy²¹ ly⁵⁵ gɣ³³,huɯ⁵⁵ lo²¹ dzʅ²¹
样　天香　　烧赐福　保佑　堆　成　做　天　和　地　中央　海　里　住

me³³ ʂɣ²¹ sʅ³³ phe³³, dʑi²¹ duɯ²¹ dʑi²¹ tɕi⁵⁵ dzʅ²¹ me³³ ʂɣ²¹ sʅ³³ phe³³,sər³³ duɯ²¹ sər³³ tɕi⁵⁵ dzʅ²¹
的　署头目　水　大水　小　住　的　署头目　树　大树　小　住

me³³ ʂɣ²¹ sʅ³³ phe³³, khɣ³³ me³³ tɕi⁵⁵, tsʅ³³ mə³³ tha⁵⁵ ȵə²¹ ʂɣ²¹ sʅ³³ phe³³,i³³ da¹³ tʂhʅ³³ dʑi²¹
的　署头目　　请　是　怕　迎请不成　的　署头目　主人　这　家

nuɯ³³ ɯ³³ me³³ gɣ³³ tshər²¹ sy²¹ nuɯ³³ tshu⁵⁵ pa³³ be³³,gɣ³³ lɣ²¹ ka³³ le²¹ duɯ³³ be³³ lu³³. | i³³
由　好　的　九　十　样　由　天香　烧　赐福　保佑　一　做　来　主人

da¹³ ʂɣ²¹ gə³³ ne²¹ tsʅ³³ the³³ khu³³ nuɯ³³, no²¹ py⁵⁵ lo²¹ bɣ³³ tʂhʅ³³ biə³³ biə³³ be³³, ʂu²¹ le³³
署　的　能孜腾空　　由　宝物　稀罕物　　一样　的　纯　又

kə⁵⁵ tsʅ²¹ ua³³ sy²¹ tshu⁵⁵ pa³³ be³³, | na²¹ me³³ bu²¹ kɣ³³ gə²¹ le³³ bu³³ le³³ fæ³³, bæ³³ mi³³
干净　五样　天香　烧　　黑　的　坡上　上又　亮又去　灯火

tʂhʅ³³ duɯ³³ tɕər³³, | ʂɣ²¹ gə³³ sʅ³³ phe³³ ȵə²¹ tshu⁵⁵ pa³³ be³³.
这　一　盏　署的　头目　上　天香　烧

署神头目措斥吕本，为赐福住到吾地来，这一户主人家要用五种好东西烧天香，供养你们，请你们大量地赐福保佑这一户主人家。住在天地中央的大海中的署神头目，住在大水、小水中的署神头目，住在大树、小树上的署神头目，去请又害怕，又不能当面去迎接的所有署神头目，这一户主人要用五十种好东西烧天香，供养你们，请你们来赐福保佑这一户主人家。这一户主人家请署神能孜腾空找来宝物、各种稀罕物及五种干干净净的好东西，给你们烧天香，供养署神，让这些宝物和稀罕的东西，使黑暗的山坡上，又出现光明，像一盏明灯一般给署神烧天香，

314-B-31-13

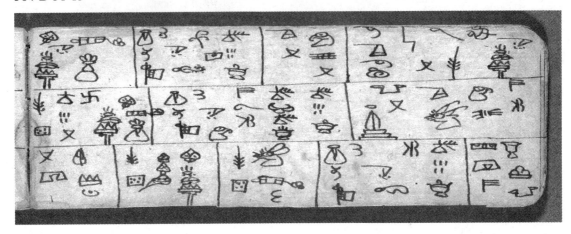

tshu⁵⁵pa³³ be³³ me³³ duɯ³³ dzu³³ lu³³. | o⁵⁵ na²¹ ga³³lɯ³³ be³³ a³³ dzʮ³³ pe³³ so³³ ua³³ ha³³. |
　供养　　做　是　一　拿　来　窝　那　高　利　本　呵　主　本　梭　瓦　哈

ʂu²¹ me³³ kə⁵⁵ tsʅ³³ me⁵⁵. | mə³³ ʂu²¹ mə³³ tʂhə⁵⁵, tʂhər³³ me³³ dʑi²¹ ne²¹ sər³³ nɯ³³ tshu⁵⁵
　纯　的　干净　的 | 不　纯　不　秽　　洗　的　水　和　木　由　供养

pa³³ be³³, | ʂʮ²¹ gə³³ sʅ³³ phe³³ tʂhʅ³³ ua²¹ me³³, ɯ³³ me³³ tshu⁵⁵ pa³³ le³³ dzu³³ lu³³. | o⁵⁵
　做　署　的　头目　所有　的　好的　供养　又　拿　来　窝

ne²¹ ga³³se³³ be²¹ kə⁵⁵ sa³³ bʮ³³ i³³ so³³ kho³³ so³³ u³³ so³³ua³³ ha³³. | dʑʮ²¹na⁵⁵ zo⁵⁵lo³³kʮ³³
　嫩　高　胜　本　构　沙　补　依　梭　空　梭　吾　梭　瓦　哈　居　那　若　罗　上

nɯ³³ thʮ³³ me³³ ʂu²¹ se³³ kə⁵⁵ tsʅ²¹ sa⁵⁵ i³³ me³³ gə³³ çy⁵⁵ ma²¹ nɯ³³, | ʂʮ²¹ gə³³ sʅ³³ phe³³
　由　出　的　纯　的　干净　气　有　做　的　柏枝　酥油　由　署　的　头目

tshu⁵⁵ pa³³ be³³. | ʂʮ²¹ gə³³ sʅ³³ phe³³ le³³ dzu³³ lɯ³³. | o⁵⁵ na²¹ ga³³ lɯ³³ be³³ sʅ³³ i³³ so³³
　供养　　做　署　的　头目　又　拿　来　窝　那　高　利　本　使　依　梭

ua³³ ha³³. | lo²¹ bʮ³³ tʂhʅ³³ gə³³ sa⁵⁵ tɕər²¹ lʮ³³ thʮ³³
　瓦　哈　珍宝　　的　气　上　石　出

供养署神，请署神来取。"窝那高利本呵主本梭瓦哈"（咒语）。用纯洁干净的，不带秽物，像洗过一样的水和木供养署神，请所有署神头目来取用这好的供养品。"窝嫩高胜本构沙补

依梭空梭吾梭瓦哈"（咒语）。由居那若罗神山上出的最纯洁、最干净的，有香气的柏枝和酥油供养所有的署神头目。请署神头目来取用。"窝那高利本使依梭瓦哈"（咒语）。由珍宝的气上生出的石头

314-B-31-14

me³³ nɯ³³ ʂu²¹ se³³ kə⁵⁵ tsʅ³³ me³³, | bu²¹ kɣ³³ zʅ³³ be³³ bu³³.ba⁵⁵ ba³³ tʂʅ³³ dɯ³³ gɣ³³ me³³
做 的 纯 了 干净 的 坡上世代 地 亮 花朵 这 一 个 是

nɯ³³ ʂɣ²¹ ŋə²¹ tshu⁵⁵ pa³³ be³³, ʂɣ²¹ gə³³ ʅ³³ phe³³ dɯ³³ dzu³³ lu³³. | o⁵⁵ na²¹ ga³³ lɯ⁵⁵
的 署 上 供养 做 署 的 头目 一 拿 来 窝 那 高利

ty³³ so³³ u³³ so³³ ua³³ ha³³. | lo²¹ bɣ³³ tʂʅ³³ gə³³ ha³³ lɣ³³ ua³³ sɣ²¹ thɣ³³ me³³,ʂu²¹ se³³ kə⁵⁵
敦 松 吾 梭 瓦 哈 珍宝 的 粮食 五 样 出 的 纯 了 干净

tsʅ³³ me³³, | dʑy²¹ na⁵⁵ zo⁵⁵ lo³³ the⁵⁵ ȵi³³ gɣ³³ gə³³ to³³ ma³³ tʂʅ³³ gɣ³³ nɯ³³, | ʂɣ²¹ gə³³
的 居那若罗 那样 成 的 面偶 这个 由 署的

ʅ³³ phe³³ tshu⁵⁵pa³³ be³³,dɯ³³ dzu³³ lu³³. | o⁵⁵ nɯ²¹ ma³³ i³³ lo³³ thɯ³³ tʂʅ³³ ha³³ du³³ ‖
头目 供养 做 一 拿来 窝嫩 麻 依罗 替 斥 好 董

ʂɣ²¹ gə³³ ʅ³³ phe³³ dɯ²¹ me³³ uə³³ ko³³ lo²¹ nɯ³³ dzʅ²¹, | mu³³ le³³ dy²¹ zɣ⁵⁵ gɣ³³,ʂɣ²¹ gə³³
署 的 头目 大 的 寨里边 由 住 天 和 地 中央 署 的

ʅ³³ phe³³ tse³³ na³³ lɯ²¹ tʂʅ⁵⁵, gɣ³³ phər¹² bu³³ dɯ²¹ lu⁵⁵ la³³,ua³³ hər²¹ kho³³ lɣ⁵⁵
头目 增那林斥 身 白 光 大 灿烂 松石 绿 法轮

上长的纯洁而干净的，在山坡上世代闪亮的花朵，供养署神，请署的头目来取。"窝那高利敦松吾梭瓦哈"（咒语）。由珍宝似的纯洁而又干净的五种粮食做的面偶，这面偶就像居那若罗神山一样大，用来供养署神，请署神头目来取用。"窝嫩麻依罗替斥好董"（咒语）。
　　署神的大头目住在寨子里，大地中央的署神增那林斥身体洁白闪闪发光，坐在绿松石法轮

314-B-31-15

muɯ³³ dzɚr³³ tsua³³ kɣ³³ dzɿ²¹.ti³³ tsɿ³³ by²¹ bo³³ la²¹ phe³³ ty⁵⁵.tshu⁵⁵ pa³³ gə²¹ le³³ be³³.dʑi³³
美汁　　床　上　坐　净水壶　　　手　中　拿　供养　上　又　做　净

sa⁵⁵ by³³ le³³ khɯ⁵⁵. | ȵi³³ me³³ thɣ³³, tʂʅ³³ɯ³³ bɯ²¹ lɯ³³ kho³³ lɣ⁵⁵ tʂua³³ nɯ³³ dzɿ²¹, ʂɣ²¹
水　分　又　放　东方　　药　书　　法轮　床　由　坐　署

sɿ³³ phe³³ tsho²¹ tʂʅ³³ bu³³ dɯ²¹ lu⁵⁵ la³³ be³³,dɣ³³ phər²¹ kho³³ lɣ⁵⁵ la²¹ phe³³ ty⁵⁵, tshu⁵⁵
头目　崇斥　光　大　灿烂　地　海螺　白　法轮　手　中　拿　天香

pɑ³³ by³³. | i³³ tʂʅ³³ mi²¹tʂhər³³ɯ³³ bɯ²¹lɯ³³ tsua³³ nɯ³³ dzɿ²¹ gə³³ ʂɣ²¹ sɿ³³ phe³³ o⁵⁵ bɯ²¹,
　烧　南方　药　书　　床　由　坐　的　署　头目　窝本

ua³³ hər²¹ bu³³ dɯ²¹ lu⁵⁵ la³³ the⁵⁵ ȵi³³ gɣ³³,ua²¹ hər²¹dʑi²¹ dɯ²¹ la²¹ phe³³ ty⁵⁵. tshu⁵⁵pa³³
松石绿　光　大　四射　那样　地　松石绿　水　大　手　中　拿　天香

by³³. | ȵi³³me³³gɣ²¹tʂhər³³ ɯ³³ bɯ²¹lɯ³³ tsua³³ nɯ³³dzɿ²¹ ʂɣ²¹ sɿ³³ phe³³ gə³³ u²¹ kə⁵⁵ mi⁵⁵,
烧　西方　药　书　床　由　坐　署　头目　格吾构命

gɣ³³ mɯ³³ bu³³ dɯ²¹ lu⁵⁵ la³³ be³³,ua³³ hər²¹ zɣ⁵⁵dʑi²¹ la³³ phe³³ ty⁵⁵, thɯ²¹ gə³³ tshu⁵⁵ pa³³
身子　光　大　四射　做松石绿柳　水　手　中　拿　他　的　天香

be³³, | ho³³ gɣ³³ lo²¹, tʂhər³³ ɯ³³ bɯ²¹lɯ³³ tsua³³ nɯ³³ dzɿ²¹ ʂɣ²¹ gə³³ sɿ³³ phe³³ to²¹ mi⁵⁵
烧　北方　药　书　床　由　坐　署　的　头目　朵命

gu³³ mu³³ bu³³dɯ²¹ lu⁵⁵ la³³ be³³, dɣ³³ phər²¹ py²¹ ba³³ la²¹ phə³³ ty⁵⁵, thɯ³³ gə³³ tshu⁵⁵
身子　光　大　四射　地　海螺　白　净水壶　手　中　拿　他　的　天香

pɑ³³ by³³. | lɣ²¹ dzɿ²¹ tɯ³³ ʂɣ²¹ gə³³ sɿ³³ phe³³ tsu²¹ tʂhɿ⁵⁵ tʂhər³³ ɯ³³ bɯ²¹ lɯ³³ tsua³³ nɯ³³
　烧　龙　方位　署　的　头目　崇蛊　药　书　　床　由

dzʅ²¹, gɣ³³ mu³³ dɣ³³ phər²¹ bu³³ dɯ²¹ lu⁵⁵ la³³ be³³, ua³³ hər²¹ ba⁵⁵ ba³³ la²¹ phə³³ ty⁵⁵,
　坐　身体　　海螺 白 光 大 四 射 做 松石 绿 花　　手 中 拿

美汁床上，手中拿着净水壶，为他烧天香洒净水。东方的署神头目崇斥身体像白海螺一样闪
闪发光，坐在药书床上，手中拿着白海螺法轮，人们为他烧天香，供养他。南方的署神头目
窝本坐在药书床上，身体就像绿松石那样闪闪发光，他手中拿着松石般碧绿的大水，人们为
他烧天香，供养他。西方署头目格吾构命，坐在药书床上，身体闪闪发光，手里拿着碧绿的
松石般柳条净水，人们为他烧天香，供养他。北方的署神头目朵命，坐在药书床上，身体就
像白海螺一样闪闪发光，他手里拿着白海螺般洁白的净水壶，人们为他烧天香，供养他。龙
方位署的头目崇蛊，坐在药书床上，身体像白色海螺闪闪发光，手中拿着绿松石花

314-B-31-16

tshu⁵⁵ pa³³ be³³. | y²¹ dzʅ²¹ tɯ³³, ʂɣ³³ gə³³ sʅ³³ phe³³ tʂhər³³ ɯ³³ bɯ²¹ lɯ³³ kɣ³³ dzʅ²¹, u³³ n̠i⁵⁵
天香　　烧 羊 方 位 署的 头目　　药　　书　上 坐 乌尼

bu³³ dɯ²¹ lu⁵⁵ la³³ be³³, tshu³³ dzæ²¹ ba⁵⁵ ba³³ la²¹ phə⁵⁵ ty⁵⁵ me³³ tshu⁵⁵ pa³³ be³³. | khɯ³³
光 大 四 射 地 墨玉 杂色 花朵　　手 中 拿 的 天香　　烧　狗

dzʅ²¹ tɯ³³, tʂər³³ ɯ³³ bɯ²¹ lɯ³³ nɯ³³ dzʅ²¹, ʂɣ²¹ gə³³ sʅ³³ phe³³ tsho²¹ mi⁵⁵ gɣ³³ mu³³ ua³³ hər²¹
方位　药　书　　由 坐 署的 头目 崇命　 身体 松石 绿

bu³³ dɯ²¹ lu⁵⁵ la³³ be³³, se³³ la³³ uə³³ i³³ kho³³ lɣ⁵⁵ la²¹ phə³³ ty⁵⁵ me³³ tshu⁵⁵ pa³³ be³³. |
光 大 四 射 做 塞拉坞依　　法轮　手 中 拿 的 天香　　烧

ɯ³³ dzʅ²¹ tɯ³³, tʂhər³³ ɯ³³ bɯ²¹ lɯ³³ tʂua³³ nɯ³³ dzʅ²¹, ʂɣ²¹ gə³³ sʅ³³ phə³³ tsho²¹ tʂʅ³³ gɣ³³ mu³³
牛 方 位 药　书 床 由 坐 署的 头目 崇斥 身体

mi³³ ɕɣ²¹ bu³³ dɯ²¹ lu⁵⁵ la³³ be³³, lo²¹ bɣ³³ tʂʅ³³ ba⁵⁵ ba³³ la²¹ phə³³ ty⁵⁵ me³³ tshu⁵⁵ pa³³ be³³. |
火 红 光 大 四 射 地 珍宝　　花朵 手 中 拿 的 天香　　烧

lɣ²¹ dzʅ²¹ tɯ³³, tʂhər³³ ɯ³³ bɯ²¹ lɯ³³ tʂua³³ nɯ³³ dzʅ²¹, ʂɣ²¹ gə³³ sʅ³³ phe³³ tsua³³ mu³³ u³³
龙 方位　药　书 床 由 坐 署的 头目　　召猛吾什

ʂər³³ gɣ³³ mu³³ bu³³ dɯ²¹ lu⁵⁵ la³³ be³³,çy⁵⁵ hər²¹ dzər²¹ i³³ la²¹ phə³³ ty⁵⁵ me³³ tshu⁵⁵ pa³³
身体　　光　大　四　射　地　柏　绿　树　是　手　中　拿　的　天香

be³³. | y²¹ dzŋ²¹ tɯ³³, tʂhər³³ ɯ³³ bɯ²¹ lɯ³³ tsuɑ³³nɯ³³ dzŋ²¹,ʂɣ²¹ gə³³ sŋ³³ phe³³ tsuɑ³³ mu²¹
烧　羊　方位　药　书　床　由　坐　署　的　头目　召猛

u³³ tɕər³³ mə³³ mi⁵⁵,gɣ³³ mu³³ bu³³ dɯ²¹ lu⁵⁵ la³³ be³³,
吾江莫命　　身体　光　大　四　射　地

为他烧天香，供养他。羊方位，坐在药书床上的署神头目乌尼，身体光芒四射，他手里拿着杂色玉花，给他烧天香，供养他。狗方位，坐在药书床上的署神头目崇命，身体像绿松石闪闪发光，手里拿着"塞拉坞依"法轮，为他烧天香，供养他。牛方位，坐在药书床上的署神头目崇斥，身体闪闪发光，手里拿着珍宝花朵，为他烧天香，供养他。龙方位，坐在药书床上的署神头目召猛吾什，身体闪闪发光，手中拿着绿色柏树枝，为他烧天香，供养他。羊方位，坐在药书床上的署神头目召猛吾江莫命，身体闪闪发光，

314-B-31-17

çy⁵⁵ çy²¹ dɯ³³ dzər²¹ la²¹ phə³³ ty⁵⁵ me³³ tshu⁵⁵ pa³³ be³³. | ɯ³³ dzŋ²¹ tɯ³³, tʂhər³³ɯ³³ bɯ²¹
柏　红　一　棵　手　中　拿　的　天香　烧　牛　方位　药　书

lɯ³³tsuɑ³³ nɯ³³ dzŋ²¹,ʂɣ²¹gə³³ sŋ³³ phe³³ tsuɑ³³ mu³³ do²¹ ʂər³³ gɣ³³ mɯ³³ bu³³ dɯ²¹ lu⁵⁵ la³³
床　由　坐　署　的　头目　召猛　朵什　　身子　光　大　四　射

be³³,uɑ³³ hər²¹ çy⁵⁵ pə²¹ la²¹ phe³³ ty⁵⁵ me³³ tshu⁵⁵ pa³³ be³³. | o⁵⁵ nɑ²¹ nɑ²¹ gɑ³³ tsŋ⁵⁵ be³³
做　松石　绿　柏　枝　手　中　拿　的　天香　烧　窝　那　那　高　茨　本

tshɑ²¹ tshŋ⁵⁵ so³³ u³³, | o⁵⁵ mu³³ nɑ²¹ gɑ³³ tshŋ⁵⁵ be³³ pa³³ lər²¹ so³³uɑ³³ ha³³, | o⁵⁵ nɑ²¹ gɑ³³
朝　茨　梭　吾　窝　猛　那　高　茨　本　巴　朗　梭　瓦　哈　窝　那　高

tshŋ⁵⁵ tsuɑ³³ phy²¹ gɣ³³ tʂu⁵⁵ so³³ uɑ³³ ha³³, | o⁵⁵ nɑ²¹ gɑ³³ tshŋ⁵⁵ tsuɑ²¹ pa³³ lər²¹ nɑ²¹ ka³³
茨　召　毕　古　仲　梭　瓦　哈　窝　那　高　茨　抓　巴　朗　纳　高

nər⁵⁵ so³³ uɑ³³ ha³³, | o⁵⁵ nɑ²¹ gɑ³³ lər²¹ lər²¹ nɑ²¹ gɑ³³ nər⁵⁵ so³³ uɑ³³ ha³³, | o⁵⁵ nɑ²¹,
耐　梭　瓦　哈　窝　那　高　朗　朗　那　高　耐　梭　瓦　哈　窝　那

手中拿着红色柏枝，为他烧天香，供养他。牛方位，坐在药书床上的署神头目召猛朵什，身体闪闪发光，手里拿着绿柏树枝，为他烧天香，供养他。

（咒语）"窝那那高茨本朝茨梭吾，窝猛那高茨本巴朗梭瓦哈，窝那高茨召毕古仲梭瓦哈，窝那高茨抓巴朗纳高耐梭瓦哈，窝那高朗朗那高耐梭瓦哈，窝那

314-B-31-18

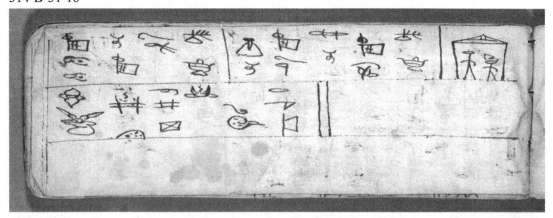

ga³³ kha³³ kha³³ na²¹ ga³³ nər⁵⁵ so³³ ua³³ ha³³,｜o⁵⁵ na²¹ ga³³ ka³³ ko²¹ ta⁵⁵ na²¹ ga³³ zər²¹
高 卡 卡 纳 高 耐 梭 瓦 哈 窝 那 高 高 戈 道 纳 高 汝

so³³ ua³³ ha³³.｜i³³ da¹³ tʂhʅ³³ duɯ³³ dʑi²¹. nuɯ²¹ ne²¹ ua²¹,huɯ²¹ ne²¹ dzæ³³,mə³³ gu²¹ mə³³
梭 瓦 哈 主人 这 一 家 福 和 泽 富 和 裕 不 病 不

tshər³³, kho³³ y²¹ he³³ huɯ²¹. dʑi²¹ i³³ dər³³ sər⁵⁵ gɣ³³ be³³ ho⁵⁵.‖
疾 声 轻 神 安 水 流 塘 满 成 做 愿

高卡卡纳高耐梭瓦哈，窝那高高戈道纳高汝梭瓦哈。"

　　愿这一户主人家有福有泽，生活富裕，不再发生疾病，家中常传佳音，生活似流水满塘充裕富足。

314-B-31-19

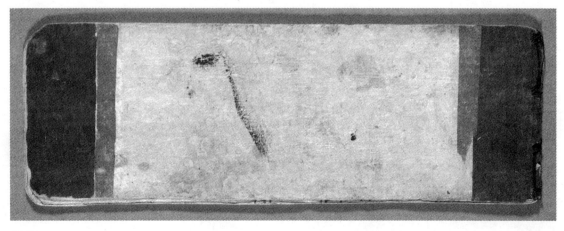

封底

（释读、翻译：和宝林）

313-B-32-01

ʂɣ²¹ gɣ²¹ · tso³³ mɑ³³ y²¹ tʂɣ³³ · ly⁵⁵ tʂu⁵⁵

祭署·迎请佐玛祖先·中卷

313-B-32 祭署·迎请佐玛祖先·中卷

【内容提要】

这一本紧接迎接佐玛祖先的上卷经书，迎请住在各地各种各样的署神的佐玛祖先，人们为他们烧天香，供养他们，准备在今后的祭署仪式中，继续祭祀这些署神。

【英文提要】

Worshipping *ʂv* (the God of Nature), Greeting the Ancestor *tso ma*,

the Mid Volume

This book, next to the first volume of greeting the ancestor ***tso ma***, is about greeting various ancestor ***tso ma*** of *ʂv* in all places. Men used thurification to worship these gods and intended to continue sacrificing them in the worship ritual hence.

313-B-32-02

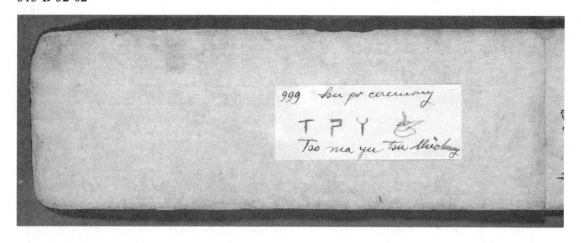

第1行："999"为洛克收藏的编号，并用洛克音标标注此书用于"祭署仪式"。
第2行：四个东巴文字符中，前三个为格巴文，是此书书名：《迎请佐玛祖先·中卷》。
第3行：洛克音标标注的纳西语读音。

313-B-32-03

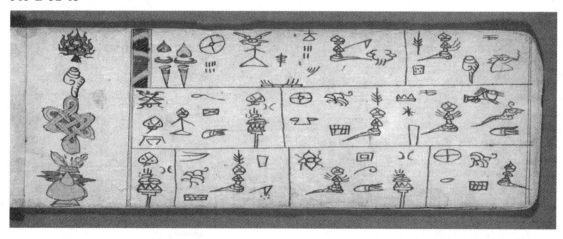

ə³³ ȵi³³ la²¹ ṣər⁵⁵ ȵi³, y²¹ dzʅ²¹ tu³³ gə³³ dy²¹ ly⁵⁵ gɣ³³ nɯ³³ dzʅ²¹ me³³ ṣɣ²¹ tʂhʅ³³ ua²¹, ṣɣ²¹
昨天　　也　前天　羊　方位　　的　地　中央　由　住　的　署　所有　　署

gə³³ sʅ³³ phe³³ tsua³³ pɣ⁵⁵, ǀ ṣɣ²¹ gə³³ sʅ³³ phe³³ dy³³ phər²¹ tɕy²¹ sʅ²¹ pa³³ tsua³³ dʑi³³ tshe³³
的　头目　召布　　　署　的　头目　海螺　白　　休史巴召吉趁拉

la³³ tshu⁵⁵ pa³³ be³³. ȵi³³ me³³ thɣ³³, tʂhər³³ ɯ³³ pɯ²¹ lɯ³³ tsua³³ nɯ³³ dzʅ²¹ gə³³ ṣɣ²¹ sʅ³³
天香　　烧　东方　药　书　床　由　坐　的　署头目

phe³³ mi³³ tɣ²¹ to³³ phər²¹, gɣ³³ mu³³ bu³³ dɯ²¹ lu⁵⁵ la³³, ȵi³³ ne²¹ zʅ²¹ la²¹ phə³³ ty⁵⁵ me³³
明督朵盘　　　身体　光　大　四　照　鱼和　蛇　手中　拿　的

thu⁵⁵ pa³³ bɣ³³. ǀ i³³ tʂhʅ³³ mɯ²¹, tʂhər³³ ɯ³³ pɯ²¹ lɯ³³ tsua³³　nɯ³³ dzʅ²¹; ṣɣ²¹ sʅ³³ phe³³
天香　烧　南方　药　书　床　由　坐　署头目

to³³ be³³, gɤ³³ mu³³ ua³³ hər²¹ bu³³ duɯ²¹ lu⁵⁵ la³³, ta⁵⁵ gɤ³³ la²¹ phə³³ ty⁵⁵ me³³ tshu⁵⁵ pa³³
朵本　　身体　松石绿　光大四照　匣子　手中　拿的　天香

be³³. | ȵi³³me³³ gɤ²¹, tʂhər³³ ɯ³³ bɯ²¹ lɯ³³ tsua³³ nɯ³³ dzɿ²¹, ʂɤ²¹ gə³³
烧　西方　　药　书　床　由　坐署的

在过去的日子里，所有住在羊方位地中央的署，署神头目召布，署神头目海螺般洁白的休史巴召吉趁拉，为他们烧天香，供养他们。东方，坐在药书床上的署神头目明督朵盘，身体闪闪发光，手中拿着鱼和蛇，给他烧天香，供养他。南方，坐在药书床上的署神头目朵本，身体像绿松石一样闪闪发光，手里拿着匣子，为他烧天香，供养他。西方，坐在药书床上的

313-B-32-04

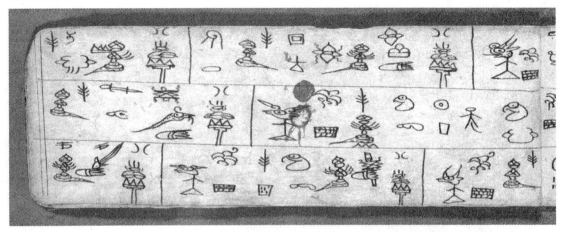

sɿ³³ phe³³ na²¹ pɤ⁵⁵ mi⁵⁵ gɤ³³ mu³³ bu³³ duɯ²¹ lu⁵⁵ la³³ tshu⁵⁵ pa³³ by³³. | ho³³ gɤ³³ lo²¹ ʂɤ²¹
头目　纳布命　　身体　光大四照　天香　烧　北方　署

gə³³ sɿ³³ phe³³ ta⁵⁵ tʂhɿ³³ ,gɤ³³ mu³³ ua³³ hər²¹ bu³³ duɯ²¹ lu⁵⁵ la³³, ua³³ hər²¹ kho³³ lɤ⁵⁵ la²¹
的　头目　道斥　身体　松石绿　光大四照松石绿　法轮　手

phə³³ ty⁵⁵, tshu⁵⁵ pha³³ by³³. | lɤ²¹ dzɿ²¹ tuɯ³³, tʂhər³³ ɯ³³ bɯ²¹ lɯ³³ tsua³³ nɯ³³ dzɿ²¹, ʂɤ²¹
中　拿　天香　烧　龙方位　药　书　床　由　坐署

gə³³ tsɿ³³ phe³³ ta²¹ kha³³.hæ³³ʂɿ²¹　zɿ²¹ ʂɿ²¹ la²¹ phə³³ ty⁵⁵,tshu⁵⁵ pa³³　by³³. | y²¹ dzɿ²¹ tuɯ³³,
的　头目　达卡　金黄　蛇黄　手中拿天香　烧　羊方位

tʂhər³ ɯ³³ bɯ²¹ lɯ³³ tsua³³ nɯ³³ dzɿ²¹,ʂɤ²¹ gə³³ sɿ³³ phe³³ ke⁵⁵ ʂɿ³³ ma²¹ to³³ bɯ³³ kə⁵⁵ by³³,
药　书　床　由　坐署　的头目　构史麻朵本构补

gɤ³³ mu³³　bu³³ duɯ²¹ lu⁵⁵ la³³、ʂu³³ phər²¹ da²¹ zi³³ la²¹ phə³³ ty⁵⁵, tshu⁵⁵ pa³³ by³³. | y²¹
身体　光大四射　铁　白　利刀　手中拿　天香　烧　羊

dzɿ²¹ tuɯ³³,tʂhər³³ ɯ³³ bɯ²¹ lɯ³³ tsua³³ nɯ³³ dzɿ²¹, ʂɤ²¹ gə³³ sɿ³³ phe³³ kə⁵⁵ ʂɿ³³ gɤ³³ mu³³
方位　药　书本　床　由　住　署的　头目　构史　身体

bu³³ dɯ²¹ lu⁵⁵ la³³、hæ³³ ʂʅ²¹ mi³³ thɤ²¹ la²¹ phə³³ ty⁵⁵, tshu⁵⁵ pa³³ by³³. | ɯ³³ dzʅ²¹ tɯ³³,
光　大　四射　　金 黄 火 把　手 中 拿　天香　烧　　牛方位

tʂhər³ ɯ³³ bɯ²¹ lɯ³³ tsua³³ nɯ³³ dzʅ²¹, ʂɤ²¹ gə³³ sʅ³³ phe³³
药　　书　　床　由　坐　署　的　头目

署神头目纳布命，身体闪闪发光，烧天香供养他。北方的署神头目道斥，身体似绿松石闪闪发光，手里拿着绿松石法轮，烧天香，供养他。龙方位坐在药书床上的署神头目达卡，手中拿着金黄色的蛇，烧天香供养他。羊方位坐在药书床上的署神头目构史麻朵本构补，身体闪闪发光，手里拿着白铁利刀，烧天香供养他。羊方位（疑为笔误，应是狗方位），坐在药书床上的署神头目构史，身体闪闪发光，手里拿着金黄色火把，烧天香供养他。牛方位，坐在药书床上的署神头目

313-B-32-05

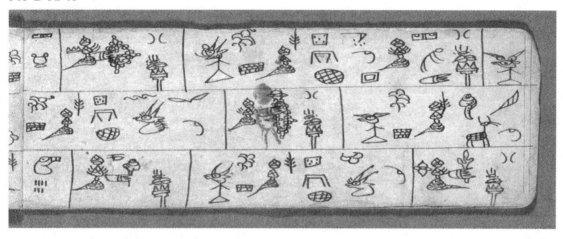

lo²¹zo³³. | gɤ³³ mu³³bu³³ dɯ²¹lu⁵⁵ la³³, ua³³ hər²¹ bər³³ dər²¹ la²¹ phə³³ ty⁵⁵, tsu⁵⁵ pa³³ by³³. |
罗若　　身体　亮 大 四 射松石 绿 念珠　　手 中 拿　天香　烧

lɤ²¹ dzʅ²¹ tɯ³³, tʂhər³³ ɯ³³ bɯ²¹ lɯ³³ tsua³³ nɯ³³ dzʅ²¹, ʂɤ²¹ gə³³ sʅ³³ phe³³ tsua³³ mu³³ be³³
龙 方位 药　书　床　由 坐 署 的　头目　　召猛本莫大

mə³³ ta⁵⁵,lo²¹ bɤ³³ tʂhʅ³³ la²¹ phə³³ ty⁵⁵,tshu⁵⁵ pa³³ by³³. | y²¹ dzʅ²¹ tɯ³³, tʂhər³³ɯ³³ bɯ²¹lɯ³³
珍宝　　手 中 拿 天香　烧　　羊 方位　药　　书

tsua³³ nɯ³³ dzʅ²¹, ʂɤ²¹ gə³³ sʅ³³ phe³³ tsua³³ mu³³ tɕi²¹ i³³ iə³³ mə³³, | ua³³ hər²¹ bər³³ dər²¹
床 由 坐 署 的 头目　抓猛金依尤莫　　　松石 绿 念珠

la²¹ phə³³ ty⁵⁵、tshua⁵⁵ pa³³ by³³. | y²¹ dzʅ²¹ tɯ³³,tʂhər³³ɯ³³ bɯ²¹ lɯ²¹ tsua³³ nɯ³³ dzʅ²¹,ʂɤ²¹
手 中 拿 天香　烧　　羊 方位 药　书　　床　由 坐署

gə³³ sʅ³³ phe³³ dɤ³³ kɯ⁵⁵ do³³ mə³³ a²¹ te³³, | gɤ³³mu³³ bu³³ dɯ²¹ lu⁵⁵ la³³, dɤ³³ phər²¹ fɤ⁵⁵
的 头目　督庚朵莫阿登　　　身体　光 大 四 射 海 螺 海

zi³³ la²¹phə³³ ty⁵⁵,tʂhu⁵⁵pa³³ by³³,｜ɯ³³ dzʅ²¹ tu³³,tʂhər³³ɯ³³ bu²¹lɯ³³ tʂua³³nɯ³³ dzʅ²¹,ʂɣ²¹
贝　身　中　拿　天香　烧　　牛　方位　　药　书　　床　由　坐　署

gə³³ sʅ³³phe³³ tsua³³ mu³³ ŋɣ²¹ se³³ mə³³,｜gɣ³³ mu³³ ua³³ hər²¹ bu³³ duu²¹ lu⁵⁵ la³³,çə³³ lo²¹
的　头目　抓猛奴生莫　　　　身体　松石　绿　光　大　四射　珊瑚

la²¹ phə³³ ty⁵⁵, tʂhu⁵⁵ pa³³ by³³.
手　中　拿　天香　烧

罗若，身体闪闪发光，手里拿着绿松石念珠，烧天香供养他。龙方位坐在药书床上的署
神头目召猛本莫大，手里拿着珍宝，烧天香供养他。羊方位，坐在药书床上的署神头目
抓猛金依尤莫，手里拿着绿松石念珠，烧天香供养他。羊方位（应为狗方位）坐在药书
床上的署神头目督庚朵莫阿登，身体闪闪发光，手里拿着洁白海螺，烧天香供养他。牛
方位坐在药书床上的署神头目抓猛奴生莫，身体似绿松石闪闪发光，手里拿着珊瑚，烧
天香供养他。

313-B-32-06

o⁵⁵ pa³³ dze³³ na²¹ ga³³ py²¹ na²¹ tæ³³ i³³ so³³ kə⁵⁵,｜o⁵⁵ pa³³ dze³³ na²¹ ga³³ sa²¹¹ lu²¹ so³³
窝巴　珍　纳　高　毕　纳　丹　依　梭　构　窝巴　珍　纳　高　沙　陆　梭

gə⁵⁵,｜o⁵⁵ ba³³ na²¹ be³³ ga³³ na²¹ so³³ ua³³ ha³³,｜o⁵⁵ na²¹ ga³³ lər²¹ tæ³³ so³³ ua³³ ha³³.｜
格　窝巴　纳　本　高　纳　梭　瓦　哈　　窝纳　高　朗　丹　梭　瓦　哈

o⁵⁵ na³³ ga³³ be³³ tæ³³ da³³ so³³ ua³³ ha³³,｜o⁵⁵ na²¹ ga³³ kha³³ lər²¹ so³³ kə⁵⁵.｜o⁵⁵ na²¹
窝纳　高　本　丹　达　梭　瓦　哈　　窝纳　高　卡　朗　梭　构　窝纳

ga³³ kha³³ na³³ ga³³ ka³³ uə³³ i³³ so³³ ua³³ ha³³,｜o⁵⁵ na²¹ ga³³ kha³³ ga³³ tæ³³ i³³ so³³ ua³³
高　卡　纳　高　嘎　威　依　梭　瓦　哈　　窝纳　高　卡　高　丹　依　梭　瓦

ha³³,｜o⁵⁵ na²¹ ga³³ i³³ be³³ pu⁵⁵ so³³ ua³³ ha³³.｜y²¹ dzʅ²¹ tu³³ gə³³ dy²¹ ly⁵⁵ gɣ³³ tʂhʅ³³
哈　窝纳　高　依　本　不　梭　瓦　哈　　羊　方位　的　地　中央　这

tɕər²¹ ʂɣ²¹ gə³³ sʅ³³ phe³³ ta⁵⁵ mə³³ tso³³ tsua³³ ua³³,
上　署　的　头目　　道莫佐抓瓦

（咒语）："窝巴珍纳高毕纳丹依梭构，窝巴珍纳高沙陆梭格，窝巴纳本高纳梭瓦哈，窝纳高朗丹梭瓦哈，窝纳高本丹达梭瓦哈，窝纳高卡朗梭构，窝纳高卡纳高嘎威依梭瓦哈，窝纳高卡高丹依梭瓦哈，窝纳高依本不梭瓦哈。"
　　羊方位大地中央之上的署头目道莫佐抓瓦

313-B-32-07

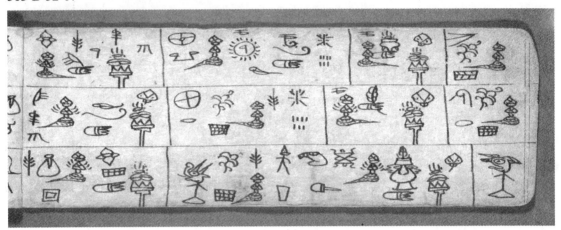

gɣ³³ mu³³ ua³³ hər²¹ bu³³ dɯ²¹ lu⁵⁵ la³³ be³³, ɕi²¹ kə⁵⁵ lɣ³³ ko²¹ ka³³ me³³ la²¹ phə³³ ty⁵⁵,
身体　松石绿光大四射　做稻枝粒饱满　的　手中　拿

tshu⁵⁵ pa³³ be³³. | n̠i³³ me³³ thɣ³³, ʂɣ²¹ gə³³ dɣ³³ phər²¹ ə⁵⁵ lɣ³³ mi²¹ lɣ³³ kə³³ ua²¹ la²¹ phə³³
天香　烧　东方　署的海螺白　阿鲁明鲁　镜子　手中

ty⁵⁵, no³³dʑi²¹ no³³ khua⁵⁵ tshər³³ sər⁵⁵ me³³ la²¹ phə³³ ty⁵⁵, | ɕɣ²¹lu²¹la²¹ phə³³ty⁵⁵ gə³³ ʂɣ²¹
拿　奶水奶　碗　热　满　的　手中　拿　香炉　手中　拿的署

phər²¹tshu⁵⁵ pa³³ be³³. | i³³ tʂhʅ³³ mi²¹, tʂhər³³ ɯ³³ pɯ²¹ lɯ³³ tsua³³ nɯ³³ dzʅ²¹, ɕi²¹ lɣ³³ ka³³
白　天香　烧　南方　药　书　床　由坐稻粒好

me³³ ba³³ dʑi²¹ la²¹ phə³³ ty⁵⁵ me³³ tshu⁵⁵ pa³³ be³³. | n̠i³³ me³³ gɣ²¹, tʂhər³³ ɯ³³ tsua³³ nɯ³³
的　庄稼　手中　拿的　天香　烧　西方　药　床　由

dzʅ²¹, ʂɣ²¹ gə³³ sʅ³³ phe³³ tshər³³ sər⁵⁵, | gɣ³³ mu³³ bu³³ dɯ²¹ lu⁵⁵ la³³, ɕy⁵⁵ pe²¹ la²¹ phə³³ ty⁵⁵
坐署的头目　珍史　身体　光大四射柏枝手中拿

me³³ tshu⁵⁵ pa³³ be³³. | ho³³ gɣ³³ lo²¹, tʂhər³³ ɯ³³ bɯ²¹ lɯ³³ tsua³³ nɯ³³ dzʅ²¹, ʂɣ²¹ gə³³ sʅ³³
的　天香　烧　北方　药　书　床　由坐署的头目

phe³³ o⁵⁵ ta³³ gɣ³³ mu³³ bu³³ dɯ²¹ lu⁵⁵ la³³, ua³³ hər²¹ thɣ³³ phe³³ la²¹ phə³³ ty⁵⁵ me³³ tshu⁵⁵
窝道　身体　光大四照松石绿布匹　手中拿的　天香

paᵌᵌ beᵌᵌ. | lɣ²¹ dzɿ²¹ toᵌᵌ, ʂɣ²¹ gəᵌᵌ sɿᵌᵌ pheᵌᵌ dɣ²¹ toᵌᵌ kə⁵⁵ tʂu⁵⁵, gɣᵌᵌ muᵌᵌ hæᵌᵌ ʂɿ²¹ buᵌᵌ
　做　　龙方位　署　的　头目　　督朵构仲　　　身体　金　黄　光

duɯ²¹ lu⁵⁵ laᵌᵌ, ɕy⁵⁵ hər³³ py²¹ baᵌᵌ la²¹ pheᵌᵌ ty⁵⁵ meᵌᵌ tshu⁵⁵ paᵌᵌ beᵌᵌ, | y²¹ dzɿ²¹ tɯ³³
　四　大　射　柏　绿　净水壶　手　中　拿　的　天香　烧　羊方位

身体就像绿松石闪闪发光，手里拿着颗粒饱满的稻穗，烧天香供养他。东方的手里拿着海螺般洁白的阿鲁明镜子的署神，手里拿着满满一碗热奶水的署神，手里拿着香炉的署神，给他们烧天香，供养他们。南方坐在药书床上，手里拿着稻穗粒好等庄稼的署神，烧天香，供养他们。西方坐在药书床上的署神头目珍史，身体闪闪发光，手里拿着柏枝，烧天香供养他们。北方坐在药书床上的署神头目窝道，身体闪闪发光，手里拿着绿松石般布匹，烧天香供养他们。龙方位署的头目督朵构仲，金黄色的身体闪闪发光，手里拿着绿松石般柏枝净水壶，烧天香供养他们。羊方位

313-B-32-08

tʂhər³³ ɯ³³ buɯ²¹ lɯ³³ tsuaᵌᵌ nuɯ³³ dzɿ²¹, ʂɣ²¹ gəᵌᵌ sɿᵌᵌ pheᵌᵌ ŋaᵌᵌ se²¹ thɣ⁵⁵ lər³³ gɣᵌᵌ muᵌᵌ
　药　书　床　由　坐署　的　头目　　阿生土朗　　身体

buᵌᵌ duɯ²¹ lu⁵⁵ laᵌᵌ. thɣ²¹ taᵌᵌ la²¹ pheᵌᵌ ty⁵⁵ gəᵌᵌ tshu⁵⁵ paᵌᵌ beᵌᵌ. | ɯ³³ dzɿ²¹ tɯ³³, tʂhər³³
　光　大　四射　桶　手　中　拿　的　天香　烧　牛方位　药

ɯ³³ buɯ²¹ lɯ³³ tsuaᵌᵌ nuɯ³³ dzɿ²¹, ʂɣ²¹ gəᵌᵌ sɿᵌᵌ pheᵌᵌ lo²¹ bɣ³³ tʂhɿ²¹, | gɣᵌᵌ muᵌᵌ miᵌᵌ ɕy²¹
　书　床　由　坐署　的　头目　　罗补斥　　身体　火　红

buᵌᵌ duɯ²¹ lu⁵⁵ laᵌᵌ, zɿ²¹ zi³³ la²¹ pheᵌᵌ ty⁵⁵ meᵌᵌ tshu⁵⁵ paᵌᵌ beᵌᵌ. | y²¹ dzɿ²¹ tɯ³³, tʂhər³ ɯ³³
　光　大　四射　蛇　美　手　中　拿　的　天香　烧　羊方位　药

pɯ²²¹ lɯ³³ tsuaᵌᵌ nuɯ³³ dzɿ²¹, ʂɿ²¹ gəᵌᵌ sɿᵌᵌ pheᵌᵌ taᵌᵌ na²¹ tsuaᵌᵌ muᵌᵌ u³³ beᵌᵌ kə⁵⁵ se³³. |
　书　床　由　坐署　的　头目　　道纳抓猛吾本构生

gɣᵌᵌ muᵌᵌ miᵌᵌ ɕy²¹ buᵌᵌ duɯ²¹ lu⁵⁵ laᵌᵌ ɕəᵌᵌ lo²¹ khoᵌᵌ lɣ⁵⁵ la²¹ pheᵌᵌ ty⁵⁵ meᵌᵌ tshu⁵⁵ paᵌᵌ
　身体　火　红　光　大　四射　珊瑚　法轮　手　中　拿　的　天香

be³³. | lɣ²¹ dzʅ²¹ tɯ³³, tʂhər³ ɯ³³ bu²¹ luɯ²² tsua³³ nu³³ dzʅ²¹. ʂɣ²¹ gə³³ sʅ³³ phe³³ tsua³³
烧　　龙方位　　药　书、　床　由　住　署　的　头目

mu³³ u³³ kə⁵⁵ dzʅ³³, | gɣ³³ mu³³ dɣ³³ phər²¹ bu³³ dɯ²¹ lu⁵⁵ la³³.ɕə³³ lo²¹ la²¹ phə³³ ty⁵⁵ me³³
抓猛吾构孜　　身体　海螺　白　光　大　四射　珊瑚　手中　拿　的

tshu⁵⁵ pa³³ be³³. | khɯ³³ dzʅ²¹ tɯ³³, tʂhər³³ɯ³³ bu²¹ lu³³ tsua³³nɯ³³ dzʅ²¹,ʂɣ²¹ gə³³sʅ³³ phe³³
天香　烧　狗方位　　药　书　床　由　坐　署　的　头目

tsua³³ mu³³ u³³ ze²¹ dzʅ³³ gɣ³³ mu³³ ua³³ hər²¹ bu³³ dɯ²¹ lu⁵⁵ la³³,
抓猛吾仁孜　　　身体　松石　绿　光　大　四射

坐在药书床上的署神头目阿生土朗，身体闪闪发光，手中拿着桶，为他烧天香，供养他。牛方位坐在药书床上的署神头目罗补斥，身体火一样红，闪闪发光，手里拿着蛇儿，烧天香，供养他们。羊方位坐在药书床上的署神头目道纳抓猛吾本构生，身体火一样红，闪闪发光，手里拿着珊瑚法轮，为他烧天香，供养他。龙方位坐在药书床上的署神头目抓猛吾构孜，身体似海螺般洁白，闪闪发光，手里拿着珊瑚，烧天香供养他。狗方位，坐在药书床上的署神头目抓猛吾仁孜，身体似绿松石闪闪发光，

313-B-32-09

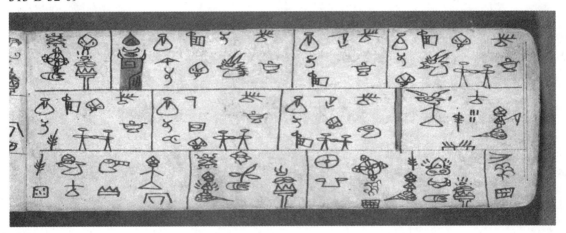

hæ³³ ʂʅ²¹ kho³³ lɣ⁵⁵ la²¹ phə³³ ty⁵⁵ me³³ tshu⁵⁵ pa³³ be³³. ‖ o⁵⁵ mu³³ na²¹ ga³³ pa³³ na²¹ i³³
金　黄　法轮　手中　拿的　天香　烧　窝美纳高巴纳依

so³³ ua³³ ha³³. | o⁵⁵ na²¹ ga³³ be³³ so³³ ua³³ ha³³, | o⁵⁵ na²¹ pa³³ga³³ tshʅ⁵⁵ tæ²¹pa³³so³³ ua³³
梭　瓦　哈　窝纳高本梭瓦哈　窝纳巴高　茨丹巴梭瓦

ha³³, | o⁵⁵ se³³ tho³³ ga³³ pa³³ tæ²¹ so³³ ua³³ ha³³, | o⁵⁵ na²¹ kha³³ ko²¹ ta²¹ pa³³ tæ²¹ so³³
哈　窝生妥高巴丹梭瓦哈　窝纳卡戈大巴丹梭

ua³³ ha³³, | o⁵⁵ na²¹ ga³³ be³³ pa³³ tæ²¹ so³³ ua³³ ha³³　‖ y²¹ dzʅ²¹ tɯ³³ gə³³ dy²¹ lɣ⁵⁵ gɣ³³
瓦　哈　窝纳高本巴丹梭瓦哈　　羊方位　的　地　中央

tɕər²¹ ʂɣ²¹ tʂhɿ³³ ua²¹ gə³³ sɿ³³ phe³³ ɕə³³ tʂhɿ³³ a³³ mi³³ʂɣ²¹ tsua³³, | gɣ³³ mu³³ hæ³³ʂɿ²¹ bu³³
上 署 所有 的 头目 雄斥阿明署抓 身体 金 黄 光

duɯ²¹ lu⁵⁵ la³³. zɣ⁵⁵ hər²¹ la²¹ phə³³ ty⁵⁵ gə³³ tshu⁵⁵ pa³³ be³³. | n̠i³³ me³³ thɣ³³, tʂhər³³ ɯ³³
大 四 射 柳 绿 手 中 拿 的 天香 烧 东方 药

pɯ²¹ lɯ³³ kho⁵⁵ lɣ⁵⁵ tsua³³ kɣ³³ dzɿ²¹, ʂɣ²¹ gə³³ sɿ³³ phe³³,no²¹py⁵⁵、ŋɣ³³ la²¹ phə³³ ty⁵⁵ gə³³
书 法轮 床 上 坐 署 的 头目 宝贝 银 手 中 拿 的

tshu⁵⁵ pa³³ be³³. | i³³ tʂɿ³³ mɯ²¹, tʂhər³³ ɯ³³ bu²¹ lɯ³³ tsua³³ kɣ³³ dzɿ²¹
天香 烧 南方 药 书 床 上 坐

手中拿着黄金法轮，烧天香，供养他们。

（咒语）"窝美纳高巴纳依梭瓦哈，窝纳高本梭瓦哈，窝纳巴高茨丹巴梭瓦哈，窝生妥高巴丹梭瓦哈，窝纳卡戈大巴丹梭瓦哈，窝纳高本巴丹梭瓦哈。"

羊方位的地中央所有署的头目，雄斥阿明署抓，身体金黄，闪闪发光，手里拿着绿色柳条，烧天香，供养他。东方，坐在药书法轮座上的署神头目，手里拿着宝贝和银子，为他烧天香，供养他。南方，坐在药书床上，

313-B-32-10

ɕə³³tɕhy²¹ kɣ³³ dzɿ²¹ ʂɣ²¹,gɣ³³ mu²¹kə³³ ko²¹ bu³³ duɯ²¹ lu⁵⁵ la³³ be³³,ua²¹ ba²¹ la³³ phə³³ ty⁵⁵
大鹏 头 长 署 身体 镜里光 大 四 射 做 松石花 手 中 拿

me³³ tshu⁵⁵ pa³³ by³³. | n̠i³³ me³³ gɣ²¹, tʂhər³ ɯ³³ bu²¹ lɯ³³ ɯ³³ me³³ tsua³³ nu³³ dzɿ²¹, y²¹
的 天香 烧 西方 药 书 好 的 床 上 坐 羊

kɣ³³ dzɿ²¹ me³³ʂɣ²¹,gɣ³³mu³³ bu³³duɯ²¹ lu⁵⁵ la³³,ba⁵⁵ ba³³ɕy²¹me³³ la²¹phə³³ ty⁵⁵me³³ o⁵⁵ la²¹
头 长 的 署 身体 光 大 明亮 花朵 红 的 手 中 拿 的 窝劳

tʂhu⁵⁵ pa³³ by³³, | ho³³ gɣ³³ lo²¹, tʂhər³ ɯ²¹ pɯ²¹ lɯ³³ tsua³³ dzɿ²¹, ʂɣ²¹ gə³³ sɿ³³ phe³³ dzɿ²¹
天香 烧 北方 药 书 床 坐 署 的 头目

tha⁵⁵ iə²¹ pa³³, | gɣ³³ mu³³ bu³³ dɯ²¹ lu⁵⁵ la³³, gɣ³³ lɣ²¹ dʑi²¹ la²¹ phə³³ ty⁵⁵ me³³ tshu⁵⁵ pa³³
孜塔尤巴　　　身体　光　大　四射　赐福　水　手　中　拿　的　天香

be³³. | lɣ²¹ dzɿ²¹ tɯ³³, tʂhər³³ ɯ³³ pɯ²¹ lɯ³³ tsua³³ dzɿ²¹, ʂɣ²¹ gə³³ sɿ³³ phe³³ u⁵⁵ hua³³ ʂɣ²¹ nɣ³³
烧　龙方位　药　书　床　坐署　的　头目　吾花署奴戈署

ko³³ ʂɣ²¹, gɣ³³ mu²¹ ma²¹ ma³³ bu³³ dɯ²¹ lu⁵⁵ la³³, ʐɿ²¹ zi³³ la²¹ phə³³ ty⁵⁵ me³³ tshu⁵⁵ pa³³
　　身体　油　擦　光　大　四射　蛇美　手　中　拿　的　天香

by³³. | y²¹ dzɿ²¹ tɯ³³, tʂhər³³ ɯ³³ bu²¹ lɯ³³ tsua³³ kɣ³³ dzɿ²¹, ʂɣ²¹ gə³³ sɿ³³ phe³³ la²¹ tshe³³
烧　羊方位　药　书　床　上　坐署　的　头目　劳趁明

mi³³ ta⁵⁵ la³³ mə³³ gɣ³³ mu³³ bu³³ dɯ²¹ lu⁵⁵ la³³ me³³ tshu⁵⁵ pa³³ be³³. | khɯ³³ dzɿ²¹ tɯ³³, tʂhər³³
道拉姆　　　身体　光　大　四射　的　天香　烧　狗　方位　药

ɯ³³ bu²¹ lɯ³³ tsua³³ dzɿ²¹¹, ʂɣ²¹ gə³³ sɿ³³ phe³³ ko²¹ tshu²¹ gɣ³³ mu³³ bu³³ dɯ²¹ lu⁵⁵ la³³ gɣ³³
　书　床　坐署　的　头目　戈崇　身体　光　大　四射　赐

lɣ²¹ dʑi²¹ i³³ la²¹ phə³³ ty⁵⁵ me³³ tshu⁵⁵ pa³³ be³³. | ɯ³³ dzɿ²¹ tɯ³³, tʂhər³³ ɯ³³ bu²¹ lɯ³³
福　水　是　手　中　拿　的　天香　烧　牛方位　　药　　书

长大鹏鸟头的署神，他的身体像镜子一样闪闪发光，手里拿着松石花的署，为他烧天香。西方，坐在药书床上长羊头的署神，身体闪闪发光，手里拿着红花的署头目窝劳，为他烧天香。北方，坐在药书床上的署神头目孜塔尤巴，身体闪闪发光，将赐福的水拿在手中，给他烧香。龙方位坐在药书床上的署神头目吾花署奴戈署，身体油光闪闪，手里拿着蛇儿，为他烧天香。羊方位坐在药书床上的署神头目劳趁明道拉姆，身体闪闪发光，为他烧天香。狗方位，坐在药书床上署神戈崇，身体闪闪发光，手里拿着赐福水，为他烧天香。牛方位，坐在药书床上，

313-B-32-11

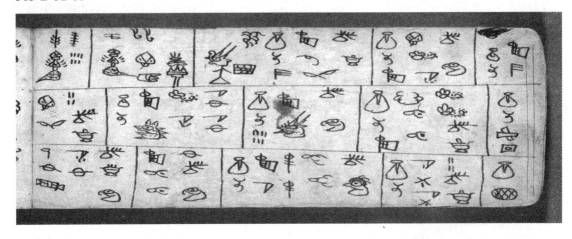

ʂɣ²¹ sɿ³³ phe³³ ʐɿ³³ ʂər²¹, | gɣ³³ mu³³ dɣ³³ phər²¹ bu³³ dɯ²¹ lu⁵⁵ la³³, sæ³³ i³³ ʐɿ³³ pa³³ la²¹
署　头目　寿　长　身体　海螺　白　光　大　四射　血　有　蛇　蛙　手

phə³³ ty⁵⁵me³³ tshu⁵⁵ pa³³ be³³. | lɣ²¹ dʐə²¹ tɯ³³,tʂhər³³ɯ³³ pɯ²¹ lɯ³³ kɣ³³ dʐʅ²¹,o⁵⁵ na²¹sɑ²¹
中　拿的　天香　烧　龙方位　　　药　书　　上　坐窝纳刹

ga³³ mə³³ iə⁵⁵ so³³ ua³³ ha³³, | o⁵⁵ na²¹ ga³³ pa³³ lər²¹ be³³ so⁵⁵ kə⁵⁵, | o⁵⁵ na²¹ ga³³ sa²¹
高　莫　又　梭　瓦　哈　窝纳　高本　朗　本　梭　构　窝纳　高刹

pa³³ iə⁵⁵ zər³³so³³ ua³³ha³³, | o⁵⁵ na²¹ga³³ py²¹lər²¹ be³³ tsa⁵⁵ lu³³ tsa⁵⁵ lu³³, | o⁵⁵ na²¹ ʂər²¹
巴　又　冉　梭　哇　哈　窝纳　高毕　朗　本　召　陆　召　陆　窝纳　什

ga³³ tshʅ⁵⁵so³³ kə⁵⁵, | o⁵⁵ na²¹ ga³³ bɣ³³ kha³³ kha³³ lər³ lər³³ so³³ ua³³ ha³³, | ka⁵⁵ na²¹ ti³³
高　茨　梭　构　窝纳　高补　卡　卡　朗　朗　梭　瓦　哈　窝纳　替

ta⁵⁵ ko²¹ lu³³ tsæ³³ be³³ lu³³ so³³ u³³ kə⁵⁵, | ga³³ kha³³ kha³³ lu³³ so³³ kə⁵⁵, | o⁵⁵ na²¹ ga³³
大　戈　陆　占　本　陆　梭　吾　构　　高　卡　卡　陆　梭　构　窝纳　高

be³³ ly⁵⁵ ly³³ gɯ³³ gɯ³³ so³³ hua⁵⁵, | o⁵⁵ na²¹ be³³ la³³ be³³ la³³ zər³³ so³³ na³³, | o⁵⁵ mu³³
本　吕　吕　庚　庚　梭　华　窝纳　本老　本老　冉　梭　哈　窝猛

长寿的署神，身体似白海螺闪闪发光，手里拿着蛇蛙动物，为他烧天香。龙方位坐在药书上。（咒语）"窝纳刹高莫又梭瓦哈，窝纳高本朗本梭构，窝纳高刹巴又冉梭哇哈。窝纳高毕朗本召陆召陆，窝纳什高茨梭构，窝纳高补卡卡朗朗梭瓦哈，窝纳替大戈陆占本陆梭吾构，高卡卡陆梭构，窝纳高本吕吕庚庚梭华，窝纳本老本老冉梭哈，窝猛

313-B-32-12

na²¹ ga³³ na²¹ ga³³ so³³ ly³³ so³³ ly³³ so³³ ua³³ ha³³. | i³³ da¹³ tʂhʅ³³ dɯ³³ dʑi²¹, kho³³ y²¹
纳高纳高梭吕梭吕梭瓦哈　　主人　这　一　家　声　轻

he³³ hɯ²¹ dʑi²¹ i³³ dər³³ ʂər⁵⁵ gɣ³³ be³³ ho⁵⁵.
神　安　水　流　塘　满　成　做　愿

纳高纳高梭吕梭吕梭瓦哈。"
　　愿这一户主人家，家中常传佳音，家人声轻神安，生活似流水满塘充裕富足。

313-B-32-13

封底

（释读、翻译：和宝林）

178-B-33-01

$$ \text{ʂɣ}^{21} \text{ gɣ}^{21} \cdot \text{ʂɣ}^{21} \text{ ʈʂhɣ}^{33} \text{ tɕhi}^{33} \text{ the}^{33} \text{ ɯ}^{33} $$

祭署・送署回住地

178-B-33 祭署·送署回住地

【内容提要】

经书首先说了木牌的出处来历，说了木牌的制作过程，然后讲述插上木牌祭祀署神。希望署神来取人们供奉的木牌及其他财物，然后一一地把署送回到他们各自居住的地方去。也希望署能赐福于做祭祀的这一户主人家。

【英文提要】

Worshipping şv (the God of Nature), Sending off şv

This book firstly describes the origin and the manufacturing process of wooden signs. Then, it describes about the worship of şv after thrusting the wooden signs. Men prayed the befalling of şv to take the wooden signs with other oblations and they sent off these gods back to their land, which would bless fortunes on the family under ritual.

178-B-33-02

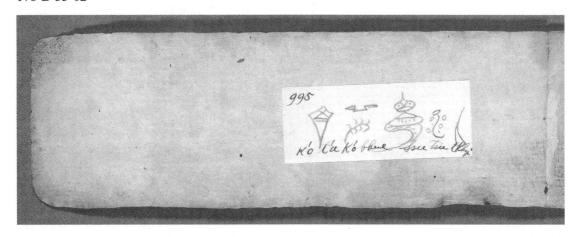

第 1 行："995" 为洛克收藏的编号。
第 2 行：六个东巴文为此书书名：《木牌的出处来历・送署》。
第 3 行：洛克音标标注书名之纳西语读音。

178-B-33-03

khua⁵⁵ thɣ³³ khua⁵⁵ pɯ⁵⁵ kɣ³³ mə³³ sɿ³³, khua⁵⁵ dzo²¹ ʂə⁵⁵ mə³³ ȵi²¹. | khua⁵⁵ do²¹ çi³³ mə³³
牌　　出　牌　　来　处　不　知　牌　事　说　不　要　　牌　见　人　没

dʑy²¹, ŋɣ³³ lɣ³³ tho³³ dʑy²¹ ua³³, ŋɣ³³ lɣ³³ khɯ³³ ʂər²¹ zo³³ nɯ³³ do²¹, | dzi³³ khɯ⁵⁵ se³³ me²¹
有　雪山　松山　处　雪山　狗　牵　人　由　见　人　旁　塞　枚

khua⁵⁵,me²¹ sər³³ khua⁵⁵ phər²¹ da⁵⁵. khua⁵⁵ do²¹ çi³³ mə³³ dʑy²¹,i³³ by²¹ hæ²¹ zə²¹ zo³³ nɯ³³
牌　枚　木　牌　白　砍　牌　见　人　没　有　金沙江　金　淘　人　由

do²¹. | kua⁵⁵ kɣ³³ da⁵⁵ mə³³ kɣ⁵⁵,he²¹ i³³ ua³³ dʑi²¹ kɣ³³,pa³³ kɣ³³ lɣ²¹ le³³ da⁵⁵. khua⁵⁵ mæ³³
见　　牌　头　砍　不　会　神　的　碧　水　头　蛙　头　瞧　又　砍　牌　尾

tshe⁵⁵ mə³³ kɣ³³, he²¹ i³³ ua³³ dʑi²¹ mæ³³, zɿ²¹ mæ³³ lɣ²¹ le³³ tshe⁵⁵. | khua⁵⁵ da⁵⁵ se³³ kho³³
削　不　会　神　的　碧　水　尾　蛇　尾　瞧　又　削　　牌　砍　了　以后

tho²¹, khua²¹ phər²¹ guə⁵⁵ nɯ³³ guə⁵⁵, phər²¹ dɯ²¹ ko⁵⁵ ko³³ gɣ³³, | khua⁵⁵ pər⁵⁵ çi³³ mə³³
牌　　白　刮刨　由　刨　白　大　生生　成　　牌　写　人　没

dʑy²¹, y³³ ʂʅ⁵⁵ bu³³ tso³³ la²¹ nɯ³³ pər⁵⁵, ŋɣ²¹ phər²¹ tʂhər³³ le³³ khɯ⁵⁵, hæ³³ ʂʅ²¹ tʂhər³³ le³³
有　依世补佐　　　手　由　写　银　白　色　又　写　金　黄　色　又

khɯ⁵⁵
写

.

　　不知道木牌的出处来历，就不要说木牌的事。没有人发现制作木牌的树木，由雪山松林里牵狗行猎的人发现，从人类居住地附近地方砍来塞枚木，用枚木制作木牌。没有人见过木牌，金沙江边的淘金人见过。在神地碧水头照着蛙的头来砍，不会削制牌尾，在神地的碧水尾，照着蛇的尾巴来削制。木牌砍削出来以后，用刮刨来刨，把木牌制作成白生生的。没有人在木牌上写字，由依世补佐来写字，用银子写白色的字，用金子写黄色的字，

178-B-33-04

ua³³ hər²¹ tʂhər³³ le³³ khɯ⁵⁵, tshu²¹ na⁵⁵ tʂhər³³ le³³ khɯ⁵⁵. | y²¹ ʂʅ⁵⁵ bu²¹ tso³³ la²¹ nɯ³³
松石绿　色　又　写　墨玉　黑　色　又　写　　依世补佐　　　　手　由

tshu⁵⁵, ŋɣ²¹ khua⁵⁵ ŋɣ²¹ bu²¹kɣ³³ le³³ tshu⁵⁵, hæ²¹ khua⁵⁵ hæ²¹ bu²¹ kɣ³³ le³³ tshu⁵⁵, ua²¹ khua⁵⁵
插　银　牌　银　坡　上　又　插　金　牌　金　坡　上　又　插　松石　牌

ua²¹ bu²¹ tshu⁵⁵, tshu⁵⁵ kuha⁵⁵ tshu²¹ bu²¹ kɣ³³ le³³ tshu⁵⁵, | ŋə²¹ mɯ³³ ŋə²¹ ʂʅ⁵⁵ he³³. khua⁵⁵
松石坡　插　墨玉　牌　墨玉　坡　上　又　插　春　天　春　三　月　木牌

bæ²¹ ŋə²¹ ba²¹ phər²¹ nɯ³³ khæ⁵⁵ mə³³ tʂər²¹, zu²¹ mɯ³³ zu²¹ ʂʅ⁵⁵ he³³, khua⁵⁵ bæ²¹ zu²¹ hɯ²¹
春天　阳光　白　由　射　不　使　夏　天　夏　三　月　木牌　　夏　雨

na⁵⁵ nɯ³³ ty³³ mə³³ tʂər²¹, tshɣ⁵⁵ mɯ³³ tshɣ⁵⁵ ʂʅ³³ he³³, tshɣ⁵⁵ zə²¹ hər²¹ nɯ³³ dzua⁵⁵ mə³³
大　由　淋　不　使　秋　天　秋　三　月　秋　草　绿　由　埋　不

tʂər²¹；｜tshɿ³³ muɯ³³ tshɿ³³ sɿ⁵⁵ he³³,khua⁵⁵ çy²¹ tshɿ³³ hər³³tʂua²¹ nuɯ³³ dzər⁵⁵ mə³³ tʂər²¹．｜
使　　冬　　天　冬　三　月　牌　低　冬　风　大　由　刮　不　使

iə²¹ ɳi⁵⁵ tɕi⁵⁵ gu³³ py³³ bɤ²¹ nuɯ³³,khua⁵⁵ bæ²¹la²¹ phə³³ ty⁵⁵,ʂɤ²¹ ne²¹ ɳi³³dzu³³ zua²¹．｜ʂɤ²¹
尤涅敬恭　　　　祭司　　由　木牌　手　中　拿　署　和　尼　债　还　署

i³³ khua⁵⁵ mə³³ kho³³ i³³ buɯ²¹,｜bə³³ zo³³ nuɯ³³ mə³³ huɯ²¹，le⁵⁵ na²¹ zə²¹ hər²¹ phiə⁵⁵ mə³³
也　牌　不　取　的话　人类　心　不　安　牛　黑　草　绿　叶　不

sɿ³³｜bə³³ zua²¹ zə²¹ mə³³ guə³³．｜ʂɤ²¹ æ²¹ ʂɤ²¹ khuɯ³³ gu²¹ nuɯ³³ sɿ³³，ʂɤ²¹ khua⁵⁵ le³³ ly²¹
知　人类　马　草　不　吃　署　鸡　署　狗　后　由　引　署　牌　又　拿

lu³³．
来

用松石写绿字，用墨玉写黑字。依世补佐拿着木牌，将金牌插在金色山坡上，将银牌插在银色山坡上，将松石牌插在绿色山坡上，将墨玉牌插在黑色山坡上。春天，不让木牌被阳光晒，夏天，不让大雨淋湿木牌，秋天，不让青草掩没了木牌，冬天，不让冬风刮木牌。尤涅敬恭拿着木牌，去偿还署索取的债。若署不去取木牌，人类的心不安，黑牛会不识绿叶，马儿会不识青草。署引着他们的鸡和狗又来取木牌。

178-B-33-05

ʂɤ²¹ la³³ nuɯ³³ huɯ²¹ be³³ le⁵⁵ na²¹ le³³ ly²¹ lu³³，｜ʂɤ²¹ la³³ pha³³ zæ²¹ be³³ dze³³ uɯ³³ le³³ ly²¹
署　也　心　舒　地　牛　黑　又　瞧　来　署　也　脸　笑　地　粮　好　又　看

lu³³．｜le⁵⁵ kæ²¹ na²¹ nuɯ³³ ʂɤ²¹tɕər²¹ uɯ³³ kho³³ sɿ³³ dzu²¹ sə⁵⁵,ha⁵⁵ gə³³ dzi³³ bə²¹phər²¹,du²¹
来　乌鸦　黑　由　署上　好　话　三　句　说　夜　的　蝙蝠　白　董神

ne²¹ se²¹ tɕər²¹ uɯ³³kho³³ sə⁵⁵,｜ʂɤ²¹ la³³ uɯ³³ nuɯ³³ miə²¹ ʂər⁵⁵,dze³³ nuɯ³³ miə²¹ ka⁵⁵ be³³ le³³
和　沈神　上　好　的　说　署　也　财　由　眼　满　粮　由　眼　遮　地　又

zua²¹. | ʂɣ²¹ la³³ u³³ dze³³ le²¹zɣ²¹ lu³³, ʂɣ⁵⁵ zo³³ luɯ⁵⁵ tɕi³³ la³³ le³³uɯ³³ le³³dy⁵⁵ lu³³, dze³³uɯ³³
还　　署也　财物　又拿来署儿利金　　也牛好又赶来粮好

gu²¹ ʂər⁵⁵ le³³ pu⁵⁵ lu³³. | sɿ²¹ u³³ mə³³ by³³ gə³³·no²¹ py⁵⁵ ku³³ mu²¹ thuɯ³³, to³³ ba³³ ʂər⁵⁵
背　满　又背来　父财不分的宝贝　　帽子　是东巴什罗

lər³³ la²¹ nuu³³ khua⁵⁵ bæ²¹ tɕər²¹ nə²¹ pər⁵⁵,i³³ da²¹zo³³ ne²¹ mi⁵⁵ ma²¹kɣ³³ dzɿ²¹ dzɿ³³ tʂhɿ⁵⁵,
手由　木　牌上边　写主人男和女　膝盖　双双跪

luɯ⁵⁵ kɣ³³ py³³ bɣ²¹ nuu³³ khua⁵⁵ bæ²¹ y²¹ le³³ iə⁵⁵. | ʂɣ²¹ gə³³ sɿ³³ phe³³ la³³ ka³³ me³³ uɯ³³
利古　祭司　由　木　牌拿又拿　署的　头目　也好的善

me³³ gə²¹ le³³ sɿ³³, i³³ da¹³ zo³³ ne²¹ mi⁵⁵, ma²¹ kɣ³³ dzɿ²¹ dzɿ²¹ tʂhɿ⁵⁵ nuu²¹ ne²¹ ua²¹, huu²¹
的　上又想　主人男和女　膝盖　双双跪福和泽　富

ne²¹ dzæ³³ le³³ me⁵⁵.
和　裕又要

署也满心喜欢地来看人们供奉的黑牛，脸带笑容地来看人们献上的粮食。黑乌鸦跟署说上三
句好话。夜间活动的白蝙蝠跟董神和沈神说好话。用遮盖住署眼睛，使他们心满意足的财物
和粮食，偿还署索取的债。让署来拿人们供奉的好财物，让署儿利金来赶人们献上的黑牛，
来背满背的粮食。父亲财物中未被分割的宝贝帽子，东巴什罗已经写在木牌上了。这一户主
人家的男儿双双跪在利古东巴面前，请利古东巴把写有宝贝帽子的木牌送给署。署的头目也
引发了善心，这一户主人家男男女女，跪在署的面前，向署祈求福和泽，祈求富和裕。

178-B-33-06

iə²¹ ȵi⁵⁵ tɕi⁵⁵ gu³³ py³³ bɣ²¹ nuu³³, i³³ da²¹ tʂhɿ³³ dʑi²¹ zo³³ ne²¹ mi⁵⁵ tɕər¹² pa⁵⁵ ma²¹ le³³ pa⁵⁵
尤涅敬恭　　祭司　由主人这家儿和女上额油　又点

iə⁵⁵. | i³³ da¹³ tʂhɿ³³ duɯ³³ dʑi²¹, mə³³ gu²¹ mə³³ tshər³³,mə³³ tɕi⁵⁵ mə³³ by²¹,zɿ³³ ʂər²¹ ha⁵⁵ i³³,
给主人这一家不疾不病　不怕不抖寿长日久

kho³³ y²¹ he³³ huɯ²¹, dʑi²¹ i³³dər³³ sər⁵⁵,nuɯ²¹ ne²¹ uɑ²¹ huɯ²¹ ne²¹ dzæ³³ gɣ³³ be³³ ho⁵⁵. ‖ ʂɣ²¹
声 轻 神 安 水 流 塘 满 福 和 泽 富 和 裕 成 做 愿 署

mu³³ ʂɣ²¹ tʂʅ³³ uɑ²¹,huɯ⁵⁵ lo²¹ dzʅ²¹ gə³³ ʂɣ²¹, ‖ n̠i³³ mu³³ n̠i³³ tʂhʅ³³ uɑ²¹,dʑy²¹ nɑ⁵⁵ zo⁵⁵ lo³³
的 署 所 有 海 里 住 的 署 尼 的 尼 所 有 居 那 若 罗

kɣ³³ dzʅ²¹ me³³ ʂɣ²¹,sɑ²¹ dɑ⁵⁵ mu³³ sɑ²¹ dɑ⁵⁵ tʂhʅ³³ uɑ²¹,dy²¹ nuɯ³³ dzʅ²¹ gə³³ sɑ²¹ dɑ⁵⁵ ʂɣ²¹.
上 住 的 署 刹 道 的 刹 道 所 有 大 地 由 住 的 刹 道 署

æ²¹ sər³³ gɣ³³ tər⁵⁵,æ²¹ lɣ³³ gɣ⁵⁵ lɣ³³ le³³ dzʅ²¹ me³³ gə³³ ʂɣ²¹, ǀ ty²¹ mu³³ty²¹,æ²¹nuɯ³³ dzʅ²¹
岩 木 九 丛 岩 石 九 颗 又 住 做 的 署 敦 的 敦 崖 由 住

gə³³ ʂɣ²¹ tʂhʅ³³ uɑ²¹, ǀ gə²¹ nuɯ³³ dzʅ²¹ gə³³ ʂɣ²¹ tʂhʅ³³ uɑ²¹, mu³³ nuɯ³³ dzʅ²¹ me³³ ʂɣ²¹ i³³
的 署 所 有 上 由 住 的 署 所 有 天 由 住 的 署 是

nuɯ³³ huɯ²¹ se²¹. ǀ ʂu²¹ ne²¹ sər³³
心 舒 了 铁 和 木

尤涅敬恭祭司给这一户主人家的男男女女点上额油。这一户主人家不再发生疾病，不再担惊受怕而发抖。从此，这一户主人家，健康长寿，家中常传佳音，生活似流水满塘充裕富足，有福有泽。

所有的署类，所有住在大海里的署，所有的尼类，所有住在居那若罗神山上的尼类之署，所有的刹道，所有住在大地上的刹道类署，所有住在九丛岩木上，九颗岩石上的署。所有敦类署，所有住在山崖上的敦，所有安心地住在天上的署，所有住在铁和木上

178-B-33-07

kɣ³³ dzʅ²¹ me³³ ʂɣ²¹,sər³³ ne²¹ lɣ³³ kɣ³³ dzʅ²¹ me³³ ʂɣ²¹ ne²¹ n̠i³³, ǀ sɑ²¹ dɑ⁵⁵ ʂɣ²¹ sʅ³³ phe³³,
上 住 的 署 木 和 矛 上 住 的 署 和 尼 刹 道 署 头 目

ʂɣ²¹ gə³³ sʅ³³ phe³³ tʂhʅ³³ uɑ²¹ me³³, u³³ gə³³ dzʅ²¹ kɣ³³ le³³ dzʅ²¹ lu³³. ǀ i³³ dɑ²¹ tʂhʅ³³ dʑi²¹
署 的 头 目 所 有 的 自 己 的 住 处 又 住 去 主 人 这 家

zo³³ ne²¹ mi⁵⁵ ma²¹ kɣ³³ dzɿ²¹ dzɿ²¹ tshɿ⁵⁵, khɣ⁵⁵ by³³ zɿ³³ by³³、ua²¹ by³³ nɯ²¹ by³³、hɯ²¹
男　和　女　　膝盖　双　　双　跪　岁　分　寿　分　福　分　泽　分　富

by³³ dzæ³³ by³³ me⁵⁵. | i³³ da¹³ tʂhɿ³³ dɯ³³ dʑi²¹ khɣ⁵⁵ ne²¹ zɿ³³ me⁵⁵ me³³, nɯ²¹ ne²¹ ua²¹,
分　裕　分　要　　主人　这　一　家　岁　和　寿　要　　是　　福　和　泽

hɯ²¹ ne²¹ dzæ³³, mə³³ gu²¹ mə³³ tshər³³, mə³³ tɕhi⁵⁵ mə³³ by²¹, zɿ³³ sər²¹ ha⁵⁵ i³³, kho³³ y²¹ he³³
富　和　裕　　不　疾　不　病　　不　冷　不　抖　　寿　长　日　久　声　轻　神

hɯ²¹ gɣ³³ be³³ ho⁵⁵. ‖ bi³³ thɣ³³ mə⁵⁵ tʂhɿ³³ ȵi³³, lɯ⁵⁵ kɣ³³ py³³ by²¹ nɯ³³, ʂɣ²¹ tʂhɣ³³ lɣ²¹
安　成　做　愿　　日　出　的　　这　天　利古　　祭司　　由　署　住处　龙

tʂhɣ³³ mə³³ tɕhi³³ me³³, ʂɣ²¹ li⁵⁵ la³³ i³³ kɣ⁵⁵, | lɯ⁵⁵ kɣ³³ py³³ by²¹ hæ³³ ʂɿ²¹ tsæ³³ lər²¹ do⁵⁵,
住处　不　送　　是　署　散失　也　会　　利古　　祭司　　金　黄　板铃　　摇

ʂɣ²¹ phər²¹
署　白

的署，住在矛和木上的署和尼，所有的刹道署头目，以及其他署的头目，都回到自己居住的地方去。这一户主人家所有的男人和女人，跪在署面前，向署祈求自己的岁分、寿分、福分、泽分、富裕的份额。这一户主人家要回自己的岁分和寿分之后，愿家人有福有泽，健康长寿，不再发冷发热产生疾病，家中常传佳音，生活富裕。

　　好日子这一天，若利古祭司不把署送回到他们的住处，署就会失散掉，利古祭司摇晃金黄色板铃，将白色的署

178-B-33-08

ȵi³³ me³³ thɣ³³ dɣ³³ phər²¹ dʑy²¹ ʂua²¹ kɣ³³, dɣ³³ phər²¹ hɯ⁵⁵ khu³³ gə²¹ le³³ tɕhi³³, ȵi³³ me³³
东方　　海螺　白　山　高　上　海螺　白　　海　边　上　又　送　东方

thɣ³³ gə³³ æ²¹ sər³³ gɣ³³ tər⁵⁵ khɯ³³, æ²¹ lɣ³³ gɣ⁵⁵ lɣ³³ khɯ³³, æ²¹ dʑi²¹ gɣ³³ ho²¹ khɯ³³ i³³
的　崖　木　九　丛　旁　　崖　石　九　颗　旁　崖　水　九　条　旁　是

gə²¹ le³³ tɕhi⁵⁵. | ʂɣ²¹ hər²¹ tʂʐ̩³³ ua²¹ me³³,i³³ tʂʐ̩³³ muɯ²¹,ua³³ hər²¹ dʑɣ²¹ ʂua²¹ kɣ³³, ua³³
上   又   送   署 绿 所有   的 南方   松石 绿 山 高上 松石

hər³³ huɯ⁵⁵ khu³³ gə²¹ le³³ tɕhi³³,i³³ tʂʐ̩³³ muɯ²¹ gə³³ æ²¹ lɣ³³ gɣ⁵⁵ lɣ³³ khuɯ³³, æ²¹ sər³³ gɣ³³
绿   海   旁 上 又 送   南方   的 崖 石 九个   旁 崖 木 九

tər⁵⁵ khu³³, æ²¹ dʑi²¹gɣ³³ ho²¹ khu³³ i³³ gə²¹le³³ tɕhi³³. | ʂɣ²¹ na²¹ tʂʐ̩³³ ua²¹ me³³,n̡i³³ me³³
丛 旁 崖 水 九条 旁 是 上又 送 署 黑 所有   的 西方

gɣ²¹,tshu²¹na⁵⁵ dʑɣ²¹ ʂua²¹ kɣ³³,tshu²¹ na⁵⁵ huɯ⁵⁵ khu³³,n̡i³³ me³³ gɣ²¹gə³³ æ²¹ sər³³ gɣ³³ tər⁵⁵,
  玉 黑 山 高 上 墨玉 黑 海 边 西方   的 崖 木 九丛

æ²¹ lɣ³³ gɣ⁵⁵ lɣ³³,æ²¹ dʑi²¹ gɣ³³ ho²¹ khu³³gə²¹ le³³ tɕhi³³. | ʂɣ²¹ʂʐ̩²¹ tʂʐ̩³³ ua²¹ me³³,ho³³gɣ³³
崖 石 九个 崖 水 九条 旁 上 又 送 署 黄 所有 的 北方

lo²¹, hæ³³ ʂʐ̩²¹dʑɣ²¹ ʂua²¹ kɣ³³,hæ³³ ʂʐ̩²¹ huɯ⁵⁵ khu³³,æ³³ lɣ³³ gɣ⁵⁵ lɣ³³,æ²¹ sər³³ gɣ³³ tər⁵⁵, æ²¹
  金 黄 山 高 上 金 黄 海 边 崖 石 九个 崖 木 九丛 崖

dʑi²¹ gɣ³³ ho²¹ khu³³ gə²¹ le³³ tɕhi³³. | ʂɣ²¹ dzæ²¹ tʂʐ̩³³ ua²¹ me³³,
  水 九条 旁 上 又 送 署 花 所有 的

送到东边白海螺般的高山上，海螺般洁白的大海边，送到东方山崖上的九丛树木旁，九颗崖石旁，九条水流旁边去。所有松石般碧绿的署，送到南方松石般碧绿的高山上，松石般碧绿的大海边上去，送到南方山崖上的九丛树木旁，九个岩石旁，九条水流旁边去。所有黑色的署，送到西方墨玉般的大山上，送到墨玉般的大海边，送到西方山崖上的九丛树木，九颗岩石，九股水泉旁边去。所有金黄色的署，送到北方金黄色的高山上，金黄色的大海边，送到北方山崖上的九丛树木、九个岩石、九股水泉旁边去。所有杂色玉般的署，

178-B-33-09

muɯ³³ le³³ dy²¹ zɣ̩⁵⁵ gɣ³³, tshu³³ dzæ²¹ dʑɣ²¹ ʂua²¹ kɣ³³,tshu³³ dzæ²¹ huɯ⁵⁵ khu³³ lo²¹, æ²¹ sər³³
天 和 地 中央   玉 花 山 高 上 玉 花 海 旁 边 崖木

gɣ³³ tər⁵⁵, æ²¹ lɣ³³ gɣ⁵⁵ lɣ³³, æ²¹ dʑi²¹ gɣ²¹ ho²¹ khu³³ gə²¹ le³³ tɕhi³³. | sər³³ duɯ²¹ sər³³ tɕi⁵⁵
九　丛　岩石　九个　崖　水　九条　旁　上　又　送　　树　大　树　小

kɣ³³ i³³ gə²¹ le³³ tɕhi³³ le³³ fæ³³,lɣ³³ duɯ²¹ lɣ³³ tɕhi⁵⁵ kɣ³³, dʑi²¹duɯ²¹dʑi²¹ tɕi⁵⁵ kɣ³³ i³³ gə²¹le³³
上　是　上　又　送　又　去　山　大　石　小　上　水　大　水　小　上　是　上　又

tɕhi³³ le³³ fæ³³, dʑy²¹ duɯ²¹ dʑy²¹ tɕi⁵⁵ kɣ³³, æ²¹ çy²¹ æ²¹ ʂua²¹ kɣ³³ i³³ ʂy²¹ tʂhy³³ gə²¹ le³³
送　又　去　山　大　山　小　上　崖　底　崖　高　上　是　署　住处　上　又

tɕhi³³ le³³ fæ³³.ko²¹ duɯ²¹ ko²¹ tɕi⁵⁵ kɣ³³,huɯ⁵⁵ ʂʅ²¹ huɯ⁵⁵ hər²¹ kɣ³³,ʂy²¹ tʂhy³³ gə²¹ le³³ tɕhi³³
送　又　去　高原　大　高原　小　上　海　黄　海　绿　上　署　住处　上　又　送

le³³fæ³³. | ʂy²¹ ne²¹ ȵi³³ tʂhʅ³³ ua²¹,u³³ nɯ³³ miə²¹ ʂər⁵⁵, dze³³ nɯ³³ miə²¹ ka⁵⁵ be³³ le³³ iə⁵⁵
又　去　署　和　尼　所有　财　由　眼　满　粮　由　眼　遮　地　又　给

se²¹. | be⁵⁵ tshʅ²¹ zʅ³³ gə³³ mə³³ tshə⁵⁵ mə³³ ʂu²¹ tʂhʅ³³ dʑy³³ me³³, | ʂy³³ gə³³ tʂhʅ³³ dy²¹ tɕi³³
了　人类　　的　不　干　不　净　所有　的　署　的　这　地方　放

mə³³ tʂər²¹, u³³ dy²¹ pu⁵⁵ le³³ fæ³³.
不　使　自己　地方　带　又　去

送到天地中央杂色玉般的高山上，杂色玉般的大海中去，送到天地中央的山崖上，九丛树木、九个岩石、九条水流旁边去。所有的署送到大树、小树上，送到大石头、小石头上，送到大河、小河旁。送到大山小山上，送到高崖、低崖上，送到大高原、小高原上，送到黄海、绿海中去。用署和尼心满意足，能遮盖住他们眼睛的财物和粮食，偿还他们索取的债。人类生活地方的不干不净的东西，不要放在署的地方，让它们带回到自己的地方去。

178-B-33-10

ʂy²¹ i³³ ʂy²¹ gə³³ mɯ³³ ne²¹ dy²¹ lo²¹ le³³ dzʅ²¹ fæ³³. | ʂy²¹ khɯ³³ ʂy²¹ zua³³ gə²¹ le³³ lɣ⁵⁵,
署　是　署　的　天　和　地　里　又　住　去　署　狗　署　马　上　又　放

tʂhɻ³³ sɻ²¹ la²¹ kɣ³³ mæ⁵⁵, | i³³ da²¹ tʂhɻ³³ du³³ dʑi¹³, mə³³ gu²¹ mə³³ tshər³³, zɻ²¹ pa³³ mə³³
这　做　的　以后　　主人　这　一　家　不疾不病　　蛇　蛙　不

phiə⁵⁵ tʂu⁵⁵ mə³³ du³³. | i³³ da²¹ tʂhɻ³³ dʑi²¹, mə³³ gu²¹ mə³³ tshər³³, mə³³ tɕi⁵⁵ mə³³ by²¹, zɻ³³
损害　永远　不会　　主人　这　家　不疾不病　　不怕　不抖　寿

ʂər²¹ ha⁵⁵ i³³, kho³³ y²¹ he³³ huɯ²¹, dʑi²¹ i³³ dər³³ ʂər⁵⁵, nuɯ²¹ ne²¹ ua²¹, huɯ²¹ ne²¹ dzæ³³, ha³³ ly³³
长　日久　声　轻　神　安　水　流　塘　满　福　和　泽　富　和　裕　粮食

ba²¹ phɣ⁵⁵ ba²¹ hər²¹, nuɯ²¹ lɣ⁵⁵ nuɯ²¹ dzɣ³³ gɣ³³ be³³ ho⁵⁵. | nuɯ²¹ ne²¹ ua²¹ mæ⁵⁵ mə³³ tər⁵⁵, |
庄稼　撒　庄稼　绿　畜牧　畜　增　成　做　愿　福　和　泽　后　不　关

huɯ²¹ ne²¹ dzæ³³ mæ⁵⁵ mə³³ tər⁵⁵, | ʂɣ²¹ ne²¹ lɣ²¹
富　和　裕　后　不　关　　署　和　龙

让署回到他们自己的地方去居住，把署的狗和马也放回到他们自己的地方去。这样做了之后，这一户主人家虽然不能保证永远不伤害蛇和蛙，但仍然希望他们不再发生疾病。

　　祝愿这一户主人家，家中常传佳音，家人不再生病，不再担惊受怕，不再发冷发抖，愿家人健康长寿。生活似流水满塘充裕富足，有福有译。愿撒播的庄稼能发芽成长为一片绿茵，愿放牧的牲畜增长兴旺。愿这一户主人家不再把福泽关在后边，把富裕关在后边，只把署和龙

178-B-33-11

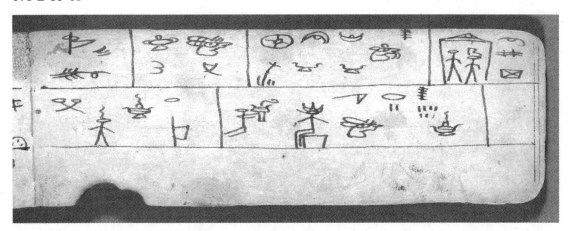

mæ⁵⁵ the²¹ tər⁵⁵ le³³ fæ³³. | du²¹ se³³ lo²¹ me³³, | ȵi⁵⁵ nuɯ³³ py²¹ me³³ ha⁵⁵ tɕər²¹ khua³³, ha³³
后　在　关　又　去　　大　的　施　了　　白天　由　祭　是　一天　上　有益　天

nuɯ³³ py²¹ me³³ khɣ⁵⁵ ne²¹ zɻ³³ tɕər²¹ khua³³. | i³³ da¹³ tʂhɻ³³ du³³ dʑi²¹ mə³³ gu²¹ mə³³ tshər³³,
由　祭　是　岁　和　代　上　益　　主人　这　一　家　不疾不病

mə³³ tɕi⁵⁵ mə³³ by²¹, zɻ³³ ʂər²¹ ha⁵⁵ i³³ gɣ³³ be³³ ho⁵⁵ | i³³ da¹³ tʂhɻ³³ dʑi²¹, ma²¹ kɣ³³ dzɻ²¹
不怕　不抖　寿　长　日久　成　做　愿　　主人　这　家　膝盖　双

dzŋ³³ tshŋ⁵⁵, py²¹ kæ³³ z̩³³ le³³ lɣ²¹. be³³ le³³ gɣ³³ n̩i²¹, zŋ³³ ʂər²¹ hɑ⁵⁵ i³³ ho⁵⁵. ‖
双　　跪祭司　前酒　又　敬做　又　成功　寿　长　日　久　愿

关到后边去。施过食后，愿白天所做祭祀，一天都有效，一天中所做的祭祀，一年、一辈子都有成效。

　　愿这一户主人家不再发生疾病，不再担惊受怕，不再发抖。愿这一户主人家健康长寿。这一户主人家跪在祭司面前，给祭司敬献酒。愿这一户主人家想做就做成功，愿家人健康长寿。

178-B-33-12

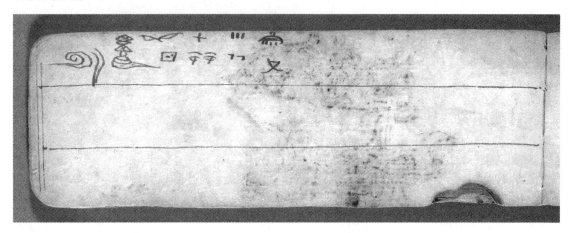

ʂɣ²¹ gɣ²¹ tʂhŋ³³ tshæ³³ iə²¹ pe²¹ tshe³³ do²¹ sŋ²¹ n̩i³³ pər⁵⁵ me⁵⁵.
署　祭　这　本　正月　初　　三　日　写　的

　　这一本祭署经书，写于正月初三日。

178-B-33-13

khɑ³³ zər³³ n̩ə⁵⁵ dʑə²¹
卡冉纽玖

战神卡冉纽玖（四个头的战神）

178-B-33-14

封底

（释读、翻译：和宝林）

85-B-36-01

$$\mathrm{s\gamma^{21} \ g\gamma^{21} \cdot s\gamma^{21} \ do^{21} \ phi^{55}}$$

祭署・抛傻署

85-B-36 祭署・抛傻署

【内容提要】

在自然神署中有一种傻署，说他傻是因为他对人无益，只一味地做坏事，所以人们对他的态度也和对其他署不一样。经书说，人类虽然与署讲和了，但是，在污秽地方产生的傻署会到人类中间施放灾祸、疾病等的绳结，使人类不得安宁。于是，人们请祭司做祭祀，一边偿还署神索取的债，一边把傻署赶出去，把他们送到鬼地去。也让傻署施放的疾病等灾祸随着他们抛到鬼地去。

【英文提要】

Worshipping ʂv (the God of Nature), Exorcising the Inutile ʂv

There existed one sort of inutile ʂv among gods of nature. Its "inutile" was named by reason of the disbenefit towards human beings. For its bad behavior, men had a different attitude towards it than other ʂv. This book says, although human beings and the ʂv tribe made a compromise, the inutile ʂv that came out of filth would inflict knots of misfortune together with disease on humans and disturb the harmony. Thus, priest was called to sacrifice in order to consecrate the debts of ʂv and to exorcise the inutile ʂv to the ghostdom. This would discard the misfortune and disease to the ghostdom as well.

85-B-36-02

第1行："1399"为洛克收藏的编号，并用洛克音标标注此书用于"祭署仪式"。
第2行：以洛克音标标注此书书名：《送九个傻署》。
第3行：三个东巴文为此书书名。

85-B-36-03

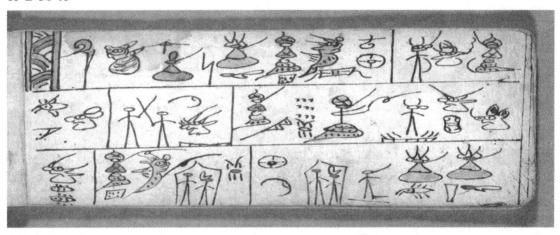

a³³ la³³ mə³³ ʂər³³ ɲi³³,mɯ³³ lɯ⁵⁵ du¹² dɯ³³ tʂhər⁵⁵,to³³ ba³³ ʂər⁵⁵ lər³³ nɯ³³,ʂɣ¹² khɣ²¹ lɣ²¹
呵也　不　说　日　美利董主　　一　代　东巴什罗　　由　署　请　龙

khɣ²¹ tʂhʅ³³ dɯ³³ ɲi³³,| dɣ³³ phər²¹ɕə³³ tɕhɣ²¹ nɯ³³, be⁵⁵ tshʅ²¹ zʅ³³ ne²¹ ʂɣ²¹ ko⁵⁵go³³ dzʅ³³
请　这　一　天　海螺　白　大鹏　　由　人类　和　署　中间　酋长

ne²¹ nɯ⁵⁵ le³³ be³³.| mə³³ æ²¹ le³³ dɣ²¹ se²¹.| ʂɣ²¹ do²¹ gɣ³³ kɣ⁵⁵ nɯ³³ be⁵⁵ tshʅ²¹ zʅ³³ tɕər²¹
和　耆老　又　做　不　争斗又　和好　了　署　傻　九个　由　人类　　　上

tər⁵⁵ khɯ⁵⁵ tshʅ²¹,bɣ³³ phər²¹ kho³³ tho²¹ pha²¹ khɯ⁵⁵ tshʅ²¹,ɯ³³ ɕɣ²¹ kho³³ tho²¹ dər³³ khɯ⁵⁵
结　放　来　羊　白　背后　　豺　放　来　牛　红　背后　瘟疫　放

tshʅ²¹,| ʂɣ²¹ ne²¹ lɣ²¹ nɯ³³ i³³ da²¹ tʂʅ³³ dʑi²¹ tɕər²¹ tər⁵⁵ khɯ⁵⁵ tshʅ²¹ i³³ kɣ⁵⁵.| bi²¹ thɣ³³
来　署和龙由　主人　这　家　上　结子　放　来　也　会　日　出

mə⁵⁵ tʂhŋ³³ n̠i³³,i³³da²¹ tʂhŋ³³ duɯ³³ dʑi²¹,ze⁵⁵ tɕi³³ bə³³ yγ²¹ tʂər²¹,lɯ⁵⁵ kγ³³ py³³ bγ²¹ dy⁵⁵,lɯ⁵⁵
的　　这　天　主人　这　一　家　年轻　捷足　使　利古　祭司　请　利古

kγ³³ py³³ bγ²¹ nuɯ³³ to³³ ba³³ ʂər⁵⁵ lər³³,
祭司　　由　　东巴什罗

　　远古的时候，在美利董主的这一代，东巴什罗迎请署的时候，由海螺般洁白的大鹏鸟充
当人类和署之间酋长和耆老，使人类和署不再争斗，讲和了。但是，九个傻署在人类中间施
放仇结，在白羊背后施放豺狼，在红牛背后施放瘟疫，在人类家中施放仇结。
　　好日子这一天，这一户主人请利古祭司做祭祀，利古祭司用东巴什罗

85-B-36-04

zər³³ tha⁵⁵ mi³³ dzɭ³³ tʂhŋ³³ huɑ³³ huɑ²¹ nuɯ³³,ʂγ²¹ do²¹ gγ³³ kγ⁵⁵ gə³³ khɯ²¹ tər⁵⁵ hər²¹ me³³
刀　快　火　燃　这　熊　熊　由　署　傻　九　个　的　绳　结　绿的

tshər⁵⁵,lγ²¹ gə³³ khɯ²¹ tər⁵⁵ phər²¹ me³³ tshər⁵⁵. | duɯ³³ tʂhər⁵⁵,mɯ³³ ne²¹ dy²¹ ly⁵⁵ gγ³³ gə³³
斩　龙的　绳　结　白的　斩　　一　代　天　和　地　中央　的

ʂγ²¹ nuɯ³³ puɯ³³ pɑ³³ be³³,ty²¹ mu⁵⁵ huɯ⁵⁵ nɑ²¹ ko³³ lo²¹ gə³³ ʂγ²¹ do²¹ zuɑ³³ kγ³³ dzɭ²¹ me³³
署　由　变化　做　敦　木　海　黑　里边　的　署　傻　马　头　长的

thγ³³. | ʂγ²¹ do²¹ zuɑ³³ kγ³³ dzɭ²¹ nuɯ³³ ʂγ²¹ tγ³³ tγ²¹ kɯ³³ kɯ²¹ gu²¹ nuɯ³³ sŋ³³, dzi³³ ne²¹
产生　署　傻　马　头　长　由　署　千　千　万　万　后　由　引　精人　和

tsho²¹ khɯ³³ tγ⁵⁵ khɯ²¹ tər⁵⁵ le³³ khɯ⁵⁵ tʂhŋ²¹, | to³³ ba³³ ʂər⁵⁵ lər³³ nuɯ³³ ʂγ²¹ ne²¹ lγ²¹ gə³³
崇人　跟前　绳　结　又　放　来　东巴什罗　　由　署　和　龙　的

khɯ³³ tər⁵⁵ tshər⁵⁵. bi²¹ thγ³³ mə⁵⁵ tʂhŋ³³ n̠i³³, ʂγ²¹ nuɯ³³ i³³ da¹³ tʂhŋ³³ dʑi²¹ ko²¹, khɯ²¹ tər⁵⁵
绳　结　斩　日　出　的　这　天　署　由　主人　这　家　里　绳　结

khɯ⁵⁵ tʂhŋ²¹ me³³, | to³³ ba³³ ʂər⁵⁵ lər³³ tha¹³ the⁵⁵ n̠i³³ be³³, lɯ⁵⁵ kγ³³ py³³ bγ²¹ nuɯ³³ hɑ³³
放　来　是　东巴什罗　　　他　那样　地　利古　祭司　由　饭

çi³³ to³³ ma³³ tshe²¹ kɣ⁵⁵ be³³,bər²¹ phər²¹ tɣ³³ tɣ²¹kɯ³³ ku²¹ be³³,the³³ tshu⁵⁵ to³³ ma³³ be³³,
人　饭　偶　　十　个　做　牦牛　白　千　千　万　万　做　旗　插　面偶　做

by²¹dɣ³³ la²¹ zɿ³³ be³³, dzu³³ le³³ ʐua²¹.
面团　　手纹　做　债　又　还

燃着熊熊烈火的快刀，斩断九个傻署施放的绿色绳结，斩断龙施放的白色绳结。

　　下一代，天地中央的署作变化，在敦木（鬼地）地方的黑海中产生了长马头的傻署。长马头的傻署带领千千万万的署兵，到精人和崇人跟前施放绳结，东巴什罗斩断长马头傻署施放的绳结。日出的这一天，署到这一户主人家中施放绳结，就像东巴什罗一样，利古祭司做十个饭人饭偶，做插旗面偶和带着手纹的面团，偿还署索取的债，

85-B-36-05

ʂɣ²¹ do²¹ ʐua³³ kɣ³³ dzɿ²¹ gə³³ dzu³³ le³³ ʐua²¹. | lɯ⁵⁵ kɣ³³ py³³ bɣ²¹ nɯ³³ ma⁵⁵ iə³³ mæ³³
署　傻　马　头　长　的　债　又　还　利古　祭司　由　孔雀　尾

nɯ³³ gu²¹ ne²¹ tshər³³ le³³ bæ²¹, | lɯ⁵⁵ kɣ³ py³³ bɣ²¹ zər³³ tha⁵⁵ nɯ³³ gu²¹ bər²¹ tshər³³ bər²¹
由　疾　和　病　又　扫　利古　祭司　刀　快　由　疾绳　病　绳

tshər⁵⁵. | tʂhɿ³³n̩i³³ dɣ³³khɣ²¹,ʂɣ²¹ ne²¹ n̩i³³ nɯ³³gu²¹ khɯ⁵⁵ tshər³³ khɯ⁵⁵ lɯ³³ mə³³ tʂər²¹. |
斩　　这天　以后　署　和　尼　由　疾　放　病　放　来　不　使

i³³ da²¹ tʂhɿ³³ dɯ³³ dʑi²¹ mə³³ gu²¹ mə³³ tshər³³, mə³³ tɕi⁵⁵ mə³³ by²¹ gɣ³³ be³³ ho⁵⁵. ‖ bi²¹
主人　这　一　家　不　疾　不　病　不　怕　不　抖　成　做　愿　日

thɣ³³ mə⁵⁵ tʂhɿ³³ n̩i³³, ʂɿ²¹ do³³ hɯ⁵⁵ ko³³ lo²¹, ʂɣ²¹ na²¹ pɯ³³ pa³³ be³³, ʂɣ²¹ do²¹ tshɿ⁵⁵ kɣ³³
出　的　这天　史朵　海里边　署黑　变化　做　署傻　山羊头

dzɿ²¹ me³³ thɣ³³, | ʂɣ²¹ do³³ tshɿ⁵⁵ kɣ³³ dzɿ²¹ nɯ³³ mə³³ khɣ³³ tshy⁵⁵ phɣ³³ le³³ ʐua²¹ tshɿ²¹,
长　的　产生　署　傻　山羊头　长　由　不　偷　赔　价　又　索来

khɯ²¹ tər⁵⁵ le³³ khɯ⁵⁵ tshη²¹ i³³ kγ⁵⁵, | bi²¹ thγ³³ mə⁵⁵ tshη³³ ɲi³³, i³³ da²¹ tʂη³³ dɯ³³ dʑi²¹,
绳　结　又　放　来　也　会　日　出　的　这天　主人　这　一　家

偿还长马头的傻署索取的债。利古祭司用孔雀尾巴扫除疾病，斩断傻署施放疾病的绳索。从
这天以后，不再让署和尼施放疾病，愿这一户主人家不再发生疾病，不再发冷发抖。

　　日出的这一天，由史朵（鬼地）海中的黑色署作变化，产生了长山羊头的傻署，长山羊
头的傻署到这一户主人家中，索取这一户主人未曾偷盗的赔价，施放灾祸和疾病的绳结。这
一天，这一户主人家，

85-B-36-06

ze⁵⁵ tɕi³³ bə³³ y²¹ tʂər²¹, lɯ⁵⁵ kγ³³ py³³ bγ²¹ dy⁵⁵, lɯ⁵⁵ kγ³³ py³³ bγ²¹ nu³³ ʂγ²¹ bər²¹ phər²¹
年轻　捷足　使　利古　　祭司　请　利古　　祭司　由　署　绳　白

me³³ tshər⁵⁵, ma⁵⁵ iə³³ mæ³³ nu³³ gu²¹ tshər³³ bγ²¹ le³³ bæ²¹, ha³³ ɕi³³ to³³ ma³³ be³³, bər²¹
的　斩　孔雀　尾　由　疾病　外　又　扫　饭　人　饭　偶　做　牦牛

phər²¹ tγ³³ tγ²¹ kɯ³³ kɯ²¹ be³³, ʂγ²¹ do²¹ tshη⁵⁵ kγ³³ dzη²¹ dzu³³ le³³ zua²¹, | ʂγ²¹ do²¹ tshη⁵⁵
白　千　千　万　万　做　署　傻　山羊　头　长　债　又　还　署　傻　山羊

kγ³³ dzη²¹ nu³³ ɕi³³ tɕər²¹ phæ³³ me³³ gə²¹ le³³ lɯ⁵⁵, bə³³ bγ²¹ thγ⁵⁵ me³³ gə²¹ le³³ sη³³, |
头　长　由　人　上　拴　的　上　又　脱　脚　下　踩　的　上　又　引

mə³³ gu²¹ mə³³ tshər³³, mə³³ tɕi⁵⁵ mə³³ bγ²¹ gγ³³ be³³ ho⁵⁵. | pɯ³³ pa³³ ne⁵⁵ pa³³ be²¹ tʂu⁵⁵
不　疾　不　病　不　怕　不　抖　成　做　愿　变化　灾变　破坏

be³³ mə³³ tʂər²¹. ‖ ʂγ²¹ ne²¹ lγ²¹ gə³³ hɯ⁵⁵ na²¹ ko³³ lo²¹, ʂγ²¹ na²¹ pɯ³³ pa³³ be³³, y²¹ kγ³³
做　不　使　署和龙　的　海　黑　里边　署　黑　变化　做　羊　头

dzη²¹ gə³³ ʂγ²¹do²¹ thγ³³. y²¹ kγ³³ dzη²¹ ʂγ²¹ do²¹ nu³³, bər²¹ hər²¹ la²¹ phə³³ ty⁵⁵, i³³ da²¹ tshη³³
长　的　署傻　产生　羊　头　长　署傻　由　绳　绿　手　中　拿　主人　这

dʑi²¹ tɕər²¹ le³³ tər⁵⁵ tshŋ²¹, mə³³ kɣ³³ tshy⁵⁵ sŋ²¹ tshŋ²¹, | ze⁵⁵ tɕi³³ bə³³ y²¹ tʂər²¹,
　家　上　又　结　来　　不　偷　赔　索　来　年轻　　捷足　使

派捷足的年轻人，去请利古祭司做祭祀。利古祭司斩断傻署施放的白色绳索，用孔雀尾巴扫
除这一户主人家疾病，用饭人饭偶和千千万万的白牦牛，偿还傻署索取的债。放开长山羊头
傻署拴在人身上的绳索，把长山羊头傻署踩在脚下的解救出来，不再让长山羊头的署从事破
坏和捣乱，愿这一户主人家不再发生疾病，不再担惊受怕，发冷发抖。

　　在署和龙的黑海中，黑色的署作变化，产生了长羊头的傻署。长羊头的傻署，手里拿着
绿色的绳索，到这一户主人家中施放灾祸和疾病，到这一户主人家中施放绳结，来索取这一
户主人家未曾偷盗的赔价。这一户主人家派捷足的年轻人，

85-B-36-07

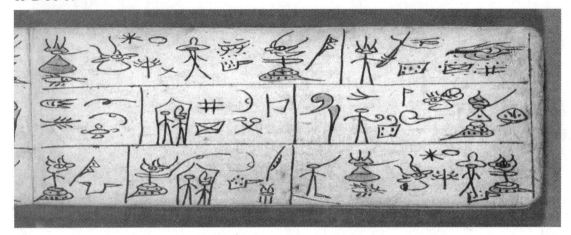

lɯ⁵⁵ kɣ³³ py³³ bɣ²¹ dy⁵⁵ le³³ py²¹, lɯ⁵⁵ kɣ³³ py²¹ bɣ²¹ nɯ³³ bər²¹ phər²¹ tɣ³³ tɣ³³ kɯ³³ kɯ²¹
利古　　祭司　请　又　祭　利古　祭司　由　牦牛　白　千　千　万　万

be³³, ha³³ ɕi³³ to³³ ma³³ tshe²¹ kɣ⁵⁵ be³³, ʂɣ²¹ do²¹ ɯ²¹ kɣ³³ dʐŋ²¹ me³³ u³³ nɯ³³ miə²¹ ʂər⁵⁵,
做　饭人饭偶　　十个　做　署傻牛头长的　财　由　眼　满

dze³³ nɯ³³ miə²¹ ka⁵⁵ be³³ le³³ ʐua²¹. | lɯ⁵⁵ kɣ³³ py³³ bɣ²¹ ʂu³³ phər²¹ da²¹ tha⁵⁵ nɯ³³ ʂɣ²¹
粮　由　眼　遮　地　又　还　利古　祭司　铁　白　刀　快　由　署

bər²¹ by²¹ le³³ tshər⁵⁵, ma⁵⁵ iə³³ mæ³³ nɯ³³ gu²¹ tshər³³ bæ²¹. | th³³ sŋ²¹ la²¹ kɣ³³ mæ⁵⁵, ʂɣ²¹
绳　外　又　斩　孔雀　尾　由　疾病　扫　这样的　以后　署

nɯ³³ tər⁵⁵ mə³³ dɯ³³ be³³ ho⁵⁵. | i³³ da²¹ tʂŋ³³ dɯ³³ dʑi²¹ mə³³ gu²¹ mə³³ tshər³³, mə³³ tɕi⁵⁵
由　系　不　着　做　愿　主人　这一　家　不　疾　不　病　不　怕

mə³³ by²¹ gɣ³³ be³³ ho⁵⁵. ‖ i³³ tʂŋ³³ mɯ²¹, uæ³³ dʑə²¹ khu³³ gə³³ hɯ⁵⁵ ko³³ lo²¹, ʂɣ²¹ na²¹
不　抖　成　做　愿　南方　　左一　边　的　海　里边　署　黑

me³³ nɯ³³ pɯ³³ pa³³ be³³, ʂɣ²¹ do²¹ khɯ³³ kɣ³³ dʐŋ²¹ me³³ thɣ³³, | ʂɣ²¹ do²¹ khɯ³³ kɣ³³
的　由　变化　　做　署傻狗头长的　产生　署傻狗头

dzɿ²¹ me³³ nɯ³³, i³³ da²¹ tʂhɿ³³ dʑi¹³ tɕər²¹ khua²¹ tər⁵⁵ le³³ khɯ⁵⁵ sɿ²¹, mə³³ khɣ³³ tshy⁵⁵ sɿ²¹
长   的 由 主人 这 家   上   邪   结   又   放 来   不   偷   赔   索

tshɿ²¹. | i³³ da²¹ tʂhɿ³³ dʑi²¹ ze⁵⁵ tɕi³³ bə³³ y²¹ tʂər²¹, lɯ⁵⁵ kɣ³³ py³³ bɣ²¹ dy⁵⁵ le³³ py²¹, lɯ⁵⁵
来   主人   这   家 年轻 捷足   使 利古 祭司   请   又   祭 利古

kɣ³³ py³³ bɣ²¹ nɯ³³, bər²¹ phər²¹ tɣ³³ tɣ²¹ kɯ³³ kɯ²¹ be³³, ha³³ ɕi³³ to³³ ma³³ be³³, ʂɣ²¹ do²¹
祭司   由   牦牛   白 千 千 万 万 做   饭 人 饭偶   做   署 傻

khɯ³³ kɣ³³ dzɿ²¹ me³³ dzu³³ le³³ ʐua²¹.
狗   头   长   的   债   又   还

请利古祭司做祭祀。利古祭司用千千万万的白牦牛，用十个饭人饭偶，用能遮盖住傻署眼睛的财物和粮食，偿还傻署索取的债。利古祭司用快刀斩断傻署施放的绳结，用孔雀尾巴扫除这一户主人家中的疾病。从这以后，长羊头傻署的绳索就不再系在这一户主人家中了，这一户主人家不再产生疾病，不再担惊受怕了。

　　南边地方，从左边的大海中，黑色的署作变化，产生了长狗头的傻署。长狗头的傻署来到这一户主人家中，施放邪恶的绳结，来索取这一户主人未曾偷盗的赔价。这一户主人派捷足的年轻人，去请利古祭司做祭祀。利古祭司用千千万万的白牦牛，用饭人饭偶偿还长狗头傻署索取的债。

85-B-36-08

lɯ⁵⁵ kɣ³³ py³³ bɣ²¹ nɯ³³, ʂu³³ phər²¹ gæ²¹ tha²¹ la²¹ phə³³ ty⁵⁵, ʂɣ²¹ bər²¹ bɣ²¹ le³³ tshər⁵⁵, ma⁵⁵
利古   祭司   由   铁 白   刀 利 手 中 拿 署 绳   外   又   斩   孔雀

iə³³ mæ³³ nɯ³³ gu²¹ tshər³³ bɣ²¹ le³³ bæ²¹, | tʂhɿ³³ sɿ²¹ la²¹ kɣ³³ mæ⁵⁵, pɯ³³ pa³³ ne⁵⁵ pa³³
尾   由   疾   病   外 又 扫   从   这 的 以后   变化   灾变

pe²¹ tʂu⁵⁵ be³³ mə³³ tʂər²¹. ‖ y²¹ dzɿ²¹ tɯ³³, gu³³ tshə⁵⁵ hɯ⁵⁵ ko³³ lo²¹, ʂɣ²¹ na²¹ pɯ³³ pa³³
破坏   做   不   使   羊 方位   疾   秽   海   里边   署 黑 变化

be³³, ʂɣ²¹ do²¹ kə⁵⁵ kɣ³³ dzɿ²¹ me³³ the²¹ nɯ³³ thɣ³³, ʂɣ²¹ do²¹ kə⁵⁵ kɣ³³ dzɿ²¹ me³³ nɯ³³, ʂɣ²¹
做   署 傻 鹰 头 长 的 这 由 产生 署 傻 鹰 头 长 的 由 署

tər⁵⁵ le³³ khɯ⁵⁵ tʂʅ²¹,gu²¹ khɯ⁵⁵ tshə⁵⁵ khɯ⁵⁵ tʂʅ²¹,mə³³ khɣ³³ tshy⁵⁵ zua²¹ tʂʅ²¹ i³³ kɣ⁵⁵.∣
结　又　放　来　疾　放　秽　放　来　不　偷　赔　索　来　也　会

lɯ⁵⁵ kɣ³³py³³ bɣ²¹ nɯ³³ bər³³ phər²¹ tɣ³³ tɣ²¹ kɯ³³ kɯ²¹ be³³,ha³³ çi³³ to³³ ma³³ be³³, the³³
利古　祭司　由　牦牛　白　千　千　万　万　做　饭人　饭偶　做　插旗

tɕhi²¹ to³³ ma³³ be³³, zʅ²¹ ne²¹ pa³³ le³³ be³³, ʂɣ²¹ do²¹ kə⁵⁵ kɣ³³ dzʅ²¹ gə³³ dzu³³ le³³ zua²¹.∣
面偶　做　蛇和蛙　又　做　署　傻鹰头　长　的　债　又　还

lɯ⁵⁵ kɣ³³ py³³ bɣ²¹ nɯ³³ ʂu³³ phər²¹ gæ²¹ tha⁵⁵ la²¹ phə³³ tɣ⁵⁵, ʂɣ²¹ bər²¹ by²¹ le³³ tshər⁵⁵,
利古　祭司　由　铁　白　刀　快　手　中　拿　署绳　外　又　斩

ma⁵⁵ iə³³ mæ³³ nɯ³³ gu²¹ ne²¹ tshər³³ le³³ bæ²¹, tʂʅ³³ miə³³ ʂʅ²¹,zu²¹ bɣ³³ tɕhi²¹ le³³ bæ²¹.∣
孔雀　尾　由　疾和病　又　扫　冬　眼　黄　夏　肠　疼　又　扫

tʂʅ³³ sʅ²¹ la²¹ kɣ³³ mæ⁵⁵, i³³ da²¹ tʂʅ³³ dʑi²¹ ʂɣ²¹ bər²¹ tər⁵⁵ mə³³ dɯ³³.
从　这　的　以后　主人　这家　署绳　系　不　得

利古祭司将白铁快刀拿在手中，斩断长鹰头傻署施放的绳结，用孔雀尾巴把疾病扫除掉。从此以后，不再让长狗头的傻署施放灾变，从事破坏和捣乱。

　　在羊方位（西南方向），疾病和污秽海子里的黑色署作变化，产生了长鹰头的傻署。长鹰头的傻署到这一户主人家中施放绳结，施放疾病和污秽，来索取这一户主人家未曾偷盗的赔价。利古祭司用千千万万的白牦牛，制作饭人饭偶，制作插旗面偶以及蛇和蛙，偿还长鹰头傻署索取的债。利古祭司用白铁快刀斩断傻署施放的绳结，用孔雀尾巴扫除疾病，扫除冬天的黄眼病，夏天的肚子肠子疼。从此以后，傻署施放疾病的绳索不再系在这一户主人家上了。

85-B-36-09

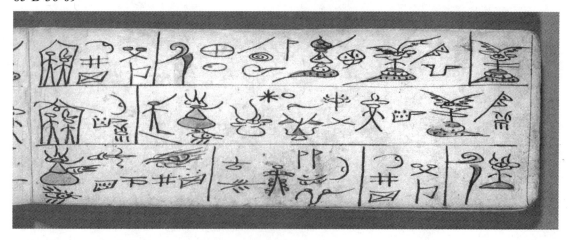

i³³ da²¹ tʂʅ³³ dɯ³³dʑi²¹, mə³³ gu²¹ mə³³ tshər³³, mə³³ tɕi⁵⁵ mə³³ by²¹ gɣ³³ be³³ ho⁵⁵.‖ ȵi³³
主人　这　一　家　不　疾　不　病　不　怕　不　抖　成　做　愿

me³³ gɣ²¹, dy²¹ tshə⁵⁵ hɯ⁵⁵ ko³³ lo²¹, ʂɣ²¹ na²¹ pɯ³³ pa³³ be³³, tshua⁵⁵ kɣ³³ dzʅ²¹ me³³ ʂɣ²¹
西方　敦臭　海　里边　署黑　变化　做　鹿　头　长　的　署

do²¹ tv³³. | tshua⁵⁵ kv³³ dzŋ²¹ gə³³ şv²¹ do²¹ nu³³, i³³ da²¹ tşhŋ³³ dʑi²¹ tɕər²¹,khɯ²¹ tər⁵⁵ le³³
傻 产生 鹿 头 长 的 署 傻 由 主 人 这 家 上 绳 结 又

khɯ⁵⁵ tshŋ²¹,mə³³ khv³³ tshy⁵⁵ sŋ²¹ tshŋ²¹ i³³ kv⁵⁵. | ze⁵⁵ tɕi³³ bə³³ y²¹ nu³³ lɯ⁵⁵ kv³³ py³³
放 来 不 偷 赔 索 来 也 会 年轻 捷足 由 利古 祭司

bv²¹ dy⁵⁵ le³³ py²¹, bər²¹ phər²¹ tv³³ tv²¹ ku³³ ku²¹ be³³, bv²¹ dv³³ la²¹ zŋ³³ be³³, the³³ tɕhi²¹
请 又 祭 牦牛 白 千 千 万 万 做 面团 手纹 做 插旗

to³³ ma³³ be³³,ha³³ ɕi³³ to³³ ma³³ be³³,şv²¹ do²¹ tshua⁵⁵ kv³³ dzŋ²¹ gə³³ dzu³³ le³³zua²¹. | lɯ⁵⁵
面偶 做 饭人 饭偶 做 署 傻 鹿 头 长 的 债 不 还 利古

kv³³ py³³ bv²¹ nu³³,su³³phər²¹ gæ²¹ tha⁵⁵ la²¹ phə³³ ty⁵⁵,şv²¹ bər²¹ bv²¹ le³³ tshər⁵⁵, ma⁵⁵ iə³³
祭司 由 铁 白 刀 快 手 中 拿 署 绳 外 又 斩 孔雀

mæ³³ nu³³ gu²¹ tshər³³ bæ²¹. | tşhŋ³³ sŋ²¹la²¹ kv³³ mæ⁵⁵,dʑə³³ dʑə³³ ko³³ ko³³,tshŋ³³ miə³³ şŋ²¹
尾 由 疾病 扫 从 这 的 以后 疮痍 疤痕 冬 眼 黄

zu²¹ bv³³ tɕhi²¹ mə³³ dʑy³³ se²¹, | mə³³ gu²¹ mə³³ tshər³³, mə³³ tɕi⁵⁵ mə³³ bv²¹ gv³³ be³³
夏 肠 疼 不 有 了 不 疾 不 病 不 怕 不 抖 成 做

ho⁵⁵. || khɯ³³ dzŋ²¹ tɯ³³,
愿 狗 方位

这一户主人家不再发生疾病，不再发冷发抖，不用惧怕了。

西方的敦臭（鬼地）海里边，由黑色署作变化，产生了长鹿头的傻署。长鹿头的傻署来到这一户主人家中施放绳结，来索取这一户主人家未曾偷盗的赔价。捷足的年轻人请利古祭司做祭祀，利古祭司用千千万万白牦牛，制作饭人和饭偶，做带着手纹的面团，做插旗面偶，偿还长鹿头傻署索取的债。利古祭司用白铁快刀斩断傻署施放的绳结，用孔雀尾巴扫除疾病。从这以后，这一户主人家不再有疮痍疤痕，不再有冬天的黄眼病，夏天的肠胃疼。不再发冷发抖，不再担惊受怕了。
狗方位（西北方向）

85-B-36-10

gu²¹ tʂhə⁵⁵ huɯ⁵⁵ na²¹ ko³³ lo²¹ʂɣ²¹ na²¹ puɯ³³ pa³³ be³³,so³³ na³³ ʐʅ²¹ kɣ³³ dzʅ²¹ gə³³ ʂɣ²¹ do²¹
病　秽　海　黑　里边　署　黑　变化　做　梭纳　蛇　头　长　的　署　傻

the²¹ nuɯ³³ thɣ³³,｜so³³ na³³ ʐʅ²¹ kɣ³³ dzʅ²¹ ʂɣ²¹ do²¹ nuɯ³³, i³³ da²¹ tʂhʅ³³ dʑi¹³ ko²¹ khuɯ²¹
这　由　产生　梭那　蛇　头　长　署　傻　由　主人　这　家　里　绳

tər⁵⁵ le³³ khuɯ⁵⁵ tshʅ²¹,mə³³ khɣ³³ tshy⁵⁵ sʅ²¹ tshʅ²¹ i³³ kɣ⁵⁵.｜ze⁵⁵ tɕi²¹ bə³³ ɣ²¹ nuɯ³³ luɯ⁵⁵ kɣ³³
结　又　放　来　不　偷　赔　索　来　也　会　年轻　捷足　由　利古

py³³ bɣ²¹ dy⁵⁵ le³³ py²¹, bər³³ phər²¹ tɣ³³ tɣ²¹ kuɯ³³ kuɯ²¹ be³³, by²¹ dɣ³³ la²¹ ʐʅ³³ be³³, the³³
祭司　　请　又　祭　牦牛　白　千　千　万　万　做　面团　手纹　做　旗插

tɕhi²¹ to³³ ma³³ be³³, ha³³ çi³³ to³³ ma³³ be³³,so³³ na³³ ʐʅ²¹ kɣ³³ dzʅ²¹ me³³ dzuɯ³³ le³³ ʐua²¹,
　面偶　做　饭人　饭偶　做　梭那　蛇　头　长　的　债　又　还

gu²¹ be³³ tsa³³ le³³ fæ³³.｜luɯ⁵⁵ kɣ³³ py³³ bɣ²¹ nuɯ³³,ʂu²¹ phər²¹ gæ²¹ tha⁵⁵ la²¹ phə³³ ty⁵⁵,ʂɣ²¹
捆　成　背　又　去　利古　祭司　由　铁　白　刀　快　手　中　拿　署

bər²¹ by²¹ le³³ tshər⁵⁵, ma⁵⁵ iə³³ mæ³³ nuɯ³³ gu²¹ tshər²¹ bæ²¹, tʂhʅ³³ sʅ²¹ la²¹ kɣ³³ mæ⁵⁵, ʂɣ²¹
绳　外　又　斩　孔雀　尾　由　疾病　　扫　从　这　的　以　后　署

nuɯ³³ tər⁵⁵ le³³ mə³³ duɯ³³ se²¹.｜i³³ da²¹ tʂhʅ³³ dʑi²¹, mə³³ gu²¹ mə³³ tshər³³, mə³³ tɕi⁵⁵ mə³³
由　系　又　不　得　了　主人　这　家　不　疾　不　病　不　怕　不

by²¹ gɣ³³ be³³ ho⁵⁵.｜ho³³ gɣ³³ lo²¹,phər²¹ do³³ huɯ⁵⁵ ko³³ lo²¹,ʂɣ²¹ na²¹ puɯ³³ pa³³ be³³,ʂɣ²¹
抖　成　做　愿　北方　　盘朵　海　里边　署　黑　变化　做　署

do²¹ sʅ³³ phɣ³³ tshʅ²¹ kɣ³³ dzʅ²¹ me³³ the²¹ nuɯ³³ tɣ³³,｜ʂɣ²¹ do²¹ sʅ³³ hɣ³³ tshʅ²¹ kɣ³³ dzʅ²¹
傻　斯普　鬼　头　长　的　这　由　产生　署　傻　斯普　鬼　头　长

me³³ nuɯ³³,i³³ da²¹ tʂhʅ³³ dʑi¹² tɕər²¹,khuɯ²¹ tər⁵⁵ le³³ khuɯ⁵⁵ tshʅ²¹,mə³³ khɣ³³ tshy⁵⁵ sʅ²¹ tshʅ²¹.
的　由　主人　这　家　上　绳　结　又　放　来　不　偷　赔　索　来

疾病和污秽的海里边，黑色的署作变化，产生了长梭那蛇头的傻署。长梭那蛇头的傻署到这一户主人家中施放绳结，来索取这一户主人未曾偷盗的赔价。捷足的年轻人请利古祭司做祭祀，利古祭司用千千万万的白牦牛，制作带着手纹的面团，做饭人饭偶，做插旗面偶，偿还长梭那蛇头傻署索取的债，让傻署将这些东西成捆地背了去。利古祭司手持白铁快刀，斩断傻署施放的绳结，用孔雀尾巴扫除疾病。从此以后，愿署的绳结不再系在这一户主人家上。愿这一户主人家不再发生疾病，不再发冷发抖，不再担惊受怕。

　　由北方盘朵（鬼地）海里边的黑署作变化，产生了长斯普鬼头的傻署，长斯普鬼头的傻署到这一户主人家中施放绳结，索取这一户主人未曾偷盗的赔价。

85-B-36-11

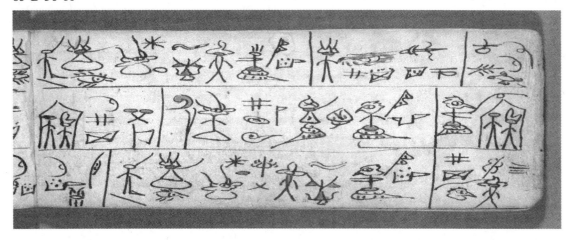

ze³³ tɕi³³ bə³³ y²¹nɯ³³ lɯ⁵⁵ kɣ³³ py³³ bɣ²¹ dy⁵⁵ le³³py²¹,bər²¹ phər²¹ tɣ³³ tɣ²¹ kɯ³³ kɯ²¹ be³³,
年轻　　 捷足　由 利古　祭司　 请 又 祭 牦牛　白 千 千 万 万 做

by²¹ dɣ³³ la²¹ ʐʅ³³ be³³,the³³ tɕhi²¹ to³³ ma³³ be³³,ha³³ ɕi³³ to³³ ma³³ be³³,sʅ³³ phɣ³³ tshʅ²¹kɣ³³
面团　 手纹 做 旗插　 面偶 做 饭人　 饭偶 做 斯普　鬼头

dzʅ²¹ ʂɣ²¹ do²¹ dzu³³ le³³ ʐua²¹. | lɯ⁵⁵ kɣ³³ py³³ bɣ²¹ nɯ³³,ma⁵⁵ iə³³ mæ³³ nɯ³³ gu²¹ tshər³³
长 署 傻 债 又 还 利古　祭司　 由 孔雀 尾 由 疾病

bæ²¹, ʂu³³ phər²¹ gæ²¹ tha⁵⁵ nɯ³³ ʂɣ²¹ bər²¹ by²¹ le³³ tshər⁵⁵. | tʂhʅ³³ sʅ²¹ la²¹ kɣ³³ mæ⁵⁵, i³³
扫 铁 白 刀 快 由 署 绳 外 又 斩　 从 这 的 以后 主人

da²¹ ʂɣ²¹ nɯ³³ tər⁵⁵mə³³ du³³ se²¹. | i³³ da²¹ tʂhʅ³³dʑi²¹,mə²¹ gu²¹ mə³³ tshər³³,mə³³tɕi⁵⁵ mə³³
署 由 系 不 得 了　 主人 这 家　 不 疾 不 病 不 怕 不

by²¹ gɣ³³ be³³ ho⁵⁵. ‖ ɯ³³ dzʅ²¹ tu³³, gu²¹ tshə⁵⁵ hɯ⁵⁵ ko³³ lo²¹, ʂɣ²¹ na²¹ pɯ³³ pa³³ be³³,
抖 成 做 愿 牛 方位 病 秽 海 里边 署 黑 变化 做

ʂɣ²¹ do²¹ æ²¹ kɣ³³ dzʅ²¹ me³³ the²¹ nɯ thɣ³³. | ʂɣ²¹ do²¹ æ²¹ kɣ³³ dzʅ²¹ me³³ nɯ³³, i³³ da²¹
署 傻 鸡 头 长 的 这 由 产生 署 傻 鸡 头 长 的 由 主人

tʂhʅ³³ dʑi²¹ tɕər²¹, khɯ²¹ tər⁵⁵ le³³ khɯ⁵⁵ tshʅ²¹, mə³³ khɣ³³ tshy⁵⁵ sʅ³³ tshʅ²¹. | ze⁵⁵ tɕi³³ bə³³
这 家 上 绳 结 又 放 来 不 偷 赔 索 来　 年轻　 捷足

y²¹ nɯ³³, lɯ⁵⁵ kɣ³³ py³³ bɣ²¹ dy⁵⁵ le³³ py²¹, bər²¹ phər²¹ tɣ³³ tɣ²¹ kɯ³³ kɯ²¹ be³³, ha³³ ɕi³³
由 利古　祭司　 请 又 祭 牦牛 白 千 千 万 万 做 饭人

to³³ ma³³ be³³, by²¹ dɣ³³ la²¹ ʐʅ³³ be³³, the³³ tɕhi²¹ to³³ ma³³ be³³, ʂɣ²¹ do²¹ æ²¹ kɣ³³ dzʅ²¹
饭偶 做 面团　 手纹 做 插旗 面偶 做 署 傻 鸡 头 长

dzɯ³³ le³³ ʐua²¹, | gu³³ gu²¹ tshər³³ tshər³³ me³³, æ²¹ ne²¹ to³³ ma³³ kɤ³³ nɯ³³ lo⁵⁵ le³³ fæ³³.
债　　又　还　　疾　'病　　　　是　鸡 和 饭偶　　上　由　带 又 去

　　捷足的年轻人请利古祭司做祭祀。利古祭司用千千万万白牦牛，做带着手纹的面团，做插旗面偶，做饭人饭偶，偿还长斯普鬼头的傻署索取的债。利古祭司用白铁快刀斩断傻署施放的绳结，用孔雀尾巴扫除疾病。从这以后，这一户主人家不再发生疾病，不再被署施放的绳子所系，不再发冷发抖，担惊受怕了。

　　牛方位（东北方向），在疾病和污秽的黑海中，黑色的署作变化，产生了长鸡头的傻署。长鸡头的傻署到这一户主人家中施放绳结，索取这一户主人家未曾偷盗的赔价。捷足的年轻人请利古祭司做祭祀，用千千万万白牦牛，制作饭人饭偶，制作带有手纹的面团，制作插旗面偶，偿还长鸡头傻署索取的债，让鸡和饭人饭偶带走所有的疾病。

85-B-36-12

lɯ⁵⁵ kɤ³³ py³³ bɤ²¹ nɯ³³ ma⁵⁵ iə³³ mæ³³ nɯ³³ gu²¹ tshər³³ bæ²¹, ʂu³³ phər²¹ gæ²¹ tha⁵⁵ nɯ³³
利古　　祭司　由 孔雀 尾　由　疾　病　扫　铁　白　刀　快　由

ʂɤ²¹ bər²¹ tshər⁵⁵, | tʂhɿ³³ ɲi³³ ʂɤ³³ do²¹ æ²¹ kɤ³³ dzɿ²¹ nɯ³³ ʂɤ²¹ ər²¹ çi³³ ɳə²¹ tər⁵⁵ mə³³
署　绳　斩　　今天　署　傻 鸡 头 长　由 署 绳 人 上 系 不

tʂər²¹, phæ³³ ər²¹ mæ⁵⁵ le³³ khɯ⁵⁵, thɤ⁵⁵ bɤ²¹ zər²¹ me³³ gə²¹ le³³ sɿ³³, mə³³ gu²¹ mə³³ tshər³³
使　拴 绳 外 又 解　脚 下 压　的 上 又 引 不 瘟 不 病

gɤ³³ be³³ ho⁵⁵, pɯ³³ pa³³ ne⁵⁵ pa³³ pe²¹ tʂu⁵⁵ be³³ mə³³ tʂər²¹. ‖ bi²¹ thɤ³³ mə⁵⁵ tʂhɿ³³ ɲi³³, i³³
成　做 愿　变化　灾 变 破坏　做 不 使　　日 出　的 这 天 主人

da²¹ tʂhɿ³³ dɯ³³ dʑi²¹, ʂɤ²¹ gə³³ sɿ³³ phe³³　nɯ³³ çi³³ ɳə²¹ phæ³³ mə³³ tʂər²¹, | sa²¹ da⁵⁵ sɿ³³
这　一 家 署 的 头目　由 人 上 拴 不 使　　刹道 头目

phe³³ nɯ³³, çi³³ ɳə²¹ phæ³³ mə³³ tʂər²¹, | ɲi³³ ne²¹ ʂɤ²¹ gə³³ sɿ³³ phe³³ nɯ³³ çi³³ ɳə²¹ phæ³³
由 人 上 拴 不 使　　尼 和 署 的 头目　由 人 上 拴

mə³³ tʂər²¹, | za²¹ gə³³ ə³³ sʅ²¹ nɯ³³ çi³³ ɳə²¹ phæ³³ mə³³ tʂər²¹, | lo³³ lo³³ ə³³ sʅ²¹ nɯ³³ çi³³
不　使　娆鬼　的　父亲　　由别人　上　拴　不　使　罗罗　父亲　由　人

ɳə²¹ phæ³³ mə³³ tʂər²¹. ‖ bi³³ thɣ³³ mə⁵⁵ tʂhʅ³³ ɳi³³,
上　拴　不　使　　日　出　的　这天

利古祭司用孔雀尾巴扫除疾病，用白铁快刀斩断署的绳索。今天，不让长鸡头的傻署再用绳
索拴着人，解开署的系绳，不让他们把人踩在脚下，把人从脚下接引上来。愿这一户主人家
不再发生疾病。不再让长鸡头的傻署在这一户主人家中施放灾变，从事破坏和捣乱活动。
　　好日子这一天，不再让署的头目用绳子拴着人，不再让刹道署的头目用绳子拴着人，不
再让尼和署的头目用绳子拴着人，不再让娆鬼的父亲用绳子拴着人，不再让罗罗父亲用绳子
拴着人。
　　好日子的这一天，

85-B-36-13

to³³ ba³³ ʂər⁵⁵ lər³³ nɯ³³, ɳi³³ me³³ thɣ³³ dɣ³³ phər²¹ çə³³ tɕhy²¹ tʂər²¹, ʂɣ²¹ phər²¹ gu²¹ khɯ⁵⁵
东巴什罗　　　由　东方　海螺　白　大鹏　使　署　白　病　放

tshər³³ khɯ⁵⁵ bər²¹ le³³ tshər⁵⁵, | i³³ tʂhʅ³³ mɯ²¹, ua³³ hər²¹ çə³³ tɕy²¹ nɯ³³, ʂɣ²¹ hər²¹ gə³³
疾　放　绳　又　斩　南方　　松石绿　大鹏　由　署　绿　的

gu²¹ khɯ⁵⁵ tshər³³ khɯ⁵⁵ bər²¹ le³³ tshər⁵⁵, | ɳi³³ me³³ gɣ²¹, tshu²¹ na⁵⁵ çə³³ tɕhy²¹ nɯ³³ ʂɣ²¹
疾　放　病　放　绳　又　斩　西方　　墨玉　大鹏　由　署

na²¹ gə³³ gu²¹ khɯ⁵⁵ tshər³³ khɯ⁵⁵ bər²¹ le³³ tshər⁵⁵, | ho³³ gɣ³³ lo²¹, hæ³³ ʂʅ²¹ çə³³ tɕhy²¹
黑　的　疾　放　病　放　绳　又　斩　北方　　金　黄　大鹏

nɯ³³, ʂɣ²¹ ʂʅ²¹ gə³³ gu²¹ khɯ⁵⁵ tshər³³ khɯ⁵⁵ bər²¹ le³³ tshər⁵⁵. | mɯ³³ le³³ dy²¹ zɣ⁵⁵ gɣ³³,
由　署黄　的　疾　放　病　放　绳　又　斩　天　又　地中央

tshu³³ dzæ²¹ çə³³ tɕhy²¹ nɯ³³ ʂɣ²¹ dzæ²¹ gə³³ gu²¹ khɯ⁵⁵ tshər³³ khɯ⁵⁵ bər²¹ le³³ tshər⁵⁵, sər³³
玉　花　大鹏　由　署　花　的　病　放　疾　放　绳　又　斩　木

tər⁵⁵ phər²¹ me³³dzɯ⁵⁵ le³³ tɕhər³³. | i³³ da¹³ tʂʅ³³ dɯ³³dʑi¹³,gu²¹ ne²¹ tshər³³ tʂʅ³³ ua²¹,ha³³
疙瘩　白　的　劈又断　　主人　这　一　家疾和病　所有　饭

çi³³ to³³ ma³³ ko⁵⁵ nɯ³³ lo⁵⁵ le³³ phi⁵⁵.
人　饭偶　中　由　带　又　抛

东方，东巴什罗让海螺般洁白的大鹏鸟，斩断白色署施放疾病的绳子。南方，东巴什罗让松
石般碧绿的大鹏鸟，斩断绿色署施放疾病的绳索。西方，东巴什罗让墨玉般黝黑的大鹏鸟斩
断黑色署施放疾病的绳索。北方，东巴什罗让金黄色的大鹏鸟，斩断黄色署施放疾病的绳索。
天地中央，东巴什罗让杂色玉般的大鹏鸟斩断杂色署施放疾病的绳索，劈开署施放到人类中
间的白色木头疙瘩。这一户主人家中的所有疾病都随着饭人饭偶抛出去。

85-B-36-14

ȵi³³ me³³ khɯ³³ ʂər²¹ la³³,ʂɣ²¹ do²¹gɣ³³ kɣ⁵⁵,ʐʅ²¹ do²¹ pa³³ do²¹ nɯ³³ gu²¹ tshər³³ khɯ⁵⁵me³³
太阳　光　长　也署傻　九个　蛇傻　蛙傻　由　疾病　放的

tsʅ²¹ i³³ kɣ⁵⁵. | bi²¹ thy³³ mə⁵⁵ tʂʅ³³ ȵi³³, i³³ da²¹ tʂʅ³³ dɯ³³ dʑi¹³, hɯ⁵⁵ lo²¹ gə³³ ʐʅ²¹ do²¹
来　也会 日　出的　这　天主人　这　一　家　海里的　蛇傻

pa³³ do²¹ gu²¹ tshər³³ tʂʅ³³ ua²¹ no⁵⁵ le³³ phi⁵⁵. | ʂɣ²¹ do²¹ gɣ³³ kɣ⁵⁵ no⁵⁵ le³³ phi⁵⁵. | ʂɣ²¹
蛙傻　疾病　所有　　赶又抛　　署傻　九个　赶又抛　署

do²¹ gɣ³³ kɣ⁵⁵,ʐʅ²¹ do²¹ pa³³ do²¹ tʂʅ³³ ua²¹ me³³, gɣ³³ tshər²¹ dʑy²¹, ʂər³³ tshər²¹ lo²¹ le³³
傻　九个　蛇傻　蛙傻　所有　的　九　十　山七　十　箐又

tɕhi³³, | æ²¹ na²¹khɯ³³ gə³³ æ²¹ sər³³ gɣ³³ tər⁵⁵,æ²¹ lɣ³³ gɣ⁵⁵lɣ³³ khɯ³³ ȵə²¹tɕhi³³ le³³ fæ³³. |
送　崖里旁的崖木九丛崖石九颗旁边送又去

lɯ⁵⁵ kɣ³³ py³³ bɣ²¹ nɯ³³ hæ³³ ʂʅ²¹ tsæ³³ lər²¹ do⁵⁵, çy⁵⁵ hər²¹ py²¹ ba³³ khu³³ gə³³ dʑi²¹ nɯ³³,
利古　祭司　由金黄板铃摇柏绿净水壶口的水由

i³³ da²¹ zo³³ ne²¹ mi⁵⁵ tshə⁵⁵ le³³ tʂhər³³, ‖ bi²¹ thɣ³³ mə⁵⁵ tʂhŋ³³ n̩i³³,i³³ da²¹ tʂhŋ³³ duɯ³³dʑi¹³.
主人 男 和 女 秽 又 洗 出 日 的 这 天 主人 这 一 家

白天的太阳光线再长，九个傻署和傻蛇、傻蛙施放疾病也会散失出去。好日子这一天，这一
户主人家，把水塘中的傻蛇和傻蛙，以及他们所施放的疾病全赶出来抛出去，把九个傻署也
赶出来抛出去。把九个傻署、傻蛇、傻蛙送回到九十座大山上去，送回到七十道山箐中去，
送到黑色山崖旁的九丛崖木、九颗崖石旁边去。利古祭司，摇晃着金黄色板铃，用插着绿柏
的净水壶中的水，洗涤这一户主人家所有男人女人身上的秽。

　　好日子这一天，这一户主人家，

85-B-36-15

to³³ ba³³ ʂər⁵⁵ lər³³ nuɯ³³,dɣ³³ phər²¹ çə³³ tɕhy²¹ dæ²¹ me³³ le³³ ka³³ tɕi³³, | dɣ³³ phər²¹ çə³³
东巴什罗 由 海螺 白 大鹏 能干的 又 求助 海螺 白 大鹏

tɕhy²¹ muɯ³³ nuɯ³³ za²¹ le³³ tʂhŋ²¹,ʂɣ²¹ do²¹ gɣ³³ kɣ⁵⁵ no⁵⁵, | dɣ²¹ ne²¹ tse²¹, tʂhŋ³³ ne²¹ n̩ə²¹
天 由 下 又 来 署 傻 九 个 赶 毒鬼 和 仄鬼 此鬼 和 扭鬼

tʂhŋ³³ ua²¹ me³³,ɯ⁵⁵ bɣ³³ hər³³ do³³ lo²¹ nuɯ³³ nuɯ⁵⁵ me³³ the⁵⁵ n̩i³³ gɣ³³, | phər²¹ ne²¹ sæ²¹,
所有 的 灰堆 风 旋转 由 卷 的 那样 成 盘神 和 禅神

ga³³ ne²¹ u²¹, o⁵⁵ ne²¹ he²¹, dɣ³³ phər²¹ çə³³ tɕhy²¹ le³³ ka³³ tɕhi³³,ʂɣ²¹ do²¹gɣ³³ kɣ⁵⁵ no⁵⁵
胜神 和 吾神 沃神 和 恒神 海螺 白 大鹏 又 求助 署 傻 九 个 赶

le³³ gə²¹ le³³ pɣ⁵⁵ buɯ³³ me³³, ʂɣ²¹ khuɯ³³ sa²¹ mə³³ tʂər²¹, bə³³ bɣ²¹ tɕhi²¹ le³³ tʂhŋ⁵⁵, ʂɣ²¹
又 上 又 送 去 是 署 狗 窜 不 使 掌 不 签 又 插 署

khuɯ³³ muɯ²¹ le³³ thɣ³³ mə³³ tʂər²¹. | i³³ da²¹ tʂhŋ³³ duɯ³³ dʑi¹³, to³³ ba³³ ʂər⁵⁵ lər³³ le³³ ka³³
狗 下 又 到 不 使 主人 这 一 家 东巴什罗 又 求助

tɕhi³³, to³³ba³³ʂər⁵⁵ lər³³ nuɯ³³,uæ³³ i²¹ ʂu³³ phər²¹ gæ²¹ tha⁵⁵,ʂu³³ phər²¹ da²¹ zi³³ la²¹ phə³³
东巴什罗 左 是 铁 白 刀 利 铁 白 镰刀 利 手 中

ty⁵⁵,uæ³³ la²¹ ma⁵⁵ iə³³ mæ³³,bər²¹ mæ³³ phər²¹ le³³ ty⁵⁵, ʂɣ²¹ tshy⁵⁵ be³³ le³³ zua²¹, ʂɣ²¹ do²¹
拿　右　手　孔雀　　尾 牦牛尾 白　又 拿 署　赔价 做　又　还 署 傻

gɣ³³ kɣ⁵⁵ gə³³, ʂɣ²¹ bər²¹ muɯ²¹ le³³ phi⁵⁵.
九　个　的 署 绳　下　又　抛

东巴什罗求助于海螺般洁白的大鹏鸟，大鹏从天上下来，驱赶九个傻署。把所有的毒鬼、仄鬼、此鬼、扭鬼，就像旋风卷走灰尘那样带走。求助于盘神、禅神、胜神、吾神、沃神和恒神，求助于海螺般洁白的大鹏神鸟，赶走九个傻署，要把傻署送走。不让署的狗到处乱窜，在人们走路的地方插上竹签，不让赶走的署狗再下来。这一户主人家求助于东巴什罗，东巴什罗左手拿着白铁快刀和镰刀，右手拿着孔雀尾和牦牛尾巴，偿还署索取的债，把九个傻署的绳索抛下去。

85-B-36-16

ʂɣ²¹ la³³ mə³³ buɯ³³ ɳə²¹, ʂu³³ phər²¹ gæ²¹ tha⁵⁵ nuɯ³³, | ʂɣ²¹ tər⁵⁵ by²¹ le³³ phər²¹, lɣ²¹ tər⁵⁵
署 也 未 走 时　铁 白　刀 利　由　署 结　外　又 解　龙 结

by²¹ le³³ phər²¹, | ʂɣ²¹ gə³³ khuɯ²¹ hər²¹,khuɯ²¹ phər²¹,khuɯ²¹ na²¹,khuɯ³³ ʂɭ²¹ tər⁵⁵ le³³ phər²¹,
外 又 解　署 的 绳 绿　绳　白 绳 黑 绳 黄 结 又 解

dɣ²¹ tər⁵⁵ ʂɣ²¹ tər⁵⁵ phər²¹. | thuɯ³³ gu²¹ mæ⁵⁵ duɯ³³ tʂhər⁵⁵, ʂɣ²¹ gə³³ sɭ³³ phe³³ gɣ⁵⁵ zɭ³³
毒鬼 结 署 结 解　这 后 下 一 代　署 的 头目 九 个

nuɯ³³,dzi³³ ne²¹ tsho²¹ ko⁵⁵, | nuɯ²¹ ne²¹ ua²¹ muɯ²¹ le³³ iə⁵⁵, i³³ da²¹ tʂhɭ³³ dʑi²¹ ua²¹ he³³ gə²¹
由 精人 和 崇人 上　福 和 泽 下 又 赐 主人 这 家 魂 魄 上

le³³ ʂər⁵⁵.i³³ da¹³ tʂhɭ³³ duɯ³³ dʑi¹³,mə³³ gu²¹ mə³³ tshər³³,mə³³tɕhi⁵⁵ mə³³ by²¹, kho³³ y²¹ he³³
又 招 主人 这 一 家 不 疾 不 病 不 冷 不 抖 声 轻 神

huɯ²¹, dʑi²¹ i³³ dər³³ ʂər⁵⁵ gɣ³³ be³³ ho⁵⁵. ‖ ʂɣ²¹ do²¹ ɳi³³ me³³ thɣ³³ tɕy²¹ tɕhi³³ le³³ fæ³³, |
安　水 流 塘 满 成 做 愿　署 傻 东方　方向 送 又 去

tər²¹ za⁵⁵ dʑə²¹ bɣ³³ khɣ²¹ me³³ dzɿ²¹ le³³ fæ³³. | ʂɣ²¹ do²¹ gɣ³³ kɣ⁵⁵ ɲi³³ me³³ thɣ³³ nə²¹
呆饶玖补　　　　请　的　住　又　去　署　傻　九　个　东边　　　方向

tɕhi³³ le³³ fæ³³. | ʂɣ²¹ do²¹ gɣ³³ kɣ⁵⁵ i³³ tʂhɿ³³ mɯ²¹ nə²¹ tɕhi³³,
送　又　去　署　傻　九　个　南边　　方向　送

送署署还未离开的时候，用白铁快刀把署施放给人类的绳结解开，解开署和龙施放的绳结，把署施放的绿绳、白绳、黑绳、黄绳的绳结解开，把署和毒鬼施放的绳结解开。这样做了之后，请九个署的头目，赐给精人和崇人福泽，招回这一户家人的魂魄。愿这一户主人家不再发生疾病，不再担惊受怕，发冷发抖，家中常传佳音，家人健康长寿，生活似流水满塘、充裕富足。

　　把傻署送往东边方向，东边的鬼王呆饶玖补会请傻署到他那儿去居住，就把九个傻署送到东边去居住。把傻署送到南边去，

85-B-36-17

i³³ tʂhɿ³³ mɯ²¹ tʂhɿ²¹ gə³³ sɿ³³ phe³³ ʂɿ³³ dzɿ³³ dʑi³³ bɣ³³ nɯ³³ ʂu²¹ me³³ khɣ²¹ le³³ dzɿ²¹, |
南方　　　鬼　的　头目　史支金补　　　由　找　又　请　又　住

ʂɣ²¹ do²¹ gɣ³³ kɣ⁵⁵ i³³ tʂhɿ³³ mɯ²¹ tɕhi³³ le³³ fæ³³. | ʂɣ²¹ do²¹ gɣ³³ kɣ⁵⁵ ɲi³³ me³³ gɣ²¹ tɕhi³³
署　傻　九　个　南方　　住　又　去　署　傻　九　个　西方　　送

le³³ fæ³³, | le⁵⁵ tɕhi³³ sɿ³³ phɣ³³ nɯ³³ ʂu²¹ le³³ khɣ²¹, ʂɣ²¹ do²¹ gɣ³³ kɣ⁵⁵, ɲi³³ me³³ gɣ²¹
又　去　楞启斯普　　由　找　又　请　署　傻　九　个　西边

tɕhi³³ le³³ fæ³³. | ʂɣ²¹ do²¹ gɣ³³ kɣ⁵⁵ ho³³ gɣ³³ lo²¹ i³³ tɕhi³³ le³³ fæ³³, nɣ²¹ dzɿ³³ dʑi³³ bɣ³³
送　又　去　署　傻　九　个　北方　　　是　送　又　去　努祖景补

nɯ³³ ʂu²¹ le³³ khɣ²¹, ho³³ gɣ²¹ lo²¹ i³³ dzɿ²¹ le³³ fæ³³. | ʂɣ²¹ do²¹ gɣ³³ kɣ⁵⁵ ho³³ gɣ³³ lo²¹ i³³
由　找　又　请　北方　　　是　住　又　去　署　傻　九　个　北边　　是

tɕhi³³ le³³ fæ³³. | ʂɣ²¹ do²¹ gɣ³³ kɣ⁵⁵ mɯ³³ le³³ dy²¹ zɣ⁵⁵ gɣ³³ i³³ tɕhi³³ le³³ fæ³³, dy²¹ ne²¹
送　又　去　署　傻　九　个　天　又　地　中央　是　送　又　去　毒鬼　和

tse²¹, le⁵⁵ tɕhi³³ sʅ³³ phɤ³³, kɯ³³ za²¹ na²¹ ma³³ tʂhʅ³³ ua²¹ me³³ nɯ³³ khɤ²¹, ʂɤ²¹ do²¹ gɤ³³
仄鬼　楞启斯普　　　　　庚饶纳嫫　　　　　所有　的　来　请　署　傻　九

kɤ⁵⁵, mu³³ le³³ dy²¹ zɤ⁵⁵ gɤ³³ tɕhi³³ le³³ fæ³³. | ʂɤ²¹ do²¹ gɤ³³ kɤ⁵⁵ mu³³ khu³³ du²¹ i³³
个　天　和　地　中央　送　又　去　署　傻　九　个　天　门　大　是

tɕhi³³ le³³ fæ³³,
送　又　去

南边的鬼王史支金补请他们来，把九个傻署送到南方去居住。把九个傻署送到西方去，西方
的鬼王楞启斯普请他们来居住，把九个傻署送到西方去居住。把九个傻署送到北方去，北方
的鬼王努祖景补请他们来居住，把九个傻署送到北方去居住。把九个傻署送到天地中央去，
天地中央的毒鬼、仄鬼、鬼王楞启斯普、庚饶纳嫫以及所有的鬼在找他们，请他们来，把九
个傻署送到天地中央去居住。把九个傻署送到大天门去，

85-B-36-18

mi³³ la³³ dʑi³³ bɤ³³ tshʅ²¹ nɯ³³ ʂu²¹ le³³ khɤ²¹, | ʂɤ²¹ do²¹ gɤ³³ kɤ⁵⁵ la³³, mu³³ khu³³ du²¹
米拉景补　　　鬼　由　找　来　请　署　傻　九　个　也　天　门　大

nɯ³³ tɕhi³³ le³³ fæ³³. | ʂɤ²¹ do²¹ gɤ³³ kɤ⁵⁵ dy²¹ khu³³ du²¹ nɯ³³ tɕhi³³ le³³ fæ³³, | sʅ³³ phɤ³³
由　送　又　去　署　傻　九　个　地　门　大　由　送　又　去　斯普

dʑə²¹ bɤ³³ tshʅ²¹ nɯ³³ ʂu²¹ le³³ khɤ²¹, | ʂɤ²¹ do³³ gɤ³³ kɤ⁵⁵ la³³ dy²¹ khu³³ du²¹ nɯ³³ tɕhi³³
玖补　鬼　由　找　又　请　署　傻　九　个　也　地　门　大　由　送

le³³ fæ³³. | ʂɤ²¹ do²¹ gɤ³³ kɤ⁵⁵ mu³³ khu³³ tɕi⁵⁵ nɯ⁵⁵ tɕhi³³ le³³ fæ³³, | tshʅ²¹ gə³³ sʅ³³ phe³³
又　去　署　傻　九　个　天　门　小　由　送　又　去　鬼　的　头目

lo²¹ la³³ hər³³ sər²¹ me³³ nɯ³³ ʂu²¹ le³³ khɤ²¹, ʂɤ²¹ do²¹ gɤ³³ kɤ⁵⁵ la³³ mu³³ khu³³ tɕi⁵⁵ nɯ³³
罗拉含斯　　　的　由　找　又　请　署　傻　九　个　也　天　门　小　由

tɕhi³³ le³³ fæ³³. | ʂɣ²¹ do²¹ gɣ³³ kɣ⁵⁵ la³³ dy²¹ khu³³ tɕi⁵⁵ nɯ³³ tɕhi³³ le³³ fæ³³,o⁵⁵ ʂər³³ dʑi³³
送 又 去　署 傻 九 个 也 地 门 小 由 送 又 去 窝史景补

bɣ³³ tshɿ²¹ sɿ³³ phe³³ nɯ³³ ʂu²¹ le³³ khɣ²¹, | ʂɣ²¹ do²¹ gɣ³³ kɣ⁵⁵ dy²¹ khu³³ tɕi⁵⁵ nɯ³³ dzɿ²¹
鬼 头目　由 找 又 请　署 傻 九 个 地 门 小 由 住

le³³ fæ³³.
又 去

大天门的米拉景补在寻找和邀请他们，把九个傻署送到大天门去住。把九个傻署送到大地门去，大地门的鬼头目斯普玖补在寻找和邀请他们，把九个傻署送到大地门去住。把九个傻署送到小天门去，小天门的鬼头目罗拉含斯在寻找和邀请他们，把九个傻署送到小天门去住。把九个傻署送到小地门去，小地门的窝史景补鬼之头目正在寻找和邀请他们，把九个傻署送到小地门去住。

85-B-36-19

mə³³ bɯ³³ mə³³ ʂu²¹ me³³ gə³³ ʂɣ²¹, | dɣ̩²¹ dy²¹ tse²¹ dy²¹, za²¹ dy²¹, mu³³ dy²¹ ɯ²¹ dy²¹
不 去 不 找 做 的 署 毒鬼 地方 仄鬼 地方 娆鬼 地方 猛鬼 地方 恩鬼 地方

dzɿ²¹ le³³ fæ³³, | ʂɣ²¹ do²¹me³³ la³³,dzər²¹ na²¹ lɣ³³ na²¹khu³³,hu⁵⁵dʑi²¹ lo²¹ ɲə²¹dzɿ²¹ le³³
住 又 去　署 傻 们 也 树 黑 石 黑 旁 海 水 里边 住 又

fæ³³. | ʐua³³ kɣ³³ dzɿ²¹ gə³³ ʂɣ²¹ do²¹,mu³³ le³³ dy²¹ zɣ⁵⁵gɣ³³,æ²¹ na²¹ bu²¹ na²¹ hu⁵⁵ na²¹
去　马 头 长 的 署 傻 天 又 地 中央 崖黑 坡黑·海黑

lo²¹ ɲə²¹dzɿ²¹ le³³ fæ³³. | tshɿ⁵⁵ kɣ³³dzɿ²¹ me³³ ʂɣ²¹ do²¹, ɲi³³ me³³ thɣ³³æ²¹ na²¹、bu²¹na²¹、
里边 住 又 去 山羊头 长 的 署 傻 东方 崖黑 坡黑

hu⁵⁵ na²¹ lo²¹ɲə²¹ dzɿ²¹ le³³ fæ³³, | y²¹ kɣ³³ dzɿ²¹gə³³ ʂɣ²¹ do²¹,lɣ²¹ dzɿ²¹ tu³³ gə³³ æ²¹na²¹、
海 黑 里边 住 又 去 羊头 长 的 署 傻 龙 方位 的 崖黑

bu²¹ nɑ²¹、huɯ⁵⁵ nɑ²¹ lo²¹ ŋə²¹ dʐŋ²¹ le³³ fæ³³. | khɯ²¹ kɣ³³ dʐŋ²¹ gə³³ ʂɣ²¹ do²¹, i³³ tʂhŋ³³ mɯ²¹
坡　黑　海　黑　里边　　住又去　狗　头　长　的　署傻　南边

gə³³ æ²¹ nɑ²¹ huɯ⁵⁵ nɑ²¹ bu²¹ nɑ²¹ lo²¹ ŋə²¹ dʐŋ²¹ le³³ fæ³³. | kə⁵⁵ kɣ³³ dʐŋ²¹ gə³³ ʂɣ²¹ do²¹,
的　崖 黑 海 黑　坡 黑　里边　　住又去　鹰　头　长　的　署傻

y²¹ dʐŋ²¹ tɯ³³ æ²¹ nɑ²¹、huɯ⁵⁵ nɑ²¹
羊　方位　崖　黑　　海黑

没有人找，不去那些地方的署，让他们住到毒鬼、仄鬼、娆鬼、猛鬼、恩鬼的地方去。让没有人找的傻署，都住到黑树、黑石旁边去，住到海水里边去。让长马头的傻署住到天地中央，黑色山崖中，黑色山坡上，黑色大海中去。让长山羊头的傻署住到东方黑色山崖上，黑色山坡里，黑色大海里边去。让长羊头的傻署，住到龙方位的黑色山崖、黑色山坡、黑色大海中去。让长狗头的傻署，住到南方黑色山崖上，黑色山坡上，黑色大海中去。让长鹰头的傻署，住到羊方位黑色山崖，黑色大海，

85-B-36-20

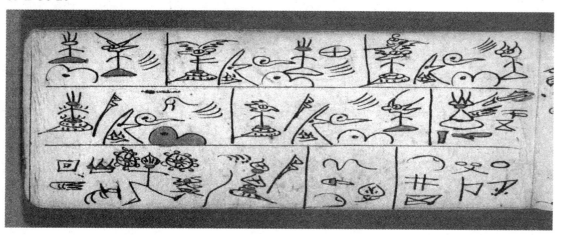

bu²¹ nɑ²¹ kɣ³³ i³³ dʐŋ²¹ le³³ fæ³³, | tshuɑ⁵⁵ kɣ³³ dʐŋ²¹ me³³ ʂɣ²¹ do²¹ i³³ ȵi³³ me³³ gɣ²¹ æ²¹
坡　黑　上　是 住又去　鹿　头　长　的　署　傻 是 西方　　崖

nɑ²¹、bu²¹nɑ²¹、huɯ⁵⁵nɑ² lo²¹ i³³ dʐŋ²¹le³³ fæ³³. | so³³ nɑ³³ ʐʅ²¹ kɣ³³ dʐŋ²¹ me³³ ʂɣ²¹ do²¹ i³³,
黑　坡 黑 海 黑里 是　住又去　梭那　蛇 头 长　的 署 傻 是

khɯ³³ dʐŋ²¹ tɯ³³ gə³³ bu²¹ nɑ²¹ æ³³ nɑ²¹ huɯ⁵⁵ nɑ²¹ khu³³ i³³ dʐŋ²¹ le³³ fæ³³, | sŋ³³ phɣ³³
狗　方位　的 坡 黑 崖 黑 海 里 边 是　住又去　斯普

tshŋ²¹ kɣ³³ dʐŋ²¹ me³³ ʂɣ²¹ do²¹ i³³, ho³³ gɣ³³ lo²¹ gə³³ bu²¹nɑ²¹、æ²¹nɑ²¹、huɯ⁵⁵ hɑ²¹ khu³³ i³³
鬼　头 长 的 署傻 是 北方　　的 坡 黑 崖 黑 海 黑　旁 是

dʐŋ²¹ le³³ fæ³³, | æ²¹ kɣ³³ dʐŋ²¹ gə³³ ʂɣ²¹do²¹ i³³, ɯ³³ dʐŋ²¹ tɯ³³ gə³³ æ²¹ nɑ²¹huɯ⁵⁵ nɑ²¹, bu²¹
住又去　鸡 头 长的 署傻 是 牛 方位　　的 崖 黑 海 黑 坡

nɑ²¹ kɣ³³ i³³ dzɿ²¹ le³³ fæ³³. to³³ ba³³ ʂər⁵⁵ lər³³nɯ³³, ʂu³³ phər²¹ gæ²¹ tha⁵⁵ mi³³ dzɿ³³ tʂhɿ³³
黑　上　是　住　又　去　东巴什罗　　由　铁　白　刀　快　火　烧　这

huɑ³³ huɑ²¹ me³³ ty⁵⁵, tɑ³³ lɑ³³ mi²¹ bɣ³³ nɯ³³,hæ³³ ʂɿ²¹ kho³³ lɣ⁵⁵ la²¹ phə³³ ty⁵⁵, ʂɣ²¹ do²¹
熊　熊　的　拿　达　拉　明　补　由　金　黄　法轮　手　中　拿　署　傻

by²¹ le³³ no⁵⁵, | pɯ³³ pa³³ pe²¹ tsu⁵⁵ be³³ mə³³ tʂər²¹, | i³³ da¹³ tʂhɿ³³ dɯ³³ dʑi¹³, mə³³ gu²¹
外　又　赶　变化　　破坏　做　不　使　主人　这　一　家　不　疾

mə³³ tshər³³, mə³³ tɕi⁵⁵ mə³³ by²¹ gɣ³³ be³³ ho⁵⁵.
不　病　不　怕　不　抖　成　做　愿

黑色山坡上去。让长鹿头的傻署住到西边的黑色山崖上，黑色大海中，黑色山坡上去。让长梭那蛇头的傻署，住到狗方位的黑色山坡上，黑色山崖，黑色大海里去。让长斯普鬼头的傻署，住到北边黑色山崖、黑色大海、黑色山坡上去。让长鸡头的傻署，住到牛方位的黑色山崖、黑色大海、黑色山坡上去。

东巴什罗拿着燃烧着熊熊大火的白铁快刀，达拉明补大神手里拿着金黄色的法轮，把傻署赶走，不让他们到这一户主人家中，从事破坏和捣乱，愿这一户主人家不再产生疾病，不再担惊受怕，发冷发抖，

85-B-36-21

dɣ³³ phər²¹ çə³³ tɕhy²¹ ʂu²¹ dɣ³³ nɯ³³ ʂɣ²¹ bər²¹ tshər⁵⁵, ʂɣ²¹ do²¹ no⁵⁵. | hæ³³ ʂɿ²¹ ma⁵⁵ iə³³
海螺　白　大鹏　铁翅　由　署　绳　斩　署傻　赶　金　黄　孔雀

nɯ³³,dɣ²¹ zʅ²¹ na²¹ me³³ sy⁵⁵, | hæ³³ ʂɿ²¹ ma⁵⁵ iə³³ ua²¹ dʑi²¹ me³³ nɯ³³ tʂhə⁵⁵ le³³ tʂhər³³,
由　毒蛇黑的　杀　金　黄　孔雀　绿　水　的　由　秽　又　洗

ʂɣ²¹ do²¹ by²¹ le³³ no⁵⁵, | hæ³³ ʂɿ²¹ tsər³³ lər²¹ kho³³ nɯ³³　ʂɣ²¹ do²¹ mɯ²¹ le³³ zər²¹. | dɣ³³
署傻　外　又　赶　金　黄　板铃　声　由　署傻　下　又　压　海螺

phər²¹ mu²¹ kho³³ kho³³ nɯ³³ ʂɣ²¹ do²¹ mɯ²¹ le³³ zər²¹. | ʂɣ²¹ do²¹ tʂhɿ³³ ua²¹ me³³, ha³³çi³³
白　螺号　声　由　署傻　下　又　压　署傻　所有　的　饭人

to³³ mɑ³³ ky³³ nɯ³³ lo⁵⁵ le³³ fæ³³, | sər³³ çi³³ phər³³ ty²¹ ky³³ nɯ³³ lo⁵⁵ le³³ fæ³³, | tʂhŋ̍³³ sŋ̍²¹
饭偶　　上　由　带　又　去　　木　人　木偶　　上　由　带　又　去　　从　这

lɑ²¹ ky³³ mæ⁵⁵, i³³ dɑ²¹ tʂhŋ̍³³ dɯ³³ dʑi¹³, mə³³ gu²¹ mə³³ tshər³³, mə³³ tɕi⁵⁵ mə³³ by²¹ gy³³ be³³
以后　　主人　这　一　家　不　疾　不　病　不　冷　不　抖　成　做

ho⁵⁵.
愿

海螺般洁白的大鹏鸟铁似的翅膀斩断署施放的绳索，把傻署赶走。金黄色的孔雀杀死黑色毒蛇。用金黄色孔雀嘴中碧绿的水洗涤污秽，把傻署赶走。用金黄色板铃的响声把傻署镇压下去。用海螺的螺号声，把傻署镇压下去，让傻署和疾病，随着饭人饭偶，木人木偶带到鬼地去。从这以后，这一户主人家不再发生疾病，不再担惊受怕，不再发冷发抖，

85-B-36-22

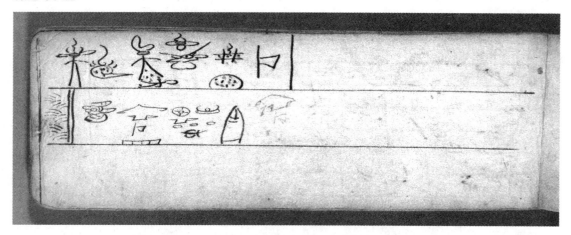

kho³³ y²¹ he³³ hɯ²¹, dʑi²¹ i³³ dər³³ şər⁵⁵, mi⁵⁵ hæ²¹ tshu²¹ dzy̍³³, nɯ²¹ ne²¹ uɑ²¹ hɯ²¹ne²¹ dzæ³³
声　轻　神　安　水　流　塘　满　女　娶　人　增　福　和　泽　富　和　裕

gy³³ be³³ ho⁵⁵. ‖
成　做　愿

ɑ³³ lɑ³³ mə³³ şər⁵⁵ n̠i³³, mɯ³³ thy³³ dy²¹ khu³³ zŋ̍³³, bi²¹ thy³³ le²¹ thy³³ kɯ²¹ thy³³ zɑ²¹
呵也　不　说　日　天　开　地　辟　代　日　出　日　出　星　出　宿

thy³³, dʑy²¹ thy³³
出　山　出

愿家中常传佳音，生活似流水满塘、充裕富足，愿娶来媳妇生儿育女，增加人丁，有福有泽。
　　呵也不说日，天开地辟代，日月星宿产生的年代，山出现……

85-B-36-23

封底

（释读、翻译：和宝林）

86-B-38-01

$$ʂɣ^{21}\ gɣ^{21}\ me^{33}\ gə^{33} \cdot ʂɣ^{21}\ do^{21}\ pɣ^{55}\ the^{33}\ ɯ^{33}\ uɑ^{21}$$

祭署仪式・送傻署之经书

86-B-38 祭署仪式·送傻署之经书

【内容提要】

经书一开始就说在东南西北中以及东南方向、西南方向、西北方向、东北方向九个方位的属于鬼地或疾病污秽中的署作变化，产生了九个模样各异的傻署。所谓的傻署，就是那种无益于人，而专门与人作对的署类。他们把施放疾病和灾祸的绳结放到人们中间，使人类蒙受损失。因此，人们请祭司偿还他们索取的债，斩断他们施放的绳结，把疾病扫除掉，然后把傻署赶走，使做祭祀的人们恢复宁静。

【英文提要】

Worshipping ṣv (the God of Nature), Sending off the Inutile ṣv

At the beginning of the book, it describes that, the ṣv of nine directions, sc. east, west, south, north, center, southeast, southwest, northwest and northeast, mutated and transformed from filth into nine individual inutile ṣv. The inutile ṣv referred to the part in ṣv tribe who did disbenefit and opposed against human beings. They inflicted knots of misfortune together with disease on humans and made them suffered loss. Thus, priest was called to consecrate the debts of ṣv, chop the inflicting knots, discard the disease and exorcise the inutile ṣv in order to revivify the harmony of men under ritual.

86-B-38-02

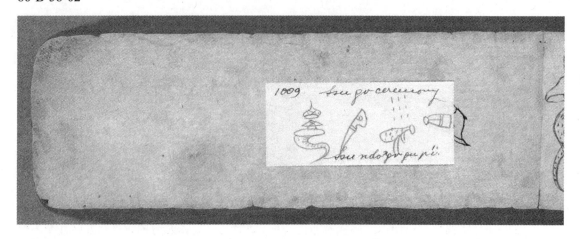

第 1 行："1009"是洛克藏书的编号，并用洛克音标标注此书用于"祭署仪式"。

第 2 行：五个东巴文为此书书名：《送九个傻署》。

第 3 行：洛克音标标注书名之纳西语读音。

标签的下面：

86-B-38-03

这一页依次是:

ʂɣ²¹ do²¹ zuɑ³³ kɣ³³ dzɿ²¹
署 傻 马 头 长   长马头的傻署

ʂɣ²¹ do²¹ tshŋ55 kɣ³³ dzɿ²¹
署 傻 山羊 头 长   长山羊头的傻署

ʂɣ²¹ do²¹ ɯ³³ kɣ³³ dzɿ²¹
署 傻 牛 头 长   长牛头的傻署

ʂɣ²¹ do²¹ khɯ³³ kɣ³³ dzɿ²¹
署 傻 狗 头 长   长狗头的傻署

ʂɣ²¹ do²¹ le³³ kæ²¹ kɣ³³ dzɿ²¹
署 傻 乌鸦 头 长   长乌鸦头的傻署

86-B-38-04

这一页依次是:

ʂɣ²¹ do²¹ tshuɑ⁵⁵ kɣ³³ dzɿ²¹
署 傻 鹿 头 长   长鹿头的傻署

ʂɣ²¹ do²¹ so³³ nɑ³³ zɭ²¹ kɣ³³ dzɿ²¹
署 傻 梭那 蛇 头 长   长梭那(多头)蛇头的傻署

ʂɣ²¹ do²¹ sɭ³³ phɣ³³ tshŋ²¹ kɣ³³ dzɿ²¹
署 傻 斯普 鬼 头 长   长斯普(王、头目)鬼头的傻署

ʂɣ²¹ do²¹ æ²¹ kɣ³³ dzɿ²¹
署 傻 鸡 头 长   长鸡头的傻署

çə³³ tɕhy²¹ ʂɣ²¹ dæ²¹
大鹏   署斗   与署争斗的大鹏神鸟

86-B-38-05

a³³ la³³ mə²¹ ʂər⁵⁵ ɲi³³, lɯ⁵⁵ kɣ³³ py³³ bɣ²¹ nɯ³³, ʂɣ²¹ ne²¹ lɣ²¹ khɣ²¹ tʂhŋ³³ dɯ³³ ɲi³³, | ʂɣ²¹
呵　也　不　说　日　利古.　祭司　由　署和龙　请　这　一　天　署

do²¹ gɣ³³ kɣ⁵⁵ nɯ³³, dzi³³ dʑə²¹ la³³ lər³³ dy²¹, be³³ le³³ be⁵⁵ tshŋ²¹ zŋ³³ tɕər²¹ khɯ²¹ tər⁵⁵ le³³
傻　九　个　由　人　住　辽阔　地　人类　　　　上　绳　结　又

khɯ⁵⁵ tshŋ²¹,i³³da²¹ tʂhŋ³³ dʑi²¹ tɕər²¹ khɯ²¹ tər⁵⁵ le³³khɯ⁵⁵ tshŋ²¹,i³³ da²¹tʂhŋ³³ dʑi²¹ nɯ³³,ze⁵⁵
放　来　主人　这　家　上　绳　结　又　放　来　主人　这　家　由　年轻

tɕi³³ bə³³ y²¹ tʂər²¹, to³³ ba³³ ʂər⁵⁵ lər³³ le³³ dy⁵⁵ khɯ⁵⁵,to³³ ba³³ ʂər⁵⁵ lər³³ nɯ³³, zər³³ thɑ⁵⁵
捷足　使　东巴什罗　　　又　请　去　东巴什罗　　　由　刀　快

mi³³ dzŋ³³ tʂhŋ³³ huɑ³³ huɑ²¹ me³³ nɯ³³, ʂɣ²¹ do²¹ gɣ³³ kɣ⁵⁵ gə³³ khɯ²¹ tər⁵⁵ hər²¹ me³³
火　烧　这　熊　熊　的　由　署　傻　九　个　的　绳　结　绿　的

tshər⁵⁵, lɣ²¹ gə³³ khɯ²¹ tər⁵⁵ phər²¹ me³³ tshər⁵⁵, | mɯ³³ le³³ dy²¹ lɣ⁵⁵ gɣ³³ gə³³ ʂɣ²¹ nɯ³³,
斩　龙　的　绳　结　白　的　斩　天　又　地　中央　的　署　由

ty²¹ mu⁵⁵ bər²¹ lər⁵⁵ hɯ⁵⁵ nɯ³³ pɯ³³ pa³³ be³³, ʂɣ²¹ do²¹zuɑ³³ kɣ³³ dzŋ²¹ me³³ thɣ³³. | ʂɣ²¹
敦木　苍蝇　海　由　变化　做　署　傻　马　头　长　的　产生　署

do²¹ zuɑ³³ kɣ³³ dzŋ²¹ me³³ nɯ³³, ʂɣ²¹ tɣ³³ tɣ²¹ kɯ³³ kɯ²¹ gu²¹ nɯ³³ sŋ³³, i³³ da²¹ tʂhŋ³³ dʑi²¹
傻　马　头　长　的　由　署　千　千　万　万　后　由　引　主人　这　家

tɕər²¹ khɯ²¹ tər⁵⁵ le³³ khɯ⁵⁵ tshŋ²¹, i³³ da²¹tʂhŋ³³ dʑi²¹ ze⁵⁵ tɕi³³ bə³³ y²¹ tʂər²¹, lɯ⁵⁵ kɣ³³ py³³
上　绳　结　又　放　来　主人　这　家　年轻　捷足　使　利古　祭司

bɣ²¹ dy⁵⁵, lɯ⁵⁵ kɣ³³ py³³ bɣ²¹ nɯ³³, ha³³ ɕi³³ to³³ mɑ³³ be³³,bər²¹ phər²¹ tɣ³³ tɣ²¹ kɯ³³ kɯ²¹
请　利古　祭司　由　饭人　饭偶　做　牦牛　白　千　千　万　万

be³³,
做

　　远古的时候，利古祭司在迎请署和龙的日子里，九个傻署到人类居住的辽阔大地上，施放疾病和灾祸的绳结，给这一户主人家施放疾病和灾祸的绳结。这一户主人家请东巴什罗做祭祀，东巴什罗手拿燃着熊熊大火的快刀，斩断傻署施放疾病等的绿色绳结，斩断龙施放的白色绳结。在天地中央，署在敦木生苍蝇的大海中作变化，产生了长马头的傻署。长马头的傻署带领千千万万的署，到这一户主人家中施放绳结。这一户主人家派捷足年轻人去请利古祭司。利古祭司作饭人饭偶，用千千万万的白牦牛，

86-B-38-06

şɣ²¹ do²¹ ʐua³³ kɣ³³ dʐ̩²¹ gə³³ dzu³³ le³³ ʐua²¹,lɯ⁵⁵ kɣ³³ py³³ by²¹ ma⁵⁵ iə³³ mæ³³ nɯ³³ gu²¹
署　傻　马　头　长　的　债　又　还　利古　祭司　孔雀　尾　由　疾

tshər³³ by²¹ le³³ bæ²¹. | lɯ⁵⁵ kɣ³³ py³³ by²¹ zər³³ tha⁵⁵ nɯ³³ gu²¹ khɯ⁵⁵ tshər³³ khɯ⁵⁵ gə³³
病　外　又　扫　利古　祭司　刀　快　由　疾　放　病　放　的

khɯ²¹ tər⁵⁵ le³³ tshər⁵⁵ se²¹. | tʂ̩ɻ³³ n̩i³³ dɣ³³ khɣ²¹, şɣ²¹ me²¹ n̩i³³ nɯ³³ gu²¹ khɯ⁵⁵ tshər³³
绳　结　又　斩　了　今天　以后　署和尼　由　疾　放　病

khɯ⁵⁵ lɯ³³ mə³³ tʂər²¹, | i³³ da²¹ tʂ̩ɻ³³ dʑi²¹,mə³³ gu²¹ mə³³ tshər³³,mə³³ tɕi⁵⁵ mə³³ by²¹ gɣ³³
放　来　不　使　主人　这家　不　病　不　疾　不　怕　不　抖　成

be³³ ho⁵⁵. | şɣ²¹ do²¹ ʐua³³ kɣ³³ dʐ̩²¹ i³³, mɯ³³ ne²¹ dy²¹ ly⁵⁵ gɣ³³ le³³ tɕhi³³, mi²¹ gə³³ æ²¹
做　愿　署　傻　马　头　长　是　天　和　地　中央　又　送　下　的　崖

na²¹ ko⁵⁵ le³³ tɕhi³³,mi²¹ gə³³ dʑy²¹ na²¹hɯ⁵⁵ na²¹ ko⁵⁵ le³³ tɕhi³³. | n̩i³³ me³³ thɣ³³, ʂ̩³³ do³³
黑　间　又　送　下　的　山　黑　海　黑　间　又　送　东方　史朵

hɯ⁵⁵ ko³³ lo²¹, şɣ²¹ na²¹ nɯ³³ pɯ³³ pa³³ be³³, şɣ²¹ do²¹ tsh̩⁵⁵ kɣ³³ dʐ̩²¹ me³³ thɣ³³, | şɣ²¹
海　里边　署黑　由　变化　做　署　傻　山羊　头　长　的　产生　署

do^{21} tshɿ^{55} kv̩^{33} dzɿ^{21} me^{33} nɯ^{33},
傻 山羊 头 长 的 由

偿还长马头傻署索取的债，利古祭司用孔雀尾巴把傻署施放的疾病扫出去，用快刀斩断他们施放疾病的绳结。从今以后，不让署和尼到这一户主人家中施放疾病，愿这一户主人家不再发生疾病，不再担惊受怕、发冷发抖。把长马头的傻署送回到天地中央去，送回到下边的黑色山崖中，送回到下边的黑色大山和黑色山箐中去。

东方，由史朵大海中的署作变化，产生了长山羊头的傻署。长山羊头的傻署，

86-B-38-07

i^{33} dɑ^{21} tʂhʅ^{33} dʑi^{21} ko^{21},khɯ^{21} tər^{55} le^{33} khɯ^{55} tshɿ^{21},mə^{33} khv̩^{33} tshy^{55} sɿ^{21} tshɿ^{21} i^{33} kv̩^{55}. |
主人 这 家 里 绳 结 又 放 来 不 偷 赔 索 来 也 会

bi^{21} thv̩^{33} mə^{55} tʂhʅ^{33} ȵi^{33},i^{33} dɑ^{21} tʂhʅ^{33} dɯ^{33} dʑi^{21},ze^{55} tɕi^{33} bə^{33} y^{21} tʂər^{21},lɯ^{55} kv̩^{33} py^{33} bv̩^{21}
日 出 的 这 天 主人 这 一 家 年轻 捷足 使 利古 祭司

dy^{55} le^{33} py^{21}, lɯ^{55} kv̩^{33} py^{33} bv̩^{21} nɯ^{33}, ʂv̩^{21} do^{21} uɑ^{33} hər^{21} khɯ^{21} tər^{55} tshər^{55}, mɑ^{55} iə^{33}
请 又 祭 利古 祭司 由 署 傻 松石 绿 绳 结 斩 孔雀

mæ^{33} nɯ^{33} gu^{21} ne^{21} tshər^{33} le^{33} bæ^{21}. | hɑ^{33} ɕi^{33} to^{33} mɑ^{33} be^{33},bər^{21} phər^{21} tv̩^{33} tv̩^{21} kɯ^{33}
尾 由 疾 和 病 又 扫 饭人 饭偶 做 牦牛 白 千 千 万

kɯ^{21} nɯ^{33} ʂv̩^{21} ne^{21} lv̩^{21} dʐu^{33} ʐuɑ^{21}, | tʂhʅ^{33} ȵi^{33} dv̩^{33} khv̩^{21}, ʂv̩^{21} nɯ^{33} gu^{21} ne^{21} tshər^{33}
万 由 署 和 龙 债 还 今 天 以后 署 由 疾 和 病

khɯ^{55} lɯ^{33} mə^{33} tʂər^{21}. | tshɿ^{55} kv̩^{33} dzɿ^{21} gə^{33} ʂv̩^{21} do^{21} thɯ^{33}, ȵi^{33} me^{33} thv̩^{33}, dʑy^{21} nɑ^{21}
放 来 不 使 山羊 头 长 的 署 傻 是 东边 山 黑

æ^{21} nɑ^{21} kho^{55},hɯ^{55} nɑ^{21} kho^{55} i^{33} gə^{21} le^{33} tɕhi^{33}, | pɯ^{33}pɑ^{33}、ne^{55} pɑ^{21},be^{21} tsu^{55} be^{33} mə^{33}
崖 黑 间 海 黑 间 是 上 又 送 变化 破坏 捣乱 做 不

tʂər²¹ . | ʂɣ²¹ gə³³ mə³³ khɣ³³ tshy⁵⁵ duɯ²¹ be³³ le³³ zua²¹,i³³ da²¹ tʂhʅ³³ duɯ³³ dʑi²¹,
　使　　署　的　不　偷　赔　大　地　又　还　主人　这　一　家

到这一户主人家中来施放绳结，来索取这一户主人家未曾偷盗的赔价。好日子这一天，这一户主人家派捷足的年轻人，请利古祭司做祭祀。利古祭司斩断傻署施放疾病的绳结，用孔雀尾巴扫除这一户主人家中的疾病。用饭人饭偶，千千万万的白牦牛偿还署和龙索取的债。从今以后，不再让署和龙到这一户主人家中施放疾病。把长山羊头的傻署放回到东边的黑色大山、黑色山崖、黑色大海中去，不让他们再来从事破坏和捣乱活动。用大量的财物偿还了署索取的这一户主人家未曾偷盗的赔价，这一户主人家，

86-B-38-08

mə³³ gu²¹ mə³³ tshər³³ mə³³ tɕhi⁵⁵ mə³³ by²¹, kho³³ y²¹ he³³ huɯ²¹, zʅ³³ ʂər²¹ ha⁵⁵ i³³, dʑi²¹ i³³
不　疾　不　病　不　怕　不　抖　声　轻　神　安　寿　长　日　久　水　流

dər³³ ʂər⁵⁵ gɣ³³ be³³ ho⁵⁵. | lɣ²¹ dzʅ²¹ tuɯ³³ gə³³ ʂɣ²¹ huɯ⁵⁵ na²¹ ko³³ lo²¹,ʂɣ²¹ na²¹ me³³ nuɯ³³
塘　满　成　做　愿　龙　方位　的　署　海　黑　里边　署　黑　的　由

puɯ³³ pa³³ be³³,ɯ³³ kɣ³³ dzʅ²¹ gə³³ ʂɣ²¹ do²¹ the²¹ nuɯ³³ thɣ³³. | ɯ³³ kɣ³³ dzʅ²¹ gə³³ ʂɣ²¹ do²¹
变化　做　牛　头　长　的　署　傻　这　由　产生　牛　头　长　的　署　傻

nuɯ³³,i³³ da²¹ tʂhʅ³³ dʑi²¹ go²¹,khuɯ²¹ tər⁵⁵ hər²¹ me³³ le³³ khuɯ⁵⁵ tshʅ²¹, mə³³ khɣ³³ tshy⁵⁵ sʅ²¹
由　主人　这　家　里　绳　结　绿　的　又　放　来　不　偷　赔　索

tshʅ²¹, i³³ da²¹ ze⁵⁵ tɕi³³ bə³³ y²¹ tʂər²¹,luɯ⁵⁵ kɣ³³ py³³ bɣ²¹ dy⁵⁵ le³³ py²¹.luɯ⁵⁵ kɣ³³ py³³ bɣ²¹
来　主人　年轻　捷足　使　利古　祭祀　请　又　祭　利古　祭司

nuɯ³³ bər²¹ phər²¹ tɣ³³ tɣ²¹ kuɯ³³ kuɯ²¹ be³³,ha³³ ɕi³³ to³³ ma³³ be³³,u³³ nuɯ³³ miə²¹ ʂər⁵⁵ be³³
由　牦牛　白　千　千　万　万　做　饭人　饭偶　做　财　由　眼　满　做

le³³ zua²¹,ɯ³³ kɣ³³ dzʅ²¹ ʂɣ²¹do²¹ khuɯ³³ tər⁵⁵,su³³phər²¹gæ²¹tha⁵⁵ me³³nuɯ³³ tshər⁵⁵,ma⁵⁵ iə³³
又　还　牛　头　长　署傻　绳　结　铁　白　刀　利　的　由　斩　孔雀

mæ³³ nɯ³³ gu²¹ tshɤ³³ by²¹ le³³ bæ²¹, | ɯ³³ kɤ³³ dʐ̩²¹ ʂɤ²¹ do²¹ la³³, lɤ²¹ dʐ̩²¹ tɯ³³ dʑɤ²¹
尾　由　疾　疾　外　又　扫　牛　头　长　署　傻　也　龙　方位　　山

nɑ²¹、æ²¹ nɑ²¹、hɯ⁵⁵ nɑ²¹、bu²¹ nɑ²¹ ko⁵⁵,
黑　崖　黑　海　黑　坡　黑　间

不再发生疾病，不再担惊受怕，发冷发抖了，家中常传佳音，家人健康长寿，生活似流水满塘、充裕富足了。

在龙方位（东南边）的黑色大海中，黑色的署作变化，产生了长牛头的傻署。长牛头的傻署，到这一户主人家中施放绿色绳结。到这一户主人家中，索取这一户主人家未曾偷盗的赔价。这一户主人家派捷足的年轻人，去请利古祭司做祭祀。利古祭司用千千万万头白牦牛，用饭人饭偶，使傻署满意（眼满）的财物，偿还长牛头之傻署索取的债。用白铁快刀斩断长牛头傻署施放的绳结，用孔雀尾巴扫除这一户主人家的疾病。把长牛头的傻署送回到龙方位的黑色大山上，黑色山崖中，黑色大海里，黑色山坡上去。

86-B-38-09

ʂɤ²¹ do²¹ ɯ³³ kɤ³³ dʐ̩²¹ me³³ tɕhi³³ le³³ fæ³³. | tʂʰ̩³³ sɿ²¹ lɑ²¹ kɤ³³ mæ⁵⁵, ʂɤ²¹ ne²¹ lɤ²¹ nɯ³³
署　傻　牛　头　长　的　送　又　去　　从　这　的　以后　　署　和　龙　由

khɯ²¹ tɤ⁵⁵ khɯ⁵⁵ mə³³ dɯ³³, gu²¹ tshɤ³³ khɯ⁵⁵ mə³³ dɯ³³, | tʂʰ̩³³ lɑ³³ mæ⁵⁵ ŋə²¹, pu³³pa³³,
绳　结　放　不　得　疾病　放　不　得　　这　也　后边　变化

ne⁵⁵pa³³、pe²¹ tʂu⁵⁵ be³³ mə³³ tʂɤ²¹. | i³³ dɑ²¹ tʂʰ̩³³ dɯ³³ dʑi²¹, mə³³ gu²¹ mə³³ tshɤ³³, mə³³
破坏　捣乱　做　不　使　主人　这　一　家　不　疾　不　病　不

tɕi⁵⁵ mə³³ by²¹, kho³³ ɤ²¹ he³³ hu²¹, z̩³³ ʂɤ²¹ ha⁵⁵ i³³, dʑi²¹ i³³ dɤ³³ ʂɤ⁵⁵. nɯ²¹ ne²¹ uɑ²¹ gɤ³³
怕　不　抖　声　轻　神　安　寿　长　日　久　水流　塘　满　福　和　泽　成

be³³ ho⁵⁵. | i³³ tʂʰ̩³³ mɯ²¹, uæ³³ dʑə²¹ khu³³ gə³³ hɯ⁵⁵ ko³³ lo²¹, ʂɤ²¹ nɑ²¹ pu³³ pa³³ be³³, ʂɤ²¹
做　愿　南方　　左　手　边　的　海　里边　署　黑　变化　做　署

do²¹ khɯ³³ kɣ³³ dzʅ²¹ me³³ the²¹ nɯ³³ thɣ³³, | ʂɣ²¹ do²¹ khɯ³³ kɣ³³ dzʅ²¹ nɯ³³,i³³ da²¹ tʂhʅ³³
傻　狗　头　长　的　这　由　产生　署　傻　狗　头　长　由　主人　这

dʑi²¹ ko²¹,khɯ²¹ tər⁵⁵ hər²¹ me³³ le³³ khɯ⁵⁵ tshʅ²¹, mə³³ khɣ³³ tshy⁵⁵ phɣ³³ le³³ sʅ²¹ tshʅ²¹ i³³
家　里　绳　结　绿　的　又　放　来　不　偷　赔　价　又　索　来　也

kɣ⁵⁵.
会

从这以后，不让署和龙再来施放疾病、灾祸的绳结，不再让他们从事变故、破坏和捣乱活动。愿这一户主人不再生病，不再担惊受怕、发冷发抖，愿家中常传佳音，家人健康长寿，生活似流水满塘，充裕富足，有福有泽。

在南方左手边的大海中，黑色的署作变化，产生了长狗头的傻署。长狗头的傻署到这一户主人家中施放绿色的绳结，来索取这一户主人家未曾偷盗的赔价。

86-B-38-10

i³³ da²¹ tʂhʅ³³ dɯ³³ dʑi²¹ ze⁵⁵ tɕi³³ bə³³ y²¹ tʂər²¹, lɯ⁵⁵ kɣ³³ py³³ kɣ³³ dy³³ le³³ py²¹. lɯ⁵⁵
这人　这　一　家　年轻　捷足　使　利古　祭司　请　又　祭　利古

kɣ³³ py³³ bɣ²¹ nɯ³³ bər²¹ phər²¹tɣ³³ tɣ²¹ kɯ³³ kɯ²¹ be³³,u³³ nɯ³³ miə²¹ ʂər⁵⁵ be³³ le³³ ʐua²¹,
　祭司　由　牦牛　白　千　千　万　万　做　财　由　眼　满　做　又　还

ha³³ ɕi³³ do³³ ma³³ be³³,ʂɣ²¹ do²¹khɯ³³ kɣ³³ dzʅ²¹gə³³ dzu³³ le³³ ʐua²¹. | lɯ⁵⁵ kɣ³³ py³³ bɣ²¹
饭人　饭偶　做　署　傻　狗　头　长　的　债　又　还　利古　祭司

nɯ³³ ʂu³³ phər²¹ gæ²¹ tha⁵⁵ nɯ³³ ʂɣ²¹ bər²¹ tshər⁵⁵,ma⁵⁵ iə³³ mæ³³ nɯ³³ gu²¹ tshər³³ bæ²¹, |
由　铁　白　刀利　由　署绳　斩　孔雀　尾　由　疾病　扫

tʂhʅ³³ sʅ²¹ la²¹ kɣ³³ mæ⁵⁵, i³³ da²¹ tʂhʅ³³ dʑi²¹ tər⁵⁵ mə³³ dɯ³³, | pɯ³³ pa³³、ne⁵⁵ pa³³,pe²¹
这　从　的　以后　主人　这　家　结　不　得　变故　破坏　捣乱

tʂu⁵⁵ be³³ mə³³ dɯ³³, | ʂɣ²¹ do²¹ kho³³ kɣ³³ dzʅ²¹ la²¹ i³³ tʂhʅ³³ mɯ²¹ dʑy²¹ na²¹、æ²¹ na²¹、
做　　不　得　　署　傻　狗　头　长　也　南方　　山　黑　崖　黑

hɯ⁵⁵ na²¹ kho⁵⁵ tɕhi³³ le³³ fæ³³. | i³³ da²¹ tʂhʅ³³ dʑi²¹ mə³³ gu²¹ mə³³ tshər³³, mə³³ tɕi⁵⁵ mə³³
海　黑　处　送　又　去　主人　这　家　不　疾　不　病　　不　怕　不

by²¹, kho³³ y²¹ he³³ hɯ²¹ dʑi²¹ i³³ dər³³ ʂər⁵⁵ gɣ³³ be³³ ho⁵⁵. | y²¹ dzʅ²¹ tɯ³³ gu²¹
抖　声　轻　神　安　水　流　塘　满　成　做　愿　羊　方位　病

这一户主人家请利古祭司作祭祀。利古祭司用千千万万的白牦牛，用饭人饭偶，用让长狗头傻署满意的财物，偿还他索取的债，用白铁快刀斩断傻署施放疾病的绳索，用孔雀尾巴扫除主人家中的疾病。从此以后，不再让傻署施放绳结，不再让他们从事灾变、破坏和捣乱活动。把长狗头的傻署送回到南边黑色大山、黑色山崖、黑色大海里边去，愿这一户主人家不再发生疾病，不再担惊受怕，不再发冷发抖，家中常传佳音，生活似流水满塘、充裕富足。

　　羊方位病

86-B-38-11

tshə⁵⁵ hɯ⁵⁵ ko³³ lo²¹, ʂɣ²¹ na²¹ pu³³ pa³³ be³³, ʂɣ²¹ do²¹ le³³ kæ²¹ kɣ³³ dzʅ²¹ me³³ thɯ²¹ nɯ³³
秽　海　里边　署　黑　变化　做　署　傻　乌鸦　头　长　的　这　由

thɣ³³, | ʂɣ²¹ do²¹ le³³ kæ²¹ kɣ³³ dzʅ²¹ me³³ nɯ³³ i³³ da²¹ tʂhʅ³³ dʑi²¹ ko²¹, khɯ²¹ tər⁵⁵ hər²¹
产生　署　傻　乌鸦　头　长　的　由　主人　这　家里　绳　结　绿

me³³ le³³ khɯ⁵⁵ tshʅ²¹, mə³³ khɣ³³ tshy⁵⁵ sʅ²¹ tshʅ²¹ i³³ kɣ⁵⁵. | i³³ da²¹ ze⁵⁵ tɕi³³ bə³³ y²¹ tʂər²¹,
的　又　放　来　不　偷　赔　索　来　也　会　主人　年轻　捷足　使

lɯ⁵⁵ kɣ³³ py³³ by²¹ dy⁵⁵ le³³ py²¹. lɯ⁵⁵ kɣ³³ py³³ by²¹ nɯ³³, bər³³ phər²¹ tɣ³³ tɣ²¹ kɯ³³ kɯ²¹
利古　祭司　请　又　祭　利古　祭司　由　牦牛　白　千　千　万　万

be³³, ha³³ ɕi³³ to³³ ma³³ be³³, by²¹ dɣ³³ la²¹ zʅ²¹ be³³, u³³ nɯ³³ miə²¹ ʂər⁵⁵ be³³, ʂu²¹ do²¹ le³³
做　饭人　饭偶　做　面　团　手纹　做　财　由　眼　满　做　署　傻　乌鸦

kæ²¹ kɣ³³ dʐɿ²¹ dʐu³³ le³³ ʐua²¹. | lɯ⁵⁵ kɣ³³ py³³ bɣ²¹ nɯ³³ ˌʂu³³ phər²¹ gæ²¹ tha⁵⁵ nɯ³³ ʂɣ²¹
头 长 债 又 还   利古 祭司 由 铁 白 刀 快 由 署

ne²¹ lɣ²¹ gə³³ khɯ³³ tər⁵⁵ tshər⁵⁵ˌma⁵⁵ iə³³ mæ³³ nɯ³³ gu²¹ tshər³³ bɣ²¹ le³³ bæ²¹. | tʂhɿ³³ sɿ²¹
和 龙 的 绳 结 斩   孔雀   尾 由 疾 病 外 又 扫   从 这

la²¹ kɣ³³ mæ⁵⁵ˌi³³ da²¹ tʂhɿ³³ dʑi²¹ tər⁵⁵ mə³³ dɯ³³, | pɯ³³ pa³³ ne⁵⁵ pa³³ˌpe²¹ tʂu⁵⁵ be³³ mə³³
的 以后   主人 这 家 系 不 得   变化 破坏 捣乱 做 不

tʂər²¹, | le³³ kæ³³ kɣ³³ dʐɿ²¹ ʂɣ²¹ do²¹ thɯ³³, y²¹ dʐɿ²¹ tu³³
使 乌鸦 头 长 署 傻 他 羊 方位

和秽的海子里的黑署作变化，产生了长乌鸦头的傻署。长乌鸦头的傻署到这一户主人家中施放绿色绳结，施放疾病、灾祸。索取这一户主人家未曾偷盗的赔价。这一户主人派捷足的年轻人，去请利古祭司做祭祀。利古祭司用千千万万的白牦牛，用饭人饭偶、面团和带着手纹的饭团，用使长乌鸦头傻署满意的财物，偿还他们索取的债。利古祭司用白铁快刀斩断署和龙施放的绳结，用孔雀尾巴扫除疾病。从这以后，愿这一户主人家不再发生疾病，不再让傻署施放的绳结系住，不再让他们从事破坏和捣乱。把长乌鸦头的傻署送到羊方位

86-B-38-12

dʑy²¹ na²¹ æ²¹ na²¹ ko⁵⁵, hɯ⁵⁵ na²¹ bu²¹ na²¹ ko⁵⁵ tɕhi³³ le³³ fæ³³. | i³³ da²¹ tʂhɿ³³ dɯ³³ dʑi²¹,
山 黑 崖 黑 间 海 黑 坡 黑 间 送 又 去 主人 这 一 家

mə³³ gu²¹ mə³³ tshər³³, mə³³ tɕi⁵⁵ mə³³ bɣ²¹ gɣ³³ be³³ ho⁵⁵. | ȵi³³ me³³ gɣ²¹, le²¹ tʂhə⁵⁵ hɯ⁵⁵
不 病 不 疾   不 怕 不 抖 成 做 愿   西方 冷凑 海

ko³³ lo²¹ˌʂɣ²¹ na²¹ pɯ³³ pa³³ be³³ˌtshua⁵⁵ kɣ³³ dʐɿ²¹ gə³³ ʂɣ²¹ do²¹ the²¹ nɯ³³ thɣ³³, | tshua⁵⁵
里边 署 黑 变化 做 鹿 头 长 的 署 傻 这 由 产生 鹿

kɣ³³ dʐɿ²¹ gə³³ ʂɣ²¹ do²¹ nɯ³³ˌkhɯ²¹ tər⁵⁵ na²¹ me³³ le³³ khɯ⁵⁵ tshɿ²¹ˌi³³ da²¹tʂhɿ³³ dʑi²¹ ko²¹,
头 长 的 署 傻 由 绳 结 黑 的 又 放来 主人 这 家里

mə³³ khɣ³³ tshy⁵⁵ phɣ³³ le³³ zʯɑ²¹ tshʮ²¹ i³³ kɣ⁵⁵. | ze⁵⁵ tɕi³³ bə³³ y²¹ tʂɚ²¹, lɯ⁵⁵ kɣ³³ py³³
不　偷　赔价　又　索　来　也　会　年轻　捷足　使　利古　祭司

bɣ²¹ dy⁵⁵ le³³ py²¹, lɯ⁵⁵ kɣ³³ py³³ bɣ²¹ nɯ³³, bɚ²¹ phɚ²¹ dɯ³³ tɣ²¹ dɯ³³ kɯ²¹, la²¹ zʯ³³ gɣ⁵⁵
请　又　祭　利古　祭司　由　牦牛　白　一　千　一　万　手　纹　九

zʯ³³ be³³, to³³ ma³³ dʑy²¹ dɯ³³ be³³, ha³³ ɕi³³ to³³ ma³³ nɯ³³, sɣ²¹ do²¹ tshua⁵⁵ kɣ³³ dzʮ²¹ dzu³³
条　做　面偶　山　大　做　饭人　饭偶　由　署　傻　鹿　头　长　债

le³³ zʯɑ²¹, | lɯ⁵⁵ kɣ³³ py³³ bɣ²¹ ʂu³³ phɚ²¹ gæ²¹ tha⁵⁵ nɯ³³, sɣ²¹ bɚ²¹ tshɚ⁵⁵, ma⁵⁵ iə³³ mæ³³
又　还　利古　祭司　铁　白　刀　利　由　署　绳　斩　孔雀　尾

nɯ³³ gɣ²¹ tshɚ³³ bɣ²¹ le³³ bæ²¹.
由　疾病　外　又　扫

的黑色大山、黑色山崖、黑色山坡、黑色大海里边去。愿这一户主人家，不再发生疾病，不再担惊受怕、发冷发抖。

　　西方，在冷凑黑海中的黑色署作变化，产生了长鹿头的傻署，长鹿头的傻署到这一户主人家中施放黑色绳结，索取这一户主人家未曾偷盗的赔价。这一户主人家派捷足的年轻人，请利古祭司做祭祀。利古祭司用一千一万头白牦牛，制作九条带手纹的饭团，大山似的面偶和饭人饭偶，偿还长鹿头傻署索取的债，用白铁快刀斩断傻署施放疾病的绳结，用孔雀尾巴把家中的疾病扫除掉。

86-B-38-13

tʂʮ³³ sʮ²¹ la²¹ kɣ³³ mæ⁵⁵ mə³³ dɯ³³ tʂu⁵⁵, | ne⁵⁵pa³³ na²¹ pa³³ be³³ mə³³ tʂɚ²¹, be²¹ tsu⁵⁵ be³³
从　这　的　以后　的　一段　破坏　灾变　做　不　使　捣乱　做

mə³³ tʂɚ²¹. | sɣ²¹ do²¹ tshua⁵⁵ kɣ³³ dzʮ²¹ la³³ ɲi³³ me³³ gɣ²¹ gə³³ dʑy²¹ na²¹、æ²¹ na²¹、hɯ⁵⁵
不　使　署　傻　鹿　头　山　也　西方　的　山　黑　崖　黑　海

na²¹ mi²¹ le³³ tɕhi³³, | i³³ da²¹ tʂʮ³³ dʑi²¹ ko²¹ gu²¹ khɯ⁵⁵ tshɚ³³ khɯ⁵⁵ lɯ³³ mə³³ tʂɚ²¹. | i³³
黑　下　又　送　主人　这　家　里　疾　放　病　放　来　不　使　主人

da¹³ tʂhɿ³³ duɯ³³ dʑi¹³ mə³³ gu²¹ mə³³ tshər³³, mə³³ tɕi⁵⁵ mə³³ by²¹, zɿ³³ ʂər²¹ ha⁵⁵ i³³, kho³³
这　一　家　不　疾　不　病　不　怕　不　抖　寿　长　日　久　声

y²¹ he³³ huɯ²¹, dʑi²¹ i³³ dər³³ ʂər⁵⁵ gɣ³³ be³³ ho⁵⁵. ︱ khɯ³³ dzɿ²¹ tuɯ³³, gu²¹ tshə⁵⁵ huɯ⁵⁵ ko³³
轻　神　安　水　流　塘　满　成　做　愿　狗　方位　病　秽　海　里边

lo²¹, ʂɣ²¹ na²¹ puɯ³³ pa³³ be³³,so³³ na³³ ʐɿ²¹ kɣ³³ dzɿ²¹ me³³ ʂɣ²¹ do²¹ the²¹ nuɯ³³ thɣ³³. ︱ so³³
署　黑　变化　做　梭那　蛇　头　长　的　署　傻　这　由　产生　梭那

na³³ ʐɿ³³ kɣ³³ dzɿ²¹ gə³³ ʂɣ²¹ do²¹ nuɯ³³, i³³ da²¹ tʂhɿ³³ dʑi²¹ ko²¹,khɯ²¹ tər⁵⁵ na²¹ me³³ khɯ⁵⁵,
蛇　头　长　的　署　傻　由　主人　这　家　里　绳　结　黑　的　放

mə³³ khɣ³³ tshy⁵⁵ sɿ²¹ tshɿ²²¹ i³³ kɣ⁵⁵.
不　偷　赔　索　来　也　会

从这以后的一段时间中，不让长鹿头的傻署施放灾变，从事破坏、捣乱活动。把长鹿头的傻署送回到西边的黑色大山上，黑色山崖中，黑色大海中去。不再让他们到这一户主人家中施放疾病。愿这一户主人家不再生病，不再担惊受怕、发冷发抖。愿家中常传佳音，家人身心安宁，健康长寿，生活似水流满塘、充裕富足。

在狗方位（西北方向）的病秽黑海中的黑色署作变化，产生了长梭那蛇头的傻署。长梭那蛇头的傻署到这一户主人家中施放疾病的绳结，索取这一户主人家未曾偷盗的赔价。

86-B-38-14

i³³ da²¹ ze⁵⁵ tɕi³³ bə³³ y²¹ tʂər²¹, luɯ⁵⁵ kɣ³³ py³³ bɣ²¹ dy⁵⁵ le³³ py²¹. luɯ⁵⁵ kɣ³³ py³³ bɣ²¹ nuɯ³³,
主人　年轻　捷足　使　利古　祭司　请　又　祭　利古　祭司　由

bər²¹ phər²¹ tɣ³³ tɣ²¹ kuɯ³³ kuɯ²¹ be³³,la²¹ ʐɿ³³ gɣ⁵⁵ ʐɿ³³ be³³,to³³ ma³³ dʑy²¹ duɯ³³ be³³,ha³³ ɕi³³
牦牛　白　千　千　万　万　做　手纹　九　条　做　面偶　山　大　做　饭人

to³³ ma³³ be³³, so³³ na³³ ʐɿ²¹ kɣ³³ dzɿ²¹ me³³ ʂɣ²¹ do²¹ dzu³³ le³³ ʐua²¹, ︱ so³³ na⁵⁵ ʐɿ²¹
饭偶　做　梭那　蛇　头　长　的　署　傻　债　又　还　梭那　蛇

kɣ³³ dzɿ²¹, gu²¹ be³³ dzu²¹ le³³ fæ³³. lɯ⁵⁵ kɣ³³ py³³ bɣ²¹ ʂu³³ phər²¹ gæ²¹ tha⁵⁵ nɯ³³ ʂɣ²¹
头 长 成背 地 收 又 去 利古 祭司 铁 白 刀 快 由 署

bər²¹ tshər⁵⁵, ma⁵⁵ iə³³ mæ³³ nɯ³³ gu²¹ tshər³³ bæ²¹, ha³³ çi³³ to³³ ma³³ kɣ³³ nɯ³³ lo⁵⁵ le³³
绳 斩 孔雀 尾 由 疾病 扫 饭人 饭偶 上 由 越 又

phi⁵⁵,∣tʂhɿ³³ sɿ²¹ la²¹ kɣ³³ mæ⁵⁵, ʂɣ²¹ nɯ³³ tər⁵⁵mə³³ du³³,∣ne⁵⁵ pa⁵⁵、na²¹ pa³³、pe²¹ tʂu⁵⁵
抛 从 这 的 以后 署 由 结 不 得 破坏 灾变 捣乱

be³³ mə³³ tʂər²¹,∣so³³ na³³ zɿ²¹ kɣ³³ dzɿ²¹ gə³³ ʂɣ²¹ do²¹,khɯ³³ dzɿ²¹ tu³³ dʑy²¹ na²¹、æ²¹
做 不 使 梭那 蛇头 长 的 署 傻 狗 方位 山 黑 崖

na²¹、hu⁵⁵ na²¹ kho⁵⁵ tçhi³³ le³³ fæ³³,∣gu²¹ tshər³³ khɯ⁵⁵ mə³³ tʂər²¹.∣i³³ da²¹ tʂhɿ³³ dʑi²¹
黑 海 黑 间 送 又 去 疾病 放 不 使 主人 这 家

mə³³ gu²¹ mə³³ tshər³³,mə³³ tçi⁵⁵ mə³³by²¹ gɣ³³ be³³ ho⁵⁵,∣zɿ³³ sər²¹ ha⁵⁵ i³³, kho³³ y²¹ he³³
不 疾 不 病 不 怕 不 抖 成 做 愿 寿 长 日 久 声 轻 神

hɯ²¹, dʑi²¹ i³³ dər³³ sər⁵⁵ gɣ³³ be³³ho⁵⁵.∣ho³³ gɣ³³ lo²¹
安 水 流 塘 满 成 做 愿 北方

这一户主人家派捷足的年轻人，请利古祭司做祭祀，利古祭司用千千万万的白牦牛，用九条带有手纹的饭团，大山似的面偶，饭人饭偶，偿还长梭那蛇头的傻署索取的债。让长梭纳蛇头的傻署，将财物和粮食成背地背了去。利古祭司用白铁快刀斩断署施放疾病的绳结，用孔雀尾巴扫除疾病，让饭人饭偶把疾病带走。从这以后，这一户主人家不再被傻署施放的绳结所系，长梭那蛇头的傻署再也不能施放灾变，从事破坏、捣乱活动。这一户主人家不再发生疾病，不再担惊受怕，发冷发抖。愿这一户主人家健康长寿，家中常传佳音，家人心神安宁，生活似流水满塘、充裕富足。

在北方

86-B-38-15

phər²¹ do³³ hɯ⁵⁵ ko³³ lo²¹, ʂɣ²¹ na²¹ pɯ³³ pa³³ ɓe³³,sɿ³³ phɣ³³ tshɿ²¹ kɣ³³ dzɿ²¹ ʂɣ²¹ do²¹ the²¹
盘朵 海 里边 署 黑 变化 做 斯普 鬼头 长 署 傻 这

nɯ³³ thɤ³³, | ʂʅ²¹ do²¹ sʅ³³ phɤ³³ tshʅ²¹ kɤ³³ dzʅ²¹ nɯ³³, i³³ da²¹ tʂhʅ³³ dʑi¹³ ko²¹, khɯ²¹ tər⁵⁵
由 产生 署 傻 斯普 鬼 头 长 由 主人 这 家 里 绳 结

le³³ khɯ⁵⁵ tshʅ²¹, mə³³ khɤ³³ tshy⁵⁵ sʅ²¹ tshʅ²¹ i³³ kɤ⁵⁵. | ze⁵⁵ tɕi³³ bə³³ɤ²¹ tʂər²¹, lɯ⁵⁵ kɤ³³ py³³
又 放 来 不 偷 赔 索取 也 会 年轻 捷足 使 利古 祭司

bɤ²¹ dy⁵⁵ le³³ py²¹, lɯ⁵⁵ kɤ³³ py³³ bɤ²¹ nɯ³³, bər²¹ phər²¹ tɤ³³ tɤ²¹ kɯ³³ kɯ²¹ be³³, ha³³ ɕi³³
请 又 祭 利古 祭司 由 牦牛 白 千 千 万 万 做 饭人

to³³ ma³³ be³³, u³³ nɯ³³ miə²¹ ʂər⁵⁵ be³³, sʅ³³ phɤ³³ tshʅ²¹ kɤ³³ dzʅ²¹ gə³³ ʂʅ²¹ do²¹ dzu³³ le³³
饭偶 做 财 由 眼 满 做 斯普 鬼 头 长 的 署 傻 债 又

zua²¹, | lɯ⁵⁵kɤ³³ py³³ bɤ²¹ ʂu³³phər²¹gæ²¹ tha⁵⁵ nɯ³³, sɤ²¹ bər²¹ tshər⁵⁵, ma⁵⁵ iə³³ mæ³³ nɯ³³
还 利古 祭司 铁 白 刀 利 由 署 绳 斩 孔雀 尾 由

gu²¹ tshər³³ bæ²¹. | tʂhʅ³³ sʅ²¹ la²¹ kɤ³³ mæ⁵⁵, sɤ²¹ do²¹ nɯ³³ tər⁵⁵ mə³³ dɯ³³, | ne⁵⁵ pa²¹、
疾 病 扫 从 这 的 以后 署 傻 由 结 不 得 破坏

na²¹ pa²¹、pe²¹ tʂu⁵⁵ be³³ mə³³ dɯ³³, | sʅ³³ phɤ³³ tshʅ²¹ kɤ³³ dzʅ²¹ gə³³ ʂʅ²¹ do²¹, ho³³ gɤ³³
灾变 捣乱 做 不 得 斯普 鬼 头 长 的 署 傻 北方

lo²¹, dʑy²¹ na²¹ æ²¹ na²¹、hɯ⁵⁵ na²¹ mi²¹ le³³ tɕhi³³, | gu²¹ tshər³³ khɯ⁵⁵ lɯ³³ la³³ mə³³ tʂər²¹.
山 黑 崖 黑 海 黑 下 又 送 疾 病 放 来 也 不 准

盘朵海里边的黑署作变化，产生了长斯普鬼头的傻署。长斯普鬼头的傻署到这一户主人家中施放绳结，来索取这一户主人家未曾偷盗的赔价。这一户主人家派捷足的年轻人，请利古祭司做祭祀。利古祭司用千千万万的白牦牛，用饭人饭偶和使傻署满意的财物，偿还长斯普鬼头的傻署索取的债，用白铁快刀斩断傻署施放疾病的绳索，用孔雀尾巴扫除主人家中的疾病。从此后，不让傻署施放疾病的绳索系在主人家中，不让傻署再来施放疾病，从事破坏、捣乱活动，不再让他们施放灾变。把长斯普鬼头的傻署送回到北方的黑色大山上、黑色山崖、黑色大海里边去。

86-B-38-16

i³³ da²¹ tʂhŋ³³ duɯ³³ dʑi²¹,mə³³ gu²¹ mə³³ tshər³³,mə³³ tɕi⁵⁵ mə³³ by²¹ gʏ³³ be³³ ho⁵⁵. | i³³ da²¹
主人　这一　家　不疾不　病　不怕　不抖　成做愿　主人

tʂhŋ³³ duɯ³³ dʑi²¹,kho³³ y²¹ he³³ huɯ²¹, zŋ³³ ʂər²¹ ha⁵⁵ i³³, dʑi²¹ i³³ dər³³ ʂər⁵⁵ gʏ³³ be³³ ho⁵⁵. |
这　一　家　声轻神安寿长　日　久水流塘满　成做愿

ɯ³³ dzŋ²¹ tu³³,gu²¹ tshə⁵⁵ huɯ⁵⁵ ko³³ lo²¹,ʂʏ²¹ na²¹ pɯ³³ pa³³ be³³,æ²¹kʏ³³ dzŋ²¹ gə³³ ʂʏ²¹ do²¹
牛　方位　病　秽海里边　署黑变化　做鸡头长的署傻

thʏ³³, | æ²¹ kʏ³³ dzŋ²¹ gə³³ ʂʏ²¹ do²¹ nɯ³³, i³³ da²¹ tʂhŋ³³ dʑi²¹ tɕər²¹, khɯ³³ tər⁵⁵ le³³ khɯ⁵⁵
产生　鸡头　长的署傻由　主人　这家　上　绳结又放

tshŋ²¹.i³³ da¹³ tʂhŋ³³ duɯ³³ dʑi¹³,ze⁵⁵ tɕi³³ bə³³ y²¹ tʂər²¹,lɯ⁵⁵ kʏ³³ py³³ bʏ²¹ dy⁵⁵,lɯ⁵⁵ kʏ³³ py³³
来　主人　这一　家　年轻　捷足使　利古祭司　请利古祭司

bʏ²¹ nɯ³³ bər²¹ phər²¹ tʏ³³ tʏ²¹ kɯ³³ kɯ²¹ nɯ³³, ʂʏ²¹ do²¹ æ²¹ kʏ³³ dzŋ²¹ dzu³³ le³³ ʐua²¹, |
由牦牛白千千万万由　署傻鸡头长债又还

ʂu³³ phər²¹ gæ²¹ tha⁵⁵ nɯ³³,ʂʏ²¹ bər²¹ tshər⁵⁵,ma⁵⁵ iə³³ mæ³³ nɯ³³ gu²¹ tshər³³ bæ²¹,ʂʏ²¹ do²¹
铁　白　刀快　由署绳　斩孔雀　尾　由　疾病　扫署傻

æ²¹ kʏ³³ dzŋ²¹ nɯ³³ khɯ⁵⁵ me³³ gu²¹ tshər³³ thɯ³³, ha³³ ɕi³³ to³³ ma³³ kʏ³³ nɯ³³ mi²¹ pu⁵⁵
鸡头长由　放的疾病　是　饭人　饭偶　上由　下带

fæ³³. | ʂʏ²¹ do²¹ æ²¹ kʏ³³ dzŋ²¹ la³³, ɯ³³ dzŋ²¹ tuɯ³³ gə³³ dʑy²¹ na²¹ æ²¹ na²¹ko⁵⁵, huɯ⁵⁵ na²¹
去　署傻鸡头长也　牛方位　的山黑崖黑羊　海黑

ko⁵⁵ ɳə²¹ mi²¹ tɕhi³³ le³³ fæ³³.
间　里下送又去

愿这一户主人家不再发生疾病，不再担惊受怕，不再发冷发抖。愿这一户主人家，家中常传佳音，家人心神安宁，健康长寿，生活似流水满塘、充裕富足。

　　牛方位（东北方）的病秽海中的黑色署作变化，产生了长鸡头的傻署。长鸡头的傻署到这一户主人家中施放绳结，索取这一户主人家未曾偷盗的赔价。这一户主人家派捷足的年轻人请利古祭司做祭祀。利古祭司用千千万万的白牦牛，偿还长鸡头傻署索取的债，他们施放的疾病，随着饭人饭偶带出去。把长鸡头的傻署送回到牛方位的黑色大山、黑色山崖、黑色大海里边去。

86-B-38-17

i³³ dɑ¹³ tʂhŋ³³ dʑi²¹ mə³³ gu²¹ mə³³ tshər³³, mə³³ tɕi⁵⁵ mə³³ by²¹ gʏ³³ be³³ ho⁵⁵.| ʂʏ²¹ do²¹
主人 这 家 不 病 不 疾 不 怕 不 抖 成 做 愿 署 傻

tʂhŋ⁵⁵ kʏ³³ dzŋ²¹, ȵi³³ me³³ thʏ³³, tər²¹ zɑ⁵⁵ dʑə²¹ bʏ³³ mi³³ tshŋ²¹ tshə⁵⁵ tshŋ²¹ py²¹ me³³ dy²¹
山羊 头 长 东方 呆饶玖补 火鬼 秽 鬼 祭 的 地方

ȵə²¹ mi²¹ le³³ tɕhi³³.| ʂʏ²¹ do²¹ ɯ³³ kʏ³³ dzŋ²¹,lʏ²¹ dzŋ²¹ tɯ³³ ȵə²¹ mi²¹ le³³tɕhi³³,| ʂʏ²¹ do²¹
上 下 又 送 署 傻 牛 头 长 龙 方位 上 下 又 送 署 傻

khɯ³³ kʏ³³ dzŋ²¹,ɯ³³ dzŋ²¹ tu³³ ȵə²¹ mi²¹ le³³ tɕhi³³.| ʂʏ²¹ do²¹ le³³ kæ²¹ kʏ³³ dzŋ²¹,y²¹ dzŋ²¹
狗 头 长 牛 方位 上 下 又 送 署 傻 乌鸦 头 长 羊 方位

tɯ³³ ȵə²¹ mi²¹ le³³ tɕhi³³.| ʂʏ²¹ do²¹ tshuɑ⁵⁵ kʏ³³ dzŋ²¹, ȵi³³ me³³ gʏ²¹ le⁵⁵ tɕhi³³ sŋ³³ phʏ³³
上 下 又 送 署 傻 鹿 头 长 西方 楞启斯普

dzŋ²¹ me³³ dy²¹ ȵə²¹ mi²¹ le³³ tɕhi³³.| ʂʏ²¹ do²¹ so³³ nɑ³³ ʐŋ²¹ kʏ³³ dzŋ²¹. khɯ³³ dzŋ²¹ tu³³
住 的 地方 上 下 又 送 署 傻 梭那 蛇头 长 狗 方位

ȵə²¹ mi²¹ le³³ tɕhi³³,| ʂʏ²¹ do²¹ sŋ³³ phʏ³³ tshŋ²¹ kʏ³³ dzŋ²¹.ho³³ gʏ³³ lo²¹, nʏ²¹dzŋ³³ dʑi³³ bʏ³³
上 下 又 送 署 傻 普鬼 鬼 头 长 北方 努祖景补

dzŋ²¹ me³³ dy²¹ ȵə²¹ mi²¹ le³³ tɕhi³³.| ʂʏ²¹ do²¹ æ²¹ kʏ³³ dzŋ²¹,
住 的 地方 上 下 又 送 署 傻 鸡 头 长

愿这一户主人家不再发生疾病，不再担惊受怕，不再发冷发抖。

把长山羊头的傻署送回到东方鬼王呆饶玖补住的地方去，送到祭祀火鬼和秽鬼的地方去；把长牛头的傻署送到龙的方位上去；把长狗头的傻署送回到牛方位上去；把长乌鸦头的傻署送回到羊方位上去；把长鹿头的傻署，送回到西方鬼王楞启斯普住的地方去；把长梭那蛇头的傻署，送回到狗方位上去；把长斯普鬼头的傻署，送回到北边努祖景补鬼王居住的地方去；把长鸡头的傻署，

86-B-38-18

khɯ³³ dzʅ²¹ tu³³ nə²¹ mi²¹ le³³ tɕhi³³, | ʂʅ²¹ do²¹ zua³³ kɣ³³ dzʅ²¹, mɯ³³ le³³ dy³³ zɣ⁵⁵ gɣ³³,
狗　方位　　上　下　又　送　署傻　马头　长　天　和　地　中央

dɣ²¹ ne²¹ tshe²¹ dzʅ²¹ me³³ dy²¹ nə²¹ mɯ²¹ le³³ tɕhi³³. | to³³ ba³³ ʂər⁵⁵ lər³³ nɯ³³, ʂu³³ phər²¹
毒鬼 和 仄鬼　住 的 地方 上 下 又 送　　东巴什罗　　由 铁 白

gæ²¹ tha⁵⁵ mi³³ dzʅ³³ tʂʅ³³ hua³³ hua³³ nɯ³³ ʂʅ²¹ do²¹mi²¹ le³³ no⁵⁵,lɯ⁵⁵ kɣ³³ py³³ bɣ²¹,hæ³³
刀 利 火 燃 这 熊 熊 由 署 傻 下 又 赶 利古 祭司 金

ʂʅ²¹ tsər³³ lər²¹ do⁵⁵,ua³³ hər²¹ da³³ khə²¹ la⁵⁵ le³³ tsho³³,dɣ³³ phər²¹ɕə³³ tɕhy²¹ nɯ³³ ʂʅ²¹do²¹
黄 板铃　摇 松石 绿 法鼓　打 又 跳 海螺 白 大鹏　由 署 傻

mi²¹ le³³ no⁵⁵. | hæ³³ ʂʅ²¹ ma⁵⁵ iə³³ nɯ³³,ʂʅ²¹ do²¹ so³³ na³³ zʅ²¹ kɣ³³ dzʅ²¹ me³³ no⁵⁵. | ua³³
下 又 赶　金黄孔雀　由 署 傻 梭那 蛇头 长 的 赶 松石

hər²¹ da³³ khə²¹ kho³³,hæ³³ ʂʅ²¹ tsər³³ lər²¹kho³³,dɣ³³ phər²¹ mu²¹ kho³³ kho³³ nɯ³³ tho⁵⁵ lo³³
绿 法鼓 声 金 黄 板铃　声 海螺 白 螺号　声 由 妥罗

tshʅ²¹ le³³ zər²¹. | i³³ da²¹ tʂʅ³³ dɯ³³ dʑi²¹,mə³³ gu²¹ mə³³ tshər³³,zʅ³³ ʂər²¹ ha⁵⁵ i³³,kho³³ y²¹
鬼 又 压　主人 这 一 家 不疾 不 病 寿 长 日 久声 轻

he³³ hɯ²¹ ,dʑi²¹ i³³ dər³³ ʂər⁵⁵,nɯ²¹ ne²¹ ua²¹ gɣ³³ be³³ ho⁵⁵.
神 安 水 流 塘 满 福 和 泽 成 做 愿

送到狗方位上去。把长马头的傻署送到天地中央，毒鬼、仄鬼居住的地方去。

　　东巴什罗拿着燃烧着熊熊大火的白铁快刀，把傻署赶下去。利古祭司摇晃着金黄色的板铃，敲打着绿松石法鼓，跳着战神舞，和海螺般洁白的大鹏一起驱赶着傻署。金黄色孔雀驱赶长梭那蛇头的傻署。用绿松石般碧绿的法鼓的响声、金黄色板铃的响声、白海螺的螺号声，把妥罗鬼镇压下去。愿这一户主人家不再发生疾病，家人健康长寿，家中常传佳音，生活似流水满塘、充裕富足，有福有泽。

86-B-38-19

封底

（释读、翻译：和宝林）

81-D-9-01

zɿ³³ tʂu⁵⁵py²¹ · hy⁵⁵hæ²¹le³³dʑi²¹guɑ³³ tʂhə⁵⁵ʂu⁵⁵ ·

gɑ³³ tʂhər³³khɯ⁵⁵ uɑ²¹me⁵⁵

延寿仪式·在翠柏梯上给胜利神除秽·给胜利神施药

81-D-9 延寿仪式·在翠柏梯上给胜利神除秽· 给胜利神施药

【内容提要】

　　本册经书记述了胜利神的来历，讲述了胜利神之魂被美利术主（mɯ lɯ ʂu dʑ）偷走，使得美利董主（mɯ lɯ du dʑ）心神不定，总是做噩梦。是东巴做了祭仪，杀了鬼，毁了鬼界，招了胜利神之魂，才使美利董主（mɯ lɯ du dʑ）获得了吉祥与福泽，富裕与强盛。如果不给胜利神施药，就会使水流不下来，诸事做不了。也是由东巴做了法事，给胜利神施上了药，才使一切变得顺利了。

【英文提要】

Prolonging Life Ritual, Exorcising for the God of Victory on the Cedar Ladder Remedying the God of Victory

This book describes the origin of the god of victory. In the description, the spirit in the god of victory was stolen by *mu lu ʂu dʑ*, which made *mu lu du dʑ* uneasy and always had nightmares. It was *to ba* who did sacrifice ritual, killed the ghost, demolished the ghostdom and summoned back the spirit in the god of victory. *mu lu du dʑ*, since then, obtained felicity and opulence. If *to ba* did not remedy the god of victory, the water would not flow down and nothing would succeed. Also because *to ba* did the ritual and remedied the god of victory, everything could go smoothly in order.

81-D-9-02

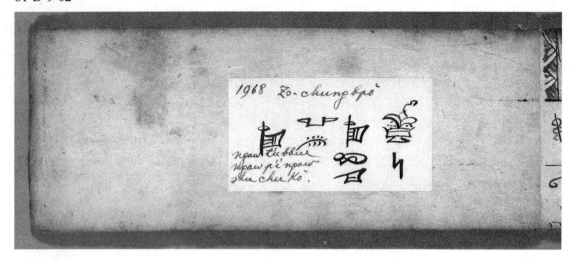

第1行："1968"为洛克收藏的编号，并用洛克音标标注此书用于"延寿仪式"。
第2行：八个东巴文为此书书名：《胜利神的出处来历·胜利神的出处·给胜利神施药》。
第3行：左下方的三行音标是书名的纳西语读音。

81-D-9-03

a³³ la³³ mə³³ ʂər⁵⁵ ni³³, mɯ³³ ne²¹ dy²¹ la³³ mə³³ thɣ³³ sʅ³³ thɯ³³ dzʅ²¹, mɯ³³ ua²¹ dy²¹ ua²¹
阿　也　不　　说　　日　天　与　地　也　不　出　来　那　时　天　影子　地　影子

sʅ³³ sy²¹ kæ³³ nu³³ thɣ³³; bi³³ ne²¹ le²¹ la³³ mə³³ thɣ³³ sʅ³³ thɯ³³ dzʅ²¹, bi³³ ua²¹ le²¹ ua²¹
三　样　先　来　出　太阳　与　月亮　也　不　出　来　那　时　太阳　影子月亮　影子

sʅ³³ sy²¹ kæ³³ nu³³ thɣ³³; kɯ²¹ ne²¹ za²¹ la³³ mə³³ thɣ³³ sʅ³³ thɯ³³ dzʅ²¹, kɯ²¹ ua²¹ za²¹ ua²¹
三　样　先　来　出　舸星　与　娆星　也　不　出　来　那　时　舸星　影子娆星　影子

ɯ³³ me³³ sʅ³³ sy²¹ kæ³³ nu³³ thɣ³³; dʑy²¹ ne²¹ lo²¹ la³³ mə³³ thɣ³³ sʅ³³ thɯ³³ dzʅ²¹, dʑy²¹ ua²¹ lo²¹
好　者　三　样　先　来　出　山　与　沟　也　不　出　来　那　时　山　影子沟

uɑ²¹ ɯ³³ me³³ sɿ³³ sy²¹ kæ³³ nɯ³³ dʑy³³; sər³³ ne²¹ lɣ³³ lɑ³³ mə³³ thɣ³³ sɿ³³ thɯ³³ dzʅ²¹, sər³³
影子好者　三　样　先　来　有　树　与　石　也　不　出　来　那　时　树

uɑ²¹ lɣ³³ uɑ²¹ sɿ³³ sy²¹ kæ³³ nɯ³³ thɣ³³. | dʑy²¹na⁵⁵ zo⁵⁵ lo³³ mə³³ thɣ³³ sɿ³³ thɯ³³ dzʅ²¹, dʑy²¹
影子石 影子 三　样　先　来　出　居那若罗　　不　出　来　那　时

na⁵⁵ zo⁵⁵ lo³³ dʑy²¹ uɑ²¹ the²¹ nɯ³³ thɣ³³; hæ²¹ i³³ ba³³ da²¹ dʐər²¹ i³³ mə³³ thɣ³³ sɿ³³thɯ³³
居那若罗　山　影子　这　来　出　含依巴达　　树　呀　不　出　来　那时

dzʅ²¹, hæ²¹ i³³ ba³³ da²¹ dʐər²¹ uɑ²¹ the²¹nɯ³³ thɣ³³; mɯ³³ lɯ⁵⁵da³³ dʑi²¹ hu⁵⁵ lɑ³³ mə³³ thɣ³³
含依巴达　　　树　影子 这　来　出　美利达吉　　湖　也　不　出

sɿ³³ thɯ³³ dzʅ²¹, mɯ³³　lɯ⁵⁵ da³³ dʑi²¹ hu⁵⁵　uɑ²¹　the²¹ nɯ³³ thɣ³³ le³³ tshɿ²¹; tse⁵⁵ tse³³
来　那　时 美利达吉　　　湖　影子 这　来　出　又　来　增争含鲁美

hæ²¹ lɣ³³me³³ lɑ³³ mə³³ thɣ³³ sɿ³³　thɯ³³ dzʅ²¹, tse⁵⁵tse³³ hæ²¹ lɣ³³ me³³uɑ²¹ the²¹ nɯ³³ thɣ³³
也　不　出　来　那　时　增争含鲁美　　　　影子 这　来　出

le³³ tshɿ²¹; dʑi³³ uə²¹ uɑ³³ sy²¹ mə³³ thɣ³³ sɿ³³　thɯ³³ dzʅ²¹, dʑi³³ uə²¹ uɑ³³ sy²¹ uɑ²¹ sɿ³³
又　来　精威　五　行　不　出　来　那　时　精威　五　行　影子 先

thɣ³³ thɯ³³ dzʅ²¹, dʑi³³ uə²¹ uɑ³³ sy²¹ the²¹ nɯ³³ thɣ³³ le³³ tshɿ²¹. dʑi³³ uə²¹ uɑ³³ sy²¹ pɯ³³
出　那　时 精威　五　行　这　来　出　又　来　精威　五　行　变化

pɑ³³ be³³, tɕy⁵⁵ tʂhu²¹ uɑ³³ hæ²¹ bu³³ dɯ²¹ lu⁵⁵ lɑ³³ the²¹ nɯ³³ thɣ³³.uɑ³³ hæ²¹ bu³³ dɯ²¹ lu⁵⁵
做　最早　绿松石　光明灿烂　　这　来　出　绿松石　光明灿烂

lɑ³³ pɯ³³ pɑ³³ be³³, mɯ³³ lɯ⁵⁵ tʂu⁵⁵ kɣ³³ phər²¹ me³³ the²¹ nɯ³³ thɣ³³ le³³ tshɿ²¹. thɯ³³ nɯ³³
变化　做　天　地　交接处　白　的　这　来　出　又　来　它　来

pɯ³³pɑ³³ be³³, lər²¹ kɣ⁵⁵ khɯ³³ ɯ³³ sa⁵⁵ ɯ³³ the²¹nɯ³³ thɣ³³ le³³ tshɿ²¹. thɯ³³nɯ³³ pɯ³³
变化　做　喊　会　声　好　气　好　这　来　出　又　来　它　来　变化

pɑ³³ be³³, | mɯ³³ gə³³ tɕy⁵⁵ tʂhu²¹ sa²¹ lɯ⁵⁵ uə³³ de³³ the²¹ nɯ³³ thɣ³³. thɯ³³ nɯ³³ pɯ³³ pɑ³³
做　　天　的　最早　萨利威登　　这　来　出　它　来　变化

be³³, he²¹ dɯ³³ o³³ phər²¹ the²¹ nɯ³³ thɣ³³ le³³ tshɿ²¹, thɯ³³ nɯ³³ pɯ³³ pɑ³³be³³, i³³ gɣ²¹o³³
做　恒迪窝盘　　这　来　出　又　来　它　来　变化　做　依古阿格

kə²¹ the²¹ nɯ³³ thɣ³³ le³³ tshɿ²¹. thɯ³³ nɯ³³ pɯ³³ pɑ³³ be³³, | mɯ³³ lɯ⁵⁵ du²¹ dʐɿ²¹ thɣ³³ le³³
这　来　出　又　来　它　来　变化　做　美利董主　　出　又

tshɿ²¹. thɯ³³ nɯ³³ pɯ³³ pɑ³³ be³³, mɯ³³ phər²¹ dy²¹ phər²¹ the²¹ nɯ³³ thɣ³³ le³³ tshɿ²¹,
来　他　来　变化　做　天　白　地　白　这　来　出　又　来

bi²¹ phər²¹ le²¹ phər²¹ thɤ³³ le³³ tshŋ²¹, kɯ²¹ phər²¹ za²¹ phər²¹ the²¹ nɯ³³ thɤ³³ le³³tshŋ²¹.|
太阳　白　月亮　白　　出　又　来　舸星　白　娆星　白　　这　来　出　又　来

du²¹ nɯ³³ pɯ³³pa³³ be³³, hæ²¹ dʑy²¹ ua²¹ lo²¹ the²¹ nɯ³³ thɤ³³ tshŋ²¹, dy³³ dʑy²¹ tʂhu²¹ lo²¹
董　来　变化　做　金　山　绿松石沟　这　来　出　来　海螺　山　墨玉　沟

the²¹ nɯ³³ thɤ³³ le³³ tshŋ²¹.| du²¹ nɯ³³ pɯ³³ pa³³ be³³, dʑŋ³³ phər²¹ bər²¹ phər²¹ ɯ³³ phər²¹
这　来　出　又　来　　董　来　变化　做　犏牛　白　牦牛　白　牛　白

zua³³ phər²¹, tshŋ⁵⁵ phər²¹ y³³ phər²¹ tɤ³³ tɤ²¹ kɯ³³ kɯ²¹　the²¹ nɯ³³ thɤ³³ le³³ tshŋ²¹.
马　白　山羊　白　绵羊　白　千　千　万　万　　这　来　出　又　来

很久很久以前，天与地还没有出现的时候，先出现了三样天的影子和地的影子；舸星与娆星还没有出现的时候，先出现了三样舸星与娆星的影子；山与沟还没有出现的时候，先出现了三样山与沟的影子；树木与石头还没有出现的时候，先出现了三样树木与石头的影子。当居那若罗大山还没有出现的时候，先出现了居那若罗大山的影子；当含依巴达树还没出现的时候，先出现了含依巴达树的影子；当美利达吉湖还没有出现的时候，先出现了美利达吉湖的影子；当增争含鲁美还没有出现的时候，先出现了增争含鲁美的影子；当精威五行还没有出现的时候，先出现了精威五行的影子。

精威五行作变化，先变出了绿松石般闪亮耀眼的光芒。这绿松石般闪亮耀眼的光芒作变化，变出了白色的天地相接处。这白色的天地相接处作变化，变出了会喊的好声好气。这好声好气作变化，先变出了天上的萨利威登。萨利威登作变化，先变出了恒迪窝盘。恒迪窝盘作变化，变出了依古阿格。依古阿格作变化，变出了美利董主。美利董主作变化，变出了白天与白地，变出了白太阳与白月亮，变出了白舸星与白娆星。董作变化，变出了金色的山与绿松石色的沟，变出了海螺色的山与黑墨玉色的沟。董作变化，变出了千千万万的白犏牛、白牦牛、白牛、白马、白山羊和白绵羊。

81-D-9-04

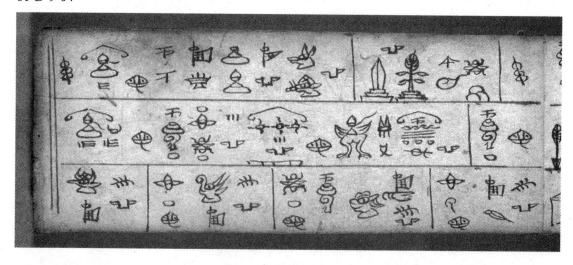

tɕy⁵⁵ tʂhu²¹ mɯ³³ gə³³ sa²¹ lɯ⁵⁵ uə³³ de³³ pɯ³³ pa³³ be³³,phər²¹ ne²¹ ʂæ²¹,kua³³ ne²¹ u²¹,ŋɤ⁵⁵
最早　　天　的　萨利威登　　变化　做　盘神　与　禅神　嘎神　与　吾神沃神

ne²¹ he²¹ la³³ the²¹ nɯ³³ thγ³³ le²² tshη²¹, dʑi³³ ne²¹ tsho²¹ la³³ the³³ nɯ³³ thγ³³ le³³ tshη²¹,│
和　恒神也　这　来　出　又　来　精人与　崇人也　这　来　出　又　来

dʐy²¹ na⁵⁵ zo̥⁵⁵ lo³³ dʑy²¹ i³³ the²¹ nɯ³³ thγ³³ le³³ tshη²¹ ,hæ²¹ i³³ ba³³ da²¹ dʐər²¹ i³³ the²¹
居　那　若罗　山　呀　这　来　出　又　来　含依巴达树　　　　呀这

nɯ³³ thγ³³ le³³ tshη²¹, mɯ³³ lɯ⁵⁵ da³³ dʑi²¹ hu⁵⁵ i³³ the²¹ nɯ³³ thγ³³ le³³ tshη²¹, tse⁵⁵ tse³³
来　出　又　来　美利达吉　　湖　呀　这　来　出　又　来　增争含鲁美

hæ²¹ ly³³ me³³ i³³ the²¹ nɯ³³ thγ³³ le³³ tshη²¹.│ tɕy⁵⁵ tʂhu²¹ mɯ³³ gə³³ sa²¹ lɯ⁵⁵ uə³³ de³³
　呀这　来　出　又　来　最早　天　的　萨利威登

kho³³ ne²¹ sa⁵⁵ nɯ³³ pɯ³³ pa³³ be³³, dγ³³ phər²¹ kγ³³,ua³³ hæ²¹ kγ³³, hæ³³ ʂ̩²¹ kγ³³ i³³ s̩⁵⁵
声　与　气　来　变化　做　海螺白　蛋　绿松石蛋　金黄蛋呀三

ly³³ thγ³³ le³³ tshη²¹,mɯ³³ bγ²¹ dy²¹ tɕər²¹ kɯ²¹ bu³³ kɯ²¹ s̩⁵⁵ ly³³ i³³ thγ³³ le³³ tshη²¹.thɯ³³
个　这　来　出　天下　地上　星亮星三颗呀出又来　这

s̩⁵⁵ ly³³ nɯ³³ pɯ³³ pa³³ be³³,he²¹ gə³³ ly³³ dʐ̩²¹ kγ⁵⁵ me³³ thγ³³ le³³ tshη²¹ . thɯ³³ nɯ³³ pɯ³³
三个　来　变化　做　神的　翅长会者出又来　它　来　变化

pa³³ be³³, mɯ³³ bγ²¹ tɕi²¹ phər²¹ hæ³³ phər²¹ kɯ²¹ phər²¹ za²¹ phər²¹ the²¹ nɯ³³ thγ³³ le³³
　做　天下云白　风白　舸星白　娆星白　这　来　出　又

tshη²¹.│dγ³³ phər²¹ kγ³³ nɯ³³ pɯ³³ pa³³ be³³,dγ³³ phər²¹ çy³³ tɕhy²¹ ga³³ la²¹ the²¹ nɯ³³
来　海螺白　蛋　来　变化　做　海螺白大鹏鸟　胜利神　这来

thγ³³ the²¹ nɯ³³ pɯ⁵⁵ le³³ tshη²¹;│ua³³ hæ²¹ kγ³³ nɯ³³ pɯ³³ pa³³ be³³,ua³³ hæ²¹ mɯ³³ dzər³³
出　这　来　变　又来　绿松石　蛋来　变化　做　绿松石　青龙

ga³³ la²¹ the²¹ nɯ³³ thγ³³ the²¹ nɯ³³ pɯ⁵⁵ le³³ tshη²¹;│hæ²¹ʂ̩²¹ kγ³³ nɯ³³ pɯ³³ pa²² be³
胜利神　这　来　出　这　来　变　又来　金黄蛋　来　变化　做

dγ³³ phər²¹ si³³ gɯ³³ ga³³ la²¹ the²¹ nɯ³³ thγ³³ the²¹ nɯ³³ pɯ⁵⁵ le³³ tshη²¹.│ua³³ hæ²¹kγ³³
海　螺白狮子　胜利神　这　来　出　这　来　变　又来　绿松石

kγ⁵⁵kγ⁵⁵ dʑi²¹ pɯ³³ pa³³ be³³, ga³³ dʑi²¹ the²¹nɯ³³ thγ³³ the²¹ nɯ³³ pɯ⁵⁵ le³³ tshη²¹;
蛋蛋清　变化　做　胜利神水　这　来　出　这　来　变　又来

　　最早，天的萨利威登作变化，变出了盘神与禅神、嘎神与吾神，沃神与恒神，变出了精人与崇人，变出了居那若罗大山，变出了含依巴达树，变出了美利达吉湖，变出了增争含鲁美。
　　最早，天的萨利威登用声与气作变化，变出了白海螺色的、绿松石色的和金黄色的三个蛋，变出了挂在高天之下，大地之上的三颗璀璨的星星。这三颗星星作变化，变出了生翅的神。生翅的神作变化，变出了高天之下的白云与白风、白舸星与白娆星。白海螺色的蛋作变化，变出了白海螺色的大鹏鸟胜利神；绿松石色的蛋作变化，变出了绿松石色的青龙胜利神；金黄色的蛋作变化，变出了白海螺色的狮子胜利神；绿松石色的蛋壳与蛋清作变化，变出了胜利神之水；

81-D-9-05

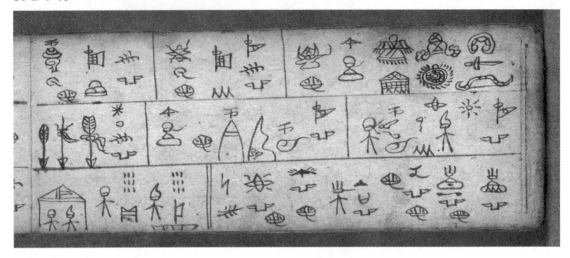

dɣ³³ phər²¹ kɣ³³ gə³³ kɣ³³ kɣ⁵⁵ kɣ³³ dʑi²¹ pɯ³³ pa³³ be³³, ga³³ lɣ³³ the²¹ nɯ³³ thɣ³³ the²¹
海螺 白　蛋　的　蛋壳　蛋清　变化　做胜利神石　这　来　出　这

nɯ³³ pɯ⁵⁵ le³³ tshʅ²¹;｜hæ³³ ʂʅ²¹ kɣ³³ gə³³ kɣ³³ kɣ⁵⁵ kɣ³³ dʑi²¹ pɯ³³pa³³be³³, ga³³ mi³³ the²¹
来　变　又来　金黄　蛋　的　蛋壳　蛋清　变化　做胜利神火　这

nɯ³³ thɣ³³ the²¹ nɯ³³ pɯ⁵⁵ le³³ tshʅ²¹;｜dɣ³³ phər²¹ ɕɣ³³ tɕɣ²¹ pɯ³³ pa³³ be³³,mɯ³³ lɯ⁵⁵ du²¹
来　出　这　来　变　又来　海螺 白　大鹏鸟　变化　做　美利董主

dʑʅ³³ gə³³, khua⁵⁵ kæ²¹ gɣ³³ dʑi³³,nɯ²¹ by⁵⁵ ku³³ mu³³,ua³³ hæ²¹ khua³³ lɣ⁵⁵, lɯ³³ ʂʅ³³ lɯ³³
的　铠衣　铠甲　身　衣　宝物　帽子　绿松石　神座　箭簇　弓

me³³,ua³³ hæ²¹ da²¹ tha⁵⁵ me³³,ʂu²¹ phər²¹ dʑæ³³ tɕɣ³³, no²¹ py⁵⁵ lɯ³³ ʂʅ³³ tɣ³³ tɣ²¹ kɯ³³
绿松石　刀利　者　铁　白　载　宝物　箭　千　千　万

kɯ²¹ the²¹ nɯ³³ thɣ³³ i³³ pɯ⁵⁵ le³³ tshʅ²¹.｜mɯ³³ lɯ⁵⁵ du²¹ dʑʅ³³ pɯ³³ pa³³ be³³,du²¹ gə³³
万　这　来　出　呀　变　又来　美利董主　变化　做　董的

dʑɣ³³ phər²¹ æ³³ phər²¹ hɯ⁵⁵ phər²¹ the²¹ nɯ³³ thɣ³³,｜mɯ³³ lɯ⁵⁵ du²¹ dʑʅ³³,tshʅ⁵⁵ tʂua³³ dʑi³³
山　白　崖　白　湖　白　这　来　出　美利董主　茨爪金姆

mu³³ me³³ ȵi³³ kɣ⁵⁵, ta⁵⁵ tso³³ dɯ³³ dʑi²¹ be³³, du²¹ zo³³ ɕi²¹ me³³ gɣ³³ uə³³ tshʅ⁵⁵,du²¹ mi⁵⁵
者　两个　婚配　一　家　做　董　儿　养　么　九　寨　建董女

çi²¹ me³³ gɣ³³ dy²¹khu³³ iə⁵⁵ ho⁵⁵! | thɯ³³ gu²¹ mæ⁵⁵ dɯ³³ tʂhər⁵⁵,ua³³ hæ²¹ bu³³ dɯ²¹ lu⁵⁵
养 么 九 地开辟 愿 它 后 下 一 代 绿松石 光明灿烂

la³³ pɯ³³ pɑ³³ be³³, mɯ³³ lɯ⁵⁵ tʂu⁵⁵ kɣ⁵⁵ na²¹ me³³ thɣ³³. mɯ³³ lɯ⁵⁵ tʂu⁵⁵ kɣ⁵⁵ na²¹
变化 做 天 地 交接处 黑者 出 天 地 交接处 黑

nɯ³³ pɯ³³ pɑ³³ be³³, ʂɣ²¹ tshɳ²¹ the²¹ nɯ³³ thɣ³³, thɯ³³ gə³³ kho³³ na²¹ sa⁵⁵ na²¹ thɣ³³ le³³
来 变化 做 术鬼 这 来 出 它 的 声 黑 气 黑 出 又

tshɳ²¹. kho³³ na²¹ sa⁵⁵ na²¹ pɯ³³ pɑ³³ be³³, tshɳ²¹ ua³³ na²¹ me³³ thɣ³³. tshɳ²¹ ua³³ na²¹ nɯ³³
来 声 黑 气 黑 变化 做 鬼骨黑者 出 鬼 骨 黑 来

pɯ³³ pɑ³³ be³³, mi³³ ma²¹ se²¹ de⁵⁵ the²¹ nɯ³³ thɣ³³ le³³ tshɳ²¹.
变化 做 米麻沈登 这 来 出 又 来

白海螺色蛋的蛋壳蛋清作变化，变出了胜利神之石；金黄色蛋的蛋壳蛋清作变化，变出了胜利神之火。白海螺色的大鹏鸟作变化，变出了美利董主身上穿的铠衣、铠甲、宝帽、绿松石色神座、弓与箭;变出了千千万万的绿松石色利刀与白铁戟和拴有宝物的箭；美利董主作变化,变化出了美利董主的白山、白崖与白湖。

美利董主与茨爪金姆两个，互为婚配作一家。愿生养的九个儿子去建九个寨，生养的九个女儿去辟九块地！

之后的下一代，光明灿烂的绿松石作变化，变出了黑色的天地交接处。这黑色的交接处作变化，变出了术鬼，变出了术鬼的黑声与黑气。黑声黑气作变化，变出了黑骨鬼。黑骨鬼作变化，变出了米麻沈登。

81-D-9-06

thɯ³³ nɯ³³ pɯ³³ pɑ³³ be³³, | mɯ³³ lɯ⁵⁵ ʂu²¹ dʐɳ³³ thɣ³³ le³³ tshɳ²¹.thɯ³³ nɯ³³ pɯ³³ pɑ³³
它 来 变化 做 美利术主 出 又 来 它 来 变化

be³³, | mɯ³³ na²¹ dy²¹ na²¹ dʐy³³ na²¹ æ²¹ na²¹ lo²¹ na²¹ hu⁵⁵ na²¹ the²¹ nɯ³³ thɣ³³ le³³
做 天 黑 地 黑 山 黑 崖 黑 沟 黑 湖 黑 这 来 出 又

tshŋ²¹.│tshŋ²¹ na²¹ ʂɿ³³ na²¹ ʤʐ³³ no³³ na²¹ thɯ²¹,hɯ⁵⁵ na²¹ ʤi²¹ thɯ²¹ me³³ gə³³ tshŋ²¹ mi⁵⁵
来　　鬼　黑　肉　黑　吃　乳汁　黑　喝　湖　黑　水　喝　者　的　鬼　女

the²¹ nɯ³³ thɣ³³ le³³ tshŋ²¹. mɯ³³ lɯ⁵⁵ ʂɣ²¹ ʤʐ³³ gə³³,　gɣ³³ zo³³ çi²¹ i³³ gɣ³³ uɑ³³ tshɿ⁵⁵ ,gɣ³³
这　来　出　又　来　美利术主　　　的　九　子　养　么　九　寨　建　九

mi⁵⁵ çi²¹ me³³ gɣ³³ dy²¹ khu³³. mi³³ ma²¹ se²¹ de⁵⁵ pɯ³³ pa³³ be³³,tshŋ²¹ ne²¹ ȵy²¹, dɣ²¹ ne²¹
女　养　么　九　地　辟　米麻沈登　　　变化　　做　楚鬼　与　扭鬼　毒鬼　与

tse²¹, mu³³ ne²¹ ɯ²¹ i³³ the²¹ nɯ³³ thɣ³³ le³³ tshŋ²¹.│mɯ³³ lɯ⁵⁵ ʂɣ²¹ ʤʐ³³ gə³³,kə⁵⁵na²¹ khɯ³³
仄鬼　猛鬼　与　恩鬼　呀　这　来　出　又　来　美利术主　　　　的　鹤　黑　狗

na²¹ su²¹ kɣ³³ ʤŋ²¹ me³³ the²¹ nɯ³³ thɣ³³ le³³ tshŋ²¹, ʐuɑ³³ na²¹ dər²¹ na²¹ dzʐ³³ na²¹ la³³ na²¹
黑　术　头　生　者　这　来　出　又　来　马　黑　骡子　黑　豹子　黑　虎　黑

tɣ³³ tɣ²¹ kɯ³³ kɯ²¹ the²¹ nɯ³³ thɣ³³ le³³ tshŋ²¹.│thɯ³³ gu²¹ mæ⁵⁵ dɯ³³ tʂhər⁵⁵,zɿ³³ ʂɿ²¹ sa²¹
千　千　万　万　这　来　出　又　来　这　后　后　一　代　寿　长

lɯ⁵⁵ uə³³ de³³, mɯ³³ lɯ⁵⁵ du²¹ ʤŋ²¹ le³³ ʤŋ²¹guə³³, mɯ³³ gə³³ i²¹ ʂɿ⁵⁵ bu³³ ʤo³³ py³³ bu²¹
萨利威登　美利董主　　　又　商讨　天　的　益世补佐　　东巴

nɯ³³ çɣ³³ uə³³ tʂhɿ³³ le³³ be³³, sɿ²¹ i³³ bər³³ phər²¹zɣ⁵⁵ tɯ³³ khu³³, ŋɣ³³hæ²¹ uɑ³³ tʂhu²¹ phɣ³³
来　大法事　这　又　做　羊毛毡呀　白　牦牛　神坛　铺　银　金　松石　墨玉　神

la²¹ i²¹ da⁵⁵ be³³ le³³ ʤi³³,│bər³³ y²¹ ʐɿ³³ ha³³ tʂhu⁵⁵ pa³³ gə²¹ le³³ be³³. uɑ³³ i³³ ɯ³³ phər²¹
　礼物　做　又　献　牦牛　绵羊　酒　饭　供品　　上　又　做　左　呀　牛　白

kho⁵⁵ mu³³ tçi³³,│i²¹ i³³ ɯ³³ phər²¹ kho⁵⁵ mu³³ tçi³³.
宰　牲牺　放　右　呀　牛　白　宰　牺牲　放

米麻沈登作变化，变出了美利术主。美利术主作变化，变出了黑色的天、黑色的地、黑色的山、黑色的崖、黑色的沟、黑色的湖。黑鬼吃黑肉，喝黑乳汁，变出了喝黑湖水的女鬼。美利术主生养了九个儿子建了九个寨，生养九个女儿么开辟九块地。米麻沈登作变化，变出了楚鬼与扭鬼、毒鬼与仄鬼、猛鬼与恩鬼，变出了美利术主那生有术头的黑鹤与生有术头的黑狗，变出了千千万万只黑马、黑骡、黑豹与黑虎。

　　这之后的下一代，长寿的萨利威登与美利董主相商讨，说要请天上的益世补佐东巴来做大法事，于是将白羊毛毡子铺在神坛上，将银子、金子、墨玉当作献给神的礼物放上去，将牦牛肉、绵羊肉、酒与饭当作供品放上去。左边放上当作牺牲宰杀了的白牛，右边放上当作牺牲宰杀了的白牛，

81-D-9-07

ɯ³³ me³³ phər²¹ nɯ³³ ʂæ²¹,gua³³ ne²¹ u²¹ ŋɣ⁵⁵ ne²¹ he²¹ ,kua³³ me³³ ɯ³³ me³³ khu³³ le³³
好　者　盘神　与　禅神　嘎神　与　吾神　沃神　与　恒神　善　者　好　者　口　来

thɣ³³. | ɯ³³ phər²¹ kho³³ dzu²¹ sa⁵⁵ dzu²¹ the²¹ nɯ³³ thɣ³³, dɣ³³ phər²¹ fɣ⁵⁵ ze³³ ʥŋ⁵⁵ ʥŋ³³
出　牛　白　声　语　气　语　这　来　出　白　海螺　　　成双

the²¹ nɯ³³ thɣ³³, o²¹hər²¹ ʥŋ³³ ʥŋ²¹ the²¹ nɯ³³ thɣ³³. | ɯ³³gə³³ gɣ³³nɯ³³ pɯ³³ pa³³ be³³, kɣ³³
这　来　出　绿松石　成双　这　来　出　牛　的　身体　来　变化　　做　头

nɯ³³ mɯ³³ thɣ³³ tʂhŋ²¹, he¹³ gə³³ thɣ³³ tʂhŋ³³ ga³³ la²¹ the³³ nɯ³³ thɣ³³ le³³ pɯ⁵⁵ le³³ tʂhŋ²¹. |
来　天　出　来　神　的　土蚕　　胜利神　这　来　出　又　变　又　来

ɯ³³nɯ³³dy²¹ khu³³ tʂhŋ²¹,ɯ³³nɯ³³ pɯ³³pa³³ be³³,ba¹³ ba³³ ɯ³³ gə³³ga³³ la²¹ the²¹ nɯ³³ thɣ³³
皮　来　地　辟　来　皮　来　变化　　做　花儿　漂亮　的　胜利神　这　来　出

le³³ tʂhŋ²¹. | ɯ³³ gə³³ kho³³ nɯ³³ pɯ³³ pa³³ be³³, so³³ gə³³ ga³³ la²¹ the²¹ nɯ³³ thɣ³³ i³³ pɯ⁵⁵
又　来　牛　的　角　来　变化　　做　高山　的　胜利神　这　来　出　呀　变

le³³ tʂhŋ²¹, he³³ kho³³pɯ³³ pa³³ be³³,bu²¹ gə³³ ga³³ la²¹ the²¹ nɯ³³ thɣ³³ i³³ pɯ⁵⁵ le³³ tʂhŋ²¹.
又　来　耳朵　变化　　做　耳聪　的　胜利神　这　来　出　呀　变　又　来

la²¹ tha⁵⁵ pɯ³³ pa³³ be³³, la²¹ tha⁵⁵ ga³³ la²¹ the²¹ nɯ³³ thɣ³³ i³³ pɯ⁵⁵ le³³ tʂhŋ²¹;miə²¹nɯ³³
能干快速　变化　　做　能干快捷　胜利神　这　来　出　呀变　又　来　眼　来

pɯ³³pa³³ be³³,miə²¹ tha⁵⁵ga³³ la²¹ the² nɯ³³ thɣ³³ i³³ pɯ⁵⁵ le³³ tʂhŋ²¹; | tʂhər⁵⁵ nɯ³³ pɯ³³ pa³³
变化　　做　眼　尖　胜利神　这　来　出　又　变化　又　来　肺　来　变化

be³³, bi³³ thɣ³³ gu³³ lu²¹ga³³ la²¹ the²¹ nɯ³³ pɯ⁵⁵ le³³ tʂhŋ²¹. | sər⁵⁵ nɯ³³ pɯ³³ pa³³ be³³,le³³
做　太阳　出　保佑　胜利神　这　来　变化　又　来　肝　来　变化　做

tshy⁵⁵ mi³³ bu³³ ga³³ la²¹ the²¹ nɯ³³ pɯ⁵⁵ le³³ tshŋ²¹ , | lɣ³³ ne²¹ he³³ nɯ³³ pɯ³³ pa³³ be³³,
冷趣米埔　　　胜利神　这　来　变　又　来　　翅　与　耳　来　变化　做

du²¹ zo³³ zɣ̩²¹ sy⁵⁵ ga³³ la²¹ sy²¹ 　be³³ the²¹ nɯ³³ thɣ³³ i³³ 　pɯ⁵⁵ le³³ tshŋ²¹ ,
董神仇　敌　杀 胜利神　一切　的　这　来　出　呀　变　又　来

变出了善者盘神与禅神、嘎神与吾神、沃神与恒神以及他们口中的吉言，变出了白牛的好声与
吉言，变出了成对的白海螺，变出了成对的绿松石。牛的身体作变化，牛头变出天，变出了神
的土蛊胜利神。牛皮辟成地，变出了像花儿一样漂亮的胜利神。牛角作变化，变出了高山胜利
神。牛耳作变化，变出了耳聪的胜利神。快捷的牛蹄作变化，变出了能干快捷的胜利神。牛眼
作变化，变出了眼尖的胜利神。牛肺作变化，变出了保佑太阳升起的胜利神。牛肝作变化，变
出了冷趣米埔胜利神。翅与耳朵作变化，变出了董神之子杀仇敌能获得胜利的胜利神，

81-D-9-08

dy²¹ tɕy²¹ mɯ³³ by²¹ du²¹ gə³³ ga³³ la²¹ the²¹ nɯ³³ thɣ³³ i³³ pɯ⁵⁵ le³³ tshŋ²¹ . | ɯ³³ gə³³ kho³³
地　上　天　下　董神　的　胜利神　这　来　出　呀　变　又　来　　牛　的　声

sɑ⁵⁵ pɯ³³ pa³³ be³³, zɣ̩²¹ kho³³ pɯ⁵⁵ be³³ thɣ³³ be³³ ho⁵⁵! | ga³³ la²¹ pɯ⁵⁵ me³³ gu²¹ tʂhu²¹
气　变化　　做　仇敌　内心　发　做　出　做　愿　胜利神　变　么　快　马

nɯ³³ thɣ³³ tʂhŋ³³ iə³³ ma²¹ the⁵⁵ n̠i³³ the²¹ nɯ³³ thɣ³³ i³³ pɯ⁵⁵ le³³ tshŋ²¹. | ʂŋ³³ nɯ³³ pɯ³³
来　土蛊优麻　　那样　这　来　出　呀　变　又　来　　肉　来　变化

pa³³ be³³, zɣ̩²¹ sy⁵⁵ zɣ̩²¹ tɕər²¹ guɑ³³, la²¹ bə³³ hy²¹ gə³³ ga³³ la²¹ the²¹ nɯ³³ thɣ³³ i³³ pɯ⁵⁵
　做　仇敌　杀　仇敌　上　赢　手　掌　红　的　胜利神　这　来　出　呀　变

le³³ tshŋ²¹. | kho³³ ne²¹ ʂæ³³ pɯ³³ pa³³ be³³, dər³³ ɯ³³ ba²¹ phɣ⁵⁵ ba²¹ ɯ³³ gə³³ ga³³ la²¹
又　来　声气　与　血　变化　　做　肥田　　庄稼　撒　庄稼　好　的　胜利神

the²¹ nɯ³³ thɣ³³ i³³ pɯ⁵⁵ le³³ tshŋ²¹; | tʂhər⁵⁵ nɯ³³ pɯ³³ pa³³ be³³, dæ²¹ le³³ ʂuɑ²¹ kɣ³³ dʐŋ²¹ gə³³
这　来　出　呀　变　又　来　　肺　来　变化　　做 勇敢　又　高　处　住　的

tɣ³³ tɣ²¹ kɯ³³ kɯ²¹ the²¹ nɯ³³ thɣ³³ i³³ pɯ⁵⁵ le³³ tshŋ²¹;| mæ³³ nɯ³³ pɯ³³ pa³³ be³³, hæ²¹ i³³
千　千　万　万　这　来　出　呀　变化　又　来　尾　来　变化　　做　含依巴达

ba³³ da²¹ dʑər²¹ kɣ³³ to⁵⁵, dɣ³³ phər²¹ çy³³ tɕy²¹ the²¹ nɯ³³ thɣ³³ i³³ pɯ⁵⁵ le³³ tshŋ²¹; hu⁵⁵
树梢　　白海螺　大鹏鸟　它　来　出　呀　变　又　来　胃

nɯ³³ pɯ³³ pa³³ be³³, hy³³ dy²¹ mæ³³, tshŋ²¹ sy⁵⁵ tshŋ²¹ ʂŋ³³ ga³³ la²¹ the²¹ nɯ³³ thɣ³³ i³³
来　变化　做　猎物　得　鬼　杀　鬼　死　胜利神　这　来　出　呀

pɯ⁵⁵ le³³ tshŋ²¹;|tsi⁵⁵ nɯ³³ pɯ³³ pa³³ be³³, gu³³ tʂhu²¹ çi³³ ɯ³³ la²¹ ga³³ la²¹ the²¹ nɯ³³ thɣ³³
变　又　来　胰　来　变化　做　快　马　能人能　手　胜利神　这　来　出

i³³ pɯ⁵⁵ le³³ tsŋ²¹;|kɯ²¹ nɯ³³ pɯ³³ pa³³ be³³, çi³³ gu²¹ tʂhər³³ ɯ³³
呀 变 又 来 胆 来 变化　做 人 生 病 药

变出了大地之上高天之下的董神的胜利神。牛的声与气作变化，愿杀仇让仇敌内心发颤！变出了胜利神的骏马，又如此这般地变出了土蛊优麻。牛肉作变化，变出了杀仇敌赢得了仇敌的红掌胜利神。声气与血作变化，变出了往肥田里播种庄稼，庄稼长得好的胜利神。牛肺作变化，变化出了住在高处的千千万万的勇敢者。牛尾作变化，变出了含依巴达树树梢上的白海螺色的大鹏鸟。牛胃作变化，变出了打猎得猎物的杀鬼胜利神。牛胰作变化，变出了骑骏马的能人之胜利神。牛胆作变化，

81-D-9-09

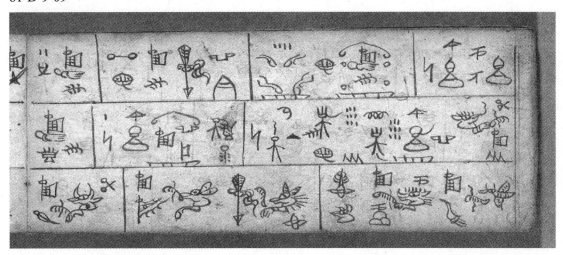

ɲi³³ me³³tʂər³³ɯ³³thɣ³³ kɣ³³ ga³³ la²¹ the²¹ nɯ³³ thɣ³³ i³³ pɯ⁵⁵ le³³ tsŋ²¹;|o³³ nɯ³³ pɯ³³ pa³³
要者药　　出　会　胜利神　这　来　出　呀　变　又　来　骨　来　变化

be³³,　ga³³ pɯ⁵⁵ lɯ³³ sŋ³³ dʑy²¹ tɕər²¹ thɣ³³ gə³³ ga³³ la²¹ the²¹nɯ³³ thɣ³³ i³³ pɯ⁵⁵ le³³tshŋ²¹;|
做　胜利变　箭簇　山上出　的　胜利神　这　来　出　呀　变　又　来

khɯ³³ la²¹ lu⁵⁵ phu³³ pɯ³³ pa³³ be³³, dy²¹ tɕər²¹ mɯ³³ bɣ³³ dy²¹ zŋ⁵⁵ gɣ³³ gə³³ ga³³ la²¹ the²¹
脚 手 四 只 变化　做 地 上 天 下 地 中央 的 胜利神 这

nɯ³³ thγ³³ i³³ pɯ⁵⁵ le³³ tshŋ²¹.| mɯ³³ lɯ⁵⁵ du²¹ dɯ³³ tʂhər⁵⁵, phər²¹ ʂæ²¹ kuɑ³³ u²¹, ŋγ⁵⁵ he²¹
来　出　呀　变　又　来　美利董主　　　　一　代　盘神　禅神　嘎神　吾神　沃神　恒神

gɑ³³ lɑ²¹ the²¹ nɯ³³ thγ³³ i³³ pɯ⁵⁵ le³³ tshŋ²¹.| thɯ³³ gu²¹ mæ⁵⁵ dɯ³³ tʂhər⁵⁵, mɯ³³ lɯ⁵⁵ du²¹
胜利神　这　来　出　呀　变　又　来　　　这　后　后　一　代　　美利董主

dʑŋ³³ gə³³, mɯ³³ thγ³³ dy²¹ khu³³ gɑ³³ lɑ²¹ thγ³³ thɯ³³ dzŋ²¹,| thɯ³³ gu²¹ mæ⁵⁵ dɯ³³ tʂhər⁵⁵,
的　天　出　地　辟　胜利神　出　那　时　这　后　后　一　代

zŋ³³ mə³³ ʂər²¹ gə³³ mɯ³³ lɯ⁵⁵ ʂγ²¹ dʑŋ³³ pɯ³³ pɑ³³ be³³,bɯ²¹ tshŋ²¹ tʂhə⁵⁵ tshŋ²¹ mi³³ tshŋ²¹
寿　不　长　的　美利术主　　　　变化　　做　绝后鬼　秽鬼　火鬼

gγ³³kγ⁵⁵ mɯ³³ lɯ⁵⁵ du²¹ dʑŋ³³ dy²¹ ȵy²¹thγ³³ le³³tshŋ²¹. mɯ³³ lɯ⁵⁵ʂγ²¹ dʑŋ³³ gə³³, y²¹bγ³³ lɑ²¹
九个　美利董主　　　地　处　出　又　来　美利术主　　　的　余补拉什

ʂər²¹ nɯ³³,　gɑ³³ mi³³ khγ³³ le³³ tɕi³³; ʂγ²¹ gə³³ ɯ³³ nɑ²¹ nɯ³³, gɑ³³ dʑi²¹ khγ³³ le³³ tɕi³³,|
来　胜利火　偷　又　放　术　的　牛　黑　来　胜利　水　偷　又　放

ʂγ²¹ gə³³ le³³ nɑ²¹ nɯ³³, gɑ³³ the³³ khγ³³ le³³ tɕi³³,ʂγ²¹ gə³³ uɑ³³ hæ²¹ py²¹ zi³³ nɯ³³, gɑ³³
术　的　牛　黑　来　胜利　旗　偷　又　放　术　的　绿松石　刺猬　来　胜利

gə³³ thɯ³³ sŋ³³ khγ³³ le³³ tɕi³³,| ʂγ²¹ gə³³ hɯ⁵⁵ hæ²¹ khɯ³³ hæ²¹,bu²¹ phər²¹ nɯ³³ gɑ³³ lγ³³
的　它　先　偷　又　放　术　的　湖　绿　狗　绿　猪　白　来　胜利　石

phər²¹ khγ³³ le³³ tɕi³³, ʂγ²¹ gə³³ phe³³ le²¹ nɯ³³ gɑ³³ gə³³ bər²¹ kho³³ khγ³³ le³³ tɕi³³,
白　偷　又　放　术　的　蝴蝶　来　胜利　的　牦　牛角　偷　又　放

变出了人生病需要药时会变成药的胜利神。牛骨作变化，变出了能变胜利之箭的胜利神。牛的四只脚作变化，变出了高天之下大地之上，那位于中央的胜利神。在美利董主那个时代，变出了盘神、禅神、嘎神、吾神、沃神、恒神的胜利神。

　　之后的那一代，在产生出美利董主那开天辟地的胜利神的那个时代，不长寿的美利术主作变化，让九个绝后鬼、秽鬼、火鬼在美利董主生活的地方出现了。美利术主的余补拉什偷走了胜利火；美利术主的黑牛偷走了胜利水，美利术主的黑牛偷走了胜利旗，美利术主的绿松石色的刺猬偷走了胜利神。美利术主的绿湖绿狗与白猪偷走了胜利之石。美利术主的蝴蝶偷走了胜利神的牦牛角，

81-D-9-10

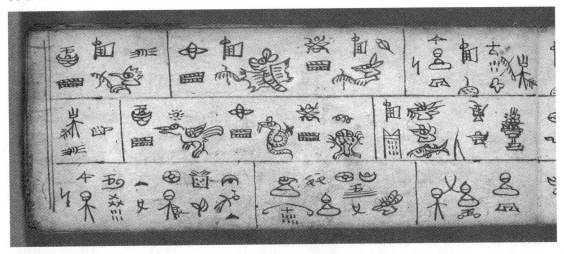

ʂɣ²¹ gə³³ æ³³ na²¹ nɯ³³,　ga³³ gə³³ ŋɣ³³ phər²¹ phe³³ phər²¹ khɣ³³ le³³ tsʅ⁵⁵,|ʂɣ²¹ gə³³ bi³³
术　的　鸡　黑　来　　胜利神的　银　白色　麻布　白　偷　又　藏　术的　蝙蝠

bə²¹ nɯ³³,phe³³ hæ²¹ ga³³ la²¹ khɣ³³ le³³ tɕi³³,ʂɣ²¹ khɯ³³ na²¹ nɯ³³ phe³³ ʂʅ²¹ ga³³la²¹ khɣ³³
来　麻布　绿　胜利神　偷　又　放　术　狗　黑　来　麻布　黄　胜利神　偷

le³³ tɕi³³.|mɯ³³ lɯ⁵⁵ dɯ²¹ dʑʅ³³ tʂhər⁵⁵ gə³³ gua³³ u²¹ tʂʅ³³ ua³³ sy²¹, mɯ³³ lɯ⁵⁵ ʂɣ²¹ dʑʅ³³
又　放　美利董主　　　代　的　嘎神　吾神　这　五　类　美利术主

me³³ nɯ³³ khɣ³³ dzu³³ zua³³ dər³³ tsʅ⁵⁵,|mɯ³³ lɯ⁵⁵ dɯ²¹ dʑʅ³³ gə³³ , ŋɣ³³ phər²¹ phe³³ phər²¹
者　来　偷　债　还　该　说　美利董主　　　的　银　白色　麻布　白

tʂʅ³³,ma⁵⁵ i³³ miə²¹ tha⁵⁵ thɯ³³ nɯ³³ do²¹,phe³³ hæ²¹ tʂʅ³³ i³³ ua³³ hæ²¹ zʅ³³ zi³³ me³³nɯ³³
这　孔雀　眼　尖　它　来　见　麻布　绿　这　呀　绿松石色　蛇　美　者　来

do²¹ ,phe³³ ʂʅ²¹ tʂʅ³³ i³³ tʂhə⁵⁵ gə³³ hæ²¹ʂʅ²¹pa⁵⁵ me³³ nɯ³³ do²¹,|ga³³　gə³³ gɣ³³ uə³³ thɯ³³,
见　麻布　黄　这　呀　秽　的　金黄色　大蛙　来　见　胜利神的　九　寨　它

tʂhʅ⁵⁵ khɯ³³ n̩i³³ me³³ nɯ³³ tɕhi³³ ,zʅ³³ nɯ²¹ ha³³ gə³³ tʂhu⁵⁵ pa³³ gə²¹ le³³ be³³.[1]mɯ³³ lɯ⁵⁵
山羊　狗　两　只　来　守　酒　与　饭　的　供品　上　又　做　美利董

du²¹ dɯ³³ tʂhə⁵⁵ gə³³ py²¹tso³³ʂʅ²¹ɕi³³ tʂhua⁵⁵ tshər²¹khua²¹ iə³³ tsʅ⁵⁵.n̩i⁵⁵ i³³ ʂɣ³³ dɣ³³ khua²¹,
一　代　的　卜具　三　百　六十　恶　是　说　白天　呀　思想　坏

hu²¹ i³³ i⁵⁵ mu³³ khua²¹ ,|mɯ³³ tɕər²¹ tshe²¹ ho⁵⁵ ty³³ gə³³ la²¹ bɣ³³ thɣ³³ kə⁵⁵ miə²¹ nɯ³³
晚　呀　做梦　坏　天　上　十八　层　的　劳补妥构　　　眼　来

do²¹,bi³³ phər²¹ le³³ phər²¹ hæ³³ phər²¹me³³ nɯ³³ lo²¹,|mɯ³³ lɯ⁵⁵ dɯ²¹ dʑʅ³³ nɯ³³, he²¹dɯ³³
见　太阳　白　月亮　白　风　白　么　来　招待　美利董主　　　来　恒迪窝盘

o³³ phər²¹ le³³ ʥʅ²¹ guə³³, he¹³ ge³³
　　又　商讨　　神的

美利术主的黑鸡偷走胜利神那银白色的麻布并藏了起来,美利术主的蝙蝠偷走了绿麻布之胜利神,美利术主的黑狗偷走了黄麻布之胜利神,美利术主偷藏了美利董主的五种嘎神与吾神,说要偿还它的债,美利董主那银白色的麻布被眼尖的孔雀瞧见了,绿麻布被绿松石色的小蛇瞧见了,黄麻布被秽气的金色大蛙瞧见了。胜利神的九个村寨,由山羊和狗两个守护着,用饭和酒作供品,说是美利董主这一代的三百六十种卜具不好了。白天想起害怕,夜晚做噩梦。十八层天上的劳补妥构见到了其中的原委,说要用白太阳、白月亮和白风来招待。于是美利董主与恒迪窝盘商讨,

81-D-9-11

guɑ³³ ne²¹ u²¹, ɯ³³ me³³ gɤ³³ sy²¹ ʂɤ²¹ nɯ³³ kɤ³³ iə³³ tsʅ⁵⁵,│sa²¹ lɯ⁵⁵ uə³³ de³³ , mɯ³³ lɯ⁵⁵
嘎神与吾神好　者　九　样　术来　偷　说是　萨利威登　　　美利董主

du²¹ ʥʅ²¹, i²¹ ʂʅ⁵⁵ bu³³ tso³³ le³³ ʥʅ²¹ guə³³, ga³³　lɤ³³ se²¹ be³³ tshʅ⁵⁵ dər³³ ne²¹ be³³ tsʅ⁵⁵?│
益世补佐　　　又　商量　胜利　石　怎样做　竖该　怎样做说

mɯ³³ lɯ⁵⁵ du²¹ ʥʅ²¹ ŋɤ³³ hæ²¹ mi³³ thɤ²¹ tsʅ⁵⁵,ga³³　tʂhə⁵⁵ le³³ ʂu⁵⁵ tshʅ²¹, ga³³ dzu³³ le³³
美利董主　　　银金火把　点　胜利神秽又　除来　胜利神债又

zuɑ²¹ tshʅ²¹,│ga³³　gə³³　uɑ²¹he³³ thɯ³³,ni³³ me³³ thɤ³³,ŋɤ⁵⁵ ne²¹ he²¹ tɕy²¹ ʐʅ³³ kə⁵⁵nɯ³³ do²¹
还　来　胜利神的　魂　它　东方　　沃神与恒神方向日构来见

i³³ kɤ⁵⁵.│dɤ³³ phər²¹ɯ³³ phər²¹ me³³ nɯ³³ ga³³ la²¹ uɑ²¹ le³³ ʂər⁵⁵ fæ³³!│dɤ³³　phər²¹ bər³³
是会海螺白牛白者来胜利神魂又招去海螺白牦牛

phər²¹ la³³ phər²¹ nɯ³³ uɑ²¹ le³³ ʂər⁵⁵,│dɤ²¹ phər²¹ y²¹ phər²¹ me³³ nɯ³³ y²¹ ga³³ la²¹ gə³³
白　虎　白来魂又招海螺　绵羊白　者来祖先胜利神的

ua²¹ le³³ şər⁵⁵,│he¹³ gə³³ tshŋ⁵⁵ phər²¹ hua³³^①gə³³ ga³³ la²¹ ua²¹ le³³ şər⁵⁵,│ga³³la²¹ ua²¹he³³
魂　又　招　恒神　山羊白　华神　的　胜利神　魂　又　招　　胜利神　魂

i³³ tşhŋ³³ muɯ²¹,mi³³ le²¹ bɣ³³ gə³³ dʐŋ²¹ me³³ dy²¹ nuɯ³³ do²¹ i³³ kɣ⁵⁵,│o³³ hæ²¹ ɯ³³ hæ²¹
南方　　　火　勒补　的　住　的　地　来　见　是　会　松石绿　牛　绿

说嘎神、吾神的九种好东西会被美利术主偷走。萨利威登、美利董主、益世补佐商讨，讨论
该如何来立胜利之石。美利董主点燃金银般的火把，给胜利神除秽，来偿还欠胜利神的债。
胜利神的魂会由东方那沃神与恒神之方位上的日构所看见。就由白海螺般的白牛去招魂，由
白海螺般的白牦牛与白虎去招魂，由恒神的白山羊招华神的胜利神之魂。胜利神的魂会在南
方那属火的勒补人住的地方被发现。

81-D-9-12

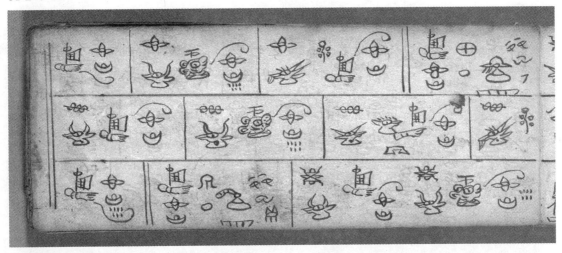

ga³³ la²¹ ua²¹ le³³ şər⁵⁵,│bər³³ hæ²¹ la³³ phər²¹ nuɯ³³ ga³³ la²¹ ua²¹ le³³ şər⁵⁵,│tshŋ⁵⁵ hæ²¹nuɯ³³
胜利神　魂　又　招　　牦牛绿　手白　来　胜利神　　魂　又　招　　山羊绿来

hua²¹ gə³³ ga³³ la²¹ua²¹ le³³ şər⁵⁵.│ga³³ la²¹ ua²¹ he³³ thuɯ³³, ni³³ me³³ gɣ²¹, şu²¹ gɣ³³ dʐŋ²¹
华神的　胜利神魂　又　招　胜利神　魂　它　西方　　铁　古孜　的

me³³ dy²¹ nuɯ³³ do²¹ i³³ kɣ⁵⁵.tşhu²¹ na⁵ ɯ³³ na²¹nuɯ³³,ga³³ la²¹ ua²¹ le³³şər⁵⁵,│tşhu²¹ na⁵⁵
的　住地来　见　是　会　墨玉黑　牛黑来　胜利神　魂　又　招　墨玉黑

bər³³ na²¹ la²¹ phər²¹ nuɯ³³, ga³³ la²¹ ua²¹ le³³ şər⁵⁵.│tşhu²¹ na⁵⁵ y²¹ na²¹nuɯ³³, y²¹ gə³³ ga³³
牦牛黑　手白　来　胜利神　魂　又　招　墨玉黑羊黑　来　祖先的胜利神

la²¹ ua²¹ le³³şər⁵⁵.│tşhu²¹ na⁵⁵ tshŋ⁵⁵ na²¹ nuɯ³³, hua²¹ gə³³ ga³³ la²¹ua²¹ le³³ şər⁵⁵.│ga³³ la²¹
　魂　又　招　墨玉黑山羊黑来　华神的　胜利神　魂　又　招　胜利神

ua²¹ he³³ ho³³ gɣ³³ lo²¹, sər³³ gə²¹ lo⁵⁵ tshy⁵⁵ gə³³ dʐŋ²¹ me³³ dy²¹ nuɯ³³ do³³ i³³ kɣ⁵⁵,│hæ³³
魂　北方　　木　格洛趣　　的　住　的　地　来　见　是　会　金

ʂʅ²¹ ɯ³³ ʂʅ²¹ nɯ³³ , ga³³ la²¹ ua²¹ le³³ ʂər⁵⁵, hæ³³ ʂʅ²¹ bər³³ ʂʅ²¹ la²¹ phər²¹ nɯ³³ , ga³³ la²¹
黄　牛　黄　来　　胜利神　魂　又　招　金　黄牦牛黄　手　白　来　　胜利神

ua²¹ le³³ ʂər⁵⁵.
魂　又　招

就由绿松石般的绿牛来招胜利神之魂，就由白前脚的绿牛来招胜利神之魂，由绿山羊招华神
的胜利神之魂。胜利神的魂，会在属铁的西方那古孜人住的地方被发现，就用黑墨玉般的黑
牛来招这胜利神之魂，由白前脚的黑牦牛来招胜利神之魂。由黑墨玉般的黑山羊来招祖先的
胜利神之魂，由黑墨玉般的黑山羊来招华神的胜利神之魂。胜利神的魂会在属木的北方格洛
趣人住的地方被发现，就用黄金般的黄牛来招胜利神之魂，用白前脚的黄金般的黄牦牛来招
胜利神之魂。

81-D-9-13

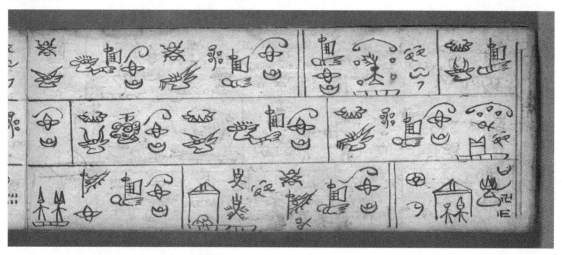

hæ³³ ʂʅ²¹ y²¹ ʂʅ²¹ nɯ³³, y²¹ gə³³ ga³³ la²¹ ua²¹ le³³ ʂər⁵⁵, hæ³³ ʂʅ²¹ tshʅ⁵⁵ ʂʅ²¹ nɯ³³,hua²¹ gə³³
金　黄绵羊黄　来祖先的　胜利神　魂　又　招　金　黄　山羊黄　来　华神　的

ga³³ la²¹ ua²¹ le³³ ʂər⁵⁵.│ga³³ la²¹ ua²¹ he³³ thɯ³³, mɯ³³ ne²¹ dy²¹ zɣ⁵⁵ kɣ³³, na²¹ çi³³ dʐʅ²¹
胜利神　魂　又　招　胜利神　魂　　它　天　与　地　中间　纳西　住

me³³ dy²¹ nɯ³³ do²¹ i³³ kɣ⁵⁵.│æ³³ hy²¹ ɯ³³ hy²¹² nɯ³³,ga³³ la²¹ ua²¹ le³³ ʂər⁵⁵;│æ³³ hy²¹
者　地　来　见　是　会　铜　红黄牛　来　胜利神魂　又　招　铜红

bər³³ hy²¹ la²¹ phər²¹ nɯ³³, ga³³ la²¹ ua²¹ le³³ ʂər⁵⁵,│æ³³ hy²¹ ɯ³³ hy²¹ nɯ³³,ga³³ la²¹ ua²¹
牦牛红　手　白　来　胜利神　魂　又　招　铜红绵羊　红　来　胜利神　　魂

le³³ ʂər⁵⁵;│æ³³hy²¹ tshʅ⁵⁵ hy²¹ nɯ³³, hua²¹ gə³³ ga³³ la²¹ ua²¹ le³³ ʂər⁵⁵.mɯ³³ ne²¹ dy²¹ zɣ⁵⁵
又　招　铜红　山羊红　来　华神　的　胜利神　魂　又　招　天　与　地中间

kɣ³³, kɯ³³ nɯ³³ za²¹ uə³³ do²¹ i³³ kɣ⁵⁵, dɣ³³ dy²¹ tse²¹ dy²¹ the³³ hæ²¹ nɯ³³ ga³³ la²¹ ua²¹
　舸星　与　娆星寨　见　是　会　毒鬼　地　仄鬼地　旗　绿　来　胜利神　魂

le³³ şər⁵⁵, mu³³ dy²¹ ɯ²¹ dy²¹ lɣ³³ na²¹ dʑi²¹ i³³ do²¹i³³ kɣ⁵⁵.hæ³³ şʅ²¹ the³³ tɕi⁵⁵ ga³³ la²¹ ua²¹
又　招　猛鬼地恩鬼地　石黑屋呀见　是会金黄旗　小胜利神魂

le³³ şər⁵⁵.｜bi³³ thɣ³³ mə⁵⁵ tʂhʅ³³ ɲi³³, i³³ da²¹ tʂhʅ³³ du³³ dʑi²¹, lɯ⁵⁵ gɣ³³ py³³ bɣ²¹ gə³³,
又　招　太阳出的　　这天主人　这　一　家　中间　东巴　的

khua³³ ɯ³³ sa⁵⁵ ɯ³³ me³³ nɯ³³ khɣ²¹,
声　好　气　好　者　来　请

用黄金般的黄绵羊来招祖先胜利神之魂，用黄金般的黄山羊来招华神胜利神之魂。那胜利神的魂，会在天与地中间纳西人的住地被发现，就用红铜般的黄牛来招这胜利神之魂，用白前脚的如红铜般的红牦牛来招胜利神之魂，用红铜般的红绵羊来招祖先的胜利神之魂，用红铜般的红山羊来招华神胜利神之魂。在天与地中间，会发现像村寨一样多的舸星与娆星，用绿旗来招毒鬼、仄鬼世界的胜利神之魂。会发现胜利神之魂滞留在猛鬼与恩鬼世界里的黑石屋里，用黄色小旗来招胜利神之魂。

太阳晴朗的今天，在这户主人家中，由天地间的东巴用那好声好气来请，

81-D-9-14

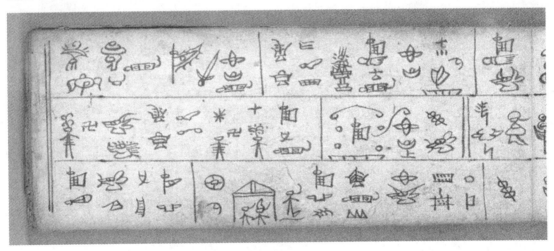

hæ³³ şʅ²¹ tsər³³ lər³³,ua³³ hæ²¹ da³³ khə²¹ ,dy³³ phər²¹ bu²¹ khua³³ nɯ³³ khɣ²¹,the³³ ne²¹ ta⁵⁵
金　黄　板铃　松石绿　大鼓　海螺白　号角　来　请　旗子与刀

kɣ³³ nɯ³³ ua²¹ he³³　thɯ³³ le³³ khɣ²¹.｜ʐʅ³³ gɣ³³ gə²¹, le⁵⁵ kho³³ sa⁵⁵, tʂhər²¹ na⁵⁵ hy⁵⁵ ma²¹
上　来　魂　它　又　请　酒气　　茶气　　肥肉　瘦肉柏酥油

tʂhu⁵⁵ pa³³bæ³³ mi³³gɣ³³ nɯ³³ga³³ la²¹ tʂhʅ³³ le³³ khɣ²¹, ua²¹ he³³ zɣ²¹ dy²¹ tshe²¹şʅ⁵⁵ dy²¹ i³³
供品　油灯　上　来　胜利神这又请　魂　仇人地十三地有

le³³ æ³³ mə³³ tʂər²¹.｜ga³³ la²¹ ɯ³³ phər²¹ kho²¹, khɣ²¹ lɯ³³ tʂhər²¹ le³³ be³³,dʑʅ²¹ ɯ²¹ bu²¹
又　留　不　让　胜利神牛白杀　亲戚　肉　又　做　妻好夫

ɯ³³ gə²¹, ʐl̩³³ ky³³ sa⁵⁵ sa³³, ha³³ khua³³ ku³³ mu²¹ be³³, tʂhər²¹ ne²¹ na⁵⁵ gə³³ ua³³ gy³³ sl̩³³
好 的 酒 溢 饭 碗 帽 做 肥 与 瘦肉的骨 三

tɕi²¹ thy⁵⁵ , khy²¹ ɯ³³ ty³³ ty²¹, lɯ³³ ɯ³³ ɕi³³ ɕi³³ gə³³, ze²¹ dzy³³ gə³³ ga³³ la²¹ tʂhu²¹ le³³
节 取 亲 好 上千 戚 好 成百 的 这 尾随 的 胜利神 这 又

khy²¹. mɯ³³ ne²¹ dy²¹ zy⁵⁵ ky³³, ga³³ la²¹ ua²¹ he³³ tʂhu²¹ be³³ ʂə⁵⁵ le³³ dzy³³. | sl̩³³ by³³
请 天 与 地 中间 胜利神 魂 快 地 招 又 有 斯补

ky³³ dɯ³³ tʂhər⁵⁵, mɯ³³ lɯ⁵⁵ du²¹ dʐ̩³³ thɯ³³, ga³³ phi⁵⁵ ga³³ le³³ ʂy²¹ bɯ³³ me³³, ga³³
头 一 代 美利董主 他 胜利神 丢 胜利神 又 找 去 么 胜利神

thy³³ ze²¹ nɯ³³ thy³³, ga³³ pɯ⁵⁵ ze²¹ nɯ³³ pɯ⁵⁵ mə³³ do²¹. bi³³ thy³³ mə⁵⁵ tʂhl̩³³ ɲi³³, i³³
出 哪儿 来 出 胜利神变 哪儿 来 变 不 知 太阳出 的 这 天 主人

da²¹ tʂhl̩³³ dɯ³³ dʑə²¹ , ze⁵⁵ tɕi³³ bə³³ y²¹ tʂər²¹ ,ga³³ thy³³ ga³³ pɯ⁵⁵ sl̩⁵⁵ khy²¹ mɯ²¹ le³³
这 一 家 年轻 捷足 使胜利神出 胜利神 变 三 个 下 又

thy³³ , nɯ²¹ le³³ ua²¹ , hɯ²¹ nɯ³³ dzæ³³ gy³³ be³³ ho⁵⁵! | tɕy⁵⁵ tʂhu²¹
来 吉祥 与 福泽 富裕 与 强盛 成 做 愿 最早

用黄金色的板铃、绿松石色的大鼓、白海螺色的号角来请，从旗子与刀子上将魂请过来。在酒气、茶气、肥肉、瘦肉、柏枝、酥油等供品和神灯上将胜利神请过来，不让魂滞留在十三个仇人的世界里。宰杀胜利神的白牛，当作亲戚祭献用的肉，让好妻好夫的酒溢出，饭食盖住碗。取三节有肥肉与瘦肉的骨头，用它来请尾随着上千的亲属和成百的亲戚的胜利神。在天与地中间，及早地招回了胜利神之魂。在最早的斯补祖父那一代，美利董主他丢了胜利神，要去寻找胜利神，却不知胜利神从哪儿来。

在太阳晴朗的今天，这个主人家，派了捷足的年轻人，变出了三个胜利神，愿得到吉祥与福泽，愿得到富裕与强盛。最早，

81-D-9-15

saᶻ¹ luɯ⁵⁵ uə³³ de³³, muɯ³³ luɯ⁵⁵ duᶻ¹ dʑ̩³³, iᶻ¹ ʂ̩³³ bu³³ tso³³ le³³ dʑ̩ᶻ¹ kuə³³, guɑ³³ neᶻ¹ uᶻ¹
萨利威登　　　美利董主　　　　益世补佐　　又　商量　　嘎神　与　吾神

muɯ³³ luɯ⁵⁵ duᶻ¹ dʑ̩ᶻ¹ guᶻ¹ nuɯ³³ ʂɣ³³. muɯ³³ luɯ⁵⁵ ʂɣᶻ¹ dʑ̩³³ gə³³, doᶻ¹ zo³³ dæᶻ¹ me³³ ʂɣᶻ¹ uə³³
美利董主　　　　后　来　领　美利术主　　　　的　垛鬼男　丹鬼　母　术鬼寨

gɣ³³ uə³³ phɣᶻ¹, ʂɣᶻ¹ dyᶻ¹ gɣ³³ uə³³ tshe⁵⁵, ʂɣᶻ¹ buᶻ¹ gɣ³³ buᶻ¹ pɣᶻ¹ le³³ tɕi³³.|muɯ³³ luɯ⁵⁵ duᶻ¹
九　寨　毁　术鬼　地　九　寨　破　术鬼　坡　九　坡　毁　又　放　美利董主

dʑ̩³³ tʂhər⁵⁵, phɣ³³ laᶻ¹ kho³³ dʑ̩ᶻ¹ iə³³ maᶻ¹, tʂ̩ᶻ¹dʑ̩ᶻ¹ iə³³ maᶻ¹,pər⁵⁵ dʑ̩ᶻ¹ iə³³ maᶻ¹,lɣ³³ dʑ̩ᶻ¹
　代　神　　角　长　优麻　　爪　长　优麻　　斑纹　长　优麻　　翅　长

iə³³ ma³³ s̩ᶻ¹ ɕi³³ tʂhua⁵⁵ tshər³³ guᶻ¹ nuɯ³³ ʂɣ³³, muɯ³³ luɯ⁵⁵ ʂɣᶻ¹ dʑ̩³³ dyᶻ¹ le³³ phɣᶻ¹.|muɯ³³
优麻　三　百　六十　　后　来　领　美利术主　　　住　处　又　毁

luɯ⁵⁵ duᶻ¹ dʑ̩³³,dæᶻ¹ neᶻ¹ tʂhuᶻ¹ me³³ duɯ³³ buᶻ¹ khu³³ ɳ̩yᶻ¹ le³³ thɣ³³ ɳ̩yᶻ¹, uɑ³³ hæᶻ¹ lɣᶻ¹ zi³³
美利董主　　勇敢　与　快捷　者　一　坡　上　处　又　到　时　松石绿　龙　美

naᶻ¹ me³³ theᶻ¹ nuɯ³³ hu³³ i³³ kɣ⁵⁵.|iᶻ¹ ʂ̩³³ bu³³　tso³³ py³³ bɣᶻ¹ nuɯ³³, hy³³ i³³ tʂ̩³³ le³³ be³³,
大　者　这　来　拦　是　会　益世补佐　　　东巴　　来　法事　是　这　又　做

bər³³ yᶻ¹ z̩³³ ha³³ tʂhərᶻ¹ na⁵⁵ hy⁵⁵ maᶻ¹ nuɯ³³,iə³³ maᶻ¹kæ³³ i³³ tʂhu⁵⁵ pa³³ gəᶻ¹ le³³ be³³.iə³³
牦牛绵羊酒　饭　肥肉　瘦肉柏　酥油　来　优麻　前　呀　供品　　上　又　做优麻

ma³³　puɯ³³ pa³³ be³³, uɑ³³　hæᶻ¹ pyᶻ¹ zi³³ duɯ³³　me³³ thɣ³³. uɑᶻ¹ hæᶻ¹ lɣᶻ¹ zi³³ naᶻ¹ me³³
　变化　做　松石　绿　刺猬　美　一　只　出　松石　绿　龙　美　大　者

muᶻ¹ le³³ sy⁵⁵, duɯ³³ buᶻ¹ muᶻ¹ le³³ tshe⁵⁵,duɯ³³ buᶻ¹ gəᶻ¹ le³³ thɣ³³.|muɯ³³ luɯ⁵⁵ duᶻ¹ dʑ̩³³ ɳ̩i³³
下　又　杀　一　坡　下　又　破　一　坡　上　又　到　美利董主　　　　二

buᶻ¹ gɣ³³ɳ̩yᶻ¹ thɣ³³,bəᶻ³³ duɯᶻ¹ la³³ naᶻ¹məᶻ⁵⁵mæᶻ¹ məᶻ⁵⁵ mæᶻ¹ɳ̩i³³ buᶻ¹ kɣᶻ¹ ɳ̩yᶻ¹ hu³³ i³³ kɣ⁵⁵,
坡　上　处　来　掌　大　虎　黑　不能　能不能赶上　　二　坡　上　处　拦　是　会

duᶻ¹ gə³³ py³³ bɣᶻ¹ i³³ ʂ̩⁵⁵ bu³³ tso³³ nuɯ³³, bər³³ yᶻ¹ z̩³³ ha³³ tʂhərᶻ¹　naᶻ⁵⁵ ɕy⁵⁵ maᶻ¹ nuɯ³³,
董　的　东巴　益世补佐　　　来　牦牛　绵羊酒　饭　肥肉　瘦肉　柏　酥油　来

iə³³ maᶻ¹ tʂhu⁵⁵ pa³³ gəᶻ¹ le³³ be³³. iə³³ ma³³ puɯ³³ pa³³ be³³,
优麻　供品　上　又　做优麻　　变化　做

萨利威登、美利董主、益世补佐商讨，让美利董主身后领着嘎神与吾神，去捣九个垛鬼之子和丹鬼之母的村寨，毁掉了术鬼地界的寨子和九座坡。美利董主那一代，他身后领着三百六十个长角的神和生有爪子、生有斑纹和长翅的优麻，去捣毁美利术主的住处。当美利董主与那勇敢与快捷者们到达第一个坡上时，会有绿松石的大龙拦在那里，就由益世补佐东巴来做法事。用牦牛、绵羊、酒和饭、肥肉、瘦肉、柏枝与酥油放在优麻面前作供品。优麻作变化，变出一只

漂亮的绿松石色的刺猬，它会将绿松石色大龙杀下去。毁了一个坡又来到了一个坡，美利董主
来到第二个坡上，在就要到第二坡的地方会有大掌黑虎拦着道，就由美利董主的益世补佐东巴，
用牦牛、绵羊、饭、肥肉、瘦肉、柏枝、酥油当作供品献给优麻。优麻作变化，

81-D-9-16

dɣ³³ phər²¹ si³³ gɯ³³ dɯ³³ me³³ piə⁵⁵,bə³³　duɯ²¹ la³³　na²¹mɯ³³ le³³ sy⁵⁵, n̩i³³ bu²¹ mu²¹ le³³
海螺白　　狮子　一　只　变　脚掌　大　虎　黑　　下　又　杀　二　坡　下　又

tshe⁵⁵, n̩i³³ bu²¹ gə²¹ le³³ thɣ³³,mɯ³³ lɯ⁵⁵ du²¹ dʑŋ³³ dæ²¹ ne²¹ tʂhu²¹ me³³ nɯ³³,sŋ³³ bu²¹ kɣ³³
毁　二　坡　上　又　出　美利董主　　　勇敢　与　快捷者　来　三　坡　上

le³³ thɣ³³, lɣ²¹ dʑə²¹ na²¹　me³³ nɯ³³ ,ə⁵⁵ mæ²¹ mə³³ mæ³³ sŋ³³ bu²¹ kɣ³³ n̩ɣ²¹ hu³³,│du²¹ gə³³
又　来　蟒蛇　黑　者　来　赶上　不　到　三　坡　上　处　拦　董　的

py³³ bɣ³³ i³³ ʂŋ⁵⁵ bu³³ tso³³ nɯ³³, bər³³ y²¹　ʐŋ³³　ha³³ tʂhər²¹ na⁵⁵ hy⁵⁵ ma²¹ nɯ³³, iə³³ ma³³
东巴　益世补佐　　来　牦牛　绵羊　酒　饭　肥肉　瘦肉柏　酥油　来　优麻

tʂhu⁵⁵ pa³³ be³³.iə³³ ma³³ pɯ³³pa³³ be³³,hæ³³ ʂŋ²¹ ma⁵⁵ i³³ dɯ³³me³³ piə⁵⁵. hæ³³ ʂŋ²¹ ma⁵⁵ i³³
供品　做　优麻　变化　做　金　黄　孔雀　一　只　变　金　黄　孔雀

nɯ³³, lɣ²¹ dʑə³³ na²¹ me³³ mu²¹ le³³ sy⁵⁵, sŋ³³ bu²¹ mu²¹ le³³ tshe⁵⁵ ,sŋ³³ bu²¹ gə²¹ le³³ thɣ³³,│
来　蟒蛇　黑　者　下　又　杀　三　坡　下　又　杀　三　坡　上　又　到

mɯ³³ lɯ⁵⁵ du²¹ dʑŋ²¹ dæ²¹ ne²¹ tʂhu²¹ me³³ nɯ³³, lu³³ bu²¹kɣ³³ nə²¹ thɣ³³,ə⁵⁵ mæ²¹mə³³ mæ²¹
美利董主　　　勇敢　与　快捷者　来　四　坡　上　又　到　赶上　不　到

tse²¹ miə²¹ hy²¹ nɯ³³ lu³³ bu³³ hu³³ i³³ kɣ⁵⁵,│du²¹ gə³³ py³³ bɣ²¹ i²¹ ʂŋ⁵⁵ bu³³ tso³³ nɯ³³,bər³³
仄鬼眼　红　来　四　坡　拦　是　会　董　的　东巴　益世补佐　　　来　牦牛

y²¹ ʐŋ³³ ha³³ tʂhər²¹ na⁵⁵ çy⁵⁵ ma²¹ iə³³ ma²¹ tʂhu⁵⁵ pa³³ gə²¹le³³ be³³,iə³³ ma²¹ pɯ³³ pa³³
绵羊酒　饭　肥肉　瘦肉柏　酥油　优麻　供品　上　又　做　优麻　变化

be³³,bə³³　duɯ²¹ la³³ hy²¹ duɯ³³ me³³ piə⁵⁵,│tse²¹ miə²¹ hy²¹ me³³ la³³ nuɯ³³sy⁵⁵,lu³³ bu²¹ mu²¹
做，脚掌　大　虎　红　一　只　变　仄鬼　眼　红　者　虎　来　杀　四　坡　下

le³³ tshe³³, lu³³bu²¹ gə²¹ le³³ thɣ³³,muɯ³³ lɯ⁵⁵ du²¹ dʐŋ³³ dæ²¹ne²¹ tʂhu²¹ me³³ nɯ³³, ua²¹ bu²¹
又　毁　四　坡　上　又　出　美利董主　　　勇敢　与　快捷　者　来　五　坡

kɣ³³ ŋə²¹ thɣ³³, bər²¹　kho³³ na²¹ me³³ ua³³ bu²¹ gɣ³³ ŋə²¹ tɕhi³³ ,du²¹ gə³³ i²¹ ʂŋ²¹ bu³³ tso³³
上　处　到　牦牛　角　黑　者　五　坡　上　处　守　董　的　益世补佐

py³³ bɣ²¹ nɯ³³,bər³³ y²¹ ʐŋ³³ ha³³,tʂhər²¹ na⁵⁵ ɕy⁵⁵ ma²¹nɯ³³,iə³³ ma²¹ tʂhu⁵⁵ pa³³ gə²¹ le³³
东巴　来　牦牛　绵羊酒饭　肥肉　瘦肉　柏　酥油　来　优麻　供品　上　又

be³³.iə³³ ma²¹ pɯ³³ pa³³ be³³,│muɯ³³ gɣ³³ bər²¹ kho³³ na²¹ me³³ gɣ³³,tɣ³³ le³³ ɕi³³ gə³³ bər³³
做　优麻　变化　做　打雷　牦牛　角　黑　者　击　千　与　百　的　牦牛

kho³³ na²¹ me³³ tʂhər⁵⁵,ua³³ bu²¹ mu²¹ le³³ tshe⁵⁵,ua³³ bu²¹ kɣ³³ nɯ³³ gə²¹ le³³ thɣ³³.du²¹gə³³
角　黑　者　切　五　坡　下　又　毁　五　坡　上　来　上　又　出　董的

dæ²¹ me³³ tʂhu²¹ me³³ nɯ³³,tʂhua⁵⁵ bu²¹ kɣ³³ le³³ thɣ³³,khua⁵⁵ ne²¹ kæ²¹ nɯ³³ tʂhua⁵⁵ bu²¹
勇敢　者　快捷　者　来　六　坡　上　又　出　铠甲　与　铠衣　来　六　　坡

khu³³ ŋə²¹ tɕhi³³.
边　边　守

变出一只白海螺色的狮子，它将大脚掌的黑虎杀下去。毁了第二个坡，过了第二个坡。美利董主、勇敢者与快捷者来到第三个坡。就在快到不到第三个坡的地方，黑蟒蛇拦在那儿。美利董主的东巴益世补佐，用牦牛、绵羊、酒、饭、肥肉、瘦肉与酥油，给优麻作供品。优麻作变化，变一只金孔雀，金孔雀将黑蟒蛇杀掉了。将第三个坡毁掉了，过了第三个坡。美利董主、勇敢者与快捷者，来到第四个坡上，就在快到不到第四个坡的地方，红眼仄鬼拦在了那儿。美利董主的东巴益世补佐，用牦牛、绵羊、酒、饭、肥肉与瘦肉、柏枝、酥油给优麻作供品。优麻作变化，变出了一只大脚掌红虎。这只大脚掌的红虎，将红眼仄鬼杀掉了。毁了第四个坡，过了第四个坡。美利董主、勇敢者和快捷者，来到了第五个坡上，黑牦牛守在第五个坡上，美利董主的东巴益世补佐，用牦牛、绵羊、酒与饭、肥肉与瘦肉、柏枝与酥油给优麻作供品，优麻作变化，将黑角牦牛用雷击死了，将成千上万的黑牦牛角切掉了。毁了第五个坡，过了第五个坡。美利董主、勇敢者和快捷者来到了第六个坡上，铠衣、铠甲守在第六个坡上，

81-D-9-17

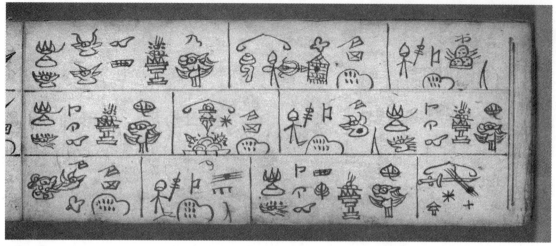

du²¹ gə³³ py³³ bɣ²¹ i²¹ ʂɿ⁵⁵ bu³³ tso³³ nɯ³³, bər³³ y²¹zɿ³³ ha³³ tʂhər²¹na⁵⁵ çy⁵⁵ ma²¹tʂhu⁵⁵ pa³³
董 的 东巴　　益世补佐　　来 牦牛绵羊酒饭 肥肉 瘦肉 柏 酥油 来 供品

gə³³le³³ be³³, iə³³ ma³³ pɯ³³ pa³³ be³³,│mɯ³³ gə³³ dɣ³³ phər²¹ khæ⁵⁵ lɯ³³ dzɿ³³ bə²¹ la²¹ pə⁵⁵
上 又 做 优麻 变化 做 天 的 海螺 白 弓箭 支伯 手 中

ty⁵⁵ me³³ thɣ³³ ,khua⁵⁵ kæ²¹na²¹me³³ mu²¹ le³³ sy⁵⁵,tʂhua⁵⁵ bu²¹mu²¹ le³³ tshe⁵⁵ , tʂhua⁵⁵ bu²¹
拿 去 出 铠衣 铠甲黑 者 下 又 杀 六 坡 下 又 毁 六 坡

gə²¹ le³³ thɣ³³.│du²¹ gə³³ dæ²¹ me³³ tʂhu²¹ me³³ ʂər³³ bu²¹ kɣ³³ ȵy²¹ thɣ³³.│lɣ³³ phər²¹ lɣ³³
上 又 出 董 的 勇敢 者 快捷 者 七 坡 上 处 到 石 白 石

dzæ²¹ uə³³ be³³ thɯ³³ khu³³ the²¹ le³³ tɕhi³³ . du²¹ gə³³ py³³ bɣ²¹ i²¹ʂɿ⁵⁵ bu³³ tso³³ nɯ³³,bər³³
花 寨 做 它 们 那 又 守 董 的 东巴　　益世补佐　　来 牦牛

y²¹ zɿ³³ ha³³, tʂhər²¹ na⁵⁵ çy⁵⁵ ma²¹ iə³³ ma²¹ tʂhu⁵⁵ pa³³ gə²¹ le³³ be³³, iə³³ ma³³ pɯ³³ pa³³
绵羊 酒 饭 肥肉 瘦肉 柏 酥油 优麻 供品 上 又 做 优麻 变化

be³³, mɯ³³ gə³³ hæ³³ ʂɿ²¹ dɣ²¹ tʂɿ³³ nɯ³³, lɣ³³ uə³³ tɣ³³ tɣ²¹ kɯ³³ kɯ²¹ mɯ²¹ le³³ sy⁵⁵, ʂər⁵⁵
做 天 的 含史毒支 来 石寨 千 千 万 万 下 又 杀 七

bu²¹ mɯ²¹ le³³ tshe⁵⁵ ,│du²¹ zo³³ dæ²¹ me³³ ho⁵⁵ bu²¹ gɣ³³ ȵy²¹ thɣ³³, mɯ³³ lɯ⁵⁵ ʂɣ²¹ dʐɿ²¹
坡 下 又 毁 董男勇敢 者 八 坡 上 处 到 美利术主

gə³³ ,khɯ³³ na²¹ ʂɣ²¹ kɣ³³ dʐɿ²¹ me³³ nɯ³³ ho⁵⁵ ku³³ the²¹ le³³ tɕhi³³, du²¹ gə³³ py³³ bɣ²¹ i²¹
的 狗 黑 术 头 长 出 来 八 坡 这 又 守 董 的 东巴

ʂɿ⁵⁵ bu²¹ tso³³nɯ³³ ,bər³³ y²¹ zɿ³³ ha³³ tʂhər²¹ na⁵⁵çy⁵⁵ ma²¹ nɯ³³ , iə³³ ma²¹tʂhu⁵⁵ pa³³ be³³,
益世补佐　　来 牦牛 绵羊 酒 饭 肥肉 瘦肉 柏 酥油 来 优麻 供品 做

iə³³ mɑ²¹ pɯ³³ pɑ³³ be³³, piə⁵⁵ kɣ⁵⁵ piə⁵⁵ mə³³ kɣ⁵⁵, dʐʅ³³ zi³³ phɑ³³ phər²¹ dɯ³³ me³³ thɣ³³,
优麻　　变化　做　变　会　变　不　会　豹子　小　脸　白　一　只　出

khɯ³³ nɑ²¹ ʂɣ²¹ kɣ³³ dʐʅ²¹ me³³ mu²¹ le³³ sy⁵⁵, ho⁵⁵ bu²¹ mu²¹ le³³ tshe⁵⁵, ho⁵⁵ bu²¹ gə²¹ le³³
狗　黑　铁　头　长　者　下　又　杀　八　坡　下　又　毁　八　坡　上　又

thɣ³³, gɣ³³ bu²¹ kɣ³³ le³³ thɣ³³.│mɯ³³ lɯ⁵⁵du²¹zʅ³³, dæ²¹ ne²¹ tʂhu²¹ nɯ³³ gɣ³³ bu²¹ gɣ³³ le³³
到　九　坡　上　又　到　　美利董主　　　勇敢者与快捷者　来　九　坡　九　又

thɣ³³,ə⁵⁵ mæ²¹ mə³³ mæ²¹ tɕi²¹ ne²¹ hæ³³ nɯ³³ gɣ³³ bu²¹ khu³³ the²¹ tɕhi³³.│du²¹ gə³³ py³³
到　赶上　赶不上　云　与　风　来　九　坡　口　这　守　董　的　东巴

bɣ²¹ i²¹ ʂɣ⁵⁵ bu²¹ tso³³ nɯ³³, bər³³ y²¹ zʅ²¹ hɑ³³ tʂhər²¹ nɑ⁵⁵ ɕy⁵⁵ mɑ²¹ nɯ³³, iə³³ mɑ²¹ tʂhu⁵⁵
益世补佐　　来　牦牛　绵羊酒　饭　肥肉　瘦肉　柏　酥油　来　优麻　　供品

pɑ³³ be³³, iə³³ mɑ²¹ pɯ³³ pɑ³³ be³³,│piə⁵⁵ kɣ⁵⁵ piə⁵⁵ mə³³ kɣ⁵⁵, gæ²¹ me³³ gæ²¹ thɑ⁵⁵ tɣ³³
做　优麻　变化　做　优麻　变化　做　变　会　变　不　会　大刀　刀利　千

tɣ³³ kɯ³³ kɯ²¹ piə⁵⁵, tɕi²¹ nɑ²¹ hæ³³ nɑ²¹ gæ²¹ nɯ³³ mu²¹ le³³ sy⁵⁵,
千　万　万　变　云　黑　风　黑　刀　来　下　又　杀

美利董主的东巴益世补佐,用牦牛、绵羊、酒、饭、肥肉、瘦肉、柏枝与酥油给优麻作供品。优麻作变化,手握白海螺色的支伯箭,将黑铠衣、黑铠甲杀了下去。毁了第六个坡,过了第六个坡。美利董主、勇敢者与快捷者来到了第七个坡上,白石、花石如寨子般守在第七个坡口。美利董主的东巴益世补佐,用牦牛、绵羊、酒、饭、肥肉、瘦肉、柏枝与酥油当作贡品献给优麻。优麻作变化,天的含史毒支将千千万万个如寨子般的石头杀了下去。毁了第七个坡,过了第七个坡。勇敢的美利董主到了第八个坡上,美利术主那生术头的黑狗守在第八个坡上。在那要到又还不到的地方,风与云守在第九个坡边。美利董主的东巴益世补佐,用牦牛、绵羊、酒、饭、肥肉、瘦肉、柏枝与酥油给优麻作供品。优麻作变化,在变化的紧要关头,变出了千千万万的大刀与利刀,这千千万万的大刀、利刀将黑风黑云杀下去,

81-D-9-18

dɣ²¹ tʂʅ²¹ nɯ³³ gɣ³³ bu²¹ nɯ²¹ le³³ tshe⁵⁵.∣du²¹ zo³³ dæ²¹ ne²¹ tʂhu²¹ me³³ ʂɣ²¹ uə³³ thɣ³³,
千　爪　来　九　坡　下　又　毁　　董男　勇敢　与　快捷者　术鬼　寨　到

ʂɣ²¹ gə³³ tshŋ²¹ na²¹ khɯ³³ na²¹ ȵi³³ na²¹ me³³ nɯ³³ hu³³,∣du²¹ gə³³ py³³ bɣ²¹ i²¹ ʂʅ⁵⁵ bu³³
术　的　山羊黑　狗　黑　鱼　黑　者　来　拦　董神的　东巴　益世补佐

tso³³ nɯ³³, çy³³ i³³ tʂhŋ³³ le³³ be³³.bər²¹ y²¹ zʅ³³ ha³³ tʂhər²¹ na⁵⁵ çy⁵⁵ ma²¹ nɯ³³ , iə³³ ma²¹
来　法事是　这　又　做　牦牛　绵羊　酒　饭　肥肉　瘦肉　柏　酥油　来　优麻

tʂhu⁵⁵ pa³³ gə²¹ le³³ be³³ .iə³³ ma²¹ pɯ³³ pa³³ be³³,phiə⁵⁵ kɣ⁵⁵ piə⁵⁵ mə³³ kɣ⁵⁵, dɣ³³ phər²¹
供品　上　又　做　优麻　变化　做　变　会　变　不　会　海螺

hy⁵⁵ khɯ³³ dɯ³³ me³³ piə⁵⁵, ʂɣ²¹ gə³³ tshŋ⁵⁵ na²¹ mu²¹ le³³ sy⁵⁵, dzʅ³³ zo³³ dɯ³³ me³³ piə⁵⁵,
猎狗　　一　只　变　术　的　山羊　黑　下　又　杀　豹　子　一　只　变

dzʅ³³ nɯ³³ khɯ³³ le³³ to⁵⁵, ʂɣ²¹ khɯ³³ na²¹ le³³ sy⁵⁵.∣ʂu²¹ zi³³ ʂu²¹ to⁵⁵ phər²¹,ȵi³³ na²¹ ʂu²¹
豹　来　狗　又　扑　术　狗　黑　又　杀　水獭　小水獭　额　白　鱼黑水獭

nɯ³³ to⁵⁵, ȵi³³ na²¹ mu²¹ le³³ sy⁵⁵.∣du²¹ gə³³ ga³³ la²¹ tʂhŋ³³ dʑy³³ tʂhŋ³³ be³³ nɯ³³, du²¹ gə³³
来　扑　鱼黑　下　又　杀　董的　胜利神　这　有　这　做　来　董　的

hæ³³ ʂʅ²¹ y²¹ ʂʅ²¹ nɯ³³, ʂɣ²¹ uə³³ mu²¹ le³³ phɣ²¹,∣du²¹ zo³³ dæ²¹ me³³ tɣ³³ tɣ²¹ kɯ³³ kɯ²¹
金　黄绵羊黄　来　术　寨　下　又　毁　董男勇敢者　千　千　万　万

nɯ³³, ʂɣ²¹ uə³³ gɣ³⁵⁵ uə³³ mɯ²¹ le³³ phɣ²¹, ʂɣ²¹ dy²¹ mɯ²¹ le³³ tshe⁵⁵.∣ʂɣ²¹ kɣ³³ tshər⁵⁵ me³³
来　术寨　九　寨　下　又　毁　术　地　下　又　破　术　头　砍　的

ʂɣ²¹ ty³³ tər²¹ le³³ be³³；ʂɣ²¹ la²¹ tshər⁵⁵ me³³ ʂɣ²¹ mi³³ kæ²¹ le³³ be³³；ʂɣ²¹ khɯ³³ tshər⁵⁵ me³³
铁　打　墩　又　做　术　手　砍　么　铁　火钳　又　做　术　脚　砍　么

ʂɣ²¹ la⁵⁵ tse²¹ le³³ be³³；ʂɣ²¹ ɯ³³ ʂʅ⁵⁵ me³³ gɣ⁵⁵ dɣ²¹ be³³.∣khua⁵⁵ ty³³ kæ²¹ ty³³ nɯ³³, zər³³
铁　大锤　又　做　术　皮　剥　么　风箱　　做　铠衣　打铠甲打来　刀

ty³³ ly³³ ty³³ nɯ²¹ , lɯ³³ ʂʅ³³ lɯ³³ me³³ ty³³, ʂɣ²¹ la²¹mɯ²¹ le³³ tshər⁵⁵, ʂɣ²¹ khɯ³³ mɯ²¹ le³³
打　箭　打着　弓箭　　　　打术　手　下　又　砍　术　脚　下　又

tshər⁵⁵, ʂɣ²¹ mɯ³³ ʂɣ²¹ dy²¹ mɯ²¹ le³³ tshe⁵⁵, ȵɣ³³ phər²¹ phe³³ phər²¹ kɣ³³,
砍　术　天　术　地　下　又　毁　银　白　麻布　白　上

上千个爪子破了第九个坡。英勇快捷的董来到美利术主的寨子，被美利术主的黑山羊、黑豹、黑鱼拦住了。美利董主的东巴益世补佐，做了一件法事，用牦牛、绵羊、酒、饭、肥肉、瘦肉、柏枝、酥油给优麻作供品。优麻作变化，在变化的紧要关头，变出了一只白海螺色的猎狗，它将术的黑山羊杀掉了。变出了一只豹子，豹子扑向狗，将术的狗杀掉了。变出了白额水獭，水獭吃掉了鱼儿，鱼儿被杀了。所有美利董主的神和美利董主的黄绵羊，将美利术主的世界捣毁了。将美利术主的头砍了作打铁的桩子，将美利术主的手砍了作夹火的钳子，将美利术主的脚砍了作打铁的大锤，将美利术主的皮剥了作风箱。打制铠衣与铠甲，打制大刀与弓，打制弓与箭，砍下美利术主的手，砍下美利术主的脚，捣毁美利术主的天与地，

81-D-9-19

dɣ³³ phər²¹ çɣ³³ tɕy²¹ nɯ³³, ʂɣ²¹ gə³³ fɣ⁵⁵ dʑi³³ æ³³ na²¹ mu²¹ le³³ sy⁵⁵,│ŋɣ³³ phər²¹ phe³³
海螺白　大鹏鸟　来　术　的　付京俺娜　　　　下　又　杀　银　白　麻布

phər²¹ kɣ³³ nɯ³³ dɣ³³ phər²¹ çiə²¹ kɣ⁵⁵ ga³³ la²¹ gə²¹ le³³ sɣ³³.│hæ³³ ʂɣ²¹ ma⁵⁵ i³³ nɯ³³ ,ua³³
白　上　来　海螺白　雄固　胜利神　上　又　领　金　黄　孔雀　来　松石

hæ²¹ ʐɣ²¹ zi³³ mu²¹ le³³ sy⁵⁵, ua³³ hæ²¹ phe³³ hæ²¹ kɣ³³ nɯ³³ ua³³ hæ²¹ tɕə⁵⁵ pu³³ gə²¹ le³³
绿　蛇　小　下　又　杀　松石绿　麻布绿　上　来　松石绿　布谷鸟　上　又

sɣ³³,│hæ³³ ʂɣ²¹ phe³³ phər²¹ kɣ³³,tʂhŋ⁵⁵ tshŋ²¹ pa³³ gɣ³³ dʐŋ²¹,to³³ gɣ³³ tʂhə⁵⁵ me³³ na²¹ nɯ³³
领　金　黄　麻布　白　上　秽鬼　　蛙头　　长　拖古臭美纳　　　来

mu²¹ le³³ sy⁵⁵, kua³³ phər²¹ ga³³ la²¹ i³³, hæ³³ ʂɣ²¹ phe³³ dʐo²¹ kɣ³³ nɯ³³ gə²¹ le³³ sɣ³³.│
下　又　杀　鹤　白　胜利神　呀　金　黄　麻布　桥　上　来　上　又　领

du²¹ gə³³ py³³ bɣ²¹ i²¹ ʂɣ²¹bu²¹ tso³³ nɯ³³, çy⁵⁵ uə³³ ga³³ la²¹ tʂhə⁵⁵ le³³ ʂu⁵⁵.│tʂhər³³ ɯ³³
董　的　东巴　益世补佐　　来　许窝　胜利神　秽　又　除　药

ga³³ la²¹tʂhŋ³³,│kua³³ gə³³ ɯ³³phər²¹ kɣ³³ nɯ³³ gə²¹ le³³ sɣ³³.│y²¹ ga³³ la²¹ i³³ y³³ phər²¹ kɣ³³
胜利神这　嘎神　的　牛　白　上　来　上　又　领　猴子 胜利神　呀猴子白　上

nɯ³³ gə²¹ le³³ sɣ³³,│no²¹ by⁵⁵ lɯ³³　sɣ³³ i³³, phe³³ phər²¹dʐo²¹ phər²¹ gɣ³³ nɯ³³ gə²¹ le³³ sɣ³³,
来　上　又　领　宝物　箭簇　呀　麻布　白　桥　白　上　来　上　又　领

ŋɣ²¹ ne²¹ hæ²¹ ua²¹ ne²¹ tʂhu²¹ gə²¹ dʐo²¹ kɣ³³ nɯ³³ gə²¹ le³³ sɣ³³.│lɯ⁵⁵ kɣ³³ py³³ bɣ²¹ nɯ³³,
银　与　金　松石与　墨玉　的　桥　上　来　上　又　领　高明　东巴　来

hæ³³ ʂɿ²¹ tsər³³ lər²¹ to⁵⁵, dɣ³³ phər²¹ bu²¹ khua³³ mu²¹, o³³ hæ²¹ ta³³ khə²¹ la⁵⁵,
金　黄　板铃　　摇动　海螺　　号角　　　吹　松石绿　大　鼓　打

在银白色的麻布上，由白海螺色的大鹏鸟，将美利术主的付京俺娜杀掉了，将白海螺色的雄
固胜利神从银白色的麻布上领上来。由金孔雀将绿松石色的蛇杀掉了，将绿松石色的布谷鸟，
从绿松石色的麻布上领上来。拖古臭美纳杀了生蛙头的秽鬼，将白鹤胜利神从金黄色的麻布
桥上领上来。美利董主的东巴益世补佐，给许窝胜利神除秽，将药胜利神从嘎神的白牛上领
上来，将猴胜利神从白猴子上领上来，从拴有宝物的箭簇、从白麻布桥上领上来，从金银桥、
松石、墨玉桥上领上来。

　　高明的东巴，摇动金黄色的板铃，吹响白海螺号角，敲打绿松石色大鼓，

81-D-9-20

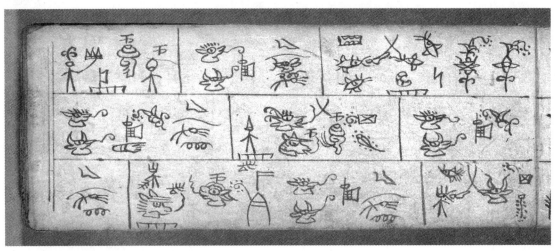

dy²¹ khu³³ dzɣ³³ mi³³ khə⁵⁵ mu²¹ le³³ zər²¹, dɣ³³ phər²¹ du²¹ zo³³ nɯ³³, ⎮y²¹ ga³³ la²¹ le³³
地　上　祸事　罪过　下　又　压　海螺　白　董　男　来　猴子胜利神　又

ɯ³³ ga³³ la²¹ nɯ³³ le²¹ tʂhə⁵⁵ tshɿ²¹ i³³ mu²¹ le³³ zər²¹, ⎮ hɯ⁵⁵ me³³ ʂɿ³³ ʥɿ²¹ æ²¹, tʂhɿ³³ le²¹
牛　胜利神　来　冷凑鬼　　　呀　下　又　压　蛆　肉　吃　斗　这　又

tʂhə⁵⁵ tshɿ²¹ i³³ thɣ³³ dɯ³³ tʂhər⁵⁵, ⎮ hæ³³ ʂɿ²¹ ba⁵⁵ ba³³ ua³³ hæ²¹ ba⁵⁵ ba³³ nɯ³³, ɯ³³ le³³
冷凑鬼　是　会　一　代　金　黄　花　松石绿　花　　来　好　又

y²¹ ga³³ la²¹ gə³³ tʂhər³³ le³³ khɯ³³, le²¹ tʂhə⁵⁵ tshɿ²¹ i³³ thɣ³³ le³³ kɣ⁵⁵, ⎮dɣ²¹ dy²¹ tshɿ⁵⁵phər²¹
猴胜利神　的　药　又　放　冷凑　鬼　呀　出　又　会　毒鬼　地　山羊　白

zua³³ phər²¹ i³³, le²¹ tʂhə⁵⁵ tshɿ²¹ thɣ³³ i³³ khɣ⁵⁵, tʂhər³³ ɯ³³ ga³³ la²¹ nɯ³³, le²¹ tʂhə⁵⁵ tshɿ²¹
马　白　呀　冷凑鬼　　　出　是　会　药　胜利神　来　冷凑鬼

thɣ³³ i³³ kɣ²¹, ⎮ʂɣ²¹ gə³³ tɕy²¹ zua³³ so²¹ nɯ³³ ba²¹, dɣ²¹ phər²¹ si³³ gu³³ ba³³ me³³ æ²¹
出　又　会　术　的　马　早上来　叫　海螺　白　狮子　　叫者　斗

le³³ le²¹ tʂhə⁵⁵ tshɿ²¹ thɤ³³ i³³ kɤ⁵⁵, so³³ ʂuɑ²¹ kɤ³³ nɯ³³ tʂhə⁵⁵ le³³ tʂhər³³, y²¹ le²¹ ɯ³³
又　冷凑鬼　　　出　是　会　高岭高　上　来　秽　又　洗　猴　与　牛

kho³³ nɯ³³ , ɡɑ³³ lɑ²¹ tʂhər²¹ le³³ khɯ⁵⁵, le²¹ tʂhə⁵⁵ tshɿ²¹ i³³mɯ³³ le³³ zər²¹ . hɯ⁵⁵ me³³ ʂʅ³³
角　来　胜利神　药　又　放　冷凑鬼　　呀　下　又　压　蛆　肉

dʐɿ³³ tshɿ²¹ ne²¹ bər³³ phər²¹ æ²¹ , le²¹ tʂhə⁵⁵ tshɿ²¹ i³³ thɤ³³ i³³ kɤ⁵⁵.
吃　鬼　与　牦牛　白　斗　冷凑鬼　　呀　出　是　会

将地上那祸事的罪过压下去。白海螺般的董，协同猴子胜利神与牛胜利神，将冷凑鬼压下去。吃肉的蛆相争斗，争斗会引来秽鬼。产生冷凑鬼的那一代，用黄色花与绿松石色花给牛胜利神和猴胜利神施药，将冷凑鬼压下去。毒鬼地界里的白山羊与白马相争斗，争斗会引来冷凑鬼。是药胜利神将冷凑鬼压了下去。在早上嘶鸣的美利术主的马与吼叫的白海螺狮子相争斗，争斗会引来冷凑鬼，在高山大草坝上来洗秽，用猴子与牛角给胜利神施药，将冷凑鬼压下去。吃肉的蛆虫鬼与白牦牛相争斗，争斗会引来冷凑鬼。

81-D-9-21

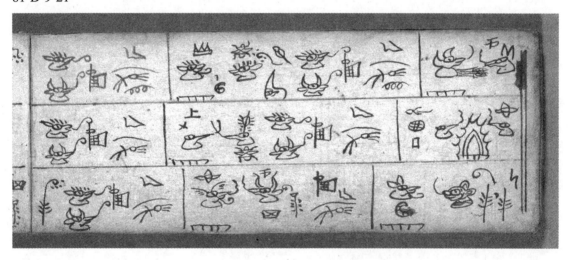

y³³ le²¹ ɯ³³ɡə³³ ɡɑ³³ lɑ²¹ nɯ³³, le²¹ tʂhə⁵⁵ tshɿ²¹ i³³ mu²¹ le³³ zər²¹. | y²¹ hy²¹ y²¹ ʂʅ²¹ æ²¹ me³³
猴　与　牛的　胜利神　来　冷凑　　鬼　呀　下　又　压　猴红猴子黄斗者

dʐy³³ i³³ dy²¹, dʑi²¹ nɯ³³ tʂhər³³ le³³ khɯ⁵⁵, y²¹ ne²¹ ɯ²¹ ɡə³³ ɡɑ³³ lɑ²¹ nɯ³³, le²¹ tʂhə⁵⁵ tshɿ²¹
有　之　地　水　来　药　又　放　猴　与　牛的　胜利神　来　冷凑　　鬼

i³³ mɯ²¹ le³³ zər²¹, khɯ³³ phər²¹ phɑ²¹ phər²¹ æ²¹ me³³ dy²¹ i³³ le²¹ tʂhə⁵⁵ tshɿ²¹ i³³ thɤ³³ le³³
呀　下　又　压　狗　白　狼　白　斗　么　地　呀　冷凑　　鬼　呀　出　又

tshɿ²¹, y³³ ne²¹ɯ³³ɡə³³ ɡɑ³³ lɑ²¹nɯ³³, le²¹ tʂhə⁵⁵ tshɿ²¹ i³³ mɯ²¹ le³³ zər²¹. | tɕy⁵⁵ ʂə⁵⁵ hæ³³ʂʅ²¹
来　猴　与　牛的　胜利神　来　冷凑鬼　　呀　下　又　压　喜鹊　金黄

mɑ⁵⁵ i³³ æ²¹ me³³ dy²¹ i³³ le²¹ tʂhə⁵⁵ tshɿ²¹ i³³ thɤ³³ le³³ tshɿ²¹,y³³ ne²¹ ɯ³³ ɡə³³ ɡɑ³³ lɑ²¹
孔雀　斗　么　地　呀　冷凑鬼　　呀　出　又　来　猴与牛的　胜利神

nɯ³³ , le²¹ tʂhə⁵⁵ tʂʅ²¹ mɯ²¹ le³³ zər²¹. ɑ³³ mu³³ to³³ tɕy⁵⁵ ua³³ hæ²¹ tɕiə⁵⁵ pu³³ æ²¹ , le²¹
来　冷凑鬼　　　下　又　压　阿亩朵局　　松石绿　布谷鸟　斗

tʂhə⁵⁵ tʂʅ²¹ i³³ thɣ³³ i³³ kɣ⁵⁵, sər³³ dʑi²¹ tʂhər³³ le³³ khɯ⁵⁵, y³³ ne²¹ ɯ³³ gə³³ gɑ³³ lɑ²¹ nɯ³³ ,
冷凑鬼　呀 出 是 会　木　水　药　又　放　猴 与 牛 的 胜利神　来

le²¹ tʂhə⁵⁵ tʂʅ²¹ i³³ mɯ²¹ le³³ zər²¹. | tshe³³ dʑi²¹ tʂhu³³ dʑi³³ thɣ³³ me³³ dy²¹ , ua³³ hæ²¹
冷凑鬼　　呀 下 又 压　盐 水 碱 水 出 的 地 松石绿

phɑ²¹ khɯ³³ miə²¹ bər³³ thɣ³³ me³³ æ²¹ , le²¹ tʂhə⁵⁵ tʂʅ²¹ i³³ thɣ³³ i³³ kɣ⁵⁵. y³³ ne²¹
狼　　　眼泪　出　者　斗　冷凑鬼　　是 出 是 会 猴 与

ɯ³³ gə³³ gɑ³³ lɑ²¹ nɯ³³ , le²¹ tʂhə⁵⁵ tʂʅ²¹ i³³ mɯ²¹ le³³ zər²¹. khɯ³³ phər²¹ lɑ³³ hy²¹ æ²¹
牛 的 胜利神 来　冷凑鬼　　呀 下 又 压　狗 白 虎 红 斗

gə³³ dʑy³³ me³³ dy²¹ , bi³³ dɯ²¹ lo²¹ nɯ³³ tʂhər²¹ le³³ khɯ⁵⁵,
的 有 的 地方 森林 大 里 来 药 又 放

猴子与牛的胜利神将冷凑鬼压了下去。在红猴与黄猴争斗的地方，施上水之药，猴子与牛的胜利神将冷凑鬼压下去。在白狗与白狼争斗的地方，争斗会引来冷凑鬼，是猴子与牛胜利神将冷凑鬼压下去。喜鹊与金孔雀争斗的地方，争斗会引来冷凑鬼，是猴子与牛胜利神，将冷凑鬼压下去。阿亩朵局与绿松石色的布谷鸟争斗，争斗会引来冷凑鬼，施上泡了树枝的水当药，猴子与牛胜利神将冷凑鬼压下去。出盐水与碱水的地方，流泪的绿松石色的狼与白牦牛争斗，争斗会引来冷凑鬼。是猴子与牛胜利神，将冷凑鬼压下去。在白狗与红虎争斗的地方，在森林里施上药，

81-D-9-22

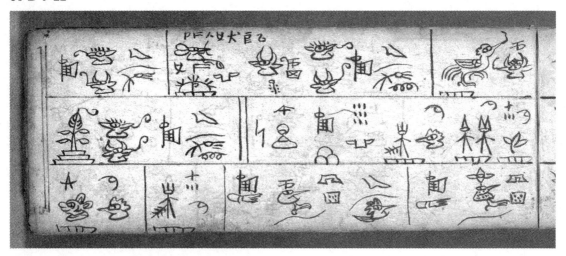

y²¹ le²¹ ɯ³³ gə³³ gɑ³³ lɑ²¹ nɯ³³, le²¹ tʂhə⁵⁵ mɯ²¹ le³³ zər²¹. | ko³³ ʂua²¹ ko³³ gɣ³³ phər²¹, le⁵⁵
猴 与 牛 的 胜利神 来　冷凑　下 又 压　高岭 山头 白 獐子

me³³ khuɑ³³ duɯ²¹ thɣ³³ , tshe³³ dy²¹ tʂhu³³ dy²¹ bər³³ phər²¹ thɣ³³, le²¹ tʂhə⁵⁵ tshʅ²¹ i³³ thɣ³³
母　蹄　大　出　　盐　地　碱　地　　牦牛　白　出　　冷凑鬼　　　　呀　出

i³³ kɣ³³, y³³　le²¹ ɯ³³ gɑ³³ lɑ²¹ nɯ³³ le²¹ tʂhə⁵⁵ tshʅ²¹ i³³ mu²¹ le³³ zər²¹.| sʅ⁵⁵ æ²¹ tɕy²¹ kho³³
是　会　猴　与　牛　胜利神　来　冷凑鬼　　　　呀　下　又　压　素神　鸡啼　声

tshʅ²¹nɯ³³ dɣ³³phər²¹ ɕy³³ tɕy²¹ æ²¹me³³ dy²¹, le²¹ tʂhə⁵⁵ tshʅ²¹ i³³ thɣ³³ i³³ kɣ⁵⁵. hæ²¹ i³³ bɑ³³
尖　来　海螺　　大鹏鸟　斗　么　地　冷凑鬼　　　呀　出　是　会　含依巴达

dɑ²¹ dʑər²¹ gɣ³³ to⁵⁵ nɯ³³ tʂhər³³ le³³ khɯ⁵⁵, y³³ le²¹ ɯ³³ gə³³ gɑ³³ lɑ² nɯ³³, le²¹ tʂhə⁵⁵ mu²¹
　树　尖　　来　药　又　放　猴　与　牛的　胜利神　来　冷凑　下

le³³ zər²¹.|mu³³ lɯ⁵⁵ du²¹ dɯ³³ tʂhər⁵⁵, gɑ³³　lɣ³³ gɣ⁵⁵ lɣ³³ thɣ³³, mɯ³³ lɯ⁵⁵ ʂɣ²¹ dʑɳ³³ dy²¹
又　压　美利董　　　一　代　胜利神石　九　个　出　美利术主　　　　　地

lɑ³³ mə³³ æ²¹ se²¹. dɣ³³ dy²¹ tse²¹ dy²¹ mə³³ æ²¹ se²¹, zɣ³³ dy²¹ tshe² sʅ⁵⁵ dy²¹ lɑ³³ mə³³ æ²¹
也　不　滞留　了　毒鬼　地　仄鬼　地　不　滞留　了　仇地　　十　三　地　也　不　斗

se²¹ , tər²¹ dy²¹ lɑ³³ dy²¹ mə³³ æ²¹ se²¹.|mɯ³³ lɯ⁵⁵ ʂɣ²¹ dʑɳ³³ gə³³ , ʂɣ²¹ dy²¹ tshə²¹ sʅ⁵⁵ dy²¹
了　呆鬼　地　拉鬼　地　不　滞留　了　美利术主　　　　的　术　地　十　三　地

　lɑ³³ mə³³ æ²¹ se²¹.|ko³³ phər²¹ gɑ³³ lɑ²¹ tʂʅ²¹ dʑɳ²¹ gə²¹ le³³ ʂɣ³³, lɣ³³ dʑɳ²¹ æ³³ i³³ mɯ²¹ le³³
也　不　斗　了　鹤　白　胜利神　爪　长　上　又　领　翅　长　斗　是　下　又

zər²¹.|o³³ hæ⁵⁵ tɕiə⁵⁵　pu³³ gɑ³³ lɑ²¹　gə²¹ le³³ ʂɣ³³,
压　绿松石　布谷鸟　胜利神　上　又　领

是猴子与牛胜利神将冷凑鬼压下去。在白山岭的大草坝上，出现了大蹄子的母獐子。在盐碱地出现白牦牛，也会出现冷凑鬼。是猴子与牛胜利神将冷凑鬼压下去。在啼声尖利的素神鸡与白海螺色的大鹏鸟争斗的地方，会出现冷凑鬼，往含依巴达树的树梢上施药。猴子与牛胜利神，将冷凑鬼压下去。美利董那一代，出现了九颗胜利神石，这胜利石就不再滞留在美利术主的地界，不再滞留在毒鬼与仄鬼之地，不再滞留在十三个仇敌之地，不再滞留在呆鬼与拉鬼之地，不再滞留在十三个美利术主之地了。将长爪子的白鹤胜利神领上来，将长翅的鸡压下去。将绿松石色的布谷鸟胜利神领上来，

81-D-9-23

le²¹ tʂhə⁵⁵ muɯ²¹ le³³ zər²¹.｜dɣ³³ phər²¹ ɕy³³ ɕy²¹ ga³³ la²¹ gə²¹ le³³ ʂɣ³³, fɣ⁵⁵ dʑi³³ æ³³ na²¹
冷凑鬼　　下　又　压　　海螺白　大鹏鸟　胜利神　上　又　领　　付京俺娜

muɯ²¹ le³³ zər²¹.｜ua³³ hæ²¹ muɯ³³ dzər³³ ga³³ la²¹ gə²¹ le³³ ʂɣ³³, lɣ³³ dʑər²¹ na²¹ me³³ muɯ²¹
下　又　压　　松石　绿　青龙　　胜利神　上　又　领　蟒蛇　黑　么　下

le³³ zər²¹.｜dɣ³³ phər²¹ si³³guɯ³³ ga³³ la²¹gə²¹ le³³ ʂɣ³³, khuɯ³³ na²¹ ʂu²¹ kɣ³³ dʐŋ²¹ me³³ muɯ²¹
又　压　海螺白　狮子　胜利神　上　又　领　狗　黑　术　头　长　者　下

le³³ zər²¹.｜bə³³ duɯ³³ la³³ hy²¹ ga³³ la²¹gə²¹ le³³ ʂɣ³³, dæ³³ me³³ mæ³³ hy²¹ muɯ²¹ le³³ zər²¹.｜
又　压　脚掌大　虎　红　胜利神　上　又　领　狐狸　大　尾　红　下　又　压

ŋɣ³³ phər²¹ ga³³ la²¹ gə²¹ le³³ ʂɣ³³, le²¹ tʂhə⁵⁵ tshŋ²¹ i³³ muɯ²¹ le³³ sy⁵⁵,muɯ²¹ le³³ zər²¹. hæ³³
银　白　胜利神　上　又　领　冷凑鬼　呀　下　又　杀　下　又　压　金

ʂŋ²¹ ga³³ la²¹ gə²¹ le³³ ʂɣ³³, ʂŋ³³ dʐŋ³³ tshŋ²¹ i³³muɯ²¹ le³³ zər²¹.｜ua³³ tʂhu²¹ ga³³ la²¹ gə²¹
黄　胜利神　上　又　领　肉　吃　鬼　呀　下　又　压　　绿松石　胜利神　上

le³³ ʂɣ³³, tʂhu²¹ na⁵⁵ tshŋ²¹ i³³ muɯ²¹ le³³ zər²¹,tshŋ²¹ ua³³ sŋ²¹ ɕi³³ tʂhua⁵⁵ tshər²¹ muɯ²¹ le³³
又　领　松石黑　鬼　呀　下　又　压鬼　骨　三　百　六十　　　下　又

zər²¹.
压

将冷凑鬼压下去。将白海螺色的大鹏鸟领上来，付京俺娜压下去。将绿松石色的青龙胜利神领上来，黑蟒蛇压下去。将白海螺色的狮子胜利神领上来，术头黑狗压下去。将大脚掌的红虎胜利神领上来，红尾狐狸压下去。将白银胜利神领上来，冷凑鬼压下去。将黄金胜利神领上来，冷凑鬼压下去。将绿松石色的胜利神领上来，绿松石色的鬼压下去。将三百六十种鬼压下去。

81-D-9-24

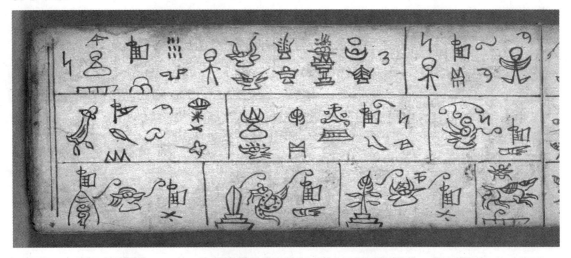

mɯ²¹ lɯ⁵⁵ du²¹ dɯ³³ tʂhər⁵⁵ ,du²¹ gə³³ ga³³ lɤ³³ gɤ⁵⁵ lɤ³³ thɤ³³,du²¹ zo³³ bər²¹ y²¹ zɿ³³ ha³³
美利董 　 一 代 董 的 胜利 石 九 个 出 董 男 牦牛 绵羊 酒 饭

tʂhər²¹ na⁵⁵ çy⁵⁵ ma²¹ nɯ³³ , tʂhu⁵⁵ pa³³ gə²¹ le³³ be³³, sɿ⁵⁵ i³³ gɤ³³ hɯ²¹ he³³ hɯ²¹ se²¹ .|
肥肉 瘦肉 柏 酥油 来 供品 上 又 做 活人 呀 身 安 神 安 了

mɯ³³ lɯ⁵⁵ du²¹ dɯ³³ tʂhər⁵⁵ ,ga³³ tʂhər³³ mə³³ khu⁵⁵ me³³,ga³³ hy⁵⁵ mə³³ dɯ⁵⁵ dɯ³³.dɤ³³
美利董 　 一 代 胜利 药 不 放 么 胜利神 站 不 整齐 海螺 白

phər²¹ the³³ i³³ gə²¹ nɯ³³ tʂhu⁵⁵, ʥi²¹ i³³ mu²¹ mə³³ i³³.dɤ³³ phər²¹ pu³³ pa³³ be³³,dɤ²¹ le³³
旗 呀 上 来 插 水 呀 下 不 有 白海螺 变化 做 千 又

çi³³ sy²¹ thɤ³³ le³³ tshŋ²¹ .| i²¹ ʂɿ⁵⁵ bu³³ tso³³ nɯ³³ ,çy³³ i³³ tʂŋ³³ be³³ se²¹ , phɤ³³ la²¹ zɤ⁵⁵
百 样 出 又 来 益世补佐 来 法事 呀 这 做 了 神 神坛

tɯ³³ khu³³ , ga³³ tʂhər³³ mɯ²¹ le³³ khu⁵⁵,ga³³ tʂhə⁵⁵ ʂu⁵⁵.| mɯ³³ gə³³ ua³³hæ²¹mɯ³³ dzər³³
铺 胜利 药 下 又 放 胜利神 秽除 天 的 松石绿 青龙

khu³³ nɯ³³ thɤ³³ gə³³ ga³³ la²¹ tʂhə³³ le³³ khu⁵⁵, dɤ³³ phər²¹ ʥy²¹ ʂua²¹ kɤ³³ gə³³ tʂhər³³ ,
口 来 出 的 胜利神 药 又 放 海螺 白 山 高 上 的 药

dɤ³³ phər²¹ si³³ gu³³ tʂhər³³ le³³ khu³³ ,ga³³ la²¹ tʂhər³³ le³³ khu⁵⁵, ʥy²¹ na³³ zo⁵⁵ lo³³ kɤ³³
海螺 白 狮子 药 又 放 胜利神 药 又 放 居那若罗 　 上

gə³³ tʂhər³³, lɤ³³ ʥŋ²¹ lɤ²¹ ʥə²¹ khu³³ nɯ³³ thɤ³³ gə³³ tʂhər³³ le³³ khu⁵⁵, ga³³ la²¹ tʂhər³³ le³³
的 药 翅 长 蟒蛇 口 来 出 的 药 又 来 胜利神 药 又

khu⁵⁵.| hæ²¹ i³³ ba³³ ʥər²¹ kɤ³³ to⁵⁵ gə³³ dɤ³³ phər²¹ çy³³ tɕy²¹ khu³³gə³³ tʂhər³³, ga³³ la²¹
放 含依巴达 树 树梢 的 海螺 白 大鹏鸟 口 的 药 胜利神

tṣhər³³ le³³ khɯ⁵⁵.│dy²¹ gə³³ hæ³³ ʂʅ²¹ pa⁵⁵ me³³ khu³³ nɯ³³ thɣ³³ gə³³ tṣhər³³
药　又　放　地　的　金黄　蛙　大　口　里　出　的　药

美利董那一代，出现了九个美利董主的胜利石，美利董主的儿子，用牦牛、绵羊、酒、饭、
肥肉、瘦肉与酥油，当作供品献上去，活人身轻神安了。

　　美利董一代，不给胜利神施药，胜利神就站立不整齐。白海螺色的旗子插上方，水不往下
流。白海螺作变化，变出百样千样的东西。益世补佐作法事，铺设了神坛，施了胜利神的药，
给胜利神除了秽。给胜利神施上青龙之口出来的药，给胜利神施上从白海螺般高山上来的，
从那白海螺般的狮子之口出来的药。给胜利神施上长翅蟒蛇之口出来的药，给胜利神施上那
含依巴达树树梢上的白海螺般的大鹏鸟之口出来的，给胜利神施上金色大蛙之口出来的
药。

81-D-9-25

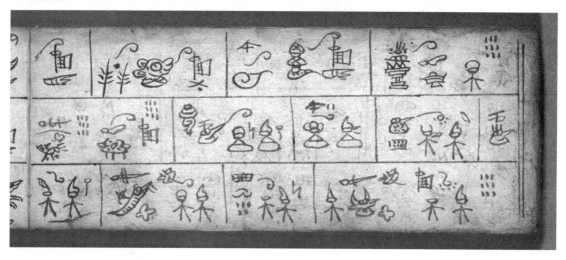

ga³³ la²¹ tṣhər³³ le³³ khɯ⁵⁵.│bi³³ na²¹ lo²¹ gə³³ tṣhər³³ nɯ³³ la³³ hy²¹ ga³³ la²¹ tṣhər³³ le³³
胜利神　药　又　放　森林　黑　里　的　药　来　虎　红　胜利神　药　又

khɯ⁵⁵.│nɯ³³ lɯ⁵⁵ da³³ dʑi²¹ hɯ⁵⁵ gə³³ tṣhər³³ nɯ³³ ʂɣ²¹ ga³³ la²¹ gə³³ tṣhər³³ le³³ khɯ⁵⁵.│
放　美利达吉　　湖　的　药　来　署　胜利神　的　药　又　放

tṣhu⁵⁵ pa³³ mi³³ gə³³ tṣhər³³, ʂʅ³³ ne²¹ ha³³ gə³³ tṣhər³³ nɯ³³ du²¹ zo³³ gɣ⁵⁵ kɣ³³ tṣhər³³ le³³
供品　火　的　药　肉　与　饭　的　药　来　董子　九　个　药　又

khɯ⁵⁵, mu³³ tshi²¹ gɣ³³kɣ⁵⁵ mu²¹ le³³zər²¹, mu²¹ le³³ sy⁵⁵ .tɕi⁵⁵ le³³ mi⁵⁵ gə³³ ha³³ nɯ³³ ga³³
放　猛　鬼　九　个　下　又　压　下　又　杀　烧　又　熟　的　饭　来　胜利神

la²¹ gɣ³³ kv⁵⁵ tṣhər³³ le³³ khɯ⁵⁵.│dy³³ phər²¹ ko³³ phər²¹ nɯ³³, mɯ³³ lɯ⁵⁵ du²¹ dʑ̩³³, tshʅ⁵⁵
九　个　药　又　放　海螺　白　鹤　白　来　美利董主

tṣua³³ dʑi³³ mu³³ me³³ ŋi³³ kɣ⁵⁵ gə³³ tṣhər³³ le³³ khɯ⁵⁵.│mɯ³³ lɯ⁵⁵ lu³³ se²¹ ŋi³³ kɣ⁵⁵ tṣhər³³
茨爪金姆　　两　个　的　药　又　放　美利卢沈　　两　个　药

le³³ khɯ⁵⁵.│tsʅ⁵⁵ dʑæ²¹ huɯ³³ dʑæ²¹ nuɯ³³, tsho²¹ ze³³ lm⁵⁵ ɯ³³, tse⁵⁵ huɯ²¹ bu³³ bə²¹ tʂhər³³ le³³
又　放　字丹恒丹　　　来　崇忍利恩　　衬恒褒白　　　药　又

khɯ⁵⁵.│hua³³ phər²¹ nuɯ³³ ka³³ le²¹ ka³³ tshy⁵⁵, dʑi³³ mi⁵⁵ dʑi³³ tsʅ³³ tʂhər³³ le³³ khɯ⁵⁵.│ua³³
放　白鹇鸟　来　高勒高趣　　吉命吉兹　　药　又　放松石

hæ²¹ lɣ²¹ dʑə²¹ sy⁵⁵, thuɯ³³ gə³³ nɣ⁵⁵ me³³ nuɯ³³, du²¹ zo³³ du²¹ mi⁵⁵ tʂhər³³ le³³ khɯ⁵⁵.│phe²¹
绿大蛇　杀它的心　　来　董子董女药　又放

i³³ ua⁵⁵ kɣ³³ du²¹ zo³³ du²¹ mi⁵⁵ tʂhər³³ le³³ khɯ⁵⁵.│dɣ²¹ gə³³ ɯ³³ na²¹ sy⁵⁵, thuɯ³³ gə³³ nɣ⁵⁵
培衣瓦古　董子董女药又放　毒鬼的牛黑杀它的心

me³³ nuɯ³³, ga³³　zo³³ ga³³　mi⁵⁵ gɣ³³ kɣ⁵⁵ tʂhər³³ le³³ khɯ⁵⁵.
来胜利神子胜利神女九个药又放

给红虎胜利神施上森林里的药，给署胜利神施上美利达吉湖里的药。供品是火的药，用肉与饭之药，给九个美利董主的儿子施上。将九个猛鬼压下去、杀下去。给胜利神施上煮了就熟的饭。白海螺般的白鹤给美利董主、茨爪金姆两个施上药，给美利卢沈两个施上药。字丹恒丹给崇忍利恩、衬恒褒白施上药，白鹇鸟给高勒高趣、吉命吉兹施上药。杀了绿松石色的大蛇，取它的心，给美利董主的儿女施上药。培衣瓦古给美利董主的儿女施上药。杀了毒鬼的黑牛，取它的心，给胜利神的儿子与女儿施上药。

81-D-9-26

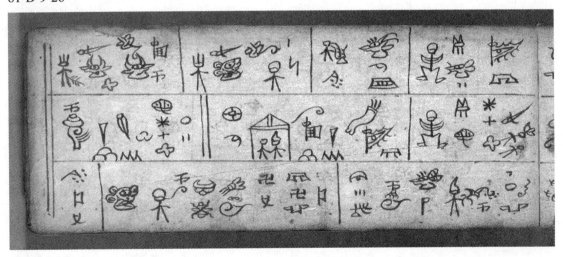

ʂɣ²¹ gə³³ ɯ³³ na²¹ sy⁵⁵, thuɯ³³ gə³³ nɣ⁵⁵ me³³ nuɯ³³, ɯ³³ phər²¹ ga³³ la²¹ tʂhər³³ le³³ khɯ⁵⁵.│
术的牛黑杀它的心　来　牛白胜利神药又放

tshʅ²¹ gə³³ dzʅ³³ na²¹ sy⁵⁵, thuɯ³³ gə³³ nɣ⁵⁵me³³ nuɯ³³, du²¹ zo³³ tʂhər³³ le³³ khɯ⁵⁵.│thuɯ³³ be³³
鬼的豹黑杀它的心　来　董子药又放　这做

se³³ na²¹ sʅ³³,│tsho³³ me⁵⁵ tsho³³ le³³ ɲi²¹. dɣ³³ phər²¹ the³³ i³³ gə²¹ nuɯ³³ tʂhu⁵⁵, dʑi²¹ i³³
完了才跳者跳又好海螺白旗呀上又插水流

mu²¹ nuɯ³³ i³³, dɣ²¹ le³³ çi³³ sy²¹pa³³ me³³ gɣ³³ n̥i²¹gɣ³³.│bi³³ thɣ³³ mə⁵⁵ tʂʅ³³ n̥i³³, i³³ da²¹
下　来　流千　与百样　到了　成似成　太阳出　的　这天　主人

tʂʅ³³ dɯ³³ tɕə²¹, ga³³ lɣ³³ tsʅ²¹, ga³³ mi⁵⁵ khɯ⁵⁵, ga³³ tʂhər³³ khɯ⁵⁵,bu²¹ kho³³ gə²¹ nɯ³³
这　一　家　胜利神石竖　胜利火烧时　胜利药　放　号角　上来

mu²¹,the³³ tɕi²¹ gə²¹nɯ³³ lɣ⁵⁵.│tsho³³ kɣ⁵⁵ pɯ³³ pa³³ be³³, zɣ²¹ tshʅ²¹ dɣ²¹ le³³ çi³³ sy²¹ mɯ²¹
吹　旗子　上　来飘　跳会　变化　做敌鬼千　又　百样　下

le³³ sy⁵⁵ be³³ ho⁵⁵!│a³³ la³³ mə³³ ʂə⁵⁵ n̥i³³, du²¹ zo³³ ŋɣ³³ phər²¹ hæ³³ ʂʅ²¹ tʂhər³³ le³³ khɯ⁵⁵,
又　杀　做愿　阿也　不说　日董子　银白　金黄药　又放

ʥi²¹ i³³ mə³³ ko⁵⁵ thɣ³³ be³³ ho⁵⁵!ɯ³³me³³ ɯ³³ thɣ³³ ho⁵⁵!│sʅ⁵⁵ ha³³ i³³ so²¹ gɣ³³, lɣ³³ phər²¹
水　流　不干涸出　做愿好者　好出愿　三　夜　早晨　成　鲁盘

hɯ⁵⁵ le³³ ko⁵⁵, bɯ³³ la²¹ pu⁵⁵ gə³³ tʂhər³³ phər²¹ dɯ³³ gɣ³³ thɣ³³.
湖　又干涸女人手中的药　白一样出

杀了美利术主的黑牛，用它的心，给白牛胜利神施上药；杀了鬼的黑豹子，用它的心，给美利董主的儿子施上药。做完了以上这些，舞者的病痊愈了。将白海螺色的旗子插上去，水儿流下来了，百样千样都做成了。

太阳晴朗的今天，这户主人家，竖起胜利之石，烧起胜利之火，施上胜利之药，吹起号角，旗帜在飘扬。由舞者作变化，愿将成百上千的仇鬼杀下去！

很久很久以前，给美利董主的儿子施上白银与黄金之药，愿流水不干涸，善者遇善事！三夜又三早，鲁盘湖干涸了，出现了女人手中的一种好药。

81-D-9-27

tʂhər³³ thɣ³³ mɯ³³ mi⁵⁵ na⁵⁵ se³³ py³³ mu³²¹ thɯ³³ nɯ³³ mɯ²¹ le³³ be³³.│mɯ³³ gə³³ na²¹
药　出　天女　娜生本姆　　她来下　又做　天的

kha³³ tɕi³³ lo³³ nɯ³³, tʂhər³³ ɯ³³gɣ³³ le³³ çi³³ sy²¹ be³³.│nɯ²¹ nɯ²¹ no⁵⁵ ,u³³ nɯ²¹ tʂʅ²¹, ʥi³³
那卡吉罗　来　药　九又百样做　尼尼糯　吾尼止　精人

nuɯ²¹ hua²¹ ga³³ la²¹ ge³³ tʂhər³³ ɯ³³ be³³.mɯ³³ mi⁵⁵ na⁵⁵ se³³ pɣ³³ mu³³ khu³³ nɯ³³ thɣ³³
与 崇人 胜利神 的 药 当 天 女 娜生本姆 上 来 出

gə³³ tʂhər³³, du²¹ gə³³ nuɯ²¹ nɯ²¹ no⁵⁵ tʂhər³³ dɯ³³ ɯ²¹ khɯ⁵⁵, nuɯ²¹ dʐɣ³³ no⁵⁵ dʐɣ³³ ho⁵⁵!∣
的 药 董 的 尼尼糯 药 一样 放 吉 增 福 增 愿

mɯ³³ gə³³ kɯ²¹ tʂhər³³ dɯ³³ tʂhər³³ khɯ⁵⁵, kɯ²¹ dʐŋ²¹ mɯ³³ ʂər⁵⁵ gɣ³³ be³³ ho⁵⁵!kɯ²¹ gə³³
天 的 星 药 一 药 放 星 长 天 满 成 做 愿 星的

no³³ ua²¹ mɯ²¹ le³³ sa⁵⁵, dy²¹ gə³³ zə²¹ tʂhər³³ dɯ³³ tʂhər³³ khɯ⁵⁵, zə²¹ y²¹ dy²¹ ʂər⁵⁵ gɣ³³
神泽 下 又 迎 地的草 药 一 药 放 草 长 地 满 成

be³³ ho⁵⁵!zə²¹ gə³³ no³³ ua²¹ mɯ²¹ le³³ sa⁵⁵!∣ bi³³ tʂhər³³ dɯ³³ tʂhər³³ khɯ⁵⁵, bi³³ thɣ³³ uə³³
做 愿 草的 福泽 下 又 迎 太阳 药 一 药 放 太阳 出 寨

lɣ²¹ ho⁵⁵! bi³³ gə³³ no³³ ua²¹ mɯ²¹ le³³ sa⁵⁵, le²¹ tʂhər³³ dɯ³³ tʂhər³³ khɯ⁵⁵, le⁵⁵ tshy⁵⁵ mi³³
暖 愿 太阳的 福泽 下 又 迎 月亮 药 一 药 放 月亮 光芒 火

bu³³ ho⁵⁵! le²¹ gə³³ no³³ ua²¹ mu²¹ le³³ sa⁵⁵, dʑy²¹ tʂhər³³ dɯ³³ tʂhər³³ khɯ³³, dʑər³³ y²¹ dʑy²¹
亮 愿 月的 福泽 下 又 迎 山 药 一 药 放 树 长 山

ʂər⁵⁵ gɣ³³ be³³ ho⁵⁵!dʑər²¹ gə³³ no³³ ua²¹ mɯ²¹ le³³ sa⁵⁵, lo²¹ tʂhər³³ dɯ³³ tʂhər³³ khɯ⁵⁵ dʑi²¹
满 成 做 愿 树的 福泽 下 又 迎 沟 药 一 药 放 水

dʑi³³ lo²¹ ʂər⁵⁵ gɣ³³ be³³ ho⁵⁵! dʑi²¹ gə³³ no³³ ua²¹ mɯ²¹ le³³ sa⁵⁵, hy⁵⁵ tʂhər³³ dɯ³³ tʂhər³³
流 沟 满 成 做 愿 水的 福泽 下 又 迎 柏树 药 一 药

khɯ³³, çy⁵⁵ hæ²¹ be³³ mə³³ tɕi⁵⁵ be³³ gɣ³³ be³³ ho⁵⁵! hy⁵⁵ gə³³no³³ ua²¹ mɯ²¹ le³³ sa⁵⁵, bɯ³³
放 绿柏 雪 不 积 做 成 愿 柏的 福泽 下 又 放 栗

hæ²¹ dʑər²¹ n̠y²¹ dɯ³³ tʂhər³³ khɯ⁵⁵, zu²¹ hu²¹ mə³³ tɕi⁵⁵ gɣ³³be³³ ho⁵⁵!phiə⁵⁵ ʂ̩²¹phiə⁵⁵ ua²¹
绿树 上 一 药 放 夏雨 不 积 成 做 愿 叶 黄 叶 绿

nɯ³³ le³³ sa⁵⁵,∣ phər²¹ na⁵⁵ lɯ³³ kæ³³ tʂu⁵⁵, s̩²¹ kha³³ n̠i³³ tɕy²¹ ba²¹ gə³³ tʂhər³³ le³³ khɯ⁵⁵,
请 又 迎 白 黑 地 交接地 梅花 两 季 开 的 药 又 放

ba²¹ le³³gə²¹ mə³³ kɣ⁵⁵ gə³³ no³³ua²¹mɯ²¹ le³³ sa⁵⁵,∣dy²¹ dɯ²¹ zə²¹ hər⁵⁵ zə²¹ tʂhər⁵⁵ khɯ⁵⁵,
开 了 落 不 会 的 福泽 下 又 迎 地广草 割草 药 放

so²¹ n̠y²¹ le³³ hæ²¹ no³³ ua²¹ mɯ²¹ le³³ sa⁵⁵.∣ ʐ̩³³ zi³³ kho³³ dʑ²¹ dɯ³³ tʂhər³³ khɯ⁵⁵, ʐ̩²¹
晨 时 又 绿 福泽 下 又 迎 蛇 小 角 长 一 药 放 蛇

gə³³ no³³ ua²¹ mɯ²¹ le³³ sa⁵⁵.
的 福泽 下 又 迎

这药是天女娜生本姆放下来的。天的那卡吉罗制了九样百样的药，用"尼尼糯"、"吾尼止"做精人与崇人胜利神的药。给美利董主施上天女娜生本姆的药"尼尼糯"，愿吉祥与福泽倍增！给天上的星星施上一味药，迎来星一般的福泽，愿繁星满天！给大地上的青草施上一味药，迎来草的福泽，愿青草遍地！给太阳施上一味药，迎来太阳一般的福泽，愿太阳出来寨子暖！给月亮施上一味药，迎来月亮般的福泽，愿月光皎洁！给山施上一味药，迎来树的福泽，愿青山满山一般树，给山箐施上一味药，迎来山一般的福泽，愿山箐水满！给柏树施上一味药，迎来柏树一般的福泽，愿绿柏枝上不积雪！给绿栗施上一味药，迎来黄叶绿叶之福泽，愿雨水不积它身上！在黑白交界地给一年开两季的梅花施上药，迎来只开花不凋零的福泽。给割了青草的大地施上药，迎来头天割了次晨又绿的草的福泽。给长角小蛇施上一味药，迎来蛇的福泽。

81-D-9-28

ly³³ ɳə²¹ dɯ³³ tʂhər³³ khɯ⁵⁵, ʂu²¹ nɯ³³ tshe⁵⁵ me³³ mi³³ ba²¹ tse⁵⁵ gə³³ no³³ ua²¹ mu²¹ le³³
石　　上　一　药　　　放　铁　来　砍　么　火　花　闪　的　福泽　　下　又

sa⁵⁵.│mɯ³³ gə³³ ua²¹ tʂhər³³ dɯ³³ tʂhər³³ khɯ⁵⁵,dy²¹ gə³³ hæ²¹ tʂər³³ dɯ³³ tʂhər³³ khɯ⁵⁵,dʑy²¹
迎　　天　的　松石　药　　一　药　　放　在　的　金　药　一　药　　放　山

gə³³ ŋɤ²¹ tʂhər³³ dɯ³³ tʂhər³³ khɯ⁵⁵, lo²¹ gə³³ tʂhu²¹ tʂhər³³ dɯ³³ tʂhər³³ khɯ⁵⁵.│ba²¹ nɯ³³
的　银　　药　　一　样　　放　沟　的　墨玉　药　一　药　　放　花　的

bæ³³ tʂhər³³ khɯ⁵⁵,│tʂʅ²¹ nɯ³³ ha³³ tʂhər³³ dʑi²¹tʂhər³³ dɯ³³ tʂhər³³ khɯ⁵⁵. i²¹ ʂʅ⁵⁵ bu³³ tso³³
蜜蜂　药　　放　粮食　来　饭　药　水　药　一　药　　放　益世补佐

py³³ bɤ²¹nɯ³³,gɤ³³ phiə⁵⁵pɯ³³pa³³ be³³, phiə⁵⁵dɯ²¹dɯ³³ phiə⁵⁵ thɤ³³, gɤ³³ ly³³pɯ³³pa³³ be³³,
东巴　来　九　叶　变化　　做　叶　大　一　叶　出　九　个　变化　做

ly³³dɯ²¹ dɯ³³ ly³³ thɤ³³, gɤ³³ tʂhər³³ pɯ³³ pa³³ be³³, khy²¹ gə³³ tʂhər³³ dɯ²¹ thɤ³³.│i²¹ ʂʅ⁵⁵
粒　大　一　个　出　九　药　变化　做　内　的　孝　大　出　益世补佐

bu³³tso³³ py³³ bɣ²¹ nɯ³³, tʂhər³³ khɯ⁵⁵ sa⁵⁵ mə³³ tʂər²¹, dɣ³³ phər²¹ tʂhər³³ i³³ khuɑ⁵⁵ lo²¹
东巴　来　药　放　溢　不　让　海螺　白　药　呀　碗　里

khɯ⁵⁵,py²¹ o³³ phər²¹ nɯ³³ tʂhər³³ le³³ be⁵⁵ .phər²¹ tʂhər³³ dɣ²¹ tʂhər³³ so³³ çi³³ mə³³ dʑy²¹
放　本　窝盘　，　来　药　又　做　好　药　毒　药　尝　人　不　有

hæ³³ ʂʅ²¹ ma⁵⁵ i³³ me³³ nɯ³³ so³³, kɣ³³ nɯ³³ lɣ³³ ba²¹ ba²¹, mæ³³ nɯ³³ lɣ²¹ pe⁵⁵ i³³ me³³
金　黄　孔雀　者　来　尝　头　来　石　长　开　尾　来　毒　有　么

bɯ²¹ lu³³ ʂu³³ mu³³ the²¹ nɯ³³ thɣ³³ le³³ tshʅ²¹.| tʂhər³³ so³³ çi³³ mə³³ dʑy²¹, tɕy⁵⁵ tʂhu²¹
规　则　来　历　这　来　出　又　是　药　尝　人　不　有　最早

mu³³gə³³ sa²¹ lɯ⁵⁵ uə³³ de³³ khu³³ nɯ³³ so³³, zʅ³³ ʂər²¹ ha⁵⁵ i³³ gɣ³³ be³³ hə²¹ . iə³³ ma²¹
天的　萨利威登　　口　来　尝　寿　长　夜　成　愿　做　了　优麻

khu³³ nɯ³³ so³³, dæ²¹ le³³ tʂhu²¹ me³³ gɣ³³ be³³ hə²¹ . lu⁵⁵ gɣ³³ py³³ bɣ²¹ khu³³ nɯ³³ so³³,
口　来　尝　勇敢　与　快速　者　成　做　了　中间高明　东巴　口　来　尝

kho³³ɯ³³ sa⁵⁵ ɯ³³ gɣ³³ be³³ hə²¹.| mɯ³³ lɯ⁵⁵ du²¹ zʅ³³, tshʅ⁵⁵ dzuɑ³³ dʑi³³ mu³³ me³³ nɯ³³
声　好　气　好　成　做　了　美利董主　　茨爪金姆　　　　者　来

so³³,du²¹ zo³³gɣ³³ zo³³ çi²¹me³³ gɣ³³uə³³ tshʅ⁵⁵ , du²¹ mi⁵⁵ çi²¹ me³³gɣ³³ dy²¹ khu³³ le³³hə²¹.|
尝董神儿　九　子　养　么　九　寨　建　董神女　养　么　九　地　辟　去　了

lu²¹ se²¹ khu³³ nɯ³³ so³³, lu²¹ zo³³ gɣ³³ phər²¹ se²¹ mi⁵⁵ dzæ³³ ʂʅ²¹, zʅ³³ ʂər²¹ ha⁵⁵ i³³ gɣ³³
卢　沈　口　来　尝　卢　男　头　白　沈　女　牙　黄　寿　长　夜　久　成

le³³ hə²¹ . tsho²¹ ze³³ lɯ⁵⁵ ɯ³³,
又　了　崇忍利恩

给石头施上药，迎来铁斧砍石头火花闪耀的福泽。施上天的松石药，施上地的黄金药,施上山的银子药，施上沟的墨玉药。给蜜蜂施上花药，给饭施上粮食药、水药。由益世补佐东巴用九片叶子做变化，变出一片大叶子。用九颗作变化，变出一个大的。九种药作变化，变出一个药。益世补佐东巴，倒药不让药溢出来，将白海螺放入碗中，将本窝盘当作药。无人来尝毒药与好药，是金孔雀来尝，因此孔雀头上开石花，尾羽有毒的说法就是来源于此。

　　最早，是天的萨利威登来尝药，萨利威登长寿了。优麻来尝药，尝了变得勇敢快捷了。高明的东巴来尝药，出来了好声好气。美利董主、茨爪金姆来尝药，董的九个儿子去建九个寨，董的九个女儿开了九片地。卢神、沈神来尝药，男卢神活到满头银发，女沈神活到满口黄牙，白头偕老了。

81-D-9-29

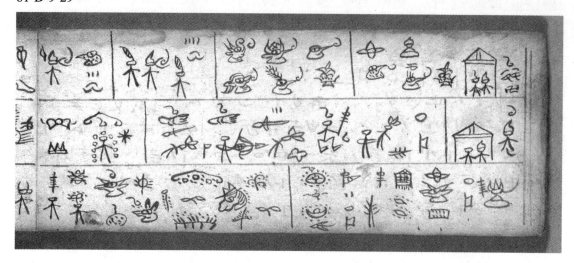

tshe⁵⁵ huɯ²¹ bu²¹ bə²¹ mi⁵⁵ nuɯ³³ so³³, ɯ³³ huɯ²¹ sʅ²¹ zʅ³³ i³³ le³³ hə²¹.│ka³³ le²¹ ka³³ tshy⁵⁵,
衬恒褒白命　　　　　来　尝　恩恒　三　子孕育了　去　高勒高趣

dʑi³³ mi⁵⁵ dʑi³³ dʐʅ³³ me³³ nuɯ³³ so³³, tshy⁵⁵ zʅ³³ lu⁵⁵ zʅ³³ i³³ le³³ hə²¹.│ua³³ hæ²¹ muɯ³³
吉命吉兹　　　么　来　尝　趣　子　四子孕育了　去　松石绿 青龙

dzʐər³³ khu³³ nuɯ³³ so³³, dʅ³³ phər²¹ sʅ³³ gu³³ khu³³ nuɯ³³ so³³, dʅ³³ phər²¹ ɕy³³ tɕy²¹ khu³³
　口　来　尝 海螺 白　狮子　　口　来　尝 海螺 白　大鹏鸟　口

nuɯ³³ so³³, hæ²¹ sʅ²¹ ma⁵⁵ i³³ khu³³ nuɯ³³ so³³, ko³³ phər²¹ khu³³ nuɯ³³ so³³,│ua³³ hæ²¹ tɕə⁵⁵
来　尝　金 黄 孔雀　口　来 尝　鹤 白 口　来 尝 松石绿　布

pu³³ khu³³ nuɯ³³ so³³, he²¹ gə³³ hua³³ phər²¹ khu³³ nuɯ³³ so³³. i³³ da²¹ tʂhʅ³³ duɯ³³ tɕə²¹, zo³³
谷鸟 口　来　尝 恒神的　白鹇鸟　口　来 尝 主人 这 一　家男

nuɯ²¹ mi⁵⁵ gə³³ miə²¹ ɳy²¹ duɯ³³ tiə⁵⁵ dər³³,miə²¹ tha⁵⁵ ly²¹ ɯ³³ hə²¹ ,he³³ ɳy²¹ duɯ³³ tiə⁵⁵
与　女 的 眼 上　一 滴 滴 眼 尖 看 好 了耳上　一 滴

dər³³, he³³ tha⁵⁵ mi³³ ɯ³³ hə²¹ , gʅ³³ ɳy²¹ duɯ³³ tiə⁵⁵ dər³³ me³³ nuɯ³³, gʅ³³ ʂua²¹ muɯ³³ thʅ⁵⁵
滴 耳 尖 闻 好 了 身体 上 一 滴 落 么 来 身体 高 天 抵

hə²¹.│la²¹ ɳy²¹ duɯ³³ tiə⁵⁵ dər³³ , la³³ lər³³ khæ⁵⁵ ɯ³³ hə²¹, zʅ²¹ sy⁵⁵ zʅ²¹ ko²¹ puɯ⁵⁵ !luɯ³³
了 手 上 一 滴 落 大弓 射 好 了 仇 捉 仇 内心 发颤 弓

ɳy²¹² duɯ³³ tiə⁵⁵ dər³³ me³³ nuɯ³³, zʅ²¹ y²¹ zʅ²¹ duɯ³³ gʅ³³ be³³ ho⁵⁵!│ i³³ da²¹ tʂhʅ³³
上 一 滴 落 么 来 仇 捉 仇 得 成 做 愿 主人 这

duɯ³³ tɕə²¹, buɯ³³ ɳy²¹ duɯ³³ tiə⁵⁵ dər³³ zʅ³³ ʂə²¹ gʅ³³, mi⁵⁵ hæ²¹ tsho²¹ dzʅ³³ hə²¹.
一 家 女人 上 一 滴 落 寿 长 成 女 买 人 增 了

nɯ²¹ ne²¹ no⁵⁵ ȵy²¹ dɯ³³ tiə⁵⁵ dər³³ me³³ nɯ³³ nɯ²¹ dzɣ³³ no⁵⁵ dzɣ³³ hə²¹ ; ʥi³³ le²¹ hua²¹
牲畜 与 畜神 上 一 滴 滴 么 来 牲畜 增 畜神 增 了 精人 与 华神

ȵy²¹ dɯ³³ tiə⁵⁵ dər³³ me³³ nɯ³³, u²¹ dzɣ³³ tʂɿ²¹ dzɣ³³ hə²¹, mu³³ bɣ²¹ kɯ²¹ iə²¹ gɣ³³, dy²¹
处 一 滴 滴 么 来 五谷神 增 粮食 增 了 天 下 星 似 成 地

ȵy²¹ dɯ³³ tiə⁵⁵ dər³³, dy²¹ ȵy²¹ zua³³ y²¹ gɣ³³, zua³³ ʂɿ²¹ bu³³ iə²¹ gɣ³³, khɯ³³ ʥɣ²¹
上 一 滴 滴 地 上 马 活 成 马 黄 鬃 似 成 星 长

lər⁵⁵ iə²¹ gɣ³³ . bi³³ ȵy²¹ dɯ³³ tiə⁵⁵ dər³³, bi³³ thy³³ bi³³ bu³³ hə²¹, le²¹ ȵy²¹ dɯ³³ tiə⁵⁵
种 似成 太阳 处 一 滴 滴 太阳 出 太阳 亮 了 月亮 处 一 滴

dər³³, le²¹ tshy⁵⁵ zy³³ zæ³³ the⁵⁵ ȵi²¹ gɣ³³ be³³ ho⁵⁵! ʥər²¹ ʥɣ²¹ phiə⁵⁵ ʂər⁵⁵ hə²¹, ly³³ ne²¹
滴 月亮 皎洁 那样 成 做 愿 树 长 叶 满 了 矛 与

kæ²¹ ʂər⁵⁵ hə²¹ , nɯ²¹ le³³ ua²¹, hu²¹ le³³ dzæ³³ be³³ gɣ³³ be³³ ho⁵⁵! py³³ bɣ²¹ zɣ³³ ʂər²¹
铠甲 满 了 吉祥 与 福泽 富裕 与 强盛 做 成 做 愿 东巴 寿 长

崇忍利恩、衬恒褒白命来尝药,孕育了三个恩恒儿子。高勒高趣、吉命吉兹来尝药,孕育了四个儿子。绿松石色的青龙来尝药,白海螺色的狮子来尝药,白海螺色的大鹏鸟来尝药,金孔雀来尝药,白鹤来尝药,绿松石色的布谷鸟来尝药,恒神的白鹇鸟来尝药。给这户主人家的男人与女人的眼里滴上一滴药,视力变好了,又能看见了。耳里滴上一滴药,耳朵能听见了。身上滴一滴,身子能抵上天。手上滴一滴,弓箭射得好,杀仇敌仇敌胆战心惊!弓上滴一滴,愿捉拿仇敌捉得到!给这户主人家的女人身上滴一滴,娶了女人增后代,给牲畜与畜神滴一滴,牲畜繁衍了,畜神增多了。给精人与华神滴一滴,五谷神与粮食增长了,像天上的星星一样多。地上滴一滴,大地青草繁茂,草儿像马的鬃毛一样发展,像星星、种子一样多。给太阳滴一滴,太阳升起亮堂堂。给月亮滴一滴,月儿皎洁了。树儿生长叶繁茂,矛与铠甲满当当。愿得吉祥与福泽、富裕与强盛。

81-D-9-30①

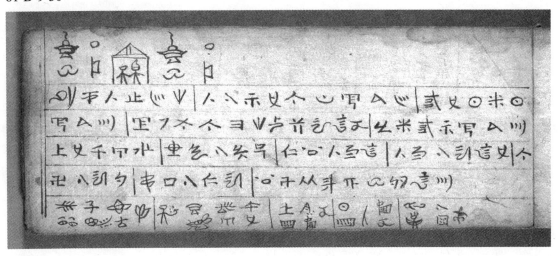

---

ha³³ i³³ gɣ³³ be³³ ho⁵⁵ !i³³ dɑ²¹ tʂʅ³³ dɯ³³ tɕə²¹ , zʅ³³ ʂər²¹ ha⁵⁵ i³³ gɣ³³ be³³ ho⁵⁵ ! phər²¹ le³³
夜　长　成　做　愿　主人　这　一　家　　寿　长　夜　久　成　做　愿　盘勒滞梅萨

dzʅ⁵⁵ me³³ sa³³ gə³³ |ne⁵⁵ bu³³ tha²¹ me³³ nɯ³³ pər⁵⁵ mə⁵⁵ ! | pər⁵⁵ me³³ liə²¹ mə³³ liə²¹ ,
　的　嫩不塔　　　者　来　写　的呀　写　么　漂亮　不　漂亮

pər⁵⁵ me³³ dzʅ³³ mə³³ dzʅ³³ kɣ⁵⁵ mə²¹ me⁵⁵ , | ʂə⁵⁵ tɕə²¹ la²¹ lɯ³³ tʂhu³³ , sa⁵⁵ ʂə⁵⁵ be³³ lo⁵⁵
写　么　好看　不　好看　会　不　是　呀　说　比　手　来　早　气　说　做　该

lo³³ næ²¹ . |ze²¹ dzʅ³³ pər⁵⁵ liə²¹ dʑy²¹ , ko²¹ me³³ ʂə⁵⁵ me³³ tʂhə²¹ dʑy³³ uɑ²¹ , |dʑy³³ mi²¹ le³³
怎　么　好看　写漂亮　有　亲密　者　说　者　是　有　是　山　名　又

ʂə³³ na⁵⁵ ,tʂhʅ³³ dʑy²¹ le²¹ mə³³ lo⁵⁵ , le³³ lɣ²¹ le³³ tɑ⁵⁵ tɑ³³ me³³ |nɯ³³ ʂə⁵⁵ me³³ tʂʅ³³ uɑ²¹
说　但　这　山　又　不　越　又　和好　又　合作　者　来　说　么　这　是

iə³³ . |ze³³ u³³ ze³³ liə²¹ gɣ³³ , |lɣ⁵⁵ le³³ mə³³ liə⁵⁵ . |py³³ by²¹ sa³³ ka³³ tsha²¹ i³³ gɣ³³ dər³³
说　太　好　太漂亮　成　缠绕　又　不　漂亮　东巴　萨嘎插　　呀　好　好

lo⁵⁵ lo³³ me⁵⁵ ! mæ⁵⁵ ȵy²¹ tsər³³ lər²¹ uɑ²¹ tʂʅ³³ ny. |ŋə²¹ tɕiə⁵⁵ le²¹ so²¹ ka³³ mu²¹ me⁵⁵ . |
地　了　后来　板铃　是　这　该　我　自己　又　学　请　是　说

ʂə⁵⁵ hu²¹ be³³ ka³³ na²¹ gɣ³³ me³³! dzʅ³³ hu²¹ tɕhi²¹ be³³ ka³³ na²¹ gɣ³³ , |ə³³ zo²¹ le³³ sʅ³³ dɣ³³ .
说　易　做　难　一样　么　同意　答易　深入　难　一样　慢慢　　思考

愿东巴延年又益寿。愿这户主人家延年又长寿。

　　这册经书是盘勒滞梅萨的嫩不塔写的。写了么有可能漂亮也可能不漂亮，有可能好看也
可能不好看。做比说要快，嘴上说与手上做要铭记在心。怎么写就怎么好看，这是心爱之人
说的话。识得山名，但不越此山，这是相处和睦，互相帮助之人说的话。太好，太漂亮了，
潦草就不好看了。东巴萨嘎插应好好地铭记在心上！

　　后面是板铃了，请来跟我学吧！就像说来容易做到难一样，就像答应容易深入难一样，
要慢慢思量。

81-D-9-31

封底

（释读：和桂华；翻译：和虹）